5대
발전회사

통합기본서

시대에듀

시대에듀 5대 발전회사 통합기본서

Always **with you**

사람의 인연은 길에서 우연하게 만나거나 함께 살아가는 것만을 의미하지는 않습니다.
책을 펴내는 출판사와 그 책을 읽는 독자의 만남도 소중한 인연입니다.
시대에듀는 항상 독자의 마음을 헤아리기 위해 노력하고 있습니다. 늘 독자와 함께하겠습니다.

머리말 PREFACE

우리나라의 발전을 책임지는 5대 발전회사는 2025년 신입직원을 채용한다. 발전회사의 채용절차는 크게 「지원서 접수 → 필기전형 → 면접전형 → 최종 합격자 발표」 순서로 이루어지며, 필기전형에서는 공통으로 직업기초능력평가와 직무능력평가(전공)를 평가하고, 일부 공단의 경우 한국사도 평가한다. 발전회사별로 절차가 추가되거나 세분화되어 있고, 평가하는 내용도 많이 다르므로 시험을 준비하기 전 반드시 지원하고자 하는 발전회사의 공고를 확인해야 한다. 또한 자신에게 필요한 영역의 문제 풀이 능력을 높이는 등 철저한 준비가 필요하다.

발전회사 필기전형 합격을 위해 시대에듀에서는 기업별 NCS 시리즈 누적 판매량 1위의 출간 경험을 토대로 다음과 같은 특징을 가진 도서를 출간하였다.

도서의 특징

❶ 기출복원문제를 통한 출제 유형 확인!
- 주요 공기업 2024년 하반기 NCS 및 2024~2023년 전공 기출복원문제를 수록하여 공기업별 출제 경향을 파악할 수 있도록 하였다.

❷ 출제 영역 맞춤 문제를 통한 실력 상승!
- 직업기초능력평가 대표기출유형&기출응용문제를 수록하여 유형별로 대비할 수 있도록 하였다.
- 전공(사무행정 · 사무상경 · 기계 · 전기 · 화학) 적중예상문제와 한국사 기출복원문제&적중예상문제를 수록하여 전공까지 확실하게 준비할 수 있도록 하였다.

❸ 최종점검 모의고사를 통한 완벽한 실전 대비!
- 철저한 분석을 통해 실제 유형과 유사한 NCS 최종점검 모의고사를 수록하여 자신의 실력을 점검할 수 있도록 하였다.

❹ 다양한 콘텐츠로 최종 합격까지!
- 5대 발전회사 채용 가이드와 면접 기출질문을 수록하여 채용 전반에 대비할 수 있도록 하였다.
- 온라인 모의고사 3회분을 무료로 제공하여 필기전형을 준비하는 데 부족함이 없도록 하였다.

끝으로 본 도서를 통해 발전회사 채용을 준비하는 모든 수험생 여러분이 합격의 기쁨을 누리기를 진심으로 기원한다.

SDC(Sidae Data Center) 씀

◇ **미션**

> 깨끗하고 안전한 에너지를 안정적으로 공급하고,
> 지속가능한 미래성장을 선도하여 국가발전과 국민복지에 기여한다.

◇ **비전**

Clean & Smart Energy Leader

◇ **핵심가치**

Real;ationship (진정한 관계 구축)

안전, 상생, 신뢰

Add;vanced (새로운 변화 추구)

도전, 변화, 혁신

Deep;erence (깊이 있는 가치 창조)

선도화, 전문화, 차별화

◈ 전략방향 & 전략과제

탄소중립 기반의 안정적 전력생산

▶ 안정적 · 친환경 발전전환 본격화
▶ 탄소중립 실행력 강화
▶ 新전력시장 대응력 강화

미래성장 발판의 에너지신사업 강화

▶ 해상풍력 중심 신재생에너지 선도
▶ 청정수소 밸류체인 구축
▶ 분산전원 기반 융복합사업 개발

혁신기반 효율화로 경쟁우위 확보

▶ 핵심사업 효율화로 경쟁우위 확보
▶ 안정적 재무 기반 혁신 성장
▶ 디지털 기반 경영효율화 달성

신뢰와 상생의 책임경영 실현

▶ 안전동행 가치경영 실현
▶ 혁신성장형 동반생태계 구축
▶ 미래대응 조직문화 구축

◈ 인재상

명확한 목표를 향해 스스로 행동하고 성과를 만들어 내는 실행형 인재

남다른 생각과 학습을 통해 새로운 기회를 만드는 학습형 인재

다양하게 소통하고 협업하는 개방형 인재

◇ **미션**

> 안전하고 깨끗한 에너지로 지속가능한 미래를 창출하여
> 국민 삶의 질 향상에 기여한다.

◇ **비전**

> 친환경 에너지로 미래를 밝히는 글로벌 에너지 리더

◇ **핵심가치**

미래선도　혁신성장　책임윤리　상생협력

◇ **인재상**

> 세계 최고를 향해 나아가는 성장인

> 변화와 혁신을 주도하는 도전인

> 상호존중과 협력으로 헌신하는 소통인

◇ 전략방향 & 전략과제

지속성장 지향의 미래에너지 실현	▸ 대용량 중심의 재생에너지 확대 ▸ 청정수소발전 생태계 선도 ▸ 해외거점 확대 및 신사업 다각화
탄소중립 선도의 사업경쟁력 확대	▸ 경쟁력 기반 에너지 전환 ▸ 전력시장 변화 대응강화 ▸ 저탄소 · 친환경 발전체제 고도화
상생협력 기반의 따뜻한 책임경영	▸ 안전 최우선 경영 ▸ 민생을 위한 상생협력 가속화 ▸ 청렴 · 공정한 신뢰경영 선도
성과효율 중심의 경영혁신 강화	▸ AX 중심 인프라 혁신 선도 ▸ 재무 성과관리 고도화 ▸ 역량 강화 기반 관리체계 효율화

◇ CIP

한국남부발전 ·심볼마크(Symbolmark)는 한국남부발전(주)를 대표하는 시각적 표상으로, 한국남부발전(주)의 CI, 시스템에서 레터마크와 더불어 중요한 요소 중의 하나이다.

심볼마크(Symbolmark)는 메뉴얼에 제시된 항목별 사용규정에 따라 정확하게 사용하여야 하며 어떠한 경우라도 임의로 변경 사용할 수 없다.

◇ **미션**

국가 필요 에너지의 안정적 공급

◇ **비전**

에너지 혁신을 선도하는 친환경 에너지 기업

◇ **핵심가치**

변화하는 미래를 향한 도전과 혁신

지속가능한 사회를 위한 안전과 책임

함께하는 상생을 위한 공정과 협력

◇ **전략방향 & 전략과제**

| 지속 가능한
탄소중립 기반 구축 | ▸ 무탄소 · 저탄소 전원 확보
▸ 신재생e 경쟁우위 확보 및 O&M 역량 강화
▸ 전력계통 변화 대응 최적 발전 운영 |

| 성과 창출 향상으로
신성장 사업 확장 | ▸ 청정에너지 벨류체인 확장
▸ 에너지 신사업 개발 및 해외사업 확장
▸ DX 기반 사업개발 및 미래기술 R&D 선도 |

| 미래역량 강화 중심
경영체계 혁신 | ▸ 에너지전환 투자여력 확보
▸ 미래 선도 조직문화 구축 및 인재 양성
▸ 디지털 기반 업무 · 서비스 혁신 |

| 국민 신뢰의
책임경영 실현 | ▸ 친환경 발전 선도
▸ 안전보건 관리체계 강화
▸ 공정 · 상생 사회 구현 |

◇ **인재상**

미래 성장을 주도하는 도전적 변화인재

세계 최고를 지향하는 글로벌 전문인재

사회적 책임을 다하는 협력적 조직인재

◇ **미션**

> 우리는 지속적인 혁신으로 안전하고 깨끗한 에너지를 만들어
> 사회 공공의 발전에 기여한다.

◇ **비전**

> 새로운 시대를 여는 친환경 에너지 글로벌 리더

◇ **핵심가치**

> 최고를 향한 열정
>
> 성장을 위한 도전
>
> 생명 · 안전의 존중
>
> 상생을 통한 신뢰

◇ 전략방향&전략과제

최고의 기술력과 품질로 경쟁우위 강화
▸ 최적의 사업부지 확보로 청정 복합 적기 건설
▸ 에너지 시장 탄력대응 경제적·안정적 연료 조달
▸ 급전 경쟁력 제고를 위한 발전설비 운영 최적화
▸ 발전 신기술 개발을 통한 경쟁력 강화

미래성장동력 창출로 지속가능성 확보
▸ 합리적 신재생 개발 및 운영효율 강화
▸ 수소·암모니아발전 추진 인프라 조성
▸ 수익성과 친환경 기반의 해외사업 집중 개발
▸ 디지털 기반 에너지신사업 창출

친환경·안전 발전으로 사회적 책임 이행
▸ 온실가스 감축 및 순환경제 활성화
▸ 에너지효율화를 통한 탄소중립 기여
▸ 환경설비 개선을 통한 대기오염물질 저감
▸ 안전의식 내재화 및 스마트 안전관리체계 구축

공정과 책임에 기반한 공공가치 제고
▸ 청렴문화 확산 및 내부통제시스템 강화
▸ 자원공유·ESG경영 확산으로 협력사 성장 지원
▸ 본업연계 지역상생 및 공정한 에너지 전환
▸ 소통과 참여의 공감경영 실현

◇ 인재상

세계 최고를 지향하는 Global 인재

변화를 주도하는 도전인재

상생의 조직문화를 구축하는 협력인재

가치를 창조하는 전문인재

◇ **미션**

친환경 에너지의 안전하고 안정적인 공급을 통해
국가 발전과 국민 삶의 질 개선에 기여한다.

◇ **비전**

미래 가치를 선도하는 종합에너지 기업
Total Energy Company Leading the Next Value

◇ **핵심가치**

안전환경　　미래성장　　혁신소통　　국민신뢰

◇ **경영목표**

신재생에너지 발전량 40%	해외사업 누적 순이익 5,000억 원	온실가스 감축률 70%	부채비율 180% 이하
청정전원 설비용량 6,000MW	영업이익률 8%	산업재해율 0.05%	국민신뢰지수 최상위 등급

◇ **전략목표&전략과제(비전 2040)**

NEXT Value Creation for better future

New Value(에너지 신사업 경쟁우위 선점)

▶ 수소 · 암모니아 인프라 구축 확대
▶ 신재생에너지 신사업 역량 강화
▶ 국내 신규전원 개발 다각화
▶ AI 기반 디지털 전환 및 미래기술 확보

Efficient Value(효율성 중심의 기업가치 강화)

▶ 대규모 투자사업 수익성 제고
▶ 재무관리체계 고도화
▶ 경영효율화를 통한 조직역량 확대
▶ 혁신 · 소통 기반 조직문화 확산

eXtended Value(전력공급 안정성 · 친환경성 확대)

▶ 온실가스 감축체계 고도화
▶ 재난안전체계 고도화 및 확산
▶ 품질 기반 발전운영 최적화
▶ 전력생산 친환경성 제고

Trustable Value(국민신뢰 바탕 공공가치 창출)

▶ ESG 기반 민간성장 지원
▶ 에너지 생태계 상생협력 강화
▶ 윤리 · 준법 경영체계 고도화
▶ 투명 · 공정한 거버넌스 확립

◇ **인재상**

CREATIVE GLOBAL KOMIPO CHALLENGER
창조적 에너지로 세계와 소통하여 KOMIPO의 미래를 이끄는 인재

Creative Challenger
혁신적 사고와 열정으로
새로운 가치창출에 도전하는 인재

Global Communicator
상호 존중과 배려로
세계와 소통하는 인재

Performance Leader
강한 자부심과 책임감으로
자기 업무에 주도적인 인재

한국남동발전

◇ **지원자격**

❶ 자격 : [일반] 제한 없음

　　　　[보훈] 보훈관련법에 의한 취업지원대상자

　　　　[장애] 「장애인고용촉진 및 직업재활법」에 의한 장애인 등록자

❷ 학력 · 전공 : 제한 없음

❸ 외국어 : [일반] TOEIC 700점 이상

　　　　　[보훈, 장애] TOEIC 500점 이상

❹ 연령 : 제한 없음

※ 단, 한국남동발전 취업규칙 제59조상 정년(만 60세) 초과자 제외

❺ 병역 : 병역법 제76조에서 정한 병역의무 불이행 사실이 없는 자

❻ 인사관리규정 제11조 결격사유에 해당하지 않는 자

❼ 입사일부터 정상근무가 가능한 자

◇ **필기전형**

구분	직렬	내용	문항 수
직무능력검사 (100점)	사무	의사소통능력, 자원관리능력, 문제해결능력, 수리능력, 정보능력	50문항
	기술	의사소통능력, 자원관리능력, 문제해결능력, 기술능력(전공)	55문항 (기술능력 25문항)
인성검사(적부판정)		인성검사 종합결과, 부적응성 검사, 응답신뢰도 등 인성 전반	

◇ **면접전형**

직무면접(50점) + 종합면접(50점)으로 진행

❖ 위 채용 안내는 2025년 상반기 채용공고를 기준으로 작성하였으므로 세부사항은 확정된 채용공고를 확인하기 바랍니다.

한국남부발전

◇ 지원자격

❶ 학력 · 연령 · 자격 : 제한 없음

  ※ 단, 정년(만 60세) 미만인 자

❷ 어학 : 토익 700점 이상(단, 장애 및 보훈 면제)

❸ 병역 : 병역법 제76조에서 정한 병역의무 불이행자에 해당하지 않는 자

  ※ 단, 현역의 경우 최종합격자 발표일 이전에 전역 가능한 자

❹ 인사관리규정 제10조 결격사유에 해당하지 않는 자

❺ 채용 직후 즉시 근무 가능한 자

◇ 필기전형

❶ 인성평가

  ▶ 직무적합평가(인성) : E, F등급 부적합(A~F등급)

❷ 기초지식평가

  ▶ 직무능력 : 직무능력평가(K-JAT)
    • 직무수행(KOSPO 요구역량), 직업기초능력
  ▶ 전공기초(50문항)
    • 사무(상경분야) : 경제학, 회계학, 경영학 분야 지식
    • 기술 : 지원 분야 기사 수준

◇ 면접전형

NCS 기반 역량면접전형	
1차 면접	• Presentation, Group Discussion, 실무역량 • NCS 직업기초능력 및 직무수행능력 검증 • 전체 배점의 60% 미만은 불합격으로 판단하며 원점수에 가점을 합산한 점수로 적용
2차 면접	• 인성 및 조직적합성 평가

❖ 위 채용 안내는 2025년 상반기 채용공고를 기준으로 작성하였으므로 세부사항은 확정된 채용공고를 확인하기 바랍니다.

신입 채용 안내 INFORMATION

한국동서발전

◇ 지원자격(공통)

① 학력 · 전공 · 연령 · 성별 : 제한 없음
   ※ 단, 만 60세 이상인 자는 지원 불가

② 한국동서발전 인사관리규정 제16조(신규채용자의 결격사유)에 해당하지 않는 자

③ 병역 : 병역법 제76조에서 정한 병역의무 불이행 사실이 없는 자
   ※ 단, 현역의 경우 최종합격자 발표일 이전에 전역 가능한 자

④ 최종합격자 발표 이후 즉시 근무 가능한 자

⑤ 외국어 : TOEIC 700점 이상(단, 보훈 및 장애인, 전문자격증 소지자 면제)

◇ 필기전형

구분	세부내용
인성검사	최종면접 참고자료로 활용
직업기초능력평가	의사소통능력, 수리능력, 문제해결능력, 자원관리능력
직무수행능력평가	분야별 전공(90점), 한국사(10점)

◇ 면접전형

구분	세부내용
1차 면접 (직무역량면접)	직무분석발표면접(50점)
	직무토론면접(50점)
2차 면접 (최종면접)	최종면접(100점)

❖ 위 채용 안내는 2025년 상반기 채용공고를 기준으로 작성하였으므로 세부사항은 확정된 채용공고를 확인하기 바랍니다.

한국서부발전

◇ 지원자격(공통)

① 학력 · 연령 : 제한 없음

※ 단, 만 60세 이상 지원 불가

② 어학 : TOEIC 기준 700점 이상(TOEIC, New TEPS, TOEFL iBT, TOEIC-S, TEPS-S, OPIc)

③ 병역 : 병역법 제76조에서 정한 병역의무 불이행 사실이 없는 자

※ 단, 현역의 경우 최종합격자 발표일 이전에 전역 가능한 자

④ 인사관리규정 제10조에 의거하여 신규채용에 결격사유가 없는 자

⑤ 당사가 정한 입사일부터 근무가 가능한 자

◇ 필기전형

구분	내용	문항 수
직무지식평가	직군별 전공지식	50문항
	한국사	10문항
직업기초능력평가	의사소통능력, 수리능력, 문제해결능력, 기술능력, 자원관리능력	5개 과목 50문항
인성검사	필요역량과 성격유형 평가	적부 판정

◇ 면접전형

① 개별인터뷰(인성면접) : 60점

② 직무상황면접(그룹면접) : 40점

❖ 위 채용 안내는 2025년 상반기 채용공고를 기준으로 작성하였으므로 세부사항은 확정된 채용공고를 확인하기 바랍니다.

신입 채용 안내 INFORMATION

◇ 지원자격(공통)

❶ 연령 · 성별 : 제한 없음

※ 단, 만 60세 이상인 자는 지원 불가

❷ 병역 : 병역 기피 사실이 없는 자

※ 단, 현역은 최종합격자 발표예정일 이전에 전역 가능한 자

❸ 한국중부발전 인사관리규정 제10조의 결격사유가 없는 자

❹ 최종합격자 발표 이후 즉시 근무 가능한 자

◇ 필기전형

구분	직군	세부 사항
직업기초능력평가	사무	의사소통능력, 조직이해능력, 자원관리능력, 수리능력
	기계	의사소통능력, 문제해결능력, 자원관리능력, 기술능력
	전기	의사소통능력, 문제해결능력, 수리능력, 기술능력
	화학	의사소통능력, 문제해결능력, 자원관리능력, 기술능력
직무지식평가	사무	법, 행정, 경영, 경제, 회계 등
	기계	재료 · 열 · 유체 · 동역학 등 기계 일반
	전기	전자기학, 전력공학, 전기기기, 회로이론 및 제어공학 등 전기 일반
	화학	일반화학, 화학공학, 대기환경, 수질환경 등 화학 일반
인성검사	전 직군	전체 S, A, B, C, D, E 등의 6단계 등급(D~E등급 부적격)

※ 일부 직군의 경우 제외하였음

◇ 면접전형

구분	세부 사항
1차 면접 (직군별 직무역량평가)	• PT면접 / 역량면접 • 합격자 발표 시 자기소개서 적 · 부 판정 결과(불성실 기재자 제외) 반영 ※ 불성실 기재자 : 다른 질문에 대해 동일 내용 답변, 의미 없는 특수기호 나열 등
2차 면접 (인성면접)	• 태도 및 인성 부분 등 종합평가 • 점수 반영 : 필기(20%) + 1차 면접(30%) + 2차 면접(50%)

❖ 위 채용 안내는 2025년 상반기 및 2024년 상반기 채용공고를 기준으로 작성하였으므로 세부사항은 확정된 채용공고를 확인하기 바랍니다.

총평

5대 발전회사 필기전형은 대체로 난도가 높았다는 후기가 많았다. 한국중부발전의 경우 PSAT형의 비중이 높은 피듈형으로 출제되었고, 한국남동발전을 비롯한 대부분의 발전회사들이 NCS 수리능력에서 계산 문제의 난도가 높았다는 후기가 많았으므로 평소에 시간 분배에 대한 연습이 필요해 보인다. 또한 한국동서발전에서는 문제해결능력과 자원관리능력은 모듈형 문제가 일부 출제되었고, 한국서부발전과 함께 한국사 문제도 출제되니 역사의 흐름에 따라 키워드 중심으로 학습을 해두면 합격에 도움이 될 것이라고 판단된다.

◆ 출제 특징&키워드

구분	출제 특징	출제 키워드
의사소통능력	• 문서 내용 이해 문제가 출제됨 • 글의 주제를 묻는 문제가 출제됨 • 문단 나열 문제가 출제됨 • 맞춤법 및 한자성어 문제가 출제됨	• 백문불여일견, 제작년/재작년, 며칠/몇일, 전화위복, 일취월장, 비트코인, 사회적 불평등, SMR(소현모듈원전), 양자컴퓨터 등
수리능력	• 응용 수리 문제가 출제됨 • 자료 이해 문제가 출제됨 • 자료 계산 문제가 출제됨	• 확률, 경우의 수, 원의 길이, 원가 계산, 평균, 최빈값, 중앙값 등
문제해결능력	• 명제 추론, 참/거짓에 대한 문제가 출제됨 • 자료 해석 문제가 출제됨 • 모듈형 문제가 출제됨 • 논리적 오류에 대한 문제가 출제됨	• 결합오류/피장파장/무지성오류, 가중치 계산, 마피아 찾기, 시네틱스 기법, Smart 기법 등
자원관리능력	• 비용 계산 문제가 출제됨 • 품목 확정 문제가 출제됨 • 모듈형 문제가 출제됨	• 자원관리원칙 및 자원관리순서, 회전대응의 보관원칙, 직접비용 구하기(재료비, 시설비, 인건비), 출장 가능한 날짜 구하기, 승진 대상자 고르기, 결재 순서 찾기, 최단 경로 등

PSAT형

| 수리능력

04 다음은 신용등급에 따른 아파트 보증률에 대한 사항이다. 자료와 상황에 근거할 때, 갑(甲)과 을(乙)의 보증료의 차이는 얼마인가?(단, 두 명 모두 대지비 보증금액은 5억 원, 건축비 보증금액은 3억 원이며, 보증서 발급일로부터 입주자 모집공고 안에 기재된 입주 예정 월의 다음 달 말일까지의 해당 일수는 365일이다)

- (신용등급별 보증료)=(대지비 부분 보증료)+(건축비 부분 보증료)
- 신용평가 등급별 보증료율

구분	대지비 부분	건축비 부분				
		1등급	2등급	3등급	4등급	5등급
AAA, AA		0.178%	0.185%	0.192%	0.203%	0.221%
A^+		0.194%	0.208%	0.215%	0.226%	0.236%
A^-, BBB^+	0.138%	0.216%	0.225%	0.231%	0.242%	0.261%
BBB^-		0.232%	0.247%	0.255%	0.267%	0.301%
$BB^+ \sim CC$		0.254%	0.276%	0.296%	0.314%	0.335%
C, D		0.404%	0.427%	0.461%	0.495%	0.531%

※ (대지비 부분 보증료)=(대지비 부분 보증금액)×(대지비 부분 보증료율)×(보증서 발급일로부터 입주자 모집공고 안에 기재된 입주 예정 월의 다음 달 말일까지의 해당 일수)÷365
※ (건축비 부분 보증료)=(건축비 부분 보증금액)×(건축비 부분 보증료율)×(보증서 발급일로부터 입주자 모집공고 안에 기재된 입주 예정 월의 다음 달 말일까지의 해당 일수)÷365
- 기여고객 할인율 : 보증료, 거래기간 등을 기준으로 기여도에 따라 6개 군으로 분류하며, 건축비 부분 요율에서 할인 가능

구분	1군	2군	3군	4군	5군	6군
차감률	0.058%	0.050%	0.042%	0.033%	0.025%	0.017%

〈상황〉

- 갑 : 신용등급은 A^+이며, 3등급 아파트 보증금을 내야 한다. 기여고객 할인율에서는 2군으로 선정되었다.
- 을 : 신용등급은 C이며, 1등급 아파트 보증금을 내야 한다. 기여고객 할인율은 3군으로 선정되었다.

① 554,000원
② 566,000원
③ 582,000원
④ 591,000원
⑤ 623,000원

특징
▶ 대부분 의사소통능력, 수리능력, 문제해결능력을 중심으로 출제(일부 기업의 경우 자원관리능력, 조직이해능력을 출제)
▶ 자료에 대한 추론 및 해석 능력을 요구

대행사
▶ 엑스퍼트컨설팅, 커리어넷, 태드솔루션, 한국행동과학연구소(행과연), 휴노 등

모듈형

| 문제해결능력

41 문제해결절차의 문제 도출 단계는 (가)와 (나)의 절차를 거쳐 수행된다. 다음 중 (가)에 대한 설명으로 적절하지 않은 것은?

(가)		(나)
전체 문제를 개별화된 이슈들로 세분화	→	문제에 영향력이 큰 핵심이슈를 선정

① 문제의 내용 및 영향 등을 파악하여 문제의 구조를 도출한다.

② 본래 문제가 발생한 배경이나 문제를 일으키는 메커니즘을 분명히 해야 한다.

③ 현상에 얽매이지 말고 문제의 본질과 실제를 봐야 한다.

④ 눈앞의 결과를 중심으로 문제를 바라봐야 한다.

⑤ 문제 구조 파악을 위해서 Logic Tree 방법이 주로 사용된다.

특징
▶ 이론 및 개념을 활용하여 푸는 유형
▶ 채용 기업 및 직무에 따라 NCS 직업기초능력평가 10개 영역 중 선발하여 출제
▶ 기업의 특성을 고려한 직무 관련 문제를 출제
▶ 주어진 상황에 대한 판단 및 이론 적용을 요구

대행사
▶ 인트로맨, 휴스테이션, ORP연구소 등

피둘형(PSAT형 + 모듈형)

| 자원관리능력

07 다음 자료를 근거로 판단할 때, 연구모임 A ~ E 중 세 번째로 많은 지원금을 받는 모임은?

〈지원계획〉

• 지원을 받기 위해서는 한 모임당 5명 이상 9명 미만으로 구성되어야 한다.

• 기본지원금은 모임당 1,500천 원을 기본으로 지원한다. 단, 상품개발을 위한 모임의 경우는 2,000천 원을 지원한다.

• 추가지원금

등급	상	중	하
추가지원금(천 원/명)	120	100	70

※ 추가지원금은 연구 계획 사전평가결과에 따라 달라진다.

• 협업 장려를 위해 협업이 인정되는 모임에는 위의 두 지원금을 합한 금액의 30%를 별도로 지원한다.

〈연구모임 현황 및 평가결과〉

특징
▶ 기초 및 응용 모듈을 구분하여 푸는 유형
▶ 기초인지모듈과 응용업무모듈로 구분하여 출제
▶ PSAT형보다 난도가 낮은 편
▶ 유형이 정형화되어 있고, 유사한 유형의 문제를 세트로 출제

대행사
▶ 사람인, 스카우트, 인크루트, 커리어케어, 트리피, 한국사회능력개발원 등

주요 공기업 적중 문제 TEST CHECK

벤치마킹 ▶ 키워드

13 다음 벤치마킹의 종류에 대한 설명으로 옳은 것은?

> 네스프레소는 가정용 커피머신 시장의 선두주자이다. 이러한 성장 배경에는 기존의 산업 카테고리를 벗어나 랑콤, 이브로쉐 등 고급 화장품 업계의 채널 전략을 벤치마킹했다. 고급 화장품 업체들은 독립 매장에서 고객들에게 화장품을 직접 체험할 수 있는 기회를 제공하고, 이를 적극적으로 수요와 연계하고 있었다. 네스프레소는 이를 통해 신규 수요를 창출하기 위해서는 커피머신의 기능을 강조하는 것이 아니라, 즉석에서 추출한 커피의 신선한 맛을 고객에게 체험하게 하는 것이 중요하다는 인사이트를 도출했다. 이후 전 세계 유명 백화점에 오프라인 단독 매장들을 개설해 고객에게 커피를 시음할 수 있는 기회를 제공했다. 이를 통해 네스프레소의 수요는 급속도로 늘어나 매출 부문에서 30~40%의 고속성장을 거두게 됐고 전 세계로 확장되며 여전히 높은 성장세를 이어가고 있다.

① 자료수집이 쉬우며 효과가 크지만 편중된 내부시각에 대한 우려가 있다는 단점이 있다.

② 비용 또는 시간적 측면에서 상대적으로 많이 절감할 수 있다는 장점이 있다.

③ 문화 및 제도적인 차이에 대한 검토가 부족하면 잘못된 결과가 나올 수 있다.

④ 새로운 아이디어가 나올 가능성이 높지만 가공하지 않고 사용한다면 실패할 수 있다.

SUMIF ▶ 키워드

12 S사원은 구입물품 중 의류의 총개수를 파악하고자 한다. S사원이 입력해야 할 함수로 옳은 것은?

① =SUMIF(A2:A9,A2,C2:C9)

② =COUNTIF(C2:C9,C2)

③ =VLOOKUP(A2,A2:A9,1,0)

④ =HLOOKUP(A2,A2:A9,1,0)

한국남동발전

비행기 시각 ▶ 유형

※ K공사에서 근무하는 A부장은 적도기니로 출장을 가려고 한다. 이어지는 질문에 답하시오. **[3~4]**

〈경유지, 도착지 현지시각〉

국가(도시)	현지시각
한국(인천)	2024. 08. 05 AM 08:40
중국(광저우)	2024. 08. 05 AM 07:40
에티오피아(아디스아바바)	2024. 08. 05 AM 02:40
적도기니(말라보)	2024. 08. 05 AM 00:40

〈경로별 비행시간〉

비행경로	비행시간
인천 → 광저우	3시간 50분
광저우 → 아디스아바바	11시간 10분
아디스아바바 → 말라보	5시간 55분

〈경유지별 경유시간〉

경유지	경유시간
광저우	4시간 55분
아디스아바바	6시간 10분

지구 온난화 ▶ 키워드

08 다음 글의 빈칸에 들어갈 내용으로 가장 적절한 것은?

오존층 파괴의 주범인 프레온 가스로 대표되는 냉매는 그 피해를 감수하고도 사용할 수밖에 없는 필요악으로 인식되어 왔다. 지구 온난화 문제를 해결할 수 있는 대체 물질이 요구되는 이러한 상황에서 최근 이를 만족할 수 있는 4세대 신냉매가 새롭게 등장해 각광을 받고 있다. 그중 온실가스 배출량을 크게 줄인 대표적인 4세대 신냉매가 수소불화올레핀(HFO)계 냉매이다.
HFO는 기존 냉매에 비해 비싸고 불에 탈 수 있다는 단점이 있으나, 온실가스 배출이 거의 없고 에너지 효율성이 높은 장점이 있다. 이러한 장점으로 4세대 신냉매에 대한 관심이 최근 급격히 증가하고 있다. 지난 2003~2017년 중 냉매 관련 특허 출원 건수는 총 686건이었고, 온실가스 배출량을 크게 줄인 4세대 신냉매 관련 특허 출원들은 꾸준히 늘어나고 있다. 특히 2008년부터 HFO계 냉매를 포함한 출원 건수가 큰 폭으로 증가하면서 같은 기간의 HFO계 비중이 65%까지 증가했다. 이러한 출원 경향은 국제 규제로 2008년부터 온실가스를 많이 배출하는 기존 3세대 냉매의 생산과 사용을 줄이면서 4세대 신냉매가 필수적으로 요구되었기 때문으로 분석된다.
냉매는 자동차, 냉장고, 에어컨 등 우리 생활 곳곳에 사용되는 물질로서 시장 규모가 대단히 크지만, 최근 환경 피해와 관련된 엄격한 국제 표준이 요구되고 있다. 우수한 친환경 냉매가 조속히 개발될 수 있도록 관련 특허 동향을 제공해야 한다. 4세대 신냉매 개발은 _____

① 인공지능 기술의 확장을 열게 될 것이다.
② 엄격한 환경 국제 표준을 약화시킬 것이다.
③ 또 다른 오존층 파괴의 원인으로 이어질 것이다.
④ 지구 온난화 문제 해결의 열쇠가 될 것이다.

주요 공기업 적중 문제 TEST CHECK

맞춤법 ▶ 유형

04 다음 중 밑줄 친 ㉠~㉣의 **맞춤법** 수정 방안으로 적절하지 않은 것은?

> 우리 사회에 사형 제도에 대한 ㉠ 해 묵은 논쟁이 다시 일고 있다. 그러나 지금까지 여론 조사 결과
> 를 보면, 우리 국민의 70% 정도는 사형 제도가 범죄를 예방할 수 있다고 생각한다. 그러나 과연
> 그 믿음대로 사형 제도는 정의를 실현하는 제도일까? 세계에서 사형을 가장 많이 집행하는 미국에
> 서는 연간 ㉡ 10만건 이상의 살인이 벌어지고 있으며 ㉢ 좀처럼 줄어들지 않고 있다. 또한 2006년
> 미국의 ㉣ 범죄율을 비교한 결과 사형 제도를 폐지한 주가 유지하고 있는 주보다 오히려 낮았다.
> 이는 사형 제도가 범죄 예방 효과가 있을 것이라는 생각이 근거 없는 기대일 뿐임을 말해 준다. 또한
> 사형 제도는 인간에 대한 너무도 잔인한 제도이다. 사람들은 일부 국가에서 행해지는 돌팔매 처형의
> 잔인성에는 공감하면서도, 어째서 독극물 주입이나 전기의자 등은 괜찮다고 여기는 것인가? 사람을
> 죽이는 것에는 좋고 나쁜 방법이 있을 수 없으며 둘의 본질은 같다.

① ㉠은 한 단어이므로 '해묵은'으로 수정해야 한다.
② ㉡의 '건'은 의존 명사이므로 '10만 건'으로 띄어 써야 한다.
③ ㉢은 문맥상 같은 의미인 '좀체'로 바꾸어 쓸 수 있다.
④ ㉣은 한글 맞춤법에 따라 '범죄률'로 수정해야 한다.

좌석배치 ▶ 유형

43 E공사의 평가지원팀 A팀장, B대리, C대리, D주임, E주임, F주임, G사원, H사원 8명은 기차를
이용해 대전으로 출장을 가려고 한다. 아래 〈조건〉에 따라 직원들의 **좌석이 배정될** 때, 〈보기〉
중 옳지 않은 것을 모두 고르면?(단, 이웃하여 앉는다는 것은 두 사람 사이에 복도를 두지 않고
양옆으로 붙어 앉는 것을 의미한다)

〈기차 좌석표〉

창가			앞			창가
	1가	1나	복도	1다	1라	
	2가	2나		2다	2라	
			뒤			

조건

• 팀장은 반드시 두 번째 줄에 앉는다.
• D주임은 2다 석에 앉는다.
• 주임끼리는 이웃하여 앉지 않는다.
• 사원은 나 열 혹은 다 열에만 앉을 수 있다.
• 팀장은 대리와 이웃하여 앉는다.
• F주임은 업무상 지시를 위해 H사원과 이웃하여 앉아야 한다.
• B대리는 창가쪽 자리에 앉는다.

보기

ㄱ. E주임은 1가 석에 앉는다.
ㄴ. C대리는 라 열에 앉는다.

한국전력공사

IF 함수 ▶ 키워드

06 다음은 J공사에 지원한 지원자들의 PT면접 점수를 정리한 자료이며, 각 사원들의 점수 자료를 통해 면접 결과를 정리하고자 한다. 이를 위해 [F3] 셀에 〈보기〉와 같은 함수식을 입력하고, 채우기 핸들을 이용하여 [F6] 셀까지 드래그 했을 경우, [F3] ~ [F6] 셀에 나타나는 결괏값으로 옳은 것은?

▲	A	B	C	D	E	F
1						(단위 : 점)
2	이름	발표내용	발표시간	억양	자료준비	결과
3	조재영	85	92	75	80	
4	박슬기	93	83	82	90	
5	김현진	92	95	86	91	
6	최승호	95	93	92	90	

보기

$$=IF(AVERAGE(B3:E3)>=90,"합격","불합격")$$

	[F3]	[F4]	[F5]	[F6]
①	불합격	불합격	합격	합격
②	합격	합격	불합격	불합격
③	합격	불합격	합격	불합격
④	불합격	합격	불합격	합격
⑤	불합격	불합격	불합격	합격

성과급 ▶ 키워드

03 다음은 4분기 성과급 지급 기준이다. 부서원 A ~ E에 대한 성과평가가 다음과 같을 때, 성과급을 가장 많이 받을 직원 2명은?

〈성과급 지급 기준〉

• 성과급은 성과평가등급에 따라 다음 기준으로 지급한다.

등급	A	B	C	D
성과급	200만 원	170만 원	120만 원	100만 원

• 성과평가등급은 성과점수에 따라 다음과 같이 산정된다.

성과점수	90점 이상 100점 이하	80점 이상 90점 미만	70점 이상 80점 미만	70점 미만
등급	A	B	C	D

• 성과점수는 개인실적점수, 동료평가점수, 책임점수, 가점 및 벌점을 합산하여 산정한다.
  – 개인실적점수, 동료평가점수, 책임점수는 각각 100점 만점으로 산정된다.
  – 세부 점수별 가중치는 개인실적점수 40%, 동료평가점수 30%, 책임점수 30%이다.
  – 가점 및 벌점은 개인실적점수, 동료평가점수, 책임점수에 가중치를 적용하여 합산한 값에 합산한다.
• 가점 및 벌점 부여기준
  – 분기 내 수상내역 1회, 신규획득 자격증 1개당 가점 2점 부여

도서 200% 활용하기 STRUCTURES

1 기출복원문제로 출제 경향 파악

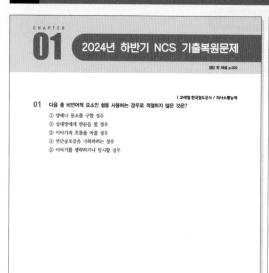

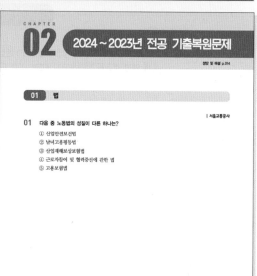

▶ 주요 공기업 2024년 하반기 NCS 및 2024~2023년 전공 기출복원문제를 수록하여 공기업별 출제 경향을 파악할 수 있도록 하였다.

2 출제 영역 맞춤 문제로 필기전형 완벽 대비

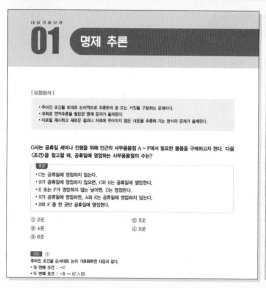

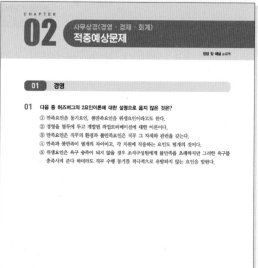

▶ 직업기초능력평가 대표기출유형&기출응용문제를 수록하여 유형별로 학습할 수 있도록 하였다.
▶ 전공(사무행정 · 사무상경 · 기계 · 전기 · 화학) 적중예상문제와 한국사 기출복원문제&적중예상문제를 수록하여 전공까지 효과적으로 대비할 수 있도록 하였다.

3   최종점검 모의고사 + OMR을 활용한 실전 연습

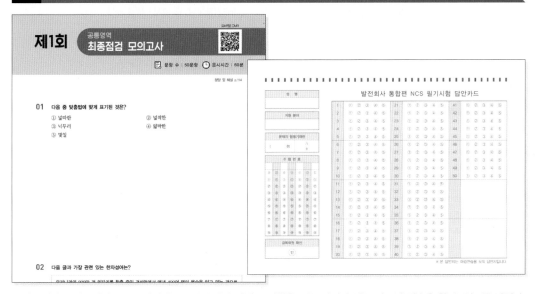

▶ 최종점검 모의고사와 OMR 답안카드를 수록하여 실제로 시험을 보는 것처럼 최종 마무리 연습을 할 수 있도록 하였다.
▶ 모바일 OMR 답안채점/성적분석 서비스를 통해 필기전형에 대비할 수 있도록 하였다.

4   인성검사부터 면접까지 한 권으로 최종 마무리

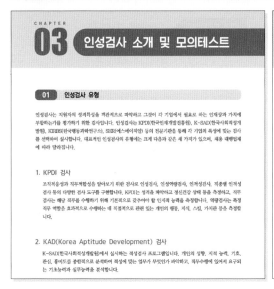

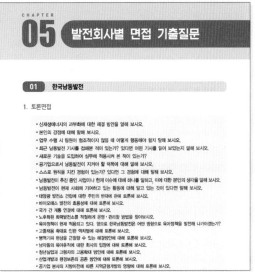

▶ 인성검사 모의테스트를 수록하여 인성검사 유형 및 문항을 확인할 수 있도록 하였다.
▶ 발전회사별 면접 기출질문을 통해 실제 면접에서 나오는 질문을 미리 파악하고 연습할 수 있도록 하였다.

이 책의 차례 CONTENTS

Add+

주요 공기업 기출복원문제

| 코레일 한국철도공사 / 의사소통능력

01 다음 중 비언어적 요소인 쉼을 사용하는 경우로 적절하지 않은 것은?

① 양해나 동조를 구할 경우
② 상대방에게 반문을 할 경우
③ 이야기의 흐름을 바꿀 경우
④ 연단공포증을 극복하려는 경우
⑤ 이야기를 생략하거나 암시할 경우

| 코레일 한국철도공사 / 의사소통능력

02 다음 밑줄 친 부분에 해당하는 키슬러의 대인관계 의사소통 유형은?

> 의사소통 시 <u>이 유형</u>의 사람은 따뜻하고 인정이 많으며 자기희생적이나 타인의 요구를 거절하지 못하므로 타인과의 정서적인 거리를 유지하는 노력이 필요하다.

① 지배형   ② 사교형
③ 친화형   ④ 고립형
⑤ 순박형

03 다음 글을 통해 알 수 있는 철도사고 발생 시 행동요령으로 적절하지 않은 것은?

철도사고는 지하철, 고속철도 등 철도에서 발생하는 사고를 뜻한다. 많은 사람이 한꺼번에 이용하며 무거운 전동차가 고속으로 움직이는 특성상 철도사고가 발생할 경우 인명과 재산에 큰 피해가 발생한다.

철도사고는 다양한 원인에 의해 발생하며 사고 유형 또한 다양하게 나타나는데, 대표적으로는 충돌사고, 탈선사고, 열차화재사고가 있다. 이 사고들은 철도안전법에서 철도교통사고로 규정되어 있으며, 많은 인명피해를 야기하므로 철도사업자는 반드시 이를 예방하기 위한 조치를 취해야 한다. 또한 승객들은 위험으로부터 빠르게 벗어나기 위해 사고 시 대피요령을 파악하고 있어야 한다.

국토교통부는 철도사고 발생 시 인명과 재산을 보호하기 위한 국민행동요령을 제시하고 있다. 이 행동요령에 따르면 지하철에서 사고가 발생할 경우 가장 먼저 객실 양 끝에 있는 인터폰으로 승무원에게 사고를 알려야 한다. 만약 화재가 발생했다면 곧바로 119에 신고하고, 여유가 있다면 객실 양 끝에 비치된 소화기로 불을 꺼야 한다. 반면 화재의 진화가 어려울 경우 입과 코를 젖은 천으로 막고 화재가 발생하지 않은 다른 객실로 이동해야 한다. 전동차에서 대피할 때는 안내방송과 승무원의 안내에 따라 질서 있게 대피해야 하며 이때 부상자, 노약자, 임산부가 먼저 대피할 수 있도록 배려하고 도와주어야 한다. 만약 전동차의 문이 열리지 않으면 반드시 열차가 멈춘 후에 안내방송에 따라 비상핸들이나 비상콕크를 돌려 문을 열고 탈출해야 한다. 전동차가 플랫폼에 멈췄을 경우 스크린도어를 열고 탈출해야 하는데, 손잡이를 양쪽으로 밀거나 빨간색 비상바를 밀고 탈출해야 한다. 반대로 역이 아닌 곳에서 멈췄을 경우 감전의 위험이 있으므로 반드시 승무원의 안내에 따라 반대편 선로의 열차 진입에 유의하며 대피 유도등을 따라 침착하게 비상구로 대피해야 한다.

이와 같이 승객들은 철도사고 발생 시 신고, 질서 유지, 빠른 대피를 중점적으로 유념하여 행동해야 한다. 철도사고는 사고 자체가 일어나지 않도록 철저한 안전관리와 예방이 필요하지만, 다양한 원인으로 예상치 못하게 발생한다. 따라서 철도교통을 이용하는 승객 또한 평소에 안전 수칙을 준수하고 비상 상황에서 침착하게 대처하는 훈련이 필요하다.

① 침착함을 잃지 않고 승무원의 안내에 따라 대피해야 한다.
② 화재사고 발생 시 규모가 크지 않다면 빠르게 진화 작업을 해야 한다.
③ 선로에서 대피할 경우 승무원의 안내와 대피 유도등을 따라 대피해야 한다.
④ 열차에서 대피할 때는 탈출이 어려운 사람부터 대피할 수 있도록 도와야 한다.
⑤ 열차사고 발생 시 탈출을 위해 우선 비상핸들을 돌려 열차의 문을 개방해야 한다.

04 다음 글을 읽고 알 수 있는 하향식 읽기 모형의 사례로 적절하지 않은 것은?

글을 읽는 것은 단순히 책에 쓰인 문자를 해독하는 것이 아니라 그 안에 담긴 의미를 파악하는 과정이다. 그렇다면 사람들은 어떤 방식으로 글의 의미를 파악할까? 세상의 모든 어휘를 알고 있는 사람은 없을 것이다. 그러나 대부분의 사람들, 특히 고등교육을 받은 성인들은 자신이 잘 모르는 어휘가 있더라도 글의 전체적인 맥락과 의미를 파악할 수 있다. 이를 설명해 주는 것이 바로 하향식 읽기 모형이다.

하향식 읽기 모형은 독자가 이미 알고 있는 배경지식과 경험을 바탕으로 글의 전체적인 맥락을 먼저 파악하는 방식이다. 하향식 읽기 모형은 독자의 능동적인 참여를 활용하는 읽기로, 여기서 독자는 단순히 글을 받아들이는 수동적인 존재가 아니라 자신의 지식과 경험을 활용하여 글의 의미를 구성해 나가는 주체적인 역할을 한다. 이때 독자는 글의 내용을 예측하고 추론하며, 심지어 자신의 생각을 더하여 글에 대한 이해를 넓혀갈 수 있다.

하향식 읽기 모형의 장점은 빠르고 효율적인 독서가 가능하다는 것이다. 글의 전체적인 맥락을 먼저 파악하기 때문에 글의 핵심 내용을 빠르게 파악할 수 있고, 배경지식을 활용하여 더 깊이 있는 이해를 얻을 수 있다. 또한 예측과 추론을 통한 능동적인 독서는 독서에 대한 흥미를 높여 주는 효과도 있다.

그러나 하향식 읽기 모형은 독자의 배경지식에 의존하여 읽는 방법이므로 배경지식이 부족한 경우 글의 의미를 정확하게 파악하기 어려울 수 있으며, 배경지식에 의존하여 오해를 할 가능성도 크다. 또한 글의 내용이 복잡하다면 많은 배경지식을 가지고 있더라도 글의 맥락을 적극적으로 가정하거나 추측하기 어려운 것 또한 하향식 읽기 모형의 단점이 된다.

하향식 읽기 모형은 글의 내용을 빠르게 이해하고 독자 스스로 내면화할 수 있으므로 독서 능력 향상에 유용한 방법이다. 그러나 모든 글에 동일하게 적용할 수 있는 읽기 모형은 아니므로 글의 종류와 독자의 배경지식에 따라 적절한 읽기 전략을 사용해야 한다. 따라서 하향식 읽기 모형과 함께 상향식 읽기(문자의 정확한 해독), 주석 달기, 소리 내어 읽기 등 다양한 읽기 전략을 활용하여야 한다.

① 회의 자료를 읽기 전 회의 주제를 먼저 파악하여 회의 안건을 예상하였다.
② 기사의 헤드라인을 먼저 읽어 기사의 내용을 유추한 뒤 상세 내용을 읽었다.
③ 제품 설명서를 읽어 제품의 기능과 각 버튼의 용도를 파악하고 기계를 작동시켰다.
④ 요리법의 전체적인 조리 과정을 파악하고 단계별로 필요한 재료와 순서를 확인하였다.
⑤ 서문이나 목차를 통해 책의 전체적인 흐름을 파악하고 관심 있는 부분을 집중적으로 읽었다.

05 농도가 15%인 소금물 200g과 농도가 20%인 소금물 300g을 섞었을 때, 섞인 소금물의 농도는?

① 17%
② 17.5%
③ 18%
④ 18.5%
⑤ 19%

06 남직원 A ~ C, 여직원 D ~ F 6명이 일렬로 앉고자 한다. 동성끼리 인접하지 않고, 여직원 D와 남직원 B가 서로 인접하여 앉는 경우의 수는?

① 12가지
② 20가지
③ 40가지
④ 60가지
⑤ 120가지

07 다음과 같이 일정한 규칙으로 수를 나열할 때, 빈칸에 들어갈 수로 옳은 것은?

-23	-15	-11	5	13	25	( )	45	157	65

① 49
② 53
③ 57
④ 61
⑤ 65

08 다음은 K시의 유치원, 초·중·고등학교, 고등교육기관의 취학률 및 초·중·고등학교의 상급학교 진학률에 대한 자료이다. 이에 대한 설명으로 옳지 않은 것은?

〈유치원, 초·중·고등학교, 고등교육기관 취학률〉

(단위 : %)

구분	2014년	2015년	2016년	2017년	2018년	2019년	2020년	2021년	2022년	2023년
유치원	45.8	45.2	48.3	50.6	51.6	48.1	44.3	45.8	49.7	52.8
초등학교	98.7	99	98.6	98.9	99.3	99.6	98.1	98.1	99.5	99.9
중학교	98.5	98.6	98.1	98	98.9	98.5	97.1	97.6	97.5	98.2
고등학교	95.3	96.9	96.2	95.4	96.2	94.7	92.1	93.7	95.2	95.6
고등교육기관	65.6	68.9	64.9	66.2	67.5	69.2	70.8	71.7	74.3	73.5

〈초·중·고등학교 상급학교 진학률〉

(단위 : %)

구분	2014년	2015년	2016년	2017년	2018년	2019년	2020년	2021년	2022년	2023년
초등학교	100	100	100	100	100	100	100	100	100	100
중학교	99.7	99.7	99.7	99.7	99.7	99.7	99.7	99.7	99.7	99.6
고등학교	93.5	91.8	90.2	93.2	91.7	90.5	91.4	92.6	93.9	92.8

① 중학교의 취학률은 매년 97% 이상이다.

② 매년 취학률이 가장 높은 기관은 초등학교이다.

③ 고등교육기관의 취학률이 70%를 넘긴 해는 2020년부터이다.

④ 2023년에 중학교에서 고등학교로 진학하지 않은 학생의 비율은 전년 대비 감소하였다.

⑤ 고등교육기관의 취학률이 가장 낮은 해와 고등학교의 상급학교 진학률이 가장 낮은 해는 같다.

09 다음은 A기업과 B기업의 2024년 1 ~ 6월 매출액에 대한 자료이다. 이를 그래프로 바르게 변환한 것은?

〈2024년 1 ~ 6월 A, B기업 매출액〉

(단위 : 억 원)

구분	2024년 1월	2024년 2월	2024년 3월	2024년 4월	2024년 5월	2024년 6월
A기업	307.06	316.38	315.97	294.75	317.25	329.15
B기업	256.72	300.56	335.73	313.71	296.49	309.85

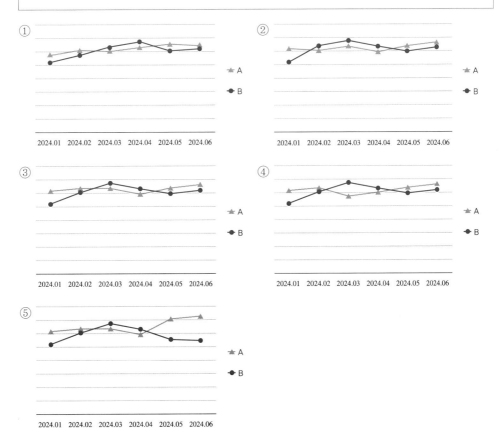

10 다음은 스마트 팜을 운영하는 K사에 대한 SWOT 분석 결과이다. 이에 따른 전략이 나머지와 다른 것은?

〈K사 스마트 팜 SWOT 분석 결과〉

구분		분석 결과
내부환경요인	강점 (Strength)	• 차별화된 기술력 : 기존 스마트 팜 솔루션과 차별화된 센서 기술, AI 기반 데이터 분석 기술 보유 • 젊고 유연한 조직 : 빠른 의사결정과 시장 변화에 대한 적응력 • 정부 사업 참여 경험 : 스마트 팜 관련 정부 사업 참여 가능성
	약점 (Weakness)	• 자금 부족 : 연구개발, 마케팅 등에 필요한 자금 확보 어려움 • 인력 부족 : 다양한 분야의 전문 인력 확보 필요 • 개발력 부족 : 신규 기술 개발 속도 느림
외부환경요인	기회 (Opportunity)	• 스마트 팜 시장 성장 : 스마트 팜에 대한 관심 증가와 이에 따른 정부의 적극적인 지원 • 해외 시장 진출 가능성 : 글로벌 스마트 팜 시장 진출 기회 확대 • 활발한 관련 연구 : 스마트 팜 관련 공동연구 및 포럼, 설명회 등 정보 교류가 활발하게 논의
	위협 (Threat)	• 경쟁 심화 : 후발 주자의 등장과 기존 대기업의 시장 장악 가능성 • 기술 변화 : 빠르게 변화하는 기술 트렌드에 대한 대응 어려움 • 자연재해 : 기후 변화 등 예측 불가능한 자연재해로 인한 피해 가능성

① 정부 지원을 바탕으로 연구개발에 필요한 자금을 확보
② 스마트 팜 관련 공동연구에 참가하여 빠르게 신규 기술을 확보
③ 스마트 팜에 대한 높은 관심을 바탕으로 온라인 펀딩을 통해 자금을 확보
④ 포럼 등 설명회에 적극적으로 참가하여 전문 인력 확충을 위한 인맥을 확보
⑤ 스마트 팜 관련 정부 사업 참여 경험을 바탕으로 정부의 적극적인 지원을 확보

11 다음 대화에서 공통적으로 나타나는 논리적 오류로 가장 적절한 것은?

> A : 반려견 출입 금지라고 쓰여 있는 카페에 갔는데 거절당했어. 반려견 출입 금지면 고양이는 괜
> 찮은 거 아니야?
> B : 어제 직장동료가 "조심히 들어가세요."라고 했는데 집에 들어갈 때만 조심하라는 건가?
> C : 친구가 비가 와서 우울하다고 했는데, 비가 안 오면 행복해지겠지?
> D : 이웃을 사랑하라는 선생님의 가르침을 실천하기 위해 사기를 저지른 이웃을 숨겨 주었어.
> E : 의사가 건강을 위해 채소를 많이 먹으라고 하던데 앞으로는 채소만 먹으면 되겠어.
> F : 긍정적인 생각을 하면 좋은 일이 생기니까 아무리 나쁜 일이 있어도 긍정적으로만 생각하면
> 될 거야.

① 무지의 오류

② 연역법의 오류

③ 과대해석의 오류

④ 허수아비 공격의 오류

⑤ 권위나 인신공격에 의존한 논증

12 A ~ E열차를 운행 거리가 가장 긴 순서대로 나열하려고 한다. 운행 시간 및 평균 속력이 다음과
같을 때, C열차는 몇 번째로 운행 거리가 긴 열차인가?(단, 열차 대기시간은 고려하지 않는다)

<A ~ E열차 운행 시간 및 평균 속력>

구분	운행 시간	평균 속력
A열차	900분	50m/s
B열차	10시간 30분	150km/h
C열차	8시간	55m/s
D열차	720분	2.5km/min
E열차	10시간	2.7km/min

① 첫 번째

② 두 번째

③ 세 번째

④ 네 번째

⑤ 다섯 번째

13 다음 글에서 나타난 문제해결 절차의 단계로 가장 적절한 것은?

> K대학교 기숙사는 최근 학생들의 불만이 끊이지 않고 있다. 특히, 식사의 질이 낮고, 시설이 노후화
> 되었으며 인터넷 연결 상태가 불안정하다는 의견이 많았다. 이에 K대학교 기숙사 운영위원회는 문
> 제해결을 위해 긴급회의를 소집했다.
>
> 회의에서 학생 대표들은 식단의 다양성 부족, 식재료의 신선도 문제, 식당 내 위생 상태 불량 등을
> 지적했다. 또한, 시설 관리 담당자는 건물 외벽의 균열, 낡은 가구, 잦은 누수 현상 등 시설 노후화
> 문제를 강조했다. IT 담당자는 기숙사 내 와이파이 연결 불안정, 인터넷 속도 저하 등 통신환경 문
> 제를 제기했다.
>
> 운영위원회는 이러한 다양한 의견을 종합하여 문제를 더욱 구체적으로 분석하기로 결정했다. 먼저,
> 식사 문제의 경우 학생들의 식습관 변화에 따른 메뉴 구성의 문제점, 식자재 조달 과정의 비효율성,
> 조리 시설의 부족 등의 문제점을 파악했다. 시설 문제는 건물의 노후화로 인한 안전 문제, 에너지
> 효율 저하, 학생들의 편의성 저하 등으로 세분화했다. 마지막으로, 통신환경 문제는 기존 네트워크
> 장비의 노후화, 학생 수 증가에 따른 네트워크 부하 증가 등의 세부 문제가 제시되었다.

① 문제 인식　　　　　　　　　　② 문제 도출
③ 원인 분석　　　　　　　　　　④ 해결안 개발
⑤ 실행 및 평가

14 다음 중 빈칸에 들어갈 단어로 가장 적절한 것은?

> 감사원의 조사 결과 J공사는 공공사업을 위해 투입된 세금을 본래의 목적에 사용하지 않고 무단으
> 로 _____했음이 밝혀졌다.

① 전용(轉用)　　　　　　　　　② 남용(濫用)
③ 적용(適用)　　　　　　　　　④ 활용(活用)
⑤ 준용(遵用)

15 다음 중 비행을 하기 위한 시조새의 신체 조건으로 가장 적절한 것은?

> 시조새(Archaeopteryx)는 약 1억 5천만 년 전 중생대 쥐라기 시대에 살았던 고대 생물로, 조류와 공룡의 중간 단계에 위치한 생물이다. 1861년 독일 바이에른 지방에 있는 졸른호펜 채석장에서 화석이 발견된 이후, 시조새는 조류의 기원과 공룡에서 새로의 진화 과정을 밝히는 데 중요한 단서를 제공해 왔다. '시조(始祖)'라는 이름에서 알 수 있듯이 시조새는 현대 조류의 조상으로 여겨지며 고생물학계에서 매우 중요한 연구 대상으로 취급된다.
>
> 시조새는 오늘날의 새와는 여러 가지 차이점이 있다. 이빨이 있는 부리, 긴 척추뼈로 이루어진 꼬리, 그리고 날개에 있는 세 개의 갈고리 발톱은 공룡의 특징을 잘 보여준다. 비록 현대 조류처럼 가슴뼈가 비행에 최적화된 형태로 발달되지는 않았지만, 갈비뼈와 팔에 강한 근육이 붙어있어 짧은 거리를 활강하거나 나뭇가지 사이를 오르내리며 이동할 수 있었던 것으로 추정된다.
>
> 한편, 시조새는 비대칭형 깃털을 가진 최초의 동물 중 하나로, 이는 비행을 하기에 적합한 형태이다. 시조새의 깃털은 현대의 날 수 있는 조류처럼 바람을 맞는 곳의 깃털은 짧고, 뒤쪽은 긴 형태인데, 이러한 비대칭형 깃털은 양력을 제공해 짧은 거리의 활강을 가능하게 했으며, 새의 조상으로서 비행의 초기 형태를 보여준다. 이로 인해 시조새는 공룡에서 새로 이어지는 진화 과정을 이해하는 데 있어 중요한 생물학적 증거로 여겨지고 있다.
>
> 시조새의 화석 연구는 당시의 생태계에 대한 정보도 제공하고 있다. 시조새는 열대 우림이나 활엽수림 근처에서 생활하며 나뭇가지를 오르내렸을 가능성이 큰 것으로 추정된다. 시조새의 이동 방식에 대해서는 여러 가설이 존재하지만, 짧은 거리의 활강을 통해 먹이를 찾고 이동했을 것이라는 주장이 유력하다.
>
> 결론적으로 시조새는 공룡과 새의 특성을 모두 가진 중간 단계의 생물로, 진화의 과정을 이해하는 데 핵심적인 역할을 한다. 시조새의 다양한 신체적 특징들은 공룡에서 새로 이어지는 진화의 연결고리를 보여주며, 조류 비행의 기원을 이해하는 중요한 증거로 평가된다.

① 날개 사이에 근육질의 익막이 있다.
② 날개에는 세 개의 갈고리 발톱이 있다.
③ 날개의 깃털이 비대칭 구조로 형성되어 있다.
④ 척추뼈가 꼬리까지 이어지는 유선형 구조이다.
⑤ 현대 조류처럼 가슴뼈가 비행에 최적화된 구조이다.

16 다음 글의 주제로 가장 적절한 것은?

> 사람들에게 의학을 대표하는 인물을 물어본다면 대부분 히포크라테스(Hippocrates)를 떠올릴 것이다. 히포크라테스는 당시 신의 징벌이나 초자연적인 힘으로 생각되었던 질병을 관찰을 통해 자연적 현상으로 이해하였고, 당시 마술이나 철학으로 여겨졌던 의학을 분리하였다. 이에 따라 의사라는 직업이 과학적인 기반 위에 만들어지게 되었다. 현재에는 의학의 아버지로 불리며 히포크라테스 선서라고 불리는 의사의 윤리적 기준을 저술한 것으로 알려져 있다. 이처럼 히포크라테스는 서양의학의 상징으로 받아들여지지만, 서양의학에 절대적인 영향을 준 사람은 클라우디오스 갈레노스(Claudius Galenus)이다.
>
> 갈레노스는 로마 시대 검투사 담당의에서 황제 마르쿠스 아우렐리우스의 주치의로 활동한 의사로, 해부학, 생리학, 병리학에 걸친 방대한 의학체계를 집대성하여 이후 1,000년 이상 서양의학의 토대를 닦았다. 당시에는 인체의 해부가 금지되어 있었기 때문에 갈레노스는 원숭이, 돼지 등을 사용하여 해부학적 지식을 쌓았으며, 임상 실험을 병행하여 의학적 지식을 확립하였다. 이러한 해부 및 실험을 통해 갈레노스는 여러 장기의 기능을 밝히고, 근육과 뼈를 구분하였으며 심장의 판막이나 정맥과 동맥의 차이점 등을 밝혀내거나 혈액이 혈관을 통해 신체 말단까지 퍼져나가며 신진대사를 조절하는 물질을 운반한다고 밝혀냈다. 물론 갈레노스도 히포크라테스가 주장한 4원소에 따른 4체액설(혈액, 담즙, 황담즙, 흑담즙)을 믿거나 피를 뽑아 치료하는 사혈법을 주장하는 등 현대 의학과는 거리가 있지만, 당시에 의학 이론을 해부와 실험을 통해 증명하고 방대한 저술을 남겼다는 놀라운 업적을 가지고 있으며 이것이 실제로 가장 오랫동안 서양의학을 실제로 지배하는 토대가 되었다.

① 갈레노스의 생애와 의학의 발전
② 고대에서 현대까지 해부학의 발전 과정
③ 히포크라테스 선서에 의한 전문직의 도덕적 기준
④ 히포크라테스와 갈레노스가 서양의학에 끼친 영향과 중요성
⑤ 히포크라테스와 갈레노스의 4체액설이 현대 의학에 끼친 영향

17 다음 중 제시된 단어와 가장 비슷한 단어는?

비상구

① 진입로   ② 출입구

③ 돌파구   ④ 여울목

⑤ 탈출구

18 A열차가 어떤 터널을 진입하고 5초 후 B열차가 같은 터널에 진입하였다. 이후 B열차가 먼저 터널을 빠져나왔고 5초 후 A열차가 터널을 빠져나왔다. A열차가 터널을 빠져나오는 데 걸린 시간이 14초일 때, B열차는 A열차보다 몇 배 빠른가?(단, A열차와 B열차 모두 속력의 변화는 없으며, 두 열차의 길이는 서로 같다)

① 2배   ② 2.5배

③ 3배   ④ 3.5배

⑤ 4배

19 A팀은 5일부터 5일마다 회의실을 사용하고, B팀은 4일부터 4일마다 회의실을 사용하기로 하였으며, 두 팀이 사용하고자 하는 날이 겹칠 경우에는 A, B팀이 번갈아가며 사용하기로 하였다. 어느 날 A팀과 B팀이 사용하고자 하는 날이 겹쳤을 때, 겹친 날을 기준으로 A팀이 9번, B팀이 8번 회의실을 사용했다면, 이때까지 A팀은 회의실을 최대 몇 번 이용하였는가?(단, 회의실 사용일이 첫 번째로 겹친 날에는 A팀이 먼저 사용하였으며, 회의실 사용일은 주말 및 공휴일도 포함한다)

① 61회   ② 62회

③ 63회   ④ 64회

⑤ 65회

20 다음 모스 굳기 10단계에 해당하는 광물 A ~ C가 〈조건〉을 만족할 때, 이에 대한 설명으로 옳은 것은?

〈모스 굳기 10단계〉

단계	1단계	2단계	3단계	4단계	5단계
광물	활석	석고	방해석	형석	인회석
단계	6단계	7단계	8단계	9단계	10단계
광물	정장석	석영	황옥	강옥	금강석

- 모스 굳기 단계의 단계가 낮을수록 더 무른 광물이고, 단계가 높을수록 단단한 광물이다.
- 단계가 더 낮은 광물로 단계가 더 높은 광물을 긁으면 긁힘 자국이 생기지 않는다.
- 단계가 더 높은 광물로 단계가 더 낮은 광물을 긁으면 긁힘 자국이 생긴다.

> **조건**
> - 광물 A로 광물 B를 긁으면 긁힘 자국이 생기지 않는다.
> - 광물 A로 광물 C를 긁으면 긁힘 자국이 생긴다.
> - 광물 B로 광물 C를 긁으면 긁힘 자국이 생긴다.
> - 광물 B는 인회석이다.

① 광물 C는 석영이다.
② 광물 A는 방해석이다.
③ 광물 A가 가장 무르다.
④ 광물 B가 가장 단단하다.
⑤ 광물 B는 모스 굳기 단계가 7단계 이상이다.

21 J공사는 지방에 있는 지점 사무실을 공유 오피스로 이전하고자 한다. 다음 사무실 이전 조건을 참고할 때, 〈보기〉 중 이전할 오피스로 가장 적절한 곳은?

〈사무실 이전 조건〉

- 지점 근무 인원 : 71명
- 사무실 예상 이용 기간 : 5년
- 교통 조건 : 역이나 버스 정류장에서 도보 10분 이내
- 시설 조건 : 자사 홍보영상 제작을 위한 스튜디오 필요, 회의실 필요
- 비용 조건 : 다른 조건이 모두 가능한 공유 오피스 중 가장 저렴한 곳(1년 치 비용 선납 가능)

보기

구분	가용 인원수	보유시설	교통 조건	임대비용
A오피스	100인	라운지, 회의실, 스튜디오, 복사실, 탕비실	A역에서 도보 8분	1인당 연간 600만 원
B오피스	60인	회의실, 스튜디오, 복사실	B정류장에서 도보 5분	1인당 월 40만 원
C오피스	100인	라운지, 회의실, 스튜디오	C역에서 도보 7분	월 3,600만 원
D오피스	90인	회의실, 복사실, 탕비실	D정류장에서 도보 4분	월 3,500만 원 (1년 치 선납 시 8% 할인)
E오피스	80인	라운지, 회의실, 스튜디오	E역과 연결된 사무실	월 3,800만 원 (1년 치 선납 시 10% 할인)

① A오피스 ② B오피스
③ C오피스 ④ D오피스
⑤ E오피스

※ 다음은 에너지바우처 사업에 대한 자료이다. 이어지는 질문에 답하시오. **[22~23]**

〈에너지바우처〉

1. 에너지바우처란?

   국민 모두가 시원한 여름, 따뜻한 겨울을 보낼 수 있도록 에너지 취약계층을 위해 에너지바우처(이용권)를 지급하여 전기, 도시가스, 지역난방, 등유, LPG, 연탄을 구입할 수 있도록 지원하는 제도

2. 신청대상 : 소득기준과 세대원 특성기준을 모두 충족하는 세대
   - 소득기준 : 국민기초생활 보장법에 따른 생계급여 / 의료급여 / 주거급여 / 교육급여 수급자
   - 세대원 특성기준 : 주민등록표 등본상 기초생활수급자(본인) 또는 세대원이 다음 중 어느 하나에 해당하는 경우
     - 노인 : 65세 이상
     - 영유아 : 7세 이하의 취학 전 아동
     - 장애인 : 장애인복지법에 따라 등록한 장애인
     - 임산부 : 임신 중이거나 분만 후 6개월 미만인 여성
     - 중증질환자, 희귀질환자, 중증난치질환자 : 국민건강보험법 시행령에 따라 보건복지부장관이 정하여 고시하는 중증질환, 희귀질환, 중증난치질환을 가진 사람
     - 한부모가족 : 한부모가족지원법에 따른 '모' 또는 '부'로서 아동인 자녀를 양육하는 사람
     - 소년소녀가정 : 보건복지부에서 정한 아동분야 지원대상에 해당하는 사람(아동복지법에 의한 가정위탁보호 아동 포함)
   - 지원 제외 대상 : 세대원 모두가 보장시설 수급자
   - 다음의 경우 동절기 에너지바우처 중복 지원 불가
     - 긴급복지지원법에 따라 동절기 연료비를 지원받은 자(세대)
     - 한국에너지공단의 등유바우처를 발급받은 자(세대)
     - 한국광해광업공단의 연탄쿠폰을 발급받은 자(세대)
     ※ 하절기 에너지바우처를 사용한 수급자가 동절기에 위 사업들을 신청할 경우 동절기 에너지바우처를 중지 처리한 후 신청함(중지사유 : 타동절기 에너지이용권 수급)
     ※ 동절기 에너지바우처를 일부 사용한 경우 위 사업들은 신청 불가함

3. 바우처 지원금액

구분	1인 세대	2인 세대	3인 세대	4인 이상 세대
하절기	55,700원	73,800원	90,800원	117,000원
동절기	254,500원	348,700원	456,900원	599,300원
총액	310,200원	422,500원	547,700원	716,300원

4. 지원방법
   - 요금차감
     - 하절기 : 전기요금 고지서에서 요금을 자동으로 차감
     - 동절기 : 도시가스 / 지역난방 중 하나를 선택하여 고지서에서 요금을 자동으로 차감
   - 실물카드 : 동절기 도시가스, 등유, LPG, 연탄을 실물카드(국민행복카드)로 직접 결제

---

22 다음 중 에너지바우처에 대한 설명으로 옳지 않은 것은?

① 36개월의 아이가 있는 의료급여 수급자 A는 에너지바우처를 신청할 수 있다.

② 혼자서 아이를 3명 키우는 교육급여 수급자 B는 1년에 70만 원을 넘게 지원받을 수 있다.

③ 보장시설인 양로시설에 살면서 생계급여를 받는 70세 독거노인 C는 에너지바우처를 신청할 수 있다.

④ 에너지바우처 기준을 충족하는 D는 겨울에 연탄보일러를 사용하므로 실물카드를 받는 방법으로 지원을 받아야 한다.

⑤ 희귀질환을 앓고 있는 어머니와 함께 단둘이 사는 생계급여 수급자 E는 에너지바우처를 통해 여름에 전기비에서 73,800원이 차감될 것이다.

23 다음은 A, B가족의 에너지바우처 정보이다. A, B가족이 올해 에너지바우처를 통해 지원받는 금액의 총합은 얼마인가?

〈A, B가족의 에너지바우처 정보〉

구분	세대 인원	소득기준	세대원 특성기준	특이사항
A가족	5명	의료급여 수급자	영유아 2명	연탄쿠폰 발급받음
B가족	2명	생계급여 수급자	소년소녀가정	지역난방 이용

① 190,800원

② 539,500원

③ 948,000원

④ 1,021,800원

⑤ 1,138,800원

24 다음 C 프로그램을 실행하였을 때의 결과로 옳은 것은?

```
#include <stdio.h>
int main( ) {
    int result=0;
    while (result<2) {
        result=result+1;
        printf("%d₩n",result);
        result=result−1;
    }
}
```

① 실행되지 않는다.

② 0
  1

③ 0
  −1

④ 1
  1

⑤ 1이 무한히 출력된다.

25 다음은 A국과 B국의 물가지수 동향에 대한 자료이다. [E2] 셀에 「=ROUND(D2,−1)」를 입력하였을 때, 출력되는 값은?

〈A, B국 물가지수 동향〉

	A	B	C	D	E
1		A국	B국	평균 판매지수	
2	2024년 1월	122.313	112.36	117.3365	
3	2024년 2월	119.741	110.311	115.026	
4	2024년 3월	117.556	115.379	116.4675	
5	2024년 4월	124.739	118.652	121.6955	
6	⋮	⋮	⋮	⋮	
7					

① 100

② 105

③ 110

④ 115

⑤ 120

26 다음 빈칸에 들어갈 내용으로 가장 적절한 것은?

주의력 결핍 과잉행동장애(ADHD)는 학령기 아동에게 흔히 나타나는 질환으로, 주의력 결핍, 과잉행동, 충동성의 증상을 보인다. 이는 아동의 학교 및 가정생활에 큰 영향을 미치며, 적절한 치료와 관리가 필요하다. ADHD의 원인은 신경화학적 요인과 유전적 요인이 복합적으로 작용하는 것으로 여겨진다. 도파민과 노르에피네프린 같은 신경전달물질의 불균형이 주요 원인으로 지목되며, 가족력이 있는 경우 ADHD 발병 확률이 높아진다. 연구에 따르면, ADHD는 상당한 유전적 연관성을 보이며, 부모나 형제 중에 ADHD를 가진 사람이 있을 경우 그 위험이 증가한다.

환경적 요인도 ADHD 발병에 영향을 미칠 수 있다. 임신 중 음주, 흡연, 약물 사용 등이 위험을 높일 수 있으며, 조산이나 저체중 출산도 연관성이 있다. 이러한 환경적 요인들은 태아의 뇌 발달에 영향을 미쳐 ADHD 발병 가능성을 증가시킬 수 있다. 그러나 이러한 요인들이 단독으로 ADHD를 유발하는 것은 아니며, 다양한 요인이 복합적으로 작용하여 증상이 나타난다.

ADHD 치료는 약물요법과 비약물요법으로 나뉜다. 약물요법에서는 메틸페니데이트 같은 중추신경자극제가 널리 사용된다. 이 약물은 도파민과 노르에피네프린의 재흡수를 억제해 증상을 완화한다. 이러한 약물은 주의력 향상과 충동성 감소에 효과적이며, 많은 연구에서 그 효능이 입증되었다. 비약물요법으로는 행동개입 요법과 심리사회적 프로그램이 있다. 이는 구조화된 환경에서 집중을 방해하는 요소를 최소화하고, 연령에 맞는 개입방법을 적용한다. 예를 들어, 학령기 아동에게는 그룹 부모훈련과 교실 내 행동개입 프로그램이 추천된다.

가정에서는 부모가 아이가 해야 할 일을 목록으로 작성하도록 돕고, 한 번에 한 가지씩 처리하도록 지도해야 한다. 특히 아이의 바람직한 행동에는 칭찬하고, 잘못된 행동에는 책임을 지도록 하는 것이 중요하다. 이러한 방법은 아이의 자존감을 높이고 긍정적인 행동을 강화하는 데 도움이 된다. 학교에서는 과제를 짧게 나누고, 수업이 지루하지 않도록 하며, 규칙과 보상을 일관되게 유지해야 한다. 교사는 ADHD 아동이 주의가 산만해질 수 있는 환경적 요소를 제거하고, 많은 격려와 칭찬을 통해 학습 동기를 유발해야 한다.

ADHD는 완치가 어려운 만성 질환이지만 적절한 치료와 관리를 통해 증상을 개선할 수 있다. 약물치료와 비약물 치료를 병행하고 가정과 학교에서 적절한 지원이 이루어지면 ADHD 아동도 건강하고 행복한 삶을 영위할 수 있다. 결론적으로, ADHD는 _____
따라서 다양한 원인에 부합하는 맞춤형 치료와 환경 조성을 통해 아동의 잠재력을 최대한 발휘할 수 있도록 지원해야 한다. 이는 아동이 자신의 능력을 충분히 발휘하고 성공적인 삶을 살아가는 데 중요한 역할을 한다.

① 완벽한 치료가 불가능한 불치병이다.
② 약물 치료를 통해 쉽게 치료가 가능하다.
③ 다양한 원인이 복합적으로 작용하는 질환이다.
④ 아동에게 적극적으로 개입해 충동성을 감소시켜야 하는 질환이다.

27 다음 중 밑줄 친 단어가 맞춤법상 옳지 않은 것은?

① 김주임은 지난 분기 매출을 조사하여 증가량을 <u>백분율</u>로 표기하였다.

② 젊은 세대를 중심으로 빠른 이직 트렌드가 형성되어 <u>이직률</u>이 높아지고 있다.

③ 이번 학기 <u>출석율</u>이 이전보다 크게 향상되어 학생들의 참여도가 높아지고 있다.

④ 이번 시험의 <u>합격률</u>이 역대 최고치를 기록하며 수험생들에게 희망을 안겨주었다.

28 S공사는 2024년 상반기에 신입사원을 채용하였다. 전체 지원자 중 채용에 불합격한 남성 수와 여성 수는 같으며, 합격한 남성 수와 여성 수의 비율은 2 : 3이라고 한다. 남성 전체 지원자와 여성 전체 지원자의 비율이 6 : 7이고, 합격한 남성 수가 32명이면 전체 지원자는 몇 명인가?

① 192명

② 200명

③ 208명

④ 216명

29 다음은 직장가입자 보수월액보험료에 대한 자료이다. A씨가 〈조건〉에 따라 장기요양보험료를 납부할 때, A씨의 2023년 보수월액은?(단, 소수점 첫째 자리에서 반올림한다)

〈직장가입자 보수월액보험료〉

- 개요 : 보수월액보험료는 직장가입자의 보수월액에 보험료율을 곱하여 산정한 금액에 경감 등을 적용하여 부과한다.
- 보험료 산정 방법
  - 건강보험료는 다음과 같이 산정한다.
    (건강보험료)=(보수월액)×(건강보험료율)
    ※ 보수월액 : 동일사업장에서 당해 연도에 지급받은 보수총액을 근무월수로 나눈 금액
  - 장기요양보험료는 다음과 같이 산정한다.
    2022.12.31. 이전 : (장기요양보험료)=(건강보험료)×(장기요양보험료율)

    2023.01.01. 이후 : (장기요양보험료)=(건강보험료)×$\dfrac{(장기요양보험료율)}{(건강보험료율)}$

〈2020 ~ 2024년 보험료율〉

(단위 : %)

구분	2020년	2021년	2022년	2023년	2024년
건강보험료율	6.67	6.86	6.99	7.09	7.09
장기요양보험료율	10.25	11.52	12.27	0.9082	0.9182

조건

- A씨는 K공사에서 2011년 3월부터 2023년 9월까지 근무하였다.
- A씨는 3개월 후 2024년 1월부터 S공사에서 현재까지 근무하고 있다.
- A씨의 2023년 장기요양보험료는 35,120원이었다.

① 3,866,990원 ② 3,974,560원
③ 4,024,820원 ④ 4,135,970원

30 다음 중 개인정보보호법에서 사용하는 용어에 대한 정의로 옳지 않은 것은?

① '가명처리'란 추가 정보 없이도 특정 개인을 알아볼 수 있도록 처리하는 것을 말한다.

② '정보주체'란 처리되는 정보에 의하여 알아볼 수 있는 사람으로서 그 정보의 주체가 되는 사람을 말한다.

③ '개인정보'란 살아 있는 개인에 관한 정보로서 성명, 주민등록번호 및 영상 등을 통하여 개인을 알아볼 수 있는 정보를 말한다.

④ '처리'란 개인정보의 수집, 생성, 연계, 연동, 기록, 저장, 보유, 가공, 편집, 검색, 출력, 정정, 복구, 이용, 제공, 공개, 파기, 그 밖에 이와 유사한 행위를 말한다.

31 다음은 생활보조금 신청자의 소득 및 결과에 대한 자료이다. 월 소득이 100만 원 이하인 사람은 보조금 지급이 가능하고, 100만 원을 초과한 사람은 보조금 지급이 불가능할 때, 보조금 지급을 받는 사람의 수를 구하는 함수로 옳은 것은?

〈생활보조금 신청자 소득 및 결과〉

	A	B	C	D	E
1	지원번호	소득(만 원)	결과		
2	1001	150	불가능		
3	1002	80	가능		보조금 지급 인원 수
4	1003	120	불가능		
5	1004	95	가능		
6	⋮	⋮	⋮		
7					

① =COUNTIF(A:C,"<=100")

② =COUNTIF(A:C,<=100)

③ =COUNTIF(B:B,"<=100")

④ =COUNTIF(B:B,<=100)

32 다음은 초등학생의 주차별 용돈에 대한 자료이다. 빈칸에 들어갈 함수를 바르게 짝지은 것은?(단, 한 달은 4주로 한다)

〈초등학생 주차별 용돈〉

	A	B	C	D	E	F
1	학생번호	1주	2주	3주	4주	합계
2	1	7,000	8,000	12,000	11,000	(A)
3	2	50,000	60,000	45,000	55,000	
4	3	70,000	85,000	40,000	55,000	
5	4	10,000	6,000	18,000	14,000	
6	5	24,000	17,000	34,000	21,000	
7	6	27,000	56,000	43,000	28,000	
8	한 달 용돈이 150,000원 이상인 학생 수					(B)

	(A)	(B)
①	=SUM(B2:E2)	=COUNTIF(F2:F7, " > = 150,000")
②	=SUM(B2:E2)	=COUNTIF(B2:E2, " > = 150,000")
③	=SUM(B2:E2)	=COUNTIF(B2:E7, " > = 150,000")
④	=SUM(B2:E7)	=COUNTIF(F2:F7, " > = 150,000")

33 다음 중 빅데이터 분석 기획 절차를 순서대로 바르게 나열한 것은?

① 범위 설정 → 프로젝트 정의 → 위험 계획 수립 → 수행 계획 수립

② 범위 설정 → 프로젝트 정의 → 수행 계획 수립 → 위험 계획 수립

③ 프로젝트 정의 → 범위 정의 → 위험 계획 수립 → 수행 계획 수립

④ 프로젝트 정의 → 범위 설정 → 수행 계획 수립 → 위험 계획 수립

34 다음 중 밑줄 친 부분의 단어가 어법상 옳은 것은?

> K씨는 항상 ㉠ 짜깁기 / 짜집기한 자료로 보고서를 작성했다. 처음에는 아무도 눈치채지 못했지만,
> 시간이 지나면서 K씨의 작업이 다른 사람들의 것과 비교해 질적으로 떨어지는 것이 분명해졌다.
> K씨는 결국 동료들 사이에서 ㉡ 뒤처지기 / 뒤쳐지기 시작했고, 격차를 좁히기 위해 더 많은 시간을
> 투자해야 했다.

	㉠	㉡
①	짜깁기	뒤처지기
②	짜깁기	뒤쳐지기
③	짜집기	뒤처지기
④	짜집기	뒤쳐지기

35 다음 중 공문서 작성 시 유의해야 할 점으로 옳지 않은 것은?

① 한 장에 담아내는 것이 원칙이다.
② 부정문이나 의문문의 형식은 피한다.
③ 마지막엔 반드시 '끝'자로 마무리한다.
④ 날짜 다음에 괄호를 사용할 경우에는 반드시 마침표를 찍는다.

36 영서가 어머니와 함께 40분 동안 만두를 60개 빚었다고 한다. 어머니가 혼자서 1시간 동안 만두를
빚을 수 있는 개수가 영서가 혼자서 1시간 동안 만두를 빚을 수 있는 개수보다 10개 더 많을 때,
영서는 혼자서 1시간 동안 만두를 몇 개 빚을 수 있는가?

① 30개   ② 35개
③ 40개   ④ 45개

37 대칭수는 순서대로 읽은 수와 거꾸로 읽은 수가 같은 수를 가리키는 말이다. 예컨대, 121, 303, 1,441, 85,058 등은 대칭수이다. 1,000 이상 50,000 미만의 대칭수는 모두 몇 개인가?

① 180개   ② 325개

③ 405개   ④ 490개

38 어떤 자연수 '25□'가 3의 배수일 때, □에 들어갈 수 있는 모든 자연수의 합은?

① 12   ② 13

③ 14   ④ 15

39 바이올린, 호른, 오보에, 플루트 4가지의 악기를 다음 〈조건〉에 따라 좌우로 4칸인 선반에 각각 1대씩 보관하려 한다. 각 칸에는 1대의 악기만 배치할 수 있을 때, 왼쪽에서 두 번째 칸에 배치할 수 없는 악기는?

> **조건**
> • 호른은 바이올린 바로 왼쪽에 위치한다.
> • 오보에는 플루트 바로 왼쪽에 위치하지 않는다.

① 바이올린   ② 호른

③ 오보에   ④ 플루트

40 다음 중 비영리 조직에 해당하지 않는 것은?

① 교육기관   ② 자선단체

③ 사회적 기업   ④ 비정부기구

41 다음은 D기업의 분기별 재무제표에 대한 자료이다. 2022년 4분기의 영업이익률은 얼마인가?

〈D기업 분기별 재무제표〉

(단위 : 십억 원, %)

구분	2022년 1분기	2022년 2분기	2022년 3분기	2022년 4분기	2023년 1분기	2023년 2분기	2023년 3분기	2023년 4분기
매출액	40	50	80	60	60	100	150	160
매출원가	30	40	70	80	100	100	120	130
매출총이익	10	10	10	( )	-40	0	30	30
판관비	3	5	5	7	8	5	7.5	10
영업이익	7	5	5	( )	-8	-5	22.5	20
영업이익률	17.5	10	6.25	( )	-80	-5	15	12.5

※ (영업이익률)=(영업이익)÷(매출액)×100

※ (영업이익)=(매출총이익)-(판관비)

※ (매출총이익)=(매출액)-(매출원가)

① -30%
② -45%
③ -60%
④ -75%

42 5km/h의 속력으로 움직이는 무빙워크를 이용하여 이동하는 데 36초가 걸렸다. 무빙워크 위에서 무빙워크와 같은 방향으로 4km/h의 속력으로 걸어 이동할 때 걸리는 시간은?

① 10초
② 15초
③ 20초
④ 25초

43 다음 순서도에서 출력되는 result 값은?

〈순서도 기호〉

기호	설명	기호	설명
	시작과 끝을 나타낸다.		어느 것을 택할 것인지 판단한다.
	데이터를 입력하거나 계산하는 등의 처리를 한다.		선택한 값을 출력한다.

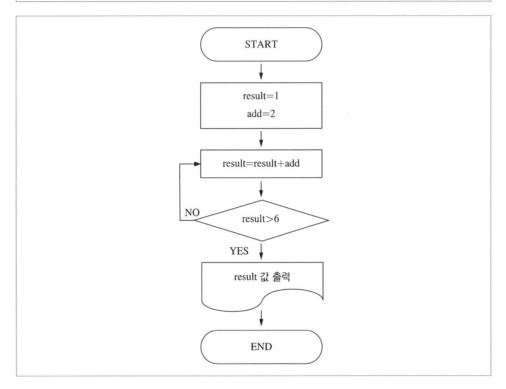

① 11　　　　　　　　　　② 10

③ 9　　　　　　　　　　④ 8

⑤ 7

44 다음은 A컴퓨터 A/S센터의 하드디스크 수리 방문접수 과정에 대한 순서도이다. 하드디스크 데이터 복구를 문의할 때, 출력되는 도형은 무엇인가?

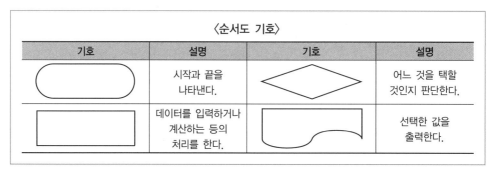

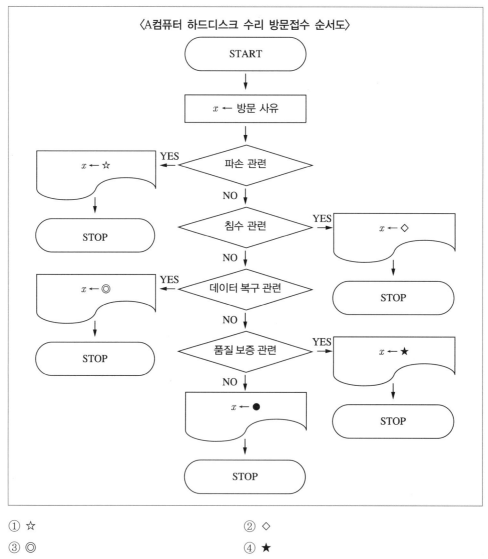

① ☆

② ◇

③ ◎

④ ★

⑤ ●

45 다음은 EAN-13 바코드 부여 규칙에 대한 자료이다. 상품코드의 맨 앞 자릿수가 9일 때, 2 ~ 7번째 자릿수가 '387655'라면 이를 이진코드로 바르게 변환한 것은?

<EAN-13 바코드 부여 규칙>

1. 13자리 상품코드의 맨 앞 자릿수에 따라 다음과 같이 변환한다.

상품코드 번호	2 ~ 7번째 자릿수	8 ~ 13번째 자릿수
0	AAAAAA	CCCCCC
1	AABABB	CCCCCC
2	AABBAB	CCCCCC
3	AABBBA	CCCCCC
4	ABAABB	CCCCCC
5	ABBAAB	CCCCCC
6	ABBBAA	CCCCCC
7	ABABAB	CCCCCC
8	ABABBA	CCCCCC
9	ABBABA	CCCCCC

2. A, B, C는 다음과 같이 상품코드 번호를 이진코드로 변환한 값이다.

상품코드 번호	A	B	C
0	0001101	0100111	1110010
1	0011001	0110011	1100110
2	0010011	0011011	1101100
3	0111101	0100001	1000010
4	0100011	0011101	1011100
5	0110001	0111001	1001110
6	0101111	0000101	1010000
7	0111011	0010001	1000100
8	0110111	0001001	1001000
9	0001011	0010111	1110100

	2번째 수	3번째 수	4번째 수	5번째 수	6번째 수	7번째 수
①	0111101	0001001	0010001	0101111	0111001	0110001
②	0100001	0001001	0010001	0000101	0111101	0111101
③	0111101	0110111	0111011	0101111	0111001	0111101
④	0100001	0101111	0010001	0010111	0100111	0001011
⑤	0111101	0011001	0010001	0101111	0011001	0111001

※ 다음은 청소 유형별 청소기 사용 방법 및 고장 유형별 확인 사항에 대한 자료이다. 이어지는 질문에 답하시오. [46~47]

〈청소 유형별 청소기 사용 방법〉

구분	사용 방법
일반 청소	1. 기본형 청소구를 장착해 주세요. 2. 작동 버튼을 눌러 주세요.
틈새 청소	1. 기본형 청소구의 입구 돌출부를 누르고 잡아당기면 좁은 흡입구를 꺼낼 수 있습니다. 　반대로 돌출부를 누르면서 밀어 넣으면 좁은 흡입구를 안쪽으로 정리할 수 있습니다. 2. 1.의 좁은 흡입구를 꺼낸 상태에서 돌출부를 시계 방향으로 돌리면 돌출부를 고정할 수 있습니다. 3. 좁은 흡입구를 고정한 후 작동 버튼을 눌러 주세요. 　(좁은 흡입구에는 솔이 함께 들어 있습니다)
카펫 청소	1. 별도의 돌기 청소구로 교체해 주세요. 　(기본형으로도 카펫 청소를 할 수 있으나, 청소 효율이 떨어집니다) 2. 작동 버튼을 눌러 주세요.
스팀 청소	1. 별도의 스팀 청소구로 교체해 주세요. 2. 스팀 청소구의 물통에 물을 충분히 채운 후 뚜껑을 잠가 주세요. 　※ 반드시 전원을 분리한 상태에서 진행해 주세요. 3. 걸레판에 걸레를 부착한 후 스팀 청소구의 노즐에 장착해 주세요. 　※ 반드시 전원을 분리한 상태에서 진행해 주세요. 4. 스팀 청소 버튼을 누르고 안전 스위치를 눌러 주세요. 　※ 안전을 위해 안전 스위치를 누르는 동안에만 스팀이 발생합니다. 　※ 스팀 청소 작업 도중 및 완료 직후에 청소기를 거꾸로 세우거나 스팀 청소구를 눕히면 뜨거운 　　물이 새어 나와 화상을 입을 수 있습니다. 5. 스팀 청소 완료 후 물이 충분히 식은 후 물통 및 스팀 청소구를 분리해 주세요. 　※ 충분히 식지 않은 상태에서 분리 시 뜨거운 물이 새어 나와 화상의 위험이 있습니다.

〈고장 유형별 확인 사항〉

구분	확인 사항
흡입력 약화	• 흡입구, 호스, 먼지통, 먼지분리기에 크기가 큰 이물질이 걸려 있는지 확인해 주세요. • 필터를 교체해 주세요. • 먼지통, 먼지분리기, 필터의 조립 상태를 확인해 주세요.
청소기 미작동	• 전원이 제대로 연결되어 있는지 확인해 주세요.
물 보충 램프 깜빡임	• 물통에 물이 충분한지 확인해 주세요. • 물이 충분히 채워졌어도 꺼질 때까지 시간이 다소 걸립니다. 잠시 기다려 주세요.
스팀 안 나옴	• 물통에 물이 충분한지 확인해 주세요. • 안전 스위치를 눌렀는지 확인해 주세요.
바닥에 물이 남음	• 스팀 청소구를 너무 자주 좌우로 기울이면 물이 소량 새어 나올 수 있습니다. • 걸레가 많이 젖었으므로 걸레를 교체해 주세요.
악취 발생	• 제품 기능상의 문제는 아니므로 고장이 아닙니다. • 먼지통 및 필터를 교체해 주세요. • 스팀 청소구의 물통 등 청결 상태를 확인해 주세요.
소음 발생	• 흡입구, 호스, 먼지통, 먼지분리기에 크기가 큰 이물질이 걸려 있는지 확인해 주세요. • 먼지통, 먼지분리기, 필터의 조립 상태를 확인해 주세요.

46 다음 중 청소 유형별 청소기 사용 방법에 대한 설명으로 옳지 않은 것은?

① 기본형 청소구로 카펫 청소가 가능하다.

② 스팀 청소 직후 통을 분리하면 화상의 위험이 있다.

③ 기본형 청소구를 이용하여 좁은 틈새를 청소할 수 있다.

④ 안전 스위치를 1회 누르면 별도의 외부 입력 없이 스팀을 지속하여 발생시킬 수 있다.

⑤ 스팀 청소 시 물 보충 및 걸레 부착 작업은 반드시 전원을 분리한 상태에서 진행해야 한다.

47 다음 중 고장 유형별 확인 사항이 바르게 연결되어 있지 않은 것은?

① 물 보충 램프 깜빡임 : 잠시 기다리기

② 악취 발생 : 스팀 청소구의 청결 상태 확인하기

③ 흡입력 약화 : 먼지통, 먼지분리기, 필터의 조립 상태 확인하기

④ 바닥에 물이 남음 : 물통에 물이 너무 많이 있는지 확인하기

⑤ 소음 발생 : 흡입구, 호스, 먼지통, 먼지분리기의 이물질 걸림 확인하기

48 다음 중 동료의 피드백을 장려하기 위한 방안으로 적절하지 않은 것은?

① 행동과 수행을 관찰한다.

② 즉각적인 피드백을 제공한다.

③ 뛰어난 수행성과에 대해서는 인정한다.

④ 간단하고 분명한 목표와 우선순위를 설정한다.

⑤ 긍정적인 상황에서는 피드백을 자제하는 것도 나쁘지 않다.

49 다음 중 내적 동기를 유발하는 방법으로 적절하지 않은 것은?

① 변화를 두려워하지 않는다.

② 업무 관련 교육을 생략한다.

③ 주어진 일에 책임감을 갖는다.

④ 창의적인 문제해결법을 찾는다.

⑤ 새로운 도전의 기회를 부여한다.

50 다음은 갈등 정도와 조직 성과의 관계에 대한 그래프이다. 이에 대한 설명으로 옳지 않은 것은?

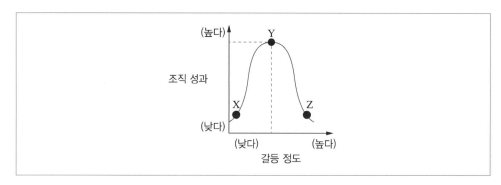

① 적절한 갈등이 있을 경우 가장 높은 조직 성과를 얻을 수 있다.

② 갈등이 없을수록 조직 내부가 결속되어 높은 조직 성과를 보인다.

③ Y점에서는 갈등의 순기능, Z점에서는 갈등의 역기능이 작용한다.

④ 갈등이 없을 경우 낮은 조직 성과를 얻을 수 있다.

⑤ 갈등이 잦을 경우 낮은 조직 성과를 얻을 수 있다.

01 법

| 서울교통공사

01 다음 중 노동법의 성질이 다른 하나는?

① 산업안전보건법
② 남녀고용평등법
③ 산업재해보상보험법
④ 근로자참여 및 협력증진에 관한 법
⑤ 고용보험법

| 서울교통공사

02 다음 〈보기〉 중 용익물권에 해당하는 것을 모두 고르면?

> **보기**
>
> | | |
> |---|---|
> | 가. 지상권 | 나. 점유권 |
> | 다. 지역권 | 라. 유치권 |
> | 마. 전세권 | 바. 저당권 |

① 가, 다, 마   ② 가, 라, 바
③ 나, 라, 바   ④ 다, 라, 마
⑤ 라, 마, 바

03 다음 중 선고유예와 집행유예의 내용에 대한 분류가 옳지 않은 것은?

구분	선고유예	집행유예
실효	유예한 형을 선고	유예선고의 효력 상실
요건	1년 이하 징역·금고, 자격정지, 벌금	3년 이하 징역·금고, 500만 원 이하의 벌금형
유예기간	1년 이상 5년 이하	2년
효과	면소	형의 선고 효력 상실

① 실효   ② 요건

③ 유예기간   ④ 효과

⑤ 없음

04 다음 〈보기〉 중 형법상 몰수가 되는 것은 모두 몇 개인가?

> **보기**
> • 범죄행위에 제공한 물건
> • 범죄행위에 제공하려고 한 물건
> • 범죄행위로 인하여 생긴 물건
> • 범죄행위로 인하여 취득한 물건
> • 범죄행위의 대가로 취득한 물건

① 1개   ② 2개

③ 3개   ④ 4개

⑤ 5개

05 다음 중 상법상 법원이 아닌 것은?

① 판례   ② 조례

③ 상관습법   ④ 상사자치법

⑤ 보통거래약관

┃ 한국중부발전

01 다음 중 대한민국 중앙정부의 인사조직형태에 대한 설명으로 옳지 않은 것은?

① 실적주의의 인사행정을 위해서는 독립합의형보다 비독립단독형 인사조직이 적절하다.

② 비독립단독형 인사기관은 독립합의형 인사기관에 비해 의사결정이 신속하다는 특징이 있다.

③ 독립합의형 인사기관의 경우 비독립단독형 인사기관에 비해 책임소재가 불분명하다는 특징이 있다.

④ 독립합의형 인사기관은 일반적으로 일반행정부처에서 분리되어 있으며, 독립적 지위를 가진 합의체의 형태를 갖는다.

┃ 한국중부발전

02 다음 〈보기〉 중 정부실패의 원인으로 옳지 않은 것을 모두 고르면?

> **보기**
>
> ㉠ 정부가 민간주체보다 정보에 대한 접근성이 높아서 발생한다.
> ㉡ 공공부문의 불완전경쟁으로 인해 발생한다.
> ㉢ 정부행정이 사회적 필요에 비해 장기적 관점에서 추진되어 발생한다.
> ㉣ 정부의 공급은 공공재라는 성격을 가지기 때문에 발생한다.

① ㉠, ㉡   ② ㉠, ㉢

③ ㉡, ㉢   ④ ㉡, ㉣

┃ 한국중부발전

03 다음 〈보기〉에서 행정의 가치 중 수단적 가치가 아닌 것을 모두 고르면?

> **보기**
>
> ㉠ 공익   ㉡ 자유
> ㉢ 합법성   ㉣ 민주성
> ㉤ 복지

① ㉠, ㉡, ㉣   ② ㉠, ㉡, ㉤

③ ㉠, ㉢, ㉣   ④ ㉠, ㉣, ㉤

04 다음 중 신공공관리론과 뉴거버넌스에 대한 설명으로 옳은 것은?

① 뉴거버넌스는 민영화, 민간위탁을 통한 서비스의 공급을 지향한다.

② 영국의 대처주의, 미국의 레이거노믹스는 모두 신공공관리론에 토대를 둔 정치기조이다.

③ 뉴거버넌스는 정부가 사회의 문제해결을 주도하여 민간 주체들의 적극적 참여를 유도하는 것을 추구한다.

④ 신공공관리론은 정부실패를 지적하며 등장한 이론으로, 민간에 대한 충분한 정보력을 갖춘 크고 완전한 정부를 추구한다.

05 다음 중 사물인터넷을 사용하지 않은 경우는?

① 스마트 팜 시스템을 도입하여 작물 재배의 과정을 최적화, 효율화한다.

② 비상전력체계를 이용하여 재난 및 재해 등 위기상황으로 전력 차단 시 동력을 복원한다.

③ 커넥티드 카를 이용하여 차량 관리 및 운행 현황 모니터링을 자동화한다.

④ 스마트 홈 기술을 이용하여 가정 내 조명, 에어컨 등을 원격 제어한다.

06 다음 〈보기〉 중 수평적 인사이동에 해당하지 않는 것을 모두 고르면?

> **보기**
> ㄱ. 강임   ㄴ. 승진
> ㄷ. 전보   ㄹ. 전직

① ㄱ, ㄴ   ② ㄱ, ㄷ

③ ㄴ, ㄷ   ④ ㄷ, ㄹ

07 다음 〈보기〉 중 유료 요금제에 해당하지 않는 것을 모두 고르면?

> **보기**
>
> ㄱ. 국가지정문화재 관람료
> ㄴ. 상하수도 요금
> ㄷ. 국립공원 입장료

① ㄱ   ② ㄷ
③ ㄱ, ㄴ   ④ ㄴ, ㄷ

08 다음 중 예산원칙의 예외에 대한 설명으로 옳지 않은 것은?

① 특별회계는 단일성의 원칙에 대한 예외이다.
② 준예산제도는 사전의결의 원칙에 대한 예외이다.
③ 예산의 이용(移用)은 한계성의 원칙에 대한 예외이다.
④ 목적세는 공개성의 원칙에 대한 예외이다.

09 다음 중 정책집행에 대한 설명으로 옳지 않은 것은?

① 사바티어(Sabatier)는 정책집행의 하향식 접근법과 상향식 접근법의 통합모형을 제시했다.
② 버만(Berman)은 집행현장에서 집행조직과 정책사업 사이의 상호적응의 중요성을 강조하였다.
③ 프레스만과 윌다브스키(Pressman & Wildavsky)는 집행과정상의 공동행위의 복잡성을 강조하였다.
④ 나카무라와 스몰우드(Nakamura & Smallwood)의 정책집행자 유형 중 관료적 기업가형은 정책의 대략적인 방향을 정책결정자가 정하고, 정책집행자들이 이 목표의 구체적 집행에 필요한 폭넓은 재량권을 위임받아 정책을 집행하는 유형이다.

10 다음 중 정책참여자에 대한 설명으로 옳지 않은 것은?

① 의회와 지방자치단체는 모두 공식적 참여자에 해당된다.

② 정당과 NGO는 비공식적 참여자에 해당된다.

③ 사회구조가 복잡해진 현대에는 공식적 참여자의 중요도가 상승하였다.

④ 사회적 의사결정에서 정부의 역할이 줄어들수록 비공식적 참여자의 중요도가 높아진다.

11 다음 중 정책문제에 대한 설명으로 옳지 않은 것은?

① 정책문제는 정책결정의 대상으로, 공적인 성격이 강하고 공익성을 추구하는 성향을 갖는다.

② 주로 가치판단의 문제를 포함하고 있어 계량화가 난해하다.

③ 정책문제 해결의 주요 주체는 정부이다.

④ 기업경영에서의 의사결정에 비해 고려사항이 단순하다.

12 다음 중 회사모형의 특징에 대한 설명으로 옳은 것은?

① 사이어트와 드로어가 주장한 모형으로, 조직의 의사결정 방식에 대해 설명하는 이론이다.

② 합리적 결정과 점증적 결정이 누적 및 혼합되어 의사결정이 이루어진다고 본다.

③ 조직들 간의 연결성이 강하지 않은 경우를 전제로 하고 있다.

④ 정책결정 단계를 초정책결정 단계, 정책결정 단계, 후정책결정 단계로 구분하여 설명한다.

13 다음 〈보기〉 중 블라우와 스콧이 주장한 조직 유형에 대한 설명으로 옳지 않은 것을 모두 고르면?

> ㄱ. 호혜조직의 1차적 수혜자는 조직 내 의사결정의 참여를 보장받는 구성원이며, 은행, 유통업체 등이 해당된다.
> ㄴ. 사업조직의 1차적 수혜자는 조직의 소유자이며, 이들의 주목적은 이윤 추구이다.
> ㄷ. 봉사조직의 1차적 수혜자는 이들을 지원하는 후원조직으로, 서비스 제공을 위한 인프라 및 자금조달을 지원한다.
> ㄹ. 공공조직의 1차적 수혜자는 공공서비스의 수혜인 일반대중이며, 경찰, 소방서, 군대 등이 공공조직에 해당된다.

① ㄱ, ㄴ
② ㄱ, ㄷ
③ ㄴ, ㄷ
④ ㄷ, ㄹ

14 다음 중 우리나라 직위분류제의 구조에 대한 설명으로 옳지 않은 것은?

① 직군 : 직위분류제의 구조 중 가장 상위의 구분 단위이다.
② 직위 : 개인에게 부여되는 직무와 책임이다.
③ 직류 : 동일 직렬 내 직무가 동일한 것이다.
④ 직렬 : 일반적으로 해당 구성원 간 동일한 보수 체계를 적용받는 구분이다.

15 다음 중 엽관주의와 실적주의에 대한 설명으로 옳지 않은 것은?

① 민주주의적 평등 이념의 실현을 위해서는 엽관주의보다 실적주의가 유리하다.
② 엽관주의와 실적주의 모두 조직 수반에 대한 정치적 정합성보다 정치적 중립성 확보가 강조된다.
③ 공공조직에서 엽관주의적 인사가 이루어지면 구성원들의 신분이 불안정해진다는 단점이 있다.
④ 미국은 엽관주의의 폐단에 대한 대안으로 펜들턴 법의 제정에 따라 인사행정에 실적주의가 도입되었다.

16 다음 중 발생주의 회계의 특징으로 옳은 것은?

① 현금의 유출입 발생 시 회계 장부에 기록하는 방법을 의미한다.

② 실질적 거래의 발생을 회계처리에 정확히 반영할 수 있다는 장점이 있다.

③ 회계연도 내 경영활동과 성과에 대해 정확히 측정하기 어렵다는 한계가 있다.

④ 재화나 용역의 인수 및 인도 시점을 기준으로 장부에 기입한다.

⑤ 수익과 비용이 대응되지 않는다는 한계가 있다.

17 다음 〈보기〉 중 맥그리거(D. McGregor)의 인간관에 대한 설명으로 옳지 않은 것을 모두 고르면?

> **보기**
>
> ㄱ. X이론은 부정적이고 수동적인 인간관에 근거하고 있고, Y이론은 긍정적이고 적극적인 인간관에 근거하고 있다.
> ㄴ. X이론에서는 보상과 처벌을 통한 통제보다는 직원들에 대한 조언과 격려에 의한 경영전략을 강조하였다.
> ㄷ. Y이론에서는 자율적 통제를 강조하는 경영전략을 제시하였다.
> ㄹ. X이론의 적용을 위한 대안으로 권한의 위임 및 분권화, 직무 확대 등을 제시했다.

① ㄱ, ㄴ   ② ㄱ, ㄷ

③ ㄴ, ㄷ   ④ ㄴ, ㄹ

⑤ ㄷ, ㄹ

┃한국중부발전

01 다음 중 종단분석과 횡단분석의 비교가 옳지 않은 것은?

구분	종단분석	횡단분석
방법	시간적	공간적
목표	특성이나 현상의 변화	집단의 특성 또는 차이
표본 규모	큼	작음
횟수	반복	1회

① 방법
② 목표
③ 표본 규모
④ 횟수

┃한국중부발전

02 다음 중 향후 채권이자율이 시장이자율보다 높아질 것으로 예상될 때 나타날 수 있는 현상으로 옳은 것은?

① 1년 만기 은행채, 장기신용채 등의 발행이 늘어난다.
② 만기에 가까워질수록 채권가격 상승에 따른 이익을 얻을 수 있다.
③ 채권가격이 액면가보다 높은 가격에 거래되는 할증채 발행이 증가한다.
④ 별도의 이자 지급 없이 채권발행 시 이자금액을 공제하는 방식을 선호하게 된다.

┃한국서부발전

03 다음 중 BCG 매트릭스에 대한 설명으로 옳은 것은?

① 스타(Star) 사업 : 높은 시장점유율로 현금창출은 양호하나, 성장 가능성은 낮은 사업이다.
② 현금젖소(Cash Cow) 사업 : 성장 가능성과 시장점유율이 모두 낮아 철수가 필요한 사업이다.
③ 개(Dog) 사업 : 성장 가능성과 시장점유율이 모두 높아서 계속 투자가 필요한 유망 사업이다.
④ 물음표(Question Mark) 사업 : 신규 사업 또는 현재 시장점유율은 낮으나, 향후 성장 가능성이 높은 사업이다.

04 다음 중 테일러의 과학적 관리법의 특징에 대한 설명으로 옳지 않은 것은?

① 작업량에 따라 임금을 차등하여 지급한다.

② 작업능률을 최대로 높이기 위하여 노동의 표준량을 정한다.

③ 관리에 대한 전문화를 통해 노동자의 태업을 사전에 방지한다.

④ 작업에 사용하는 도구 등을 개별 용도에 따라 다양하게 제작하여 성과를 높인다.

05 다음 중 테일러의 과학적 관리법과 관계가 없는 것은?

① 시간연구   ② 동작연구

③ 동등 성과급제   ④ 과업관리

⑤ 표준 작업조건

06 다음 중 근로자가 직무능력 평가를 위해 개인능력평가표를 활용하는 제도는?

① 자기신고제도   ② 직능자격제도

③ 평가센터제도   ④ 직무순환제도

⑤ 기능목록제도

07 다음 중 데이터베이스 마케팅에 대한 설명으로 옳지 않은 것은?

① 기업 규모와 관계없이 모든 기업에서 활용이 가능하다.

② 기존 고객의 재구매를 유도하며, 장기적인 마케팅 전략 수립이 가능하다.

③ 인구통계, 심리적 특성, 지리적 특성 등을 파악하여 고객별 맞춤 서비스가 가능하다.

④ 단방향 의사소통으로 고객과 1 : 1 관계를 구축하여 즉각적으로 반응을 확인할 수 있다.

⑤ 고객자료를 바탕으로 고객 및 매출 증대에 대한 마케팅 전략을 실행하는 데 목적이 있다.

08 다음 중 공정성 이론에서 절차적 공정성에 해당하지 않는 것은?

① 접근성　　　　　　　　　　　② 반응속도
③ 형평성　　　　　　　　　　　④ 유연성
⑤ 적정성

09 다음 중 e-비즈니스 기업의 장점으로 옳지 않은 것은?

① 빠른 의사결정을 진행할 수 있다.
② 양질의 고객서비스를 제공할 수 있다.
③ 배송, 물류비 등 각종 비용을 절감할 수 있다.
④ 소비자에게 더 많은 선택권을 부여할 수 있다.
⑤ 기업이 더 높은 가격으로 제품을 판매할 수 있다.

10 다음 중 조직시민행동에 대한 설명으로 옳지 않은 것은?

① 조직 구성원이 수행하는 행동에 대해 의무나 보상이 존재하지 않는다.
② 조직 구성원의 자발적인 참여가 바탕이 되며, 대부분 강제적이지 않다.
③ 조직 내 바람직한 행동을 유도하고, 구성원의 조직 참여도를 제고한다.
④ 조직 구성원의 처우가 좋지 않을수록 조직시민행동은 자발적으로 일어난다.
⑤ 조직의 리더가 구성원으로부터 신뢰를 받을 때 구성원의 조직시민행동이 크게 증가한다.

11 다음 중 분배적 협상의 특징으로 옳지 않은 것은?

① 협상에 따른 이익을 정해진 비율로 분배한다.
② 정보를 숨겨 필요한 정보만 선택적으로 활용한다.
③ 협상을 통해 공동의 이익을 확대(Win - Win)한다.
④ 상호 목표 배치 시 자기의 입장을 명확히 주장한다.
⑤ 간부회의, 밀실회의 등을 통한 의사결정을 주로 진행한다.

12 다음에서 설명하는 직무분석방법은?

> • 여러 직무활동을 동시에 기록할 수 있다.
> • 직무활동 전체의 모습을 파악할 수 있다.
> • 직무성과가 외형적일 때 적용이 가능하다.

① 관찰법   ② 면접법
③ 워크 샘플링법   ④ 질문지법
⑤ 연구법

13 다음 중 전문품에 대한 설명으로 옳지 않은 것은?

① 가구, 가전제품 등이 해당된다.
② 제품의 가격이 상대적으로 비싼 편이다.
③ 특정 브랜드에 대한 높은 충성심이 나타난다.
④ 충분한 정보 제공 및 차별화가 중요한 요소로 작용한다.
⑤ 소비자가 해당 브랜드에 대한 충분한 지식이 없는 경우가 많다.

14 다음 중 연속생산에 대한 설명으로 옳은 것은?

① 단위당 생산원가가 낮다.
② 운반비용이 많이 소요된다.
③ 제품의 수명이 짧은 경우 적합한 방식이다.
④ 제품의 수요가 다양한 경우 적합한 방식이다.
⑤ 작업자의 숙련도가 떨어질 경우 작업에 참여시키지 않는다.

15 다음 중 주식 관련 상품에 대한 설명으로 옳지 않은 것은?

① ELF : ELS와 ELD의 중간 형태로, ELS를 기초 자산으로 하는 펀드를 말한다.
② ELB : 채권, 양도성 예금증서 등 안전자산에 주로 투자하며, 원리금이 보장된다.
③ ELD : 수익률이 코스피200지수에 연동되는 예금으로, 주로 정기예금 형태로 판매한다.
④ ELS : 주가지수 또는 종목의 주가 움직임에 따라 수익률이 결정되며, 만기가 없는 증권이다.
⑤ ELT : ELS를 특정금전신탁 계좌에 편입하는 신탁상품으로, 투자자의 의사에 따라 운영한다.

16 다음 중 인사와 관련된 이론에 대한 설명으로 옳지 않은 것은?

① 로크는 인간이 합리적으로 행동한다는 가정에서 개인이 의식적으로 얻으려고 설정한 목표가 동기와 행동에 영향을 미친다고 주장하였다.
② 브룸은 동기 부여에 대해 기대이론을 적용하여 기대감, 적합성, 신뢰성을 통해 구성원의 직무에 대한 동기 부여를 결정한다고 주장하였다.
③ 매슬로는 욕구의 위계를 생리적 욕구, 안전의 욕구, 애정과 공감의 욕구, 존경의 욕구, 자아실현의 욕구로 나누어 단계별로 욕구가 작용한다고 설명하였다.
④ 맥그리거는 인간의 본성에 대해 부정적인 관점인 X이론과 긍정적인 관점인 Y이론이 있으며, 경영자는 조직목표 달성을 위해 근로자의 본성(X, Y)을 파악해야 한다고 주장하였다.
⑤ 허즈버그는 욕구를 동기요인과 위생요인으로 나누었으며, 동기요인에는 인정감, 성취, 성장 가능성, 승진, 책임감, 직무 자체가 해당되고, 위생요인에는 보수, 대인관계, 감독, 직무안정성, 근무환경, 회사의 정책 및 관리가 해당된다.

17 다음 글에 해당하는 마케팅 STP 단계는 무엇인가?

- 서로 다른 욕구를 가지고 있는 다양한 고객들을 하나의 동질적인 고객집단으로 나눈다.
- 인구, 지역, 사회, 심리 등을 기준으로 활용한다.
- 전체시장을 동질적인 몇 개의 하위시장으로 구분하여 시장별로 차별화된 마케팅을 실행한다.

① 시장세분화　　　　　　② 시장매력도 평가
③ 표적시장 선정　　　　　④ 포지셔닝
⑤ 재포지셔닝

18 다음 중 BCG 매트릭스에 대한 설명으로 옳지 않은 것은?

① X축은 상대적 시장점유율, Y축은 성장률을 의미한다.

② 1970년대 미국 보스턴컨설팅그룹에 의해 개발된 경영전략 분석기법이다.

③ 수익이 많고 안정적이어서 현상을 유지하는 것이 필요한 사업은 스타(Star)이다.

④ 물음표(Question), 스타(Star), 현금젖소(Cash Cow), 개(Dog)의 4개 영역으로 구성된다.

19 다음 중 변혁적 리더십의 특성으로 옳지 않은 것은?

① 구성원들은 리더가 이상적이며 높은 수준의 기준과 능력을 지니고 있다고 생각한다.

② 리더는 구성원 모두가 공감할 수 있는 바람직한 목표를 설정하고, 그들이 이를 이해하도록 한다.

③ 리더는 구성원들의 생각, 가치, 신념 등을 발전시키고, 그들이 창의적으로 행동하도록 이끈다.

④ 구성원들을 리더로 얼마나 육성했는지보다 구성원의 성과 측정을 통해 객관성을 가질 수 있다는 효과가 있다.

20 다음 중 변혁적 리더십의 구성요소에 해당하지 않는 것은?

① 감정적 치유   ② 카리스마

③ 영감적 동기화   ④ 지적 자극

21 다음 중 매트릭스 조직의 단점으로 옳지 않은 것은?

① 책임, 목표, 평가 등에 대한 갈등이 유발되어 혼란을 줄 수 있다.

② 관리자 및 구성원 모두에게 역할 등에 대한 스트레스를 유발할 수 있다.

③ 힘의 균형을 유지하기 어려워 경영자의 개입이 빈번하게 일어날 수 있다.

④ 구성원의 창의력을 저해하고, 문제해결에 필요한 전문지식이 부족할 수 있다.

22 다음 중 가치사슬 분석을 통해 얻을 수 있는 효과로 옳지 않은 것은?

① 프로세스 혁신   ② 원가 절감
③ 매출 확대   ④ 품질 향상

23 다음 K기업 재무회계 자료를 참고할 때, 기초부채를 계산하면 얼마인가?

• 기초자산 : 100억 원
• 기말자본 : 65억 원
• 총수익 : 35억 원
• 총비용 : 20억 원

① 30억 원   ② 40억 원
③ 50억 원   ④ 60억 원

24 다음 중 ERG 이론에 대한 설명으로 옳지 않은 것은?

① 매슬로의 욕구 5단계설을 발전시켜 주장한 이론이다.
② 인간의 욕구를 중요도 순으로 계층화하여 정의하였다.
③ 인간의 욕구를 존재욕구, 관계욕구, 성장욕구의 3단계로 나누었다.
④ 상위에 있는 욕구를 충족시키지 못하면 하위에 있는 욕구는 더욱 크게 감소한다.

25 다음 중 기업이 사업 다각화를 추진하는 목적으로 볼 수 없는 것은?

① 기업의 지속적인 성장 추구   ② 사업위험 분산
③ 유휴자원의 활용   ④ 기업의 수익성 강화

| 한국중부발전

01 J기업이 다음 〈조건〉과 같이 생산량을 늘린다고 할 때, 한계비용은 얼마인가?

> **조건**
> • J기업의 제품 1단위당 노동가격은 4, 자본가격은 6이다.
> • J기업은 제품 생산량을 50개에서 100개로 늘리려고 한다.
> • 평균비용 $P=2L+K+\dfrac{100}{Q}$ (L : 노동가격, K : 자본가격, Q : 생산량)

① 10   ② 12

③ 14   ④ 16

| 한국서부발전

02 다음은 A국과 B국이 노트북 1대와 TV 1대를 생산하는 데 필요한 작업 시간을 나타낸 자료이다. A국과 B국의 비교우위에 대한 설명으로 옳은 것은?

구분	노트북	TV
A국	6시간	8시간
B국	10시간	8시간

① A국이 노트북, TV 생산 모두 비교우위에 있다.

② B국이 노트북, TV 생산 모두 비교우위에 있다.

③ A국은 노트북 생산, B국은 TV 생산에 비교우위가 있다.

④ A국은 TV 생산, B국은 노트북 생산에 비교우위가 있다.

| 한국서부발전

03 다음 중 다이내믹 프라이싱에 대한 설명으로 옳지 않은 것은?

① 동일한 제품과 서비스에 대한 가격을 시장 상황에 따라 변화시켜 적용하는 전략이다.

② 호텔, 항공 등의 가격을 성수기 때 인상하고, 비수기 때 인하하는 것이 대표적인 예이다.

③ 기업은 소비자별 맞춤형 가격을 통해 수익을 극대화할 수 있다.

④ 소비자 후생이 증가해 소비자의 만족도가 높아진다.

04 다음 〈보기〉 중 빅맥 지수에 대한 설명으로 옳은 것을 모두 고르면?

> **보기**
> ㉠ 빅맥 지수를 최초로 고안한 나라는 미국이다.
> ㉡ 각 나라의 물가수준을 비교하기 위해 고안된 지수로, 구매력 평가설을 근거로 한다.
> ㉢ 맥도날드 빅맥 가격을 기준으로 한 이유는 전 세계에서 가장 동질적으로 판매되고 있는 상품이기 때문이다.
> ㉣ 빅맥 지수를 구할 때 빅맥 가격은 제품 가격과 서비스 가격의 합으로 계산한다.

① ㉠, ㉡   ② ㉠, ㉢
③ ㉡, ㉢   ④ ㉡, ㉣

05 다음 중 확장적 통화정책의 영향으로 옳은 것은?

① 건강보험료가 인상되어 정부의 세금 수입이 늘어난다.
② 이자율이 하락하고, 소비 및 투자가 감소한다.
③ 이자율이 상승하고, 환율이 하락한다.
④ 은행이 채무불이행 위험을 줄이기 위해 더 높은 이자율과 담보 비율을 요구한다.

06 다음 중 노동의 수요공급곡선에 대한 설명으로 옳지 않은 것은?

① 노동 수요는 파생수요라는 점에서 재화시장의 수요와 차이가 있다.
② 상품 가격이 상승하면 노동 수요곡선은 오른쪽으로 이동한다.
③ 토지, 설비 등이 부족하면 노동 수요곡선은 오른쪽으로 이동한다.
④ 노동에 대한 인식이 긍정적으로 변화하면 노동 공급곡선은 오른쪽으로 이동한다.

07 다음 〈조건〉에 따라 S씨가 할 수 있는 최선의 선택은?

> **조건**
> • S씨는 퇴근 후 운동을 할 계획으로 헬스, 수영, 자전거, 달리기 중 하나를 고르려고 한다.
> • 각 운동이 주는 만족도(이득)는 헬스 5만 원, 수영 7만 원, 자전거 8만 원, 달리기 4만 원이다.
> • 각 운동에 소요되는 비용은 헬스 3만 원, 수영 2만 원, 자전거 5만 원, 달리기 3만 원이다.

① 헬스   ② 수영
③ 자전거   ④ 달리기

08 다음 중 수요의 가격탄력성에 대한 설명으로 옳지 않은 것은?

① 수요의 가격탄력성은 가격의 변화에 따른 수요의 변화를 의미한다.
② 분모는 상품 가격의 변화량을 상품 가격으로 나눈 값이다.
③ 대체재가 많을수록 수요의 가격탄력성은 탄력적이다.
④ 가격이 1% 상승할 때 수요가 2% 감소하였으면 수요의 가격탄력성은 2이다.
⑤ 가격탄력성이 0보다 크면 탄력적이라고 할 수 있다.

09 다음 중 대표적인 물가지수인 GDP 디플레이터를 구하는 계산식으로 옳은 것은?

① (실질 GDP)÷(명목 GDP)×100
② (명목 GDP)÷(실질 GDP)×100
③ (실질 GDP)+(명목 GDP)÷2
④ (명목 GDP)−(실질 GDP)÷2
⑤ (실질 GDP)÷(명목 GDP)×2

10 다음 〈조건〉을 참고할 때, 한계소비성향(MPC) 변화에 따른 현재 소비자들의 소비 변화폭은?

> **조건**
> • 기존 소비자들의 연간 소득은 3,000만 원이며, 한계소비성향은 0.6을 나타내었다.
> • 현재 소비자들의 연간 소득은 4,000만 원이며, 한계소비성향은 0.7을 나타내었다.

① 700   ② 1,100

③ 1,800   ④ 2,500

⑤ 3,700

11 다음 중 빈칸에 들어갈 단어가 바르게 짝지어진 것은?

> • 환율이 ____㉠____ 하면 순수출이 증가한다.
> • 국내이자율이 높아지면 환율은 ____㉡____ 한다.
> • 국내물가가 오르면 환율은 ____㉢____ 한다.

	㉠	㉡	㉢
①	하락	상승	하락
②	하락	상승	상승
③	하락	하락	하락
④	상승	하락	상승
⑤	상승	하락	하락

12 다음 중 독점적 경쟁시장에 대한 설명으로 옳지 않은 것은?

① 독점적 경쟁시장은 완전경쟁시장과 독점시장의 중간 형태이다.
② 대체성이 높은 제품의 공급자가 시장에 다수 존재한다.
③ 시장진입과 퇴출이 자유롭다.
④ 독점적 경쟁기업의 수요곡선은 우하향하는 형태를 나타낸다.
⑤ 가격경쟁이 비가격경쟁보다 활발히 진행된다.

13 다음 중 고전학파와 케인스학파에 대한 설명으로 옳지 않은 것은?

① 케인스학파는 경기가 침체할 경우, 정부의 적극적 개입이 바람직하지 않다고 주장하였다.

② 고전학파는 임금이 매우 신축적이어서 노동시장이 항상 균형상태에 이르게 된다고 주장하였다.

③ 케인스학파는 저축과 투자가 국민총생산의 변화를 통해 같아지게 된다고 주장하였다.

④ 고전학파는 실물경제와 화폐를 분리하여 설명한다.

⑤ 케인스학파는 단기적으로 화폐의 중립성이 성립하지 않는다고 주장하였다.

14 다음 사례에서 나타나는 현상으로 옳은 것은?

> • 물은 사용 가치가 크지만 교환 가치가 작은 반면, 다이아몬드는 사용 가치가 작지만 교환 가치는 크게 나타난다.
> • 한계효용이 작을수록 교환 가치가 작으며, 한계효용이 클수록 교환 가치가 크다.

① 매몰비용의 오류   ② 감각적 소비

③ 보이지 않는 손   ④ 가치의 역설

⑤ 희소성

15 다음 자료를 참고하여 실업률을 구하면 얼마인가?

> • 생산가능인구 : 50,000명
> • 취업자 : 20,000명
> • 실업자 : 5,000명

① 10%   ② 15%

③ 20%   ④ 25%

⑤ 30%

05 기계

| 한국중부발전

01 다음 중 단면 1차 모멘트에 대한 설명으로 옳지 않은 것은?

① 단면 1차 모멘트의 차원은 L^3 이다.
② 단면 1차 모멘트의 값은 항상 양수이다.
③ 중공형 단면의 1차 모멘트는 전체 형상의 단면 1차 모멘트에서 뚫린 형상의 단면 1차 모멘트를 제하여 구한다.
④ 임의 형상에 대한 단면 1차 모멘트는 미소 면적에 대한 단면 1차 모멘트를 전체 면적에 대해 적분하여 구한다.

| 한국중부발전

02 다음 중 알루미늄 호일을 뭉치면 물에 가라앉지만, 같은 양의 호일로 배 형상을 만들면 물에 뜨는 이유로 옳은 것은?

① 부력은 물체의 밀도와 관련이 있다.
② 부력은 유체에 잠기는 영역의 부피와 관련이 있다.
③ 부력은 중력과 관련이 있다.
④ 부력은 유체와 물체 간 마찰력과 관련이 있다.

| 한국중부발전

03 다음 중 백주철을 열처리한 것으로, 강도, 인성, 내식성 등이 우수하여 유니버설 조인트 등에 사용되는 주철은?

① 회주철   ② 가단주철
③ 칠드주철   ④ 구상흑연주철

| 한국중부발전

04 다음 화학식을 참고할 때, 탄소 6kg 연소 시 필요한 공기의 양은?(단, 공기 내 산소는 20%이다)

$$C + O_2 = CO_2$$

① 30kg   ② 45kg
③ 60kg   ④ 80kg

05 다음 중 하중의 종류와 그 하중이 적용하는 방식에 대한 설명으로 옳지 않은 것은?

① 압축하중의 하중 방향은 축 방향과 평행으로 작용한다.

② 인장하중의 하중 방향은 축 방향과 평행으로 작용한다.

③ 전단하중의 하중 방향은 축 방향과 수직으로 작용한다.

④ 교번하중은 일정한 크기와 일정한 방향을 가진 하중이 반복적으로 작용하는 하중이다.

06 단면이 원이고 탄성계수가 250,000Mpa인 철강 3m가 있다. 이 철강에 100kN의 인장하중이 작용하여 1.5mm가 늘어날 때, 이 철강의 직경은?

① 약 2.3cm

② 약 3.2cm

③ 약 4.5cm

④ 약 4.8cm

07 단면이 직사각형인 단순보에 다음과 같은 등분포하중이 작용할 때, 최대 처짐량은 얼마인가?(단, $E=240\text{Gpa}$이다)

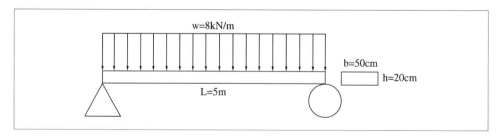

① 약 0.13mm

② 약 0.32mm

③ 약 0.65mm

④ 약 0.81mm

08 다음 그림과 같은 외팔보에 등분포하중이 작용할 때, 처짐각은?(단, $EI = 10,000kN \cdot m^2$이다)

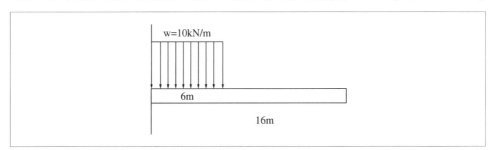

① 0.9×10^{-2} rad

② 1.8×10^{-2} rad

③ 2.7×10^{-2} rad

④ 3.6×10^{-2} rad

09 다음 중 프루드(Fr) 수에 대한 정의로 옳은 것은?

① 관성력과 점성력의 비를 나타낸다.

② 관성력과 탄성력의 비를 나타낸다.

③ 중력과 점성력의 비를 나타낸다.

④ 관성력과 중력의 비를 나타낸다.

10 다음 〈보기〉의 원소를 체심입방격자와 면심입방격자로 바르게 구분한 것은?

> **보기**
>
> ㄱ. Al   ㄴ. Cr
> ㄷ. Mo   ㄹ. Cu
> ㅁ. V   ㅂ. Ag

	체심입방격자	면심입방격자
①	ㄱ, ㄷ, ㄹ	ㄴ, ㅁ, ㅂ
②	ㄱ, ㄹ, ㅂ	ㄴ, ㄷ, ㅁ
③	ㄴ, ㄷ, ㄹ	ㄱ, ㅁ, ㅂ
④	ㄴ, ㄷ, ㅁ	ㄱ, ㄹ, ㅂ

11 다음 중 질량 10kg의 물을 10℃에서 60℃로 가열할 때 필요한 열량은?

① 2,100kJ

② 2,300kJ

③ 2,500kJ

④ 2,700kJ

⑤ 2,900kJ

12 다음 〈보기〉 중 이상기체의 내부에너지와 엔탈피에 대한 설명으로 옳은 것을 모두 고르면?

> **보기**
>
> ㄱ. n몰의 단원자 분자 기체의 내부에너지와 다원자 분자 기체의 내부에너지는 같다.
> ㄴ. n몰의 단원자 분자인 이상기체의 내부에너지는 절대온도만의 함수이다.
> ㄷ. n몰의 단원자 분자인 이상기체의 엔탈피는 절대온도만의 함수이다.
> ㄹ. 이상기체의 엔탈피는 이상기체의 무질서도를 표현한 함수이다.

① ㄱ, ㄴ

② ㄱ, ㄹ

③ ㄴ, ㄷ

④ ㄴ, ㄹ

⑤ ㄷ, ㄹ

13 다음 중 자동차의 안정적인 선회를 위해 사용하는 차동 기어 장치에서 찾아볼 수 없는 것은?

① 링기어

② 베벨기어

③ 스퍼기어

④ 유성기어

⑤ 태양기어

14 다음 중 소르바이트 조직을 얻기 위한 열처리 방법은?

① 청화법

② 침탄법

③ 마퀜칭

④ 질화법

⑤ 파텐팅

15 다음 중 축과 보스를 결합하기 위해 축에 삼각형 모양의 톱니를 새긴 가늘고 긴 키 홈은?

① 묻힘키   ② 세레이션
③ 둥근키   ④ 테이퍼
⑤ 스플라인

16 다음 중 정적 가열과 정압 가열이 동시에 이루어지는 고속 디젤 엔진의 사이클은?

① 오토 사이클   ② 랭킨 사이클
③ 브레이턴 사이클   ④ 사바테 사이클
⑤ 카르노 사이클

17 다음 중 카르노 사이클에서 열을 공급받는 과정은?

① 정적 팽창 과정   ② 정압 팽창 과정
③ 등온 팽창 과정   ④ 단열 팽창 과정
⑤ 열을 공급받지 않는다.

18 다음 중 담금질 효과가 가장 작은 것은?

① 페라이트   ② 펄라이트
③ 오스테나이트   ④ 마텐자이트
⑤ 시멘타이트

19 다음 중 하중의 크기와 방향이 주기적으로 반복하여 변하면서 작용하는 하중은?

① 정하중   ② 교번하중

③ 반복하중   ④ 충격하중

⑤ 임의진동하중

20 다음 중 운동에너지를 압력에너지로 변환시키는 장치는?

① 노즐   ② 액추에이터

③ 디퓨저   ④ 어큐뮬레이터

⑤ 피스톤 로드

21 리벳 이음 중 평행형 겹치기 이음에서 판의 끝부분에서 가장 가까운 리벳의 구멍 열 중심까지의 거리를 무엇이라 하는가?

① 마진   ② 피치

③ 뒷피치   ④ 리드

⑤ 유효지름

22 $G = 80 \times 10^3 \text{N/mm}^2$이고 유효권수가 100인 스프링에 300N의 외력을 가하였더니 길이가 30cm 변하였다. 이 스프링의 평균 반지름의 길이는 얼마인가?(단, 스프링지수는 10이다)

① 80mm   ② 90mm

③ 100mm   ④ 110m

23 다음은 어떤 냉동 사이클의 T − S 선도이다. 이 냉동 사이클의 성능계수는?

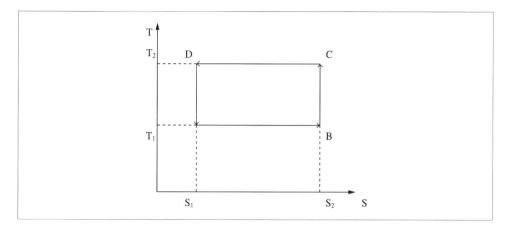

① $\dfrac{T_2 - T_1}{T_1}$

② $\dfrac{T_1}{T_2 - T_1}$

③ $\dfrac{S_2 - S_1}{S_1}$

④ $\dfrac{S_1}{S_2 - S_1}$

24 다음 중 주철과 강재를 비교한 내용으로 옳지 않은 것은?

① 주철은 강재에 비해 융점이 낮다.
② 주철은 강재에 비해 내부식성이 강하다.
③ 주철은 강재에 비해 단단하고 잘 부서지지 않는다.
④ 주철은 강재에 비해 연신율이 떨어진다.

25 다음 중 소성가공에 대한 설명으로 옳은 것은?

① 제품에 손상이 가지 않도록 탄성한도보다 작은 외력을 가해야 한다.
② 소성가공 완료 후 잔류응력은 자연스럽게 제거된다.
③ 주물에 비해 치수가 부정확하다.
④ 절삭가공에 비해 낭비되는 재료가 적다.

┃ 한국중부발전

01 $E = 3x^2y\,i - 7yz\,j + 5xz^2\,k$일 때, $\mathrm{div}\,E$의 값은?

① $3x^2 - 7y + 5z^2$

② $5x + 3y - 7z$

③ $6xy + 10xz - 7z$

④ $-7x + 5y + 3z$

┃ 한국남동발전

02 어떤 3상 회로의 한 상의 임피던스가 $Z = 15 + j20$인 Y결선 부하에 선전류 200A가 흐를 때, 무효전력은?

① 800kVar

② 2,400kVar

③ 2,500kVar

④ 3,000kVar

┃ 한국남동발전

03 다음 〈보기〉 중 비례추이를 할 수 없는 것을 모두 고르면?

> **보기**
>
> ㄱ. 동손   ㄴ. 역률
> ㄷ. 효율   ㄹ. 1차 출력
> ㅁ. 2차 출력

① ㄱ, ㄴ, ㄹ

② ㄱ, ㄷ, ㅁ

③ ㄴ, ㄷ, ㅁ

④ ㄴ, ㄹ, ㅁ

04 면적이 $5S$이고 충전용량이 C인 평행판 축전기가 있다. 비유전율이 4인 유전물질을 이 축전기의 평행판 사이에 면적의 $\dfrac{4}{5}$ 를 채웠을 때, 충전용량은?

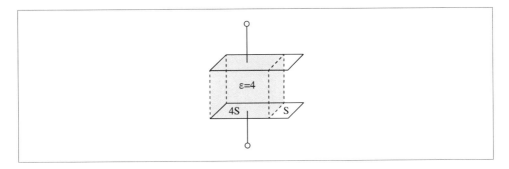

① $\dfrac{9}{5}C$

② $\dfrac{13}{5}C$

③ $\dfrac{17}{5}C$

④ $\dfrac{21}{5}C$

05 다음 중 변압기 병렬운전 시 병렬운전이 불가능한 결선조합은?

① $Y-Y$와 $Y-Y$

② $Y-\triangle$와 $\triangle-Y$

③ $\triangle-Y$와 $\triangle-Y$

④ $Y-\triangle$와 $\triangle-\triangle$

06 $f(t)=e^{2t}\sin\omega t$일 때, $\pounds[f(t)]$의 값은?

① $\dfrac{2}{(s-2)^2+\omega^2}$

② $\dfrac{2}{s^2+(\omega-2)^2}$

③ $\dfrac{\omega}{(s-2)^2+\omega^2}$

④ $\dfrac{\omega}{s^2+(\omega-2)^2}$

07 다음 회로에서 저항 R_1에 흐르는 전류는 몇 A인가?

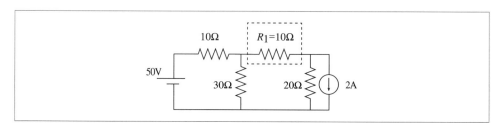

① 1.85A

② 1.93A

③ 2.01A

④ 2.19A

08 다음 〈보기〉 중 엘리베이터, 에스컬레이터, 전기자동차의 인버터 모터와 같은 각종 AC모터에 적용되는 VVVF 제어가 제어하는 것을 모두 고르면?

> **보기**
> ㄱ. 전압
> ㄴ. 전류
> ㄷ. 주파수
> ㄹ. 위상차

① ㄱ, ㄴ

② ㄱ, ㄷ

③ ㄴ, ㄷ

④ ㄴ, ㄹ

⑤ ㄷ, ㄹ

09 다음 중 선로 구조물이 아닌 것은?

① 급전선

② 전차선

③ 철주

④ 침목

⑤ 측구

10 다음에서 설명하는 용어로 옳은 것은?

> 레일 이음매부에 레일의 온도 변화에 의한 신축을 위하여 두는 간격으로, 레일은 온도의 상승 또는 하강에 따라 물리적으로 신축하는데, 이 신축에 적응하기 위해 이음매부의 레인 사이에 두는 틈이다. 레일온도 변화의 범위, 레일강의 선팽창계수 및 레일길이를 토대로 계산하여 산정한다.

① 고도
② 구배
③ 침목
④ 유간
⑤ 확도

11 다음 중 철도 궤간의 국제 표준 규격 길이는?

① 1,355mm
② 1,435mm
③ 1,550mm
④ 1,600mm
⑤ 1,785mm

12 다음 중 차량의 운행거리를 정차시간 및 제한속도 운전시간 등을 포함한 운전시분으로 나눈 값은?

① 표정속도
② 평균속도
③ 설계속도
④ 균형속도
⑤ 최고속도

13 다음 중 PP급전방식에 대한 설명으로 옳지 않은 것은?

① 선로 임피던스가 작다.
② 전압강하가 작다.
③ 역간이 짧고 저속 운행구간에 적합하다.
④ 상대적으로 고조파의 공진주파수가 낮고 확대율이 작다.
⑤ 회생전력 이용률이 높다.

14 다음 강체가선방식 중 T-bar 방식과 R-bar 방식의 표준길이를 바르게 연결한 것은?

	T-bar	R-bar
①	8m	10m
②	10m	8m
③	10m	12m
④	12m	10m
⑤	12m	15m

15 다음 중 유도장해를 경감시키기 위한 전력선에 대한 대책으로 옳지 않은 것은?

① 변류기를 사용하고, 절연변압기를 채용한다.

② 전선의 위치를 바꾼다.

③ 소호리액터를 사용한다.

④ 고주파의 발생을 방지한다.

⑤ 전력선과 통신선 사이의 간격을 크게 한다.

16 다음 중 전차선로의 가선방식이 아닌 것은?

① 강체식   ② 제3궤조식

③ 가공단선식   ④ 가공복선식

⑤ 직접조가식

17 다음 중 교류송전방식의 특징으로 옳지 않은 것은?

① 주파수가 다른 계통끼리 연결이 불가능하다.

② 직류송전에 비해 안정도가 저하된다.

③ 회전자계를 쉽게 얻을 수 있다.

④ 표피효과 및 코로나 손실이 발생한다.

⑤ 선로의 리액턴스가 없고 위상각을 고려할 필요가 없다.

18 다음 중 직류식 전기철도와 비교한 교류식 전기철도의 장점으로 옳지 않은 것은?

① 고속 운전에 적합하다.

② 통신장애가 적다.

③ 전차선 설비에서의 전선이 얇다.

④ 운전전류가 작아 사고전류의 선택적 차단이 용이하다.

⑤ 변전소 설치 간격을 길게 설계할 수 있다.

19 다음 중 커티너리 조가방식에 대한 설명으로 옳지 않은 것은?

① 종류로 심플식, 컴파운드식, 사조식이 있다.

② 전차선의 레일면상 표준높이는 5,200mm이다.

③ 전기차의 속도 향상을 위해 전차선의 이선율을 작게 한다.

④ 전차선의 두 지지점 사이에서 궤도면에 대하여 일정한 높이를 유지하도록 하는 방식이다.

⑤ 가장 단순한 구조의 방식으로, 전차선만 1조로 구성되어 있다.

20 다음 중 컴파운드 커티너리 조가방식의 각 전선의 굵기 및 장력을 크게 늘려 가선한 조가방식은?

① 단식 커티너리 조가방식

② 헤비 심플 커티너리 조가방식

③ 헤비 컴파운드 커티너리 조가방식

④ 합성 컴파운드 커티너리 조가방식

⑤ 변Y형 커티너리 조가방식

21 다음 전동차의 제동 방식 중 저항에서 발생하는 열을 이용하여 제동하는 방식은?

① 역상제동

② 발전제동

③ 회생제동

④ 와류제동

⑤ 와전류 레일제동

22 다음 중 오버슈트에 대한 설명으로 옳은 것은?

① 어떤 신호의 값이 과도기간 중에도 목표값에 한참 미치지 못하는 현상이다.

② 어떤 신호의 값이 과도기간 도달 전에 목표값의 63.2%를 넘어서는 시기이다.

③ 어떤 신호의 값이 과도기간 도달 전에 목표값의 50%를 넘어서는 시기이다.

④ 어떤 신호의 값이 과도기간 중에 목표값을 넘어서는 현상이다.

23 다음 중 RLC 직렬회로에서 과제동이 발생하는 조건은?

① $R < \sqrt{\dfrac{L}{C}}$

② $R = \sqrt{\dfrac{L}{C}}$

③ $R > \sqrt{\dfrac{L}{C}}$

④ $R = \dfrac{1}{2\pi\sqrt{LC}}$

24 어떤 구형 커패시터의 단면이 다음과 같을 때, 이 커패시터의 정전용량은?(단, 커패시터 내부 유전체의 유전율은 ε이다)

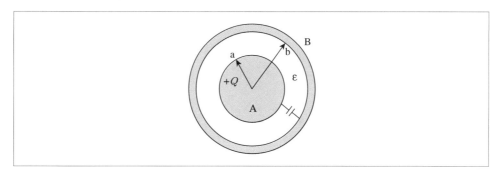

① $4\pi\varepsilon\left(\dfrac{b}{a} - \dfrac{a}{b}\right)$

② $\dfrac{4\pi\varepsilon ab}{b-a}$

③ $4\pi\varepsilon(b-a)$

④ $4\pi\varepsilon\left(\dfrac{1}{a} - \dfrac{1}{b}\right)$

⑤ $\dfrac{\varepsilon ab}{4\pi(b-a)}$

25 직류 분권발전기의 무부하 포화곡선이 $V = \dfrac{950 I_f}{35 + I_f}$ 일 때, 계자 회로의 저항이 5Ω이면 유기되는 전압은 몇 V인가?(단, V는 무부하 전압이고, I_f는 계자 전류이다)

① 675V

② 700V

③ 725V

④ 750V

⑤ 775V

PART 1

직업기초능력평가

CHAPTER 01
의사소통능력

의사소통능력은 평가하지 않는 공사·공단이 없을 만큼 필기시험에서 중요도가 높은 영역으로, 세부 유형은 문서 이해, 문서 작성, 의사 표현, 경청, 기초 외국어로 나눌 수 있다. 문서 이해·문서 작성과 같은 지문에 대한 주제 찾기, 내용 일치 문제의 출제 비중이 높으며, 문서의 특성을 파악하는 문제도 출제되고 있다.

01 문제에서 요구하는 바를 먼저 파악하라!

의사소통능력에서 가장 중요한 것은 제한된 시간 안에 빠르고 정확하게 답을 찾아내는 것이다. 의사소통능력에서는 지문이 아니라 문제가 주인공이므로 지문을 보기 전에 문제를 먼저 파악해야 하며, 문제에 따라 전략적으로 빠르게 풀어내는 연습을 해야 한다.

02 잠재되어 있는 언어 능력을 발휘하라!

세상에 글은 많고 우리가 학습할 수 있는 시간은 한정적이다. 이를 극복할 수 있는 방법은 다양한 글을 접하는 것이다. 실제 시험장에서 어떤 내용의 지문이 나올지 아무도 예측할 수 없으므로 평소에 신문, 소설, 보고서 등 여러 글을 접하는 것이 필요하다.

03 상황을 가정하라!

업무 수행에 있어 상황에 따른 언어 표현은 중요하다. 같은 말이라도 상황에 따라 다르게 해석될 수 있기 때문이다. 그런 의미에서 자신의 의견을 효과적으로 전달할 수 있는 능력을 평가하는 것이다. 업무를 수행하면서 발생할 수 있는 여러 상황을 가정하고 그에 따른 올바른 언어표현을 정리하는 것이 필요하다.

04 말하는 이의 입장에서 생각하라!

잘 듣는 것 또한 하나의 능력이다. 상대방의 이야기에 귀 기울이고 공감하는 태도는 업무를 수행하는 관계 속에서 필요한 요소이다. 그런 의미에서 다양한 상황에서 듣는 능력을 평가하는 것이다. 말하는 이가 요구하는 듣는 이의 태도를 파악하고, 이에 따른 판단을 할 수 있도록 언제나 말하는 사람의 입장이 되는 연습이 필요하다.

01 문서 내용 이해

| 유형분석 |

- 주어진 지문을 읽고 선택지를 고르는 전형적인 독해 문제이다.
- 지문은 주로 신문기사(보도자료 등)나 업무 보고서, 시사 등이 제시된다.
- 공사공단에 따라 자사와 관련된 내용의 기사나 법조문, 보고서 등이 출제되기도 한다.

B씨는 성장기인 아들의 수면습관을 바로 잡기 위해 수면습관에 관련된 다음 글을 찾아보았다. 이를 읽고 이해한 내용으로 적절하지 않은 것은?

수면은 비렘(Non – REM)수면과 렘수면으로 이뤄진 사이클이 반복되면서 이뤄지는 복잡한 신경계의 상호작용이며, 좋은 수면이란 이 사이클이 끊어지지 않고 충분한 시간 동안 유지되도록 하는 것이다. 수면 패턴은 일정한 것이 좋으며, 깨는 시간을 지키는 것이 중요하다. 그리고 수면 패턴은 휴일과 평일 모두 일정하게 지키는 것이 성장하는 아이들의 수면 리듬을 유지하는 데 좋다. 수면 상태에서 깨어날 때 영향을 주는 자극들은 '빛, 식사 시간, 운동, 사회 활동' 등이 있으며, 이 중 가장 강한 자극은 '빛'이다. 침실을 밝게 하는 것은 적절한 수면 자극을 방해하는 것이다. 반대로 깨어날 때 강한 빛 자극을 주면 수면 상태에서 빠르게 벗어날 수 있다. 이는 뇌의 신경 전달 물질인 멜라토닌의 농도와 연관되어 나타나는 현상이다. 수면 중 최대치로 올라간 멜라토닌은 시신경이 강한 빛에 노출되면 빠르게 줄어들게 되는데, 이때 수면 상태에서 벗어나게 된다. 아침 일찍 일어나 커튼을 젖히고 밝은 빛이 침실 안으로 들어오게 하는 것은 매우 효과적인 각성 방법인 것이다.

① 멜라토닌의 농도에 따라 수면과 각성이 영향을 받는군.
② 잠에서 깨는 데 가장 강력한 자극을 주는 것은 빛이었구나.
③ 우리 아들 침실이 좀 밝은 편이니 충분한 수면을 위해 암막커튼을 달아줘야겠어.
④ 좋은 수면은 비렘수면과 렘수면의 사이클이 충분한 시간 동안 유지되도록 하는 것이구나.
⑤ 평일에 잠이 모자란 우리 아들은 잠을 보충해줘야 하니까 휴일에 늦게까지 자도록 둬야겠다.

정답 ⑤

수면 패턴은 휴일과 평일 모두 일정하게 지키는 것이 성장하는 아이들의 수면 리듬을 유지하는 데 좋다. 따라서 휴일에 늦잠을 자는 것은 적절하지 않다.

풀이 전략!

주어진 선택지에서 키워드를 체크한 후, 지문의 내용과 비교해 가면서 내용의 일치 유무를 빠르게 판단한다.

01 다음은 '지능형 전력 계량 인프라'에 대한 글이다. 이에 대한 설명으로 적절하지 않은 것은?

> 지능형 전력 계량 인프라(AMI; Advanced Metering Infrastructure)는 스마트그리드 구현을 위한 핵심 기술로서 좁게는 전력 공급자와 소비자 간 실시간 전력 정보 교환을 위한 통신 인프라로 정의하며 넓게는 수용가에 설치한 스마트 미터로 전력 사용 정보를 계측 및 수집하는 것에서 시작해 이를 실시간 유통, 저장, 분석 후 활용하는 Total Solution을 의미한다. 이러한 AMI는 공급자가 부하 예측을 통해 최적의 전력 생산 및 공급 계획을 수립하도록 하며, 수요 반응과 결합해 소비자의 자발적인 절전을 유도하여 국가 단위의 안정적인 전력 공급, 전력 설비 투자 비용 절감, 에너지 소비 효율 최적화를 실현하는 것을 최종 목표로 한다.
>
> 국내 AMI 시스템의 큰 특징은 24Mbps급 고속 PLC를 근간으로 다양한 유무선 통신을 융합한 검침 인프라를 구축했다는 점이다. AMI를 구축하기 위한 핵심 설비는 크게 수용가의 스마트 미터와 이에 장착하는 통신 모뎀, 변대주에 설치하는 데이터 집중 장치, 그리고 원격지의 AMI 운영 시스템, 계량 정보 관리 시스템 등으로 나눌 수 있다. 이 중에서 데이터 집중 장치는 수용가에 설치한 다양한 스마트 미터로 각종 전력 정보를 수집한 후 AMI 운영 시스템으로 전송하며, 데이터 집중 장치와 통신 모뎀 간 네트워크 관리, 스마트 미터와 통신 모뎀의 설정·제어·상태 감시 기능 등을 포함한다. 아울러, 데이터 집중 장치의 H/W는 변압기 2차 측 저압 선로에 연결되는 프로브, 외함, 전원부와 주제어부가 장착되는 내함 등 크게 세 부분으로 나누고 변압기 부하 감시를 위한 모듈, 각종 통신 모뎀을 탈착할 수 있다.
>
> 전 세계적으로 AMI 분야 사업 및 연구 개발은 활발히 진행 중이다. 우리나라도 정부와 KEPCO를 중심으로 '제1차 지능형 전력망 기본 계획', '중장기 지능형 전력 계량 인프라 구축 계획', '지능형 전력 계량 시스템 전환 계획', 스마트 미터 보급 및 AMI 구축 계획이 포함된 '전력 분야 10대 프로젝트 추진 계획' 등을 잇달아 발표하면서 관련 사업을 적극적으로 추진하고 있다. AMI는 이제 새로운 것이 아닌, 전력 사용 효율 극대화, 천연자원 고갈과 환경 규제 등을 극복하기 위한 필수요소로 받아들여지기 시작했다. 앞으로도 더욱 발전해 전력 산업의 한 축으로 자리매김하기를 기대한다.

① AMI는 공급자로 하여금 부하 예측을 통해 최적의 전력을 공급하도록 하며, 소비자로 하여금 수요 반응과 결합해 자발적인 절전을 하도록 유도한다.

② AMI 구축을 위한 핵심 설비는 수용가의 스마트 미터와 통신 모뎀, 데이터 집중 장치, 원격지의 AMI 운영 시스템, 계량 정보 관리 시스템으로 나눌 수 있다.

③ 국내 AMI 시스템은 24Mbps급 고속 PLC를 근간으로 다양한 유무선 통신을 융합한 검침 인프라를 구축하였다.

④ 데이터 집중 장치의 소프트웨어는 변압기 2차 측 저압 선로에 연결되는 프로브, 외함, 내함으로 나누어진다.

⑤ AMI 분야 사업 및 연구 개발은 활발히 진행 중이며, 전력 사용 효율 극대화, 천연자원 고갈과 환경 규제 등을 극복하기 위한 필수요소이다.

02 A씨는 해외 청년일자리에 대해서 알아보다가 한국동서발전의 해외사업연계 청년채용 지원 사업 업무 협약식에 관련된 기사를 보았다. 기사를 읽은 A씨의 반응으로 적절하지 않은 것은?

한국산업인력공단 해외 청년일자리 위해 '맞손'

한국동서발전은 11일 본사(울산 중구 소재)에서 한국산업인력공단과 「K-Move스쿨(연수과정) 개설 및 동서발전 해외사업연계 청년채용 지원 사업 업무 협약식」을 개최하였다고 밝혔다.

본 협약은 국내 유수의 청년 인재를 선발하여 K-Move 스쿨 개설 및 맞춤 연수를 시행 후 한국동서발전이 투자 및 운영자로 참여하고 있는 해외법인(인도네시아, 자메이카 등)에 취업을 지원하는 「청년일자리 창출을 위한 해외사업연계 취업 지원 사업」의 첫걸음이다.

이를 위해 동서발전은 K-Move 스쿨 연수생 선발·맞춤연수 시행·해외법인과의 협의를 통한 취업연계와 같은 지원을, 산업인력공단은 연수비용 일부 및 취업 장려금을 지원하게 된다.

K-Move 스쿨 맞춤형 연수과정의 첫 취업처는 한국동서발전이 투자하여 건설 중인 회사(TPI)이며 최종적으로 10명이 선발되어 한국발전교육원 및 당진 발전기술 EDU센터에서 3개월의 교육을 받고 취업하게 된다.

이날 협약식에 참석한 한국동서발전 관계자는 "이번 협약을 계기로 실질적인 국내 청년 인재의 해외취업이 이루어져 공기업이 추진 중인 '국내 청년 해외일자리 창출'의 모범사례가 될 수 있기를 바란다. 앞으로도 한국동서발전은 국내외 청년일자리 창출을 위해 최선의 노력을 다하겠다."라고 말했다.

한국동서발전은 청년인재들이 한국동서발전의 해외사업장에 취업하는 것뿐 아니라 해당 국가의 고급 기술 인력으로 거듭날 수 있도록 지속적인 지원을 아끼지 않을 예정이다.

※ 인도네시아 칼셀 석탄화력 발전사업 프로젝트 회사(TPI; Tanjung Power Indonesia) 취업을 목표로 연수생 선발 모집공고를 8월 중 시행할 예정

---

① 한국산업인력공단에서 연수비용 일부와 취업 장려금을 지원해주니 부담이 없겠어.

② 해외사업연계 청년채용과 K-Move 스쿨은 시행처가 다르니 잘 보고 지원해야겠어.

③ K-Move 최종 합격 후에는 한국발전교육원과 당진 발전기술 EDU센터에서 교육을 받게 되는구나.

④ 첫 취업처는 인도네시아 석탄화력 발전사업 회사네. 지금이 9월 초니까 모집이 끝났는지 확인해 봐야겠어.

⑤ 취업연계 지원대상 기업은 한국동서발전이 투자 및 운영자로 참여하고 있는 해외법인이니 믿을만해.

※ 다음은 한국남동발전의 KOEN 환경서포터즈에 대한 글이다. 이어지는 질문에 답하시오. [3~4]

한국남동발전은 지난 14일 인천시 옹진군 영흥발전본부에서 대학생 15명으로 구성된 'KOEN 환경서포터즈' 발대식을 가졌다고 밝혔다.

환경서포터즈는 한국남동발전이 이행 중인 환경정책에 대해 외부의 다양한 의견을 수렴해 정책에 반영하고, 미세먼지 저감을 위해 노력하는 등 발전소 친환경 활동에 대한 홍보 역할을 강화하기 위하여 출범했다.

이에 환경서포터즈는 7월부터 12월까지 6개월간 한국남동발전 환경정책에 대해 제언하고, 이를 정책에 반영할 수 있는 기회를 제공받는다. 나아가 한국남동발전의 환경정책, 환경 R&D 성과, 친환경 활동 등에 대한 온·오프라인 홍보의 역할을 수행할 예정이다.

이보다 앞서 한국남동발전은 지난해까지 1개 부서였던 환경담당부서를 지난해 연말 한 단계 격상된 1실로 개편했고, 지난달 30일에는 정부의 미세먼지 감축 기조에 발맞추어 미세먼지 대응 전담부서를 신설해 환경담당 조직을 1실 2부로 확대했다.

확대된 조직은 중장기 환경설비 개선계획을 수립하고 미세먼지 배출량 관리, 설비개선, 친환경 연료수급 등 한국남동발전의 미세먼지 감축을 위한 컨트롤타워 역할을 수행해 나가게 된다.

또 한국남동발전은 미세먼지뿐만 아니라 초미세먼지 저감을 위한 습식 전기집진기 연구과제와 오염물질 최적 저감기술 적용방안 연구 등의 R&D를 통해 미세먼지 저감 관련 기술개발 과제를 수행함으로써 미세먼지 감축 기술개발에도 적극 나서고 있다.

한국남동발전 관계자는 "이번 환경서포터즈와 미세먼지 전담부서 신설 등을 통하여 환경설비 개선활동에 더욱 박차를 가해, 친환경 석탄화력발전소의 롤모델을 구현하고 이를 통해 정부의 미세먼지 감축대책에 적극 동참하겠다."라고 말했다.

03 다음 중 윗글을 읽고 이해한 내용으로 적절하지 않은 것은?

① 환경서포터즈는 미세먼지 저감 노력과 발전소 친환경 활동에 대한 홍보 역할을 강화한다.
② 한국남동발전은 미세먼지 대응 전담부서를 신설하였다.
③ 미세먼지 대응 전담부서는 정부의 미세먼지 감축 기조에 발맞춘 결과이다.
④ 한국남동발전은 미세먼지 대응 전담부서를 신설하였지만 초미세먼지에 대한 대책은 준비 중에 있다.
⑤ 환경서포터즈는 6개월간 활동하며 환경정책에 대해 제언하고 이를 정책에 반영할 수 있는 기회를 얻는다.

04 다음 중 미세먼지 대응 전담부서가 하는 일로 적절하지 않은 것은?

① 설비개선
② 친환경 연료수급
③ 미세먼지 배출량 관리
④ 중장기 환경설비 개선계획 수립
⑤ 친환경 활동 온·오프라인 홍보

02 글의 주제·제목

| 유형분석 |

- 주어진 지문을 파악하여 전달하고자 하는 핵심 주제를 고르는 문제이다.
- 정보를 종합하고 중요한 내용을 구별하는 능력이 필요하다.
- 설명문부터 주장, 반박문까지 다양한 성격의 지문이 제시되므로 글의 성격별 특징을 알아두는 것이 좋다.

다음 글의 제목으로 가장 적절한 것은?

높은 휘발유세는 자동차를 사용함으로써 발생하는 다음과 같은 문제들을 줄이는 교정적 역할을 수행한다. 첫째, 휘발유세는 사람들의 대중교통수단 이용을 유도하고, 자가용 사용을 억제함으로써 교통 혼잡을 줄여준다. 둘째, 교통사고 발생 시 대형 차량이나 승합차가 중소형 차량에 비해 보다 치명적인 피해를 줄 가능성이 높다. 이와 관련해서 휘발유세는 휘발유를 많이 소비하는 대형 차량을 운행하는 사람에게 보다 높은 비용을 치르게 함으로써 교통사고 위험에 대한 간접적인 비용을 징수하는 효과를 가진다. 셋째, 휘발유세는 휘발유 소비를 억제함으로써 대기오염을 줄이는 데 기여한다.

① 휘발유세의 용도　　　　　　　　② 높은 휘발유세의 정당성
③ 휘발유세의 지속적 인상　　　　　④ 에너지 소비 절약
⑤ 휘발유세의 감소 원인

정답　②
제시문은 유류세 상승으로 인해 발생하는 장점을 열거함으로써 유류세 인상을 정당화하고 있다.

풀이 전략!

'결국', '즉', '그런데', '그러나', '그러므로' 등의 접속어 뒤에 주제가 드러나는 경우가 많다는 것에 주의하면서 지문을 읽는다.

01   다음 글의 중심 내용으로 가장 적절한 것은?

> 전력거래소 비용평가위원회는 신재생에너지 공급의무화제도(RPS) 의무 이행 비용 정산 기준 가격과 연간 정산금액을 결정했다. 이에 따라 한국전력공사는 신재생에너지 전력 생산 비용의 일부인 약 1조 8,398억 원을 21개 RPS 의무발전사에 지급해야 한다. 이는 지난해 1조 5,650억보다 17% 가량 늘어난 액수다.
>
> 한국전력공사의 신재생에너지 보전 비용은 계속해서 증가하고 있다. 2012년 RPS 제도를 시행한 이래 연도별 공급의무량 비율이 2017년에는 4%, 올해는 5%로 상향됐다. 내년에는 6%로, 2023년쯤에는 10%를 목표로 한다. 이 때문에 전기요금 인상을 검토해야 한다는 목소리가 나온다. 이대로 두면 한국전력공사의 부담은 계속해서 커질 수밖에 없어서다. 민간 발전사 관계자는 "한국전력공사가 신재생에너지 전력 생산에 들어가는 보전 비용을 전기요금 명세서에 따로 청구할 수 있는 방법이 현재로선 없다."라면서 "한국전력공사는 속수무책으로 부담을 할 수밖에 없는 상황"이라고 말했다.
>
> RPS 제도는 국내 재생에너지 보급을 이끄는 핵심 제도다. 정부는 500MW 이상의 발전설비를 가진 발전사(2019년 기준 21개사)들은 무조건 매년 발전량의 일부를 신재생에너지로 생산하도록 의무화했다. 이들 발전사는 의무 이행을 위해 재생에너지 발전설비를 자체 건설해 전력을 생산하거나 신재생에너지공급인증서(REC)를 민간 발전사업자들로부터 구매한다. 이때 한국전력공사는 발전사들이 REC 매입에 들인 비용을 일부 보전해 준다. 정산의 기준이 되는 가격이 REC 기준가격이다. 공급의무사들은 한 해 동안 확보한 REC 수에 기준가격을 곱한 만큼의 비용을 보전받는다.
>
> 에너지 전문가들은 재생에너지 확대를 계속하기 위해서는 재생에너지의 발전단가를 낮추면서 RPS 제도 이외의 방안을 강구해야 한다고 지적한다. 전자전기공학부 교수는 "RPS 제도를 그대로 둔다면 한국전력공사가 부담해야 하는 비용은 계속해서 늘게 돼 있다."라고 지적했다. 이어 "RPS 제도는 한국 신재생에너지 확대를 이끌기 위해 도입된 제도지만 공급자가 신재생에너지 전력을 사들이게 했다는 점이 특징"이라며 "RE100과 같이 소비자가 직접 재생에너지 전력을 사들이는 제도, 배출권거래제 연계 등 여러 방안의 도입을 고려할 필요가 있다."라고 제언했다.

① 전력 생산 비용의 증가에 따른 신재생에너지 생산의 의무화

② 신재생에너지공급인증서(REC) 매입에 따른 발전사의 부담 증가

③ 한국전력공사의 신재생에너지 보전 비용 증가에 따른 전기요금 인상

④ 신재생에너지 확대를 위한 신재생에너지 공급의무화제도(RPS)의 도입

⑤ 신재생에너지 공급의무화제도(RPS)에 따른 한국전력공사의 신재생에너지 보전 비용 부담 증가

02 다음 글의 표제와 부제로 가장 적절한 것은?

검무는 칼을 들고 춘다고 해서 '칼춤'이라고 부르기도 하며, '황창랑무(黃倡郎舞)'라고도 한다. 검무의 역사적 기록은 『동경잡기(東京雜記)』의 「풍속조(風俗條)」에 나타난다. 신라의 소년 황창랑은 나라를 위하여 백제 왕궁에 들어가 왕 앞에서 칼춤을 추다 왕을 죽이고 자신도 잡혀서 죽는다. 신라 사람들이 이러한 그의 충절을 추모하여, 그의 모습을 본뜬 가면을 만들어 쓰고 그가 추던 춤을 따라 춘 것에서 검무가 시작되었다고 한다. 이처럼 민간에서 시작된 검무는 고려 시대를 거쳐 조선 시대로 이어지며, 궁중으로까지 전해진다. 이때 가면이 사라지는 형식적 변화가 함께 일어난다.

조선 시대 민간의 검무는 기생을 중심으로 전승되었으며, 재인들과 광대들의 판놀이로까지 이어졌다. 조선 후기에는 각 지방까지 전파되었는데, 진주검무와 통영검무가 그 대표적인 예이다. 한편 궁중의 검무는 주로 궁중의 연회 때에 추는 춤으로 전해졌으며, 후기에 정착된 순조 때의 형식이 중요 무형문화재로 지정되어 현재까지 보존되고 있다.

궁중에서 추어지던 검무의 구성은 다음과 같다. 전립을 쓰고 전복을 입은 4명의 무희가 쌍을 이루어, 바닥에 놓여진 단검(短劍)을 어르는 동작부터 시작한다. 그 후 칼을 주우면서 춤이 이어지고, 화려한 춤사위로 검을 빠르게 돌리는 연풍대(筵風擡)로 마무리한다.

검무의 절정인 연풍대는 조선 시대 풍속화가 신윤복의 「쌍검대무(雙劍對舞)」에서 잘 드러난다. 그림 속의 두 무용수를 통해 춤의 회전 동작을 예상할 수 있다. 즉, 이 장면에는 오른쪽에 선 무희의 자세에서 시작해 왼쪽 무희의 자세로 회전하는 동작이 나타나 있다. 이렇게 무희들이 쌍을 이루어 좌우로 이동하면서 원을 그리며 팽이처럼 빙빙 도는 동작을 연풍대라 한다. 이 명칭은 대자리를 걷어 내는 바람처럼 날렵하게 움직이는 모습에서 비롯한 것이다.

오늘날의 검무는 검술의 정밀한 무예 동작보다 부드러운 곡선을 그리는 춤 형태로만 남아 있다. 칼을 쓰는 살벌함은 사라졌지만, 민첩하면서도 유연한 동작으로 그 아름다움을 표출하고 있는 것이다. 검무는 신라 시대부터 면면히 이어지는 고유한 문화이자 예술미가 살아 있는 몇 안 되는 소중한 우리의 전통 유산이다.

① 신라 황창랑의 의기와 춤 – 검무의 유래와 발생을 중심으로
② 역사 속에 흐르는 검빛·춤빛 – 검무의 변천 과정과 구성을 중심으로
③ 무예 동작과 아름다움의 조화 – 연풍대의 의미를 중심으로
④ 무희의 칼끝에서 펼쳐지는 바람 – 검무의 예술적 가치를 중심으로
⑤ 검과 춤의 혼합, 우리의 문화 유산 – 쌍검대무의 감상을 중심으로

03 다음 글의 제목으로 가장 적절한 것은?

제4차 산업혁명은 인공지능이 기존의 자동화 시스템과 연결되어 효율이 극대화되는 산업 환경의 변화를 의미한다. 2016년 세계경제포럼에서 언급되어, 이후 유행처럼 번지는 용어가 되었다. 학자에 따라 바라보는 견해는 다르지만 대체로 기계학습과 인공지능의 발달이 그 수단으로 꼽힌다.

2010년대 중반부터 드러나기 시작한 제4차 산업혁명은 현재진행형이며, 그 여파는 사회 곳곳에서 드러나고 있다. 현재도 많은 분야에서 기계와 인공지능이 사람을 대체하고 있으며, 훗날 일자리의 80 ~ 99%까지 대체될 것이라고 보는 견해도 있다.

만약 우리가 현재의 경제 구조를 유지한 채로 이와 같은 극단적인 노동 수요 감소를 맞게 된다면, 전후 미국의 대공황 등과는 차원이 다른 끔찍한 대공황이 발생할 것이다. 계속해서 일자리가 줄어들수록 중·하위 계층은 사회에서 밀려날 수밖에 없는데, 반면 자본주의 사회의 특성상 많은 비용을 수반하는 과학기술의 연구는 자본에 종속될 수밖에 없기 때문이다. 물론 지금도 이러한 현상이 없는 것은 아니지만, 아직까지는 단순노동이 필요하기 때문에 노동력을 제공하는 중·하위층들도 불합리한 부분들에 파업과 같은 실력행사를 할 수 있었다. 그러나 앞으로 자동화가 더욱 진행되어 노동의 필요성이 사라진다면 그들을 배려해야 할 당위성은 법과 제도가 아닌 도덕이나 인권과 같은 윤리적인 영역에만 남게 되는 것이다.

반면에, 이를 긍정적으로 생각한다면 이처럼 일자리가 없어졌을 때 극소수에 해당하는 경우를 제외한 나머지 사람들은 노동에서 완전히 해방되어, 인공지능이 제공하는 무제한적인 자원을 마음껏 향유할 수도 있을 것이다. 하지만 이러한 미래는 지금의 자본주의보다는 사회주의 경제 체제에 가깝다. 이 때문에 많은 경제학자와 미래학자들은 제4차 산업혁명 이후의 미래를 장밋빛으로 바꿔나가기 위해, 기본소득제 도입 등의 시도와 같은 고민들을 이어가고 있다.

① 제4차 산업혁명의 의의

② 제4차 산업혁명의 빛과 그늘

③ 제4차 산업혁명의 위험성

④ 제4차 산업혁명에 대한 준비

⑤ 제4차 산업혁명의 시작

03 문단 나열

| 유형분석 |

- 각 문단의 내용을 파악하고 논리적 순서에 맞게 배열하는 복합적인 문제이다.
- 전체적인 글의 흐름을 이해하는 것이 중요하며, 각 문장의 지시어나 접속어에 주의한다.

다음 문단을 논리적 순서대로 바르게 나열한 것은?

(가) 오류가 발견된 교과서들은 편향적 내용을 검증 없이 인용하거나 부실한 통계를 일반화하는 등의 문제점을 보였다. 대표적으로 교과서 대부분이 대도시의 온도 상승 평균값만을 보고 한반도의 기온 상승이 세계 평균보다 2배 높다고 과장한 것으로 나타났다.

(나) 환경 관련 교과서 대부분이 표면적으로 드러나는 사실을 검증하지 않고 그대로 싣는 문제점을 보였다. 고등학생들이 보는 교과서인 만큼 객관적 사실에 기반을 둬 균형 있는 내용을 실어야 한다.

(다) 고등학교 환경 관련 교과서 대부분이 특정 주장을 검증 없이 게재하는 등 많은 오류가 존재한다는 보수 환경·시민단체의 지적이 제기됐다. 환경정보평가원이 고등학교 환경 관련 교과서 23종을 분석한 결과 총 1,175개의 오류가 발견됐다.

(라) 또한 우리나라 전력 생산의 상당 부분을 차지하는 원자력 발전의 경우 단점만을 자세히 기술하고 경제성과 효율성이 낮은 신재생 에너지는 장점만 언급한 교과서도 있었다.

① (가) - (라) - (나) - (다) ② (나) - (가) - (라) - (다)
③ (나) - (다) - (가) - (라) ④ (다) - (가) - (라) - (나)
⑤ (다) - (라) - (나) - (가)

정답 ④

제시문은 교과서에서 많은 오류가 발견된 사실을 제시하고 오류의 유형과 예시를 차례로 언급하며 문제 해결에 대한 요구를 제시하고 있는 글이다. 따라서 (다) 교과서에서 많은 오류가 발견 - (가) 교과서에서 나타나는 오류의 유형과 예시 - (라) 편향된 내용을 담은 교과서의 또 다른 예시 - (나) 교과서의 문제 지적과 해결 촉구 순으로 나열하는 것이 적절하다.

풀이 전략!

상대적으로 시간이 부족하다고 느낄 때는 선택지를 참고하여 문장의 순서를 생각해 본다.

※ 다음 문단을 논리적 순서대로 바르게 나열하시오. **[1~2]**

01

(가) 이러한 수평적 연결은 사물인터넷 서비스로 새로운 성장 동력을 모색할 수 있다. 예를 들어, 스마트 컵인 프라임베실(개인에게 필요한 수분 섭취량을 알려줌), 스마트 접시인 탑뷰(음식의 양을 측정함), 스마트 포크인 해피포크(식사 습관개선을 돕는 스마트 포크. 식사 속도와 시간, 1분간 떠먹는 횟수 등을 계산해 식사 습관을 분석함)를 연결하면 식생활 습관을 관리할 수 있을 것이다. 이를 식당, 병원, 헬스케어 센터에서 이용하면 고객의 식생활을 부가 서비스로 관리할 수 있다.

(나) 마치 100m 달리기를 하듯 각자의 트랙에서 목표를 향해 전력 질주하던 시대가 있었다. 선택과 집중의 논리로 수직 계열화를 통해 효율을 확보하고, 성능을 개선하고자 했었다. 그런데 세상이 변하고 있다. 고객 혹은 사용자를 중심으로 기존의 제품과 서비스가 재정의되고 있는 것이다. 이러한 산업의 패러다임적 전환을 신성장 동력이라 말한다.

(다) 기존의 가스 경보기를 만들려면 미세한 가스도 놓치지 않는 센서의 성능, 오래 지속되는 배터리, 크게 알릴 수 있는 알람 소리, 인테리어에 잘 어울리는 멋진 제품 디자인이 필요하다. 그런데 아무리 좋은 가스 경보기를 만들어도 사람의 안전을 담보하지는 못한다. 만약 집에서 가스 경보기가 울리면 아마 창문을 열어 환기시키고, 가스 밸브를 잠그고, 119에 신고를 해야 할 것이다. 사람의 안전을 담보하는, 즉 연결 지배성이 높은 가스 경보기는 이런 일을 모두 해내야 한다. 이런 가스 경보기를 만들려면 전기, 전자, 통신, 기계, 인테리어, 디자인 등의 도메인들이 사용자 경험을 중심으로 연결돼야 한다. 이를 수평적 연결이라 부른다.

(라) 똑똑한 사물인터넷은 점점 더 다양해진다. S사의 '누구'나 A사의 '에코' 같은 스마트 스피커는 사용자가 언제 어디든, 일상에서 인공 비서로 사용되는 시대가 되었다. 그리고 G사의 보일러의 사물인터넷 서비스는 보일러 쪽으로 직접 가지 않아도 스마트폰 전용 앱으로 보일러를 관리한다. 이제 보일러가 언제, 얼마나, 어떻게 쓰이는지, 그리고 보일러의 상태는 어떠한지, 사용하는 방식과 에너지 소모 등의 정보도 얻을 수 있다. 4차 산업혁명의 전진기지 역할을 하는 사물인터넷 서비스는 이제 거스를 수 없는 대세이다.

① (나) – (가) – (다) – (라)　　　　② (나) – (다) – (가) – (라)
③ (다) – (가) – (라) – (나)　　　　④ (다) – (나) – (가) – (라)
⑤ (다) – (라) – (나) – (가)

(가) 참가 팀은 각각 책의 개요(배경)와 주제, 시사점과 회사 적용 방안에 대한 아이디어를 제시했으며, 독창성 등 9개 항목에 대한 심사위원 평가와 참관 직원들의 현장 호응도를 반영해 심사했다. 심사 결과, 『세상을 바꾼 음식 이야기』로 출전하여 음식에 담긴 파란만장한 역사와 문화를 재미나고 심도 있는 접근방식으로 풀어내 많은 호응을 얻은 신인천발전본부의 '다섯수레' 팀이 영예의 대상을 차지했다.

(나) 한국남부발전은 6월 15일 부산국제금융센터 본사 4층 강당에서 임직원 200여 명이 참석한 가운데 '전사 독서경진대회'를 개최했다. 전사 독서경진대회는 책을 통한 임직원 간 소통으로 개인역량 강화 및 新성장동력 아이디어를 창출하고, 전 직원의 창의적・미래지향적 사고 함양에 도움을 주고자 마련한 행사이다. 이날 대회에는 본사(본부별) 및 사업소에서 실시한 자체 경진대회에서 선발된 최정예(총 12개팀) 직원들이 참여해 소속팀의 명예를 걸고 명승부를 겨루었다.

(다) 한국남부발전은 다양한 분야를 자율적으로 학습하고 창의적인 아이디어를 공유하고자 지난해 '리딩 트리(Reading Tree)'라는 독서경영 시스템을 구축하고, 도서마일리지 제도를 운영해 직원들이 책을 읽도록 장려하고 있다. 또 지식공유를 통해 아이디어가 확대, 재생산될 수 있도록 직원들에게 주제와 형식에 제한을 두지 않고 매년 2편 이상의 글을 직접 쓰도록 하고 있으며, 윤종근 사장도 직접 8편의 글을 등록해 인적역량 강화에 강한 의지를 보였다. 그리고 매년 등록된 글 중 우수 작품을 모아 한 권의 책으로 엮어 전 직원이 공유하도록 하고, 포상은 물론 승진심사에도 활용하고 있다.

(라) 한국남부발전 사장은 "다양한 주제의 독서와 글쓰기, 발표를 생활화하여 기업의 창의력과 생산성 향상에 크게 기여할 것"이라며 "독서를 통한 배움과 임직원 간의 소통을 이루어 기업의 지속성장 KOSPO 가치를 확대해나갈 것"이라고 말했다.

(마) 심사를 맡은 『가시고시』의 저자 조창인 작가는 "책속의 아이디어를 다양한 방식으로 회사에 적용하여 풀어내는 역량들이 뛰어나다."면서, "직원들의 열정과 창의적 아이디어가 발현된 독창적이고 참신한 대회였다."라고 평했다. 이날 경진대회는 발표 작품에 대한 직원 참여 및 현장 투표를 실시해 상호 소통하는 한편, 추첨 행사와 문화공연(어쿠스틱) 등 다채로운 볼거리를 제공하여 노사가 하나 된 '대화합의 장'을 이루었다.

① (가) – (다) – (나) – (라) – (마)　　　② (나) – (가) – (라) – (마) – (다)
③ (나) – (가) – (마) – (다) – (라)　　　④ (다) – (가) – (나) – (마) – (라)
⑤ (다) – (마) – (가) – (라) – (나)

03 다음 중 제시된 문단 뒤에 이어질 내용을 논리적 순서대로 바르게 나열한 것은?

> 한국동서발전의 동반성장 노력이 인도와 중국 전력시장에서 가시화되고 있다. 한국동서발전은 지난 5월 27일 협력중소기업 해강알로이를 방문해 협력중소기업의 첫 인도 수출을 기념하기 위한 출하식을 열었다고 밝혔다. 한국동서발전은 협력중소기업의 해외진출을 위해 지난 3년간 해외바이어 국내 초청 수출상담회를 10여 차례 개최했다.
>
> (가) 조비전공업구는 중국 당산시에 위치한 공업지구로, 지난해 중국 지역경제발전 중점사업인 '징진지 광역권 프로젝트'의 주요 경쟁 무대로 주목받고 있는 곳이다. 비엔에프는 자체개발품인 '먼지제거용 세정제 BTS ~ 77'을 2013년 9월 한국동서발전의 발전소인 당진화력본부에서 현장실증에 성공했다. 이를 토대로 한국동서발전 동반성장 프로그램인 '한・중 화력발전 파트너링 플라자'에 참가해 중국시장 진출을 위한 노력에 역량을 집중한 결과, 중국 조비전공업구 시장에 수출마케팅 지원을 약속하는 수출촉진 MOU를 체결했다.
>
> (나) 특히 지난 3월에는 중소기업들과 함께 인도를 직접 방문해 현지 바이어들로부터 다수의 계약을 성사시킨 바 있다. 해강알로이가 이번에 인도 발전기 부품 제작업체인 '인디아 서멀 파워 플랜트(India Thermal Power Plant)'에 수출하게 될 품목은 발전기 코일과 웨지 부품이다.
>
> (다) 한편 한국동서발전의 협력중소기업 중 하나인 비엔에프도 중국 당산시 조비전공업구 관리위원회와 수출촉진 MOU를 체결해 조비전공업구역 내 발전소, 철강회사 등 산업 전반에 걸쳐 약 500만 달러 가량의 '전자부품 먼지제거용 세정제'를 수출할 수 있는 발판을 마련했다.
>
> (라) 이 품목들은 1차로 11t 출하를 시작으로 총 50t 물량을 수출할 예정이며, 수출금액은 총 50만 달러 수준이다. 이날 행사에 참석한 한국동서발전 전략경영본부장은 "중소기업의 해외진출이 너무나 어려운 요즘 발전기자재 수출 불모지나 다름없던 인도 전력시장을 개척한 것은 한국동서발전이 그동안 추진해 온 동반성장 노력의 최대 결실"이라며 "한국동서발전은 앞으로도 협력중소기업의 해외 판로개척의 든든한 동반자가 될 것"이라고 말했다.
>
> (마) 비엔에프 대표는 "이번 성과는 한국동서발전에서 제공한 중소기업 자체개발품의 현장 성능평가를 위한 테스트베드 지원 사업 덕분"이라며 "MOU를 통해 조비전공업구의 직접적인 마케팅 지원을 받게 되어, 이전보다 높은 수출성과를 낼 수 있을 것으로 기대된다."고 말했다. 한국동서발전 관계자는 "향후에도 타겟 시장별 해외수출협의체를 확대 운영해 미개척 해외시장 확보에 최선을 다하겠다."라고 말했다.

① (나) – (다) – (마) – (라) – (가)   ② (나) – (라) – (다) – (가) – (마)
③ (다) – (가) – (마) – (라) – (나)   ④ (다) – (마) – (라) – (나) – (가)
⑤ (라) – (마) – (나) – (가) – (다)

04 내용 추론

| 유형분석 |

- 주어진 지문을 바탕으로 도출할 수 있는 내용을 찾는 문제이다.
- 선택지의 내용을 정확하게 확인하고 지문의 정보와 비교하여 추론하는 능력이 필요하다.

다음 글을 읽고 추론한 내용으로 적절하지 않은 것은?

1977년 개관한 퐁피두 센터의 정식명칭은 국립 조르주 퐁피두 예술문화 센터로, 공공정보기관(BPI), 공업창작센터(CCI), 음악·음향의 탐구와 조정연구소(IRCAM), 파리 국립 근현대 미술관(MNAM) 등이 있는 종합문화예술 공간이다. 퐁피두라는 이름은 이 센터의 창설에 힘을 기울인 조르주 퐁피두 대통령의 이름을 딴 것이다.

1969년 당시 대통령이었던 퐁피두는 파리의 중심지에 미술관이면서 동시에 조형예술과 음악, 영화, 서적 그리고 모든 창조적 활동의 중심이 될 수 있는 문화 복합센터를 지어 프랑스 미술을 더욱 발전시키고자 했다. 요즘 미술관들은 미술관의 이러한 복합적인 기능과 역할을 인식하고 변화를 시도하는 곳이 많다. 미술관은 더 이상 전시만 보는 곳이 아니라 식사도 하고 영화도 보고 강연도 들을 수 있는 곳으로, 대중과의 거리 좁히기를 시도하고 있는 것도 그리 특별한 일은 아니다. 그러나 이미 40년 전에 21세기 미술관의 기능과 역할을 미리 내다볼 줄 아는 혜안을 가지고 설립된 퐁피두 미술관은 프랑스가 왜 문화강국이라 불리는지를 알 수 있게 해준다.

① 퐁피두 미술관을 찾는 사람들의 목적은 다양할 것이다.
② 퐁피두 미술관은 전통적인 예술작품들을 선호할 것이다.
③ 퐁피두 미술관의 모습은 기존 미술관의 모습과 다를 것이다.
④ 퐁피두 미술관은 파격적인 예술작품들을 배척하지 않을 것이다.
⑤ 퐁피두 미술관은 현대 미술관의 선구자라는 자긍심을 가지고 있을 것이다.

정답 ②

제시문에 따르면 퐁피두 미술관은 모든 창조적 활동을 위한 공간이므로, 퐁피두가 전통적인 예술작품을 선호할 것이라는 내용은 추론할 수 없다.

풀이 전략!

주어진 지문이 어떠한 내용을 다루고 있는지 파악한 후 선택지의 키워드를 확실하게 체크하고, 지문의 정보에서 도출할 수 있는 내용을 찾는다.

01   다음 글을 읽고 추론할 수 있는 내용으로 적절하지 않은 것은?

> 최근 레저 열기의 확산과 모바일 기기의 대중화로 휴대용 전원의 수요가 늘면서 전기를 공급할 수 있는 소형 자가 발전기에 대한 특허출원이 증가하고 있다. 특허청에 따르면 최근 5년간 휴대용 장비에 전원을 공급할 수 있는 소형 태양광 발전기의 특허출원이 총 97건으로 2013년 10건에서 지난해 33건으로 4년 만에 3배 이상 급증한 것으로 나타났다.
>
> 휴대용 태양광 발전기는 빛에너지를 전기에너지로 변환할 수 있는 태양전지 셀을 조립이 간편한 독립형의 모듈로 구성하거나 이동성 물체의 외장에 부착해 전기를 생산하는 장치다. 이는 휴대용 장치에 전기를 공급할 뿐만 아니라, 웨어러블 기기나 사물인터넷(IoT) 센서에도 전원공급이 가능하기 때문에 4차 산업혁명에 크게 기여할 기술로 주목받고 있다.
>
> 적용 분야별 출원 동향을 살펴보면, 휴대용 조명 등 캠핑용품 전원에 대한 출원이 38%로 가장 많았고, 휴대폰 등 모바일 기기의 케이스에 부착해 전기를 생산할 수 있는 기술의 출원은 19%를 차지했다. 특히 캠핑용품과 모바일 기기 충전기의 출원이 57%에 달해 전체 특허 출원의 증가세를 주도하고 있는 모습이다. 이밖에도 자체 콘센트를 내장해 원하는 기기에 전기를 공급할 수 있는 포터블 독립전원 기술의 출원이 24%에 달했다. 출원 비중이 가장 큰 캠핑용품 전원의 경우 휴대용 조명기기의 출원이 35%로 다수를 차지했으며, 코펠 등 휴대용 조리기가 14%, 휴대용 정수기·가습기·공기정화기는 14%, 휴대용 냉난방장치와 보온용기가 각각 8%의 출원 비중을 보였다. 출원 주체를 살펴보면 내국인 출원(94%)이 대부분이었으며 내국인 출원 중 개인(40%)과 중소기업(40%)의 출원 비중이 80%에 달하는 것으로 조사됐다. 이는 태양으로부터 전기를 생성하는 태양전지 셀 기술 자체는 성숙단계에 있어, 태양전지 셀을 다양한 휴대용 장비에 접목하는 기술은 개인이나 중소기업에서 접근하기가 어렵지 않기 때문으로 풀이된다.
>
> 전력기술심사과장은 "웨어러블 기기와 사물인터넷(IoT)으로 대표되는 4차 산업의 발달과 여가문화의 확산에 따라 휴대용 장비에 독립적으로 전원을 공급할 수 있는 요구는 더욱 커질 것으로 예상된다."며 휴대용 태양광 발전장치에 대한 특허출원 증가세는 향후에도 지속될 것이라고 전망했다.

① 출원 주체의 내국인 출원 중 개인과 중소기업의 비중이 비등하다.

② 휴대용 태양광 발전기는 4차 산업혁명에 크게 기여할 것으로 전망된다.

③ 태양전지 셀 기술은 초기 단계이지만 무한한 발전 가능성을 가지고 있다.

④ 캠핑족이 계속 증가한다면 적용 분야별 출원 동향의 1위는 계속 유지될 것이다.

⑤ 4차 산업의 발달과 여가문화의 확산으로 인해 소형 자가 발전기의 특허출원 증가세는 향후에도 지속될 것이다.

02 다음 글을 읽고 추론한 내용으로 가장 적절한 것은?

> 노모포비아는 '휴대 전화가 없을 때(No mobile) 느끼는 불안과 공포증(Phobia)'이라는 의미의 신조어이다. 영국의 인터넷 보안업체 시큐어엔보이는 2022년 3월 영국인 1,000명을 대상으로 설문 조사한 결과 응답자의 66%가 노모포비아, 즉 휴대 전화를 소지하지 않았을 때 공포를 느낀다고 발표했다. 노모포비아는 특히 스마트폰을 많이 쓰는 젊은 나이일수록 그 증상이 심하다. 18 ~ 24세 응답자의 경우 노모포비아 응답률이 77%나 됐다. 전문가들은 이 증상이 불안감, 자기회의감 증가, 책임전가와 같은 정신적인 스트레스를 넘어 육체적 고통도 상당한 수준이라고 이야기한다. 휴대 전화에 집중하느라 계단에서 구르거나 난간에서 떨어지는 경미한 사고부터 심각한 교통사고까지 그 피해는 광범위하다.

① 정신적인 스트레스만 발생시킨다.
② 모든 젊은이들에게서 노모포비아 증상이 나타난다.
③ 노모포비아는 젊은 나이의 휴대 전화 보유자에게서 나타난다.
④ 노모포비아는 스마트폰을 사용하는 경우에 무조건 나타난다.
⑤ 휴대 전화를 사용하지 않는 사람에게서는 노모포비아 증상이 나타나지 않는다.

03 다음 밑줄 친 사람들의 주장으로 가장 적절한 것은?

> 최근 여러 나라들은 화석연료 사용으로 인한 기후 변화를 억제하기 위해, 화석연료의 사용을 줄이고 목재연료의 사용을 늘리고 있다. 다수의 과학자와 경제학자는 목재를 '탄소 중립적 연료'라고 생각하고 있다. 나무를 태우면 이산화탄소가 발생하지만, 새로 심은 나무가 자라면서 다시 이산화탄소를 흡수하는 원리대로 나무를 베어낸 만큼 다시 심으면 전체 탄소배출량은 '0'이 된다는 것이다. 대표적으로 유럽연합이 화석연료를 목재로 대체하려고 하는데, 2020년까지 탄소 중립적 연료로 전체 전력의 20%를 생산할 계획을 가지고 있다. 영국, 벨기에, 덴마크 네덜란드 등의 국가에서는 나무 화력발전소를 건설하거나 기존의 화력발전소에서 나무를 사용할 수 있도록 전환하는 등의 설비를 갖추고 있다. 우리나라 역시 재생에너지원을 중요시하면서 나무 펠릿 수요가 증가하고 있다.
> 하지만 일부 과학자들은 목재가 친환경 연료가 아니라고 주장한다. 이들 주장의 핵심은 지금 심은 나무가 자라는 데에는 수십에서 수백 년이 걸린다는 것이다. 즉, 지금 나무를 태워 나온 이산화탄소는 나무를 심는다고 해서 줄어드는 것이 아니라 수백 년에 걸쳐서 천천히 흡수된다는 것이다. 또 화석연료에 비해 발전 효율이 낮기 때문에 같은 전력을 생산하는 데 발생하는 이산화탄소의 양은 더 많아질 것이라고 강조한다. 눈앞의 배출량만 줄이는 것은 마치 지금 당장 지갑에서 현금이 나가지 않는다고 해서 신용카드를 무분별하게 사용하는 것처럼 위험할 수 있다는 생각이다. 이들은 기후 변화 방지에 있어서, 배출량을 줄이는 것이 아니라 배출하지 않는 방법을 택하는 것이 더 낫다고 강조한다.

① 나무의 발전 효율을 높이는 연구가 선행되어야 한다.
② 목재연료를 통한 이산화탄소 절감은 전 세계가 동참해야만 가능하다.
③ 목재연료의 사용보다는 화석연료의 사용을 줄이는 것이 중요하다.
④ 목재연료의 사용보다는 태양광과 풍력 등의 발전효율을 높이는 것이 효과적이다.
⑤ 목재연료의 사용은 현재의 상황에서 가장 합리적인 대책이다.

04 다음 글을 통해 확인할 수 있는 내용으로 적절하지 않은 것은?

영화 촬영 시 카메라가 찍기 시작하면서 멈출 때까지의 연속된 촬영을 '쇼트(Shot)'라 하고, 이러한 쇼트의 결합으로 이루어져 연극의 '장(場)'과 같은 역할을 수행하는 것을 '씬(Scene)'이라고 한다. 그리고 여러 개의 씬이 연결되어 영화의 전체 흐름 속에서 비교적 독립적인 의미를 지니는 것을 '시퀀스(Sequence)'라 일컫는다.

시퀀스는 씬을 제시하는 방법에 따라 '에피소드 시퀀스'와 '병행 시퀀스'로 구분할 수 있다. 먼저 에피소드 시퀀스는 짧은 장면을 연결하여 긴 시간의 흐름을 간단하게 보여주는 것을 말한다. 예를 들어 특정 인물의 삶을 다룬 영화의 경우, 주인공의 생애를 있는 그대로 재현하는 것은 불가능하므로 특징적인 짧은 장면을 연결하여 인물의 삶을 요약적으로 제시하는 것이 여기에 해당한다.

이와 달리 병행 시퀀스는 같은 시간, 다른 공간에서 일어나는 둘 이상의 별개 사건이 교대로 전개되는 것을 말한다. 범인을 추격하는 영화의 경우, 서로 다른 공간에서 쫓고 쫓기는 형사와 범인의 영상을 교차로 제시하는 방식이 좋은 예이다. 이 방법은 극적 긴장감을 조성할 수 있으며, 시간을 나타내는 특별한 표지가 없더라도 두 개의 사건에 동시성을 부여하여 시각적으로 통일된 단위로 묶을 수 있다.

시퀀스 연결 방법은 크게 두 가지로 나눌 수 있는데, 자연스럽게 연결하는 경우와 그렇지 않은 경우이다. 원래 이미지가 점점 희미해지면서 다른 이미지로 연결되는 디졸브 등의 기법을 사용하면 관객들은 하나의 시퀀스가 끝나고 다음 시퀀스가 시작된다는 것을 자연스럽게 알게 된다. 이러한 자연스러운 시퀀스 연결은 관객들이 사건의 전개 과정을 쉽게 파악하고, 다음에 이어질 장면을 예상하는 데 도움을 준다. 이와 달리 시퀀스의 마지막 부분에 시공간이 완전히 다른 이미지를 연결하여 급작스럽게 시퀀스를 전환하기도 하는데, 이러한 부자연스러운 시퀀스 연결은 관객들에게 낯선 느낌을 주고 의아함을 불러일으켜 시퀀스 연결 속에 숨은 의도나 구조를 생각하게 한다.

일반적으로 각 시퀀스의 길이가 길어 시퀀스의 수가 적은 영화들은 느린 템포로 사건이 진행되기 때문에 서사적 이야기 구조를 안정되게 제시하는 데 적합하다. 반면 길이가 매우 짧은 시퀀스를 사용한 영화는 빠른 템포로 사건이 전개되므로 극적 긴장감을 조성할 수 있으며, 특정 이미지를 강조하거나 인물의 심리 상태 등도 효과적으로 제시할 수 있다.

이밖에도 서사의 줄거리를 분명하고 세밀하게 전달하기 위해 각 시퀀스에서 의미를 완결지어 관객으로 하여금 작은 단위의 카타르시스를 경험하게 하는 경우도 있고, 시퀀스 전체의 연결 관계를 통해서 영화의 서사 구조를 파악하게 하는 경우도 있다. 따라서 영화에 사용된 시퀀스의 특징을 분석하는 것은 영화의 서사 구조와 감독의 개성을 효과적으로 파악할 수 있는 좋은 방법이다.

① 시퀀스의 연결 방법과 효과
② 시퀀스의 길이에 따른 특징
③ 영화의 시퀀스를 구성하는 요소와 개념
④ 영화의 발전 과정과 시퀀스의 상관관계
⑤ 씬을 제시하는 방법에 따른 시퀀스의 종류

05 문서 작성·수정

| 유형분석 |

- 기본적인 어휘력과 어법에 대한 지식을 필요로 하는 문제이다.
- 글의 내용을 파악하고 문맥을 읽을 줄 알아야 한다.

다음 글에서 밑줄 친 ㉠ ~ ㉤의 수정 방안으로 적절하지 않은 것은?

조직문화란 조직 구성원들이 공유하는 가치체계·신념체계·사고방식의 복합체를 말한다. ㉠ 그러나 조직 문화는 조직 구성원들에게 정체성과 집단적 몰입(Collective Commitment)을 가져오며, 조직체계의 안정성과 조직 구성원들의 행동을 형성하는 기능을 ㉡ 수행할 것이다.

따라서 어느 조직사회에서나 조직 구성원들에게 소속감을 부여하고 화합을 도모하여 조직생활의 활성화를 ㉢ 기하므로 여러 가지 행사를 마련하게 되는데, 예컨대 본 업무 외에 회식·야유회(MT)·체육대회·문화행사 등의 진행이 그것이다.

개인이 규범·가치·습관·태도 등에서 ㉣ 공통점이 느껴지고 동지 의식을 가지며 애착·충성의 태도로 임하는 집단을 내집단(In-group)이라고 한다. 가족·친구·국가·민족 등이 이에 해당한다. 반면에 타인·타국 등 다른 문화를 가진 집단을 외집단(Out-group)이라고 부른다. 조직 구성원 간의 단합을 ㉤ 도모함으로써 조직의 정체성과 집단적 몰입을 꾀하는 조직문화는 곧 조직의 내집단 의식 고취를 목적으로 한다고 할 수 있다.

① ㉠ : 문맥을 고려하여 '그리하여'로 수정한다.
② ㉡ : 미래·추측의 의미가 아니므로 '수행한다'로 수정한다.
③ ㉢ : 문맥을 고려하여 '기하기 위해'로 수정한다.
④ ㉣ : 문장 중간에 동작 표현이 바뀌어 어색하므로 '공통점을 느끼고'로 수정한다.
⑤ ㉤ : 문장의 부사어로 사용되고 있으므로 '도모함으로서'로 수정한다.

정답 ⑤

조사 '로써'는 '~을 가지고, ~으로 인하여'라는 의미이고, '로서'는 '지위, 신분' 등의 의미이다. 따라서 '도모함으로써'가 옳은 표현이다.

풀이 전략!

문장에서 주어와 서술어의 호응 관계가 적절한지 주어와 서술어를 찾아 확인해 보는 연습을 하며, 문서작성의 원칙과 주의사항은 미리 알아두는 것이 좋다.

01 다음 글에서 밑줄 친 ㉠ ~ ㉤의 수정 방안으로 가장 적절한 것은?

소아시아 지역에 위치한 비잔틴 제국의 수도 콘스탄티노플이 이슬람교를 신봉하는 오스만인들에 의해 함락되었다는 소식이 인접해 있는 유럽 지역에까지 전해졌다. 그 지역 교회의 한 수도원 서기는 이에 대해 "㉠ 지금까지 이보다 더 끔찍했던 사건은 없었으며, 앞으로도 결코 없을 것이다."라고 기록했다.

1453년 5월 29일 화요일, 해가 뜨자마자 오스만 제국의 군대는 난공불락으로 유명한 케르코포르타 성벽의 작은 문을 뚫고 진군하기 시작했다. 해가 질 무렵, 약탈당한 도시에 남아 있는 모든 것은 그들의 차지가 되었다. 비잔틴 제국의 86번째 황제였던 콘스탄티누스 11세는 서쪽 성벽 아래에 있는 좁은 골목에서 전사하였다. 이것으로 ㉡ 1,100년 이상 존재했던 소아시아 지역의 기독교도 황제가 사라졌다. 잿빛 말을 타고 화요일 오후 늦게 콘스탄티노플에 입성한 술탄 메흐메드 2세는 우선 성소피아 대성당으로 갔다. 그는 이 성당을 파괴하는 대신 이슬람 사원으로 개조하라는 명령을 내렸고, 우선 그 성당을 철저하게 자신의 보호 하에 두었다. 또한 학식이 풍부한 그리스 정교회 수사에게 격식을 갖추어 공석 중인 총대주교직을 수여하고자 했다. 그는 이슬람 세계를 위해 ㉢ 기독교의 제단뿐만 아니라 그 이상의 것들도 활용했다. 역대 비잔틴 황제들이 제정한 법을 그가 주도하고 있던 법제화의 모델로 이용하였던 것이다. 이러한 행위들은 ㉣ 단절을 추구하는 정복왕 메흐메드 2세의 의도에서 비롯된 것이라고 할 수 있다.

그는 자신이야말로 지중해를 '우리의 바다'라고 불렀던 로마 제국의 진정한 계승자임을 선언하고 싶었던 것이다. 일례로 그는 한때 유럽과 아시아를 포함한 지중해 전역을 지배했던 제국의 정통 상속자임을 선언하면서, 의미심장하게도 자신의 직함에 '룸 카이세리', 즉 로마의 황제라는 칭호를 추가했다. 또한 그는 패권 국가였던 로마의 옛 명성을 다시 찾기 위한 노력의 일환으로 로마 사람의 땅이라는 뜻을 지닌 루멜리아에 새로 수도를 정했다. 이렇게 함으로써 그는 ㉤ 오스만 제국이 유럽으로 확대될 것이라는 자신의 확신을 보여주었다.

① ㉠ : '지금까지 이보다 더 영광스러운 사건은 없었으며'로 고친다.
② ㉡ : '1,100년 이상 존재했던 소아시아 지역의 이슬람 황제가 사라졌다.'로 고친다.
③ ㉢ : '기독교의 제단뿐만 아니라 그 이상의 것들도 파괴했다.'로 고친다.
④ ㉣ : '연속성을 추구하는 정복왕 메흐메드 2세의 의도에서 비롯된 것'으로 고친다.
⑤ ㉤ : '오스만 제국이 아시아로 확대될 것이라는 자신의 확신을 보여주었다.'로 고친다.

02

사회복지와 근로 의욕과의 관계에 대한 조사를 보면 '사회복지와 근로 의욕이 관계가 있다.'는 응답과 '그렇지 않다.'는 응답의 비율이 비슷하게 나타난다. 하지만 기타 의견에 ㉠ <u>따라</u> 과도한 사회복지는 근로 의욕을 떨어뜨릴 수 있다는 응답이 많았던 것으로 조사되었다. 예를 들어 정부 지원금을 받으나 아르바이트를 하나 비슷한 돈이 나온다면 ㉡ <u>더군다나</u> 일하지 않고 정부 지원금으로만 먹고 사는 사람들이 많이 있다는 것이다. 여기서 주목해야 할 점은 과도한 복지 때문이 아닌 정책상의 문제라는 의견도 있다는 사실이다. 현실적으로 일을 할 수 있는 능력이 있는 사람에게는 ㉢ <u>최대한의</u> 생계 비용 이외의 수입을 인정하고, 빈곤층에서 벗어날 수 있게 지원해주는 것이 개인에게도, 국가에도 바람직한 방식이라는 것이다.

이 설문 조사 결과에서 주목해야 할 또 다른 측면은 사회복지 체제가 잘 되어 있을수록 근로 의욕이 떨어진다고 응답한 사람의 ㉣ <u>과반수 이상이</u> 중산층 이상의 경제력을 가지고 있었다는 점이다. 재산이 많은 사람에게는 약간의 세금 확대도 ㉤ <u>영향이 적을 수 있기 때문에</u> 경제 발전을 위한 세금 확대는 찬성하더라도 복지 정책을 위한 세금 확대는 반대하는 것이다. 이러한 점을 고려해보면 소득 격차 축소를 원하는 국민보다 복지 정책을 위한 세금 확대에 반대하는 국민이 많은 다소 모순된 설문 결과에 대한 설명이 가능하다.

① ㉠ : 호응 관계를 고려하여 '따르면'으로 수정한다.
② ㉡ : 앞뒤 내용의 관계를 고려하여 '차라리'로 수정한다.
③ ㉢ : 전반적인 내용의 흐름을 고려하여 '최소한의'로 수정한다.
④ ㉣ : '과반수'의 뜻을 고려하여 '절반 이상이' 또는 '과반수가'로 수정한다.
⑤ ㉤ : 일반적인 사실을 말하는 것이므로 '영향이 적기 때문에'로 수정한다.

03

동양의 산수화에는 자연의 다양한 모습을 대하는 화가의 개성 혹은 태도가 ㉠ <u>드러나</u> 있는데, 이를 표현하는 기법 중의 하나가 준법이다. 준법(皴法)이란 점과 선의 특성을 활용하여 산, 바위, 토파(土坡) 등의 입체감, 양감, 질감, 명암 등을 나타내는 기법으로 산수화 중 특히 수묵화에서 발달하였다. 수묵화는 선의 예술이다. 수묵화에서는 먹(墨)만을 사용하기 때문에 대상의 다양한 모습이나 질감을 ㉡ <u>표현하는데</u> 한계가 있다. ㉢ <u>거친 선, 부드러운 선, 곧은 선, 꺾은 선 등 다양한 선을 활용하여 대상에 대한 느낌, 분위기를 표현한다.</u> 이 과정에서 선들이 지닌 특성과 효과 등이 점차 유형화되어 발전된 것이 준법이다.

준법 가운데 보편적으로 쓰이는 것에는 피마준, 수직준, 절대준, 미점준 등이 있다. 일정한 방향과 간격으로 선을 여러 개 그어 산의 등선을 표현하여 부드럽고 차분한 느낌을 주는 것이 피마준이다. 반면 수직준은 선을 위에서 아래로 죽죽 내려 그어 강하고 힘찬 느낌을 주어 뾰족한 바위산을 표현할 때 주로 사용한다. 절대준은 수평으로 선을 긋다가 수직으로 꺾어 내리는 것을 반복하여 마치 'ㄱ'자 모양이 겹쳐진 듯 표현한 것이다. 이는 주로 모나고 거친 느낌을 주는 지층이나 바위산을 표현할 때 쓰인다. 미점준은 쌀알 같은 타원형의 작은 점을 연속적으로 ㉣ <u>찍혀</u> 주로 비 온 뒤의 습한 느낌이나 수풀을 표현할 때 사용한다.

㉤ <u>준법은 화가가 자연에 대해 인식하고 표현하는 수단이다.</u> 화가는 준법을 통해 단순히 대상의 외양뿐만 아니라 대상에 대한 자신의 느낌, 인식의 깊이까지 화폭에 그려내는 것이다.

① ㉠ : 문맥의 흐름을 고려하여 '들어나'로 고친다.

② ㉡ : 띄어쓰기가 올바르지 않으므로 '표현하는 데'로 고친다.

③ ㉢ : 문장을 자연스럽게 연결하기 위해 문장 앞에 '그래서'를 추가한다.

④ ㉣ : 목적어와 서술어의 호응 관계를 고려하여 '찍어'로 고친다.

⑤ ㉤ : 필요한 문장 성분이 생략되었으므로 '표현하는' 앞에 '인식의 결과를'을 추가한다.

06 맞춤법 · 어휘

| 유형분석 |

- 맞춤법에 맞는 단어를 찾거나 주어진 지문의 내용에 어울리는 단어를 찾는 문제가 주로 출제된다.
- 자주 출제되는 단어나 헷갈리는 단어에 대한 학습을 꾸준히 하는 것이 좋다.

다음 중 밑줄 친 부분의 표기가 옳은 것은?

① 어찌나 금방 품절되던지 나도 열 번만에 겨우 주문했어.
② 달라는대로 다 주었는데 무엇을 더 줘야 하니?
③ 너 뿐만 아니라 우리 모두 노력해야 한다.
④ 둘째 아들이 벌써 아빠 만큼 자랐구나.
⑤ 이번 일은 직접 나서는 수밖에 없다.

정답 ⑤

'밖에'는 '그것 말고는', '그것 이외에는', '기꺼이 받아들이는', '피할 수 없는'의 뜻을 나타내는 보조사이므로 앞말과 붙여 쓴다.

오답분석

① '만'은 '앞말이 가리키는 횟수를 끝으로'의 뜻을 나타내는 의존 명사로 사용되었으므로 '열 번 만에'와 같이 앞말과 띄어 써야 한다.
② '대로'는 '어떤 상태나 행동이 나타나는 족족'을 의미하는 의존 명사로 사용되었으므로 '달라는 대로'와 같이 앞말과 띄어 써야 한다.
③ '뿐'은 '그것만이고 더는 없음'을 의미하는 보조사로 사용되었으므로 '너뿐만'과 같이 앞말에 붙여 써야 한다.
④ '만큼'은 앞말과 비슷한 정도나 한도임을 나타내는 격조사로 사용되었으므로 '아빠만큼'과 같이 앞말에 붙여 써야 한다.

풀이 전략!

문제에서 물어보는 단어를 정확히 확인해야 하고, 어휘문제의 경우 주어진 지문의 전체적인 흐름에 어울리는 단어를 생각해본다.

01 다음 글의 밑줄 친 ㉠~㉤ 중 한글 맞춤법상 옳지 않은 것은?

우리나라를 넘어서 세계적인 겨울축제로 ㉠ <u>자리매김한</u> '화천산천어축제'가 올해도 어김없이 첫날부터 ㉡ <u>북적였다</u>. 축제가 열리는 장소인 강원도 화천군 화천읍 화천천 얼음벌판은 축제 시작일 이른 아침부터 두둑한 복장으로 중무장한 사람들로 ㉢ <u>북새통</u>을 이루기 시작했고, 이곳저곳에서 산천어를 낚는 사람들의 환호성이 끊이질 않고 있다. 또 세계적인 축제답게 많은 외국인 관광객들도 잇달아 ㉣ <u>낚싯대</u>를 늘어뜨리고 있다.

이 축제가 이처럼 전 세계적으로 유명세를 타기 시작한 건 지난 2009년 미국의 유명잡지인 'TIME'지에 축제 사진이 실리면서부터였다. 이후 미국 채널인 'CNN'이 겨울철 7대 ㉤ <u>불가사이한</u> 축제라며 이 축제를 언급했고 이후 지금까지 매년 100만 명이 찾는 유명 축제로 그 명성을 계속 유지하고 있다.

① ㉠   ② ㉡
③ ㉢   ④ ㉣
⑤ ㉤

02 다음 중 빈칸에 들어갈 말을 순서대로 바르게 나열한 것은?

㉠ 매년 10만여 명의 (뇌졸중 / 뇌졸증) 환자가 발생하고 있다.
㉡ 그의 변명이 조금 (꺼림직 / 꺼림칙 / 꺼림칫)했으나, 한번 믿어보기로 했다.

	㉠	㉡
①	뇌졸중	꺼림칙
②	뇌졸증	꺼림직
③	뇌졸중	꺼림칫
④	뇌졸증	꺼림칫
⑤	뇌졸중	꺼림직

CHAPTER 02
수리능력

수리능력은 사칙 연산·통계·확률의 의미를 정확하게 이해하고 이를 업무에 적용하는 능력으로, 기초 연산과 기초 통계, 도표 분석 및 작성의 문제 유형으로 출제된다. 수리능력 역시 채택하지 않는 공사·공단이 거의 없을 만큼 필기시험에서 중요도가 높은 영역이다.

특히, 난이도가 높은 공사·공단의 시험에서는 도표 분석, 즉 자료 해석 유형의 문제가 많이 출제되고 있고, 응용 수리 역시 꾸준히 출제하는 공사·공단이 많기 때문에 기초 연산과 기초 통계에 대한 공식의 암기와 자료 해석 능력을 기를 수 있는 꾸준한 연습이 필요하다.

01 응용 수리능력의 공식은 반드시 암기하라!

응용 수리는 공사·공단마다 출제되는 문제는 다르지만, 사용되는 공식은 비슷한 경우가 많으므로 자주 출제되는 공식을 반드시 암기하여야 한다. 문제에서 묻는 것을 정확하게 파악하여 그에 맞는 공식을 적절하게 적용하는 꾸준한 노력과 공식을 암기하는 연습이 필요하다.

02 자료의 해석은 자료에서 즉시 확인할 수 있는 지문부터 확인하라!

수리능력 중 도표 분석, 즉 자료 해석 능력은 많은 시간을 필요로 하는 문제가 출제되므로, 증가·감소 추이와 같이 눈으로 확인이 가능한 지문을 먼저 확인한 후 복잡한 계산이 필요한 지문을 확인하는 방법으로 문제를 풀이한다면 시간을 조금이라도 아낄 수 있다. 또한, 여러 가지 보기가 주어진 문제 역시 지문을 잘 확인하고 문제를 풀이한다면 불필요한 계산을 생략할 수 있으므로 항상 지문부터 확인하는 습관을 들여야 한다.

03 도표 작성에서 지문에 작성된 도표의 제목을 반드시 확인하라!

도표 작성은 하나의 자료 혹은 보고서와 같은 수치가 표현된 자료를 도표로 작성하는 형식으로 출제되는데, 대체로 표보다는 그래프를 작성하는 형태로 많이 출제된다. 지문을 살펴보면 각 지문에서 주어진 도표에도 소제목이 있는 경우가 대부분이다. 이때, 자료의 수치와 도표의 제목이 일치하지 않는 경우 함정이 존재하는 문제일 가능성이 높으므로 도표의 제목을 반드시 확인하는 것이 중요하다.

01 응용 수리

| 유형분석 |

- 문제에서 제공하는 정보를 파악한 뒤, 사칙연산을 활용하여 계산하는 전형적인 수리문제이다.
- 문제를 풀기 위한 정보가 산재되어 있는 경우가 많으므로 주어진 조건 등을 꼼꼼히 확인해야 한다.

세희네 가족의 올해 휴가비용은 작년 대비 교통비는 15%, 숙박비는 24% 증가하였고, 전체 휴가비용은 20% 증가하였다. 작년 전체 휴가비용이 36만 원일 때, 올해 숙박비는?(단, 전체 휴가비는 교통비와 숙박비의 합이다)

① 160,000원
② 184,000원
③ 200,000원
④ 248,000원
⑤ 268,000원

정답 ④

작년 교통비를 x원, 숙박비를 y원이라 하면 다음과 같은 식이 성립한다.

$1.15x + 1.24y = 1.2(x + y) \cdots$ ㉠

$x + y = 36 \cdots$ ㉡

㉠과 ㉡을 연립하면 $x = 16$, $y = 20$이다.

따라서 올해 숙박비는 $20 \times 1.24 = 24.8$만 원이다.

풀이 전략!

문제에서 묻는 바를 정확하게 확인한 후, 필요한 조건 또는 정보를 구분하여 신속하게 풀어 나간다. 단, 계산에 착오가 생기지 않도록 유의한다.

01   할아버지와 할머니, 아버지와 어머니, 그리고 3명의 자녀로 이루어진 가족이 있다. 이 가족이 일렬로 서서 가족사진을 찍으려고 한다. 할아버지가 맨 앞, 할머니가 맨 뒤에 위치할 때, 가능한 경우의 수는?

① 120가지   ② 125가지

③ 130가지   ④ 135가지

⑤ 140가지

02   축구팀에서 A∼H 8명의 후보 선수 중 4명을 뽑을 때, A, B, C를 포함하여 뽑을 확률은?

① $\dfrac{1}{14}$ ② $\dfrac{1}{5}$

③ $\dfrac{3}{8}$ ④ $\dfrac{1}{2}$

⑤ $\dfrac{3}{5}$

03   경언이는 고향인 진주에서 서울로 올라오려고 한다. 오전 8시에 출발하여 우등버스를 타고 340km를 달려 서울 고속터미널에 도착하였는데, 원래 도착 예정시간보다 2시간이 늦어졌다. 도착 예정시간은 평균 100km/h로 달리고 휴게소에서 30분 쉬는 것으로 계산되었으나 실제로 휴게소에서 36분을 쉬었다고 한다. 이때, 진주에서 서울로 이동하는 동안 경언이가 탄 버스의 평균 속도는 약 얼마인가?

① 49km/h   ② 53km/h

③ 57km/h   ④ 64km/h

⑤ 76km/h

02 자료 계산

유형분석

- 문제에 주어진 자료를 계산하여 각 선택지의 정답 유무를 판단하는 문제이다.
- 주로 그래프와 표로 제시되며, 경영·경제·산업 등과 관련된 최신 이슈를 많이 다룬다.
- 자료 간의 증감률·비율·추세 등을 자주 묻는다.

다음은 B국의 부양인구비를 나타낸 자료이다. 2024년 15세 미만 인구 대비 65세 이상 인구의 비율은 얼마인가?(단, 비율은 소수점 둘째 자리에서 반올림한다)

〈부양인구비〉

(단위 : %)

구분	2020년	2021년	2022년	2023년	2024년
부양비	37.3	36.9	36.8	36.8	36.9
유소년부양비	22.2	21.4	20.7	20.1	19.5
노년부양비	15.2	15.6	16.1	16.7	17.3

※ (유소년부양비)$= \dfrac{(15세\ 미만\ 인구)}{(15 \sim 64세\ 인구)} \times 100$

※ (노년부양비)$= \dfrac{(65세\ 이상\ 인구)}{(15 \sim 64세\ 인구)} \times 100$

① 72.4%   ② 77.6%

③ 81.5%   ④ 88.7%

⑤ 90.5%

정답 ④

2024년 15세 미만 인구를 x명, 65세 이상 인구를 y명, 15 ~ 64세 인구를 a명이라 하면 다음과 같은 식이 성립한다.

(2024년 유소년부양비)$= \dfrac{x}{a} \times 100 = 19.5 \rightarrow a = \dfrac{x}{19.5} \times 100 \cdots$ ㉠

(2024년 노년부양비)$= \dfrac{y}{a} \times 100 = 17.3 \rightarrow a = \dfrac{y}{17.3} \times 100 \cdots$ ㉡

㉠, ㉡을 연립하면 $\dfrac{x}{19.5} = \dfrac{y}{17.3} \rightarrow \dfrac{y}{x} = \dfrac{17.3}{19.5}$ 이므로, 15세 미만 인구 대비 65세 이상 인구의 비율은 $\dfrac{17.3}{19.5} \times 100 ≒ 88.7\%$이다.

풀이 전략!

선택지를 먼저 읽고 필요한 정보를 도표에서 확인하도록 하며, 계산이 필요한 경우에는 실제 수치를 사용하여 복잡한 계산을 하는 대신, 대소 관계의 비교나 선택지의 옳고 그름만을 판단할 수 있을 정도로 간소화하여 계산해 풀이시간을 단축할 수 있도록 한다.

01 다음은 A~D사의 연간 매출액에 대한 자료이다. 연간 매출액이 일정한 증감률을 보인다고 할 때, 빈칸에 들어갈 수는?

〈A~D사의 연간 매출액〉

(단위 : 백억 원)

구분		2019년	2020년	2021년	2022년	2023년	2024년
A사	매출액	300	350	400	450	500	550
	순이익	9	10.5	12	13.5	15	16.5
B사	매출액	200	250	200	250	200	250
	순이익	4	7.5	4	7.5	4	7.5
C사	매출액	250	350	300	400	350	450
	순이익	5	10.5	12	20		31.5
D사	매출액	350	300	250	200	150	100
	순이익	7	6	5	4	3	2

※ (순이익)=(매출액)×(이익률)

① 21
② 23
③ 25
④ 27
⑤ 29

02 다음은 전국 폐기물 발생 현황 자료이다. 빈칸에 들어갈 값을 바르게 나열한 것은?(단, 소수점 둘째 자리에서 반올림한다)

〈전국 폐기물 발생 현황〉

(단위 : 톤 / 일, %)

구분		2019년	2020년	2021년	2022년	2023년	2024년
총계	발생량	359,296	357,861	365,154	373,312	382,009	382,081
	증감률	6.6	−0.4	2.0	2.2	2.3	0.02
의료 폐기물	발생량	52,072	50,906	49,159	48,934	48,990	48,728
	증감률	3.4	−2.2	−3.4	(ㄱ)	0.1	−0.5
사업장 배출시설계 폐기물	발생량	130,777	123,604	137,875	137,961	146,390	149,815
	증감률	13.9	(ㄴ)	11.5	0.1	6.1	2.3
건설 폐기물	발생량	176,447	183,351	178,120	186,417	186,629	183,538
	증감률	2.6	3.9	−2.9	4.7	0.1	−1.7

	(ㄱ)	(ㄴ)
①	−0.5	−5.5
②	−0.5	−4.5
③	−0.6	−5.5
④	−0.6	−4.5
⑤	−0.7	−5.5

03 다음은 노인 취업률 추이에 대한 그래프이다. 조사한 직전 연도 대비 노인 취업률의 변화율이 가장 큰 연도는?

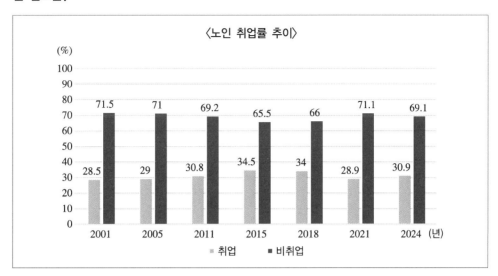

① 2005년   ② 2015년

③ 2018년   ④ 2021년

⑤ 2024년

03 자료 이해

| 유형분석 |

- 제시된 자료를 분석하여 선택지의 정답 유무를 판단하는 문제이다.
- 표의 수치 등을 통해 변화량이나 증감률, 비중 등을 비교하여 판단하는 문제가 자주 출제된다.
- 지원하고자 하는 기업이나 산업과 관련된 자료 등이 문제의 자료로 많이 다뤄진다.

다음은 A ~ E 5개국의 경제 및 사회 지표 자료이다. 이에 대한 설명으로 옳지 않은 것은?

〈주요 5개국의 경제 및 사회 지표〉

구분	1인당 GDP(달러)	경제성장률(%)	수출(백만 달러)	수입(백만 달러)	총인구(백만 명)
A국	27,214	2.6	526,757	436,499	50.6
B국	32,477	0.5	624,787	648,315	126.6
C국	55,837	2.4	1,504,580	2,315,300	321.8
D국	25,832	3.2	277,423	304,315	46.1
E국	56,328	2.3	188,445	208,414	24.0

※ (총 GDP)=(1인당 GDP)×(총인구)

① A국이 E국보다 총 GDP가 더 크다.
② 경제성장률이 가장 큰 나라가 총 GDP는 가장 작다.
③ 1인당 GDP에 따른 순위와 총 GDP에 따른 순위는 서로 일치한다.
④ 5개국 중 수출과 수입에 있어서 규모에 따라 나열한 순위는 서로 일치한다.
⑤ 총 GDP가 가장 큰 나라의 GDP는 가장 작은 나라의 GDP보다 10배 이상 더 크다.

정답 ③

1인당 GDP 순위는 E>C>B>A>D이다. 그런데 1인당 GDP가 가장 큰 E국은 1인당 GDP가 2위인 C국보다 1% 정도밖에 높지 않은 반면, 총인구는 C국의 $\frac{1}{10}$ 이하이므로 총 GDP 역시 C국보다 작다. 따라서 1인당 GDP 순위와 총 GDP 순위는 일치하지 않는다.

풀이 전략!

평소 변화량이나 증감률, 비중 등을 구하는 공식을 알아두고 있어야 하며, 지원하는 기업이나 산업에 대한 자료 등을 확인하여 비교하는 연습 등을 한다.

01 다음은 선박 종류별 기름 유출사고 발생 현황을 나타낸 자료이다. 이에 대한 설명으로 옳은 것은?

〈선박 종류별 기름 유출사고 발생 현황〉

(단위 : 건, kL)

구분		유조선	화물선	어선	기타	합계
2020년	사고 건수	37	53	151	96	337
	유출량	956	584	53	127	1,720
2021년	사고 건수	28	68	245	120	461
	유출량	21	51	147	151	370
2022년	사고 건수	27	61	272	123	483
	유출량	3	187	181	212	583
2023년	사고 건수	32	33	217	102	384
	유출량	38	23	105	244	410
2024년	사고 건수	60	65	150	205	480
	유출량	1,223	66	30	143	1,462

① 2024년 총 사고 건수는 전년 대비 20% 미만으로 증가하였다.

② 연도별 총 사고 건수에 대한 유조선 사고 건수 비율은 매년 감소하고 있다.

③ 2021 ~ 2024년 동안 연도별 총 사고 건수와 총 유출량의 전년 대비 증감 추이는 같다.

④ 기타를 제외하고 2020 ~ 2024년 동안 전체 유출량이 두 번째로 많은 선박 종류는 어선이다.

⑤ 총 유출량이 가장 적은 연도에서 기타를 제외하고 사고 건수 대비 유출량이 가장 적은 선박 종류는 어선이다.

02 다음은 2024년 말 미국·중국·일본의 각 기업이 A씨에게 제시한 2025 ~ 2027년 연봉과 2025 ~ 2027년 예상 환율을 나타낸 자료이다. 이에 대한 설명으로 옳지 않은 것은?

〈각국의 기업이 A씨에게 제시한 연봉〉

구분	미국 기업	중국 기업	일본 기업
연봉	3만 달러	26만 위안	290만 엔

※ 각국의 기업은 제시한 연봉을 해당국 통화로 매년 말 연 1회 지급함

〈2025 ~ 2027년 예상 환율〉

(원/1달러
원/100엔)   (원/1위안)

1,400   170

1,300   1,300   160
                                                      160

        150   1,200
1,200   1,200   150
    1,150   1,200
                          140   1,100
1,100   140
        1,100   140

1,000   130
        2025년 말   2026년 말   2027년 말

        ■— 원/1달러   ▲··· 원/100엔   ◆--- 원/1위안

※ (해당 연도의 원화 환산 연봉)=(각국의 기업이 제시한 연봉)×(해당 연도 말 예상 환율)

① 2025년 원화 환산 연봉은 중국 기업이 가장 많다.

② 2026년 원화 환산 연봉은 일본 기업이 가장 적다.

③ 2027년 원화 환산 연봉은 일본 기업이 미국 기업보다 많다.

④ 2027년 중국 기업의 2026년 대비 원화 환산 연봉의 증가율은 2027년 일본 기업의 2025년 대비 원화 환산 연봉의 증가율보다 크다.

⑤ 2027년 미국 기업의 2026년 대비 원화 환산 연봉의 감소율은 2026년 중국 기업의 2025년 대비 원화 환산 연봉의 감소율보다 크다.

03 다음은 일본의 주택용 태양광 발전시스템 도입량 예측에 대한 자료이다. 이에 대한 〈보기〉의 설명 중 옳은 것을 모두 고르면?

〈일본의 주택용 태양광 발전시스템 도입량 예측〉

(단위 : 천 건, MW)

구분		2024년		2026년			
				현재 성장을 유지할 경우		도입을 촉진할 경우	
		건수	도입량	건수	도입량	건수	도입량
기존주택	10kW 미만	94.1	454	145.4	778	165	884
	10kW 이상	23.3	245	4.6	47	5	51
신축주택	10kW 미만	86.1	407	165.3	1,057	185.2	1,281
	10kW 이상	9.2	98	4.7	48	4.2	49
합계		212.7	1,204	320	1,930	359.4	2,265

보기

ㄱ. 2026년에 10kW 이상의 설비를 사용하는 신축주택은 도입을 촉진할 경우 유지할 경우보다 건수당 도입량이 커질 것이다.

ㄴ. 2024년 기존주택의 건수당 도입량은 10kW 이상이 10kW 미만보다 더 적다.

ㄷ. 2026년에 태양광 설비 도입을 촉진했을 때, 신축주택에서의 도입건수 중 10kW 이상의 비중은 유지했을 경우보다 0.5%p 이상 하락한다.

ㄹ. 2026년에 태양광 설비 도입을 촉진하게 되면 10kW 미만 기존주택의 도입 건수는 현재 성장을 유지할 경우보다 15% 이상 높다.

① ㄱ

② ㄱ, ㄴ

③ ㄱ, ㄷ

④ ㄴ, ㄷ

⑤ ㄷ, ㄹ

04 자료 변환

| 유형분석 |

- 문제에 주어진 도표를 자료로 변환하는 문제이다.
- 주로 자료에 있는 수치와 그래프 또는 표에 있는 수치가 서로 일치하는지 여부를 판단한다.

다음 중 2020 ~ 2024년 B기업의 매출표를 나타낸 그래프로 옳은 것은?

〈B기업 매출표〉

(단위 : 억 원)

구분	2020년	2021년	2022년	2023년	2024년
매출액	1,485	1,630	1,410	1,860	2,055
매출원가	1,360	1,515	1,280	1,675	1,810
판관비	30	34	41	62	38

※ (영업이익)=(매출액)-[(매출원가)+(판관비)]
※ (영업이익률)=[(영업이익)÷(매출액)]×100

① 2020 ~ 2024년 영업이익

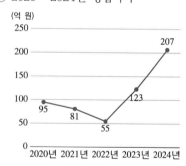

② 2020 ~ 2024년 영업이익

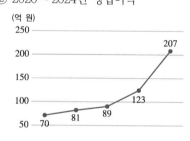

③ 2020 ~ 2024년 영업이익률

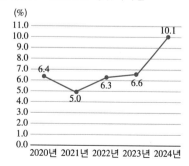

④ 2020 ~ 2024년 영업이익률

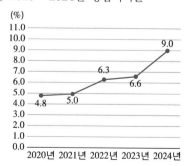

⑤ 2020 ~ 2024년 영업이익률

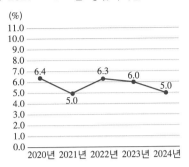

(%)

	2020년	2021년	2022년	2023년	2024년
6.4	5.0	6.3	6.0	5.0	

정답 ③

연도별 영업이익과 영업이익률은 다음과 같다.

(단위 : 억 원)

구분	2020년	2021년	2022년	2023년	2024년
매출액	1,485	1,630	1,410	1,860	2,055
매출원가	1,360	1,515	1,280	1,675	1,810
판관비	30	34	41	62	38
영업이익	95	81	89	123	207
영업이익률	6.4%	5.0%	6.3%	6.6%	10.1%

따라서 제시된 자료를 바르게 변환한 그래프로 옳은 것은 ③이다.

풀이 전략!

각 선택지에 있는 도표의 제목을 먼저 확인한다. 그다음 제목에서 어떠한 정보가 필요한지 확인한 후, 문제에서 주어진 자료를 빠르게 확인하여 일치 여부를 판단한다.

PART 1

01 다음은 가계 금융자산을 나타낸 자료이다. 이를 나타낸 그래프로 옳지 않은 것은?

〈각국의 연도별 가계 금융자산 비율〉

구분	2019년	2020년	2021년	2022년	2023년	2024년
A국가	0.24	0.22	0.21	0.19	0.17	0.16
B국가	0.44	0.45	0.48	0.41	0.40	0.45
C국가	0.39	0.36	0.34	0.29	0.28	0.25
D국가	0.25	0.28	0.26	0.25	0.22	0.21

※ 가계 총자산은 가계 금융자산과 가계 비금융자산으로 이루어지며, 가계 금융자산 비율은 가계 총자산 대비 가계 금융자산이 차지하는 비율임

〈2024년 각국의 가계 금융자산 구성비〉

구분	예금	보험	채권	주식	투자 신탁	기타
A국가	0.62	0.18	0.10	0.07	0.02	0.01
B국가	0.15	0.30	0.10	0.31	0.12	0.02
C국가	0.35	0.27	0.11	0.09	0.14	0.04
D국가	0.56	0.29	0.03	0.06	0.02	0.04

① 연도별 B국가와 C국가의 가계 비금융자산 비율

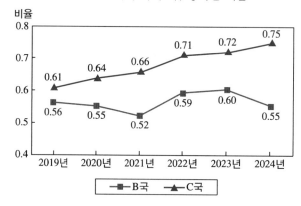

② 2021년 각국의 가계 총자산 구성비

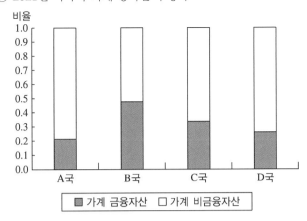

③ 2024년 C국가의 가계 금융자산 구성비

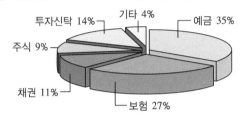

④ 2024년 A국가와 D국가의 가계 금융자산 대비 보험, 채권, 주식 구성비

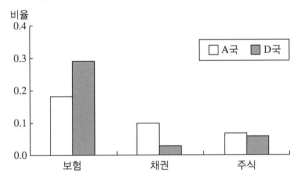

⑤ 2024년 각국의 가계 총자산 대비 예금 구성비

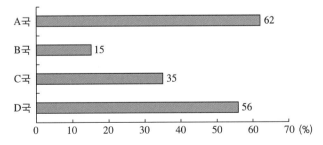

02 다음은 A국 국회의원의 SNS(소셜네트워크서비스) 이용자 수 현황에 대한 자료이다. 이를 이용하여 작성한 그래프로 옳지 않은 것은?(단, 소수점 둘째 자리에서 반올림한다)

〈A국 국회의원의 SNS 이용자 수 현황〉

(단위 : 명)

구분	정당	당선 횟수별				당선 유형별		성별	
		초선	2선	3선	4선 이상	지역구	비례대표	남자	여자
여당	A	82	29	22	12	126	19	123	22
야당	B	29	25	13	6	59	14	59	14
	C	7	3	1	1	7	5	10	2
합계		118	57	36	19	192	38	192	38

① 국회의원의 여야별 SNS 이용자 수

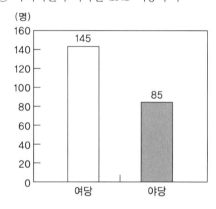

② 남녀 국회의원의 여야별 SNS 이용자 구성비

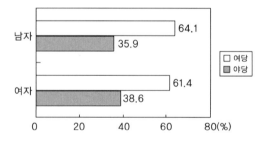

③ 야당 국회의원의 당선 횟수별 SNS 이용자 구성비

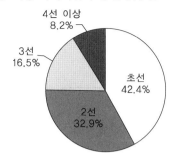

④ 2선 이상 국회의원의 정당별 SNS 이용자 수

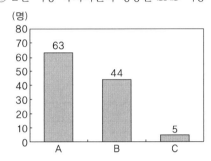

⑤ 여당 국회의원의 당선 유형별 SNS 이용자 구성비

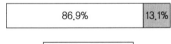

□ 지역구 ▨ 비례대표

03 다음은 2023년도 신재생에너지 산업통계 자료이다. 이를 이용하여 작성한 그래프로 옳지 않은 것은?

〈신재생에너지원별 산업 현황〉

(단위 : 억 원)

구분	기업체 수(개)	고용인원(명)	매출액	내수	수출액	해외공장 매출	투자액
태양광	127	8,698	75,637	22,975	33,892	18,770	5,324
태양열	21	228	290	290	0	0	1
풍력	37	2,369	14,571	5,123	5,639	3,809	583
연료전지	15	802	2,837	2,143	693	0	47
지열	26	541	1,430	1,430	0	0	251
수열	3	46	29	29	0	0	0
수력	4	83	129	116	13	0	0
바이오	128	1,511	12,390	11,884	506	0	221
폐기물	132	1,899	5,763	5,763	0	0	1,539
합계	493	16,177	113,076	49,753	40,743	22,579	7,966

① 신재생에너지원별 기업체 수(단위 : 개)

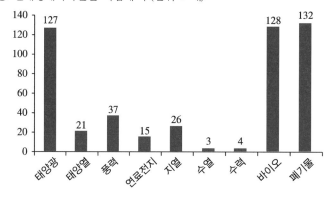

② 신재생에너지원별 고용인원(단위 : 명)

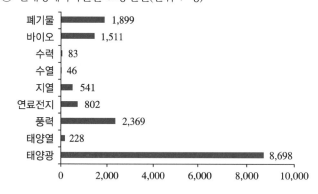

③ 신재생에너지원별 고용인원 비율

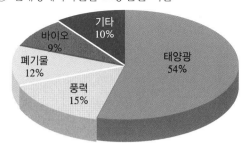

④ 신재생에너지원별 내수 현황(단위 : 억 원)

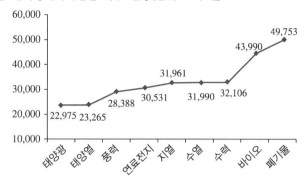

⑤ 신재생에너지원별 해외공장매출 비율

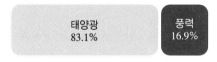

CHAPTER 03
문제해결능력

합격 CHEAT KEY

문제해결능력은 업무를 수행하면서 여러 가지 문제 상황이 발생하였을 때, 창의적이고 논리적인 사고를 통하여 이를 올바르게 인식하고 적절히 해결하는 능력으로, 하위 능력에는 사고력과 문제처리능력이 있다.

문제해결능력은 NCS 기반 채용을 진행하는 대다수의 공사·공단에서 채택하고 있으며, 다양한 자료와 함께 출제되는 경우가 많아 어렵게 느껴질 수 있다. 특히, 난이도가 높은 문제로 자주 출제되기 때문에 다른 영역보다 더 많은 노력이 필요할 수는 있지만 그렇기에 차별화를 할 수 있는 득점 영역이므로 포기하지 말고 꾸준하게 노력해야 한다.

01 질문의 의도를 정확하게 파악하라!

문제해결능력은 문제에서 무엇을 묻고 있는지 정확하게 파악하여 먼저 풀이 방향을 설정하는 것이 가장 효율적인 방법이다. 특히, 조건이 주어지고 답을 찾는 창의적·분석적인 문제가 주로 출제되고 있기 때문에 처음에 정확한 풀이 방향이 설정되지 않는다면 문제를 제대로 풀지 못하게 되므로 첫 번째로 출제 의도 파악에 집중해야 한다.

02 중요한 정보는 반드시 표시하라!

출제 의도를 정확히 파악하기 위해서는 문제의 중요한 정보를 반드시 표시하거나 메모하여 하나의 조건, 단서도 잊고 넘어가는 일이 없도록 해야 한다. 실제 시험에서는 시간의 압박과 긴장감으로 정보를 잘못 적용하거나 잊어버리는 실수가 많이 발생하므로 사전에 충분한 연습이 필요하다.

03 반복 풀이를 통해 취약 유형을 파악하라!

문제해결능력은 특히 시간관리가 중요한 영역이다. 따라서 정해진 시간 안에 고득점을 할 수 있는 효율적인 문제 풀이 방법을 찾아야 한다. 이때, 반복적인 문제 풀이를 통해 자신이 취약한 유형을 파악하는 것이 중요하다. 정확하게 풀 수 있는 문제부터 빠르게 풀고 취약한 유형은 나중에 푸는 효율적인 문제 풀이를 통해 최대한 고득점을 맞는 것이 중요하다.

01 명제 추론

| 유형분석 |

- 주어진 조건을 토대로 논리적으로 추론하여 참 또는 거짓을 구분하는 문제이다.
- 대체로 연역추론을 활용한 명제 문제가 출제된다.
- 자료를 제시하고 새로운 결과나 자료에 주어지지 않은 내용을 추론해 가는 형식의 문제가 출제된다.

G사는 공휴일 세미나 진행을 위해 인근의 사무용품점 A ~ F에서 필요한 물품을 구매하고자 한다. 다음 〈조건〉을 참고할 때, 공휴일에 영업하는 사무용품점의 수는?

조건

- C는 공휴일에 영업하지 않는다.
- B가 공휴일에 영업하지 않으면, C와 E는 공휴일에 영업한다.
- E 또는 F가 영업하지 않는 날이면, D는 영업한다.
- B가 공휴일에 영업하면, A와 E는 공휴일에 영업하지 않는다.
- B와 F 중 한 곳만 공휴일에 영업한다.

① 2곳　　　　　　　　　　　　　　　② 3곳
③ 4곳　　　　　　　　　　　　　　　④ 5곳
⑤ 6곳

정답 ①

주어진 조건을 순서대로 논리 기호화하면 다음과 같다.
- 첫 번째 조건 : ~C
- 두 번째 조건 : ~B → (C ∧ E)
- 세 번째 조건 : (~E ∨ ~F) → D
- 네 번째 조건 : B → (~A ∧ ~E)

첫 번째 조건이 참이므로 두 번째 조건의 대우[(~C ∨ ~E) → B]에 따라 B는 공휴일에 영업한다. 이때 네 번째 조건에 따라 A와 E는 영업하지 않고, 다섯 번째 조건에 따라 F도 영업하지 않는다. 마지막으로 세 번째 조건에 따라 D는 영업한다. 따라서 공휴일에 영업하는 사무용품점은 B와 D 2곳이다.

풀이 전략!

명제와 관련한 기본적인 논법에 대해서는 미리 학습해 두며, 이를 바탕으로 각 문장에 있는 핵심단어 또는 문구를 기호화하여 정리한 후, 선택지와 비교하여 참 또는 거짓을 판단한다.

01 S사의 직원 A ~ F 여섯 명은 3명씩 2조로 나누어 근무한다. 다음 〈조건〉을 근거로 할 때, 반드시 거짓인 것은?

조건
- A가 근무하는 날에는 E도 근무한다.
- B가 근무하는 날에는 D는 근무하지 않는다.
- B가 근무하지 않는 날에는 E는 근무하지 않는다.
- D가 근무하지 않는 날에는 C와 F도 근무하지 않는다.

① D와 E는 같은 날에 근무한다.
② F가 근무하는 날에는 D도 근무한다.
③ A가 근무하는 날에는 B도 근무한다.
④ E가 근무하는 날에는 B도 근무한다.
⑤ C와 B는 같은 날에 근무하지 않는다.

02 이웃해 있는 10개의 건물에 초밥가게, 옷가게, 신발가게, 편의점, 약국, 카페가 있다. 카페는 3번째 건물에 있고 다음 〈조건〉을 근거로 판단한다고 할 때, 항상 옳은 것은?(단, 한 건물에 한 가지 업종만 들어갈 수 있다)

조건
- 초밥가게는 카페보다 앞에 있다.
- 초밥가게와 신발가게 사이에 건물이 6개 있다.
- 옷가게와 편의점은 인접할 수 없으며, 옷가게와 신발가게는 인접해 있다.
- 신발가게 뒤에 아무것도 없는 건물이 2개 있다.
- 2번째와 4번째 건물은 아무것도 없는 건물이다.
- 편의점과 약국은 인접해 있다.

① 카페와 옷가게는 인접해 있다.
② 초밥가게와 약국 사이에 2개의 건물이 있다.
③ 편의점은 6번째 건물에 있다.
④ 신발가게는 8번째 건물에 있다.
⑤ 카페는 9번째 건물에 있다.

03 다음 〈조건〉을 근거로 판단할 때, 초록 모자를 쓰고 있는 사람과 A의 입장에서 왼편에 앉은 사람으로 바르게 짝지어진 것은?

> **조건**
> • A ~ D 4명이 정사각형 테이블의 각 면에 1명씩 둘러앉아 있다.
> • 빨강, 파랑, 노랑, 초록 색깔의 모자 4개가 있다. A ~ D는 이 중 서로 다른 색깔의 모자 하나씩을 쓰고 있다.
> • A와 B는 여자이고 C와 D는 남자이다.
> • A 입장에서 왼편에 앉은 사람은 파란 모자를 쓰고 있다.
> • B 입장에서 왼편에 앉은 사람은 초록 모자를 쓰고 있지 않다.
> • C 맞은편에 앉은 사람은 빨간 모자를 쓰고 있다.
> • D 맞은편에 앉은 사람은 노란 모자를 쓰고 있지 않다.
> • 노란 모자를 쓴 사람과 초록 모자를 쓴 사람 중 1명은 남자이고, 1명은 여자이다.

	초록 모자를 쓰고 있는 사람	A 입장에서 왼편에 앉은 사람
①	A	B
②	A	D
③	B	C
④	B	D
⑤	C	B

04 한 프랜차이즈 식당의 매니저들(A ~ D)은 이번에 서울, 인천, 과천, 세종의 4개의 다른 지점에서 근무하게 되었다. 다음 〈조건〉을 참고할 때, 반드시 참인 것은?

> **조건**
> • 한 번 근무했던 지점에서는 다시 근무하지 않는다.
> • A와 C는 서울 지점에서 근무했었다.
> • B와 D는 세종 지점에서 근무했었다.
> • B는 이번에 과천 지점에서 일하게 되었다.

① A는 과천 지점에서 일한 적이 있다.
② C는 과천 지점에서 일한 적이 있다.
③ D는 인천 지점에서 일한 적이 있다.
④ A가 가게 되는 곳은 세종일 수도 있다.
⑤ D는 인천 지점에서 일할 것이다.

05 다음과 같이 각 층에 1인 1실의 방이 4개 있는 3층 호텔에 A ~ I 총 9명이 투숙해 있다. 다음 〈보기〉 중 반드시 옳은 것은?

	301	302	303	304	
좌	201	202	203	204	우
	101	102	103	104	

보기

- 각 층에는 3명씩만 투숙한다.
- A의 바로 위에는 C가 투숙해 있으며, A의 바로 오른쪽 방에는 아무도 투숙해 있지 않다.
- B의 바로 위의 방에는 아무도 투숙해 있지 않다.
- C의 바로 왼쪽에 있는 방에는 아무도 투숙해 있지 않으며, C는 D와 같은 층 바로 옆에 인접해 있다.
- D는 E의 바로 아래의 방에 투숙해 있다.
- E, F, G는 같은 층에 투숙해 있다.
- G의 옆방에는 아무도 투숙해 있지 않다.
- I는 H보다 위층에 투숙해 있다.

① I는 3층에 투숙해 있다.
② C는 1층에 투숙해 있다.
③ F는 3층에 투숙해 있을 것이다.
④ A는 104, 204, 304호 중 한 곳에 투숙해 있다.
⑤ H는 1층, 바로 위의 방에는 E, 그 위의 방에는 D가 있다.

02 SWOT 분석

| 유형분석 |

- 상황에 대한 환경 분석 결과를 통해 주요 과제를 도출하는 문제이다.
- 주로 3C 분석 또는 SWOT 분석을 활용한 문제들이 출제되고 있으므로 해당 분석도구에 대한 사전 학습이 요구된다.

다음은 분식점에 대한 SWOT 분석 결과이다. 이에 대한 대응 방안으로 가장 적절한 것은?

<SWOT 분석 결과>

S(강점)	W(약점)
• 좋은 품질의 재료만 사용 • 청결하고 차별화된 이미지	• 타 분식점에 비해 한정된 메뉴 • 배달서비스를 제공하지 않음
O(기회)	T(위협)
• 분식점 앞에 곧 학교가 들어설 예정 • 최근 TV프로그램 섭외 요청을 받음	• 프랜차이즈 분식점들로 포화상태 • 저렴한 길거리 음식으로 취급하는 경향이 있음

① ST전략 : 비싼 재료들을 사용하여 가격을 올려 저렴한 길거리 음식이라는 인식을 바꾼다.
② WT전략 : 다른 분식점들과 차별화된 전략을 유지하기 위해 배달서비스를 시작한다.
③ SO전략 : TV프로그램에 출연해 좋은 품질의 재료만 사용한다는 점을 부각시킨다.
④ WO전략 : TV프로그램 출연용으로 다양한 메뉴를 일시적으로 개발한다.
⑤ WT전략 : 포화 상태의 시장에서 살아남기 위해 다른 가게보다 저렴한 가격으로 판매한다.

정답 ③

SO전략은 강점을 살려 기회를 포착하는 전략이므로 TV프로그램에 출연하여 좋은 품질의 재료만 사용한다는 점을 홍보하는 것이 적절하다.

풀이 전략!

문제에 제시된 분석도구를 확인한 후, 분석 결과를 종합적으로 판단하여 각 선택지의 전략 과제와 일치 여부를 판단한다.

01 다음은 H공사가 추진 중인 '그린수소' 사업에 대한 보도 자료와 H공사에 대한 SWOT 분석 결과이다. SWOT 분석 결과를 참고할 때, '그린수소' 사업이 해당하는 전략은?

> H공사는 전라남도, 나주시와 '그린수소 사업 협력 MOU'를 체결하였다. 지난 5월 정부는 탄소 배출 없는 그린수소 생산을 위해 H공사를 사업자로 선정하였고, 재생에너지 잉여전력을 활용한 수전해(P2G) 기술을 통해 그린수소를 만들어 저장하는 사업을 정부 과제로 선정하여 추진하기로 하였다. 그린(Green)수소란 이산화탄소 배출을 수반하지 않는 수소로, 주로 수전해(P2G)기술을 통해 생산된다. 현재 국내에서 생산되는 수소는 그레이(Gray)수소로, 추출·생산하는 과정에서 질소산화물, 이산화탄소 등을 배출한다.
>
> 수전해(P2G) 기술은 재생에너지 잉여전력을 활용하여 물의 전기분해를 통해 수소(H_2)를 생산 및 저장하거나, 생산된 수소와 이산화탄소(CO_2)를 결합하여 천연가스의 주성분인 메탄(CH_4)으로 전환함으로써 수송, 발전 및 도시가스 연료로 활용하는 전력 가스화(P2G, Power To Gas) 기술을 말한다. 그린수소 사업은 정부의 '재생에너지 3020 계획'에 따라 계속 증가하는 재생에너지를 활용해 수소를 생산함으로써 재생에너지 잉여전력 문제를 해결할 것으로 예상된다.
>
> MOU 체결식에서 H공사 사장은 "H공사는 전라남도, 나주시와 지속적으로 협력하여 정부 에너지전환 정책에 부응하고, 사업에 필요한 기술개발을 위해 더욱 노력할 것"이라고 밝혔다.

<SWOT 분석 결과>

장점(Strength)	약점(Weakness)
• 적극적인 기술개발 의지 • 차별화된 환경기술 보유	• 해외시장 진출에 대한 두려움 • 경험 많은 기술 인력의 부족
기회(Opportunity)	위협(Threat)
• 발전설비를 동반한 환경설비 수출 유리 • 세계 전력 시장의 지속적 성장	• 재생에너지의 잉여전력 증가 • 친환경 기술 경쟁 심화

① SO전략 ② ST전략
③ WO전략 ④ WT전략
⑤ OT전략

02 다음은 국내 K항공사에 대한 SWOT 분석 자료이다. 〈보기〉 중 빈칸 ⓐ, ⓑ에 들어갈 내용을 순서 대로 바르게 나열한 것은?

<table>
<tr><td colspan="2" style="text-align:center">〈K항공사 SWOT 분석 결과〉</td></tr>
<tr><td>강점(Strength)</td><td>• 국내 1위 LCC(저비용항공사)
• 차별화된 기내 특화 서비스</td></tr>
<tr><td>약점(Weakness)</td><td>• 기반 지역과의 갈등
• _____ ⓐ _____</td></tr>
<tr><td>기회(Opportunity)</td><td>• 항공사의 호텔 사업 진출 허가
• _____ ⓑ _____</td></tr>
<tr><td>위협(Threat)</td><td>• LCC 시장의 경쟁 심화
• 대형 항공사의 가격 인하 전략</td></tr>
</table>

보기

ㄱ. 소비자의 낮은 신뢰도

ㄴ. IOSA(안전 품질 기준) 인증 획득

ㄷ. 해외 여행객의 증가

ㄹ. 항공사에 대한 소비자의 기대치 상승

	ⓐ	ⓑ
①	ㄱ	ㄴ
②	ㄱ	ㄷ
③	ㄴ	ㄷ
④	ㄴ	ㄹ
⑤	ㄹ	ㄱ

03 K전자회사의 기획팀에 근무 중인 A사원은 자사에 대한 마케팅 전략 보고서를 작성하려고 한다. A사원이 SWOT 분석을 한 결과가 다음과 같을 때, 분석 결과에 대응하는 전략과 그 내용에 대한 설명으로 적절하지 않은 것은?

<K전자회사 SWOT 분석 결과>

강점(Strength)	약점(Weakness)
• 세계 판매량 1위의 높은 시장 점유율 • 제품의 뛰어난 내구성 • 다수의 특허 확보	• 보수적 기업 이미지 • 타사 제품에 비해 높은 가격 • 경쟁업체 제품과의 차별성 약화
기회(Opportunity)	위협(Threat)
• 경쟁업체 제품의 결함 발생 • 해외 신규시장의 등장 • 인공지능, 사물인터넷 등 새로운 기술 등장	• 중국 업체의 성장으로 가격 경쟁 심화 • 미·중 무역전쟁 등 시장의 불확실성 증가에 따른 소비 위축

① SO전략 : 뛰어난 내구성을 강조한 마케팅 전략 수립
② SO전략 : 확보한 특허 기술을 바탕으로 사물인터넷 기반의 신사업 추진
③ WO전략 : 안정적 기업 이미지를 활용한 홍보 전략으로 해외 신규시장 진출
④ ST전략 : 해외 공장 설립으로 원가 절감을 통한 가격 경쟁력 확보
⑤ WT전략 : 경쟁업체와 차별화된 브랜드 고급화 전략 수립

| 유형분석 |

- 주어진 자료를 해석하고 활용하여 풀어가는 문제이다.
- 꼼꼼하고 분석적인 접근이 필요한 다양한 자료들이 출제된다.

B사 인사팀 직원인 A씨는 사내 설문조사를 통해 요즘 사람들이 연봉보다는 일과 삶의 균형을 더 중요시하고 직무의 전문성을 높이고 싶어 한다는 결과를 도출했다. 다음 중 설문조사 결과와 B사 임직원의 근무여건에 대한 자료를 참고하여 인사제도를 합리적으로 변경한 것은?

<표>

〈임직원 근무여건〉

구분	주당 근무 일수(평균)	주당 근무시간(평균)	직무교육 여부	퇴사율
정규직	6일	52시간 이상	○	17%
비정규직 1	5일	40시간 이상	○	12%
비정규직 2	5일	20시간 이상	×	25%

① 정규직의 연봉을 7% 인상한다.
② 정규직을 비정규직으로 전환한다.
③ 비정규직 2의 근무 일수를 정규직과 같이 조정한다.
④ 비정규직 1의 직무교육을 비정규직 2와 같이 조정한다.
⑤ 정규직의 주당 근무시간을 비정규직 1과 같이 조정하고 비정규직 2의 직무교육을 시행한다.

정답 ⑤

정규직의 주당 근무시간을 비정규직 1과 같이 줄여 근무여건을 개선하고, 퇴사율이 가장 높은 비정규직 2의 직무교육을 시행하여 퇴사율을 줄이는 것이 가장 적절하다.

오답분석

① 설문조사 결과에서 연봉보다는 일과 삶의 균형을 더 중요시한다고 하였으므로 연봉이 상승하는 것은 퇴사율에 영향을 미치지 않음을 알 수 있다.
② 정규직을 비정규직으로 전환하는 것은 고용의 안정성을 낮추어 퇴사율을 더욱 높일 수 있다.
③ 비정규직 2의 주당 근무 일수를 정규직과 같이 조정하면, 주 6일 20시간을 근무하게 되어 비효율적인 업무를 수행한다.
④ 직무교육을 하지 않는 비정규직 2보다 직무교육을 하는 정규직과 비정규직 1의 퇴사율이 더 낮기 때문에 적절하지 않다.

풀이 전략!

문제 해결을 위해 필요한 정보가 무엇인지 먼저 파악한 후, 제시된 자료를 분석적으로 읽고 해석한다.

01 B공사에 근무하는 S사원은 부서 워크숍을 진행하기 위하여 다음과 같이 워크숍 장소를 선정하였다. 주어진 〈조건〉을 참고할 때, 워크숍 장소로 가장 적절한 곳은?

〈B공사 워크숍 장소 후보〉

구분	거리(공사 기준)	수용 가능 인원	대관료	이동 시간(편도)
A호텔	40km	100명	40만 원/일	1시간 30분
B연수원	40km	80명	50만 원/일	2시간
C세미나	20km	40명	30만 원/일	1시간
D리조트	60km	80명	80만 원/일	2시간 30분
E호텔	100km	120명	100만 원/일	3시간 30분

조건

• 워크숍은 1박 2일로 진행한다.
• S사원이 속한 부서의 직원은 모두 80명이며 전원 참석한다.
• 거리는 공사 기준 60km 이하인 곳으로 선정한다.
• 대관료는 100만 원 이하인 곳으로 선정한다.
• 이동 시간은 왕복으로 3시간 이하인 곳으로 선정한다.

① A호텔   ② B연수원
③ C세미나   ④ D리조트
⑤ E호텔

02 다음 자료를 근거로 판단할 때, 연구모임 A ~ E 중 두 번째로 많은 지원금을 받는 모임은?

〈지원계획〉

- 지원을 받기 위해서는 모임당 6명 이상 9명 미만으로 구성되어야 한다.
- 기본지원금은 모임당 1,500천 원이다. 단, 상품개발을 위한 모임의 경우는 2,000천 원을 지원한다.
- 추가지원금

등급	상	중	하
추가지원금(천 원/명)	120	100	70

※ 추가지원금은 연구 계획 사전평가결과에 따라 달라짐
- 협업 장려를 위해 협업이 인정되는 모임에는 위의 두 지원금을 합한 금액의 30%를 별도로 지원한다.

〈연구모임 현황 및 평가 결과〉

구분	상품개발 여부	구성원 수	연구 계획 사전평가 결과	협업 인정 여부
A모임	○	5	상	○
B모임	×	6	중	×
C모임	×	8	상	○
D모임	○	7	중	×
E모임	×	9	하	×

① A모임
② B모임
③ C모임
④ D모임
⑤ E모임

03 A씨와 B씨는 카셰어링 업체인 I카를 이용하여 각각 일정을 소화하였다. I카의 이용요금표와 일정이 다음과 같을 때, A씨와 B씨가 지불해야 하는 요금이 바르게 연결된 것은?

<표>

〈I카 이용요금표〉

구분	기준요금 (10분)	누진 할인요금				주행요금
		대여요금(주중)		대여요금(주말)		
		1시간	1일	1시간	1일	
모닝	880원	3,540원	35,420원	4,920원	49,240원	160원/km
레이		3,900원	39,020원	5,100원	50,970원	
아반떼	1,310원	5,520원	55,150원	6,660원	65,950원	170원/km
K3						

※ 주중 / 주말 기준
  – 주중 : 일요일 20:00 ~ 금요일 12:00
  – 주말 : 금요일 12:00 ~ 일요일 20:00(공휴일 및 당사 지정 성수기 포함)
※ 최소 예약은 30분이며 10분 단위로 연장할 수 있음(1시간 이하인 10분 단위로 환산하여 과금함)
※ 예약시간이 4시간을 초과하는 경우에는 누진 할인요금이 적용됨(24시간 한도)
※ 연장요금은 기준요금으로 부과함
※ 이용시간 미연장에 따른 반납지연 패널티 요금은 초과한 시간에 대한 기준요금의 2배가 됨

〈일정〉

• A씨
  – 차종 : 아반떼
  – 예약시간 : 3시간(토요일, 11:00 ~ 14:00)
  – 주행거리 : 92km
  – A씨는 저번 주 토요일, 친구 결혼식에 참석하기 위해 인천에 다녀왔다. 인천으로 가는 길은 순탄하였으나 돌아오는 길에는 고속도로에서 큰 사고가 있었던 모양인지 예상했던 시간보다 1시간 30분이 더 걸렸다. A씨는 이용시간을 연장해야 한다는 사실을 몰라 하지 못했다.
• B씨
  – 차종 : 레이
  – 예약시간 : 목요일(00:00 ~ 24:00), 금요일(00:00 ~ 08:00)
  – 주행거리 : 243km
  – B씨는 납품지연에 따른 상황을 파악하기 위해 강원도 원주에 있는 거래처에 들러 이틀에 걸쳐 일을 마무리한 후 예정된 일정에 맞추어 다시 서울로 돌아왔다.

	A씨	B씨
①	61,920원	120,140원
②	62,800원	122,570원
③	62,800원	130,070원
④	63,750원	130,070원
⑤	63,750원	130,200원

※ B씨는 다음 자료를 참고하여 휴가를 다녀오려고 한다. 이어지는 질문에 답하시오. [4~5]

〈여행경로 선정 조건〉

- 항공편 왕복 예산은 80만 원이다.
- 휴가지 후보는 태국, 싱가포르, 베트남이다.
- 중국을 경유하면 총비행금액의 20%가 할인된다.
- 제시된 항공편만 이용가능하다.

〈항공편 정보〉

	비행편	출발 시각	도착 시각	금액(원)
출국 시	인천 – 베트남	09:10	14:30	341,000
	인천 – 싱가포르	10:20	15:10	580,000
	인천 – 중국	10:30	14:10	210,000
	중국 – 베트남	13:40	16:40	310,000
	인천 – 태국	10:20	15:20	298,000
	중국 – 싱가포르	14:10	17:50	405,000
입국 시	태국 – 인천	18:10	21:20	203,000
	중국 – 인천	18:50	22:10	222,000
	베트남 – 인천	19:00	21:50	195,000
	싱가포르 – 인천	19:30	22:30	304,000
	베트남 – 중국	19:10	21:40	211,000
	싱가포르 – 중국	20:10	23:20	174,000

※ 항공편은 한국 시간 기준임

04 다음 〈보기〉에서 옳은 것을 모두 고르면?

> **보기**
>
> ㄱ. 인천에서 중국을 경유해서 베트남으로 갈 경우 싱가포르로 직항해서 가는 것보다 편도 비용이 15만 원 이상 저렴하다.
> ㄴ. 직항 항공편만을 선택할 때, 왕복 항공편 비용이 가장 적게 드는 여행지로 여행을 간다면 베트남으로 여행을 갈 것이다.
> ㄷ. 베트남으로 여행을 다녀오는 경우 왕복 항공편 최소 비용은 60만 원 미만이다.

① ㄱ
② ㄱ, ㄴ
③ ㄱ, ㄷ
④ ㄴ, ㄷ
⑤ ㄱ, ㄴ, ㄷ

05 B씨는 여행지 선정 기준을 바꾸어 태국, 싱가포르, 베트남 중 왕복 소요 시간이 가장 짧은 곳을 여행지로 선정하고자 한다. 다음 중 B씨가 여행지로 선정할 국가와 그 국가에 대한 왕복 소요 시간이 바르게 연결된 것은?

	여행지	왕복 소요 시간
①	태국	8시간 20분
②	싱가포르	7시간 50분
③	싱가포르	8시간 10분
④	베트남	7시간 50분
⑤	베트남	9시간 40분

PART 1

06 올해 리모델링하는 K호텔에서 근무하는 귀하는 호텔 비품 구매를 담당하게 되었다. 제조사별 소파 특징을 알아본 귀하는 이탈리아제의 천, 쿠션재에 패더를 사용한 소파를 구매하기로 하였다. 쿠션재는 패더와 우레탄뿐이며 이 소파는 침대 겸용은 아니지만 리클라이닝이 가능하고 '조립'이라고 표시되어 있었으며, 커버는 교환할 수 없다. 귀하가 구매하려는 소파의 제조사는?

〈제조사별 소파 특징〉

구분	특징
A사	• 쿠션재에 스프링을 사용하지 않는 경우에는 이탈리아제의 천을 사용하지 않는다. • 국내산 천을 사용하는 경우에는 커버를 교환 가능하게 하지 않는다.
B사	• 쿠션재에 우레탄을 사용하는 경우에는 국내산 천을 사용한다. • 리클라이닝이 가능하지 않으면 이탈리아제 천을 사용하지 않는다.
C사	• 쿠션재에 패더를 사용하지 않는 경우에는 국내산 천을 사용한다. • 침대 겸용 소파의 경우에는 쿠션재에 패더를 사용하지 않는다.
D사	• 쿠션재에 패더를 사용하는 경우에는 이탈리아제의 천을 사용한다. • 조립이라고 표시된 소파의 경우에는 쿠션재에 우레탄을 사용한다.

① A사 또는 B사   ② A사 또는 C사

③ B사 또는 C사   ④ B사 또는 D사

⑤ C사 또는 D사

04 규칙 적용

| 유형분석 |

- 주어진 상황과 규칙을 종합적으로 활용하여 풀어가는 문제이다.
- 일정, 비용, 순서 등 다양한 내용을 다루고 있어 유형을 한 가지로 단일화하기 어렵다.

B기업은 새로 출시하는 제품의 품번을 다음과 같은 규칙에 따라 정하고 있다. 제품에 설정된 임의의 영단어가 'INTELLECTUAL'이라면 이 제품의 품번으로 옳은 것은?

〈규칙〉

- 1단계 : 알파벳 A ~ Z를 숫자 1, 2, 3, …으로 변환하여 계산한다.
- 2단계 : 제품에 설정된 임의의 영단어를 숫자로 변환한 값의 합을 구한다.
- 3단계 : 임의의 영단어 속 자음의 합에서 모음의 합을 뺀 값의 절댓값을 구한다.
- 4단계 : 2단계와 3단계의 값을 더한 다음 4로 나누어 2단계의 값에 더한다.
- 5단계 : 4단계의 값이 정수가 아닐 경우에는 소수점 첫째 자리에서 버림한다.

① 154

② 166

③ 173

④ 180

⑤ 192

정답 ④

알파벳 순서에 따라 숫자로 변환하면 다음과 같다.

A	B	C	D	E	F	G	H	I	J	K	L	M
1	2	3	4	5	6	7	8	9	10	11	12	13
N	O	P	Q	R	S	T	U	V	W	X	Y	Z
14	15	16	17	18	19	20	21	22	23	24	25	26

'INTELLECTUAL'의 품번을 규칙에 따라 정리하면 다음과 같다.

- 1단계 : 9(I), 14(N), 20(T), 5(E), 12(L), 12(L), 5(E), 3(C), 20(T), 21(U), 1(A), 12(L)
- 2단계 : $9+14+20+5+12+12+5+3+20+21+1+12=134$
- 3단계 : $|(14+20+12+12+3+20+12)-(9+5+5+21+1)|=|93-41|=52$
- 4단계 : $(134+52) \div 4+134=46.5+134=180.5$
- 5단계 : 180.5를 소수점 첫째 자리에서 버림하면 180이다.

따라서 제품의 품번은 '180'이다.

풀이 전략!

문제에 제시된 조건이나 규칙을 정확히 파악한 후, 선택지나 상황에 적용하여 문제를 풀어나간다.

PART 1

01 B사는 생산된 제품의 품번을 다음과 같은 규칙에 따라 정한다고 한다. 제품에 설정된 임의의 영단어가 'abroad'일 경우, 이 제품의 품번으로 옳은 것은?

〈규칙〉

- 1단계 : 알파벳 A ~ Z를 숫자 1, 2, 3, …으로 변환하여 계산한다.
- 2단계 : 제품에 설정된 임의의 영단어를 숫자로 변환한 값의 합을 구한다.
- 3단계 : 임의의 단어 속 모음의 합의 제곱 값을 모음의 개수로 나눈다.
- 4단계 : 3단계의 값이 정수가 아닐 경우, 소수점 첫째 자리에서 버림한다.
- 5단계 : 2단계의 값과 4단계의 값을 더한다.

---

① 110
② 137
③ 311
④ 330
⑤ 450

02 A팀과 B팀은 보안등급 상에 해당하는 문서를 나누어 보관하고 있다. 이때 두 팀은 보안을 위해 아래와 같은 규칙에 따라 각 팀의 비밀번호를 지정하였다. 다음 중 A팀 또는 B팀에 들어갈 수 있는 암호배열은?

〈규칙〉

- 1 ~ 9까지의 숫자로 (한 자리 수)×(두 자리 수)=(세 자리 수)=(두 자리 수)×(한 자리 수) 형식의 비밀번호로 구성한다.
- 가운데에 들어갈 세 자리 수의 숫자는 156이며 숫자는 중복 사용할 수 없다. 즉, 각 팀의 비밀번호에 1, 5, 6이란 숫자가 들어가지 않는다.

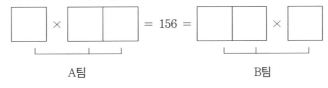

---

① 23
② 27
③ 29
④ 37
⑤ 39

CHAPTER 04
자원관리능력

자원관리능력은 현재 NCS 기반 채용을 진행하는 많은 공사·공단에서 핵심영역으로 자리 잡아, 일부를 제외한 대부분의 시험에서 출제되고 있다.

세부 유형은 비용 계산, 해외파견 지원금 계산, 주문 제작 단가 계산, 일정 조율, 일정 선정, 행사 대여 장소 선정, 최단거리 구하기, 시차 계산, 소요시간 구하기, 해외파견 근무 기준에 부합하는 또는 부합하지 않는 직원 고르기 등으로 나눌 수 있다.

01 시차를 먼저 계산하라!

시간 자원 관리의 대표유형 중 시차를 계산하여 일정에 맞는 항공권을 구입하거나 회의시간을 구하는 문제에서는 각각의 나라 시간을 한국 시간으로 전부 바꾸어 계산하는 것이 편리하다. 조건에 맞는 나라들의 시간을 전부 한국 시간으로 바꾸고 한국 시간과의 시차만 더하거나 빼면 시간을 단축하여 풀 수 있다.

02 선택지를 잘 활용하라!

계산을 해서 값을 요구하는 문제 유형에서는 선택지를 먼저 본 후 자리 수가 몇 단위로 끝나는지 확인해야 한다. 예를 들어 412,300원, 426,700원, 434,100원인 선택지가 있다고 할 때, 제시된 조건에서 100원 단위로 나올 수 있는 항목을 찾아 그 항목만 계산하는 방법이 있다. 또한, 일일이 계산하는 문제가 많다. 예를 들어 640,000원, 720,000원, 810,000원 등의 수를 이용해 푸는 문제가 있다고 할 때, 만 원 단위를 절사하고 계산하여 64, 72, 81처럼 요약하는 방법이 있다.

03 최적의 값을 구하는 문제인지 파악하라!

물적 자원 관리의 대표유형에서는 제한된 자원 내에서 최대의 만족 또는 이익을 얻을 수 있는 방법을 강구하는 문제가 출제된다. 이때, 구하고자 하는 값을 x, y로 정하고 연립방정식을 이용해 x, y 값을 구한다. 최소 비용으로 목표생산량을 달성하기 위한 업무 및 인력 할당, 정해진 시간 내에 최대 이윤을 낼 수 있는 업체 선정, 정해진 인력으로 효율적 업무 배치 등을 구하는 문제에서 사용되는 방법이다.

04 각 평가항목을 비교하라!

인적 자원 관리의 대표유형에서는 각 평가항목을 비교하여 기준에 적합한 인물을 고르거나, 저렴한 업체를 선정하거나, 총점이 높은 업체를 선정하는 문제가 출제된다. 이런 유형은 평가항목에서 가격이나 점수 차이에 영향을 많이 미치는 항목을 찾아 1 ~ 2개의 선택지를 삭제하고, 남은 3 ~ 4개의 선택지만 계산하여 시간을 단축할 수 있다.

| 유형분석 |

- 시간 자원과 관련된 다양한 정보를 활용하여 풀어가는 문제이다.
- 대체로 교통편 정보나 국가별 시차 정보가 제공되며, 이를 근거로 '현지 도착시간 또는 약속된 시간 내에 도착하기 위한 방안'을 고르는 문제가 출제된다.

해외영업부 A대리는 B부장과 함께 샌프란시스코에 출장을 가게 되었다. 샌프란시스코의 시각은 한국보다 16시간 느리고, 비행 시간은 10시간 25분일 때 샌프란시스코 현지 시각으로 11월 17일 오전 10시 35분에 도착하는 비행기를 타려면 한국 시각으로 인천공항에 몇 시까지 도착해야 하는가?

구분	날짜	출발 시각	비행 시간	날짜	도착 시각
인천 → 샌프란시스코	11월 17일		10시간 25분	11월 17일	10:35
샌프란시스코 → 인천	11월 21일	17:30	12시간 55분	11월 22일	22:25

※ 비행기 출발 1시간 전에 공항에 도착해 티켓팅을 해야 함

① 12:10
② 13:10
③ 14:10
④ 15:10
⑤ 16:10

정답 ④

인천에서 샌프란시스코까지 비행 시간은 10시간 25분이므로, 샌프란시스코 도착 시각에서 거슬러 올라가면 샌프란시스코 시각으로 00시 10분에 출발한 것이 된다. 이때 한국은 샌프란시스코보다 16시간 빠르기 때문에 한국 시각으로는 16시 10분에 출발한 것이다. 하지만 비행기 티켓팅을 위해 출발 1시간 전에 인천공항에 도착해야 하므로 15시 10분까지 공항에 가야 한다.

풀이 전략!

문제에서 묻는 것을 정확히 파악한다. 특히 제한사항에 대해서는 빠짐없이 확인해 두어야 한다. 이후 제시된 정보(시차 등)에서 필요한 것을 선별하여 문제를 풀어간다.

01 독일인 A씨는 베를린에서 한국을 경유하여 일본으로 가는 비행기표를 구매하였다. A씨의 일정이 다음과 같을 때, A씨가 인천공항에 도착하는 한국 시각과 A씨가 참여했을 환승투어를 바르게 짝지은 것은?(단, 제시된 조건 외에는 고려하지 않는다)

〈A씨의 일정〉

한국행 출발 시각 (독일 시각 기준)	비행 시간	인천공항 도착 시각	일본행 출발 시각 (한국 시각 기준)
11월 2일 19:30	12시간 20분		11월 3일 19:30

※ 독일은 한국보다 8시간 느림
※ 비행 출발 1시간 전에는 공항에 도착해야 함

〈환승투어 코스 안내〉

구분	코스	소요 시간
엔터테인먼트	• 인천공항 → 파라다이스시티 아트테인먼트 → 인천공항	2시간
인천시티	• 인천공항 → 송도한옥마을 → 센트럴파크 → 인천공항 • 인천공항 → 송도한옥마을 → 트리플 스트리트 → 인천공항	2시간
산업	• 인천공항 → 광명동굴 → 인천공항	4시간
전통	• 인천공항 → 경복궁 → 인사동 → 인천공항	5시간
해안관광	• 인천공항 → 을왕리해변 또는 마시안해변 → 인천공항	1시간

	도착 시각	환승투어
①	11월 2일 23:50	산업
②	11월 2일 15:50	엔터테인먼트
③	11월 3일 23:50	전통
④	11월 3일 15:50	인천시티
⑤	11월 4일 23:50	해안관광

02 K공사의 청원경찰은 6층 회사건물을 층마다 모두 순찰한 후에 퇴근한다. 다음 〈조건〉에 따라 1층에서 출발하여 순찰을 완료하고 1층으로 돌아오기까지 소요되는 최소 시간은?(단, 〈조건〉 외의 다른 요인은 고려하지 않는다)

- 층간 이동은 엘리베이터로만 해야 하며 엘리베이터가 1개 층을 이동하는 데는 1분이 소요된다.
- 엘리베이터는 한 번에 최대 3개 층(예 1층 → 4층)을 이동할 수 있다.
- 엘리베이터는 한 번 위로 올라갔으면, 그다음에는 아래 방향으로 내려오고, 그다음에는 다시 위 방향으로 올라가야 한다.
- 하나의 층을 순찰하는 데는 10분이 소요된다.

① 1시간
② 1시간 10분
③ 1시간 16분
④ 1시간 22분
⑤ 1시간 28분

03 자동차 부품을 생산하는 K기업은 반자동과 자동 생산라인을 하나씩 보유하고 있다. 최근 일본의 자동차 회사와 수출계약을 체결하여 자동차 부품 34,500개를 납품하였다. 다음 K기업의 생산조건을 고려할 때, 일본에 납품할 부품을 생산하는 데 소요된 시간은?

〈자동차 부품 생산조건〉
- 반자동라인은 4시간에 300개의 부품을 생산하며, 그중 20%는 불량품이다.
- 자동라인은 3시간에 400개의 부품을 생산하며, 그중 10%는 불량품이다.
- 반자동라인은 8시간마다 2시간씩 생산을 중단한다.
- 자동라인은 9시간마다 3시간씩 생산을 중단한다.
- 불량 부품은 생산 후 폐기하고 정상인 부품만 납품한다.

① 230시간
② 240시간
③ 250시간
④ 260시간
⑤ 280시간

04 다음은 K제품의 생산계획을 나타낸 자료이다. 〈조건〉에 따라 공정이 진행될 때, 첫 번째 완제품이 생산되기 위해서 소요되는 최소 시간은?

〈K제품 생산계획〉

구분	선행공정	소요 시간
A공정	없음	3
B공정	A	1
C공정	B, E	3
D공정	없음	2
E공정	D	1
F공정	C	2

조건
- 공정별로 1명의 작업 담당자가 공정을 수행한다.
- A공정과 D공정의 작업 시점은 같다.
- 공정 간 제품의 이동 시간은 무시한다.

① 6시간   ② 7시간
③ 8시간   ④ 9시간
⑤ 10시간

02 비용 계산

| 유형분석 |

- 예산 자원과 관련된 다양한 정보를 활용하여 풀어가는 문제이다.
- 대체로 한정된 예산 내에서 수행할 수 있는 업무 및 예산 가격을 묻는 문제가 출제된다.

연봉 실수령액을 구하는 식이 다음과 같을 때, 연봉이 3,480만 원인 A씨의 연간 실수령액은?(단, 원 단위는 절사한다)

- (연봉 실수령액)=(월 실수령액)×12
- (월 실수령액)=(월 급여)-[(국민연금)+(건강보험료)+(고용보험료)+(장기요양보험료)+(소득세)+(지방세)]
- (국민연금)=(월 급여)×4.5%
- (건강보험료)=(월 급여)×3.12%
- (고용보험료)=(월 급여)×0.65%
- (장기요양보험료)=(건강보험료)×7.38%
- (소득세)=68,000원
- (지방세)=(소득세)×10%

① 30,944,400원
② 31,078,000원
③ 31,203,200원
④ 32,150,800원
⑤ 32,497,600원

정답 ①

A씨의 월 급여는 3,480만÷12=290만 원이다.
국민연금, 건강보험료, 고용보험료를 제외한 금액을 계산하면 다음과 같다.
290만-[290만×(0.045+0.0312+0.0065)]
→ 290만-(290만×0.0827)
→ 290만-239,830=2,660,170원
- 장기요양보험료 : (290만×0.0312)×0.0738≒6,670원(∵ 원 단위 이하 절사)
- 지방세 : 68,000×0.1=6,800원
따라서 A씨의 월 실수령액은 2,660,170-(6,670+68,000+6,800)=2,578,700원이고,
연 실수령액은 2,578,700×12=30,944,400원이다.

풀이 전략!

제한사항인 예산을 고려하여 문제에서 묻는 것을 정확히 파악한 후, 제시된 정보에서 필요한 것을 선별하여 문제를 풀어간다.

01 다음은 임직원 출장 여비 지급 규정과 A차장의 출장비 지출 내역이다. A차장이 받을 수 있는 여비는?

〈임직원 출장 여비 지급 규정〉

- 출장 여비는 일비, 숙박비, 식비, 교통비로 구성된다.
- 일비는 출장 일수에 따라 매일 10만 원씩 지급한다.
- 숙박비는 숙박 일수에 따라 실비 지급한다. 다만, 항공 또는 선박 여행 시 항공기 내 또는 선박 내에서의 숙박은 숙박비를 지급하지 아니한다.
- 식비는 일수에 따라 식사 여부에 상관없이 1일 3식으로 지급하며, 1끼니당 1만 원씩 지급한다. 단, 항공 또는 선박 여행 시에는 기내식이 포함되지 않을 경우만 지급하며, 출장 마지막 날 저녁은 지급하지 않는다.
- 교통비는 교통편의 운임 혹은 유류비 산출액을 실비 지급한다.

〈A차장의 2박 3일 출장비 지출 내역〉

3월 8일	3월 9일	3월 10일
• 인천 – 일본 항공편 84,000원 (아침 기내식 포함 ×) • 점심 식사 7,500원 • 일본 J공항 – B호텔 택시비 10,000원 • 저녁 식사 12,000원 • B호텔 숙박비 250,000원	• 아침 식사 8,300원 • 호텔 – 거래처 택시비 16,300원 • 점심 식사 10,000원 • 거래처 – 호텔 택시비 17,000원 • B호텔 숙박비 250,000원	• 아침 식사 5,000원 • 일본 – 인천 항공편 89,000원 (점심 기내식 포함)

① 880,000원   ② 1,053,000원

③ 1,059,100원   ④ 1,086,300원

⑤ 1,106,300원

02 다음은 이번 달 K사원의 초과 근무 기록이다. K사원의 연봉은 3,600만 원이고, 시급 산정 시 월평균 근무시간은 200시간이다. 이때 K사원이 받는 야근·특근 근무 수당은 얼마인가?(단, 소득세는 고려하지 않는다)

〈이번 달 초과 근무 기록〉

일요일	월요일	화요일	수요일	목요일	금요일	토요일
			1	2 18:00 ~ 19:00	3	4
5 09:00 ~ 11:00	6	7 19:00 ~ 21:00	8	9	10	11
12	13	14	15 18:00 ~ 22:00	16	17	18 13:00 ~ 16:00
19	20 19:00 ~ 20:00	21	22	23	24	25
26	27	28	29 19:00 ~ 23:00	30 18:00 ~ 21:00	31	

〈초과 근무 수당 규정〉

- 평일 야근 수당은 시급의 1.2배이다.
- 주말 특근 수당은 시급의 1.5배이다.
- 식대는 10,000원을 지급하며(야근·특근 수당에 포함되지 않는다), 평일 야근 시 20시 이상 근무할 경우에 지급한다(주말 특근에는 지급하지 않는다).
- 야근시간은 오후 7 ~ 10시이다(초과시간 수당 미지급).

① 265,500원
② 285,500원
③ 300,000원
④ 310,500원
⑤ 315,000원

03 수민이는 베트남 여행을 위해 K국제공항에서 환전하기로 하였다. 다음은 L환전소의 당일 환율 및 수수료를 나타낸 자료이다. 수민이가 한국 돈으로 베트남 현금 1,670만 동을 환전한다고 할 때, 수수료까지 포함하여 필요한 돈은 얼마인가?(단, 모든 계산과정에서 구한 값은 일의 자리에서 버림한다)

〈L환전소 환율 및 수수료〉

- 베트남 환율 : 483원/만 동
- 수수료 : 0.5%
- 우대사항 : 50만 원 이상 환전 시 70만 원까지 수수료 0.4%로 인하 적용
  100만 원 이상 환전 시 총금액 수수료 0.4%로 인하 적용

---

① 808,840원   ② 808,940원
③ 809,840원   ④ 809,940원
⑤ 810,040원

04 K씨는 개인사유로 인해 5년간 재직했던 회사를 그만두게 되었다. K씨에게 지급된 퇴직금이 1,900만 원일 때, K씨의 평균 연봉은 얼마인가?[단, 평균 연봉은 (1일 평균임금)×365이고, 천의 자리에서 올림한다]

〈퇴직금 산정 방법〉

▶ 고용주는 퇴직하는 근로자에게 계속근로기간 1년에 대해 30일분 이상의 평균임금을 퇴직금으로 지급해야 합니다.
  – "평균임금"이란 이를 산정해야 할 사유가 발생한 날 이전 3개월 동안에 해당 근로자에게 지급된 임금의 총액을 그 기간의 총일수로 나눈 금액을 말합니다.
  – 평균임금이 근로자의 통상임금보다 적으면 그 통상임금을 평균임금으로 합니다.
▶ 퇴직금 산정공식
  (퇴직금)＝[(1일 평균임금)×30일×(총계속근로기간)]÷365

---

① 4,110만 원   ② 4,452만 원
③ 4,650만 원   ④ 4,745만 원
⑤ 4,800만 원

| 유형분석 |

- 물적 자원과 관련된 다양한 정보를 활용하여 풀어가는 문제이다.
- 주로 공정도·제품·시설 등에 대한 가격·특징·시간 정보가 제시되며, 이를 종합적으로 고려하는 문제가 출제된다.

A공사에 근무하는 김대리는 사내시험에서 2점짜리 문제를 8개, 3점짜리 문제를 10개, 5점짜리 문제를 6개 맞혀 총 76점을 받았다. 다음 〈조건〉을 토대로 5점짜리 문제의 총개수와 최대리가 맞힌 문제의 총개수를 더하면 몇 개인가?

〈사내시험 규정〉

문제 수 : 43문제
만점 : 141점
- 2점짜리 문제 수는 3점짜리 문제 수보다 12문제 적다.
- 5점짜리 문제 수는 3점짜리 문제 수의 절반이다.

조건
- 최대리가 맞힌 2점짜리 문제의 개수는 김대리와 동일하며, 이는 2점짜리 문제의 80%이다.
- 최대리의 점수는 총 38점이다.

① 23개　　　　　　　　　　　　　② 25개
③ 26개　　　　　　　　　　　　　④ 28개
⑤ 30개

정답 ②

최대리는 2점짜리 문제를 김대리가 맞힌 개수만큼 맞혔으므로 8개, 즉 16점을 획득했다. 최대리가 맞힌 3점짜리와 5점짜리 문제를 합하면 $38-16=22$점이 나와야 한다. 3점과 5점의 합으로 22가 나오기 위해서는 3점짜리는 4문제, 5점짜리는 2문제를 맞혀야 한다. 그러므로 최대리가 맞힌 문제의 총개수는 8개(2점)+4개(3점)+2개(5점)=14개이다.
또한 김대리와 최대리가 맞힌 2점짜리 문제의 개수는 8개이고 이때 8개가 80%라고 했으므로 2점짜리 문제는 총 10개이다. 따라서 3점짜리 문제의 총개수는 $10+12=22$개이고, 5점짜리 문제의 총개수는 $22 \times 0.5 = 11$개이다.
따라서 5점짜리 문제의 총개수와 최대리가 맞힌 문제의 총개수를 더하면 $11+14=25$개이다.

풀이 전략!

문제에서 묻고자 하는 바를 정확히 파악하는 것이 중요하다. 문제에서 제시한 물적 자원의 정보를 문제의 의도에 맞게 선별하면서 풀어간다.

01 H발전 기획전략처 문화홍보부 A대리는 부서 출장 일정에 맞춰 업무 시 사용할 렌터카를 대여하려고 한다. 다음 자료를 참고하여 A대리가 일정에 사용할 렌터카로 옳은 것은?

〈문화홍보부 출장 일정〉

구분	내용	인원	짐 무게
2024 – 08 – 05(월)	보령화력 3부두 방문	2명	6kg
2024 – 08 – 06(화)	임금피크제 도입 관련 세미나 참여	3명	3kg
2024 – 08 – 07(수)	신서천화력 건설사업	5명	–
2024 – 08 – 08(목)	햇빛새싹발전소(학교태양광) 발전사업 대상지 방문	3명	3kg
2024 – 08 – 09(금)	제주 LNG복합 건설사업 관련 좌담회	8명	2kg
2024 – 08 – 12(월)	H그린파워 제철 부생가스 발전사업 관련 미팅	10명	3kg
2024 – 08 – 13(화)	방만경영 개선 이행실적 발표회	4명	1kg
2024 – 08 – 14(수)	보령항로 준설공사현장 방문	3명	2kg
2024 – 08 – 15(목)	보령 본사 방문	4명	6kg

※ 짐 무게 3kg당 탑승인원 1명으로 취급함

〈렌터카 요금 안내〉

구분	요금	유류	최대 탑승인원
A렌터카	45,000원	경유	4명
B렌터카	60,000원	휘발유	5명
C렌터카	55,000원	LPG	8명
D렌터카	55,000원	경유	6명

※ 렌터카 선정 시 가격을 가장 우선으로 하고, 최대 탑승인원을 다음으로 함
※ 8월 1일 ~ 8월 12일까지는 여름휴가 할인행사로 휘발유 차량을 30% 할인함

보내는 이 : A대리
안녕하십니까, 문화홍보부 A대리입니다.
금주 문화홍보부에서 참여하는 햇빛새싹발전소 발전사업 대상지 방문과 차주 보령 본사 방문에 관련된 정보를 첨부합니다. 해당 사항 확인해주시기 바랍니다. 감사합니다.

받는 이 : 문화홍보부

---

① A렌터카, B렌터카
② B렌터카, D렌터카
③ B렌터카, C렌터카
④ A렌터카, D렌터카
⑤ C렌터카, D렌터카

02 K회사 마케팅 팀장은 팀원 50명에게 연말 선물을 하기 위해 물품을 구매하려고 한다. 다음은 업체 별 품목 가격과 팀원들의 품목 선호도를 나타낸 자료이다. 〈조건〉에 따라 팀장이 구매할 물품과 업체를 순서대로 바르게 나열한 것은?

〈업체별 품목 가격〉

(단위 : 원)

구분		한 벌당 가격
A업체	티셔츠	6,000
	카라 티셔츠	8,000
B업체	티셔츠	7,000
	후드 집업	10,000
	맨투맨	9,000

〈팀원 품목 선호도〉

순위	품목
1	카라 티셔츠
2	티셔츠
3	후드 집업
4	맨투맨

조건
• 팀원의 선호도를 우선으로 품목을 선택한다.
• 총구매금액이 30만 원 이상이면 총금액에서 5%를 할인해 준다.
• 차순위 품목이 1순위 품목보다 총금액이 20% 이상 저렴하면 차순위를 선택한다.

① 티셔츠 – A업체
② 카라 티셔츠 – A업체
③ 티셔츠 – B업체
④ 후드 집업 – B업체
⑤ 맨투맨 – B업체

03 K사진관은 올해 찍은 사진을 모두 모아서 한 개의 USB에 저장하려고 한다. 사진의 용량 및 찍은 사진 수가 자료와 같고 USB 한 개에 모든 사진을 저장하려 한다. 다음 중 최소 몇 GB의 USB가 필요한가?(단, 1MB=1,000KB, 1GB=1,000MB이며, USB 용량은 소수점 자리는 버림한다)

〈올해 찍은 사진 자료〉

구분	크기(cm)	용량	개수
반명함	3×4	150KB	8,000개
신분증	3.5×4.5	180KB	6,000개
여권	5×5	200KB	7,500개
단체사진	10×10	250KB	5,000개

① 3GB
② 4GB
③ 5GB
④ 6GB
⑤ 7GB

04 신입사원 J씨는 A∼E과제 중 어떤 과제를 먼저 수행하여야 하는지를 결정하기 위해 평가표를 작성하였다. 다음 자료를 근거로 할 때 가장 먼저 수행할 과제는?(단, 평가 항목 최종 합산 점수가 가장 높은 과제부터 수행한다)

〈과제별 평가표〉

(단위 : 점)

구분	A과제	B과제	C과제	D과제	E과제
중요도	84	82	95	90	94
긴급도	92	90	85	83	92
적용도	96	90	91	95	83

※ 과제당 다음과 같은 가중치를 별도 부여하여 계산함
  [(중요도)×0.3]+[(긴급도)×0.2]+[(적용도)×0.1]
※ 항목당 최하위 점수에 해당하는 과제는 선정하지 않음

① A과제
② B과제
③ C과제
④ D과제
⑤ E과제

04 인원 선발

| 유형분석 |

- 인적 자원과 관련된 다양한 정보를 활용하여 풀어가는 문제이다.
- 주로 근무명단, 휴무일, 업무할당 등의 주제로 다양한 정보를 활용하여 종합적으로 풀어가는 문제가 출제된다.

K버스회사에서 A시에서 B시를 연결하는 버스 노선을 개통하기 위해 새로운 버스를 구매하려고 한다. 다음 〈조건〉과 같이 노선을 운행하려고 할 때, 최소 몇 대의 버스를 구매해야 하며 이때 필요한 운전사는 최소 몇 명인가?

조건

- 새 노선의 왕복 시간 평균은 2시간이다(승하차 시간을 포함).
- 배차시간은 15분 간격이다.
- 운전사의 휴식시간은 매 왕복 후 30분씩이다.
- 첫차는 05시 정각에, 막차는 23시에 A시를 출발한다.
- 모든 차는 A시에 도착하자마자 B시로 곧바로 출발하는 것을 원칙으로 한다. 즉, A시에 도착하는 시간이 바로 B시로 출발하는 시간이다.
- 모든 차는 A시에서 출발해서 A시로 복귀한다.

	버스	운전사
①	6대	8명
②	8대	10명
③	10대	12명
④	12대	14명
⑤	14대	16명

정답 ②

왕복 시간이 2시간, 배차 간격이 15분이라면 첫차가 재투입되는 데 필요한 앞차의 수는 첫차를 포함해서 8대이다(∵ 15분×8대＝2시간이므로 8대 버스가 운행된 이후 9번째에 첫차 재투입 가능).

운전사는 왕복 후 30분의 휴식을 취해야 하므로 첫차를 운전했던 운전사는 2시간 30분 뒤에 운전을 시작할 수 있다. 따라서 8대의 버스로 운행하더라도 운전자는 150분 동안 운행되는 버스 150÷15＝10대를 운전하기 위해서는 10명의 운전사가 필요하다.

풀이 전략!

문제에서 신입사원 채용이나 인력배치 등의 주제가 출제될 경우에는 주어진 규정 혹은 규칙을 꼼꼼히 확인하여야 한다. 이를 근거로 각 선택지가 어긋나지 않는지 검토하여 문제를 풀어간다.

01 X사에서 승진 대상자 중 2명을 승진시키려고 한다. 승진의 조건은 동료 평가에서 '하'를 받지 않고 합산점수가 높은 순이다. 합산점수는 100점 만점의 점수로 환산한 승진시험 성적, 영어 성적, 성과 평가의 수치를 합산한다. 승진시험의 만점은 100점, 영어 성적의 만점은 500점, 성과 평가의 만점은 200점이라고 할 때, 승진 대상자 2명은 누구인가?

(단위 : 점)

구분	승진시험 성적	영어 성적	동료 평가	성과 평가
A	80	400	중	120
B	80	350	상	150
C	65	500	상	120
D	70	400	중	100
E	95	450	하	185
F	75	400	중	160
G	80	350	중	190
H	70	300	상	180
I	100	400	하	160
J	75	400	상	140
K	90	250	중	180

① A, C
② B, K
③ E, I
④ F, G
⑤ H, D

02 K사에서는 신입사원 2명을 채용하기 위하여 서류와 필기 전형을 통과한 갑 ~ 정 4명의 최종 면접을 실시하려고 한다. 4개 부서의 팀장이 각각 4명을 모두 면접하여 채용 우선순위를 결정하였다. 다음 〈보기〉 중 옳은 것을 모두 고르면?

〈면접 결과〉

면접관 순위	인사팀장	경영관리팀장	영업팀장	회계팀장
1순위	을	갑	을	병
2순위	정	을	병	정
3순위	갑	정	정	갑
4순위	병	병	갑	을

※ 우선순위가 높은 사람 순으로 2명을 채용함
※ 동점자는 인사, 경영관리, 영업, 회계팀장 순서의 고순위자로 결정함
※ 각 팀장이 매긴 순위에 대한 가중치는 모두 동일함

> **보기**
> ㄱ. 을 또는 정 중 1명이 입사를 포기하면 갑이 채용된다.
> ㄴ. 인사팀장이 을과 정의 순위를 바꿨다면 갑이 채용된다.
> ㄷ. 경영관리팀장이 갑과 병의 순위를 바꿨다면 정은 채용되지 못한다.

① ㄱ
② ㄱ, ㄴ
③ ㄱ, ㄷ
④ ㄴ, ㄷ
⑤ ㄱ, ㄴ, ㄷ

03 다음은 K학교의 성과급 기준표이다. 이를 토대로 K학교 교사들의 성과급 배점을 계산하고자 할 때, 〈보기〉의 A ~ E교사 중 가장 높은 배점을 받을 교사는?

성과급 기준표〉

(단위 : 점)

구분	평가사항	배점기준	
수업 지도	주당 수업시간	24시간 이하	14
		25시간	16
		26시간	18
		27시간 이상	20
	수업 공개 유무	교사 수업 공개	10
		학부모 수업 공개	5
생활 지도	담임 유무	담임교사	10
		비담임교사	5
담당 업무	업무 곤란도	보직교사	30
		비보직교사	20
경력	호봉	10호봉 이하	5
		11 ~ 15호봉	10
		16 ~ 20호봉	15
		21 ~ 25호봉	20
		26 ~ 30호봉	25
		31호봉 이상	30

※ 수업지도 항목에서 교사 수업 공개, 학부모 수업 공개를 모두 진행했을 경우 10점으로 배점하며, 수업 공개를 하지 않았을 경우 배점은 없음

보기

구분	주당 수업시간	수업 공개 유무	담임 유무	업무 곤란도	호봉
A교사	20시간	-	담임교사	비보직교사	32호봉
B교사	29시간	-	비담임교사	비보직교사	35호봉
C교사	26시간	학부모 수업 공개	비담임교사	보직교사	22호봉
D교사	22시간	교사 수업 공개	담임교사	보직교사	17호봉
E교사	25시간	교사 수업 공개, 학부모 수업 공개	비담임교사	비보직교사	30호봉

① A교사

② B교사

③ C교사

④ D교사

⑤ E교사

합격 CHEAT KEY

정보능력은 업무를 수행함에 있어 기본적인 컴퓨터를 활용하여 필요한 정보를 수집·분석·활용하는 능력으로, 업무와 관련된 정보를 수집하고, 이를 분석하여 의미 있는 정보를 얻는 능력을 의미한다. 세부 유형은 컴퓨터 활용, 정보 처리로 나눌 수 있다.

01 평소에 컴퓨터 활용 스킬을 틈틈이 익혀라!

윈도우(OS)에서 어떠한 설정을 할 수 있는지, 응용프로그램(엑셀 등)에서 어떠한 기능을 활용할 수 있는지를 평소에 직접 사용해 본다면 문제를 보다 수월하게 해결할 수 있다. 여건이 된다면 컴퓨터 활용 능력에 관련된 자격증 공부를 하는 것도 이론과 실무를 익히는 데 도움이 될 것이다.

02 문제의 규칙을 찾는 연습을 하라!

일반적으로 코드체계나 시스템 논리체계를 제공하고 이를 분석하여 문제를 해결하는 유형이 출제된다. 이러한 문제는 문제해결능력과 같은 맥락으로 규칙을 파악하여 접근하는 방식으로 연습이 필요하다.

03 현재 보고 있는 그 문제에 집중하라!

정보능력의 모든 것을 공부하려고 한다면 양이 너무나 방대하다. 그렇기 때문에 수험서에서 본인이 현재 보고 있는 문제들을 집중적으로 공부하고 기억하려고 해야 한다. 그러나 엑셀의 함수 수식, 연산자 등 암기를 필요로 하는 부분들은 필수적으로 암기를 해서 출제가 되었을 때 오답률을 낮출 수 있도록 한다.

04 사진·그림을 기억하라!

컴퓨터 활용 능력을 파악하는 영역이다 보니 컴퓨터 속 옵션, 기능, 설정 등의 사진·그림이 문제에 같이 나오는 경우들이 있다. 그런 부분들은 직접 컴퓨터를 통해서 하나하나 확인을 하면서 공부한다면 더 기억에 잘 남게 된다. 조금 귀찮더라도 한 번씩 클릭하면서 확인해 보도록 한다.

01 정보 이해

| 유형분석 |

- 정보능력 전반에 대한 이해를 확인하는 문제이다.
- 정보능력 이론이나 새로운 정보 기술에 대한 문제가 자주 출제된다.

다음 중 정보의 가공 및 활용에 대한 설명으로 옳지 않은 것은?

① 정보는 원형태 그대로 혹은 가공하여 활용할 수 있다.
② 비디오테이프에 저장된 영상정보는 동적정보에 해당한다.
③ 수집된 정보를 가공하여 다른 형태로 재표현하는 방법도 가능하다.
④ 동적정보는 입수하여 처리 후에는 해당 정보를 즉시 폐기해도 된다.
⑤ 정적정보의 경우 이용한 이후에도 장래 활용을 위해 정리하여 보존한다.

정답 ②

저장매체에 저장된 자료는 시간이 지나도 언제든지 동일한 형태로 재생이 가능하므로 정적정보에 해당한다.

오답분석

① 정보는 원래 형태 그대로 활용하거나 분석 및 정리 등 가공하여 활용할 수 있다.
③ 정보를 가공하는 것뿐 아니라 일정한 형태로 재표현하는 것도 가능하다.
④ 동적정보의 특징은 입수 후 처리한 경우에는 폐기하여도 된다는 것이다. 오히려 시간의 경과에 따라 시의성이 점점 떨어지는 동적정보를 축적하는 것은 비효율적이다.
⑤ 시의성이 사라지면 정보의 가치가 떨어지는 동적정보와 달리, 정적정보의 경우 이용 후에도 장래에 활용을 하기 위해 정리하여 보존하는 것이 좋다.

풀이 전략!

자주 출제되는 정보능력 이론을 확인하고, 확실하게 암기해야 한다. 특히 새로운 정보 기술이나 컴퓨터 전반에 대해 관심을 가지는 것이 좋다.

01 다음 빈칸에 들어갈 용어로 옳은 것은?

> 마이크로프로세서의 명령어 실행을 위한 명령어 인출 사이클(Instruction Fetch Cycle)은 제어장치 관리하에 있는 프로그램 카운터(PC)에 저장된 기억장치 위치 주소로부터 명령어를 인출하여, _____(으)로 전송된다.

① MBR
② RAM
③ MAR
④ ROM
⑤ CDR

02 다음 글을 읽고 정보관리의 3원칙 중 밑줄 친 ㉠ ~ ㉢에 해당하는 내용을 바르게 연결한 것은?

> '구슬이 서말이라도 꿰어야 보배'라는 속담처럼 여러 가지 채널과 갖은 노력 끝에 입수한 정보가 우리가 필요한 시점에 즉시 활용되기 위해서는 모든 정보가 차곡차곡 정리되어 있어야 한다. 이처럼 정보의 관리란 수집된 다양한 형태의 정보를 어떤 문제해결이나 결론도출에 사용하기 쉬운 형태로 바꾸는 일이다. 정보를 관리할 때에는 특히 ㉠ 정보에 대한 사용목표가 명확해야 하며, ㉡ 정보를 쉽게 작업할 수 있어야 하고, ㉢ 즉시 사용할 수 있어야 한다.

	㉠	㉡	㉢		㉠	㉡	㉢
①	목적성,	용이성,	유용성	②	다양성,	용이성,	통일성
③	용이성,	통일성,	다양성	④	통일성,	목적성,	유용성
⑤	통일성,	목적성,	용이성				

03 다음은 데이터베이스에 대한 설명이다. 이에 대한 특징으로 옳지 않은 것은?

> 데이터베이스란 대량의 자료를 관리하고 내용을 구조화하여 검색이나 자료 관리 작업을 효과적으로 실행하는 프로그램으로, 삽입, 삭제, 수정, 갱신 등을 통하여 항상 최신의 데이터를 유동적으로 유지할 수 있으며, 이와 같은 대량의 데이터는 사용자의 질의에 대한 신속한 응답 처리를 가능하게 한다. 또한 이러한 데이터를 여러 명의 사용자가 동시에 공유할 수 있고, 각 데이터를 참조할 때는 사용자가 요구하는 내용에 따라 참조가 가능함은 물론 응용프로그램과 데이터베이스를 독립시킴으로써 데이터를 변경시키더라도 응용프로그램은 변경되지 않는다.

① 실시간 접근성
② 계속적인 진화
③ 동시 공유
④ 내용에 의한 참조
⑤ 데이터의 논리적 의존성

02 엑셀 함수

| 유형분석 |

- 컴퓨터 활용과 관련된 상황에서 문제를 해결하기 위한 행동이 무엇인지 묻는 문제이다.
- 주로 업무수행 중에 많이 활용되는 대표적인 엑셀 함수(COUNTIF, ROUND, MAX, SUM, COUNT, AVERAGE, …) 가 출제된다.
- 종종 엑셀시트를 제시하여 각 셀에 들어갈 함수식이 무엇인지 고르는 문제가 출제되기도 한다.

다음 시트에서 근속연수가 4년 초과인 사람은 승진에 해당하고 이하인 경우 비해당일 때 [F2] 셀에 들어갈 함수식으로 옳은 것은?

	A	B	C	D	E	F
1	이름	나이	성별	직함	근속연수	승진
2	이병규	36	남	과장	5	해당
3	오지은	31	여	대리	3	비해당
4	박연수	28	여	주임	5	해당
5	정성환	26	남	사원	3	비해당
6	박지윤	28	여	주임	2	비해당
7	유지원	49	여	차장	6	해당
8	김응수	51	남	부장	7	해당
9	문선윤	39	남	과자	8	해당

① =COUNTIF(E2:E9, " > 4")

② =IF(A1:39>4, "해당")

③ =SUMIF(E2>4, "해당", "비해당")

④ =IF(E2>4, "해당", "비해당")

⑤ =COUNTIF(E2:E9, " > 4", "해당", "비해당")

정답 ④

IF(조건,조건에 맞을 경우의 값,조건에 맞지 않을 경우의 값)의 형태를 가지고 있기 때문에 IF(E2>4, "해당", "비해당")이 옳다.

풀이 전략!

제시된 상황에서 사용할 엑셀 함수가 무엇인지 파악한 후, 선택지에서 적절한 함수식을 골라 식을 만들어야 한다. 평소 대표적으로 문제에 자주 출제되는 몇몇 엑셀 함수를 익혀두면 풀이시간을 단축할 수 있다.

01 다음은 사내 동호회 활동 현황이다. 사원번호 중에서 오른쪽 숫자 네 자리만 추출하려고 할 때 [F13] 셀에 입력해야 할 함수식으로 옳은 것은?

	A	B	C	D	E	F
1	사내 동호회 활동 현황					
2	사원번호	사원명	부서	구내번호	직책	
3	AC1234	고상현	영업부	1457	부장	
4	AS4251	정지훈	기획부	2356	사원	
5	DE2341	김수호	홍보부	9546	사원	
6	TE2316	박보영	기획부	2358	대리	
7	PP0293	김지원	홍보부	9823	사원	
8	BE0192	이성경	총무부	3545	과장	
9	GS1423	이민아	영업부	1458	대리	
10	HS9201	장준하	총무부	3645	부장	
11						
12						사원번호
13						1234
14						4251
15						2341
16						2316
17						0293
18						0192
19						1423
20						9201

① $= CHOOSE(2, A3, A4, A5, A6)$

② $= LEFT(A3, 3)$

③ $= RIGHT(A3, 4)$

④ $= MID(A3, 1, 2)$

⑤ $= LEFT(A3, 3, 4)$

02 다음은 K주식회사의 공장별 9월 생산량 현황이다. 각 셀에 들어간 함수의 결괏값으로 옳지 않은 것은?

◢	A	B	C	D	E	F
1	〈K주식회사 공장 9월 생산량 현황〉					
2	구분	생산량	단가	금액	순위	
3					생산량 기준	금액 기준
4	안양공장	123,000	10	1,230,000		
5	청주공장	90,000	15	1,350,000		
6	제주공장	50,000	15	750,000		
7	강원공장	110,000	11	1,210,000		
8	진주공장	99,000	12	1,188,000		
9	합계	472,000		5,728,000		

① [F4] : =RANK(D4,D4:D8,1) → 4
② [E4] : =RANK(B4,B4:B8,0) → 1
③ [E6] : =RANK(B6,B4:B8,0) → 5
④ [F8] : =RANK(D8,D4:D8,0) → 2
⑤ [E8] : =RANK(B8,B4:B8,0) → 3

03 다음 시트와 같이 월 ~ 금요일까지는 '업무'로, 토요일과 일요일에는 '휴무'로 표시하고자 할 때 [B2] 셀에 입력해야 할 함수식으로 옳지 않은 것은?

◢	A	B
1	일자	휴무, 업무
2	2025-01-07	업무
3	2025-01-08	업무
4	2025-01-09	업무
5	2025-01-10	업무
6	2025-01-11	휴무
7	2025-01-12	휴무
8	2025-01-13	업무

① =IF(OR(WEEKDAY(A2,0)=0,WEEKDAY(A2,0)=6),"휴무","업무")
② =IF(OR(WEEKDAY(A2,1)=1,WEEKDAY(A2,1)=7),"휴무","업무")
③ =IF(OR(WEEKDAY(A2,2)=6, WEEKDAY(A2,2)=7),"휴무","업무")
④ =IF(WEEKDAY(A2,2)>=6,"휴무","업무")
⑤ =IF(WEEKDAY(A2,3)>=5,"휴무","업무")

※ A씨는 지점별 매출 및 매입 현황을 정리하고 있다. 이어지는 질문에 답하시오. **[4~5]**

◢	A	B	C	D	E	F
1	지점명	매출	매입			
2	주안점	2,500,000	1,700,000			
3	동암점	3,500,000	2,500,000		최대 매출액	
4	간석점	7,500,000	5,700,000		최소 매출액	
5	구로점	3,000,000	1,900,000			
6	강남점	4,700,000	3,100,000			
7	압구정점	3,000,000	1,500,000			
8	선학점	2,500,000	1,200,000			
9	선릉점	2,700,000	2,100,000			
10	교대점	5,000,000	3,900,000			
11	서초점	3,000,000	1,900,000			
12	합계					

04 다음 중 매출과 매입의 합계를 구할 때 사용해야 하는 함수로 옳은 것은?

① REPT ② CHOOSE

③ SUM ④ AVERAGE

⑤ DSUM

05 다음 중 [F3] 셀을 구하는 함수식으로 옳은 것은?

① =MIN(B2:B11) ② =MAX(B2:C11)

③ =MIN(C2:C11) ④ =MAX(C2:C11)

⑤ =MAX(B2:B11)

프로그램 언어(코딩)

| 유형분석 |

- 프로그램의 실행 결과를 코딩을 통해 파악하여 이를 풀이하는 문제이다.
- 대체로 문제에서 규칙을 제공하고 있으며, 해당 규칙을 적용하여 새로운 코드번호를 만들거나 혹은 만들어진 코드번호를 해석하는 등의 문제가 출제된다.

다음 C언어 프로그램을 실행하였을 때 출력되는 값은?

```
#include 〈stdio.h〉
int power(int x, int y);
int main(void)
{    int a, b;
    a=6;
    b=4;
    printf("%d",power(a,b));
    return 0;
}int power(int x, int y)
{    if(y==0)
    return 1;
    return x*power(x,y-1);
}
```

① 24

② 64

③ 1,296

④ 6,543

⑤ 6,666

정답 ③

power 함수는 거듭제곱에 대한 함수로 power(a,b)=a^b이다. 따라서 주어진 프로그램은 6^4를 계산하여 출력하는 프로그램이므로 $6^4=1,296$이며, 6^4를 출력하려면 printf("%d^%d", a, b)를 입력해야 한다.

풀이 전략!

문제에서 실행 프로그램 내용이 주어지면 핵심 키워드를 확인한다. 코딩 프로그램을 통해 요구되는 내용을 알아맞혀 정답 유무를 판단한다.

※ 다음 프로그램의 실행 결과로 옳은 것을 고르시오. [1~2]

01

```c
#include <stdio.h>
int main()
{
    int sum=0;
    int x;
    for(x=1;x<=100;x++)
        sum+=x;
    printf("1+2 + … +100=%d\n", sum);
        return 0;
}
```

① 5010   ② 5020

③ 5040   ④ 5050

⑤ 6000

02

```c
#include <stdio.h>
void main() {
  int i, tot=0;
  int a[10]={10, 37, 23, 4, 8, 71, 23, 9, 52, 41};
  for(i=0; i<10; I++) {
    tot+=a[i];
    if (tot>=100) {
        break;
    }
  }
  printf("%d\n", tot);
}
```

① 82   ② 100

③ 143   ④ 153

⑤ 176

CHAPTER 06
기술능력

합격 CHEAT KEY

기술능력은 업무를 수행함에 있어 도구, 장치 등을 포함하여 필요한 기술에 어떠한 것들이 있는지 이해하고, 실제 업무를 수행함에 있어 적절한 기술을 선택하여 적용하는 능력이다.

세부 유형은 기술 이해·기술 선택·기술 적용으로 나눌 수 있다. 제품설명서나 상황별 매뉴얼을 제시하는 문제 또는 명령어를 제시하고 규칙을 대입할 수 있는지 묻는 문제가 출제되기 때문에 이런 유형들을 공략할 수 있는 전략을 세워야 한다.

01 긴 지문이 출제될 때는 보기의 내용을 미리 보라!

기술능력에서 자주 출제되는 제품설명서나 상황별 매뉴얼을 제시하는 문제에서는 기술을 이해하고, 상황에 알맞은 원인 및 해결방안을 고르는 문제가 출제된다. 실제 시험장에서 문제를 풀 때는 시간적 여유가 없기 때문에 보기를 먼저 읽고, 그 다음 긴 지문을 보면서 동시에 보기와 일치하는 내용이 나오면 확인해 가면서 푸는 것이 좋다.

02 모듈형에도 대비하라!

모듈형 문제의 비중이 늘어나는 추세이므로 공기업을 준비하는 취업준비생이라면 모듈형 문제에 대비해야 한다. 기술능력의 모듈형 이론 부분을 학습하고 모듈형 문제를 풀어보고 여러 번 읽으며 이론을 확실히 익혀두면 실제 시험장에서 이론을 묻는 문제가 나왔을 때 단번에 답을 고를 수 있다.

03 전공 이론도 익혀 두어라!

지원하는 직렬의 전공 이론이 기술능력으로 출제되는 경우가 많기 때문에 전공 이론을 익혀두는 것이 좋다. 깊이 있는 지식을 묻는 문제가 아니더라도 출제되는 문제의 소재가 전공과 관련된 내용일 가능성이 크기 때문에 최소한 지원하는 직렬의 전공 용어는 확실히 익혀 두어야 한다.

04 쉽게 포기하지 말라!

직업기초능력에서 주요 영역이 아니면 소홀한 경우가 많다. 시험장에서 기술능력을 읽어보지도 않고 포기하는 경우가 많은데 차근차근 읽어보면 지문만 잘 읽어도 풀 수 있는 문제들이 출제되는 경우가 있다. 이론을 모르더라도 풀 수 있는 문제인지 파악해보자.

01 기술 이해

| 유형분석 |

- 업무수행에 필요한 기술의 개념 및 원리, 관련 용어에 대한 문제가 자주 출제된다.
- 기술 시스템의 개념과 발전 단계에 대한 문제가 출제되므로 각 단계의 순서와 그에 따른 특징을 숙지하여야 하며, 단계별로 요구되는 핵심 역할이 다름에 유의한다.

다음 중 기술선택을 위한 우선순위 결정요인이 아닌 것은?

① 쉽게 구할 수 있는 기술
② 기업 간에 모방이 어려운 기술
③ 최신 기술로 진부화될 가능성이 적은 기술
④ 제품의 성능이나 원가에 미치는 영향력이 큰 기술
⑤ 기업이 생산하는 제품 및 서비스에 보다 광범위하게 활용할 수 있는 기술

정답 ①

기술선택을 위한 우선순위 결정
- 제품의 성능이나 원가에 미치는 영향력이 큰 기술
- 기술을 활용한 제품의 매출과 이익 창출 잠재력이 큰 기술
- 쉽게 구할 수 없는 기술
- 기업 간에 모방이 어려운 기술
- 기업이 생산하는 제품 및 서비스에 보다 광범위하게 활용할 수 있는 기술
- 최신 기술로 진부화 될 가능성이 적은 기술

풀이 전략!

문제에 제시된 내용만으로는 풀이가 어려울 수 있으므로, 사전에 관련 기술 이론을 숙지하고 있어야 한다. 자주 출제되는 개념을 확실하게 암기하여 빠르게 문제를 풀 수 있도록 하는 것이 좋다.

대표기출유형 01 **기출응용문제**

01 다음 뉴스를 통해 알 수 있는 기술경영자의 능력으로 옳은 것은?

> 앵커 : 현재 국제 원유 값이 고공 행진을 계속하면서 석유자원에서 탈피하려는 기술 개발이 활발히
> 진행되고 있는데요. 석유자원을 대체하고 에너지의 효율성을 높일 수 있는 연구개발 현장을
> 이은경 기자가 소개합니다.
> 기자 : 네. 여기는 메탄올을 화학 산업에 많이 쓰이는 에틸렌과 프로필렌, 부탄 등의 경질 올레핀으
> 로 만드는 공정 현장입니다. 석탄과 바이오매스, 천연가스를 원료로 만들어진 메탄올에서
> 촉매반응을 통해 경질 올레핀을 만들기 때문에 석유 의존도를 낮출 수 있는 기술을 볼 수
> 있는데요. 기존 석유 나프타 열분해 공정보다 수율이 높고, 섭씨 400℃ 이하에서 제조가 가
> 능해 온실가스는 물론 에너지 비용을 50% 이상 줄일 수 있어 화제가 되고 있습니다.

① 빠르고 효과적으로 새로운 기술을 습득하고 기존의 기술에서 탈피하는 능력
② 새로운 제품 개발 시간을 단축할 수 있는 능력
③ 조직 내의 기술 이용을 수행할 수 있는 능력
④ 기술을 효과적으로 평가할 수 있는 능력
⑤ 기술 전문 인력을 운용할 수 있는 능력

02 다음 중 노하우(Knowhow)와 노와이(Know – Why)에 대한 설명으로 옳은 것은?

① 노와이는 과학자, 엔지니어 등이 가지고 있는 체화된 기술이다.
② 노하우는 이론적인 지식으로서 과학적인 탐구에 의해 얻어진다.
③ 노하우는 Technique 혹은 Art라고도 부른다.
④ 기술은 원래 노와이의 개념이 강했으나, 시간이 지나면서 노와이와 노하우가 결합하게 되었다.
⑤ 노와이는 기술을 설계하고, 생산하고, 사용하기 위해 필요한 정보, 기술, 절차 등을 갖는 데 필요
하다.

03 다음 중 상향식 기술선택과 하향식 기술선택에 대한 설명으로 옳지 않은 것은?

① 상향식 기술선택은 연구자나 엔지니어들이 자율적으로 기술을 선택한다.
② 상향식 기술선택은 기술 개발자들의 창의적인 아이디어를 활용할 수 있다.
③ 상향식 기술선택은 기업 간 경쟁에서 승리할 수 없는 기술이 선택될 수 있다.
④ 하향식 기술선택은 단기적인 목표를 설정하고 달성하기 위해 노력한다.
⑤ 하향식 기술선택은 기업이 획득해야 하는 대상 기술과 목표 기술 수준을 결정한다.

02 기술 적용

| 유형분석 |

- 주어진 자료를 해석하고 기술을 적용하여 풀어가는 문제이다.
- 자료 등을 읽고 제시된 문제 상황에 적절한 해결 방법을 찾는 문제가 자주 출제된다.
- 지문의 길이가 길고 복잡하므로, 문제에서 요구하는 정보를 놓치지 않도록 주의해야 한다.

B사원은 A전자제품회사의 빔프로젝터를 사용하다 고장이 났다. B사원이 고장 신고 전 다음과 같은 확인사항 자료를 보고, 빔프로젝터의 증상과 그에 따른 확인 및 조치사항으로 옳은 것은?

〈빔프로젝터 고장 신고 전 확인사항〉

구분	증상	확인 및 조치사항
설치 및 연결	전원이 들어오지 않음	• 제품 배터리의 충전 상태를 확인하세요. • 만약 그래도 제품이 전혀 동작하지 않는다면 제품 옆면의 'Reset' 버튼을 1초간 누르시기 바랍니다.
	전원이 자동으로 꺼짐	• 본 제품은 약 20시간 지속 사용 시 제품의 시스템 보호를 위해 전원이 자동 차단될 수 있습니다.
	외부기기가 선택되지 않음	• 외부기기 연결선이 신호 단자에 맞게 연결되었는지 확인하고, 연결 상태를 점검해 주시기 바랍니다.
메뉴 및 리모컨	리모컨이 동작하지 않음	• 리모컨의 건전지 상태 및 건전지가 권장 사이즈에 부합하는지 확인해 주세요. • 리모컨 각도와 거리가(10m 이하) 적당한지, 제품과 리모컨 사이에 장애물이 없는지 확인해 주세요.
	메뉴가 선택되지 않음	• 메뉴의 글자가 회색으로 나와 있지 않은지 확인해 주세요. 회색의 글자 메뉴는 선택되지 않습니다.
화면 및 소리	영상이 희미함	• 리모컨 메뉴창의 초점 조절 기능을 이용하여 초점을 조절해 주세요. • 투사거리가 초점에서 너무 가깝거나 멀리 떨어져 있지 않은지 확인해 주세요(권장 거리 1~3m).
	제품에서 이상한 소리가 남	• 이상한 소리가 계속해서 발생할 경우 사용을 중지하고 서비스 센터로 문의해 주시기 바랍니다.
	화면이 안 나옴	• 제품 배터리의 충전 상태를 확인해 주세요. • 본체의 발열이 심할 경우 화면이 나오지 않을 수 있습니다.
	화면에 줄, 잔상, 경계선 등이 나타남	• 일정시간 정지된 영상을 지속적으로 표시하면 부분적으로 잔상이 발생합니다. • 영상의 상·하·좌·우의 경계선이 고정되어 있거나 빛의 투과량이 서로 상이한 영상을 장시간 시청 시 경계선에 자국이 발생할 수 있습니다.

① 영화를 보는 중에 갑자기 전원이 꺼진 것은 본체의 발열이 심해서 그런 것이므로 약 20시간 동안 사용을 중지하였다.
② 언젠가부터 화면에 잔상이 나타나 제품과 리모콘 배터리의 충전 상태를 확인하였다.
③ 일주일째 이상한 소리가 나 제품 배터리가 충분히 충전된 상태인지 살펴보았다.
④ 메뉴가 선택되지 않아 외부기기와 연결선이 제대로 연결되었는지 확인하였다.
⑤ 영상이 너무 희미해 초점과 투사거리를 확인하여 조절하였다.

정답 ⑤

영상이 희미한 경우 리모컨 메뉴창의 초점 조절 기능을 이용하여 초점을 조절하거나, 투사거리가 초점에서 너무 가깝거나 멀리 떨어져있지 않은지 확인해야 한다.

오답분석

① 전원이 자동으로 꺼지는 것은 제품을 20시간 지속 사용하여 전원이 자동 차단된 것으로 확인할 수 있다. 발열이 심한 경우는 화면이 나오지 않는 문제의 원인이다.
② 화면 잔상은 일정시간 정지된 영상을 지속적으로 표시하면 나타날 수 있다. 제품 및 리모컨의 배터리 충전 상태와는 무관하다.
③ 이상한 소리가 계속해서 날 경우 사용을 중지하고 서비스 센터로 문의해야 한다.
④ 메뉴가 선택되지 않을 때는 메뉴의 글자가 회색으로 나와 있지 않은지 확인해야 한다. 외부기기 연결 상태 확인은 외부기기가 선택되지 않을 때의 조치사항이다.

풀이 전략!

문제에 제시된 자료 중 필요한 정보를 빠르게 파악하는 것이 중요하다. 질문을 먼저 읽고 문제 상황을 파악한 뒤 제시된 선택지를 하나씩 소거하며 문제를 푸는 것이 좋다.

01　B사원은 회사의 기기를 관리하는 업무를 맡고 있으며 최근 동료 사원들로부터 전자레인지를 사용할 때 가끔씩 불꽃이 튀고 음식이 잘 데워지지 않는다는 이야기를 들었다. B사원이 다음 제품 설명서를 토대로 서비스 접수 전, 점검할 사항으로 옳지 않은 것은?

〈전자레인지 제품 설명서〉

구분	원인	조치 방법
전자레인지가 작동하지 않는다.	• 전원 플러그가 콘센트에 바르게 꽂혀 있습니까? • 문이 확실히 닫혀 있습니까? • 배전판 퓨즈나 차단기가 끊어지지 않았습니까? • 조리방법을 제대로 선택하셨습니까? • 혹시 정전은 아닙니까?	• 전원 플러그를 바로 꽂아주십시오. • 문을 다시 닫아 주십시오. • 끊어졌으면 교체하고 연결시켜 주십시오. • 취소를 누르고 다시 시작하십시오.
동작 시 불꽃이 튄다.	• 조리실 내벽에 금속 제품 등이 닿지 않았습니까? • 금선이나 은선으로 장식된 그릇을 사용하고 계십니까? • 조리실 내에 찌꺼기가 있습니까?	• 벽에 닿지 않도록 하십시오. • 금선이나 은선으로 장식된 그릇은 사용하지 마십시오. • 깨끗이 청소해 주십시오.
조리 상태가 나쁘다.	• 조리 순서, 시간 등 사용 방법을 잘 선택하셨습니까?	• 요리책을 다시 확인하고 사용해 주십시오.
회전 접시가 불균일하게 돌거나 돌지 않는다.	• 회전 접시와 회전 링이 바르게 놓여 있습니까?	• 각각을 정확한 위치에 놓아 주십시오.
불의 밝기나 동작 소리가 불균일하다.	• 출력의 변화에 따라 일어난 현상이니 안심하고 사용하셔도 됩니다.	

① 조리실 내 위생 상태 점검
② 사용 가능 용기 확인
③ 사무실, 전자레인지 전압 확인
④ 조리실 내벽 확인
⑤ 조리 순서, 시간 확인

02 K씨는 농한기인 1 ~ 2월에 자주 발생하는 영농기자재 고장을 방지하고자 영농기자재 관리 방법에 대한 매뉴얼을 작성하여 농가에 배포하였다. 매뉴얼에 따라 영농기자재를 바르게 관리한 것은?

구분	기계 종류	내용
1월	트랙터	(보관 중 점검) • 유압실린더는 완전상승 상태로 함 • 엔진 계통의 누유점검(연료탱크, 필터, 파이프) • 축전지 보충충전
	이앙기	(장기보관 중 점검) • 본체의 누유, 누수 점검 • 축전지 보관 상태 점검, 보충충전 • 페인트가 벗겨진 부분에는 방청유를 발라 녹 발생 방지 • 커버를 씌워 먼지, 이물질에 의한 부식 방지
	콤바인	(장기보관 중 점검) • 회전부, 작동부, 와이어류에 부식방지를 위해 오일 주입 • 각부의 누유 여부 점검 • 스프링 및 레버류에 부식방지를 위해 그리스를 바름
2월	트랙터	(사용 전 점검) • 팬벨트 유격 10mm 이상 시 발전기 고정 볼트를 풀어 유격 조정 • 냉각수량 – 외기온도에 알맞은 비중의 부동액 확인(40% 확인) • 축전지액량 및 접속상태, 배선 및 각종 라이트 경고등 점검, 충전상태 점검 • 좌우 브레이크 페달 유격 및 작동 상태 점검
	이앙기	(장기보관 중 점검) • 누유 · 누수 점검 • 축전지 보충충전 • 녹이 발생된 부분은 녹을 제거하고 방청유를 바름
	콤바인	(장기보관 중 점검) • 엔진을 회전시켜 윤활시킨 후, 피스톤을 압축상사점에 보관 • 각 회전부, 작동부, 와이어류에 부식방지를 위해 오일주입 • 스프링 및 레버류에 부식방지를 위해 그리스를 바름

〈매뉴얼〉

① 1월에 트랙터의 브레이크 페달 작동 상태를 점검한다.

② 1 ~ 2월 모두 이앙기에 부식방지를 위해 방청유를 바른다.

③ 트랙터 사용 전에 유압실린더와 엔진 누유 상태를 중점적으로 점검한다.

④ 장기보관 중인 콤바인을 꺼낸 후, 타이어 압력을 기종별 취급설명서에 따라 점검한다.

⑤ 2월에 장기보관 중이던 이앙기에 커버를 씌워 먼지 및 이물질에 의한 부식을 방지한다.

03 K정보통신회사에 입사한 A씨는 시스템 모니터링 및 관리 업무를 담당하게 되었다. 다음 자료를 참고할 때, 〈보기〉의 빈칸에 들어갈 코드로 옳은 것은?

다음 모니터에 나타나는 정보를 이해하고 시스템 상태를 판독하여 적절한 코드를 입력하는 방식을 파악하시오.

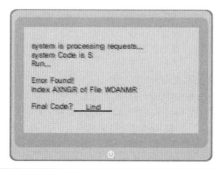

항목	세부사항
Index ◇◇◇ of File ◇◇◇	• 오류 문자 : Index 뒤에 나타나는 문자 • 오류 발생 위치 : File 뒤에 나타나는 문자
Error Value	• 오류 문자와 오류 발생 위치를 의미하는 문자에 사용된 알파벳을 비교하여 일치하는 알파벳의 개수를 확인
Final Code	• Error Value를 통하여 시스템 상태 판단

판단 기준	Final Code
일치하는 알파벳의 개수=0	Svem
0<일치하는 알파벳의 개수≤1	Atur
1<일치하는 알파벳의 개수≤3	Lind
3<일치하는 알파벳의 개수≤5	Nugre
일치하는 알파벳의 개수>5	Qutom

보기

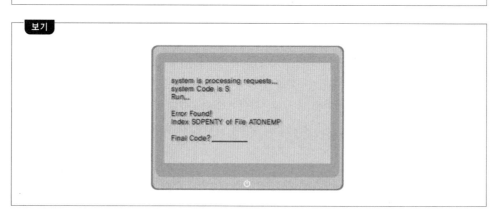

① Svem ② Atur
③ Lind ④ Nugre
⑤ Qutom

04 기술개발팀에서 근무하는 S씨는 차세대 로봇에 사용할 주행 알고리즘을 개발하고 있다. 다음 주행 알고리즘과 예시를 참고하였을 때, 로봇의 이동 경로로 옳은 것은?

〈주행 알고리즘〉

회전과 전진만이 가능한 로봇이 미로에서 목적지까지 길을 찾아가도록 구성하였다. 미로는 (4단위)× (4단위)의 정방형 단위구역(Cell) 16개로 구성되며 미로 중앙부에는 1단위구역 크기의 도착지점이 있다. 도착지점에 이르기 전 로봇은 각 단위구역과 단위구역 사이를 이동할 때 벽의 유무를 탐지하여 벽이 없음이 감지되는 방향으로 주행한다. 로봇은 주명령을 수행하고, 이에 따라 주행할 수 없을 때만 보조명령을 따른다.

• 주명령 : 현재 단위구역(Cell)에서 로봇은 왼쪽, 앞쪽, 오른쪽 순서로 벽의 유무를 탐지하여 벽이 없음이 감지되는 방향의 단위구역을 과거에 주행한 기록이 없다면 해당 방향으로 한 단위구역만큼 주행한다.

• 보조명령 : 현재 단위구역에서 로봇이 왼쪽, 앞쪽, 오른쪽, 뒤쪽 순서로 벽의 유무를 탐지하여 벽이 없음이 감지되는 방향의 단위구역에 벽이 없음이 감지되는 방향과 반대 방향의 주행기록이 있을 때만, 로봇은 그 방향으로 한 단위구역만큼 주행한다.

〈예시〉

로봇이 A → B → C → B → A로 이동한다고 가정할 때, A에서 C로의 이동은 주명령에 의한 것이고 C에서 A로의 이동은 보조명령에 의한 것이다.

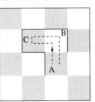

①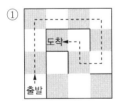

②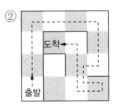

③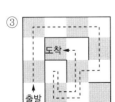

④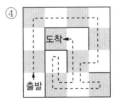

⑤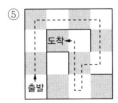

CHAPTER 07

조직이해능력

합격 CHEAT KEY

조직이해능력은 업무를 원활하게 수행하기 위해 조직의 체제와 경영을 이해하고 국제적인 추세를 이해하는 능력이다. 현재 많은 공사·공단에서 출제 비중을 높이고 있는 영역이기 때문에 미리 대비하는 것이 중요하다. 실제 업무 능력에서 조직이해능력을 요구하기 때문에 중요도는 점점 높아 질 것이다.

세부 유형은 조직 체제 이해, 경영 이해, 업무 이해, 국제 감각으로 나눌 수 있다. 조직도를 제시하는 문제가 출제되거나 조직의 체계를 파악해 경영의 방향성을 예측하고, 업무의 우선순위를 파악하는 문제가 출제된다.

01 문제 속에 정답이 있다!

경력이 없는 경우 조직에 대한 이해가 낮을 수밖에 없다. 그러나 문제 자체가 실무적인 내용을 담고 있어도 문제 안에는 해결의 단서가 주어진다. 부담을 갖지 않고 접근하는 것이 중요하다.

02 경영·경제학원론 정도의 수준은 갖추도록 하라!

지원한 직군마다 차이는 있을 수 있으나, 경영·경제이론을 접목시킨 문제가 꾸준히 출제되고 있다. 따라서 기본적인 경영·경제이론은 익혀둘 필요가 있다.

03 지원하는 공사·공단의 조직도를 파악하라!

출제되는 문제는 각 공사·공단의 세부내용일 경우가 많기 때문에 지원하는 공사·공단의 조직도를 파악해 두어야 한다. 조직이 운영되는 방법과 전략을 이해하고, 조직을 구성하는 체제를 파악하고 간다면 조직이해능력에서 조직도가 나올 때 단기간에 문제를 풀 수 있을 것이다.

04 실제 업무에서도 요구되므로 이론을 익혀라!

각 공사·공단의 직무 특성상 일부 영역에 중요도가 가중되는 경우가 있어서 많은 취업준비생들이 일부 영역에만 집중하지만, 실제 업무 능력에서 직업기초능력 10개 영역이 골고루 요구되는 경우가 많고, 현재는 필기시험에서도 조직이해능력을 출제하는 기관의 비중이 늘어나고 있기 때문에 미리 이론을 익혀 둔다면 모듈형 문제에서 고득점을 노릴 수 있다.

01 경영 전략

|유형분석|

- 경영 전략에서 대표적으로 출제되는 문제는 마이클 포터(Michael Porter)의 본원적 경쟁전략이다.
- 경쟁전략의 기본적인 이해와 구조를 물어보는 문제가 자주 출제되므로 전략별 특징 및 개념에 대한 이론 학습이 요구된다.

다음은 경영 전략 추진과정에 대한 자료이다. (가)에 대한 사례 중 그 성격이 다른 것은?

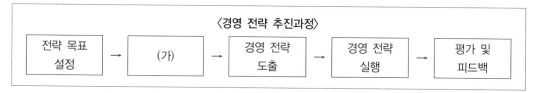

〈경영 전략 추진과정〉

전략 목표 설정 → (가) → 경영 전략 도출 → 경영 전략 실행 → 평가 및 피드백

① 우리가 공급받고 있는 원재료들의 원가를 확인해 보자.
② 신제품 출시를 위해 경쟁사들의 동향을 파악해 봐야겠어.
③ 제품 개발을 위해 우리가 가진 예산의 현황을 파악해야 해.
④ 우리 제품의 시장 개척을 위해 법적으로 문제가 없는지 확인해 봐야겠군.
⑤ 이번에 발표된 정부의 정책으로 우리 제품이 어떠한 영향을 받을 수 있는지 확인해 볼 필요가 있어.

정답 ③

(가)는 경영 전략 추진과정 중 환경 분석이며, 이는 외부 환경 분석과 내부 환경 분석으로 구분된다. 외부 환경으로는 기업을 둘러싸고 있는 경쟁자, 공급자, 소비자, 법과 규제, 정치적 환경, 경제적 환경 등을 볼 수 있으며, 내부 환경은 기업구조, 기업문화, 기업자원 등이 해당된다. 이때 예산은 기업자원으로서 내부 환경 분석의 성격을 가지며, 다른 사례들은 모두 외부 환경 분석의 성격을 가짐을 알 수 있다. 따라서 주어진 사례 중 성격이 다른 것은 ③이다.

풀이 전략!

대부분의 기업들은 마이클 포터의 본원적 경쟁전략을 사용하고 있다. 각 전략에 해당하는 대표적인 기업을 연결하고, 그들의 경영 전략을 상기하며 문제를 풀어보도록 한다.

01 다음 중 경영의 대표적 구성요소인 4요소로 옳은 것은?

① 경영목적, 인적자원, 자금, 마케팅
② 자금, 전략, 마케팅, 회계
③ 인적자원, 마케팅, 회계, 자금
④ 경영목적, 인적자원, 자금, 전략
⑤ 마케팅, 인적자원, 자금, 전략

02 S씨는 취업스터디에서 마이클 포터의 본원적 경쟁전략을 토대로 기업의 경영전략을 정리하고자 한다. 다음 중 〈보기〉의 내용이 경쟁전략과 바르게 연결된 것은?

- 차별화 전략 : 가격 이상의 가치로 브랜드 충성심을 이끌어내는 전략이다.
- 원가우위 전략 : 업계에서 가장 낮은 원가로 우위를 확보하는 전략이다.
- 집중화 전략 : 특정 세분시장만 집중공략하는 전략이다.

보기

㉠ I기업은 S/W에 집중하기 위해 H/W의 한글전용 PC분야를 한국계기업과 전략적으로 제휴하고 회사를 설립해 조직체에 위양하였으며 이후 고유분야였던 S/W에 자원을 집중하였다.
㉡ B마트는 재고 네트워크를 전산화하여 원가를 절감하고 양질의 제품을 최저가격에 판매하고 있다.
㉢ A호텔은 5성급 호텔로 하루 숙박비용이 상당히 비싸지만, 환상적인 풍경과 더불어 친절한 서비스를 제공하고 객실 내 제품이 모두 최고급으로 비치되어 있어 이용객들에게 높은 만족도를 준다.

	차별화 전략	원가우위 전략	집중화 전략
①	㉠	㉡	㉢
②	㉠	㉢	㉡
③	㉡	㉠	㉢
④	㉢	㉡	㉠
⑤	㉢	㉠	㉡

02 조직 구조

| 유형분석 |

- 조직 구조 유형에 대한 특징을 물어보는 문제가 자주 출제된다.
- 기계적 조직과 유기적 조직의 차이점과 사례 등을 숙지하고 있어야 한다.
- 조직 구조 형태에 따라 기능적 조직, 사업별 조직으로 구분하여 출제되기도 한다.

다음 〈보기〉 중 조직 구조에 대한 설명으로 옳지 않은 것을 모두 고르면?

보기
ㄱ. 기계적 조직은 구성원들의 업무분장이 명확하게 이루어져 있는 편이다.
ㄴ. 기계적 조직은 조직 내 의사소통이 비공식적 경로를 통해 활발히 이루어진다.
ㄷ. 유기적 조직은 의사결정 권한이 조직 하부 구성원들에게 많이 위임되어 있으며, 업무내용이 명확히 규정되어 있는 것이 특징이다.
ㄹ. 유기적 조직은 기계적 조직에 비해 조직의 형태가 가변적이다.

① ㄱ, ㄴ　　　　　　　　② ㄱ, ㄷ
③ ㄴ, ㄷ　　　　　　　　④ ㄴ, ㄹ
⑤ ㄷ, ㄹ

정답 ③
ㄴ. 기계적 조직 내 의사소통은 비공식적 경로가 아닌 공식적 경로를 통해 주로 이루어진다.
ㄷ. 유기적 조직은 의사결정 권한이 조직 하부 구성원들에게 많이 위임되어 있으나, 업무내용은 기계적 조직에 비해 가변적이다.

오답분석
ㄱ. 기계적 조직은 위계질서 및 규정, 업무분장이 모두 명확하게 확립되어 있는 조직이다.
ㄹ. 유기적 조직에서는 비공식적인 상호 의사소통이 원활히 이루어지며, 규제나 통제의 정도가 낮아 변화에 따라 쉽게 변할 수 있는 특징을 가진다.

풀이 전략!
조직 구조는 유형에 따라 기계적 조직과 유기적 조직으로 나눌 수 있다. 기계적 조직과 유기적 조직은 서로 상반된 특징을 가지고 있으며, 기계적 조직이 관료제의 특징과 비슷함을 파악하고 있다면, 이와 상반된 유기적 조직의 특징도 수월하게 파악할 수 있다.

01 인사팀 채부장은 신입사원들을 대상으로 '조직'의 의미를 다음과 같이 설명하였다. 채부장의 설명에 근거할 때, '조직'으로 옳지 않은 것은?

> 조직은 특정한 목적을 추구하기 위하여 의도적으로 구성된 사람들의 집합체로서 외부 환경과 여러 가지 상호 작용을 하는 사회적 단위라고 말할 수 있지. 한데, 이러한 상호 작용이 유기적인 협력체제 하에서 행해지면서 조직이 추구하는 목적을 달성하기 위해서는 내부적인 구조가 있어야만 해. 업무와 기능의 분배, 권한과 위임을 통하여 어떤 특정한 조직 구성원들의 공통된 목표를 달성하기 위하여 여러 사람의 활동을 합리적으로 조정한 것이야말로 조직의 정의를 가장 잘 나타내 주는 말이라고 할 수 있다네.

① 영화 촬영을 위해 모인 스태프와 배우들
② 열띤 응원을 펼치고 있는 야구장의 관중들
③ 미국까지 가는 비행기 안에 탑승한 기장과 승무원들
④ 야간자율학습을 하고 있는 G고등학교 3학년 2반 학생들
⑤ 주말을 이용해 춘천까지 다녀오기 위해 모인 자전거 동호회원들

02 다음 중 조직문화의 특징으로 옳지 않은 것은?

① 구성 요소에는 리더십 스타일, 제도 및 절차, 구성원, 구조 등이 있다.
② 조직구성원들에게 일체감과 정체성을 준다.
③ 조직의 안정성을 유지하는 데 기여한다.
④ 조직 몰입도를 향상시킨다.
⑤ 구성원들 개개인의 다양성을 강화해 준다.

03 다음 중 조직목표의 기능에 대한 설명으로 옳지 않은 것은?

① 조직이 나아갈 방향을 제시해 주는 기능을 한다.
② 조직구성원의 의사결정 기준의 기능을 한다.
③ 조직구성원의 행동에 동기를 유발시키는 기능을 한다.
④ 조직을 운영하는 데 융통성을 제공하는 기능을 한다.
⑤ 조직구조나 운영과정과 같이 조직체제를 구체화할 수 있는 기준이 된다.

04 다음 중 조직변화의 과정을 순서대로 바르게 나열한 것은?

ㄱ. 환경변화 인지	ㄴ. 변화결과 평가
ㄷ. 조직변화 방향 수립	ㄹ. 조직변화 실행

① ㄱ - ㄷ - ㄹ - ㄴ   ② ㄱ - ㄹ - ㄷ - ㄴ

③ ㄴ - ㄷ - ㄹ - ㄱ   ④ ㄹ - ㄱ - ㄷ - ㄴ

⑤ ㄹ - ㄷ - ㄱ - ㄴ

05 다음 중 조직구조의 결정요인에 대한 설명으로 옳지 않은 것은?

① 급변하는 환경에서는 유기적 조직보다 원칙이 확립된 기계적 조직이 더 적합하다.

② 대규모 조직은 소규모 조직에 비해 업무의 전문화 정도가 높다.

③ 조직구조의 주요 결정요인은 4가지로 전략, 규모, 기술, 환경이다.

④ 조직 활동의 결과에 대한 만족은 조직의 문화적 특성에 따라 상이하다.

⑤ 일반적으로 소량생산기술을 가진 조직은 유기적 조직구조를, 대량생산기술을 가진 조직은 기계적 조직구조를 가진다.

06 다음 〈보기〉 중 A사 조직도에 대해 바르게 설명한 사람을 모두 고르면?

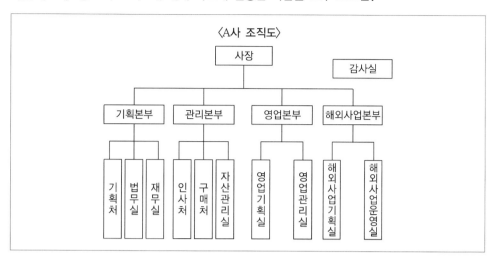

> **보기**
>
> A : 조직도를 보면 4개 본부, 3개의 처, 8개의 실로 구성되어 있어.
> B : 사장 직속으로 4개의 본부가 있고, 그중 한 본부에서는 인사업무만을 전담하고 있네.
> C : 감사실은 사장 직속이지만 별도로 분리되어 있구나.
> D : 해외사업기획실과 해외사업운영실은 둘 다 해외사업과 관련이 있으니까 해외사업본부에 소속
>   되어 있는 것이 맞아.

① A, B
② A, C
③ A, D
④ B, C
⑤ B, D

03 업무 종류

| 유형분석 |

- 부서별 주요 업무에 대해 묻는 문제이다.
- 부서별 특징과 담당 업무에 대한 이해가 필요하다.

다음 〈보기〉는 기업의 각 부서에서 하는 일이다. 일반적인 상황에서 부서와 그 업무가 바르게 연결된 것은?

보기

ㄱ. 의전 및 비서업무
ㄴ. 업무분장 및 조정
ㄷ. 결산 관련 업무
ㄹ. 임금제도
ㅁ. 소모품의 구입 및 관리
ㅂ. 법인세, 부가가치세
ㅅ. 판매 예산 편성
ㅇ. 보험가입 및 보상 업무
ㅈ. 견적 및 계약
ㅊ. 국내외 출장 업무 협조
ㅋ. 외상매출금 청구 및 회수
ㅌ. 직원수급 계획 및 관리

① 총무부 : ㄱ, ㅁ, ㅅ
② 영업부 : ㅅ, ㅈ, ㅋ
③ 회계부 : ㄷ, ㅇ, ㅋ
④ 인사부 : ㄱ, ㄴ, ㄹ
⑤ 기획부 : ㅂ, ㅊ, ㅌ

정답 ②

영업부의 업무로는 판매 계획, 판매 예산의 편성(ㅅ), 견적 및 계약(ㅈ), 외상매출금의 청구 및 회수(ㅋ), 시장조사, 판매원가 및 판매가격의 조사 검토 등이 있다.

오답분석

① 총무부 : 의전 및 비서업무(ㄱ), 소모품의 구입 및 관리(ㅁ), 국내외 출장 업무 협조(ㅊ)
③ 회계부 : 결산 관련 업무(ㄷ), 법인세, 부가가치세(ㅂ), 보험가입 및 보상 업무(ㅇ)
④ 인사부 : 업무분장 및 조정(ㄴ), 임금제도(ㄹ), 직원수급 계획 및 관리(ㅌ)
⑤ 기획부 : 경영 또는 전략 기획, 신규 투자 및 중장기 계획 수립 등

풀이 전략!

조직은 목적의 달성을 위해 업무를 효과적으로 분배하고 처리할 수 있는 구조를 확립해야 한다. 조직의 목적이나 규모에 따라 업무의 종류는 다양하지만, 대부분의 조직에서는 총무, 인사, 기획, 회계, 영업으로 부서를 나누어 업무를 담당하고 있다. 따라서 5가지 업무 종류에 대해서는 미리 숙지해야 한다.

01 다음 중 이사원이 처리해야 할 업무를 순서대로 바르게 나열한 것은?

> 현재 시각은 오전 10시 30분. 이사원은 30분 후 거래처 직원과의 미팅이 예정되어 있다. 거래처 직원에게는 회사의 제1회의실에서 미팅을 진행하기로 미리 안내하였으나, 오늘 오전 현재 제1회의실 예약이 모두 완료되어 금일 사용이 불가능하다는 연락을 받았다. 또한 이사원은 오후 2시에 김팀장과 면담 예정이었으나, 오늘까지 문서 작업을 완료해달라는 부서장의 요청을 받았다. 이사원은 면담 시간을 미뤄보려 했지만 김팀장은 이사원과의 면담 이후 부서 회의에 참여해야 하므로 면담 시간을 미룰 수 없다고 답변했다.

> ㄱ. 거래처 직원과의 미팅
> ㄴ. 오전 11시에 사용 가능한 회의실 사용 예약
> ㄷ. 거래처 직원에게 미팅 장소 변경 안내
> ㄹ. 김팀장과의 면담
> ㅁ. 부서장이 요청한 문서 작업 완료

① ㄱ - ㄷ - ㄴ - ㄹ - ㅁ   ② ㄴ - ㄷ - ㄱ - ㄹ - ㅁ
③ ㄴ - ㄷ - ㄱ - ㅁ - ㄹ   ④ ㄷ - ㄴ - ㄱ - ㄹ - ㅁ
⑤ ㄷ - ㄴ - ㄱ - ㅁ - ㄹ

02 다음 지시사항에 대한 설명으로 적절하지 않은 것은?

> 은경씨, 금요일 오후 2시부터 인·적성검사 합격자 10명의 1차 면접이 진행될 예정입니다. 5층 회의실 사용 예약을 지금 미팅이 끝난 직후 해 주시고, 2명씩 다섯 조로 구성하여 10분씩 면접을 진행하니 지금 드리는 지원 서류를 참고하여 수요일 오전까지 다섯 조를 구성한 보고서를 저에게 주십시오. 그리고 2명의 면접위원님께 목요일 오전에 면접진행에 대해 말씀드려 미리 일정 조정을 완료해 주시기 바랍니다.

① 면접은 10분씩 진행된다.
② 면접은 금요일 오후에 10명을 대상으로 실시된다.
③ 은경씨는 수요일 오전까지 보고서를 제출해야 한다.
④ 인·적성검사 합격자는 본인이 몇 조인지 알 수 있다.
⑤ 은경씨는 면접위원님께 면접진행에 대해 말씀드려야 한다.

※ 다음은 K공사 조직도의 일부이다. 이어지는 질문에 답하시오. [3~4]

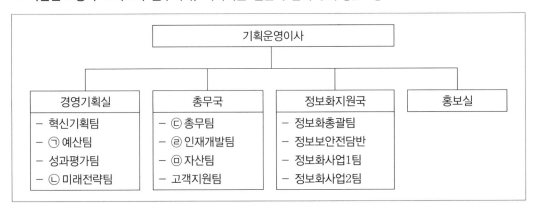

03 다음 중 K공사의 각 부서와 업무가 바르게 연결되지 않은 것은?

① ㉠ : 수입·지출 예산 편성 및 배정 관리
② ㉡ : 공단사업 관련 연구과제 개발 및 추진
③ ㉢ : 복무관리 및 보건·복리 후생
④ ㉣ : 임직원 인사, 상훈, 징계
⑤ ㉤ : 예산집행 조정, 통제 및 결산 총괄

04 다음 중 정보보안전담반의 업무로 적절하지 않은 것은?

① 정보보안기본지침 및 개인정보보호지침 제·개정 관리
② 직원 개인정보보호 의식 향상 교육
③ 개인정보종합관리시스템 구축·운영
④ 정보보안 및 개인정보보호 계획 수립
⑤ 전문자격 시험 출제정보시스템 구축·운영

※ 다음은 K공사 연구소의 주요 사업별 연락처이다. 이어지는 질문에 답하시오. **[5~6]**

<주요 사업별 연락처>

구분	담당부서	연락처
고객지원	고객지원팀	0××-410-7001
감사, 부패방지 및 지도점검	감사실	0××-410-7011
국제협력, 경영평가, 예산기획, 규정, 이사회	전략기획팀	0××-410-7023
인재개발, 성과평가, 교육, 인사, ODA사업	인재개발팀	0××-410-7031
복무노무, 회계관리, 계약 및 시설	경영지원팀	0××-410-7048
품질평가관리, 품질평가 관련 민원	평가관리팀	0××-410-7062
가공품 유통 전반(실태조사, 유통정보), 컨설팅	유통정보팀	0××-410-7072
대국민 교육, 기관 마케팅, 홍보관리, CS, 브랜드인증	고객홍보팀	0××-410-7082
이력관리, 역학조사지원	이력관리팀	0××-410-7102
유전자분석, 동일성검사	유전자분석팀	0××-410-7111
연구사업 관리, 기준개발 및 보완, 시장조사	연구개발팀	0××-410-7133
정부3.0, 홈페이지 운영, 대외자료제공, 정보보호	정보사업팀	0××-410-7000

05 다음 중 K공사 연구소의 주요 사업별 연락처를 본 채용 지원자의 반응으로 적절하지 않은 것은?

① K공사 연구소는 1개 실과 11개 팀으로 이루어져 있구나.

② 예산기획과 경영평가는 같은 팀에서 종합적으로 관리하겠구나.

③ 평가업무라 하더라도 평가 특성에 따라 담당하는 팀이 달라지겠구나.

④ 홈페이지 운영은 고객홍보팀에서 마케팅과 함께 하겠구나.

⑤ 부패방지를 위해 부서를 따로 두었구나.

06 다음 민원인의 요청을 듣고 난 후 민원을 해결하기 위해 연결할 부서로 가장 적절한 것은?

민원인 : 얼마 전 신제품 관련 등급 신청을 했습니다. 신제품 품질에 대한 등급에 대해 이의가 있습니다. 관련 건으로 담당자분과 통화하고 싶습니다.

상담직원 : 불편을 드려서 죄송합니다. _____ 연결해 드리겠습니다. 잠시만 기다려 주십시오.

① 지도점검 업무를 담당하고 있는 감사실로

② 연구사업을 관리하고 있는 연구개발팀으로

③ 기관의 홈페이지 운영을 전담하고 있는 정보사업팀으로

④ 이력관리 업무를 담당하고 있는 이력관리팀으로

⑤ 품질평가를 관리하는 평가관리팀으로

CHAPTER 08
직업윤리

직업윤리는 업무를 수행함에 있어 원만한 직업생활을 위해 필요한 태도, 매너, 올바른 직업관이다. 직업윤리는 필기시험뿐만 아니라 서류를 제출하면서 자기소개서를 작성할 때와 면접을 시행할 때도 포함되는 항목으로 들어가지 않는 공사·공단이 없을 정도로 필수 능력으로 꼽힌다.

직업윤리의 세부 능력은 근로 윤리·공동체 윤리로 나눌 수 있다. 구체적인 문제 상황을 제시하여 해결하기 위해 어떤 대안을 선택해야 할지에 관한 문제들이 출제된다.

01 오답을 통해 대비하라!

이론을 따로 정리하는 것보다는 문제에서 본인이 생각하는 모범답안을 선택하고 틀렸을 경우 그 이유를 정리하는 방식으로 학습하는 것이 효율적이다. 암기하기보다는 이해에 중점을 두고 자신의 상식으로 문제를 푸는 것이 아니라 해당 문제가 어느 영역 어떤 하위능력의 문제인지 파악하는 훈련을 한다면 답이 보일 것이다.

02 직업윤리와 일반윤리를 구분하라!

일반윤리와 구분되는 직업윤리의 특징을 이해해야 한다. 통념상 비윤리적이라고 일컬어지는 행동도 특정한 직업에서는 허용되는 경우가 있다. 그러므로 문제에서 주어진 상황을 판단할 때는 우선 직업의 특성을 고려해야 한다.

03 직업윤리의 하위능력을 파악해 두어라!

직업윤리의 경우 직장생활 경험이 없는 수험생들은 조직에서 일어날 수 있는 구체적인 직업윤리와 관련된 내용에 흥미가 없고 이를 이해하는 데 어려움이 있을 수 있다. 그러나 문제에서는 구체적인 상황·사례를 제시하는 문제가 나오기 때문에 직장에서의 예절을 정리하고 문제 상황에서 적절한 대처를 선택하는 연습을 하는 것이 중요하다.

04 면접에서도 유리하다!

많은 공사·공단에서 면접 시 직업윤리에 관련된 질문을 하는 경우가 많다. 직업윤리 이론 학습을 미리 해 두면 본인의 가치관을 세우는 데 도움이 되고 이는 곧 기업의 인재상과도 연결되기 때문에 미리 준비해 두면 필기시험에서 합격하고 면접을 준비할 때도 수월할 것이다.

01 윤리 · 근면

| 유형분석 |

- 보통 주어진 제시문 속의 비윤리적인 상황에 대하여 원인이나 대처법을 고르는 문제가 자주 출제된다.
- 근면한 자세의 사례를 고르는 문제 또한 종종 출제된다.

다음 〈보기〉 중 직장에서 근면한 생활을 하는 사람을 모두 고르면?

보기

A사원 : 저는 이제 더 이상 일을 배울 필요가 없을 만큼 업무에 익숙해졌어요. 실수 없이 완벽하게 업무를 해결할 수 있어요.

B사원 : 저는 요즘 매일 운동을 하고 있어요. 일에 지장이 가지 않도록 건강관리에 힘쓰고 있습니다.

C대리 : 나도 오늘 할 일을 내일로 미루지 않으려고 노력 중이야. 그래서 업무 시간에는 개인적인 일을 하지 않아.

D대리 : 나는 업무 시간에 잡담을 하지 않아. 대신 사적인 대화는 사내 메신저를 활용하는 편이야.

① A사원, B사원   ② A사원, C대리

③ B사원, C대리   ④ B사원, D대리

⑤ C대리, D대리

정답 ③

직장에서의 근면한 생활을 위해서는 B사원과 같이 일에 지장이 없도록 항상 건강관리에 유의해야 하며, C대리와 같이 오늘 할 일을 내일로 미루지 않고, 업무 시간에 개인적인 일을 하지 않아야 한다.

오답분석

- A사원 : 항상 일을 배우는 자세로 임하여 열심히 해야 한다.
- D대리 : 사무실 내에서 메신저 등을 통해 사적인 대화를 나누지 않아야 한다.

풀이 전략!

근로윤리는 우리 사회가 요구하는 도덕상에 기초하고 있다는 점을 유념하고, 다양한 사례를 익혀 문제에 적응한다.

01 다음 중 직업윤리에 대한 설명으로 옳지 않은 것은?

① 어느 직장에 다니느냐에 따라 구분되는 윤리규범이다.
② 개인윤리보다 좀 더 구체적 상황에서 요구되는 실천규범이다.
③ 각자가 직업에 종사하는 과정에서 요구되는 특수한 윤리규범이다.
④ 원만한 직업생활을 하기 위해 필요한 마음가짐과 태도를 의미한다.
⑤ 개인윤리를 바탕으로 성립되며, 개인윤리의 연장선이라 할 수 있다.

02 S대리는 B사원 때문에 스트레스를 받고 있다. 빠르게 처리해야 할 업무에 대해 B사원은 항상 꼼꼼하게 검토하고 S대리에게 늦게 보고하기 때문이다. S대리가 B사원의 업무방식에 불만을 표현하자 B사원은 자신의 소심한 성격 때문이라고 대답했다. 이때 S대리에게 가장 필요한 역량은 무엇인가?

① 통제적 리더십   ② 감사한 마음
③ 상호 인정   ④ 헌신의 자세
⑤ 책임감

03 다음 중 (가)의 입장에서 (나)의 문제점을 해결하기 위해 제시할 수 있는 자세를 〈보기〉에서 모두 고르면?

(가) 모든 사회구성원이 공정하게 대우받는 정의로운 공동체를 만들기 위해서는 부패 행위를 방지해야 한다. 우리 조상들은 전통적으로 청렴 의식을 중요하게 여겨, 청렴 의식을 강조하는 전통 윤리를 지켜왔다.
(나) 부패 인식 지수는 공무원과 정치인이 얼마나 부패해 있는지에 대한 정도를 비교하여 국가별로 순위를 매긴 것이다. 100점 만점을 기준으로 점수가 높을수록 청렴하다. 2022년 조사한 결과 우리나라의 부패 인식 지수는 100점 만점에 63점으로, 조사대상국 180개국 중 31위를 기록했다.

> **보기**
> ㉠ 공동체와 국가의 공사(公事)를 넘어서 개인의 일을 우선하는 정신을 기른다.
> ㉡ 공직자들은 개인적 이익과 출세만을 추구하지 않고 바른 마음과 정성을 가진다.
> ㉢ 부당한 방법으로 공익을 추구하려 하지 않고 개인의 이익을 가장 중요하게 여긴다.
> ㉣ 공직자들은 청빈한 생활 태도를 유지하면서 국가의 일에 충심을 다하려는 정신을 지닌다.

① ㉠, ㉡   ② ㉠, ㉢
③ ㉡, ㉢   ④ ㉡, ㉣
⑤ ㉢, ㉣

| 유형분석 |

- 개인이 가져야 하는 책임 의식과 기업의 사회적 책임으로 양분되는 문제이다.
- 봉사의 의미를 묻는 문제가 종종 출제된다.

다음 사례에서 필요한 가장 중요한 역량은 무엇인가?

> 스칸디나비아항공은 고객이 예약 문의전화를 하고, 공항카운터를 방문하고, 티켓을 받은 후 탑승을 하고, 기내서비스를 받고, 공항을 빠져나오는 등의 모든 순간에 고객이 항공사와 함께 있다는 기분을 느낄 수 있도록 다양한 광고와 질 높은 서비스를 제공하는 MOT마케팅을 도입함으로써 수년간의 적자경영을 흑자경영으로 돌려놓는 결과를 낳았다. MOT마케팅은 고객이 여러 번에 걸쳐 최상의 서비스를 경험했다 하더라도 단 한 번의 불만족스러움을 느낀다면 결국 전체 서비스에 대한 만족도를 0으로 만들어버린다는 곱셈의 법칙(100−1=99가 아니라 100×0=0이라는 법칙)에 따라 고객과의 접점의 순간에서 최상의 서비스를 제공할 것을 강조한다.

① 근면   ② 성실
③ 봉사   ④ 책임감
⑤ 정직

정답 ③

봉사의 사전적 의미는 자신보다는 남을 위하여 일하는 것으로, 현대 사회의 직업인에게 봉사란 자신보다는 고객의 가치를 최우선으로 하고 있는 서비스 개념이다. MOT마케팅은 소비자와 접촉하는 극히 짧은 결정적 순간(MOT)이 브랜드와 기업에 대한 인상을 좌우하는 극히 중요한 순간이라는 것을 강조하며 전개하는 마케팅이다. 따라서 기업은 그 결정적 순간 동안 최대한의 봉사 역량을 동원하여 고객을 만족시켜주어야 한다.

풀이 전략!

직업인으로서 요구되는 봉사 정신과 책임 의식에 대해 숙지하도록 한다.

01 다음 중 잘못된 직업관을 가지고 있는 사람은?

① 항공사에서 근무하고 있는 A는 자신의 직업에 대해 긍지와 자부심을 갖고 있다.

② IT 회사에서 개발 업무를 담당하는 B는 업계 최고 전문가가 되기 위해 항상 노력한다.

③ 극장에서 근무 중인 C는 언제나 다른 사람에게 봉사한다는 마음을 가지고 즐겁게 일한다.

④ 화장품 회사에 입사한 신입사원 D는 입사 동기들보다 빠르게 승진하는 것을 목표로 삼았다.

⑤ 회계팀에서 일하는 E는 회사의 규정을 준수하며, 공정하고 투명하게 업무를 처리하려고 노력한다.

02 다음 중 직장에서 책임 있는 생활을 하고 있지 않은 사람은?

① A사원은 몸이 아파도 맡은 임무는 다하려고 한다.

② B대리는 자신의 업무뿐만 아니라 자신이 속한 부서의 일은 자신의 일이라고 생각하고 다른 사원들을 적극적으로 돕는다.

③ C대리는 자신과 상황을 최대한 객관적으로 판단한 뒤 책임질 수 있는 범위의 일을 맡는다.

④ D과장은 자신이 맡은 일이라면 개인적인 일을 포기하고 그 일을 먼저 한다.

⑤ E부장은 나쁜 상황이 일어났을 때 왜 그런 일이 일어났는지만 끊임없이 분석한다.

03 다음 중 직업윤리에 따른 직업인의 기본자세로 옳지 않은 것은?

① 대체 불가능한 희소성을 갖추어야 한다.

② 봉사 정신과 협동 정신이 있어야 한다.

③ 소명 의식과 천직 의식을 가져야 한다.

④ 공평무사한 자세가 필요하다.

⑤ 책임 의식과 전문 의식이 있어야 한다.

MEMO

PART 2

전공

사무행정(법 · 행정)
적중예상문제

정답 및 해설 p.068

01 법

01 다음 중 법의 분류에 대한 설명으로 옳지 않은 것은?

① 임의법은 당사자의 의사에 의하여 그 적용이 배제될 수 있는 법을 말한다.

② 자연법은 시 · 공간을 초월하여 보편적으로 타당한 법을 의미한다.

③ 오늘날 국가의 개입이 증대되면서 '사법의 공법화' 경향이 생겼다.

④ 민사소송법, 형사소송법, 행정소송법은 절차법에 해당된다.

⑤ 부동산등기법은 사법이며, 실체법이다.

02 다음 중 빈칸 ㉠ ~ ㉢에 들어갈 법원(法源)을 바르게 짝지은 것은?

> • ___㉠___ : 국가의 조직 · 통치 및 기본권에 대한 근본법이다.
> • ___㉡___ : 지방자치단체 의회가 제정하는 자치법규이다.
> • ___㉢___ : 문서로써 국가 간에 체결되고 국제법에 의하여 규율되는 합의이다.

	㉠	㉡	㉢
①	헌법	조례	조약
②	헌법	법률	명령
③	법률	조약	조례
④	법률	명령	조약
⑤	법률	조례	명령

03 다음 중 생명 · 자유 · 재산에 대한 권리와 행복 · 안전을 추구하는 권리가 최초로 선언된 것은?

① 1776년 6월 버지니아 권리장전

② 1776년 7월 미국의 독립선언

③ 1779년 미연방헌법

④ 1789년 프랑스 인권선언

⑤ 1838년 차티스트 운동

04 다음 중 소멸시효기간의 기산점에 대한 설명으로 옳은 것은?

① 불확정기한부 권리는 채권자가 기한 도래 사실을 안 때부터 소멸시효가 진행한다.

② 동시이행항변권이 붙은 채권은 이행기가 도래하더라도 소멸시효가 진행하지 않는다.

③ 이행불능으로 인한 손해배상청구권은 이행불능이 된 때로부터 소멸시효가 진행한다.

④ 부작위를 목적으로 하는 채권은 성립시부터 소멸시효가 진행한다.

⑤ 선택채권은 선택권을 행사한 때로부터 소멸시효가 진행한다.

05 다음 중 행위자가 범행을 위하여 미리 술을 마시고 취한 상태에서 계획한 범죄를 실행한 경우에 적용되는 것은?

① 추정적 승낙   ② 구성요건적 착오

③ 원인에 있어서 자유로운 행위   ④ 과잉방위

⑤ 정당방위

06 다음 중 법의 효력에 대한 규정으로 옳지 않은 것은?

① 법률은 특별한 규정이 없는 한 공포한 날로부터 20일을 경과함으로써 효력을 발생한다.

② 모든 국민은 소급입법에 의하여 참정권의 제한을 받거나 재산권을 박탈당하지 않는다.

③ 대통령은 내란 또는 외환의 죄를 범한 경우를 제외하고는 재직 중 형사상의 소추를 받지 아니한다.

④ 헌법에 의하여 체결·공포된 조약과 일반적으로 승인된 국제법규는 국내법과 같은 효력을 가진다.

⑤ 범죄의 성립과 처벌은 재판 시의 법률에 의한다.

07 다음 중 국제사회에서 법의 대인적 효력에 대한 입장으로 옳은 것은?

① 속지주의를 원칙적으로 채택하고 속인주의를 보충적으로 적용한다.

② 속인주의를 원칙적으로 채택하고 속지주의를 보충적으로 적용한다.

③ 보호주의를 원칙적으로 채택하고 피해자주의를 보충적으로 적용한다.

④ 피해자주의를 원칙적으로 채택하고 보호주의를 보충적으로 적용한다.

⑤ 보호주의를 원칙적으로 채택하고 기국주의를 보충적으로 적용한다.

08 다음 중 비례대표제에 대한 설명으로 옳지 않은 것은?

① 사표를 방지하여 소수자의 대표를 보장한다.

② 군소정당의 난립이 방지되어 정국의 안정을 가져온다.

③ 득표수와 정당별 당선의원의 비례관계를 합리화시킨다.

④ 그 국가의 정당 사정을 고려하여 채택하여야 한다.

⑤ 명부의 형태에 따라 고정명부식, 가변명부식, 자유명부식으로 구분할 수 있다.

09 다음 중 법에 대한 설명으로 옳지 않은 것은?

① 국가의사의 최종 결정 권력이 국민에게 있다는 원리를 국민주권의 원리라 한다.

② 우리 헌법상 국민주권의 원리를 구현하기 위한 제도로는 대표민주제, 복수정당제, 국민투표제 등이 있다.

③ 모든 폭력적인 지배와 자의적인 지배를 배제하고, 그때그때 다수의 의사와 자유 및 평등에 의거한 국민의 자기결정을 토대로 하는 법치국가적 통치 질서를 자유민주적 기본 질서라 한다.

④ 자유민주적 기본 질서의 내용으로는 기본적 인권의 존중, 권력분립주의, 법치주의, 사법권의 독립, 계엄선포 및 긴급명령권, 양대정당제 등이 있다.

⑤ 주권을 가진 국민이 스스로 나라를 다스려야 한다는 원리를 국민 자치의 원리라 한다.

10 다음 중 법률행위의 취소에 대한 설명으로 옳지 않은 것은?

① 취소의 효과는 선의의 제3자에게 대항할 수 없는 것이 원칙이다.

② 취소할 수 있는 법률행위는 취소의 원인이 종료되기 전에 추인을 할 수 있는 것이 원칙이다.

③ 취소된 법률행위는 처음부터 무효인 것으로 보는 것이 원칙이다.

④ 취소할 수 있는 의사표시를 한 자의 대리인도 그 행위를 취소할 수 있다.

⑤ 취소할 수 있는 법률행위의 상대방이 확정한 경우, 그 취소는 그 상대방에 대한 의사표시로 한다.

11 다음 중 법의 적용 및 해석에 대한 내용으로 옳은 것은?

① 문리해석은 유권해석의 한 유형이다.

② 법률 용어로 사용되는 선의·악의는 일정한 사항에 대해 아는 것과 모르는 것을 의미한다.

③ 유사한 두 가지 사항 중 하나에 대해 규정이 있으면 명문 규정이 없는 다른 쪽에 대해서도 같은 취지의 규정이 있는 것으로 해석하는 것을 준용이라 한다.

④ 간주란 법이 사실의 존재·부존재를 법 정책적으로 확정하되, 반대 사실의 입증이 있으면 번복되는 것이다.

⑤ 추정이란 나중에 반증이 나타나도 이미 발생된 효과를 뒤집을 수 없는 것을 말한다.

12 다음 중 구속적부심사의 청구권자가 아닌 것은?

① 구속된 피의자   ② 변호인

③ 피의자의 친구   ④ 피의자의 직계친족

⑤ 피의자의 고용주

13 다음 〈보기〉에서 형사소송법상 임의수사에 해당하는 경우를 모두 고르면?

> **보기**
>
> ㄱ. 검증   ㄴ. 피의자신문
> ㄷ. 사실조회   ㄹ. 수색

① ㄱ, ㄴ   ② ㄱ, ㄷ

③ ㄴ, ㄷ   ④ ㄴ, ㄹ

⑤ ㄷ, ㄹ

14 다음 중 타인이 일정한 행위를 하는 것을 참고 받아들여야 할 의무는?

① 작위의무
② 수인의무
③ 간접의무
④ 권리반사
⑤ 평화의무

15 다음 중 상업사용인의 의무에 대한 설명으로 옳지 않은 것은?

① 의무의 위반은 사용인에 대한 계약의 해지 또는 손해배상의 청구에 영향을 미치지 않는다.
② 상업사용인은 영업주의 허락 없이 다른 상인의 사용인이 되지 못한다.
③ 의무를 위반한 상업사용인은 영업주에 대하여 손해를 배상할 책임이 있다.
④ 의무를 위반하여 한 거래 행위는 원칙적으로 무효이다.
⑤ 상업사용인은 영업주의 허락 없이 본인이 아닌 제3자의 계산으로라도 영업주의 영업부류에 속한
거래를 할 수 없다.

16 다음 〈보기〉 중 산업재해보상보험법령상 업무상의 재해에 해당하는 것을 모두 고르면?(단, 다툼이
있으면 판례에 따른다)

> **보기**
> ㄱ. 휴게시간 중 사업주의 지배관리하에 있다고 볼 수 있는 행위로 발생한 사고
> ㄴ. 사업주의 지시에 따라 참여한 행사 중에 발생한 사고
> ㄷ. 업무와 관련하여 정신적 충격을 유발할 수 있는 사건에 의해 발생한 외상후 스트레스장애
> ㄹ. 사업주가 제공한 교통수단을 이용하는 등 사업주 지배관리하에서 출퇴근하는 중 발생한 사고

① ㄱ, ㄷ
② ㄴ, ㄹ
③ ㄱ, ㄴ, ㄹ
④ ㄴ, ㄷ, ㄹ
⑤ ㄱ, ㄴ, ㄷ, ㄹ

17 다음 〈보기〉 중 고용보험법상 용어에 대한 정의로 옳은 것을 모두 고르면?

> **보기**
>
> ㄱ. 실업 : 근로의 의사와 능력이 있음에도 불구하고 취업하지 못한 상태에 있는 것
> ㄴ. 일용근로자 : 1일 단위로 근로계약이 체결되는 근로자
> ㄷ. 이직(離職) : 피보험자가 사업주와의 고용관계를 종료한 후, 신규사업주와 근로계약을 체결하는 것

① ㄱ   ② ㄱ, ㄴ
③ ㄱ, ㄷ   ④ ㄴ, ㄷ
⑤ ㄱ, ㄴ, ㄷ

18 다음 중 관할행정청 甲이 乙의 경비업 허가신청에 대해 거부처분을 한 경우, 이에 불복하는 乙이 제기할 수 있는 행정심판은?

① 당사자심판   ② 부작위위법확인심판
③ 거부처분부당확인심판   ④ 의무이행심판
⑤ 특허심판

19 다음 중 행정기관에 대한 설명으로 옳은 것은?

① 다수 구성원으로 이루어진 합의제 행정청이 대표적인 행정청의 형태이며, 지방자치단체의 경우 지방의회가 행정청이다.
② 감사기관은 다른 행정기관의 사무나 회계처리를 검사하고 그 적부에 관해 감사하는 기관이다.
③ 자문기관은 행정청의 내부 실·국의 기관으로 행정청의 권한 행사를 보좌한다.
④ 의결기관은 행정청의 의사결정에 참여하는 권한을 가진 기관이지만 행정청의 의사를 법적으로 구속하지는 못한다.
⑤ 집행기관은 채권자의 신청에 의하여 강제집행을 실시할 직무를 갖지 못한다.

20 다음 중 지방자치단체의 조직에 대한 설명으로 옳지 않은 것은?

① 지방자치단체에 주민의 대의기관인 의회를 둔다.

② 지방자치단체의 장은 주민이 보통·평등·직접·비밀선거로 선출한다.

③ 지방자치단체는 법령의 범위 안에서 자치에 대한 조례를 제정할 수 있다.

④ 지방자치단체의 종류는 법률로 정한다.

⑤ 지방의회의원의 임기는 4년으로 한다.

21 다음 중 사용자책임에 대한 설명으로 옳지 않은 것은?(단, 다툼이 있으면 판례에 따른다)

① 사용자책임이 성립하려면 사용자가 피용자를 실질적으로 지휘·감독하는 관계에 있어야 한다.

② 특별한 사정이 없다면 퇴직 이후 피용자의 행위에 대하여 종전의 사용자에게 사용자책임을 물을 수 없다.

③ 도급인이 수급인에 대하여 특정한 행위를 지휘한 경우 도급인에게는 사용자로서의 배상책임이 없다.

④ 피용자의 불법행위가 외형상 객관적으로 사용자의 사무집행행위로 보일 경우 행위자의 주관적 사정을 고려함이 없이 이를 사무집행에 관하여 한 행위로 본다.

⑤ 사용자책임의 경우에도 피해자에게 과실이 있으면 과실상계할 수 있다.

22 다음 중 민법상 법인에 대한 설명으로 옳지 않은 것은?

① 이사는 선량한 관리자의 주의로 그 직무를 행하여야 한다.

② 이사는 정관 또는 총회의 결의로 금지하지 아니한 사항에 한하여 타인으로 하여금 특정한 행위를 대리하게 할 수 있다.

③ 법인은 정관 또는 총회의 결의로 감사를 둘 수 있다.

④ 해산한 법인은 청산의 목적범위 내에서만 권리가 있고 의무를 부담한다.

⑤ 이사가 없거나 결원이 있는 경우에 이로 인하여 손해가 생길 염려 있는 때에는 법원은 이해관계인 이나 검사의 청구에 의하여 특별대리인을 선임하여야 한다.

23 다음 중 민법이 규정하는 재단법인과 사단법인과의 차이에 대한 설명으로 옳지 않은 것은?

① 양자는 모두 공익법인이다.

② 사단법인에는 사원총회가 있으나 재단법인에는 없다.

③ 양자는 모두 설립에 있어서 주무관청의 허가를 필요로 한다.

④ 사단법인은 2인 이상의 사원으로 구성되며, 재단법인은 일정한 목적에 바쳐진 재산에 의해 구성된다.

⑤ 재단법인의 기부행위는 반드시 서면으로 작성할 것을 요하지 않으나 사단법인의 정관은 반드시 서면으로 작성하지 않으면 안 된다.

24 다음 중 권리의 주체와 분리하여 양도할 수 없는 권리는?

① 실용신안권   ② 초상권

③ 법정지상권   ④ 분묘기지권

⑤ 채권자대위권

25 다음 중 법과 관습에 대한 설명으로 옳지 않은 것은?

① 법은 합목적성에 기초하는 반면, 관습은 당위성에 기초한다.

② 법은 국가 차원의 규범인 반면, 관습은 부분 사회의 관행이다.

③ 법은 인위적으로 만들어지는 반면, 관습은 자연발생적 현상으로 생성된다.

④ 법은 법원의 직권조사사항인 반면, 관습은 그 존재를 당사자가 주장 및 증명하여야 한다.

⑤ 법위반의 경우에는 법적 제재가 가능한 반면, 관습 위반의 경우에는 사회적 비난을 받는 데 그친다.

01 다음 중 정책네트워크에 대한 설명으로 옳지 않은 것은?

① 정책공동체의 경우, 하위정부모형에 비해 정책참여자의 범위가 더 제한적이다.

② 정책공동체는 일정 기준을 충족하는 주체에 한해 정책네트워크 참여가 가능하다.

③ 이슈네트워크는 참여자의 범위에 제한을 두지 않아 개방적 의견수렴이 가능하다.

④ 정책공동체는 동일한 목표를 공유하는 사회주체들에 의해 정책적 의사결정이 이루어진다.

⑤ 하위정부모형은 의회 상임위원회, 정부관료, 이익집단에 의해 정책적 의사결정이 이루어진다고 본다.

02 다음 중 빈칸 ⊙에 대한 설명으로 옳은 것은?

> ___⊙___ 이란 상대적으로 많이 가진 계층 또는 집단으로부터 적게 가진 계층 또는 집단으로 재산·소득·권리 등의 일부를 이전시키는 정책을 말한다. 이를테면 누진세 제도의 실시, 생활보호 대상자에 대한 의료보호, 영세민에 대한 취로사업, 무주택자에 대한 아파트 우선적 분양, 저소득 근로자들에게 적용시키는 근로소득보전세제 등의 정책이 이에 속한다.

① 정책 과정에서 이해당사자들 상호 간 이익이 되는 방향으로 협력하는 로그롤링(Log Rolling) 현상이 나타난다.

② 계층 간 갈등이 심하고 저항이 발생할 수 있어 국민적 공감대를 형성할 때 정책의 변화를 가져오게 된다.

③ 체제 내부를 정비하는 정책으로 대외적 가치배분에는 큰 영향이 없으나 대내적으로는 게임의 법칙이 발생한다.

④ 대체로 국민 다수에게 돌아가지만 사회간접시설과 같이 특정지역에 보다 직접적인 편익이 돌아가는 경우도 많다.

⑤ 법령에서 제시하는 광범위한 기준을 근거로 국민들에게 강제적으로 특정한 부담을 지우는 것이다.

03 다음 중 베버(Weber)가 제시한 이념형 관료제에 대한 설명으로 옳지 않은 것은?

① 관료의 충원 및 승진은 전문적인 자격과 능력을 기준으로 이루어진다.

② 조직 내의 모든 결정행위나 작동은 공식적으로 확립된 법규체제에 따른다.

③ 하급자는 상급자의 지시나 명령에 복종하는 계층제의 원리에 따라 조직이 운영된다.

④ 민원인의 만족 극대화를 위해 업무처리 시 관료와 민원인과의 긴밀한 감정교류가 중시된다.

⑤ 조직 내의 모든 업무는 문서로 처리하는 것이 원칙이다.

04 교통체증 완화를 위한 차량 10부제 운행은 윌슨(Wilson)이 제시한 규제정치이론의 4가지 유형 중 어디에 해당하는가?

① 대중정치   ② 기업가정치
③ 이익집단정치   ④ 고객정치
⑤ 소비자정치

05 다음 중 지방자치법상 지방의회의 의결사항으로 옳지 않은 것은?

① 조례의 제정·개정 및 폐지

② 재의요구권

③ 기금의 설치·운용

④ 대통령령으로 정하는 중요 재산의 취득·처분

⑤ 청원의 수리와 처리

06 다음 중 피터스(Peters)가 제시한 뉴거버넌스 정부개혁 모형별 문제의 진단 기준과 해결 방안으로 옳지 않은 것은?

① 전통적 정부모형의 문제 진단 기준은 전근대적인 권위에 있으며, 구조 개혁 방안으로 계층제를 제안한다.

② 탈내부규제 정부모형의 문제 진단 기준은 내부규제에 있으며, 관리 개혁 방안으로 관리 재량권 확대를 제안한다.

③ 시장적 정부모형의 문제 진단 기준은 공공서비스에 대한 정부의 독점적 공급에 있으며, 구조 개혁 방안으로 분권화를 제안한다.

④ 참여적 정부모형의 문제 진단 기준은 관료적 계층제에 있으며, 구조 개혁 방안으로 가상조직을 제안한다.

⑤ 신축적 정부모형의 문제 진단 기준은 영속성에 있으며, 관리 개혁 방안으로 가변적 인사관리를 제안한다.

07 다음 중 코터(J.P. Kotter)의 변화관리 모형 8단계를 순서대로 바르게 나열한 것은?

① 위기감 조성 → 변화추진팀 구성 → 비전 개발 → 비전 전달 → 임파워먼트 → 단기성과 달성 → 지속적 도전 → 변화의 제도화

② 위기감 조성 → 비전 개발 → 비전 전달 → 임파워먼트 → 단기성과 달성 → 변화의 제도화 → 변화추진팀 구성 → 지속적 도전

③ 단기성과 달성 → 위기감 조성 → 변화추진팀 구성 → 비전 개발 → 비전 전달 → 임파워먼트 → 지속적 도전 → 변화의 제도화

④ 변화추진팀 구성 → 비전 개발 → 비전 전달 → 임파워먼트 → 단기성과 달성 → 지속적 도전 → 위기감 조성 → 변화의 제도화

⑤ 위기감 조성 → 변화추진팀 구성 → 단기성과 달성 → 비전 개발 → 비전 전달 → 임파워먼트 → 지속적 도전 → 변화의 제도화

08 다음 중 관료제의 병리와 역기능에 대한 설명으로 옳지 않은 것은?

① 셀즈닉(P. Selznik)에 따르면 최고관리자의 관료에 대한 지나친 통제가 조직의 경직성을 초래하여 관료제의 병리현상이 나타난다.

② 관료들은 상관의 권위에 무조건적으로 의존하는 경향이 있다.

③ 관료들은 보수적이며 변화와 혁신에 저항하는 경향이 있다.

④ 파킨슨의 법칙은 업무량과는 상관없이 기구와 인력을 팽창시키려는 역기능을 의미한다.

⑤ 굴드너(W. Gouldner)는 관료들의 무사안일주의적 병리현상을 지적한다.

09 다음 중 우리나라 책임운영기관에 대한 설명으로 옳지 않은 것은?

① 책임운영기관운영위원회는 위원장 및 부위원장 각 1명을 포함한 15명 이내의 위원으로 구성한다.

② 책임운영기관은 기관의 지위에 따라 소속책임운영기관과 중앙책임운영기관으로 구분된다.

③ 중앙책임운영기관의 장의 임기는 2년으로 하되, 한 차례만 연임할 수 있다.

④ 소속책임운영기관의 장의 채용기간은 2년의 범위에서 소속중앙행정기관의 장이 정한다.

⑤ 행정안전부장관은 5년 단위로 책임운영기관의 관리 및 운영 전반에 대한 기본계획을 수립하여야 한다.

10 다음 중 드로(Y. Dror)의 최적모형에 대한 설명으로 옳지 않은 것은?

① 양적 분석과 함께 질적 분석결과도 중요한 고려 요인으로 인정한다.

② 정책결정자의 직관적 판단도 중요한 요소로 간주한다.

③ 경제적 합리성의 추구를 기본 원리로 삼는다.

④ 느슨하게 연결되어 있는 조직의 결정을 다룬다.

⑤ 합리적 정책결정모형이론이 과도하게 계량적 분석에 의존해 현실 적합성이 떨어지는 한계를 보완하기 위해 제시되었다.

11 다음 중 대표관료제에 대한 설명으로 옳지 않은 것은?

① 대표관료제는 정부관료제가 그 사회의 인적 구성을 반영하도록 구성함으로써 관료제 내에 민주적 가치를 반영시키려는 의도에서 발달하였다.

② 크랜츠(Kranz)는 대표관료제의 개념을 비례대표로까지 확대하여 관료제 내의 출신 집단별 구성 비율이 총인구 구성 비율과 일치해야 할 뿐만 아니라 나아가 관료제 내의 모든 직무 분야와 계급의 구성 비율까지도 총인구 비율에 상응하게 분포되어 있어야 한다고 주장한다.

③ 대표관료제의 장점은 사회의 인구 구성적 특징을 반영하는 소극적 측면의 확보를 통해서 관료들이 출신 집단의 이익을 위해 적극적으로 행동하는 적극적인 측면을 자동적으로 확보하는 데 있다.

④ 대표관료제는 할당제를 강요하는 결과를 초래해 현대 인사행정의 기본 원칙인 실적주의를 훼손하고 행정능률을 저해할 수 있다는 비판을 받는다.

⑤ 우리나라의 양성평등채용목표제나 지역인재추천채용제는 관료제의 대표성을 제고하기 위해 도입된 제도로 볼 수 있다.

12 다음 중 공공선택론에 대한 설명으로 옳지 않은 것은?

① 정부를 공공재의 생산자로 규정하며, 시민들을 공공재의 소비자로 규정한다.

② 자유시장의 논리를 공공부문에 도입함으로써 시장실패라는 한계를 안고 있다.

③ 시민 개개인의 선호와 선택을 존중하며 경쟁을 통해 서비스를 생산하고 공급함으로써 행정의 대응성이 높아진다.

④ 뷰캐넌(J. Buchanan)이 창시하고 오스트롬(V. Ostrom)이 발전시킨 이론으로, 정치학적인 분석 도구를 중시한다.

⑤ 개인의 기득권을 계속 유지하려는 보수적인 접근이라는 비판이 있다.

13 다음 중 우리나라의 지방자치제도에 대한 설명으로 옳지 않은 것은?

① 지방의회는 매년 1회 그 지방자치단체의 사무에 대하여 시·도에서는 14일의 범위에서, 시·군 및 자치구에서는 9일의 범위에서 감사를 실시한다.

② 지방의회 의장 또는 부의장에 대한 불신임 의결은 재적의원 3분의 1 이상의 발의와 재적의원 과반수의 찬성으로 행한다.

③ 지방자치단체장은 주민투표의 전부 또는 일부무효의 판결이 확정된 때에는 그 날부터 20일 이내에 무효로 된 투표구의 재투표를 실시하여야 한다.

④ 주민투표의 투표일은 주민투표 발의일로부터 23일 이후 첫 번째 수요일로 한다.

⑤ 지방자치단체장은 확정된 조례를 지체 없이 공포해야 한다.

14 다음 중 정책평가에서 인과관계의 타당성을 저해하는 여러 가지 요인들에 대한 설명으로 옳지 않은 것은?

① 성숙 효과 : 정책으로 인하여 그 결과가 나타난 것이 아니라 그냥 가만히 두어도 시간이 지나면서 자연스럽게 변화가 일어나는 경우

② 회귀인공 요소 : 정책대상의 상태가 정책의 영향력과는 관계없이 자연스럽게 평균값으로 되돌아가는 경향

③ 호손 효과 : 정책 효과가 나타날 가능성이 높은 집단을 의도적으로 실험집단으로 선정함으로써 정책의 영향력이 실제보다 과대평가되는 경우

④ 혼란 변수 : 정책 이외에 제3의 변수도 결과에 영향을 미치는 경우 정책의 영향력을 정확히 평가하기 어렵게 만드는 변수

⑤ 허위 변수 : 정책과 결과 사이에 아무런 인과관계가 없으나 마치 정책과 결과 사이에 인과관계가 존재하는 것처럼 착각하게 만드는 변수

15 다음 중 빈칸 ㉠에 들어갈 용어로 옳은 것은?

> 각 중앙관서의 장은 중기사업계획서를 매년 1월 31일까지 기획재정부 장관에게 제출하여야 하며, 기획재정부 장관은 국무회의 심의를 거쳐 대통령 승인을 얻은 다음 연도의 _____ ㉠ _____ 을/를 매년 3월 31일까지 각 중앙관서의 장에게 통보하여야 한다.

① 국가재정 운용계획　　　　　　　　② 예산 및 기금운용계획 집행지침
③ 예산안편성지침　　　　　　　　　　④ 총사업비 관리지침
⑤ 예산요구서

16 다음 중 사회적 자본(Social Capital)에 대한 설명으로 옳지 않은 것은?

① 사회적 자본은 사회 내 신뢰 강화를 통해 거래비용을 감소시킨다.
② 사회적 자본은 경제적 자본에 비해 형성 과정이 불투명하고 불확실하다.
③ 사회적 자본은 사회적 규범 또는 효과적인 사회적 제재력을 제공한다.
④ 사회적 자본은 동조성을 요구하면서 개인의 행동이나 사적 선택을 적극적으로 촉진시킨다.
⑤ 사회적 자본은 집단 결속력으로 인해 다른 집단과의 관계에 있어서 부정적 효과를 나타낼 수도 있다.

17 다음 중 정책대상 집단에 대한 순응확보 전략을 〈보기〉에서 유형에 따라 순서대로 바르게 나열한 것은?

> **보기**
> ㄱ. 황무지를 초지로 개간하여 조사료(Bulky Food)를 재배하는 축산농가에 대해서는 개간한 초지 면적당 일정액의 보조금을 지급할 예정입니다.
> ㄴ. 작업장에서의 안전장비 착용에 대한 중요성을 홍보하는 TV광고를 발주하도록 하겠습니다.
> ㄷ. 일반용 쓰레기봉투에 재활용품을 담아서 배출하는 경우 해당 쓰레기봉투는 수거하지 않도록 하겠습니다.
> ㄹ. 이번에 추진하는 신규 사업에 보다 많은 주민들이 지원할 수 있도록 선발기준을 명료하게 명시한 안내문을 발송하고 필요 시 직원들이 직접 찾아가서 관련 서류를 구비하는 것을 지원하도록 하겠습니다.

	설득전략	촉진전략	유인전략	규제전략
①	ㄴ	ㄱ	ㄹ	ㄷ
②	ㄴ	ㄷ	ㄱ	ㄹ
③	ㄴ	ㄹ	ㄱ	ㄷ
④	ㄹ	ㄱ	ㄴ	ㄷ
⑤	ㄹ	ㄷ	ㄱ	ㄴ

18 다음 중 우리나라 지방자치단체의 자치권에 대한 설명으로 옳지 않은 것은?

① 지방자치단체는 자치재정권이 인정되어 조례를 통해서 독립적인 지방 세목을 설치할 수 있다.

② 행정기구의 설치는 대통령령이 정하는 범위 안에서 지방자치단체의 조례로 정한다.

③ 자치사법권이 부여되어 있지 않다.

④ 중앙정부가 분권화시킨 결과가 지방정부의 자치권 확보라고 할 수 있다.

⑤ 중앙과 지방의 기능배분에 있어서 포괄적 예시형 방식을 적용한다.

19 다음 중 행정학의 접근방법에 대한 설명으로 옳지 않은 것은?

① 행태론적 접근방법은 현상에서 가치 문제가 많이 개입되어 있을수록 이론의 적합성이 떨어지기 때문에 의도적으로 이러한 문제를 연구 대상이나 범위에서 제외시킬 수 있다.

② 체제론적 접근방법은 자율적으로 목표를 설정하고 그 방향으로 체제를 적극적으로 변화시켜 나가려는 측면보다 환경 변화에 잘 적응하려는 측면을 강조한다.

③ 신제도주의는 행위 주체의 의도적이고 전략적인 행동이 제도에 영향을 미칠 수 있다는 점을 부정하고, 제도 설계와 변화보다는 제도의 안정성 차원에 관심을 보이고 있다.

④ 논변적 접근방법의 진정한 가치는 각자 자신들의 주장에 대한 논리성을 점검하고 상호 타협과 합의를 도출하는 민주적 절차에 있다.

⑤ 법적·제도적 접근방법은 연구가 지나치게 기술적(Descriptive) 수준에 머물고 정태적이라는 비판에 부딪혔다.

20 다음 〈보기〉 중 예산제도에 대한 설명으로 옳은 것을 모두 고르면?

> **보기**
>
> ㄱ. 품목별 예산제도(LIBS) – 지출의 세부적인 사항에만 중점을 두므로 정부활동의 전체적인 상황을 알 수 없다.
>
> ㄴ. 성과주의 예산제도(PBS) – 예산배정 과정에서 필요사업량이 제시되지 않아서 사업계획과 예산을 연계할 수 없다.
>
> ㄷ. 기획예산제도(PPBS) – 모든 사업이 목표달성을 위해 유기적으로 연계되어 있어 부처 간의 경계를 뛰어넘는 자원배분의 합리화를 가져올 수 있다.
>
> ㄹ. 영기준예산제도(ZBB) – 모든 사업이나 대안을 총체적으로 분석하므로 시간이 많이 걸리고 노력이 과중할 뿐만 아니라 과도한 문서자료가 요구된다.
>
> ㅁ. 목표관리제도(MBO) – 예산결정 과정에 관리자의 참여가 어렵다는 점에서 집권적인 경향이 있다.

① ㄱ, ㄷ, ㄹ   ② ㄱ, ㄷ, ㅁ

③ ㄴ, ㄷ, ㄹ   ④ ㄱ, ㄴ, ㄹ, ㅁ

⑤ ㄴ, ㄷ, ㄹ, ㅁ

21 다음 〈보기〉 중 행정가치에 대한 설명으로 옳은 것은 모두 몇 개인가?

> **보기**
>
> ㄱ. 실체설은 공익을 사익의 총합이라고 파악하며, 사익을 초월한 별도의 공익이란 존재하지 않는다고 본다.
> ㄴ. 롤스(Rawls)의 사회정의의 원리에 의하면 정의의 제1원리는 기본적 자유의 평등 원리이며, 제2원리는 차등조정의 원리이다. 제2원리 내에서 충돌이 생길 때에는 '차등원리'가 '기회균등의 원리'에 우선되어야 한다.
> ㄷ. 과정설은 공익을 사익을 초월한 실체적, 규범적, 도덕적 개념으로 파악하며, 공익과 사익과의 갈등이란 있을 수 없다고 본다.
> ㄹ. 베를린(Berlin)은 자유의 의미를 두 가지로 구분하면서, 간섭과 제약이 없는 상태를 적극적 자유라고 하고, 무엇을 할 수 있는 자유를 소극적 자유라고 하였다.

① 없음   ② 1개
③ 2개   ④ 3개
⑤ 4개

22 다음 중 행정통제에 대한 설명으로 옳지 않은 것은?

① 사전적 통제는 어떤 행동이 통제기준에서 이탈되는 결과를 발생시킬 때까지 기다리지 않고 그러한 결과의 발생을 유발할 수 있는 행동이 나타날 때마다 교정해 나간다.
② 통제주체에 의한 통제 분류의 대표적인 예는 외부적 통제와 내부적 통제이다.
③ 외부적 통제의 대표적인 예는 국회, 법원, 국민 등에 의한 통제이다.
④ 사후적 통제는 목표수행 행동의 결과가 목표 기준에 부합되는가를 평가하여 필요한 시정조치를 취하는 통제이다.
⑤ 부정적 환류통제는 실적이 목표에서 이탈된 것을 발견하고 후속되는 행동이 전철을 밟지 않도록 시정하는 통제이다.

23 다음 〈보기〉에서 각종 지역사업 중 현행 지방공기업법에 규정된 지방공기업 대상사업(당연적용사업)으로 옳지 않은 것을 모두 고르면?

> **보기**
> ㄱ. 수도사업(마을상수도사업은 제외) ㄴ. 주민복지사업
> ㄷ. 공업용수도사업 ㄹ. 공원묘지사업
> ㅁ. 주택사업 ㅂ. 토지개발사업

① ㄱ, ㄷ ② ㄴ, ㄹ
③ ㄷ, ㅁ ④ ㄹ, ㅂ
⑤ ㅁ, ㅂ

24 다음 중 공공서비스에 대한 설명으로 옳지 않은 것은?

① 의료나 교육과 같은 가치재(worthy goods)는 경합적이므로 시장을 통한 배급도 가능하지만 정부가 개입할 수도 있다.
② 공유재(common goods)는 정당한 대가를 지불하지 않는 사람들을 이용에서 배제하기 어렵다는 문제가 있다.
③ 노벨상을 수상한 오스트롬(E. Ostrom)은 정부의 규제에 의해 공유자원의 고갈을 방지할 수 있다는 보편적 이론을 제시하였다.
④ 공공재(public goods) 성격을 가진 재화와 서비스는 시장에 맡겼을 때 바람직한 수준 이하로 공급될 가능성이 높다.
⑤ 어획자 수나 어획량에 대해서 아무런 제한이 없는 개방어장의 경우 공유의 딜레마 또는 공유의 비극이라는 문제가 발생한다.

25 다음 중 행정의 특성에 대한 설명으로 옳지 않은 것은?

① 행정은 합리적 기준과 절차에 따라 이루어져야 한다.
② 행정은 특정 집단의 사익이 아닌 공공의 이익을 추구해야 한다.
③ 행정은 국민의 요구와 필요를 충족시키기 위한 고객 지향적 성격을 지닌다.
④ 행정은 공익의 목적을 위하여 개개인의 의사와 상관없이 획일적으로 규율한다.
⑤ 윌슨의 정치행정이원론에 따르면 행정은 법과 규제에 기반을 두어야 한다는 점에서 비정치성을 갖는다.

01 　경영

01 다음 중 허즈버그의 2요인이론에 대한 설명으로 옳지 않은 것은?

① 만족요인을 동기요인, 불만족요인을 위생요인이라고도 한다.

② 경영을 염두에 두고 개발된 작업모티베이션에 대한 이론이다.

③ 만족요인은 직무의 환경과 관련을 갖는 반면 불만족요인은 직무 그 자체와 관련을 갖는다.

④ 만족과 불만족이 별개의 차이이고, 각 차원에 작용하는 요인도 별개의 것이다.

⑤ 위생요인은 욕구 충족이 되지 않을 경우 조직구성원에게 불만족을 초래하지만 그러한 욕구를 충족시켜 준다 하더라도 직무 수행 동기를 적극적으로 유발하지 않는 요인을 말한다.

02 다음 중 ESG 경영에 대한 설명으로 옳지 않은 것은?

① ESG는 기업의 비재무적 요소인 '환경(Environment), 사회(Social), 지배구조(Governance)'의 약자이다.

② ESG는 재무제표에는 드러나지 않지만 중장기적으로 기업 가치에 영향을 미치는 지속가능성 평가 지표이다.

③ ESG는 기업의 행동이 미치는 영향 등을 구체화하고 그 노력을 측정 가능하도록 지표화하여 투자를 이끌어낸다.

④ ESG 평가가 높을수록 단순히 사회적 평판이 좋은 기업이라기보다 리스크에 강한 기업이라 할 수 있다.

⑤ ESG 경영의 핵심은 효율을 최우선으로 착한 기업을 키워나가는 것을 목적으로 한다.

03 다음 중 호손 실험(Hawthorne experiment)의 순서를 바르게 나열한 것은?

ㄱ. 면접실험	ㄴ. 조명실험
ㄷ. 배전기 전선작업실 관찰	ㄹ. 계전기 조립실험

① ㄱ → ㄴ → ㄷ → ㄹ   ② ㄱ → ㄹ → ㄷ → ㄴ

③ ㄴ → ㄹ → ㄱ → ㄷ   ④ ㄴ → ㄹ → ㄷ → ㄱ

⑤ ㄹ → ㄱ → ㄷ → ㄴ

04 다음에서 설명하는 조직이론은?

- 조직의 환경요인들은 상호의존적인 관계를 형성하여야 한다.
- 조직 생존의 핵심적인 요인은 자원을 획득하고 유지할 수 있는 능력이다.
- 조직은 자율성과 독립성을 유지하기 위하여 환경에 대한 영향력을 행사해야 한다.

① 제도화 이론   ② 자원의존 이론

③ 조직군 생태학 이론   ④ 거래비용 이론

⑤ 학습조직 이론

05 다음 중 경영이론의 주창자와 그 내용이 옳지 않은 것은?

① 테일러(Taylor) : 차별적 성과급제

② 메이요(Mayo) : 비공식 조직의 중시

③ 페이욜(Fayol) : 권한과 책임의 원칙

④ 포드(Ford) : 고임금 고가격의 원칙

⑤ 베버(Weber) : 규칙과 절차의 중시

06 다음 중 리볼빙에 대한 설명으로 옳지 않은 것은?

① 매달 수입이 일정한 사람보다는 매달 수입이 불규칙적인 사람에게 유리한 서비스이다.

② 리볼빙을 잘 활용하면 연체에 따른 신용점수 하락을 막을 수 있는 장점이 있다.

③ 리볼빙을 장기적으로 사용하면 신용점수에 긍정적인 효과를 미친다.

④ 리볼빙 이자율은 평균적인 시중은행 신용대출 이자율보다 높은 편이다.

⑤ 카드값이 50만 원 나왔을 때 리볼빙 비율을 10%로 지정하면 결제할 일부 금액은 5만 원이다.

07 다음 〈보기〉 중 기업의 이윤 극대화에 대한 설명으로 옳은 것을 모두 고르면?

> **보기**
>
> ㄱ. 한계수입(MR)과 한계비용(MC)이 같을 때 이윤 극대화의 1차 조건이 달성된다.
> ㄴ. 한계비용(MC)곡선이 한계수입(MR)곡선을 아래에서 위로 교차하는 영역에서 이윤 극대화의 2차 조건이 달성된다.
> ㄷ. 평균비용(AC)곡선과 평균수입(AR)곡선이 교차할 때의 생산수준에서 이윤 극대화가 달성된다.

① ㄱ
② ㄷ
③ ㄱ, ㄴ
④ ㄴ, ㄷ
⑤ ㄱ, ㄴ, ㄷ

08 다음 중 생산품의 결함발생률을 백만 개 중 3 ~ 4개 수준으로 낮추려는 데서 시작된 경영혁신 운동으로 '측정 – 분석 – 개선 – 관리(MAIC)'의 과정을 통하여 문제를 찾아 개선해가는 과정은?

① 식스 시그마(6 – Sigma)

② 학습조직(Learning Organization)

③ 리엔지니어링(Reengineering)

④ ERP(Enterprise Resource Planning)

⑤ CRM(Customer Relationship Management)

09 다음 중 페스팅거(Festinger)의 인지 부조화 이론에 대한 설명으로 옳지 않은 것은?

① 구매 후 부조화란 제품을 구매, 소비, 처분한 후에 그러한 의사결정이 올바른 것이었는가에 대하여서 확신하지 못하는 경험을 의미한다.

② 제품을 반품할 수 없을 경우 구매 후 부조화는 더욱 커지게 된다.

③ 가격이 높은 제품일수록 구매 후 부조화는 더욱 작아지게 된다.

④ 구매 후 부조화를 줄이기 위해 긍정적인 정보는 더욱 검색하고 부정적인 정보는 차단한다.

⑤ 안내 책자를 제공하거나 피드백을 통한 구매자의 선택이 훌륭하였음을 확인시키는 활동의 경우 등은 구매 후 부조화를 감소시키기 위한 것이다.

10 다음에서 설명하는 마케팅 분석방법은?

> 소비자가 제품을 구매할 때 중요시하는 제품 속성과 속성 수준에 부여하는 가치를 산출해냄으로써 최적 신제품의 개발을 지원해주는 분석방법이다.

① SWOT 분석

② 시계열 분석(Time Series Analysis)

③ 컨조인트 분석(Conjoint Analysis)

④ 상관관계 분석(Correlation Analysis)

⑤ 다차원척도 분석(Multidimensional Analysis)

11 다음 중 다른 기업에게 수수료를 받는 대신 자사의 기술이나 상품 사양을 제공하고 그 결과로 생산과 판매를 허용하는 것은?

① 아웃소싱(Outsourcing)   ② 합작투자(Joint Venture)

③ 라이선싱(Licensing)   ④ 턴키프로젝트(Turn Key Project)

⑤ 그린필드투자(Green Field Investment)

12 다음 중 재무비율을 분석하는 방법 중 안정성 비율, 수익성 비율, 성장성 비율을 순서대로 나열한 것은?

① 당좌비율 – 매출액증가율 – 매출액순이익률

② 부채비율 – 매출액영업이익률 – 총자산증가율

③ 고정비율 – 순이익증가율 – 총자산이익률

④ 주당순이익 – 이자보상비율 – 배당성향

⑤ 자기자본비율 – 유보율 – 자기자본순이익률

13 다음 중 수요곡선을 이동시키는 변수에 해당하지 않는 것은?

① 소비자 수   ② 소비자의 취향

③ 대체재, 보완재의 가격   ④ 해당 재화의 가격

⑤ 소비자의 소득

14 다음 중 빈칸 ㉠ ~ ㉫에 들어갈 단어로 옳지 않은 것은?

• 기준금리를 인하하면 가계소비와 기업 투자를 촉진하고 자산가격의 ___㉠___ 을 유도하여 경제를 활성화시키는 효과가 있다.

• 천연가스 가격이 오르면 대체재인 원유의 공급곡선은 ___㉡___ 으로 이동한다.

• ___㉢___ 이란 시장가격이 균형가격보다 높아 공급이 수요를 초과하는 상태를 말한다.

• 대출 금리는 ___㉣___ 등 시장금리에 연동시켜 결정한다.

• 한국은행 금융통화위원회는 물가동향, 국내외 경제상황 등을 종합적으로 고려하여 연 8회 ___㉤___ 를 결정한다.

---

① ㉠ : 하락   ② ㉡ : 오른쪽

③ ㉢ : 초과공급   ④ ㉣ : CD금리

⑤ ㉤ : 기준금리

15 다음은 유통경로의 설계전략에 대한 내용이다. 빈칸 (ㄱ) ~ (ㄷ)에 들어갈 내용을 순서대로 바르게 나열한 것은?

> - ____(ㄱ)____ 유통은 가능한 많은 중간상들에게 자사의 제품을 취급하도록 하는 것으로 과자, 저가 소비재 등과 같이 소비자들이 구매의 편의성을 중시하는 품목에서 채택하는 방식
> - ____(ㄴ)____ 유통은 제품의 이미지를 유지하고 중간상들의 협조를 얻기 위해 일정 지역 내에서의 독점 판매권을 중간상에게 부여하는 방식
> - ____(ㄷ)____ 유통은 앞의 두 유통 대안의 중간 형태로 지역별로 복수의 중간상에게 자사의 제품을 취급할 수 있도록 하는 방식

	(ㄱ)	(ㄴ)	(ㄷ)
①	전속적	집약적	선택적
②	집약적	전속적	선택적
③	선택적	집약적	전속적
④	전속적	선택적	집약적
⑤	집약적	선택적	전속적

16 다음 중 마케팅 믹스에 대한 설명으로 옳지 않은 것은?

① 전문품은 상점에 나가기 전에 그 제품이나 내용 등에 대하여 잘 알고 있으며 구매과정에서 상당한 노력을 한다.

② 마케팅리더는 비공식 마케팅 경로에서 중요한 역할을 한다.

③ 수명주기는 도입기, 성장기, 성숙기, 쇠퇴기의 과정을 거치게 되는데 성장·성숙기는 특히 매출액이 증가하는 시기이다.

④ 제품믹스란 유사용도나 특성을 갖는 제품군을 말한다.

⑤ 마케팅 믹스를 통해 이익·매출·이미지·사회적 명성·ROI(사용자본이익률)와 같은 기업목표를 달성할 수 있게 된다.

17 A국가와 B국가의 재화 1단위 생산당 투하 노동량이 다음과 같다고 할 때, 컴퓨터 생산에 비교우위가 있는 나라와 컴퓨터 1대 생산에 따른 기회비용이 바르게 짝지어진 것은?

구분	컴퓨터 1대 생산에 소요되는 노동량	TV 1대 생산에 소요되는 노동량
A국가	20	8
B국가	10	2

① A국가, 2.5 ② A국가, 0.6
③ A국가, 0.4 ④ B국가, 5
⑤ B국가, 0.5

18 다음 중 직무현장훈련(OJT)에 대한 설명으로 옳지 않은 것은?

① 실습장 훈련, 인턴사원, 경영 게임법 등이 이에 속한다.
② 지도자의 높은 자질이 요구되고, 교육훈련 내용의 체계화가 어렵다.
③ 실제 현장에서 실제로 직무를 수행하면서 이루어지는 현직훈련이다.
④ 훈련 내용의 전이정도가 높고 실제 업무와 직결되어 경제적인 장점을 가진다.
⑤ 훈련 방식의 역사가 오래되며, 생산직에서 보편화된 교육방식이라 할 수 있다.

19 다음 중 사업부 조직(Divisional Structure)에 대한 설명으로 옳지 않은 것은?

① 사업부제 조직의 각 사업부는 제품의 생산과 판매에 대한 결정이 맡겨져 있으므로 이익센터가 된다.
② 제품별 사업부 조직은 사업부내의 기능간 조정이 용이하며, 시장특성에 따라 대응함으로써 소비자의 만족을 증대시킬 수 있다.
③ 사업부 간 연구개발, 회계, 판매, 구매 등의 활동이 조정되어 관리비가 줄어든다.
④ 사업부제는 기업의 조직을 제품별·지역별·시장별 등 포괄성 있는 사업별 기준에 따라 제1차적으로 편성하고, 각 부분조직을 사업부로 하여 대폭적인 자유재량권을 부여하는 분권적 조직이다.
⑤ 사업부간의 중복으로 예산낭비, 사업부간 이기주의의 초래 등 문제점이 발생할 수 있다.

20 다음 〈보기〉 중 코픽스(COPIX) 금리에 대한 설명으로 옳은 것을 모두 고르면?

> **보기**
> ㉠ 코픽스 금리는 국내 8개 은행이 자금을 구할 때 소요되는 평균비용을 산출한 금리이다.
> ㉡ 코픽스 금리는 해당 은행이 자체적으로 계산하여 평균값을 산출한다.
> ㉢ 코픽스 금리는 신규취급액기준, 잔액기준, 신 잔액기준, 단기로 각각 구분하여 공시한다.
> ㉣ 코픽스 금리 산출대상 수신상품은 총 7개이다.

① ㉠, ㉡   ② ㉠, ㉢
③ ㉡, ㉢   ④ ㉡, ㉣
⑤ ㉢, ㉣

21 다음 중 비즈니스 프로세스 리엔지니어링(BPR)의 특징으로 옳지 않은 것은?

① 마이클 해머가 주창한 이론으로 작업공정을 검토 후 필요 없는 부분을 제거한다.
② 현재의 업무절차를 근본적으로 다시 생각하고 완전히 새롭게 설계한다.
③ 부서내 업무보다는 부서간 업무의 합리화에 초점을 맞춘다.
④ 품질, 비용, 속도, 서비스와 같은 업무성과의 점진적인 개선을 목표로 한다.
⑤ 반복적이고 불필요한 과정들을 제거하기 위해 업무 상의 여러 단계들을 통합한다.

22 다음 〈보기〉 중 이자율 결정이론에 대한 설명으로 옳은 것을 모두 고르면?

> **보기**
> ㉠ 고전학파는 실질이자율이 저축과 투자를 일치시키는 가격으로서의 역할을 수행한다고 주장하였다.
> ㉡ 케인스는 통화량의 변동이 장기적으로 물가수준의 변동만을 가져온다고 주장하였다.
> ㉢ 케인스는 화폐적 요인이 이자율 결정에 중요한 영향을 미친다고 주장하였다.
> ㉣ 오린과 로버트슨은 대부자금설을 통해 대부자금의 공급을 결정하는 요인으로 실물부문 수요와 화폐공급의 증감분을 주장하였다.

① ㉠, ㉡   ② ㉠, ㉢
③ ㉡, ㉢   ④ ㉡, ㉣
⑤ ㉢, ㉣

23 K기업은 완전경쟁시장에서 노동만을 이용하여 구두를 생산하여 판매한다고 한다. 이 시장에서 구두 한 켤레의 가격과 임금은 각각 1만 원과 65만 원으로 결정되었다고 한다. 노동자의 수와 생산량이 다음과 같을 때, 기업이 이윤을 극대화하기 위해서 고용하게 될 노동자 수는?

노동자 수(명)	구두 생산량(켤레)	노동자 수(명)	구두 생산량(켤레)
1	150	4	390
2	240	5	450
3	320	6	500

① 2명
② 3명
③ 4명
④ 5명
⑤ 6명

24 다음 중 네트워크 조직의 특징에 대한 설명으로 옳지 않은 것은?

① 환경변화에 발 빠르게 대응할 수 있다.
② 구성원 간 이해와 협조가 없을 경우 비효과적이다.
③ 기존 네트워크로부터 행동 제약 등의 압박이 발생할 수 있다.
④ 네트워크가 확대됨에 따라 외부 네트워크의 잠재적 경쟁자가 나타날 수 있다.
⑤ 핵심역량만 보유하고 나머지는 네트워크를 활용함으로써 조직을 슬림화할 수 있다.

25 다음 중 목표관리제도(MBO)의 목적으로 옳지 않은 것은?

① 조직과 개인의 목표 간 전략적 연계
② 목표 달성을 위한 동기부여
③ 커뮤니케이션 활성화
④ 공정한 처우 및 보상
⑤ 시간과 비용의 절감

PART 2

01 다음 글에서 설명하는 사람은?

> 미국의 경제학자로 1976년에 소비분석, 통화의 이론과 역사 그리고 안정화 정책의 복잡성에 관한 논증 등의 업적으로 노벨경제학상을 수상하였다. 케인스(J. M. Keynes)와 더불어 20세기에 가장 큰 영향을 준 경제학자로 여겨지며 정치 · 사회적 자유의 창조 수단으로 자유시장 내 정부가 맡는 역할이 축소되어야 한다고 주장하였다.

① 밀턴 프리드먼(Milton Friedman) ② 앵거스 디턴(Angus Deaton)
③ 소스타인 베블런(Thorstein Veblen) ④ 로버트 솔로(Robert Solow)
⑤ 폴 A.새뮤언스(Paul Anthony Samuelson)

02 다음 중 투자지출에 포함되지 않는 것은?

① 아파트 건설 ② 상품재고의 증가
③ 기업의 부동산 매입 ④ 새로운 공장의 건설
⑤ 기계, 공구 등의 설비 구입

03 다음은 후생경제학에 대한 내용이다. 빈칸 ㉠ ~ ㉣에 들어갈 용어를 순서대로 바르게 나열한 것은?

> • ___㉠___ 이론에 따르면 일부의 파레토효율성 조건이 추가로 충족된다고 해서 사회후생이 증가한다는 보장은 없다.
> • 파레토효율성을 통해 ___㉡___ 을 평가하고, 사회후생함수(사회무차별곡선)를 통해 ___㉢___ 을 평가한다.
> • 후생경제학 제1정리에 따르면 모든 경제주체가 합리적이고 시장실패 요인이 없으면 ___㉣___ 에서 자원배분은 파레토효율적이다.

	㉠	㉡	㉢	㉣
①	차선	효율성	공평성	완전경쟁시장
②	코즈	효율성	공평성	완전경쟁시장
③	차선	효율성	공평성	독점적경쟁시장
④	코즈	공평성	효율성	독점적경쟁시장
⑤	차선	공평성	효율성	완전경쟁시장

04 세금은 거둬들이는 주체에 따라 국세와 지방세로 나뉜다. 다음 중 우리나라 세금 항목에서 지방세로만 짝지어진 것은?

① 취득세, 교육세, 등록세
② 취득세, 재산세, 도시계획세
③ 법인세, 주민세, 부가가치세
④ 등록세, 주세, 농어촌특별세
⑤ 교육세, 자동차세, 상속세

PART 2

05 다음 중 경기안정화 정책에 대한 설명으로 옳지 않은 것은?

① 자동안정화 장치는 주로 재정정책과 관련된 제도적 장치이다.
② 자동안정화 장치는 정책의 내부시차와 외부시차 중에서 외부시차를 줄이기 위해 만들어진 장치이다.
③ 루카스 비판은 과거의 자료를 이용하여 추정된 계량모형을 가지고 새로운 정책의 효과를 예측하면 오류가 발생한다는 것이다.
④ 경기예측력이 제고된다면 재량적 정책의 정당성이 강화된다.
⑤ 동태적 비일관성(Time Inconsistency)의 문제가 존재한다면 재량적 정책보다는 준칙이 효과적인 방법이다.

06 다음과 같은 상황에서 실질이자율을 계산하면 얼마인가?

- A는 2년 만기 복리 상품에 연이자율 5%로 은행에 100만 원을 예금하였다.
- A가 사려고 한 제품의 가격이 2년 동안 50만 원에서 53만 원으로 인상되었다.

① 4.25%   ② 5.50%
③ 6.35%   ④ 8.50%
⑤ 10.00%

07 다음과 같은 상황에서 카드 연체를 피하기 위해 A가 납부해야 하는 금액은 얼마인가?

> • A의 이번 달 카드 청구대금 : 일시불 100만 원, 할부 20만 원, 현금서비스 10만 원
> • 약정결제비율 : 30%
> • 최소결제비율 : 20%

① 20만 원   ② 30만 원

③ 40만 원   ④ 50만 원

⑤ 60만 원

08 다음 중 케인스가 주장한 절약의 역설에 대한 설명으로 옳은 것은?

① 케인스의 거시모형에서 소비는 미덕이므로 저축할 필요가 없고, 따라서 예금은행의 설립을 불허해야 하는 상황이다.

② 모든 개인이 저축을 줄이는 경우 늘어난 소비로 국민소득이 감소하고, 결국은 개인의 저축을 더 늘릴 수 없는 상황이다.

③ 모든 개인이 저축을 늘리는 경우 총수요의 감소로 국민소득이 줄어들고, 결국은 개인의 저축을 더 늘릴 수 없는 상황이다.

④ 모든 개인이 저축을 늘리는 경우 늘어난 저축이 투자로 이어져 국민소득이 증가하고, 결국은 개인의 저축을 더 늘릴 수 있는 상황이다.

⑤ 모든 개인이 저축을 늘리는 경우 총수요의 증가로 소비와 국민소득이 증가하고, 결국은 개인의 저축을 더 늘릴 수 있는 상황이다.

09 GDP는 특정 기간 동안 국가 내에서 생산된 최종재의 총합을 의미한다. 다음 〈보기〉 중 GDP 측정 시 포함되지 않는 것을 모두 고르면?

> **보기**
> ㄱ. 예금 지급에 따른 이자
> ㄴ. 법률자문 서비스를 받으면서 지불한 금액
> ㄷ. 요리를 위해 분식점에 판매된 고추장
> ㄹ. 콘서트 티켓을 구입하기 위해 지불한 금액
> ㅁ. 도로 신설에 따라 주변 토지의 가격이 상승하여 나타나는 자본이득

① ㄱ, ㄷ   ② ㄴ, ㄹ
③ ㄴ, ㅁ   ④ ㄷ, ㄹ
⑤ ㄷ, ㅁ

10 다음 중 빈칸 ㉠ ~ ㉣에 들어갈 용어를 순서대로 바르게 나열한 것은?

> • ____㉠____ : 구직활동 과정에서 일시적으로 실업 상태에 놓이는 것을 의미한다.
> • ____㉡____ : 실업률과 GDP 갭(국민생산손실)은 양(+)의 관계이다.
> • ____㉢____ : 실업이 높은 수준으로 올라가고 나면 경기 확장정책을 실시하더라도 다시 실업률이 감소하지 않는 경향을 의미한다.
> • ____㉣____ : 경기 침체로 인한 총수요의 부족으로 발생하는 실업이다.

	㉠	㉡	㉢	㉣
①	마찰적 실업	오쿤의 법칙	이력 현상	경기적 실업
②	마찰적 실업	경기적 실업	오쿤의 법칙	구조적 실업
③	구조적 실업	이력 현상	경기적 실업	마찰적 실업
④	구조적 실업	이력 현상	오쿤의 법칙	경기적 실업
⑤	경기적 실업	오쿤의 법칙	이력 현상	구조적 실업

11 다음 중 직접금융시장이 아닌 것은?

① 양도성예금증서시장   ② 주식 및 채권시장
③ 집합투자시장   ④ 외환시장
⑤ 신용파생상품시장

12 담배 가격은 4,500원이고, 담배 수요의 가격탄력성은 단위탄력적이다. 정부가 담배소비량을 10% 줄이고자 할 때, 담배가격의 인상분은 얼마인가?

① 45원

② 150원

③ 225원

④ 450원

⑤ 900원

13 주어진 예산으로 효용극대화를 추구하는 어떤 사람이 일정 기간에 두 재화 X와 Y만 소비한다고 하자. X의 가격은 200원이고, 그가 얻는 한계효용이 600이 되는 수량까지 X를 소비한다. 다음은 Y의 가격이 300원일 때, 그가 소비하는 Y의 수량과 한계효용 사이의 관계를 보여주는 자료이다. 효용이 극대화되는 Y의 소비량은?

Y의 수량	1개	2개	3개	4개	5개
한계효용	2,600	1,900	1,300	900	800

① 1개

② 2개

③ 3개

④ 4개

⑤ 5개

14 다음과 같이 소득이 감소하여 A제품의 수요곡선이 왼쪽으로 이동할 경우, 균형가격과 균형거래량은 각각 얼마인가?

- A제품의 수요함수 : $Q=600-P$
- A제품의 공급함수 : $Q=4P$
- 소득 감소에 따라 변동된 A제품의 수요함수 : $Q=400-P$

	균형가격	균형거래량
①	40	240
②	60	240
③	80	320
④	100	320
⑤	120	480

15 다음 중 경기변동에 대한 설명으로 옳지 않은 것은?

① 투자는 소비에 비해 GDP 대비 변동성이 크므로 경기변동의 주요 원인이 된다.

② 기간 간 고른 소비가 어려운 저소득계층이 늘어나면, 이전에 비해 경기변동이 심해진다.

③ 실물적 경기변동은 경기변동을 자연실업률 자체가 변화하여 일어난다고 생각한다.

④ 총공급 – 총수요 모형에서 총수요의 변동이 경기변동의 요인이라고 본다면 물가는 경기와 반대로 움직인다.

⑤ 실질임금과 고용량은 단기적으로 양의 상관관계를 가지나 장기적으로는 서로 관계가 없다.

16 다음 그림이 X재에 대한 수요곡선일 때, 이에 대한 설명으로 옳은 것은?(단, X재는 정상재이다)

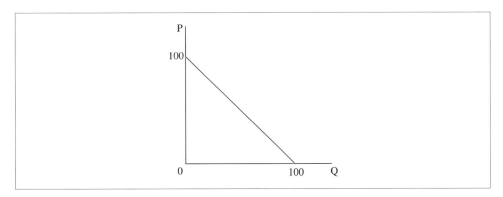

① 가격이 100원이면 X재의 수요량은 100이다.

② 가격에 상관없이 가격탄력성의 크기는 일정하다.

③ 소득이 증가하는 경우 수요곡선은 왼쪽으로 이동한다.

④ X재와 대체관계에 있는 Y재의 가격이 오르면 X재의 수요곡선은 왼쪽으로 이동한다.

⑤ X재 시장이 독점시장이라면 독점기업이 이윤 극대화를 할 때 설정하는 가격은 50원 이상이다.

17 다음 중 금리의 주요 기능에 대한 설명으로 옳지 않은 것은?

① 현재 및 장래 소비의 배분 역할을 한다.

② 경기 동향에 따른 자금 수급을 조정한다.

③ 금리가 상승하면 자금배분이 비효율적으로 되는 부작용이 발생할 수 있다.

④ 실물경제에 대한 파급효과를 통해 경기를 부양하거나 진정시킨다.

⑤ 금리상승을 통해 저축증가, 소비감소, 투자 감소 효과를 이끌어 낼 수 있다.

18 다음 〈보기〉 중 시장실패에 대한 설명으로 옳은 것을 모두 고르면?

> **보기**
>
> 가. 사회적 편익이 사적 편익을 초과하는 외부성이 발생하면 시장의 균형생산량은 사회적으로 바람직한 수준보다 작다.
> 나. 코즈의 정리에 따르면 시장실패는 시장에서 해결될 수 없다.
> 다. 공공재의 공급을 사기업이 수행하게 되면 과잉공급이 이루어진다.
> 라. 공공재는 비배제성과 비경합성으로 인하여 시장실패의 원인이 될 수 있다.
> 마. 시장실패는 외부효과가 존재하는 경우나 소유권이 명확하게 규정되지 않은 경우에 발생할 수 있다.

① 가, 다, 라   ② 가, 라, 마
③ 나, 다, 마   ④ 가, 나, 라, 마
⑤ 나, 다, 라, 마

19 다음 중 기관과 개인 간의 거래에서 사용하는 금리에 해당하지 않는 것은?

① 여신금리   ② 수신금리
③ 우대금리   ④ 가산금리
⑤ CD금리

20 다음 〈보기〉 중 계정식 손익계산서 작성방법에 대한 설명으로 옳지 않은 것을 모두 고르면?

> **보기**
>
> ㉠ 당기순이익을 차변에 당기순손실을 대변에 기록한다.
> ㉡ 기업회계기준에서는 손익계산서를 계정식으로 작성하는 것을 원칙으로 한다.
> ㉢ 손익계산서를 계정의 형식에 따라 T자형으로 좌우로 나누어 작성한다.
> ㉣ 반드시 전년도와 비교하는 형식을 갖추도록 규정하고 있다.

① ㉠, ㉡   ② ㉠, ㉢
③ ㉡, ㉢   ④ ㉡, ㉣
⑤ ㉢, ㉣

21 다음 중 공공재와 외부성에 대한 설명으로 옳지 않은 것은?

① 인류가 환경 파괴적 행동을 계속하게 된다면 궁극적으로 지구의 파멸을 초래할 수 있다는 것은 공유지 비극의 한 예이다.

② 코즈의 정리에 따르면 외부성으로 인해 영향을 받는 모든 이해 당사자들이 자유로운 협상에 의해 상호간의 이해를 조정할 수 있다면 정부가 적극적으로 개입하지 않아도 시장에서 스스로 외부성 문제를 해결할 수 있다.

③ 한 소비자가 특정 재화를 소비함으로써 얻는 혜택이 그 재화를 소비하는 다른 소비자들의 수요에 의해 영향을 받는 경우 네트워크 외부성이 존재한다고 한다.

④ 환경오염과 같은 부의 외부성이 존재하는 경우 사적 비용이 사회적 비용보다 작기 때문에 사회적으로 바람직한 수준보다 더 많은 환경오염이 초래된다.

⑤ 양의 외부성으로 인한 과대생산 문제는 세금을 통해 내부화시킴으로써 해결할 수 있다.

22 다음 중 은행이 가산금리를 정할 때, 고려하는 요소로 옳지 않은 것은?

① 업무원가　　　　　　　　② 리스크비용
③ 물가상승률　　　　　　　④ 법적비용
⑤ 목표이익률

23 정부는 부동산 정책 3가지(A안, B안, C안) 중 하나를 선택해야 한다. 각 구성원의 만족도(효용)가 소득에 비례한다고 할 때, 사회후생차원에서 공리주의와 롤스의 견해를 바르게 설명한 것은?

구분	A안	B안	C안
구성원 1	10억 원	2억 원	3억 원
구성원 2	0원	5억 원	4억 원
구성원 3	3억 원	1억 원	5억 원

① 공리주의를 따르면 B안이 가장 바람직하다.

② 공리주의를 따르면 C안이 가장 바람직하다.

③ 롤스에 따르면 A안이 가장 바람직하다.

④ 롤스에 따르면 C안이 가장 바람직하다.

⑤ 롤스에 따르면 가장 바람직한 방안을 알 수 없다.

24 다음 중 GDP, GNP, GNI에 대한 설명으로 옳은 것은?

① GDP란 국민총생산을 의미한다.

② GNI는 GDP에 국외순수취요소소득을 더한 것과 같다.

③ GNP의 계산은 국내 영토 내에서 이루어지는 활동만을 포함한다.

④ GNI는 국민소득의 세 가지 측면 중 지출 측면을 강조하고 있다.

⑤ 외국인의 국내소득은 GDP에는 포함되지 않지만 GNP에는 포함된다.

25 다음 글에 대한 설명으로 옳지 않은 것은?

> 옵션거래는 주식, 채권, 주가지수 등 특정 자산을 장래의 일정 시점에 미리 정한 가격으로 살 수 있는 권리와 팔 수 있는 권리를 매매하는 거래를 말한다. 시장에서 당일 형성된 가격으로 물건을 사고파는 현물거래나 미래의 가격을 매매하는 선물거래와는 달리 사고팔 수 있는 '권리'를 거래하는 것이 옵션거래의 특징이다.

① 콜옵션은 가격이 예상보다 올랐으면 권리를 행사하고 값이 떨어지면 포기하면 된다.

② 풋옵션은 거래 당사자들이 미리 정한 가격으로 장래의 특정 시점 또는 그 이전에 특정 대상물을 팔 수 있는 권리를 매매하는 계약이다.

③ 풋옵션을 매수한 사람은 시장에서 해당 상품이 사전에 정한 가격보다 낮은 가격에서 거래될 경우, 비싼 값에 상품을 팔 수 없다.

④ 풋옵션은 해당 상품의 시장 가격이 사전에 정한 가격보다 높은 경우는 권리를 행사하지 않을 권리도 있다.

⑤ 콜옵션은 매도자는 매수자가 옵션 권리를 행사하면 반드시 응해야 할 의무를 진다.

03 **회계**

01 2024년 초 설립한 B회사의 기말상품재고와 관련된 자료가 다음과 같고 당기상품매입액이 10,000 일 때, 2024년 말 재고자산 장부금액과 2024년도 매출원가는?(단, 재고자산의 항목은 서로 유사하지 않으며, 재고자산평가손익은 매출원가에 가감한다)

구분	취득원가	순실현가능가치
A상품	1,000	1,200
B상품	2,000	1,900

	장부금액	매출원가			장부금액	매출원가
①	2,900	7,000		②	2,900	7,100
③	3,000	7,000		④	3,000	7,100
⑤	3,200	7,000				

02 (주)한국의 기초와 기말의 자산과 부채 그리고 납입자본과 배당내역은 다음과 같다. 당기의 총비용이 350,000원이라면 당기의 총수익은?(단, 주어진 자료 이외의 사항은 고려하지 않는다)

구분	20X1.01.01	20X1.12.31
자산	₩300,000	₩450,000
부채	180,000	220,000
※ 납입자본 ₩50,000, 현금배당 ₩10,000, 주식배당 ₩30,000		

① 500,000원   ② 450,000원

③ 440,000원   ④ 390,000원

⑤ 380,000원

PART 2

03 다음 자료를 이용하여 계산된 (주)한국의 20×3년 기말재고자산은?

- 20×3년 말 (주)한국의 창고에 보관 중인 기말재고자산 실사액은 10,000원이다.
- 20×3년 12월 1일 위탁한 적송품 중 기말까지 판매되지 않은 상품의 판매가는 1,000원(매출총이익은 판매가의 20%)이다.
- 20×3년 12월 11일 발송한 시송품(원가 2,000원) 중 기말 현재 80%에 대하여 고객의 매입 의사 표시가 있었다.
- 20×3년 말 현재 (주)한국이 FOB 도착지인도조건으로 매입하여 운송 중인 상품의 원가는 3,000원이다.
- 20×3년 말 현재 (주)한국이 FOB 선적지인도조건으로 매출하여 운송 중인 상품의 원가는 4,000원이다.

① 11,200원   ② 11,400원

③ 14,200원   ④ 15,200원

⑤ 18,200원

04 다음 중 유형자산의 측정, 평가 및 손상에 대한 설명으로 옳지 않은 것은?

① 현물출자 받은 유형자산의 취득원가는 공정가치를 기준으로 결정한다.

② 최초 재평가로 인한 평가손익은 기타포괄손익에 반영한다.

③ 유형자산의 취득 이후 발생한 지출로 인해 동 자산의 미래 경제적 효익이 증가한다면, 해당 원가는 자산의 장부금액에 포함한다.

④ 유형자산의 장부금액이 순공정가치보다 크지만 사용가치보다 작은 경우 손상차손은 계상되지 않는다.

⑤ 과거기간에 인식한 손상차손은 직전 손상차손의 인식시점 이후 회수가능액을 결정하는 데 사용된 추정치에 변화가 있는 경우에만 환입한다.

05 다음 중 실제 회계처리를 할 경우가 아닌 것은?

① 현금 잔액과 실제 현금 잔액이 맞지 않는 경우

② 법인 명의로 리스차량을 운용 시 차량을 감가상각하는 경우

③ 미수수익이 발생한 경우

④ 미지급비용을 처리하는 경우

⑤ 기업이 무상증자를 시행하는 경우

06 다음 중 장단기 금리차 역전현상에 대한 설명으로 옳지 않은 것은?

① 평상시에는 장기채의 금리가 단기채보다 높다고 할 수 있다.

② 장기채는 낮은 환금성으로 그만큼 유동성 프리미엄이 붙는다.

③ 경기 상황을 반영하는 금리는 장기채 금리이다.

④ 장기채 금리가 하락할 경우 경기가 상승국면에 있다고 판단할 수 있다.

⑤ 장단기 금리차가 역전되면 향후 경기 침체의 전조현상으로 해석될 수 있다.

07 다음 중 유동부채에 대한 설명으로 옳지 않은 것은?

① 매입채무는 일반적 상거래에서 발생하는 부채로 유동부채에 속한다.

② 미지급비용, 선수금, 수선충당부채, 퇴직급여부채 등은 유동부채에 포함된다.

③ 일반적으로 정상영업주기 내 또는 보고기간 후 12개월 이내에 결제하기로 되어 있는 부채이다.

④ 유동부채는 보고기간 후 12개월 이상 부채의 결제를 연기할 수 있는 무조건의 권리를 가지고 있지 않다.

⑤ 종업원 및 영업원가에 대한 미지급비용 항목은 보고기간 후 12개월 후에 결제일이 도래한다 하더라도 유동부채로 분류한다.

08 다음 중 무형자산에 대한 설명으로 옳지 않은 것은?

① 내용연수가 비한정인 무형자산은 상각하지 아니한다.

② 무형자산은 미래에 경제적 효익이 기업에 유입될 가능성이 높고 원가를 신뢰성 있게 측정가능할 때 인식한다.

③ 무형자산의 손상차손은 장부금액이 회수가능액을 초과하는 경우 인식하며, 회수가능액은 순공정가치와 사용가치 중 큰 금액으로 한다.

④ 내부적으로 창출된 영업권은 무형자산으로 인식하지 아니한다.

⑤ 무형자산의 내용연수는 경제적 내용연수와 법적 내용연수 중 긴 기간으로 한다.

09 다음 중 회계거래에 해당하지 않는 것은?

① 공동주택의 관리용역에 대한 계약을 체결하고 계약금 100을 수령하였다.

② 지하주차장 도장공사를 하고 대금 100은 1개월 후에 지급하기로 하였다.

③ 사무실 임차계약을 체결하고 1년분 임차료 100을 지급하였다.

④ 100 상당의 상품을 구입하기 위해 주문서를 발송하였다.

⑤ 본사창고에 보관 중인 100 상당의 제품이 도난되었다.

10 다음 중 재고자산에 대한 설명으로 옳지 않은 것은?

① 재고자산이란 정상적인 영업활동 과정에서 판매를 목적으로 소유하고 있거나 판매할 자산을 제조하는 과정에 있거나 제조과정에 사용될 자산을 말한다.

② 재고자산의 취득원가는 매입원가, 전환원가 및 재고자산을 현재의 장소에 현재의 상태로 이르게 하는데 발생한 기타 원가 모두를 포함한다.

③ 재고자산의 매입원가는 매입가격에 수입관세와 매입운임, 하역료, 매입할인, 리베이트 등을 가산한 금액이다.

④ 표준원가법이나 소매재고법 등의 원가측정 방법은 그러한 방법으로 평가한 결과가 실제원가와 유사한 경우에 사용할 수 있다.

⑤ 후입선출법은 재고자산의 원가 결정 방법으로 허용되지 않는다.

11 다음 중 예대금리 차이에 대한 설명으로 옳지 않은 것은?

① 예금금리와 대출금리의 차이를 말한다.

② 시중에 유동성이 풍부하면 은행이 예금금리를 낮춰 예대금리 차이를 높일 수 있다.

③ 은행은 예대금리 차이가 크면 클수록 이익이다.

④ 잔액기준 예대금리차는 한국은행의 금융기관 가중평균금리와 동일하게 산정된다.

⑤ 예대금리차는 각 은행에서 개별적으로 공시한다.

12 다음 중 재무제표 표시에 대한 설명으로 옳지 않은 것은?

① 재무제표의 목적은 광범위한 정보이용자의 경제적 의사결정에 유용한 기업의 재무상태, 재무성과와 재무상태변동에 대한 정보를 제공하는 것이다.

② 당기손익과 기타포괄손익은 단일의 포괄손익계산서에 두 부분으로 나누어 표시할 수 있다.

③ 기업은 재무상태, 경영성과, 현금흐름 정보를 발생기준 회계에 따라 재무제표를 작성한다.

④ 경영진은 재무제표를 작성할 때 계속기업으로서의 존속가능성을 평가해야 한다.

⑤ 부적절한 회계정책은 이에 대하여 공시나 주석 또는 보충 자료를 통해 설명하더라도 정당화될 수 없다.

13 다음 중 차기로 이월되는 계정(영구계정)에 해당하지 않는 것은?

① 단기대여금   ② 장기차입금
③ 산업재산권   ④ 자본금
⑤ 이자비용

14 다음 중 자산, 부채 및 자본에 대한 설명으로 옳지 않은 것은?

① 자산은 과거 사건의 결과로 기업이 통제하고 있고 미래경제적 효익이 기업에 유입될 것으로 기대되는 자원이다.

② 부채는 과거 사건에 의하여 발생하였으며, 경제적 효익을 갖는 자원이 기업으로부터 유출됨으로써 이행될 것으로 기대되는 과거의무이다.

③ 자본은 기업의 자산에서 부채를 차감한 후의 잔여지분이다.

④ 자본은 주식회사의 경우 소유주가 출연한 자본, 이익잉여금, 이익잉여금 처분에 의한 적립금, 자본유지조정을 나타내는 적립금 등으로 구분하여 표시할 수 있다.

⑤ 자산이 갖는 미래경제적 효익이란 직접으로 또는 간접으로 미래 현금 및 현금성 자산의 기업에의 유입에 기여하게 될 잠재력을 말한다.

15 다음 중 무형자산 회계처리에 대한 설명으로 옳지 않은 것은?

① 내용연수가 비한정인 무형자산은 상각하지 아니한다.

② 내용연수가 유한한 경우 상각은 자산을 사용할 수 있는 때부터 시작한다.

③ 제조과정에서 사용된 무형자산의 상각액은 재고자산의 장부금액에 포함한다.

④ 내용연수가 유한한 무형자산의 상각기간과 상각방법은 적어도 매 회계연도 말에 검토한다.

⑤ 내용연수가 비한정인 무형자산의 내용연수를 유한 내용연수로 변경하는 것은 회계정책의 변경에 해당한다.

16 다음 중 현금흐름표상 영업활동 현금흐름에 대한 설명으로 옳은 것은?

① 영업활동 현금흐름은 직접법 또는 간접법 중 하나의 방법으로 보고할 수 있으나, 한국채택국제회계기준에서는 직접법을 사용할 것을 권장하고 있다.

② 단기매매목적으로 보유하는 유가증권의 판매에 따른 현금은 영업활동으로부터의 현금유입에 포함되지 않는다.

③ 일반적으로 법인세로 납부한 현금은 영업활동으로 인한 현금유출에 포함되지 않는다.

④ 직접법은 당기순이익의 조정을 통해 영업활동 현금흐름을 계산한다.

⑤ 간접법은 영업을 통해 획득한 현금에서 영업을 위해 지출한 현금을 차감하는 방식으로 영업활동 현금흐름을 계산한다.

17 다음 중 일반기업 회계기준상 유가증권을 분류할 때, 평가방법이 다른 것은?

① 단기매매 지분증권   ② 매도가능 지분증권

③ 만기보유 채무증권   ④ 단기매매 채무증권

⑤ 매도가능 채무증권

18 다음 중 재무제표 작성원칙에 대한 설명으로 옳지 않은 것은?

① 전체 재무제표(비교정보를 포함)는 적어도 1년마다 작성한다.

② 자산과 부채, 수익과 비용은 상계하지 않고 구분하여 표시하는 것을 원칙으로 한다.

③ 재무제표의 표시통화는 천 단위 이상으로 표시할 수 없다. 예를 들어, 백만 단위로 표시할 경우 정보가 지나치게 누락되어 이해가능성이 훼손될 수 있다.

④ 한국채택국제회계기준이 달리 허용하거나 요구하는 경우를 제외하고는 당기 재무제표에 보고되는 모든 금액에 대해 전기 비교정보를 표시한다.

⑤ 상이한 성격이나 기능을 가진 항목은 구분하여 표시한다. 다만 중요하지 않은 항목은 성격이나 기능이 유사한 항목과 통합하여 표시할 수 있다.

19 다음 중 손익계산서 작성기준에 대한 설명으로 옳지 않은 것은?

① 구분계산의 원칙 : 손익계산서를 편리하게 읽을 수 있도록 비용과 수익의 발생을 구분하여 표시하여야 한다.

② 발생주의 원칙 : 실제 현금이 들어오거나 나가지 않았다면 거래가 발생했다 하더라도 비용과 수익을 인식해서는 안 된다.

③ 실현주의 원칙 : 수익을 계상할 경우 실제 수익이 실현될 것이라는 확정적이고 객관적인 증거를 확보한 시점에서 계상하여야 한다.

④ 수익, 비용 대응의 원칙 : 비용은 해당 비용으로 인한 수익이 기록되는 기간과 동일한 기간으로 기록하여야 한다.

⑤ 총액 표시의 원칙 : 자산과 부채 및 자본은 서로 상계하여 그 전부 또는 일부를 제외하고 표시해서는 안 된다.

20 다음 중 유용한 재무정보의 질적 특성에 대한 설명으로 옳지 않은 것은?

① 명확하고 간결하게 분류되고 특징지어져 표시된 정보는 이해가능성이 높다.

② 어떤 재무정보가 예측가치나 확인가치 또는 이 둘 모두를 갖는다면 그 재무정보는 이용자의 의사결정에 차이가 나게 할 수 있다.

③ 검증가능성은 정보가 나타내고자 하는 경제적 현상을 충실히 표현하는지를 정보이용자가 확인하는 데 도움을 주는 근본적 질적 특성이다.

④ 적시성은 정보이용자가 의사결정을 내릴 때 사용되어 그 결정에 영향을 줄 수 있도록 제때에 이용가능함을 의미한다.

⑤ 어떤 정보의 누락이나 오기로 인해 정보이용자의 의사결정이 바뀔 수 있다면 그 정보는 중요한 정보이다.

21 다음 중 회계상 거래가 아닌 것은?

① 거래처의 부도로 인하여 매출채권 회수가 불가능하게 되었다.

② 임대수익이 발생하였으나 현금으로 수취하지는 못하였다.

③ 기초에 매입한 단기매매금융자산의 공정가치가 기말에 상승하였다.

④ 재고자산 실사결과 기말재고 수량이 장부상 수량보다 부족한 것을 확인하였다.

⑤ 기존 차입금에 대하여 금융기관의 요구로 부동산을 담보로 제공하였다.

22 다음 중 기업어음과 회사채를 비교한 설명으로 옳은 것은?

① 기업어음은 자본시장법의 적용을 받고, 회사채는 어음법의 적용을 받는다.

② 기업어음은 발행을 위해서 이사회의 결의가 필요하나, 회사채는 이사회의 결의가 필요 없다.

③ 기업어음은 수요예측을 필수적으로 해야 하나, 회사채는 수요예측이 필요 없다.

④ 기업어음의 변제순위는 회사채 변제순위보다 높다.

⑤ 기업어음의 지급금리는 회사채 지급금리보다 높다.

23 다음 중 자본이 증가하는 거래는?(단, 각 거래는 상호독립적이고, 자기주식의 취득은 상법상 정당한 것으로 가정한다)

① 중간배당(현금배당) ₩100,000을 실시하였다.

② 액면금액이 주당 ₩5,000인 주식 25주를 ₩4,000에 할인 발행하였다.

③ 자기주식(액면금액 주당 ₩5,000) 25주를 주당 ₩4,000에 취득하였다.

④ 당기순손실 ₩100,000이 발생하였다.

⑤ 당기 중 ₩2,100,000에 취득한 매도가능금융자산의 보고기간 말 현재 공정가액은 ₩2,000,000이다.

24 다음 중 충당부채와 우발부채에 대한 설명으로 옳지 않은 것은?

① 충당부채는 재무상태표에 표시되는 부채이나 우발부채는 재무상태표에 표시될 수 없고 주석으로만 기재될 수 있다.

② 충당부채를 현재가치로 평가하기 위한 할인율은 부채의 특유한 위험과 화폐의 시간가치에 대한 현행 시장의 평가를 반영한 세후 이율이다.

③ 충당부채로 인식하는 금액은 현재의무를 보고기간 말에 이행하기 위하여 필요한 지출에 대한 최선의 추정치이어야 한다.

④ 우발부채는 처음에 예상하지 못한 상황에 따라 변할 수 있으므로, 경제적 효익이 있는 자원의 유출 가능성이 높아졌는지를 판단하기 위하여 우발부채를 지속적으로 평가한다.

⑤ 예상되는 자산 처분이 충당부채를 생기게 한 사건과 밀접하게 관련되었더라도 예상되는 자산 처분이익은 충당부채를 측정하는 데 고려하지 아니한다.

PART 2

25 당기 포괄손익계산서상 대손상각비가 70원일 때, 기중 실제 대손으로 확정된 금액은?(단, 대손확정은 손상발생의 객관적인 증거가 파악되었으며, 기중 현금으로 회수된 회수불능 매출채권은 없다.)

구분	기초	기말
매출채권	15,000원	10,000원
대손충당금	₩150	₩100

① 120원 ② 150원

③ 220원 ④ 250원

⑤ 270원

01 다음 중 레이저용접에 대한 설명으로 옳지 않은 것은?

① 접근이 곤란한 물체의 용접이 가능하다.
② 좁고 깊은 접합부를 용접하는 데 유리하다.
③ 수축과 뒤틀림이 작으며 용접부의 품질이 뛰어나다.
④ 반사도가 높은 용접 재료의 경우, 용접효율이 감소될 수 있다.
⑤ 반드시 진공 상태여야 하며, 진공도가 높을수록 깊은 용입이 가능하다.

02 다음 중 드릴링 머신 작업에 대한 설명으로 옳지 않은 것은?

① 드릴 가공은 드릴링 머신의 주된 작업이다.
② 드릴링 머신은 절삭공구의 회전운동에 의해 절삭가공을 하는 공작기계이다.
③ 스폿 페이싱은 볼트 머리나 너트 등이 닿는 부분을 평탄하게 가공하는 작업이다.
④ 카운터 싱킹은 드릴로 뚫은 구멍의 내면을 다듬어 치수 정밀도를 향상시키는 작업이다.
⑤ 카운터 보링은 작은 나사나 볼트의 머리가 공작물에 묻히도록 턱이 있는 구멍을 뚫는 작업이다.

03 다음 〈보기〉 중 디젤 기관의 연료 장치와 관계있는 것을 모두 고르면?

> **보기**
> ㄱ. 노즐
> ㄴ. 기화기
> ㄷ. 점화 플러그
> ㄹ. 연료 분사 펌프

① ㄱ, ㄴ   ② ㄱ, ㄹ
③ ㄴ, ㄷ   ④ ㄴ, ㄹ
⑤ ㄷ, ㄹ

04 다음 중 펌프(Pump)에 대한 설명으로 옳지 않은 것은?

① 송출량 및 송출압력이 주기적으로 변화하는 현상을 수격현상(Water Hammering)이라 한다.

② 원심펌프는 회전차가 케이싱 내에서 회전할 때 발생하는 원심력을 이용한다.

③ 왕복펌프는 회전수에 제한을 받지 않아 고양정에 적합하다.

④ 축류 펌프는 유량이 크고 저양정인 경우에 적합하다.

⑤ 공동현상이 계속 발생하면 펌프의 효율이 저하된다.

05 지름이 50mm인 황동봉을 주축의 회전수 2,000rpm인 조건으로 원통 선삭할 때 최소절삭동력kW은?(단, 주절삭분력은 60N이다)

① 0.1π ② 0.2π

③ π ④ 2π

⑤ 4π

06 다음 〈보기〉 중 주철에 대한 설명으로 옳은 것을 모두 고르면?

보기

ㄱ. 주철은 탄소강보다 용융점이 높고 유동성이 커 복잡한 형상의 부품을 제작하기 쉽다.

ㄴ. 탄소강에 비하여 충격에 약하고 고온에서도 소성가공이 되지 않는다.

ㄷ. 회주철은 진동을 잘 흡수하므로 진동을 많이 받는 기계 몸체 등의 재료로 많이 쓰인다.

ㄹ. 가단주철은 보통주철의 쇳물을 금형에 넣고 표면만 급랭시켜 단단하게 만든 주철이다.

ㅁ. 많이 사용되는 주철의 탄소 함유량은 보통 2.5 ~ 4.5% 정도이다.

① ㄱ, ㄴ, ㄷ   ② ㄱ, ㄴ, ㄹ

③ ㄴ, ㄷ, ㅁ   ④ ㄴ, ㄹ, ㅁ

⑤ ㄷ, ㄹ, ㅁ

07 다음 중 체심입방격자 구조, 면심입방격자 구조의 모형의 명칭과 금속을 바르게 짝지은 것은?

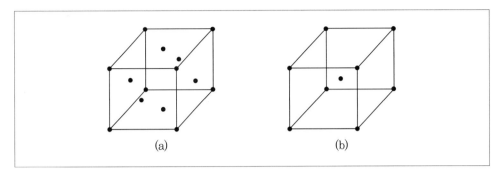

(a)   (b)

① (a) - 면심입방격자 / 금속 - Cr, W, V
② (a) - 체심입방격자 / 금속 - Cr, W, V
③ (b) - 면심입방격자 / 금속 - Al, Ni, Cu
④ (b) - 체심입방격자 / 금속 - Al, Ni, Cu
⑤ (b) - 체심입방격자 / 금속 - Cr, W, V

08 다음 중 금속의 인장시험의 기계적 성질에 대한 설명으로 옳지 않은 것은?

① 응력이 증가함에 따라 탄성 영역에 있던 재료가 항복을 시작하는 위치에 도달하게 된다.
② 탄력(Resilience)은 탄성 범위 내에서 에너지를 흡수하거나 방출할 수 있는 재료의 능력을 나타낸다.
③ 연성은 파괴가 일어날 때까지의 소성변형의 정도이고 단면감소율로 나타낼 수 있다.
④ 인성(Toughness)은 인장강도 전까지 에너지를 흡수할 수 있는 재료의 능력을 나타낸다.
⑤ 연성은 부드러운 금속 재료일수록, 고온으로 갈수록 크게 된다.

09 다음 중 Fe - C 평형상태도에 표시된 S, C, J점에 대한 설명으로 옳은 것은?

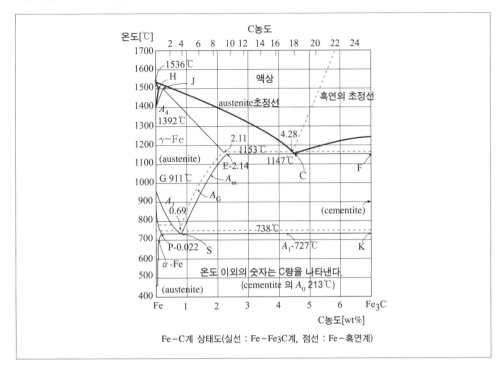

Fe - C계 상태도(실선 : Fe - Fe3C계, 점선 : Fe - 흑연계)

	S	C	J		S	C	J
①	포정점	공정점	공석점	②	공정점	공석점	포정점
③	공석점	공정점	포정점	④	공정점	포정점	공석점
⑤	공석점	포정점	공정점				

10 다음 중 블리드 오프 회로 내에서 필요에 따라 작동 유체의 일부 혹은 전체를 분기시키는 것은?

① 어큐뮬레이터
② 릴리프 밸브
③ 체크 밸브
④ 서보 밸브
⑤ 바이패스 관로

11 다음 중 내연기관에서 도시 열효율, 이론 열효율, 제동(순) 열효율 간 효율의 순서대로 바르게 나열한 것은?

① 이론 열효율 < 도시 열효율 < 제동(순) 열효율

② 제동(순) 열효율 < 이론 열효율 < 도시 열효율

③ 제동(순) 열효율 < 도시 열효율 < 이론 열효율

④ 도시 열효율 < 이론 열효율 < 제동(순) 열효율

⑤ 도시 열효율 < 제동(순) 열효율 < 이론 열효율

12 다음 중 불활성가스 아크용접법에 대한 설명으로 옳지 않은 것은?

① 아르곤, 헬륨 등과 같이 고온에서도 금속과 반응하지 않는 불활성가스를 차폐가스로 하여 대기로부터 아크와 용융금속을 보호하며 행하는 아크용접이다.

② 비소모성 텅스텐봉을 전극으로 사용하고 별도의 용가재를 사용하는 MIG용접(불활성가스 금속 아크용접)이 대표적이다.

③ 불활성가스는 용접봉 지지기 내를 통과시켜 용접물에 분출시키며 보통의 아크용접법보다 생산비가 고가이다.

④ 용접부가 불활성가스로 보호되어 용가재합금 성분의 용착효율은 거의 100%에 가깝다.

⑤ 대기 중에서 용접 불가능한 티탄, 질코늄 등의 용접도 가능하다.

13 다음 그림과 같이 접시 머리 나사를 이용하여 공작물을 체결하고자 할 때, 나사머리가 들어갈 수 있게 가공하는 가공법은?

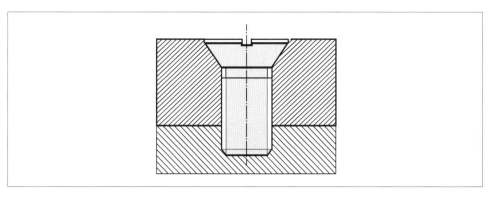

① 태핑   ② 스폿 페이싱
③ 카운터 보링   ④ 카운터 싱킹
⑤ 리밍

14 다음 〈보기〉 중 절삭 시 발생하는 칩에 대한 설명으로 옳은 것을 모두 고르면?

> **보기**
> ㄱ. 칩이 공구의 날 끝에 붙어 원활하게 흘러가지 못하면 균열형 칩이 생성된다.
> ㄴ. 메짐성이 큰 재료를 저속으로 절삭하면 열단형 칩이 생성된다.
> ㄷ. 공구의 진행 방향 위쪽으로 압축되면서 불연속적인 미끄럼이 생기면 전단형 칩이 생성된다.
> ㄹ. 연성재료에서 절삭조건이 맞고 절삭저항 변동이 작으면 유동형 칩이 생성된다.

① ㄱ, ㄴ   ② ㄱ, ㄷ
③ ㄴ, ㄷ   ④ ㄴ, ㄹ
⑤ ㄷ, ㄹ

15 다음 CAD에 의한 형상 모델링 방법 중 솔리드 모델링에 대한 설명으로 옳지 않은 것은?

① 숨은선 제거가 가능하다.
② 정확한 형상을 파악하기 쉽다.
③ 복잡한 형상의 표현이 가능하다.
④ 부피, 무게 등을 계산할 수 없다.
⑤ 단면도의 작성이 가능하다.

16 어떤 밸브의 기호가 다음과 같을 때 이 밸브를 포트 수, 위치 수, 방향 수로 바르게 나타낸 것은?

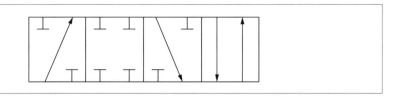

① 4포트 2위치 4방향 밸브
② 4포트 4위치 4방향 밸브
③ 4포트 8위치 4방향 밸브
④ 8포트 1위치 4방향 밸브
⑤ 8포트 3위치 4방향 밸브

17 다음 중 냉간가공과 열간가공에 대한 설명으로 옳지 않은 것은?

① 냉간가공을 하면 가공면이 깨끗하고 정확한 치수가공이 가능하다.
② 재결정온도 이상에서의 가공을 열간가공이라 한다.
③ 열간가공은 소재의 변형저항이 적어 소성가공이 용이하다.
④ 냉간가공은 열간가공보다 표면산화물의 발생이 많다.
⑤ 열간가공은 불순물이나 편석이 없어지고 재질이 균일하게 된다.

18 다음 〈보기〉 중 초기 재료의 형태가 분말인 신속조형기술을 모두 고르면?

> **보기**
>
> ㄱ. 융착모델링(FDM)   ㄴ. 선택적 레이저소결(SLS)
> ㄷ. 박판적층법(LOM)   ㄹ. 3차원 인쇄(3DP)

① ㄱ, ㄷ   ② ㄴ, ㄹ
③ ㄱ, ㄴ, ㄹ   ④ ㄱ, ㄷ, ㄹ
⑤ ㄴ, ㄷ, ㄹ

19 다음 〈보기〉 중 평벨트 전동 장치와 비교할 때, V벨트 전동 장치의 특징을 모두 고르면?

> **보기**
> ㄱ. 운전이 조용하다.
> ㄴ. 엇걸기를 할 수 있다.
> ㄷ. 미끄럼이 적고 속도비를 크게 할 수 있다.
> ㄹ. 접촉면이 커서 큰 동력을 전달할 수 있다.

① ㄱ, ㄴ   ② ㄷ, ㄹ

③ ㄱ, ㄷ, ㄹ   ④ ㄴ, ㄷ, ㄹ

⑤ ㄱ, ㄴ, ㄷ, ㄹ

20 탁상 스탠드의 구조를 단순화하여 다음과 같은 평면기구를 얻었다. 이 기구의 자유도는?(단, 그림에서 O는 핀절점이다)

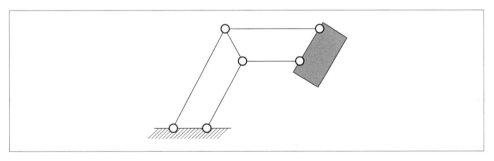

① 없음   ② 1개

③ 2개   ④ 3개

⑤ 4개

21 다음 중 유압 작동유에 수분이 혼입되었을 때, 발생할 수 있는 현상으로 옳지 않은 것은?

① 방청성 저하
② 윤활작용 과다
③ 유압기기의 녹 생성
④ 유압기기의 마모 촉진
⑤ 캐비테이션 현상 발생

22 다음 중 증기압축식 냉동기에서 냉매가 움직이는 경로를 순서대로 바르게 나열한 것은?

① 압축기 → 응축기 → 팽창밸브 → 증발기 → 압축기
② 압축기 → 팽창밸브 → 증발기 → 응축기 → 압축기
③ 압축기 → 증발기 → 팽창밸브 → 응축기 → 압축기
④ 압축기 → 응축기 → 증발기 → 팽창밸브 → 압축기
⑤ 압축기 → 증발기 → 응축기 → 팽창밸브 → 압축기

23 다음 중 철(Fe)에 탄소(C)를 함유한 탄소강에 대한 설명으로 옳지 않은 것은?

① 탄소함유량이 높을수록 비중이 증가한다.
② 탄소함유량이 높을수록 비열과 전기저항이 증가한다.
③ 탄소함유량이 높을수록 연성이 감소한다.
④ 탄소함유량이 0.2% 이하인 탄소강은 산에 대한 내식성이 있다.
⑤ 탄소강은 탄소함유량에 따라 강의 종류를 구분한다.

24 다음 중 오토 사이클의 P − V 선도에서 단열과정에 해당하는 과정을 모두 고르면?

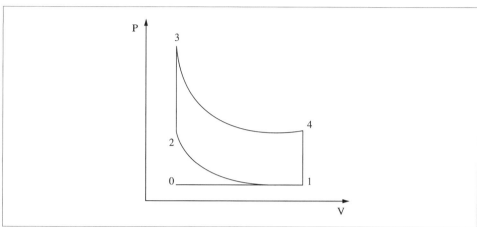

① $0 \to 1$, $1 \to 0$ ② $2 \to 3$, $4 \to 1$

③ $1 \to 2$, $2 \to 3$ ④ $3 \to 4$, $4 \to 1$

⑤ $1 \to 2$, $3 \to 4$

25 다음 중 사각형의 단면계수를 구하는 식으로 옳은 것은?

① $Z = \dfrac{bh^2}{3}$ ② $Z = \dfrac{bh^3}{30}$

③ $Z = \dfrac{\pi d^3}{32}$ ④ $Z = \dfrac{bh^2}{6}$

⑤ $Z = \dfrac{bh^3}{36}$

01 다음 중 직류 및 교류 송전에 대한 설명으로 옳지 않은 것은?

① 교류 송전은 유도장해가 발생한다.

② 직류 송전은 비동기 연계가 가능하다.

③ 직류 송전은 코로나손 및 전력손실이 작다.

④ 교규 송전은 차단 및 전압의 승압과 강압이 쉽다.

⑤ 직류 송전은 차단기 설치 및 전압의 변성이 쉽다.

02 RLC 병렬회로에서 저항 10Ω, 인덕턴스 100H, 정전용량 $10^4\mu$F 일 때, 공진 현상이 발생하였다. 이때, 공진 주파수는?

① $\dfrac{1}{2\pi}\times 10^{-3}$Hz

② $\dfrac{1}{2\pi}$Hz

③ $\dfrac{1}{\pi}$Hz

④ $\dfrac{10}{\pi}$Hz

⑤ πHz

03 공장의 어떤 부하가 단상 220V/60Hz 전력선으로부터 0.5의 지상 역률로 22kW를 소비하고 있다. 이때 공장으로 유입되는 전류의 실횻값은?

① 50A

② 100A

③ 150A

④ 200A

⑤ 250A

04 어떤 회로에 $V = 200\sin\omega t$ 의 전압을 가했더니 $I = 50\sin\left(\omega t + \dfrac{\pi}{2}\right)$ 전류가 흘렀다고 할 때, 다음 중 이 회로는 무엇인가?

① 저항 회로
② 유도성 회로
③ 용량성 회로
④ 임피던스 회로
⑤ 부성저항 회로

05 다음 그림과 같이 자기인덕턴스가 $L_1 = 8H$, $L_2 = 4H$, 상호인덕턴스가 $M = 4H$인 코일에 5A의 전류를 흘릴 때, 전체 코일에 축적되는 자기에너지는?(단, 두 인덕턴스의 방향은 서로 다르다)

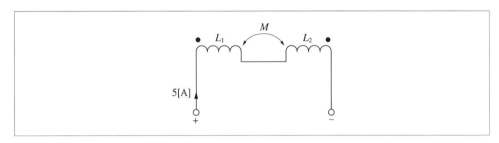

① 10J
② 25J
③ 50J
④ 75J
⑤ 100J

06 다음 중 쿨롱의 법칙에 대한 설명으로 옳지 않은 것은?

① 힘의 크기는 두 전하량의 곱에 비례한다.
② 작용하는 힘의 방향은 두 전하를 연결하는 직선과 일치한다.
③ 작용하는 힘은 반발력과 흡인력이 있다.
④ 힘의 크기는 두 전하 사이의 거리에 반비례한다.
⑤ 정지해 있는 두 개의 점전하 사이에 작용하는 힘을 기술하는 물리법칙이다.

07 다음 중 3상 유도 전압 조정기의 동작 원리는?

① 회전 자계에 의한 유도 작용을 이용하여 2차 전압의 위상 전압의 조정에 따라 변화한다.

② 교번 자계의 전자 유도 작용을 이용하여 2차 전압의 위상 전압의 조정에 따라 변화한다.

③ 충전된 두 물체 사이에 작용하는 힘을 이용한다.

④ 두 전류 사이에 작용하는 힘을 이용한다.

⑤ 누설 자계의 전자 유도 작용을 이용한다.

08 다음 중 비사인파 교류회로의 전력에 대한 설명으로 옳은 것은?

① 전압의 제3고조파와 전류의 제3고조파 성분 사이에서 소비전력이 발생한다.

② 전압의 제2고조파와 전류의 제3고조파 성분 사이에서 소비전력이 발생한다.

③ 전압의 제3고조파와 전류의 제5고조파 성분 사이에서 소비전력이 발생한다.

④ 전압의 제5고조파와 전류의 제7고조파 성분 사이에서 소비전력이 발생한다.

⑤ 전압의 제5고조파와 전류의 제3고조파 성분 사이에서 소비전력이 발생한다.

09 다음 〈보기〉 중 전기력선의 성질에 대한 설명으로 옳은 것을 모두 고르면?

> **보기**
> ㄱ. 전기력선은 양(+)전하에서 시작하여 음(−)전하에서 끝난다.
> ㄴ. 전기장 내에 도체를 넣으면 도체 내부의 전기장이 외부의 전기장을 상쇄하나 도체 내부에 전기력선은 존재한다.
> ㄷ. 전기장 내 임의의 점에서 전기력선의 접선 방향은 그 점에서의 전기장의 방향을 나타낸다.
> ㄹ. 전기장 내 임의의 점에서 전기력선의 밀도는 그 점에서의 전기장의 세기와 비례하지 않는다.

① ㄱ, ㄴ   ② ㄱ, ㄷ

③ ㄱ, ㄹ   ④ ㄴ, ㄹ

⑤ ㄷ, ㄹ

10 평행판 콘덴서에 전하량 Q가 충전되어 있다. 이 콘덴서의 내부 유전체의 유전율이 두 배로 변할 때, 콘덴서 내부의 전속밀도는?

① 변화 없다.   ② 2배가 된다.

③ 4배가 된다.   ④ 6배가 된다.

⑤ 절반으로 감소한다.

11 구리전선과 전기 기계 기구 단지를 접속하는 경우에 진동 등으로 인하여 헐거워질 염려가 있는 곳에는 어떤 것을 사용하여 접속하여야 하는가?

① 정 슬리브를 끼운다.   ② 평 와셔 2개를 끼운다.

③ 코드 패스너를 끼운다.   ④ 스프링 와셔를 끼운다.

⑤ 로크볼트를 끼운다.

12 15F의 정전용량을 가진 커패시터에 270J의 전기에너지를 저장할 때, 커패시터 전압은?

① 3V   ② 6V

③ 9V   ④ 12V

⑤ 15V

13 100V의 교류 전원에 1.5kW의 전동기를 접속 후 가동하였더니 20A의 전류가 흘렀다면 이때의 선풍기의 역률은?

① 0.8
② 0.77
③ 0.75
④ 0.71
⑤ 0.68

14 8극 900rpm 동기 발전기로 병렬 운전하는 극수 6인 교류 발전기의 회전수는?

① 1,400rpm
② 1,200rpm
③ 1,000rpm
④ 900rpm
⑤ 800rpm

15 동일한 용량의 콘덴서 5개를 병렬로 접속하였을 때의 합성 용량을 C_P라고 하고, 5개를 직렬로 접속하였을 때의 합성 용량을 C_S라 할 때, C_P와 C_S의 관계는?

① $C_P = 5C_S$
② $C_P = 10C_S$
③ $C_P = 25C_S$
④ $C_P = 50C_S$
⑤ $C_P = 60C_S$

16 다음 중 합성수지 전선관공사에서 관 상호 간 접속에 필요한 부속품은?

① 커플링
② 커넥터
③ 리머
④ 노멀 밴드
⑤ 샤프 밴드

17 다음 중 전기적 접속 방법의 고려해야 할 사항에 속하지 않은 것은?

① 도체를 구성하는 소선의 가닥수와 형상
② 함께 접속되는 도체의 수
③ 도체의 허용전류
④ 도체와 절연재료
⑤ 도체의 단면적

18 다음 그림과 같은 동기 발전기의 동기 리액턴스는 $10\,\Omega$이고, 무부하 시의 선간 전압은 220V이다. 그림과 같이 3상 단락되었을 때, 단락 전류는?

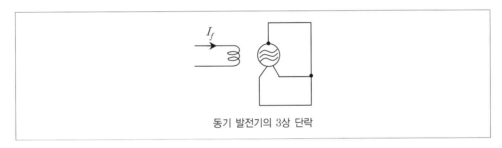

동기 발전기의 3상 단락

① 약 8.2A
② 약 12.7A
③ 약 25.4A
④ 약 38.1A
⑤ 약 50.8A

19 다음 중 전하의 특징에 대한 설명으로 옳지 않은 것은?

① 같은 종류의 전하는 끌어당기고 다른 종류의 전하끼리는 반발한다.
② 인접한 전하의 극성에 따라 인력 또는 척력이 작용한다.
③ 전하는 가장 안정한 상태를 유지하려는 성질이 있다.
④ 대전체에 들어있는 전하를 없애려면 접지시킨다.
⑤ 대전체의 영향으로 비대전체에 전기가 유도된다.

20 다음 중 부식성 가스 등이 있는 장소에 전기 설비를 시설하는 방법으로 옳지 않은 것은?

① 애자 사용 배선 시 부식성 가스의 종류에 따라 절연전선인 DV전선을 사용한다.

② 애자 사용 배선에 의한 경우에는 사람이 쉽게 접촉될 우려가 없는 노출장소에 한 한다.

③ 애자 사용 배선 시 습기가 많은 장소에는 전선과 조영재와의 거리를 4.5cm 이상으로 한다.

④ 애자 사용 배선 시 전선의 절연물이 상해를 받는 장소는 나전선을 사용할 수 있으며, 이 경우는 바닥 위 2.5m 이상 높이에 시설한다.

⑤ 애자 사용 배선의 전선은 애자로 지지하고, 조영재 등에 접촉될 우려가 있는 개소는 전선을 애관 또는 합성수지관에 넣어 시설한다.

21 다음 중 옥내 배선에서 전선 접속에 대한 사항으로 옳지 않은 것은?

① 접속 부위의 전기 저항을 증가시킨다.

② 전선의 강도를 20% 이상 감소시키지 않는다.

③ 접속 슬리브를 사용하여 접속한다.

④ 전선 접속기를 사용하여 접속한다.

⑤ 접속 부분의 온도상승값이 접속부 이외의 온도상승값을 넘지 않도록 한다.

22 다음 그림과 같이 3Ω, 7Ω, 10Ω의 3개의 저항을 직렬로 접속하여 이 양단에 100V 직류 전압을 가했을 때, 3개의 저항에 흐르는 전류는 얼마인가?

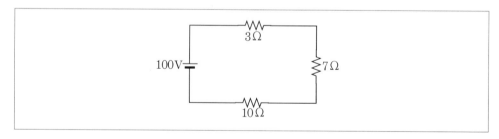

① 1A   ② 5A

③ 8A   ④ 15A

⑤ 18A

23 다음 중 전류에 의한 자기장 현상에 대한 설명으로 옳지 않은 것은?

① 렌츠(Lenz)의 법칙으로 유도기 전력의 방향을 알 수 있다.

② 직선도체에 흐르는 전류 주위에는 원형의 자기력선이 발생한다.

③ 직선도체에 전류가 흐를 때 자기력선의 방향은 앙페르(Ampère)의 오른나사 법칙을 따른다.

④ 플레밍(Fleming)의 오른손 법칙으로 직선도체에 흐르는 전류의 방향과 자기장의 방향이 수직인 경우, 직선도체가 자기장에서 받는 힘의 방향을 알 수 있다.

⑤ 플레밍(Fleming)의 왼손 법칙은 자기장의 방향과 도선에 흐르는 전류의 방향으로 도선이 받는 힘의 방향을 결정하는 규칙이다.

24 부하에 인가되는 비정현파 전압 및 전류가 다음과 같을 때, 부하에서 소비되는 평균전력[W]은?

- $v(t) = 100 + 80\sin\omega t + 60\sin(3\omega t - 30°) + 40\sin(7\omega t + 60°)$
- $i(t) = 40 + 30\cos(\omega t - 30°) + 20\cos(5\omega t + 60°) + 10\cos(7\omega t - 30°)[\text{A}]$

① 4,700

② 4,800

③ 4,900

④ 5,000

⑤ 5,100

25 다음은 교류 정현파의 최댓값과 다른 값들과의 상관관계를 나타낸 것이다. 실횻값(A)과 파고율(B)을 바르게 나열한 것은?

파형	최댓값	실횻값	파형률	파고율
교류 정현파	V_m	(A)	$\dfrac{\pi}{2\sqrt{2}}$	(B)

        (A)   (B)

① $\dfrac{V_m}{\sqrt{2}}$ $\dfrac{1}{\sqrt{2}}$

② $\dfrac{V_m}{\sqrt{2}}$ $\sqrt{2}$

③ $\sqrt{2}\,V_m$ $\dfrac{1}{\sqrt{2}}$

④ $\sqrt{2}\,V_m$ $\sqrt{2}$

⑤ $2\sqrt{2}\,V_m$ $\dfrac{1}{\sqrt{2}}$

정답 및 해설 p.095

01 다음 중 탄소분 70wt%를 함유하는 석탄 100kg을 완전 연소시킬 때, 생성한 탄산가스의 몰(mol)은 얼마인가?

① 5.83[kg-mol] 　　　　　　② 25.66[kg-mol]

③ 44.6[kg-mol] 　　　　　　④ 58.3[kg-mol]

⑤ 256.6[kg-mol]

02 다음 중 유지의 채취방법에서 회수율이 가장 좋은 것은?

① 용출법 　　　　　　② 온압법

③ 추출법 　　　　　　④ 압착법

⑤ 융출법

03 다음 중 원유의 감압 증류로 얻는 유분은 어느 것인가?

① 파라핀가스 　　　　　　② 중유

③ 경유 　　　　　　④ 윤활유

⑤ 아스팔트

04 다음 중 무기제조 화학공업의 공정 중에서 소다공업 및 염산공업과 관계가 깊은 것은?

① 솔베이법 ② 르블랑법
③ 하버법 ④ Nitrosyl법
⑤ 보슈법

05 다음 중 인산이 가장 많이 사용되는 것은 어느 것인가?

① 금속표면처리제 ② 인산염 제조원료
③ 비료 ④ 가정용 세제
⑤ 의약품

06 암모니아 산화법에서 암모니아와 공기 또는 산소의 혼합가스의 반응은 폭발성을 가지므로 위험하다. 조업 중 위험 방지를 위해 혼입하는 물질은?

① 비활성 가스 ② 수증기
③ 암모니아를 과잉 혼입 ④ 공기를 과잉 혼입
⑤ 과산화수소 과잉 혼입

07 다음 중 수용성기로서 $-SO_3H$ 혹은 $-COOH$기를 가지고 있으며 셀룰로오스에 염착하는 염료는?

① 나프톨 염료 ② 오늄 염료
③ 황화 염료 ④ 직접 염료
⑤ 냉염 염료

08 다음 중 슬러리(Slurry)의 건조 장치에 적합하지 않은 것은?

① 드럼 건조기

② 교반 건조기

③ 분무 건조기

④ 터널 건조기

⑤ 스프레이 건조기

09 다음 중 격막식 수산화나트륨 전해조에서의 양극(+) 재료로 흑연을 사용하는 이유는?

① 염소 과전압이 낮다.

② 구하기가 쉽다.

③ 전기 저항이 크다.

④ 알칼리에 대한 내식성이 크다.

⑤ 부도체로 안전하다.

10 다음 중 용매에 비휘발성 물질을 녹일 경우, 용액의 증기압이 용매의 증기압보다 낮아지는 현상은?

① 잠열

② 과열도

③ 비점 상승

④ 증기압

⑤ 비열

11 다음 중 향족 화합물의 술폰화에 대한 설명으로 옳지 않은 것은?

① 나프탈렌의 술폰화는 반응 온도의 영향이 크다.

② 술폰화로 물에 대한 용해성이 커진다.

③ SO_3H가 반응하는 방향핵에 대한 친전자적 치환 반응이다.

④ $-OSO_3H$를 도입하는 공정이다.

⑤ 벤젠의 술폰화는 수소원자가 다른 작용기로 치환된다.

12 다음 중 인산 제조에 있어서 건식법의 특징으로 옳지 않은 것은?

① Slag는 시멘트의 원료가 된다.

② 인의 기화와 산화를 별도로 행할 수 있다.

③ 품질이 좋은 인광석을 사용해야 한다.

④ 순도가 좋은 농인산을 얻을 수 있다.

⑤ 황산이 필요하지 않다.

13 다음 중 미생물 제품이나 과즙과 같이 열에 대해 일반적으로 불안정한 물질을 건조하는 데 사용하는 건조기는?

① 동결 건조기
② 분무 건조기
③ 고주파 가열 건조기
④ 상자형 건조기
⑤ 기류 건조기

14 다음 중 황안 비료의 제조 방법으로 옳지 않은 것은?

① 중화법
② 아황산법
③ 석회법
④ 석고법
⑤ C - A - S법

15 다음 중 습한 기체를 탈습하는 방법으로 옳지 않은 것은?

① 기체의 압축에 의한 방법

② 기체의 간접 냉각에 의한 방법

③ 기체와 냉각액의 직접 접촉에 의한 방법

④ 기체 중에 고습도의 기체를 혼입시키는 방법

⑤ 액체 흡수제에 의해 수증기를 흡수 분리하는 방법

16 습윤목재 10kg에 수분이 4kg 함유되어 있다. 이 목재를 습량기준으로 10%의 수분을 함유하도록 하려면, 몇 kg의 수분을 제거하여야 하는가?

① 0.67kg   ② 1.76kg

③ 2.24kg   ④ 3.33kg

⑤ 4.74kg

17 다음 중 층류에 대한 설명으로 옳지 않은 것은?

① 유체 입자가 관벽에 평행한 직선으로 흐르는 흐름이다.

② Reynolds수가 4,000 이상인 유체의 흐름이다.

③ 관 내에서의 속도 분포가 정상 포물선을 이룬다.

④ 평균 유속은 최대 유속의 약 1/2이다.

⑤ 경계층 안에서 고체 표면에 가까운 부분이다.

18 다음 중 고액 추출 장치가 아닌 것은?

① 침출조   ② Bollmann 추출기

③ Mixer Settler형 추출기   ④ Dorr 교반기

⑤ Rotocel 추출기

19 다음 중 열전도도에 대한 설명으로 옳지 않은 것은?

① 전도에 의한 열전달 속도는 전열 면적과 온도 구배에 비례하며, 이 비례 상수를 열전도도라 한다.

② 열전도도는 온도의 함수이다.

③ 열전도도는 물질 특유의 상수이다.

④ 열전도도의 차원은 $Q/\theta \cdot L \cdot T$(Q : 열량, θ : 시간, T : 온도, L : 길이)이다.

⑤ 열전도도의 단위는 $W/m \cdot ℃$이다.

20 다음 중 유체가 흐를 때 경계층이 완전히 결정되면 일정한 국부 속도(Local Velocity)를 유지하면서 흐르는 흐름은 무엇인가?

① 플러그 흐름(Plug Flow)

② 완전 발달된 흐름(Fully Developed Flow)

③ 층류(Laminar Flow)

④ 난류(Turbulent Flow)

⑤ 항류(Counter Flow)

PART 2

21 다음 중 열역학 제1법칙에 대한 설명으로 옳지 않은 것은?

① 제1종 영구기관은 만들 수 없다.

② 외부로부터 흡수한 열량은 Q이며 (+)로 나타낸다.

③ 자연계에서 일어나는 자발적인 과정의 엔트로피는 증가한다.

④ 계의 에너지 변화량과 외계의 에너지 변화량의 차이는 0이다.

⑤ 열은 본질적으로 에너지의 일종이며 열과 일은 서로 변환시킬 수 있다.

22 다음 중 완전 흑체에서 복사 에너지에 대한 설명으로 옳은 것은?

① 복사 면적에 비례하고 절대 온도에 반비례한다.

② 복사 면적에 비례하고 절대 온도의 네제곱에 비례한다.

③ 복사 면적에 비례하고 절대 온도의 네제곱에 반비례한다.

④ 복사 면적에 반비례하고 절대 온도에 비례한다.

⑤ 복사 면적에 반비례하고 절대 온도의 제곱에 비례한다.

23 다음 중 물에 대한 설명으로 옳지 않은 것은?

① 수소 결합을 하여 극성을 띤다.
② 알칼리금속과 접촉 시 매우 위험하다.
③ 순수한 물은 전기전도도가 매우 뛰어나다.
④ 대기압에서 수온이 4℃일 때 부피가 가장 작다.
⑤ 수소 원자 2개와 산소 원자 1개가 결합된 분자이다.

24 다음 화학 반응식에 대한 설명으로 옳지 않은 것은?

$$CuO + H_2 \rightarrow Cu + H_2O$$

① 물은 산소를 얻어 산화되었다.
② 산화와 환원은 동시에 일어난다.
③ 반응 전과 후의 분자 몰수는 같다.
④ 산화구리는 산소를 잃어 환원되었다.
⑤ 화학 반응식의 원소 개수는 3개이다.

25 다음 〈보기〉 중 고체 염화나트륨을 이용한 실험에서 알 수 있는 내용으로 옳은 것을 모두 고르면?

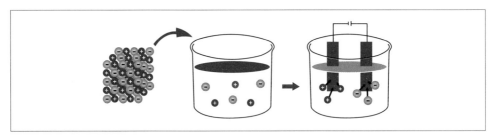

보기

ㄱ. 염화나트륨은 고체 상태에서는 전류가 흐르지 않는다.
ㄴ. 염화나트륨은 전해질이다.
ㄷ. 수용액 상태에서 염화나트륨은 이온 상태이다.
ㄹ. 설탕도 염화나트륨과 같은 전해질이다.

① ㄱ, ㄴ   ② ㄴ, ㄹ
③ ㄷ, ㄹ   ④ ㄱ, ㄴ, ㄷ
⑤ ㄴ, ㄷ, ㄹ

PART 3

한국사

CHAPTER

01 기출복원문제

정답 및 해설 p.100

01 다음 글에서 설명하고 있는 유물을 대표적으로 사용하는 시대의 특징으로 옳은 것은?

> 검신의 형태가 비파와 비슷해 붙여진 이름으로 중국 요령지방에 주로 분포하기 때문에 요령식 동검으로도 불린다. 검신의 아랫부분은 비파형태를 이루었고, 검신 중앙부에는 돌기부가 있고 돌기부 양쪽으로 날이 약간씩 휘어 들어간 형태이다.

① 소 등의 가축의 목축이 시작되었다.
② 빗살무늬 토기를 만들어 곡식, 열매 등을 저장하였다.
③ 가락바퀴와 뼈바늘을 이용해 옷을 만들기 시작하였다.
④ 조, 보리 등을 경작하였고, 일부 지역에서 벼농사가 시작되었다.

02 다음 사건이 발생한 이후에 나타난 정치 변화를 설명한 내용으로 옳은 것은?

> 적(賊)이 청주성을 함락시키니, 절도사 이봉상과 토포사 남연년이 죽었다. 처음에 적 권서봉 등이 양성에서 군사를 모아 청주의 적괴(賊魁) 이인좌와 더불어 군사 합치기를 약속하고는 청주 경내로 몰래 들어와 거짓으로 행상(行喪)하여 장례를 지낸다고 하면서 상여에다 병기(兵器)를 실어다 고을 성 앞 숲속에다 몰래 숨겨 놓았다. …… 이인좌가 자칭 대원수라 위서(僞書)하여 적당 권서봉을 목사로, 신천영을 병사로, 박종원을 영장으로 삼고, 열읍(列邑)에 흉격(凶檄)을 전해 병마(兵馬)를 불러 모았다. 영부(營府)의 재물과 곡식을 흩어 호궤(犒饋)하고 그의 도당 및 병민(兵民)으로 협종(脅從)한 자에게 상을 주었다.
>
> 『조선왕조실록』, 영조 4년 3월

① 환국의 정치 형태가 출현하였다.
② 소론과 남인이 권력을 장악하였다.
③ 완론(緩論) 중심의 탕평 정치가 행하여졌다.
④ 왕실의 외척이 군사권을 계속하여 독점 장악하였다.

192 · 5대 발전회사 통합기본서

03 다음 중 『조선책략』에 대한 설명으로 옳은 것은?

① 1차 수신사 김홍집이 일본에서 귀국 시 지참한 책이다.

② 미국과의 외교에 긍정적인 인식이 생기는 계기가 되었다.

③ 유생들의 개화 정책 반대 운동으로 외교 관계를 진척하지 못했다.

④ 중국의 침략을 막으려면 조선이 일본, 미국과 협력해야 한다는 내용이다.

PART 3

04 다음 사료의 사건에 대한 설명으로 옳지 않은 것은?

> 평서대원수는 급히 격문을 띄우노니 우리 관서의 부로자제와 공사천민은 모두 이 격문을 들으시라. 무릇 관서는 기자의 옛 터요, 단군 시조의 옛 근거지로 훌륭한 인물이 넘치고 문물이 번창한 곳이다. … 중략 … 그러나 조정에서는 서토를 버림이 썩은 흙이나 다름없다. 심지어 권세 있는 집의 노비들도 서로의 인사를 보면 반드시 평안도놈이라 일컫는다. 서토에 있는 자가 어찌 억울하고 원통치 않은 자 있겠는가. … 중략 … 이제 격문을 띄워 먼저 열부군후(列府君侯)에게 알리노니 절대로 동요치 말고 성문을 활짝 열어 우리 군대를 맞으라. 만약 어리석게도 항거하는 자가 있으면 기마병의 발굽으로 밟아 무찔러 남기지 않으리니 마땅히 명령을 따라서 거행함이 좋으리라.

① 평안도인은 고위관직 진출이 제한되었다.

② 노비, 광산 노동자, 농민 등이 참여하였다.

③ 청천강 이북을 점령하기도 하였다.

④ 시간이 지나면서 전국으로 확대되었다.

05 다음은 사천 매향비에 기록된 내용의 일부이다. 이 비석을 세운 조직에 대한 설명으로 옳은 것은?

> 이에 빈도와 여러 사람들은 한마음으로 발원하여 향나무를 묻고 …… 나라가 태평하고 백성이 평안하기를 기원합니다.

① 수도에만 조직되었다.

② 고조선 시대에 조직되었다.

③ 유교신앙을 토대로 조직되었다.

④ 상호 부조를 위한 공동체로 발전하였다.

06 다음 지도가 제작된 시기의 왕과 그 업적이 옳은 것은?

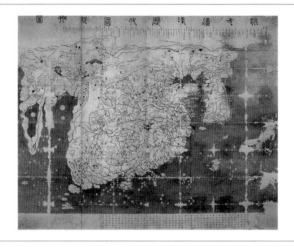

① 태조 – 조선 건국
② 태종 – 6조 직계제
③ 세조 – 호패법 시행
④ 성종 – 동국통감 편찬

07 역사적 사건을 시대순으로 나열할 때, (가) 시기에 있었던 사건으로 옳은 것은?

유엔 총회의 결의	단독 선거 결의	(가)	5 · 10 총선거

① 모스크바 3국 외상 회의가 개최되었다.
② 민주 공화국 체제의 헌법이 제정되었다.
③ 남 · 북 사이에 6 · 25 전쟁이 발발하였다.
④ 김구 등이 방북하여 남북협상을 개최하였다.

08 다음 중 중석기 시대의 특징으로 옳은 것은?

① 공주 석장리, 청원 흥수굴 등의 유적이 대표적이다.

② 조, 피, 수수 등 농경이 시작되었다.

③ 빗살무늬 토기가 대표적인 토기이다.

④ 활, 작살 등의 잔석기의 이음 도구를 제작하였다.

09 다음 중 고구려의 불교를 공인한 왕은 누구인가?

① 장수왕   ② 소수림왕

③ 태조왕   ④ 미천왕

10 다음과 같은 물건이 제작 · 사용되었을 때, 주거 생활 모습으로 옳은 것은?

> 동물의 뼈나 뿔로 된 뼈도구와 뗀석기를 제작 사용하였고, 공주 석장리와 단양 수양개에서 고래와 물고기 등을 새긴 조각품이 발견되었다.

① 동굴이나 바위 그늘에서 살거나 강가에 막집을 짓고 살았다.

② 중앙에 화덕 자리가 있는 움집을 짓고 살았다.

③ 움집 내부의 화덕이 한쪽 벽면으로 옮겨졌다.

④ 배산임수의 지형을 찾아 부락을 이루고 살았다는 고래와 물고기 등을 새긴 조각품이 발견되었다.

11 다음 중 신민회에 대한 설명으로 옳지 않은 것은?

① 국내의 요인 암살, 식민통치기관 파괴활동을 전개하였다.

② 자기회사·태극서관을 설립하여 민족 산업 육성에 노력하였다.

③ 대성 학교와 오산 학교를 세워 민족 교육을 실시하였다.

④ 이회영 형제의 헌신으로 남만주에 독립 운동 기지를 건설하였다.

12 다음 국왕의 업적으로 옳은 것은?

- 원년 8월에 반란을 진압하고 교서를 내려 말하였다. "역적의 우두머리들은 재능이 아니라 혜택을 받아 그 벼슬에 올랐으면서도 포악한 마음을 가져 반란을 일으키려 하였다. 다행히 미리 알아내어 우두머리들과 잔당까지 모두 소탕할 수 있었다."
- 2년 4월에 위화부의 영(令) 2인을 두었다.
- 5년 봄에 완산주와 청주를 설치하니 비로소 9주가 갖추어졌다.
- 9년 관리의 녹읍을 혁파하고 매년 조(租)를 내리되 차등이 있게 하였다.

① 지방 행정 조직을 9주 5소경으로 정비하였다.

② 독서삼품과를 실시하여 관리를 채용하려 하였다.

③ 시장 감독관청인 동시전을 설치하였다.

④ 상대등을 설치하여 화백회의를 주관하게 하였다.

13 다음 중 밑줄 친 ㉠ 사건 이후 설치된 군사기구는?

> 아아! 임진년의 화는 참혹하였도다. 수십일 동안에 삼도(三都)를 지키지 못하였고 팔방이 산산이
> 무너져 ㉠ 임금께서 수도를 떠나 피란하였는데, 그럼에도 우리나라가 오늘날이 있게 된 것은 하늘이
> 도운 까닭이다. 그리고 선대 여러 임금의 어질고 두터운 은덕이 백성들을 굳게 결합시켜 백성들의
> 나라를 생각하는 마음이 그치지 않았기 때문이며, 임금께서 중국을 섬기는 정성이 명나라 황제를
> 감동시켜 우리나라를 구원하기 위해 명나라 군대가 여러 차례 출동하였기 때문이다. 이러한 일들이
> 없었다면 우리나라는 위태하였을 것이다.
>
> ─『징비록』

① 별무반   ② 장용영
③ 훈련도감   ④ 군무아문

PART 3

14 다음은 조선 시대 토지에 관련된 여러 제도에 대한 설명이다. 제도가 실시된 시기 순으로 바르게
나열한 것은?

> ㉠ 풍흉에 관계없이 토지의 비옥도에 따라 9등급으로 구분하여 일정하게 세액을 결정한 제도
> ㉡ 균역법 실시 이후 세입 감소를 메우기 위해 역의 일부를 전세(田稅)화 하여 시행한 제도
> ㉢ 토지의 질에 따라 6등급으로 구분하여 수세의 단위로 편성한 제도
> ㉣ 현직 관료들에게만 토지 수조권을 지급하는 제도

① ㉠ – ㉡ – ㉢ – ㉣

② ㉡ – ㉠ – ㉢ – ㉣

③ ㉢ – ㉠ – ㉡ – ㉣

④ ㉢ – ㉣ – ㉠ – ㉡

15 다음은 1919년 3 · 1운동이 계기가 되어 설립된 조직이다. 이 조직 휘하의 독립군은?

> 우리나라의 건국 정신은 삼균제도(三均制度)의 역사적 근거를 두었으니 옛 현인이 분명히 명령하여
> 「머리와 꼬리가 고르고 평평하게 자리하여야 나라가 흥하고 태평함을 보전할 수 있다(首尾均平位
> 興邦保太平).」라고 함. 이는 사회 각 계급 · 계층이 지력과 권력과 부력의 향유를 균평하게 하여 국
> 가를 진흥하며 태평을 유지하라고 한 것이니, 홍익인간(널리 인간을 이롭게 한다)과 이화세계(이치
> 로 세상을 다스린다)하자는, 우리 민족의 지켜야 할 최고의 공리(公理)임

① 조선의용대   ② 한국광복군
③ 대한독립군   ④ 한국독립군

16 다음 중 고려 광종의 업적으로 옳은 것은?

① 원의 내정간섭기구인 정동행성 이문소를 혁파하였다.
② 신돈을 등용하여 권문세족을 몰아내는 등 개혁정치를 실행하였다.
③ 최승로의 시무 28조를 받아들여 유교를 받아들이는 등 다방면의 개혁을 실시하였다.
④ 노비안검법을 실시하여 호족의 세력을 약화시키고 국가에 세금을 내는 양인을 늘렸다.

17 다음 중 제시된 성명 이후에 발생한 사건으로 옳은 것은?

> 쌍방은 다음과 같은 조국통일원칙들에 합의를 보았다.
> 첫째, 통일은 외세에 의존하거나 외세의 간섭을 받음이 없이 자주적으로 해결하여야 한다.
> 둘째, 통일은 서로 상대방을 반대하는 무력행사에 의거하지 않고 평화적 방법으로 실현하여야 한다.
> 셋째, 사상과 이념, 제도의 차이를 초월하여 우선 하나의 민족으로서 민족적 대단결을 도모하여야
> 한다.
>
> − 7 · 4 남북공동성명

① 남북연석회의가 개최되어 남북의 정치지도자들이 통일정부 수립을 목표로 회담을 가졌다.
② 대통령의 임기가 4년이 되었고, 초대 대통령에 한해 1회 중임 제한이 면제되었다.
③ 3 · 15 부정선거에 항거하여 시민 혁명이 발생하였다.
④ 대통령 직선제가 폐지되고 통일주체국민회의를 통한 간접선거가 되었다.

18 다음 중 제시된 사건을 일어난 순서대로 바르게 나열한 것은?

> ㄱ. 김일손은 김종직의 조의제문을 사초에 수록하려 하였다.
> ㄴ. 조광조가 현량과를 시행하여 사림 세력을 등용하려 하였다.
> ㄷ. 명종을 해치려 했다는 이유로 윤임 일파가 몰락하였다.
> ㄹ. 연산군은 생모 윤씨의 폐비 사건에 관여한 사림을 몰아냈다.

① ㄱ – ㄴ – ㄷ – ㄹ   ② ㄱ – ㄹ – ㄴ – ㄷ
③ ㄴ – ㄷ – ㄹ – ㄱ   ④ ㄷ – ㄴ – ㄱ – ㄹ

19 다음 중 동학 농민 운동에 대한 설명으로 옳지 않은 것은?

① 고부읍을 점령하고 백산에서 농민군을 정비하였다.
② 동학 농민군은 농민을 위한 토지 개혁의 단행을 요구하였다.
③ 조선 정부는 농민들의 요구에 대응하여 삼정이정청을 설치하였다.
④ 척양척왜를 주장하며 공주 우금치 전투를 전개하였다.

20 다음 중 5 · 10 총선거에 대한 설명으로 옳지 않은 것은?

① 당선된 국회의원의 임기는 2년으로 한정되었다.
② 김구와 김규식 등 남북 협상파는 참여하지 않았다.
③ 만 19세 이상의 등록 유권자에게 선거권이 부여되었다.
④ 제주도에서는 4 · 3 사건의 여파로 선거에 차질이 빚어졌다.

21 다음 중 신라와 발해에 대한 설명으로 옳은 것은?

① 신라는 백제와 고구려 옛 지배층에게 관등을 주어 포용하였다.

② 신라는 9세기에 들어서 비로소 발해와 상설 교통로를 개설하였다.

③ 발해의 주민 중 다수는 말갈인이었는데 이들은 관리가 될 수 없었다.

④ 발해는 지방 세력을 통제하기 위하여 상수리 제도를 실시하였다.

22 다음 중 밑줄 친 '왕'이 실시한 정책으로 옳은 것은?

> 왕이 명하여 성균관을 다시 짓고 그를 판개성부사 겸 성균관 대사성으로 임명하였으며, 경술(經術) 이 뛰어난 선비들을 택하여 교관으로 삼았다. 이에 그는 다시 학칙을 정하여 매일 명륜당에 앉아 경전을 공부하고, 강의를 마치면 서로 토론하게 하였다. 이로 말미암아 학자들이 많이 모여 함께 눈으로 보고 마음으로 느끼는 가운데 성리학이 비로소 일어나게 되었다.

① 이인임 일파를 몰아내고 왕권을 회복하였다.

② 내정을 간섭하던 정동행성 이문소를 폐지하였다.

③ 화약 무기 사용법을 정리한 총통등록을 편찬하였다.

④ 삼강행실도를 편찬하여 유교적 질서를 확립하고자 하였다.

23 다음 중 고인돌에 대한 설명으로 옳지 않은 것은?

① 청동기 시대의 유물이다.

② 한반도는 전 세계에서 가장 많은 고인돌을 보유하고 있다.

③ 당시 사회가 계급의 구분이 없는 평등한 사회였음을 알 수 있다.

④ 다량의 부장품이 함께 발굴되었다.

24 다음 중 삼국시대의 왕과 그 업적이 바르게 나열되지 않은 것은?

① 장수왕 : 백제의 수도 한성을 함락시켰다.

② 법흥왕 : 김흠돌의 반란을 제압하고 왕권 전제화의 계기를 마련하였다.

③ 근초고왕 : 역사서 서기가 편찬되었다.

④ 진흥왕 : 대가야를 공격하여 신라의 영역으로 편제하였다.

25 다음 중 독립협회에 대한 설명으로 옳지 않은 것은?

① 순한글 신문인 독립신문을 간행하였다.

② 국정 개혁안을 결의하기 위해 관민공동회를 개최하였다.

③ 국정 개혁 원칙 6개항을 결의하였다.

④ 헌법을 바탕으로 한 공화정체 수립을 목적으로 활동하였다.

26 다음 중 발해에 대한 설명으로 옳지 않은 것은?

① 통일신라와 적대하여 교류하지 않았다.

② 중앙교육기관으로 주자감이 있었다.

③ 중앙 관제는 3성 6부제였다.

④ 독자적인 연호를 사용하였다.

27 다음 중 빈칸 (가)의 시기에 일어났던 일로 옳은 것은?

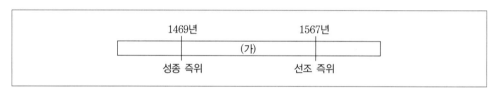

① 의관 허준이 『동의보감』을 저술하였다.

② 기존의 공납제도를 대신하여 대동법이 처음 실시되었다.

③ 국왕 호위를 전담하는 장용영을 설치하였다.

④ 홍문관이 학술 연구 및 국왕 자문의 기능을 도맡게 되었다.

28 다음 중 흥선대원군의 업적으로 옳지 않은 것은?

① 호포제를 실시하였다.

② 삼정의 폐단을 바로잡기 위해 삼정이정청을 설치하였다.

③ 경복궁 중건을 위한 당백전을 발행하였다.

④ 비변사를 혁파하였다.

29 다음 글에서 설명하는 조약으로 옳은 것은?

> • 불평등한 조약 체제이다.
> • 임오군란 직후 체결되었다.
> • 청나라 상인의 조선 내지 무역이 가능해졌다.
> • 상무위원을 서울에 두어 내정간섭을 하였다.

① 톈진 조약
② 조청상민수륙무역장정
③ 제물포 조약
④ 한성 조약

30 다음 글에서 설명하는 세력은?

> • 무신정변 이후 지방의 향리들이 과거를 통해 중앙 관리로 진출하여 형성되었다.
> • 공민왕 시기에 개혁 정치를 통해 정치 세력으로 성장하였다.
> • 급진적 개혁을 추구한 일부는 위화도 회군 이후 정치권력을 장악하고 조선을 건국하였다.

① 호족
② 권문세족
③ 문벌귀족
④ 신진사대부

31 다음에서 설명하고 있는 부여의 제천 행사로 옳은 것은?

> • 정월 보름에 하늘에 제사를 지내며, 먹고 마시고 춤춘다.
> • 감옥을 열고 죄인을 풀어 준다.

① 영고   ② 동맹

③ 무천   ④ 계절제

32 다음 빈칸에 들어갈 수 있는 내용으로 옳지 않은 것은?

> 〈법흥왕의 업적〉
>
> • 병부 설치   • 연호 사용
> • 불교 공인   • 골품 제도 정비
> • _____

① 율령 반포   ② 영토 확장

③ 공복 제성   ④ 순장 금지

33 다음 빈칸에 들어갈 인물의 업적으로 옳은 것은?

> _____은/는 상주 사람으로 본래 성은 이씨이다. …… 서쪽으로 공략하여 완상에 이르자 말하기를 '내가 삼국의 시원을 따져보니 마한이 먼저 일어났다. 그리고 백제가 개국하여 6백 년을 전하였다가 신라에게 멸망되었으니 내가 의자왕의 묵은 원한을 설욕하고자 한다.'라고 하였다. 마침내 완산에 도읍을 정하고 후백제를 건국했다.

① 신라의 항복을 받아 신라를 흡수하였다.

② 고려를 정복하고 삼국을 통일하였다.

③ 경애왕을 죽이고 경순왕을 즉위시켰다.

④ 양길의 수하로 들어가 강원도 지역을 공격하였다.

34 다음 빈칸 (가)의 시기에 있었던 일로 옳은 것은?

…	고려 건국	귀주대첩	무신의 난	강화 천도	개경 환도	…
				(가)		

① 이자겸의 난   ② 처인성 전투

③ 만적의 난   ④ 삼별초 항쟁

35 다음 중 조선 왕과 그에 따른 업적을 바르게 나열한 것은?

① 태종 : 『조선경국전』 편찬

② 세종 : 사간원 독립

③ 세조 : 집현전 설치, 경연 강화

④ 성종 : 『경국대전』 완성

36 다음 전쟁이 일어난 시기의 사회상을 〈보기〉에서 모두 고르면?

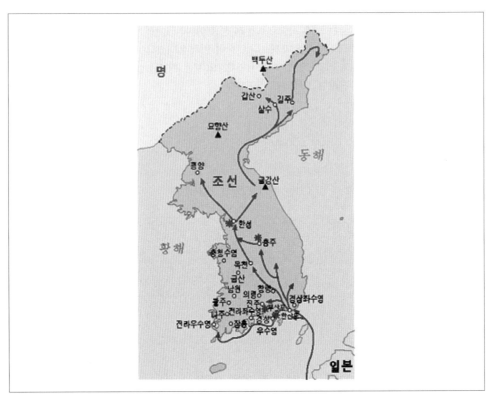

보기

ㄱ. 붕당정치 붕괴
ㄴ. 비변사 강화
ㄷ. 세도정치의 성행
ㄹ. 신분제의 동요

① ㄱ, ㄴ
② ㄴ, ㄷ
③ ㄷ, ㄹ
④ ㄴ, ㄹ

37 조선 중기 이후 학문 연구와 선현제향을 위하여 사림이 설립한 교육기관으로 그 지역의 자치운영기구 역할도 했던 것은?

① 서원
② 향교
③ 성균관
④ 서당

38 다음 정책이 시행된 배경으로 옳은 것은?

일본에서는 한반도 남부지방에는 목화와 누에고치를, 북부지방에는 양을 기르게 하여 한반도를 일제의 공업원료 공급지로 활용할 정책을 시행하였다.

① 대공황이 발생했다.
② 3 · 1운동이 전개되었다.
③ 윌슨이 민족 자결주의를 주창하였다.
④ 봉오동 · 청산리 전투가 발발하였다.

39 다음 중 강화도 조약에 대한 내용으로 옳지 않은 것은?

① 무관세 무역이 체결되었다.
② 일본 상인에 대한 최혜국 대우가 체결되었다.
③ 정식 명칭은 조일수호조규이며, 병자수호조약이라고도 한다.
④ 부산, 원산, 인천 항구를 20개월 안에 개항한다는 내용이 포함되었다.

40 다음 세 개헌의 공통점으로 옳은 것은?

- 발췌개헌(1952)
- 사사오입개헌(1954)
- 3선개헌(1969)

① 장기집권의 획득   ② 대통령 간선제 체택
③ 대통령 직선제 체택   ④ 의원 내각제 체택

41 다음 시대의 생활상에 대한 설명으로 옳은 것은?

> 강원도 고성군 죽왕면 문암리에서는 서기전 3600년 ~ 서기전 3000년의 동아시아 최초의 밭 유적이 발견되었는데, 움집, 짧은 빗살무늬토기, 돌화살촉 등이 함께 출토되었다.

① 식량 채집경제 생활이 시작되었으며, 토기가 제작되었다.
② 움집은 주로 원형이나 모둥근 방형으로, 중앙에 화덕을 설치하고 남쪽에 출입문을 내었다.
③ 원시적 평등 사회로 지배 – 피지배의 계급은 나뉘지 않고, 원시 신앙도 발생하지 않았다.
④ 돌보습, 굴지구와 더불어 반달돌칼, 홈자귀 등 간석기가 사용되었고, 원시적 수공업이 이루어졌다.

42 다음 중 밑줄 친 '이 섬'에 대한 일본 측 주장을 반박하기 위한 탐구 활동으로 옳지 않은 것은?

> 다른 나라가 이 무인도를 점유했다고 인정할 만한 증거가 없다. 기록에 따르면 1903년 이래 나카이란 자가 이 섬에 이주하여 어업에 종사한 바, 국제법상 점령한 사실이 있는 것으로 인정되므로 이 섬을 본국 소속으로 하고 시마네현에서 관할하도록 한다.
>
> – 일본 내각회의 결정(1905)

① 일본이 만주의 이권 확보를 위해 청과 체결한 협약 내용을 검토한다.
② 일본의 무주지 선점 주장의 국제법상 문제점을 살펴본다.
③ 일본의 침탈에 대응한 대한 제국 정부의 활동을 조사해 본다.
④ 우리 영토임을 확인해 주는 1905년 이전의 일본 문서를 찾아본다.

43 다음 중 삼한에 대한 설명으로 옳지 않은 것은?

① 제정 분리의 사회였다.
② 저수지가 축조되고 벼농사가 발달하였다.
③ 삼한은 후에 백제, 신라, 가야로 발전하게 되었다.
④ 마한은 철이 풍부하게 생산되어 철을 화폐처럼 이용하였다.

44 다음 제시된 사건 직후에 전개한 개혁으로 옳은 것을 〈보기〉에서 모두 고르면?

> • 삼국간섭
> • 친러내각인 제3차 김홍집 내각의 성립
> • 을미사변

> **보기**
> ㄱ. 건양이라는 연호를 제정하였다.
> ㄴ. 조일무역규칙을 개정하였다.
> ㄷ. 서울에 친위대를, 지방에 진위대를 두었다.
> ㄹ. 은 본위 화폐 제도를 실시하였다.

① ㄱ, ㄴ   ② ㄱ, ㄷ
③ ㄴ, ㄹ   ④ ㄷ, ㄹ

45 다음 빈칸의 제도에 대한 설명으로 옳은 것을 〈보기〉에서 모두 고르면?

> 경기는 사방의 근본이니 마땅히 _____을/를 설치하여 사대부를 우대한다. 무릇 수조권자가 죽은 후, 자식이 있는 아내가 수신하면 남편이 받은 토지를 모두 물려 받고, 자식이 없으면 그 절반을 물려 받으며, 수신하지 않는 경우는 물려 받지 못한다. 부모가 사망하고 자식들이 어리면 휼양하여야 하니 그 토지를 모두 물려 받는다.

> **보기**
> ㄱ. 전・현직 관리에게 전지와 시지를 지급하였다.
> ㄴ. 수조권을 받은 자가 농민에게 직접 조세를 거두었다.
> ㄷ. 조의 부과는 사전의 전주가 매년 농사의 작황을 실제로 답사해 정하는 답험손실법(踏驗損實法)이었다.
> ㄹ. 토지를 지급받은 관리는 조세를 징수하고 노동력을 징발할 수 있었다.

① ㄱ, ㄴ   ② ㄱ, ㄷ
③ ㄴ, ㄷ   ④ ㄴ, ㄹ

01 다음 중 (가), (나) 나라에 대한 설명으로 옳은 것은?

> (가) 여자의 나이가 10살이 되기 전에 혼인을 약속하고, 신랑집에서 맞이하여 장성할 때까지 기른
> 다. (여자가) 성인이 되면 다시 여자 집으로 돌아가게 한다. 여자 집에서는 돈을 요구하는데,
> (신랑 집에서) 돈을 지불한 후에 다시 신랑 집으로 데리고 와서 아내로 삼는다.
> (나) 산천을 중요시하여 산과 내마다 각기 구분이 있어 함부로 들어가지 않는다. …… 읍락을 침범
> 하면 벌로 노비나 소·말을 부과하였다.

① (가) : 10월에 동맹이라는 제천 행사를 열었다.

② (가) : 여러 가(加)들이 별도로 사출도를 다스렸다.

③ (나) : 특산물로 단궁, 과하마, 반어피가 유명하였다.

④ (나) : 제사장인 천군과 신성 지역인 소도가 존재하였다.

⑤ (가), (나) : 철이 많이 생산되어 낙랑, 왜 등에 수출하였다.

02 다음 사료에서 밑줄 친 '그 땅'에 있었던 나라에 대한 설명으로 옳은 것을 〈보기〉에서 모두 고르면?

> 제 10대 구해왕(仇亥王)에 이르러 신라에 항복했으므로 그 땅을 금관군으로 삼았다.
> － 『삼국사기』

> 보기
> ㄱ. 합천·거창·함양·산청 등을 포괄하는 후기 가야연맹의 맹주로서 등장하였다.
> ㄴ. 이 나라의 왕족 출신이었던 김무력(金武力)은 관산성 전투에서 큰 공을 세웠다.
> ㄷ. 낙동강 하류에 위치하였고, 바다가 인접하여 수운의 편리함을 이용해 경제적·문화적 발전에
>   유리하였다.

① ㄱ   ② ㄴ

③ ㄱ, ㄷ   ④ ㄴ, ㄷ

⑤ ㄱ, ㄴ, ㄷ

03 다음 중 (가), (나) 사이에 있었던 사실로 옳은 것은?

> (가) 고구려 왕 거련이 몸소 군사를 거느리고 백제를 공격하였다. 백제 왕 경이 아들 문주를 보내 구원을 요청하였다. 왕이 군사를 내어 구해주려 했으나 미처 도착하기도 전에 백제가 이미 무너졌고 경 또한 피살되었다.
>
> (나) 금관국의 왕인 김구해가 왕비와 3명의 아들, 즉 큰아들인 노종, 둘째 아들인 무덕, 막내 아들인 무력과 함께 나라의 창고에 있던 보물을 가지고 와서 항복하였다.

① 백제가 웅진으로 천도하였다.
② 신라가 대가야를 멸망시켰다.
③ 고구려가 낙랑군을 축출하였다.
④ 신라가 매소성에서 당을 물리쳤다.
⑤ 신라가 함경도 지역까지 진출하였다.

04 다음 중 밑줄 친 '이들'에 대한 설명으로 옳은 것은?

> **부여풍을 왕으로 추대하다**
> 승려 도침 등이 주류성을 근거지로 부흥의 기치를 내걸자 주변 지역의 200여 성이 호응하였다. 이들은 부여풍을 왕으로 받들고 국가체제를 갖추었다. 향후 귀추가 주목된다.

① 완산주를 도읍으로 정하였다.
② 안동 도호부를 요동으로 몰아냈다.
③ 백강에서 왜군과 함께 당군에 맞서 싸웠다.
④ 중국의 오월과 후당에 외교 사절을 보냈다.
⑤ 신라의 금성을 습격하여 경애왕을 살해하였다.

05 다음 중 빈칸 (가) 단체에 대한 설명으로 옳은 것은?

> (가)
>
> 국선도, 풍월도라고도 한다. 명산 대천을 돌아다니며 도의를 연마하였고, 무예를 수련하여 유사시 전투에 참여하였다. 원광이 제시한 '세속 5계'를 행동 규범으로 삼았으며, 신라가 삼국을 통일하는 데 크게 기여하였다.

① 경당에서 글과 활쏘기를 배웠다.

② 진흥왕 때 국가적인 조직으로 정비되었다.

③ 박사와 조교를 두어 유교 경전을 가르쳤다.

④ 정사암에 모여 국가의 중대사를 결정하였다.

⑤ 귀족들로 구성되어 만장일치제로 운영되었다.

06 다음 중 밑줄 친 '왕'의 업적으로 옳은 것은?

> 왕이 말하기를, "짐이 정무를 새로이 하게 되어 혹시 잘못된 정치가 있을까 두렵다. 중앙의 5품 이상 관리들은 각자 상서를 올려 정치의 옳고 그름을 논하도록 하라."라고 하였다. 이에 최승로가 왕의 뜻을 받들어 시무 28조를 올렸다.

① 관학의 재정 기반을 마련하고자 양현고를 두었다.

② 빈민을 구제하기 위하여 흑창을 처음 설치하였다.

③ 쌍기의 건의를 받아들여 과거 제도를 실시하였다.

④ 전국의 주요 지역에 12목을 설치하고 지방관을 파견하였다.

⑤ 전민변정도감을 두어 권문세족의 경제 기반을 약화시키고자 하였다.

07 다음 중 빈칸 (가) ~ (마)에 들어갈 내용으로 옳은 것은?

〈무신 집권기 주요 기구〉

명칭	성격
중방	(가)
도방	(나)
교정도감	(다)
정방	(라)
서방	(마)

① (가) : 국정 자문을 위한 문신들의 숙위(宿衛) 기구
② (나) : 최우의 집에 설치된 인사 행정 담당 기구
③ (다) : 최씨 무신 정권에서 국정을 총괄한 최고 권력 기구
④ (라) : 치안 유지 및 전투의 임무를 수행한 군사 기구
⑤ (마) : 재신과 추신으로 구성되어 법제와 격식을 논의한 회의 기구

08 다음 중 빈칸 (가)의 침입에 대한 고려의 대응으로 옳은 것은?

_____(가)_____의 군사들이 곽주로 침입하였다. …… 성이 결국 함락되었다. 적은 군사 6천 명을 남겨 지키게 하였다. 양규가 흥화진으로부터 군사 7백여 명을 이끌고 통주까지 와 군사 1천여 명을 수습하였다. 밤중에 곽주로 들어가서 지키고 있던 적들을 급습하여 모조리 죽인 후 성 안에 있던 남녀 7천여 명을 통주로 옮겼다.

① 별무반을 편성하고 동북 9성을 축조하였다.
② 김윤후의 활약으로 처인성에서 승리하였다.
③ 화포를 이용하여 진포에서 대승을 거두었다.
④ 초조대장경을 만들어 적을 물리치기를 기원하였다.
⑤ 쌍성총관부를 공격하여 철령 이북의 땅을 수복하였다.

09 다음 중 빈칸 (가) 지역에서 있었던 사실로 옳은 것은?

_____(가)_____의 역사

- 통일신라 : 혈구진 설치
- 고려 : 대몽 항쟁기 임시 수도
- 조선 : 정족산 사고(史庫) 설치

① 육영 공원이 설립되었다.
② 최초의 근대적 조약이 체결되었다.
③ 조선 형평사 중앙 총본부가 있었다.
④ 물산 장려 운동이 처음 시작되었다.
⑤ 영국군에 의해 불법으로 점령되었다.

10 다음 중 밑줄 친 '이 역사서'에 대한 설명으로 옳은 것은?

이 역사서는 1145년에 김부식 등이 고려 인종의 명을 받아 편찬한 책으로 본기 28권(고구려 10권, 백제 6권, 신라·통일 신라 12권), 지(志) 9권, 표(表) 3권, 열전 10권으로 이루어져 있다.

① 유교 사관에 기초하여 기전체 형식으로 서술하였다.
② 자주적 입장에서 단군의 건국 이야기를 수록하였다.
③ 사초, 시정기 등을 바탕으로 실록청에서 편찬하였다.
④ 불교사를 중심으로 고대의 민간 설화 등을 수록하였다.
⑤ 고구려 건국 시조의 일대기를 서사시 형태로 서술하였다.

11 다음 중 (가) ~ (라) 제도를 시행된 순서대로 바르게 나열한 것은?

> (가) 왕 1년 11월, 처음으로 직관(職官)·산관(散官) 각 품의 전시과를 제정하였다.
> (나) 왕 16년 3월, 중앙과 지방의 여러 관리들에게 매달 주던 녹봉을 없애고 다시 녹읍을 주었다.
> (다) 왕 1년 4월, (대왕대비가) 전지하기를, "직전(職田)의 세는 소재지의 관리로 하여금 감독하여 거두어 주도록 하라."하였다.
> (라) 왕 3년 5월, 도평의사사에서 왕에게 글을 올려 과전법을 제정할 것을 요청하니 왕이 이 제의를 따랐다.

① (가) – (나) – (다) – (라)   ② (가) – (나) – (라) – (다)
③ (나) – (가) – (다) – (라)   ④ (나) – (가) – (라) – (다)
⑤ (다) – (나) – (가) – (라)

PART 3

12 다음 중 빈칸 (가) 화폐에 대한 설명으로 옳은 것은?

> 조서를 내려 이르기를, "금과 은은 국가의 보물인데, 근래에 간악한 백성들이 구리를 섞어 몰래 주조하고 있다. 지금부터 _____(가)_____ 에 모두 표식을 새겨 이로써 영구한 법식으로 삼도록 하라. 어기는 자는 엄중히 논죄하겠다."라고 하였다. 이것은 은 1근으로 만들어졌는데, 모양은 우리나라의 지형을 본뜨도록 하였다.

① 청과의 교역에 사용되었다.
② 조선 시대에 전국적으로 유통되었다.
③ 우리나라에서 최초로 발행된 화폐였다.
④ 입구가 넓어 활구라고 불리기도 하였다.
⑤ 경복궁 중건의 재원을 마련하고자 발행되었다.

13 다음 중 빈칸 (가)의 인물에 대한 설명으로 옳은 것은?

조선 건국의 주역, _____ (가) _____

고려 말에서 조선 초까지 활동했던 문신 겸 학자로 호는 삼봉이다. 이성계를 도와 조선 건국을 주도하였으며, 도성의 축조 계획을 세우는 등 국가의 기틀을 다지는 데 핵심적인 역할을 하였으나, 왕자의 난 때 이방원에게 죽임을 당하였다.

---

① 불교 이론을 비판한 『불씨잡변』을 저술하였다.
② 만권당에서 원의 성리학자들과 교유하였다.
③ 공납의 부담을 줄이고자 수미법을 주장하였다.
④ 세계 지도인 혼일강리역대국도지도를 만들었다.
⑤ 군사력 강화를 위해 훈련도감 설치를 건의하였다.

14 다음 글을 쓴 인물에 대한 설명으로 옳은 것은?

중국이 사치로 망한다고 할 것 같으면 우리나라는 반드시 검소함 탓에 쇠퇴할 것이다. …… 비유하건대, 재물은 대체로 우물과 같다. 퍼내면 차고, 버려두면 말라 버린다. 그러므로 비단옷을 입지 않아서 나라에 비단 짜는 사람이 없게 되면 여자들의 길쌈이 쇠퇴하고, 쭈그러진 그릇을 싫어하지 않고 기교를 숭상하지 않아서 공장(工匠)이 숙련되지 못하면 기예가 망하게 된다.

---

① 북한산비가 진흥왕 순수비임을 밝혔다.
② 서얼 출신으로 규장각 검서관에 기용되었다.
③ 양반전에서 양반의 위선과 무능을 비판하였다.
④ 현지 답사를 바탕으로 지리서인 택리지를 저술하였다.
⑤ 산줄기, 물줄기, 도로 등을 표시한 대동여지도를 완성하였다.

15 다음 중 빈칸 (가)의 종교에 대한 설명으로 옳은 것은?

> 죽은 사람 앞에 술과 음식을 차려 놓는 것은 _____(가)_____ 에서 금하는 바입니다. 살아 있을 동안에도 영혼이 술과 밥을 받아먹을 수 없거늘, 하물며 죽은 뒤의 영혼은 어떻게 하겠습니까? …… 사람의 자식이 되어 어찌 허위와 가식의 예로써 돌아가신 부모님을 섬기겠습니까?

① 하늘에 제사 지내는 초제를 거행하였다.

② 왕조 교체를 예언하며 백성의 호응을 얻었다.

③ 인내천 사상을 내세워 인간 평등을 주장하였다.

④ 청을 다녀온 사신들에 의하여 서학으로 소개되었다.

⑤ 유·불·선을 바탕으로 민간 신앙의 요소까지 포함하였다.

PART 3

16 다음 자료가 저술된 시기에 있었던 사실로 옳은 것은?

> 오랫동안 체납된 환곡을 탕감하는 것, 대동미의 징수를 정지하거나 연기하는 것, 재해 입은 농지의 조세 징수를 면제하는 것, 이 세 가지는 나라에서는 손실이 있으나 백성에게는 이득이 되지 않는다. …… 오랫동안 체납된 환곡을 징수하는 것을 정지 또는 연기하라는 윤음(綸音)이 내려지는 것을 여러 번 보았으나, 조금의 혜택도 촌민에게는 미치지 않았다.

① 외척 간의 대립으로 을사사화가 발생하였다.

② 왕권을 강화하기 위하여 6조 직계제가 실시되었다.

③ 공신과 왕족의 사병이 혁파되고 군사권이 강화되었다.

④ 비변사를 중심으로 소수의 가문이 권력을 행사하였다.

⑤ 이조 전랑 임명을 둘러싸고 사림이 동인과 서인으로 나뉘었다.

17 다음 중 (가), (나) 조약에 대한 설명으로 옳은 것은?

> (가) 대조선국 군주가 어떠한 은혜로운 정치와 법률과 이익을 다른 나라 혹은 그 상인에게 베풀 경우, 항해나 통상 무역, 상호 왕래 등의 일에서 미국 관리와 국민이 똑같이 혜택을 입도록 한다.
>
> (나) 프랑스국 국민으로서 조선국에 와서 언어·문자를 배우거나 가르치며 법률과 기술을 연구하는 사람이 있으면 모두 보호하고 도와줌으로써 양국의 우의를 돈독하게 한다.

① (가) : 양곡의 무제한 유출과 무관세 조항을 담았다.

② (가) : 외국 상인의 내지 통상권을 최초로 규정하였다.

③ (나) : 공사관 경비 명목의 군대 주둔 조항을 두었다.

④ (나) : 프랑스가 천주교 포교 자유를 인정받는 계기가 되었다.

⑤ (가)·(나) : 조약 체결 이후 사절단으로 보빙사가 파견되었다.

18 다음 중 (가), (나) 시기의 사이에 있었던 사실로 옳은 것은?

> (가) 11월 15일 고종은 비로소 머리를 깎고 내외 신민에게 명하여 모두 깎도록 하였다. …… 궁성 주위에 대포를 설치한 후 머리를 깎지 않는 자는 죽이겠다고 선언하니 고종이 긴 한숨을 내쉬며 정병하를 돌아보고 말하기를 "경이 짐의 머리를 깎는 게 좋겠소."라고 하였다.
>
> (나) 지금 너희 대사와 공사가 병력을 이끌고 와 대궐을 포위하여 참정 대신을 감금하고 외부 대신을 협박해서, 법도와 절차도 갖추지 않고 강제로 조인하게 하여 억지로 우리의 외교권을 빼앗았으니, 이것은 공법을 어기어 약속을 지키려 하지 않는 것이다.

① 고종의 밀지를 받아 독립 의군부가 조직되었다.

② 13도 창의군이 결성되어 서울 진공 작전을 전개하였다.

③ 헤이그에서 열린 만국 평화 회의에 특사가 파견되었다.

④ 유생 출신 유인석이 이끄는 부대가 충주성을 점령하였다.

⑤ 해산된 진위대 군인들이 합류하여 의병의 전투력이 강화되었다.

19 다음 중 밑줄 친 '이 사업'에 대한 설명으로 옳은 것을 〈보기〉에서 모두 고르면?

> **오늘부터 신화폐로 교환해야**
>
> 정부는 지난 6월 발표한 탁지부령 제1호에 근거하여 구 백동화를 일본의 제일 은행권으로 교환하는 작업을 오늘부터 실시한다고 발표했다. 이 사업을 주도한 인물은 일본 정부가 추천한 재정 고문 메가타로 알려져 추진 배경에 의구심이 증폭된다.

> **보기**
>
> ㄱ. 화폐 주조를 위해 전환국이 설립되었다.
> ㄴ. 통화량이 줄어들어 국내 상인들이 타격을 입었다.
> ㄷ. 황국 중앙 총상회가 중심이 되어 반대 운동을 전개하였다.
> ㄹ. 일본에서 차관이 도입되어 정부의 재정 예속화를 심화시켰다.

① ㄱ, ㄴ
② ㄱ, ㄷ
③ ㄴ, ㄷ
④ ㄴ, ㄹ
⑤ ㄷ, ㄹ

20 다음 사료의 전투에 참여한 독립군 부대에 대한 설명으로 옳은 것은?

> 대전자령의 공격은 이천만 대한 인민을 위하여 원수를 갚는 것이다. 총알 한 개 한 개가 우리 조상 수천 수만의 영혼이 보우하여 주는 피의 사자이니 제군은 단군의 아들로 굳세게 용감히 모든 것을 희생하고 만대 자손을 위하여 최후까지 싸우라.

① 대한민국 임시 정부의 직할 부대로 창설되었다.
② 중국 관내에서 결성된 최초의 한인 무장 부대였다.
③ 조선 혁명 간부 학교를 세워 군사력을 강화하였다.
④ 중국 호로군과 연합 작전을 통해 항일 전쟁을 전개하였다.
⑤ 러시아에 의해 무장 해제를 당하여 세력이 크게 약화되었다.

21 다음 법령이 제정된 이후 일제의 정책으로 옳은 것은?

> **제1조**
> 국체를 변혁하는 것을 목적으로 하는 결사를 조직한 자 또는 결사의 임원, 기타 지도자의 임무에 종사한 자는 사형이나 무기 또는 5년 이상의 징역 또는 금고에 처한다. …… 사유 재산 제도를 부인하는 것을 목적으로 결사를 조직한 자, 결사에 가입한 자 또는 결사의 목적 수행을 위해 행위를 한 자는 10년 이하의 징역 또는 금고에 처한다.

① 한국인에 한하여 적용하는 조선 태형령이 시행되었다.
② 한국인의 기업 활동을 억제하기 위해 회사령이 발표되었다.
③ 식민지 교육 방침을 규정한 제1차 조선 교육령이 시행되었다.
④ 독립운동을 탄압하기 위한 조선 사상범 보호 관찰령이 공포되었다.
⑤ 식민 통치의 재정 기반을 확대하고자 토지 조사 사업이 실시되었다.

22 다음 사료가 발표된 이후에 볼 수 있는 모습으로 옳은 것은?

> 첫째는 제국의 대륙 병참 기지로서 조선의 사명을 명확히 파악해야 하겠다. 이번 전쟁에서 조선은 대 중국 작전군에게 식량, 잡화 등 상당량의 군수 물자를 공출하여 어느 정도의 효과를 올렸다. 그러나 이 정도로는 아직 불충분하다. …… 대륙의 일본군에게 일본 내지로부터 해상 수송이 차단 당하는 경우가 있더라도 조선의 힘만으로 이것을 보충할 수 있을 정도로 조선 산업 분야를 다각화해야 한다. 특히 군수 공업 육성에 역점을 두어 모든 준비를 해야 할 필요가 있다.

① 헌병 경찰에게 벌금형을 부과받는 농민
② 신간회 창립 대회를 취재하고 있는 기자
③ 국채 보상 운동의 모금에 참여하고 있는 상인
④ 조선 민립 대학 기성 준비회 발족에 참석하는 교사
⑤ 국민 징용령에 의해 강제 노동에 끌려가는 청년

23 다음 글에서 설명하는 인물의 활동으로 옳은 것은?

> 1900년 서울 출생, 호는 철기
> 1919년 신흥 무관 학교 교관
> 1920년 청산리 대첩에서 북로 군정서 지휘관으로 활약
> 1934년 뤄양 군관 학교 한적 군관 대장
> 1946년 조선 민족 청년단 결성
> 1948년 대한민국 초대 국무총리 및 국방부 장관 겸임
> 1972년 서울에서 별세

① 동양 척식 주식회사에 폭탄을 투척하였다.
② 국권 피탈에 앞장섰던 이완용을 저격하였다.
③ 의열단을 결성하여 무장 투쟁을 전개하였다.
④ 한국 광복군 지휘관으로 국내 진공 작전을 준비하였다.
⑤ 민중의 직접 혁명을 주장하는 조선 혁명 선언을 집필하였다.

PART 3

24 다음 헌법이 시행된 시기의 사실로 옳지 않은 것은?

> 제1조 대한민국은 민주공화국이다.
> …
> 제53조 대통령과 부통령은 국회에서 무기명투표로써 각각 선거한다.
> …
> 제55조 대통령과 부통령의 임기는 4년으로 한다. 단 재선에 의하여 1차 중임할 수 있다.

① 반국가 활동 규제를 위한 국가 보안법이 만들어졌다.
② 유상 매수, 유상 분배를 규정한 농지 개혁법이 제정되었다.
③ 일제가 남긴 재산 처리를 위한 귀속 재산 처리법이 제정되었다.
④ 친일파 청산을 위한 반민족 행위 특별 조사 위원회가 활동하였다.
⑤ 자립 경제 구축을 위한 제1차 경제 개발 5개년 계획이 추진되었다.

25 다음 선언문이 발표된 민주화 운동에 대한 설명으로 옳은 것은?

> 민주주의와 민중의 공복이며 중립적 권력체인 관료와 경찰은 민주를 위장한 가부장적 전제 권력의 하수인으로 발 벗었다. 민주주의 이념의 최저의 공리인 선거권마저 권력의 마수 앞에 농단되었다. ······ 나이 어린 학생 김주열의 참시를 보라! 그것은 가식 없는 전제주의 전횡의 발가벗은 나상밖에 아무것도 아니다.

① 허정 과도 정부 성립의 배경이 되었다.
② 신군부의 비상 계엄 확대에 반대하여 일어났다.
③ 4·13 호헌 조치에 국민들이 저항하며 시작되었다.
④ 관련 기록물이 유네스코 세계 유산으로 등재되었다.
⑤ 직선제 개헌을 약속한 6·29 민주화 선언을 이끌어냈다.

26 다음 중 (가) ~ (라) 사건을 일어난 순서대로 바르게 나열한 것은?

> (가) 조선 주재 일본 공사인 미우라 고로가 일본 군대와 낭인들을 건청궁에 난입시켜 왕비를 시해하였다.
> (나) 시모노세키 조약 체결 직후, 러시아·프랑스·독일의 주일 공사가 외무성을 방문하여 하야시 타다스 외무 차관에게 랴오둥 반도를 청에 돌려줄 것을 요구하였다.
> (다) 심순택 등이 왕을 알현하여 여러 차례 황제로 즉위할 것을 진언하였고, 성균관 유생들의 상소도 이어지면서, 왕은 아홉 번의 사양 끝에 이를 수용하였다.
> (라) 러시아 장교 4명과 수병(水兵) 100여 명이 공사관 보호를 명목으로 한성에 들어왔고, 왕과 왕태자는 다음 날 이른 아침 궁녀의 가마를 타고 위장하여 러시아 공사관으로 처소를 옮겼다.

① (가) – (나) – (다) – (라)
② (가) – (나) – (라) – (다)
③ (나) – (가) – (다) – (라)
④ (나) – (가) – (라) – (다)
⑤ (다) – (라) – (가) – (나)

27 다음 중 빈칸 (가) 사건에 대한 설명으로 옳은 것은?

> 전에는 개화당을 꾸짖는 자도 많이 있었으나, 오히려 개화가 이롭다는 것을 말하면 듣는 사람들도 감히 크게 꺾으려 들지는 않았다. 그런데 김옥균 등이 주도한 _____(가)_____ 을/를 겪은 뒤부터 조야(朝野)에서 모두 말하기를, "이른바 개화당이라고 하는 자들은 충의를 모르고 외국인과 연결하여 나라를 팔고 종사(宗社)를 배반하였다."라고 하고 있다.

① 한성 조약이 체결되는 계기가 되었다.
② 구본신참을 개혁의 원칙으로 표방하였다.
③ 흥선 대원군이 청에 납치되는 원인이 되었다.
④ 부산, 원산, 인천이 개항되는 결과를 가져왔다.
⑤ 김윤식을 청에 영선사로 파견하는 배경이 되었다.

28 다음 중 밑줄 친 '그들'에 대한 설명으로 옳은 것은?

> 그들의 통문에는 대개 "벌레같은 왜적들이 날뛰어 수도를 침범하고, 임금의 위태로움이 눈앞에 이르렀으니, …… 어찌 한심스럽지 않겠습니까? 그러므로 각 접(接)들은 힘을 합하여 왜적을 쳐야겠습니다."라고 적혀 있습니다. 그리고 녹두라고 불리는 자가 전라도 병력 수십만 명을 이끌고 공주 삼리에 이르러 진을 치고 보은의 병력과 서로 호응하고 있으므로 그 기세가 갑자기 확대되었습니다.

① 탁지부에서 국가 재정을 전담할 것을 주장하였다.
② 유계춘을 중심으로 봉기하여 진주성을 점령하였다.
③ 일본의 황무지 개간권 요구 반대 운동을 전개하였다.
④ 홍경래의 주도로 난을 일으켜 선천, 정주 등을 장악하였다.
⑤ 보국안민을 내세우며 우금치에서 관군 및 일본군에 맞서 싸웠다.

29 다음 중 대한 제국에 대한 설명으로 옳지 않은 것은?

① 아관파천 이후 정부는 일본의 강요로 급진적으로 추진되었던 갑오개혁의 제도 개혁을 재조정하는 작업에 착수하였다.

② 경운궁으로 환궁한 고종은 1897년 연호를 광무로 정하고 황제 즉위식을 거행하고 국호를 대한 제국이라 선포하였다.

③ 광무개혁은 '옛것을 근본으로 하고 새로운 것을 참작한다'는 구본신참을 원칙으로 황제의 주도 하에 진행되었다.

④ 1899년 제정된 대한국 국제는 대한 제국이 만세 불변의 민주주의 국가임을 천명하였다.

⑤ 양지아문을 설치하여 일부 지역에서 양전 사업을 실시하였다.

30 다음 선언을 발표한 정부의 통일을 위한 노력으로 옳은 것은?

> 1. 남과 북은 나라의 통일 문제를 그 주인인 우리 민족끼리 서로 힘을 합쳐 자주적으로 해결해 나가기로 하였다.
> 2. 남과 북은 나라의 통일을 위한 남측의 연합제 안과 북측의 낮은 단계의 연방제 안이 서로 공통성이 있다고 인정하고 앞으로 이 방향에서 통일을 지향시켜 나가기로 하였다.

① 남북 조절 위원회를 구성하였다.

② 금강산 관광 사업을 실시하였다.

③ 남북 기본 합의서를 채택하였다.

④ 제2차 남북 정상 회담을 개최하였다.

⑤ 이산가족 고향 방문을 최초로 성사시켰다.

PART 4

최종점검 모의고사

제1회 공통영역
최종점검 모의고사

※ 최종점검 모의고사는 최근 발전회사 채용공고를 기준으로 구성한 것으로, 실제 시험과 다를 수 있습니다.

■ 취약영역 분석

번호	O/×	영역	번호	O/×	영역	번호	O/×	영역
1		의사소통능력	21		수리능력	41		의사소통능력
2			22			42		
3			23		문제해결능력	43		문제해결능력
4		수리능력	24			44		
5			25			45		
6			26		자원관리능력	46		
7		문제해결능력	27			47		수리능력
8			28			48		
9			29		수리능력	49		자원관리능력
10			30			50		
11		자원관리능력	31					
12			32		의사소통능력			
13		의사소통능력	33					
14			34		수리능력			
15		문제해결능력	35					
16			36		문제해결능력			
17		자원관리능력	37					
18		수리능력	38		자원관리능력			
19		의사소통능력	39					
20			40					

평가문항	50문항	평가시간	60분
시작시간	:	종료시간	:
취약영역			

제1회

공통영역
최종점검 모의고사

모바일 OMR

 문항 수 : 50문항 응시시간 : 60분

정답 및 해설 p.114

01 다음 중 맞춤법에 맞게 표기된 것은?

① 넙따란
② 넓적한
③ 넉두리
④ 얇팍한
⑤ 몇일

02 다음 글과 가장 관련 있는 한자성어는?

> 우리나라의 200만 개 일자리를 창출 중인 건설업에서 매년 400여 명이 목숨을 잃고 있는 것으로 나타났다. 이에 고용노동부 장관은 최근 희생자가 발생한 8개의 건설사 대표이사들을 불러 이 문제에 대한 간담회를 가졌다.
> 간담회에서 이 장관은 단순히 안전 구호를 외치며 안전 체조를 하던 과거 방식은 더 이상 사망사고를 막을 수 없다며, 사망사고를 예방하기 위해서는 각 작업장에서의 위험 요소를 파악하고 이에 대한 안전조치를 파악해 현장 자체를 변화시켜야 한다고 주장했다. 또한 특정 건설사에서 계속하여 사망사고가 발생하는 것은 경영자와 본사의 노력이 현장에 미치지 못하고 형식적인 데에서만 그치고 있는 것이라며 안전경영 리더십을 글이 아닌 직접 행동으로 보여줄 것을 촉구하였다.

① 각주구검(刻舟求劍)
② 수주대토(守株待兔)
③ 자강불식(自强不息)
④ 오하아몽(吳下阿蒙)
⑤ 일취월장(日就月將)

03 다음 중 조력발전소에 대한 설명으로 적절하지 않은 것은?

조력발전이 다시 주목받고 있다. 민주당 의원은 2021년 10월 18일 환경부 산하기관 대상 국정감사에서 시화호 사례를 들어 새만금 조력발전 필요성을 제기했다. 수질 악화로 몸살을 앓고 있는 새만금호에 조력발전소를 설치해 해수 유통을 실시하여 전기를 생산한다면 환경도 살리고 깨끗한 에너지도 얻을 수 있다는 논리이다. 6월 4일 환경부 장관은 시화호에서 열린 환경의 날 기념식에서 "중기 계획 중 하나로 조력발전을 확대하는 것에 대한 예비타당성조사가 계획된 상태"라며, "타당성조사 등을 검토한 후에 진행해 나갈 것"이라고 말했다.

하지만 조력발전이 해양생태계를 파괴한다는 상반된 주장도 제기된 바 있다. 2010년 시화호에 조력발전소를 설치할 당시 환경단체들은 "조력발전소가 갯벌을 죽이고 해양생태계를 파괴한다."고 주장한 바 있다. 어업으로 생활을 영위하는 주민들도 설립 초기에 생태계 파괴 우려로 반대의 목소리가 높았다.

1994년, 6년 7개월간의 공사 끝에 방조제 끝막이 공사가 완료되고 시화호는 바다로부터 분리됐다. 그로부터 2년 후 인근 공단 지역에서 흘러든 오염물질로 인해 시화호는 죽음의 호수로 전락했다. 착공 전부터 수질오염에 대한 우려가 끊임없이 제기됐지만 개발 위주의 정책을 바꾸기엔 역부족이었다. 착공 당시 중동 건설경기 침체로 인해 갈 곳을 잃은 건설근로자와 장비들을 놀리지 않고, 국내 경기를 활성화하며 대규모 산업단지가 들어설 '새 땅'을 확보하겠다는 목표를 세웠기 때문에 환경피해에 대한 고려는 우선순위에 들어가지 않았다.

정부는 부랴부랴 담수 방류를 결정하고 하수처리장 신·증설 등 수질개선 대책을 내놨지만 눈에 띄는 성과가 나타나지 않았다. 2000년에는 담수화 계획을 전면 포기했고, 이듬해 해수 상시 유통을 결정했다. 2002년 12월 시화호 방조제에 조력발전소를 건설하기로 확정하고 2004년부터 착공에 들어갔다. 2011년 준공된 시화호 조력발전소는 시설용량 254MW의 세계최대 조력발전소로 기록됐다. 조력발전소의 발전은 밀물이 들어오는 힘으로 수차 발전기를 돌려 전기를 생산하는 방식이다. 썰물 때는 수차가 작동하지 않고 배수만 진행되며, 지난해 12월까지 44억kWh의 전기를 생산했다. 이 발전소에서 연간 생산되는 전력량은 인구 40~50만 명의 도시 소비량과 맞먹는다.

제방을 터 바다로 물을 흘려보내고 밀물이 들어오게 하면서 수질은 개선됐다. 상류 주거지역과 공단 지역의 하수처리 시설을 확충하면서 오염물질 유입량이 줄어든 것도 수질 개선을 도왔다.

현재 시화호 지역은 눈에 띄게 환경이 개선됐다. 1997년에 17.4mg/L에 이르던 연도별 평균 COD는 해수 유통 이후 낮아졌고, 2020년엔 2.31mg/L를 기록했다. 수질평가지(WQI)에 의한 수질 등급은 정점 및 시기별로 변화가 있지만 2020년의 연평균 수질은 Ⅱ등급으로 개선됐다. 수질이 개선되면서 시화호 지역의 생태계도 살아나고 있다.

조력발전이 생태계를 살려냈다고 하기보다는 담수화 포기, 해수유통의 영향이라고 보는 것이 타당하다. 조력발전은 해수유통을 결정한 이후 배수 갑문으로 흘러 나가는 물의 흐름을 이용해 전기를 생산하는 것으로 해수유통의 부차적 결과물이기 때문이다.

① 조력발전소에서는 밀물을 통해 전기를 생산하고 있으며, 최근 주목받고 있는 발전소이다.

② 시화호 발전소의 1년 전기 생산량으로 인구 40만의 도시에 전기 공급이 가능하다.

③ 조력발전소가 설치된 이후 시화호의 수질이 악화되었으나, 해수유통을 통해 다시 수질을 회복할 수 있었다.

④ 우리나라에 세계 최대 규모의 조력발전소가 있다.

⑤ 조력발전소를 반대하는 사람들은 조력발전소가 갯벌을 파괴할 것이라고 생각한다.

04 B사의 마케팅부, 영업부, 영업지원부에서 2명씩 대표로 회의에 참석하기로 하였다. 원탁에 같은 부서 사람이 옆자리에 앉는 방식으로 자리 배치를 한다고 할 때, 6명이 앉을 수 있는 경우의 수는?

① 15가지　　　　　　　　　② 16가지

③ 17가지　　　　　　　　　④ 18가지

⑤ 19가지

05 같은 회사에 다니는 A사원과 B사원이 건물 맨 꼭대기 층인 10층에서 엘리베이터를 함께 타고 내려 갔다. 두 사원이 서로 다른 층에 내릴 확률은?(단, 두 사원 모두 지하에서는 내리지 않는다)

① $\dfrac{5}{27}$　　　　　　　　　② $\dfrac{8}{27}$

③ $\dfrac{2}{3}$　　　　　　　　　④ $\dfrac{8}{9}$

⑤ $\dfrac{77}{81}$

06 다음은 A시의 가구주의 연령 및 가구유형별 가구 추계를 나타낸 자료이다. 이를 토대로 2035년 가구 추계를 예측한 값으로 옳은 것은?(단, 가구 수는 소수점에서, 증가율은 소수점 둘째 자리에서 반올림한다)

〈A시의 가구 추계〉

(단위 : 가구)

구분	2005년			2015년			2025년		
	계	1인 가구	2인 가구	계	1인 가구	2인 가구	계	1인 가구	2인 가구
19세 이하	794	498	223	649	596	45	588	563	22
20~29세	13,550	6,962	3,935	12,962	8,915	2,410	13,761	10,401	2,200
30~39세	36,925	6,480	5,451	32,975	9,581	6,528	26,921	9,886	6,466
40~49세	44,368	4,814	5,083	45,559	8,505	7,149	38,467	9,327	7,378
50~59세	30,065	3,692	6,841	45,539	8,673	11,752	47,191	11,046	13,409
60~69세	21,024	4,278	8,171	27,943	6,606	11,485	44,445	11,185	18,909
70~79세	11,097	3,931	4,623	18,000	5,879	7,889	24,874	8,564	10,633
80세 이상	2,566	1,201	909	6,501	3,041	2,281	13,889	6,032	5,048
계	160,389	31,856	35,236	190,128	51,796	49,539	210,136	67,004	64,065

〈2035년 A시의 가구 추계 예측〉

- 전체 가구 수의 증가율(%)은 2015년 대비 2025년 전체 가구 수 증가율(%)의 $\frac{2}{3}$ 이다.
- 2025년 대비 1인 가구 수 증가량은 2005년 대비 2015년과 2015년 대비 2025년의 1인 가구 수 증가량의 평균과 같다.
- 3인 이상 가구 수는 2005년 3인 이상 가구 수의 80%로 감소한다.
- 2025년 이후부터는 가구주 연령이 70세 이상인 가구의 전입이나 전출은 없을 것이며, 2025년을 기준으로 가구주 연령이 80세 이상이었던 가구 중 40%, 70~79세였던 가구 중 30%가 2035년 이전에 사망할 것이다.

	1인 가구	2인 가구	가구주가 80세 이상인 가구
①	79,210	64,243	25,745
②	84,578	69,289	23,597
③	84,578	65,630	25,745
④	79,210	65,630	23,597
⑤	84,578	69,289	25,745

07 X제품을 운송하는 Q씨는 업무상 편의를 위해 고객의 주문 내역을 임의의 기호로 기록하고 있다. 다음과 같은 주문 전화가 왔을 때 Q씨가 기록한 기호로 옳은 것은?

〈임의기호〉

재료	연강	고강도강	초고강도강	후열처리강
	MS	HSS	AHSS	PHTS
판매량	낱개	1묶음	1box	1set
	01	10	11	00
지역	서울	경기남부	경기북부	인천
	E	S	N	W
윤활유 사용	청정작용	냉각작용	윤활작용	밀폐작용
	P	C	I	S
용도	베어링	스프링	타이어코드	기계구조
	SB	SS	ST	SM

※ Q씨는 [재료] - [판매량] - [지역] - [윤활유 사용] - [용도]의 순서로 기호를 기록함

〈주문전화〉

어이~ Q씨 나야, 나. 인천 지점에서 같이 일했던 P. 내가 필요한 것이 있어서 전화했어. 일단 서울 지점의 B씨가 스프링으로 사용할 제품이 필요하다고 하는데 한 박스 정도면 될 것 같아. 이전에 주문했던 대로 연강에 윤활용으로 윤활유를 사용한 제품으로 부탁하네. 나는 이번에 경기 남쪽으로 가는데 거기에 있는 내 사무실 알지? 거기로 초고강도강 타이어코드용으로 1세트 보내줘. 튼실한 걸로 밀폐용 윤활유 사용해서 부탁해. 저번에 냉각용으로 사용한 제품은 생각보다 좋진 않았어.

	B씨	P씨
①	MS11EISB	AHSS00SSST
②	MS11EISS	AHSS00SSST
③	MS11EISS	HSS00SSST
④	MS11WISS	AHSS10SSST
⑤	MS11EISS	AHSS00SCST

08 각 지역본부 대표 8명이 다음 〈조건〉에 따라 원탁에 앉아 회의를 진행할 때, 경인 대표의 맞은편에 앉은 사람은?

조건

- 서울, 부산, 대구, 광주, 대전, 경인, 춘천, 속초 대표가 참여하였다.
- 서울 대표는 12시 방향에 앉아 있다.
- 서울 대표의 오른쪽 두 번째는 대전 대표이다.
- 부산 대표는 경인 대표의 왼쪽에 앉는다.
- 대전 대표와 부산 대표 사이에는 광주 대표가 있다.
- 광주 대표와 대구 대표는 마주 보고 있다.
- 서울 대표와 대전 대표 사이에는 속초 대표가 있다.

① 대전 대표
② 부산 대표
③ 대구 대표
④ 속초 대표
⑤ 서울 대표

09 안전본부 사고분석 개선처에 근무하는 B대리는 혁신우수 연구대회에 출전하며 첨단 장비를 활용한 차종별 보행자 사고 모형 개발을 발표했다. 연구추진 방향을 도출하기 위해 SWOT 분석을 한 결과가 다음과 같을 때, 분석 결과에 대응하는 전략과 그 내용이 옳지 않은 것은?

〈차종별 보행자 사고 모형 SWOT 분석 결과〉

강점(Strength)	약점(Weakness)
10년 이상 지속적인 교육과 연구로 신기술 개발을 위한 인적 인프라 구축	보행자 사고 모형 개발을 위한 예산 및 실차 실험을 위한 연구소 부재
기회(Opportunity)	위협(Threat)
첨단 과학장비(3D스캐너, MADYMO) 도입으로 정밀 시뮬레이션 분석 가능	교통사고에 대한 국민의 관심과 분석수준 향상으로 공단의 사고분석 질적 제고 필요

① SO전략 : 과학장비를 통한 정밀 시뮬레이션 분석을 토대로 국내 차량의 전면부 형상을 취득하고 보행자사고를 분석해 신기술 개발에 도움
② WO전략 : 실차 실험 대신 과학장비를 통한 시뮬레이션 연구로 모형개발
③ ST전략 : 지속적 교육과 연구로 쌓아온 데이터를 바탕으로 사고분석 프로그램 신기술 개발을 통해 사고분석 질적 향상에 기여
④ WT전략 : 신기술 개발을 위한 연구대회를 개최해 인프라를 더욱 탄탄히 구축
⑤ OT전략 : 첨단 과학장비를 통해 사고분석 질적 향상을 도모함

※ 다음은 P사 A ~ H지점의 위치 및 경로이다. 이어지는 질문에 답하시오. **[10~11]**

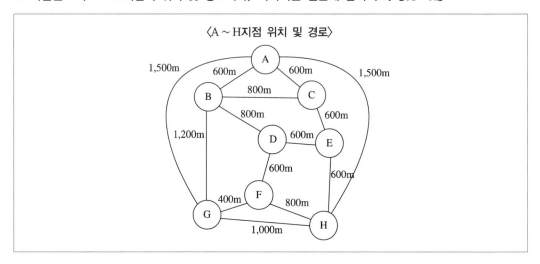

〈A ~ H지점 위치 및 경로〉

10 B지점에서 출발하여 H지점에 도착할 때, 최단 경로의 거리는?

① 1,500m
② 1,900m
③ 2,000m
④ 2,200m
⑤ 2,400m

11 다음 〈조건〉에 따라 버스 노선을 새로 만들 때, 가능한 버스 노선의 수는?

> **조건**
> • G지점에서 출발한다.
> • 각 마을 사이의 거리가 750m 이상인 길은 가지 않는다.
> • 한 번 지나간 길과 지점은 다시 지나가지 않는다.
> • 연결된 경로가 있다면 계속 운행하며, 더 이상 운행할 수 없는 지점일 때 그 지점을 종점으로 한다.

① 1가지
② 2가지
③ 3가지
④ 4가지
⑤ 5가지

12 A과장이 모스크바로 출장을 가기 위해 인천에서 출발하는 항공편을 찾아보았는데, 모든 항공사가 1개의 경유지를 거쳐 모스크바로 갈 수 있다고 한다. 이용하려는 항공사별 정보가 다음과 같을 때, 각 도시와의 시차에 대한 설명으로 옳지 않은 것은?

〈항공사별 인천 – 모스크바 항공편〉

• C사

출발 시각 (인천 기준)	경유지	경유지 도착 시각 (경유지 기준)	환승 대기시간	도착 시각 (모스크바 기준)
00:30	베이징	01:30	19시간	00:30*
23:30	상하이	00:30*	15시간	21:00*
이동시간	인천 – 베이징, 상하이 : 2시간 베이징 – 모스크바 : 9시간 상하이 – 모스크바 : 10시간 30분			

• E사

출발 시각 (인천 기준)	경유지	경유지 도착 시각 (경유지 기준)	환승 대기시간	도착 시각 (모스크바 기준)
06:00	아부다비	11:00	2시간 30분	18:30
이동시간	인천 – 아부다비 : 10시간 아부다비 – 모스크바 : 6시간			

• Q사

출발 시각 (인천 기준)	경유지	경유지 도착 시각 (경유지 기준)	환승 대기시간	도착 시각 (모스크바 기준)
01:30	도하	05:30	3시간	14:00
이동시간	인천 – 도하 : 10시간 도하 – 모스크바 : 5시간 30분			

* : 출발일 기준 익일 도착 시각

① 모스크바와 도하의 시차는 없다.
② 모스크바는 인천보다 6시간 늦다.
③ 모스크바는 아부다비보다 1시간 늦다.
④ 도하는 베이징보다 5시간 늦다.
⑤ 아부다비는 상하이보다 5시간 늦다.

국내 최초 해상풍력발전사업인 탐라해상풍력발전이 발전개시에 돌입하며, 대한민국 해상풍력발전시대의 막을 열었다.

(가) 이뿐만 아니라 탐라해상풍력발전은 이날 30억 원의 지역발전기금을 출연해 제주도의 'Carbon Free JEJU Island' 구현에 박차를 가할 것으로 내다보고 있다. 또한 이 사업이 성공적으로 추진됨으로써 제주도의 아름다운 해안 경관과 어우러진 해상풍력발전단지로 지역 관광명소로써 지역경제 활성화에 기여하고 향후 국내 해상풍력발전사업의 보급 확산을 위한 발판이 될 것으로 기대를 모으고 있다.

(나) 이날 행사는 탐라해상풍력 최초 발전개시와 국내 해상풍력시대의 개막을 기념하기 위해 개최되었으며, 성공적인 신재생에너지사업으로 자리 잡아 제주도에서 추진 중인 'Carbon Free JEJU Island' 구현에 도움이 될 수 있도록 지역발전기금 출연 협약도 체결했다.

(다) 탐라해상풍력발전은 29일 제주도 한경면 해상 인근에 풍력발전기 설치를 완료하고, 본격적인 전기 생산에 돌입했다고 밝혔다. 국내 최대용량이자 최초의 해상풍력발전으로 잘 알려져 있는 이 사업은 한국남동발전과 두산중공업이 공동출자해 진행 중인 대형 신재생에너지사업이다. 제주도의 우수한 해상풍력자원을 바탕으로 지난 2006년부터 추진됐으며, 제주시 한경면 두모리에서 금등리까지의 공유수면에 국산 유일의 두산중공업 해상풍력발전기(WinDS3000) 10기를 설치하는 30MW 규모의 대형 해상풍력사업이다.

(라) 한편, 탐라해상풍력은 29일 제주시 한경면 두모리 일대에서 제주도청, 제주에너지공사, 제주테크노파크 등 제주지역 주요기관과 한국남동발전 임직원 및 지역 주민 등 200여 명이 참석한 가운데, 탐라해상풍력 발전개시 및 발전기금 출연협약 체결 행사를 가졌다.

(마) 지난해 4월 두산중공업에서 직접 생산한 국산해상풍력발전기를 활용해 착공에 들어갔으며, 한국남동발전은 사업 · 설계 · 시공관리 및 품질검사, 준공검사 등에 대한 확인 및 입회 업무를 통해 착공 1년 6개월 만에 발전개시를 알렸다. 탐라해상풍력단지는 이날 상업운전을 시작으로 제주도민 약 2만 4,000여 가구에서 사용 가능한 8만 5,000MWh의 친환경 에너지를 연중 생산 · 공급하게 된다.

13 다음 중 제시된 첫 문장에 이어질 문단을 논리적 순서대로 바르게 나열한 것은?

① (가) – (다) – (마) – (라) – (나) 　　② (나) – (마) – (라) – (다) – (가)
③ (다) – (마) – (가) – (라) – (나) 　　④ (다) – (마) – (나) – (가) – (라)
⑤ (라) – (가) – (마) – (다) – (나)

14 다음 중 윗글의 제목으로 가장 적절한 것은?

① 'Carbon Free JEJU Island' 마침내 이룩
② 한국남동발전, 두산중공업과 손잡다.
③ 국내 해상풍력 발전사업의 보급, 길인가 흉인가?
④ 탐라해상풍력발전, 30억 원의 지역발전기금 출연
⑤ 제주 탐라해상풍력발전, 국내 최초 해상풍력발전시대 개막

15 다음 제시된 커피의 종류, 은희의 취향 및 오늘 아침의 상황으로 판단할 때, 오늘 아침에 은희가 주문할 커피는?

〈커피의 종류〉

에스프레소		아메리카노	
	• 에스프레소		• 에스프레소 • 따뜻한 물
카페라테		카푸치노	
	• 에스프레소 • 데운 우유		• 에스프레소 • 데운 우유 • 우유거품
비엔나 커피		카페모카	
	• 에스프레소 • 따뜻한 물 • 휘핑크림		• 에스프레소 • 초코시럽 • 데운 우유 • 휘핑크림

〈은희의 취향〉

• 배가 고플 때에는 데운 우유가 들어간 커피를 마신다.
• 다른 음식과 함께 커피를 마실 때에는 데운 우유를 넣지 않는다.
• 스트레스를 받으면 휘핑크림이나 우유거품을 추가한다.
• 피곤하면 휘핑크림이 들어간 경우에 한하여 초코시럽을 추가한다.

〈오늘 아침의 상황〉

출근을 하기 위해 지하철을 탄 은희는 꽉 들어찬 사람들 사이에서 스트레스를 받으며 내리기만을 기다리고 있었다. 목적지에 도착한 은희는 커피를 마시며 기분을 달래기 위해 커피전문점에 들렀다. 아침식사를 하지 못해 배가 고프고 고된 출근길에 피곤하지만, 시간 여유가 없어 오늘 아침은 커피만 마실 생각이다. 그런데 은희는 요즘 체중관리를 위해 휘핑크림은 넣지 않기로 하였다.

① 카페라테　　　　　　　② 아메리카노
③ 카푸치노　　　　　　　④ 카페모카
⑤ 비엔나 커피

16 다음은 중국에 진출한 프랜차이즈 커피전문점에 대해 SWOT 분석을 한 것이다. (가) ~ (라)에 들어 갈 전략을 순서대로 바르게 나열한 것은?

〈중국 진출 프랜차이즈 커피전문점 SWOT 분석 결과〉

S(Strength)	W(Weakness)
• 풍부한 원두커피의 맛 • 독특한 인테리어 • 브랜드 파워 • 높은 고객 충성도	• 낮은 중국 내 인지도 • 높은 시설비 • 비싼 임대료
O(Opportunity)	T(Threat)
• 중국 경제 급성장 • 서구문화에 대한 관심 • 외국인 집중 • 경쟁업체 진출 미비	• 중국의 차 문화 • 유명 상표 위조 • 커피 구매 인구의 감소

(가)	(나)
• 브랜드가 가진 미국 고유문화 고수 • 독특하고 차별된 인테리어 유지 • 공격적 점포 확장	• 외국인 많은 곳에 점포 개설 • 본사 직영 인테리어로 시설비 절감
(다)	(라)
고품질 커피로 상위 소수고객에 집중	• 녹차 향 커피 개발로 인지도 상승 • 개발 상표 도용 감시

	(가)	(나)	(다)	(라)
①	SO전략	ST전략	WO전략	WT전략
②	WT전략	ST전략	WO전략	SO전략
③	SO전략	WO전략	ST전략	WT전략
④	ST전략	WO전략	SO전략	WT전략
⑤	WT전략	WO전략	SO전략	ST전략

17 다음 직접비와 간접비에 대한 설명을 읽고, 〈보기〉의 인건비와 성격이 유사한 것을 고르면?

어떤 활동이나 사업의 비용을 추정하거나 예산을 잡을 때에는 추정해야 할 많은 유형의 비용이 존재한다. 그중 대표적인 것이 직접비와 간접비이다. 직접비란 간접비용에 상대되는 용어로서, 제품 생산 또는 서비스를 창출하기 위해 직접 소비된 것으로 여겨지는 비용을 말한다. 이와 반대로 간접비란 제품을 생산하거나 서비스를 창출하기 위해 소비된 비용 중에서 직접비용을 제외한 비용으로, 제품 생산에 직접 관련되지 않은 비용을 말하는데, 이는 매우 다양하기 때문에 많은 사람들이 간접비용을 정확하게 예측하지 못해 어려움을 겪는 경우가 많다.

> **보기**
>
> 인건비란 제품 생산 또는 서비스 창출을 위한 업무를 수행하는 사람들에게 지급되는 비용으로, 계약에 의해 고용된 외부 인력에 대한 비용도 인건비에 포함된다. 이러한 인건비는 일반적으로 전체 비용 중 가장 큰 비중을 차지하게 된다.

① 통신비   ② 출장비
③ 광고비   ④ 보험료
⑤ 사무비품비

18 다음은 특정 분야의 기술에 대한 정보검색 건수를 연도별로 나타낸 자료이다. 이에 대한 〈보기〉의 설명 중 옳은 것을 모두 고르면?

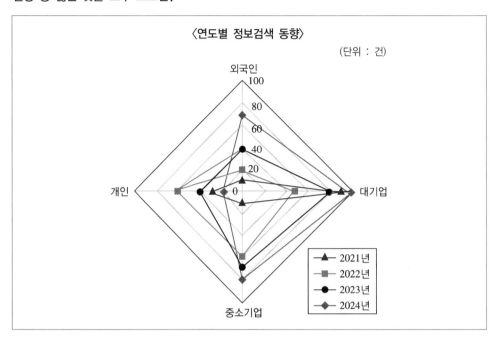

> **보기**
>
> ㄱ. 전체 검색 건수는 2022년에 가장 적었다.
> ㄴ. 중소기업의 검색 건수는 2021년부터 2024년까지 계속 증가하고 있다.
> ㄷ. 2021년부터 2024년까지 검색 건수 총합은 대기업이 가장 많았다.
> ㄹ. 2023년에는 외국인과 개인의 검색 건수가 가장 적었고, 중소기업의 검색 건수가 가장 많았다.

① ㄱ, ㄴ　　　　　　　　　② ㄴ, ㄷ

③ ㄷ, ㄹ　　　　　　　　　④ ㄱ, ㄴ, ㄷ

⑤ ㄴ, ㄷ, ㄹ

19 A기업의 신입사원 교육담당자인 귀하는 상사로부터 다음과 같은 메일을 받았다. 신입사원의 업무 역량을 향상시킬 수 있도록 교육할 내용에 대해서 옳지 않은 것은?

수신 : ○○○
발신 : △△△

제목 : 신입사원 교육프로그램을 구성할 때 참고해주세요.
내용 :
○○○ 씨, 오늘 조간신문을 보다가 공감이 가는 내용이 있어서 보내드립니다.
신입사원 교육 때, 문서작성 능력을 향상시킬 수 있는 프로그램을 추가하면 좋을 것 같습니다.

기업체 인사담당자들을 대상으로 한 조사에서 '신입사원의 국어 능력 만족도'는 '그저 그렇다'가 65.4%, '불만족'이 23.1%나 됐는데, 특히 '기획안과 보고서 작성능력'에서 '그렇다'의 응답 비율 (53.2%)이 가장 높았다. 기업들이 대학에 개설되기를 희망하는 교과과정을 조사한 결과에서도 가장 많은 41.3%가 '기획문서 작성'을 꼽았다. 특히 인터넷 세대들은 '짜깁기' 기술엔 능해도 논리를 구축해 효과적으로 커뮤니케이션을 하고 상대를 설득하는 능력에선 크게 떨어진다.

① 문서의미를 전달하는 데 문제가 없다면 끊을 수 있는 부분은 가능한 한 끊어서 문장을 짧게 만들고, 실질적인 내용을 담을 수 있도록 한다.
② 상대방이 이해하기 어려운 글은 좋은 글이 아니므로, 우회적인 표현이나 현혹적인 문구는 지양한다.
③ 중요하지 않은 경우 한자의 사용을 자제하며 만약 사용할 경우 상용한자의 범위 내에서 사용하도록 한다.
④ 문서의 중요한 내용을 미괄식으로 작성하는 것은 문서작성에 중요한 부분이다.
⑤ 문서로 전달하고자 하는 핵심메시지가 잘 드러나도록 작성하며 논리적으로 의견을 전개하도록 한다.

20 다음은 한국남동발전 사보의 기사 초고이다. 사보 제작자가 수정할 내용으로 적절하지 않은 것은?

한국남동발전은 23일 서울 엘타워에서 열린 '2016년 공공부문 인재개발우수기관(Best HRD) 인증 수여식'에서 한국전력공사, 한국전력거래소 등 51개 기관과 함께 공공부문 우수기관으로 인증을 받았으며, 재인증 기관 중 최우수기관에 선정되는 ⊙ <u>명예를</u> 안았다고 밝혔다. 최우수기관 선정은 지난 2013년에 이어 2회 연속으로 달성한 성과라는 점에서 더 큰 의미를 부여할 수 있다. 한국남동발전은 "이번 수상은 그동안 체계적이고 계획적인 인력개발은 물론 성과와 능력중심의 인적자원개발에 앞장서온 노력의 결실"이라며 의미를 부여했다. 이 회사는 우수한 인적자원개발을 위해 금년 회사 경영전략과 연계하여 인재양성 ⓒ <u>마스터플랜을</u> 수립해 운영하고 있으며, 이 중 인력양성과 기술개발의 ⓒ <u>두 마리 토끼를</u> 잡기 위한 10대 중점기술 그룹 운영, 능력과 성과 중심의 인사관리체계 구축, 능력중심 인재채용을 위한 NCS 기반 채용제도 정착, 채용제도의 다변화 노력을 통한 인력구성의 다양성 확보 등에서 높은 점수를 획득했다. 허엽 한국남동발전 사장은 "이번 공공부문 Best HRD 인증제 참여는 전문가 진단을 통해 인적자원개발 수준을 객관적이고 심층적으로 평가받아 더 높이 도약할 수 있는 좋은 계기가 되었다."면서 "오늘 선정에 만족하지 않고 중장기 인재양성마스터플랜을 통해 'Clean & Smart Energy Leader'의 비전을 실현하고, 미래를 창조하는 글로벌 에너지 기업으로 도약하기 위해 노력하겠다."고 밝혔다. ② <u>그러나</u> 인적자원개발 우수기관(Best HRD) 인증제는 교육부와 고용노동부가 인적자원개발이 우수한 기업 및 단체, 공공기관을 대상으로 심사를 통해 정부가 인증마크를 부여함으로서 공공기관의 인적자원개발 인식 제고 및 투자 촉진을 도모하기 위해 지난 2006년부터 추진해 오고 있는 제도이다.

---

① ⊙은 뒤에 오는 '안다'라는 동사를 고려했을 때 '영예'로 고치는 것이 좋겠어.
② ⓒ은 우리말로 '종합계획' 혹은 '기본 설계' 등으로 순화하는 게 좋겠어.
③ ⓒ은 관계없는 표현이므로 삭제하는 것이 좋겠어.
④ ②은 앞 뒤 문장과 어색한 부사이므로 '또한'으로 고치는 것이 좋겠어.
⑤ 기사의 제목은 '한국남동발전, 2016년 공공부문 인적자원개발 우수기관 재인증 및 최우수기관 선정'이 좋겠어.

21 K여행사에 근무 중인 사원은 의무적으로 1월부터 12월까지 총 60시간의 안전 교육을 이수해야 한다. 안전 교육은 1시간 단위로 진행이 되며 한 달에 최소 3시간은 이수를 해야만 한다. 5월이 지날 때까지 사원은 35시간을 이수했을 때, 남은 기간 동안 안전 교육을 이수받는 경우의 수는?

① 180가지 ② 196가지
③ 200가지 ④ 210가지
⑤ 225가지

22 다음은 지방자치단체 여성 공무원 현황에 대한 자료이다. 이에 대한 설명으로 옳지 않은 것은?

〈지방자치단체 여성 공무원 현황〉

(단위 : 백 명, %)

구분	2019년	2020년	2021년	2022년	2023년	2024년
전체 공무원	2,660	2,725	2,750	2,755	2,780	2,795
여성 공무원	705	750	780	805	820	830
여성 공무원 비율	26.5	27.5	28.4	29.2	29.5	29.7

① 2019년 이후 여성 공무원 수는 매년 증가하고 있다.
② 2022년 전체 공무원 수는 전년 대비 증가하였다.
③ 2023년 남성 공무원 수는 1,960백 명이다.
④ 2024년 여성 공무원 비율은 2019년과 비교했을 때, 3.2%p 증가했다.
⑤ 2024년에 남성 공무원이 차지하는 비율과 여성 공무원이 차지하는 비율의 차이는 40%p 미만이다.

23 다음 (가) ~ (다)는 일상생활에서 자주 발견되는 논리적 오류에 대해 설명한다. (가) ~ (다)에 해당하는 논리적 오류 유형이 바르게 연결된 것은?

> (가) 상대가 의도하지 않은 것을 강조하거나 허점을 비판하여 자신의 주장을 내세운다. 상대방의 주장과 전혀 상관없는 별개의 논리를 만들어 공격하는 경우도 있다.
>
> (나) 적절한 증거 없이 몇몇 사례만을 토대로 결론을 내린다. 일부를 조사한 통계 자료나 대표성이 없는 불확실한 자료를 사용하기도 한다.
>
> (다) 타당한 논거보다는 많은 사람들이 수용한다는 것을 내세워 어떤 주장을 정당화하려 할 때 발생한다.

	(가)	(나)	(다)
①	인신공격의 오류	애매성의 오류	애매성의 오류
②	인신공격의 오류	성급한 일반화의 오류	과대 해석의 오류
③	허수아비 공격의 오류	성급한 일반화의 오류	대중에 호소하는 오류
④	허수아비 공격의 오류	무지의 오류	대중에 호소하는 오류
⑤	애매성의 오류	무지의 오류	허수아비 공격의 오류

24 K공사는 2025년 신입사원 채용을 진행하고 있다. 최종 관문인 면접평가는 다대다 전형으로, A ~ E면접자를 포함한 총 8명이 입장하여 〈조건〉에 따라 의자에 앉았다. D면접자가 2번 의자에 앉았다고 할 때, 다음 중 항상 옳은 것은?(단, 면접실 의자는 순서대로 1번부터 8번까지 번호가 매겨져 있다)

> **조건**
> • C면접자와 D면접자는 이웃해 앉지 않고, D면접자와 E면접자는 이웃해 앉는다.
> • A면접자와 C면접자 사이에는 2명이 앉는다.
> • A면접자는 양 끝(1번, 8번)에 앉지 않는다.
> • B면접자는 6번 또는 7번 의자에 앉고, E면접자는 3번 의자에 앉는다.

① A면접자는 4번에 앉는다.

② C면접자는 1번에 앉는다.

③ A면접자와 B면접자가 서로 이웃해 앉는다면 C면접자는 4번 또는 8번에 앉는다.

④ B면접자가 7번에 앉으면, A면접자와 B면접자 사이에 2명이 앉는다.

⑤ C면접자가 8번에 앉으면, B면접자는 6번에 앉는다.

25 다음은 어느 회사의 승진대상과 승진규정이다. 제시된 규정을 따를 때, 2025년 현재 직급이 대리인 사람은?

〈승진규정〉
- 2024년까지 근속연수가 3년 이상인 자를 대상으로 한다.
- 출산 휴가 및 병가 기간은 근속 연수에서 제외한다.
- 평가연도 업무평가 점수가 80점 이상인 자를 대상으로 한다.
- 평가연도 업무평가 점수는 직전연도 업무평가 점수에서 벌점을 차감한 점수이다.
- 벌점은 결근 1회당 −10점, 지각 1회당 −5점이다.

〈승진후보자 정보〉

구분	근무기간	직전연도 업무평가	근태현황		기타
			지각	결근	
A사원	1년 4개월	79	1	−	−
B주임	3년 1개월	86	−	1	출산 휴가 35일
C대리	7년 1개월	89	1	1	병가 10일
D과장	10년 3개월	82	−	−	−
E차장	12년 7개월	81	2	−	−

① A사원
② B주임
③ C대리
④ D과장
⑤ E차장

26 다음 일정표를 보고 〈조건〉에 따라 모든 직원이 외부출장을 갈 수 있는 날짜를 고르면?

〈10월 일정표〉

일	월	화	수	목	금	토
		1 건축목공 기능사 시험	2	3	4	5
6	7	8	9 경영지도사 시험	10	11 건축도장 기능사 합격자 발표	12
13	14	15 가스기사 시험	16	17 기술행정사 합격자 발표	18	19
20 기술행정사 원서 접수일	21 기술행정사 원서 접수일	22 기술행정사 원서 접수일	23 기술행정사 원서 접수일	24 경영지도사 합격자 발표	25 물류관리사 원서 접수일	26 물류관리사 원서 접수일
27 물류관리사 원서 접수일	28 물류관리사 원서 접수일	29	30	31		

※ 기사, 기능사, 기술사, 기능장, 산업기사 외에는 전문자격시험에 해당함

조건
- 기능사 시험이 있는 주에는 외부출장을 갈 수 없다.
- 전문자격증 시험이 있는 주에는 책임자 1명은 있어야 한다.
- 전문자격시험 원서 접수 및 시험 시행일에는 모든 직원이 시외 출장을 갈 수 없다.
- 전문자격시험별 담당자는 1명이며, 합격자 발표일에 담당자는 사무실에서 대기 근무를 해야 한다.
- 전문자격시험 시행일이 있는 주에는 직무 교육을 실시할 수 없으며 모든 직원이 의무는 아니다.
- 대리자는 담당자의 책임과 권한이 동등하다.
- 출장은 주중에만 갈 수 있다.

① 10월 10일
② 10월 17일
③ 10월 19일
④ 10월 23일
⑤ 10월 29일

27 다음은 개발부에서 근무하는 A사원의 4월 근태기록이다. 제시된 규정을 참고하여 A사원이 받을 시간외근무수당을 구하면 얼마인가?(단, 정규근로시간은 09:00 ~ 18:00이다)

〈시간외근무 규정〉

- 시간외근무(조기출근 포함)는 1일 4시간, 월 57시간을 초과할 수 없다.
- 시간외근무수당은 1일 1시간 이상 시간외근무를 한 경우에 발생하며, 1시간을 공제한 후 매분 단위까지 합산하여 계산한다(단, 월 단위 계산 시 1시간 미만은 절사함).
- 시간외근무수당 지급단가 : 사원(7,000원), 대리(8,000원), 과장(10,000원)

〈A사원의 4월 근태기록(출근시간 / 퇴근시간)〉

- 4월 1일부터 4월 15일까지의 시간외근무시간은 12시간 50분(1일 1시간 공제 적용)이다.

18일(월)	19일(화)	20일(수)	21일(목)	22일(금)
09:00 / 19:10	09:00 / 18:00	08:00 / 18:20	08:30 / 19:10	09:00 / 18:00
25일(월)	26일(화)	27일(수)	28일(목)	29일(금)
08:00 / 19:30	08:30 / 20:40	08:30 / 19:40	09:00 / 18:00	09:00 / 18:00

※ 주말 특근은 고려하지 않음

① 112,000원
② 119,000원
③ 126,000원
④ 133,000원
⑤ 140,000원

28 다음은 3개 기관 유형별 연구개발비 비중을 나타낸 자료이다. 이에 대한 〈보기〉의 설명 중 옳은 것을 모두 고르면?

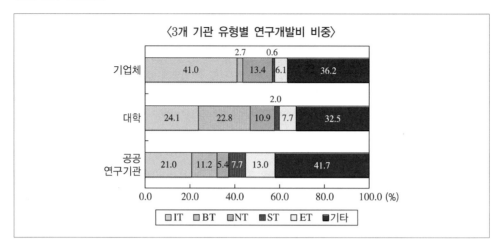

〈3개 기관 유형별 연구개발비 비중〉

기업체	41.0	13.4 (2.7)	6.1 (0.6)		36.2
대학	24.1	22.8	10.9	7.7 (2.0)	32.5
공공연구기관	21.0	11.2	5.4 7.7	13.0	41.7

□IT ■BT ■NT ■ST □ET ■기타

> **보기**
>
> ㄱ. 공공연구기관의 연구개발비는 BT분야가 NT분야의 2배 이상이다.
> ㄴ. 기업체의 IT, NT분야 연구개발비 합은 기업체 전체 연구개발비의 50% 이상이다.
> ㄷ. 3개 기관 유형 중 ET분야 연구개발비는 공공연구기관이 가장 많다.
> ㄹ. 공공연구기관의 ST분야 연구개발비는 기업체와 대학의 ST분야 연구개발비 합보다 크다.
> ㅁ. 기타를 제외하고 연구개발비 비중이 가장 작은 분야는 3개 기관 유형에서 모두 동일하다.

① ㄱ, ㄴ
② ㄴ, ㄹ
③ ㄱ, ㄴ, ㄷ
④ ㄴ, ㄷ, ㄹ
⑤ ㄷ, ㄹ, ㅁ

※ 다음은 H씨가 8월까지 사용한 지출 내역이다. 이어지는 질문에 답하시오. **[29~30]**

〈8월 지출 내역〉

구분	내역
신용카드	2,500,000원
체크카드	3,500,000원
현금영수증	–

※ 연봉의 25%를 초과한 금액에 한해 신용카드 15% 및 현금영수증·체크카드 30% 공제
※ 공제는 초과한 금액에 대해 공제율이 높은 종류를 우선 적용

29 H씨의 예상 연봉이 35,000,000원일 때, 연말정산에 대비하기 위한 전략 또는 위 자료에 대한 설명으로 옳지 않은 것은?

① 신용카드와 체크카드 사용금액이 연봉의 25%를 넘어야 공제가 가능하다.

② 2,750,000원을 더 사용해야 소득공제가 가능하다.

③ 만약 체크카드를 5,000,000원 더 사용한다면, 2,250,000원이 소득공제 금액에 포함되고 공제액은 675,000원이다.

④ 만약 신용카드를 5,750,000원 더 사용한다면, 3,000,000원이 소득공제 금액에 포함되고 공제액은 900,000원이다.

⑤ 신용카드 사용금액이 더 적기 때문에 체크카드보다 신용카드를 많이 사용하는 것이 공제에 유리하다.

30 H씨는 8월 이후로 신용카드를 4,000,000원 더 사용했고, 현금영수증 금액을 확인해 보니 5,000,000원이었다. 또한 연봉이 40,000,000원으로 상승하였다. 다음 세율 표를 적용했을 때 신용카드, 현금영수증 등 소득공제 금액에 대한 세금은?

과표	세율
1,200만 원 이하	6%
4,600만 원 이하	15%
8,800만 원 이하	24%
15,000만 원 이하	35%
15,000만 원 초과	38%

① 90,000원 ② 225,000원

③ 247,500원 ④ 450,000원

⑤ 1,500,000원

31 다음 글의 주제로 가장 적절한 것은?

우리는 주변에서 신호등 음성 안내기, 휠체어 리프트, 점자 블록 등의 장애인 편의 시설을 많이 볼 수 있다. 우리는 이런 편의 시설을 장애인들이 지니고 있는 국민으로서의 기본 권리를 인정한 것이라는 시각에서 바라보고 있다. 물론, 장애인의 일상생활 보장이라는 측면에서 이 시각은 당연한 것이다.

하지만 이를 바라보는 또 다른 시각이 필요하다. 그것은 바로 장애인만을 위한 것이 아니라 일상생활에서 활동에 불편을 겪는 모두를 위한 것이라는 시각이다. 편리하고 안전한 시설은 장애인뿐만 아니라 우리 모두에게 유용하기 때문이다. 예를 들어, 건물의 출입구에 설치되어 있는 경사로는 장애인들의 휠체어만 다닐 수 있도록 설치해 놓은 것이 아니라, 몸이 불편해서 계단을 오르내릴 수 없는 노인이나 유모차를 끌고 다니는 사람들도 편하게 다닐 수 있도록 만들어 놓은 시설이다. 결국 이 경사로는 우리 모두에게 유용한 시설인 것이다.

그런 의미에서, 근래에 대두되고 있는 '보편적 디자인', 즉 '유니버설 디자인(Universal Design)'이라는 개념은 우리에게 좋은 시사점을 제공해 준다. 보편적 디자인이란 가능한 모든 사람이 이용할 수 있도록 제품, 건물, 공간을 디자인한다는 의미를 가지고 있기 때문이다. 이러한 시각으로 바라본다면 장애인 편의 시설이 우리 모두에게 편리하고 안전한 시설로 인식될 것이다.

① 우리 주변에서는 장애인 편의 시설을 많이 볼 수 있다.
② 보편적 디자인은 근래에 대두되고 있는 중요한 개념이다.
③ 어떤 집단의 사람들이라도 이용할 수 있는 제품을 만들어야 한다.
④ 보편적 디자인이라는 관점에서 장애인 편의 시설을 바라볼 필요가 있다.
⑤ 장애인들의 기본 권리를 보장하기 위해 장애인 편의 시설을 확충해야 한다.

※ 다음 기사를 읽고 이어지는 질문에 답하시오. [32~33]

한국남동발전, '지역희망박람회' 참여
㉠

한국남동발전은 고양 킨텍스에서 열린 '지역희망박람회'에서 공공기관 지방이전 후 지역 발전에 기여한 모범사례로 선정되어 국무총리 표창을 수상했다. 이날 행사는 허남식 지역발전위원장이 참석한 가운데 진행됐다. (가) '활력 있는 지역경제, 행복한 주민'이라는 주제로 진행된 이번 행사는 지역발전위원회 및 17개 관련 부처가 주최하고, 한국 산업기술진흥원에서 주관하며 매년 개최해 오고 있다. 경남혁신도시 이전기관 대표로 참여하였으며, 유일하게 국무총리 표창을 수상한 한국남동발전은 지역희망박람회 우수사례 발표 이후에 이어진 시상식에서 많은 호응과 박수를 받았다. (나) 이날 지역산업진흥 유공 주민행복분야 모범사례로 선정된 한국남동발전은 이전 지역인재 채용할당제(10%) 시행, 이전지역 내 물품구매·용역·공사 집행, 지역문화행사 지원 등 지역경제 활성화를 위해 지원하고 있다. 또한 경남 혁신도시 이전기관 협업을 통한 지역경제 활성화 및 상생분위기 조성을 위한 「남가람 에코 파워토피아 프로젝트」를 수립하고 중·장기적 지역경제 활성화 토대를 구축하여 총괄 운영하고 있다. (다) 이와 같은 노력으로 본사이전 이후 35명을 지역인재로 채용하고, 2014년 이전지역 내 물품구매실적이 412억 원에서 2015년도에는 717억 원 규모로 지속적인 증가 추세를 보이고 있다. 그 외에도 동반성장을 위한 경남 진주시 – 남동발전 사회공헌사업 업무협약 체결을 통해 한국남동발전 고유 사회공헌프로젝트인 'Sunny Project'를 확대 운영하고 있다. (라) 이를 통해 전통시장 에너지 환경 개선사업, 기독육아원 환경개선 사업 등 사회공헌 활동에도 앞장서고 있다. (마) 또한 지역과의 상생교류를 위해 지역주민 초대 무료 최신영화 상영회 시행, 무료 오페라 공연 시행 등 지역주민 문화적 욕구 충족 및 취약계층 문화공연 초대를 통해 지역공동체 역할 홍보 및 소통의 장을 마련하고 있다. 이날 수상자로 참석한 손광식 기획관리본부장은 "한국남동발전은 공기업으로서 공익성과 수익성 양 날의 검을 쥔 어려운 현실 속에서 지역 발전을 위한 적극적인 활동을 지속적으로 추진하여 건전한 기업 생태계 조성에 앞장서겠다."고 포부를 밝혔다.

---

32 다음 중 〈보기〉의 문장이 들어갈 위치로 가장 적절한 곳은?

> **보기**
>
> 이 프로젝트는 「산학연 융복합 연구 사업단」, 「New Biz 사업단」, 「SME 창업육성사업단」, 「교육·문화 추진사업단」 등 4개의 사업단을 구성하여, 이전기관 및 각 관련 기관들이 참여하여 실무협의회를 구성, 실질적인 경남지역 경제 활성화를 위해 적극적으로 시행하고 있다.

① (가)　　　　　　　　　② (나)
③ (다)　　　　　　　　　④ (라)
⑤ (마)

33 다음 중 빈칸 ㉠에 들어갈 기사의 소제목으로 가장 적절한 것은?

① 활력 있는 지역경제, 행복한 주민
② 한국 산업기술진흥원 이례적 참여
③ 'Sunny Project' 확대 운영
④ 지역발전 기여 모범사례 선정, 국무총리 표창 수상
⑤ 공익성과 수익성 양 날의 검

34 원가의 20%를 추가한 금액을 정가로 하는 제품을 15% 할인해서 50개를 판매한 금액이 127,500원일 때, 이 제품의 원가는?

① 2,000원   ② 2,500원

③ 3,000원   ④ 3,500원

⑤ 4,000원

35 다음은 A은행 영업부에서 작년 분기별 영업 실적에 대한 자료이다. 작년 전체 실적에서 1 ~ 2분기와 3 ~ 4분기가 각각 차지하는 비중을 바르게 나열한 것은?(단, 비중은 소수점 둘째 자리에서 반올림한다)

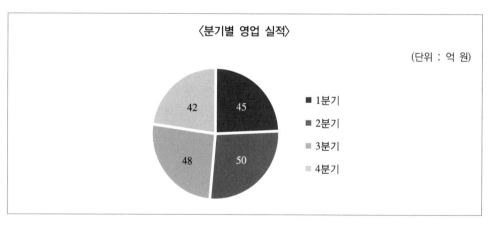

〈분기별 영업 실적〉

(단위 : 억 원)

■ 1분기
■ 2분기
■ 3분기
■ 4분기

	1 ~ 2분기	3 ~ 4분기
①	48.6%	51.4%
②	50.1%	46.8%
③	51.4%	48.6%
④	46.8%	50.1%
⑤	50.0%	50.0%

36 다음 SWOT 분석 결과를 바탕으로 섬유 산업이 발전할 수 있는 방안을 제시한 것 중 〈보기〉에서 옳은 것을 모두 고르면?

〈SWOT 분석 결과〉

강점(Strength)	약점(Weakness)
• 빠른 제품 개발 시스템	• 기능 인력 부족 심화 • 인건비 상승
기회(Opportunity)	위협(Threat)
• 한류의 영향으로 한국 제품 선호 • 국내 기업의 첨단 소재 개발 성공	• 외국산 저가 제품 공세 강화 • 선진국의 기술 보호주의

보기

ㄱ. 한류 배우를 모델로 브랜드 홍보 전략을 추진한다.
ㄴ. 단순 노동 집약적인 소품종 대량 생산 체제를 갖춘다.
ㄷ. 소비자 기호를 빠르게 분석하여 제품 생산에 반영한다.
ㄹ. 선진국의 원천 기술을 이용한 기능성 섬유를 생산한다.

① ㄱ, ㄴ   ② ㄱ, ㄷ
③ ㄴ, ㄷ   ④ ㄴ, ㄹ
⑤ ㄷ, ㄹ

37 K회사에 근무하는 귀하는 부하직원 A ~ E 5명을 대상으로 마케팅 전략에 대한 의견을 물었다. 이에 대해 직원 5명은 찬성과 반대 둘 중 하나의 의견을 제시했다. 다음 〈조건〉이 모두 참일 때, 항상 옳은 것은?

조건

• A 또는 D 둘 중 적어도 하나가 반대하면, C는 찬성하고 E는 반대한다.
• B가 반대하면, A는 찬성하고 D는 반대한다.
• D가 반대하면 C도 반대한다.
• E가 반대하면 B도 반대한다.
• 적어도 한 사람은 반대한다.

① A는 찬성하고 B는 반대한다.   ② A는 찬성하고 E는 반대한다.
③ B와 D는 반대한다.   ④ C는 반대하고 D는 찬성한다.
⑤ C와 E는 찬성한다.

38 다음은 어느 기업의 팀별 성과급 지급 기준 및 영업팀의 분기별 평가표이다. 영업팀에게 지급되는 성과급의 1년 총액은?(단, 성과평가등급이 A등급이면 직전 분기 차감액의 50%를 가산하여 지급한다)

〈성과급 지급 기준〉

구분	성과평가 등급	분기별 성과급 지급액
9.0 이상	A	100만 원
8.0 ~ 8.9	B	90만 원(10만 원 차감)
7.0 ~ 7.9	C	80만 원(20만 원 차감)
6.9 이하	D	40만 원(60만 원 차감)

〈영업팀 평가표〉

(단위 : 점)

구분	1/4분기	2/4분기	3/4분기	4/4분기
유용성	8	8	10	8
안정성	8	6	8	8
서비스 만족도	6	8	10	8

※ (성과평가 점수)=[(유용성)×0.4]+[(안정성)×0.4]+[(서비스 만족도)×0.2]

① 350만 원
② 360만 원
③ 370만 원
④ 380만 원
⑤ 400만 원

39 A사에서 체육대회를 개최한다. 지점별로 출전선수를 선발하는데, Y지점 직원들(A ~ J)은 각자 2 종목씩 필수로 출전해야 한다. 다음 중 계주에 꼭 출전해야 하는 직원을 모두 고르면?

〈지점별 참가 인원〉

(단위 : 명)

홀라후프	계주	줄넘기	줄다리기	2인 3각
1	4	5	8	2

〈직원별 참가가능 종목〉

(단위 : 명)

구분	홀라후프	계주	줄넘기	줄다리기	2인 3각
A	×	×	○	○	○
B	×	○	○	○	×
C	○	○	○	×	×
D	○	×	×	○	×
E	×	○	×	○	×
F	×	×	○	○	×
G	×	×	×	○	○
H	○	○	○	○	×
I	×	○	○	○	×
J	×	○	○	×	×

① B, C, J
② C, E, J
③ C, G, I
④ D, E, H
⑤ E, I, J

40 다음은 어느 도시의 버스노선 변동사항에 대한 자료이다. 〈조건〉를 참고하여 A ~ D에 들어갈 노선을 순서대로 바르게 나열한 것은?

〈버스노선 변동사항〉

구분	기존 요금	변동 요금	노선 변동사항
A	1,800원	2,100원	–
B	2,400원	2,400원	–
C	1,600원	1,800원	연장운행
D	2,100원	2,600원	–

조건

• 노선 A, B, C, D는 6, 42, 2000, 3100번 중 하나이다.
• 변동 후 요금이 가장 비싼 노선은 2000번이다.
• 요금 변동이 없는 노선은 42번이다.
• 연장운행을 하기로 결정한 노선은 6번이다.

	A	B	C	D
①	6	42	2000	3100
②	6	42	3100	200
③	3100	6	42	2000
④	3100	42	2000	6
⑤	3100	42	6	2000

※ 다음 기사를 읽고 이어지는 질문에 답하시오. [41~42]

〈한국남부발전 삼척 그린파워, 취약계층 전기시설 점검〉

_____(A)_____

한국남부발전 삼척 그린파워 건설 본부가 협력사와 함께 어려운 이웃의 주거개선활동에 나서 모범이 되고 있다. ㉠ 한국남부발전의 말에 의하면 삼척 그린파워 건설 본부 임직원은 20일 협력사, 지역기업 등과 함께 지역 내 에너지 취약 가구를 ㉡ 목적으로 노후된 전기시설 점검과 보수를 시행했다. 에너지공기업 특성에 맞춰 추진된 이번 주거개선활동은 거동이 불편한 어르신들과 가정형편이 어려운 가구들을 대상으로 시행되었으며, 대상 가구는 삼척시 원덕읍으로부터 추천받았다. 안관식 삼척 그린파워 건설 본부장, 원덕읍장, 삼척시 지역기업 ㈜행복한원덕 대표는 활동에 앞서 해당 가구를 직접 방문하여 노후하거나 사고 위험이 있는 전기 설비가 있는지 등을 면밀히 점검 후 전기전문기술을 가지고 있는 6개 협력사 직원들과 함께 설비보수를 실시했다. 협력사 및 ㈜행복한원덕과 함께한 이번 봉사활동은 기업 간 상호 협력은 물론, 소외된 이웃에 따뜻한 정을 나누고 지역과 상생방안을 ㉢ 모색한 점에서 좋은 평가를 받았다. 한국남부발전 본부장은 "전기는 생활의 가장 기본이 되는 자원으로 안전과도 ㉣ 간접적으로 연관되는 요인"이라면서 "생활고로 전기 사용이 불편한 가정이 없도록 한국남부발전은 앞으로도 봉사활동을 지속 시행할 계획"이라고 밝혔다.

---

41 다음 제시된 기사는 한국남부발전 사보의 기사 초고이다. 사보 제작자가 수정할 내용으로 적절하지 않은 것은?

① (A)에는 소제목으로 '협력사, 지역기업 ㈜행복한원덕과 함께 노후설비 개선 봉사활동 시행'을 넣는 것이 좋겠군.

② ㉠은 기사의 문장으로는 적절하지 않으니 '한국남부발전에 따르면'으로 수정해야겠어.

③ ㉡은 목적이라는 단어는 문장 흐름상 맞지 않으니 '대상'으로 수정해야겠어.

④ ㉢은 '관철시킨'으로도 대체할 수 있겠군.

⑤ ㉣은 간접적이 아닌 직접적인 연관성이 있으므로 '직결되는'으로 수정해야겠어.

42 다음 중 위 기사의 내용으로 적절하지 않은 것은?

① 그린파워 건설 본부는 지역 내 가정형편이 어려운 가구에 노후된 전기시설 점검에 한해 무상 서비스를 제공했다.

② 이번 주거개선활동은 에너지공기업 특성에 맞게 에너지 취약 가구를 대상으로 추진되었다.

③ 삼척 그린파워 건설 본부장이 해당 가구를 직접 방문하였다.

④ 설비보수는 협력사 직원들과 함께 실시되었다.

⑤ 한국남부발전은 앞으로도 봉사활동을 지속 시행할 계획이다.

43 다음 정보를 토대로 추론할 수 없는 것은?

- 혈당이 낮아지면 혈중 L의 양이 줄어들고, 혈당이 높아지면 그 양이 늘어난다.
- 혈중 L의 양이 늘어나면 시상하부 알파 부분에서 호르몬 A가 분비되고, 혈중 L의 양이 줄어들면 시상하부 알파 부분에서 호르몬 B가 분비된다.
- 시상하부 알파 부분에서 호르몬 A가 분비되면, 시상하부 베타 부분에서 호르몬 C가 분비되고 시상하부 감마 부분의 호르몬 D의 분비가 억제된다.
- 시상하부 알파 부분에서 호르몬 B가 분비되면, 시상하부 감마 부분에서 호르몬 D가 분비되고 시상하부 베타 부분의 호르몬 C의 분비가 억제된다.
- 시상하부 베타 부분에서 분비되는 호르몬 C는 물질대사를 증가시키고, 이 호르몬의 분비가 억제될 경우 물질대사가 감소한다.
- 시상하부 감마 부분에서 분비되는 호르몬 D는 식욕을 증가시키고, 이 호르몬의 분비가 억제될 경우 식욕이 감소한다.

---

① 혈당이 낮아지면, 식욕이 증가한다.
② 혈당이 높아지면, 식욕이 감소한다.
③ 혈당이 높아지면, 물질대사가 증가한다.
④ 혈당이 낮아지면, 시상하부 감마 부분에서 호르몬의 분비가 억제된다.
⑤ 혈당이 높아지면, 시상하부 알파 부분과 베타 부분에서 각각 분비되는 호르몬이 있다.

44 A씨는 M브랜드 화장품을 판매하는 대리점을 운영하고 있다. 곧 신상품이 입고될 예정이어서 재고 정리를 하려고 하는데 화장품의 사용가능기한이 지난 것부터 처분하려고 한다. 다음의 화장품 제조번호 표기방식 및 사용가능기한을 참고할 때, 보유하고 있던 화장품 중 처분대상이 되는 것은 몇 개인가?(단, 2024년 8월 1일을 기준으로 하며, 2024년은 윤달이 있는 해이다)

■ 화장품 제조번호 표기방식

```
                        ┌ 제조일자(35번째 날)
   M   2   3   0   3   5   2   0
          └ 제조년도(2023년)      └ 생산라인 번호(20번)
```

[해석] 2023년 2월 4일 20번 생산라인에서 제조된 화장품

■ 화장품 사용가능기한

제품유형	사용가능기한	
	개봉 전(제조일로부터)	개봉 후(개봉일로부터)
스킨	3년	6개월
에센스	3년	6개월
로션	3년	6개월
아이크림	3년	1년
클렌저	3년	1년
립스틱	5년	1년

※ 두 가지 사용가능기한 중 어느 한 기한이 만료되면 사용가능기한이 지난 것으로 봄

〈매장 내 보유중인 화장품 현황〉

• M23250300이라고 쓰여 있고 개봉된 립스틱
• M21200300이라고 쓰여 있고 개봉되지 않은 클렌저
• M22230100이라고 쓰여 있고 개봉되지 않은 에센스
• M21120400이라고 쓰여 있고 개봉된 날짜를 알 수 없는 아이크림
• M23160300이라고 쓰여 있고 2024년 10번째 되는 날에 개봉된 로션
• M23300500이라고 쓰여 있고 2024년 50번째 되는 날에 개봉된 스킨

① 1개   ② 2개
③ 3개   ④ 4개
⑤ 5개

※ A역 부근에 거주하는 귀하는 B역 부근에 위치한 지사로 발령을 받아 출퇴근하고 있다. 지하철 노선도와 다음 〈조건〉을 보고 이어지는 질문에 답하시오. [45~46]

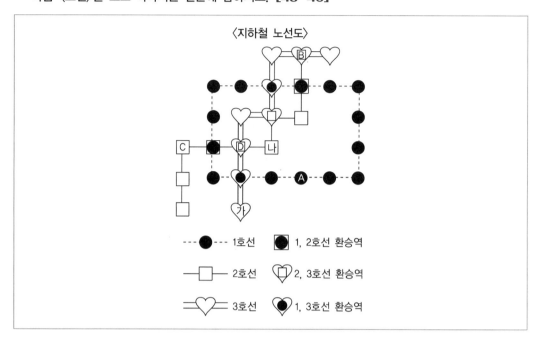

조건
• A역 부근의 주민이 지하철을 타기 위해 집에서 A역까지 이동하는 시간은 고려하지 않는다.
• 지하철은 대기시간 없이 바로 탈 수 있다.
• 역과 역 사이의 운행 소요 시간은 1호선 6분, 2호선 4분, 3호선 2분이다(정차시간은 고려하지 않음).
• 지하철 노선 간 환승 시에는 3분이 소요된다.

45 귀하는 오늘 출근하기 전에 C역에서 거래처 사람을 만난 후, 회사로 돌아가 차장님께 30분간 보고를 해야 한다. 보고가 끝나면, D역에 위치한 또 다른 거래처를 방문해야 한다고 할 때, 다음 중 귀하의 일정에 대한 설명으로 옳지 않은 것은?

① A역에서 C역까지 최소 소요 시간으로 가는 방법은 2번 환승을 하는 것이다.

② A역에서 C역까지 5개의 역을 거치는 방법은 두 가지가 있다.

③ C역에서 거래처 사람을 만난 후, 회사로 돌아갈 때 최소 소요 시간은 21분이다.

④ D역에서 현지퇴근을 하게 되면, 회사에서 퇴근하는 것보다 13분이 덜 걸린다.

⑤ 회사에서 D역까지 환승하지 않고 한 번에 갈 수 있다.

46 D역에 위치한 거래처 방문을 마치고 회사에 돌아왔을 때, 귀하는 거래처에 중요한 자료를 주지 않고 온 것이 생각났다. 최대한 빨리 D역으로 가려고 지하철을 탔으나, 지하철 고장으로 지하철이 잠시 정차할 것이라는 방송이 나왔다. 귀하가 다른 지하철을 통해 D역으로 갔다면, 원래 타려던 지하철은 B역에서 최소 몇 분간 정차하였겠는가?(단, 환승은 하지 않는다)

① 11분 　　　　　　② 12분

③ 13분 　　　　　　④ 14분

⑤ 15분

47 다음은 임차인 A ~ E 다섯 명의 전·월세 전환 현황에 대한 자료이다. 이에 대한 〈보기〉 중 옳은 것을 모두 고르면?

〈임차인 A ~ E의 전·월세 전환 현황〉

(단위 : 만 원)

임차인	전세금	월세 보증금	월세
A	( )	25,000	50
B	42,000	30,000	60
C	60,000	( )	70
D	38,000	30,000	80
E	58,000	53,000	( )

※ [전·월세 전환율(%)]$=\dfrac{(월세)\times 12}{(전세금)-(월세\ 보증금)}\times 100$

보기

ㄱ. A의 전·월세 전환율이 6%라면, 전세금은 3억 5천만 원이다.
ㄴ. B의 전·월세 전환율은 10%이다.
ㄷ. C의 전·월세 전환율이 3%라면, 월세 보증금은 3억 6천만 원이다.
ㄹ. E의 전·월세 전환율이 12%라면, 월세는 50만 원이다.

① ㄱ, ㄴ   ② ㄱ, ㄷ
③ ㄱ, ㄹ   ④ ㄴ, ㄹ
⑤ ㄷ, ㄹ

48 다음은 라임사태 판매현황에 대한 자료이다. 이를 토대로 작성한 판매사별 판매액 그래프로 옳은 것은?(단, 모든 그래프의 단위는 '억 원'이다)

2019년 논란이 된 라임사태 관련 라임자산운용 상품은 총 4조 3천억 원 규모가 판매되었다고 알려졌다. 해당 상품 판매사 20여 곳 중 판매 비중이 큰 순서대로 판매사 4곳을 나열하면 D사, W사, S사, K사 순으로, 이 중 상위 3개사의 판매액 합계는 전체의 40%를 차지하는 것으로 나타났다. 더구나 최근 판매사 평가에서 해당 3개사의 펀드 판매실태가 불량한 것으로 알려져 각별한 주의가 필요할 것으로 판단된다.

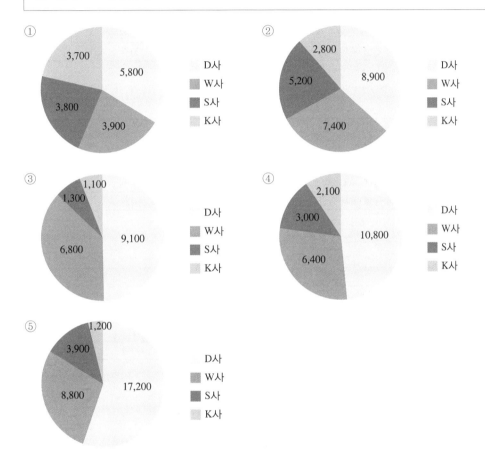

49 새롭게 비품관리를 담당하게 된 A사원은 기존에 거래하던 A문구와 다른 업체들과의 가격 비교를 위해 B문구와 C문구에 견적서를 요청한 뒤 세 곳을 비교하려고 한다. 비품의 성능 차이는 다르지 않으므로 비교 후 가격이 가장 저렴한 곳과 거래할 예정이다. 다음 세 업체의 견적서를 통해 최종적으로 거래할 업체와 그 업체의 견적금액을 바르게 짝지은 것은?(단, 배송료는 총주문금액 계산 이후 더하며, 백 원 미만은 절사한다)

A문구			
품명	수량	단가	공급가액
MLT-D209S[호환]	1	32,000원	32,000원
A4 복사용지 80G(2박스 묶음)	1	31,900원	31,900원
친환경 진행 문서 파일	1	2,500원	2,500원

※ 총주문금액에서 20% 할인 쿠폰 사용 가능
※ 배송료 : 4,000원(10만 원 이상 구매 시 무료 배송)

B문구			
품명	수량	단가	공급가액
PGI-909-PINK[호환]	1	25,000원	25,000원
더블비 A4 복사용지 80G(2박스 묶음)	1	22,800원	22,800원
친환경 진행 문서 파일	1	1,800원	1,800원

※ 기업 구매 시 판매가의 7% 할인
※ 배송료 : 2,500원(7만 원 이상 구매 시 무료 배송)

C문구			
품명	수량	단가	공급가액
MST-D128S	1	24,100원	24,100원
A4 복사용지 75G(2박스 묶음)	1	28,000원	28,000원
문서 파일	1	3,600원	3,600원

※ 첫 구매 적립금 4,000 포인트 사용 가능
※ 50,000원 이상 구매 시 문서 파일 1개 무료 증정
※ 배송료 : 4,500원(6만 원 이상 구매 시 무료 배송)

① A문구 - 49,000원
② A문구 - 46,100원
③ B문구 - 48,200원
④ B문구 - 48,600원
⑤ C문구 - 51,700원

50 다음은 B사 신제품 개발1팀의 하루 업무 스케줄에 대한 자료이다. 신입사원 A씨는 스케줄을 바탕으로 금일 회의 시간을 정하려고 한다. 1시간 동안 진행될 팀 회의의 가장 적절한 시간대는 언제인가?

〈B사 신제품 개발1팀 스케줄〉

구분	직급별 스케줄				
	부장	차장	과장	대리	사원
09:00 ~ 10:00	업무회의				
10:00 ~ 11:00					비품요청
11:00 ~ 12:00			시장조사	시장조사	시장조사
12:00 ~ 13:00	점심식사				
13:00 ~ 14:00	개발전략수립		시장조사	시장조사	시장조사
14:00 ~ 15:00		샘플검수	제품구상	제품구상	제품구상
15:00 ~ 16:00			제품개발	제품개발	제품개발
16:00 ~ 17:00					
17:00 ~ 18:00			결과보고	결과보고	

① 09:00 ~ 10:00
② 10:00 ~ 11:00
③ 14:00 ~ 15:00
④ 16:00 ~ 17:00
⑤ 17:00 ~ 18:00

제2회 전체영역
최종점검 모의고사

※ 최종점검 모의고사는 최근 발전회사 채용공고를 기준으로 구성한 것으로 실제 시험과 다를 수 있습니다.

■ 취약영역 분석

번호	O/×	영역	번호	O/×	영역	번호	O/×	영역
1		의사소통능력	21		조직이해능력	41		수리능력
2			22			42		조직이해능력
3		수리능력	23		정보능력	43		문제해결능력
4			24			44		의사소통능력
5		문제해결능력	25		의사소통능력	45		정보능력
6			26		수리능력	46		문제해결능력
7		의사소통능력	27			47		조직이해능력
8		수리능력	28		자원관리능력	48		기술능력
9		문제해결능력	29			49		
10		의사소통능력	30			50		직업윤리
11			31		수리능력			
12		자원관리능력	32					
13			33		의사소통능력			
14		기술능력	34					
15		수리능력	35		문제해결능력			
16		자원관리능력	36					
17		문제해결능력	37		의사소통능력			
18		의사소통능력	38		정보능력			
19		정보능력	39					
20			40		직업윤리			

평가문항	50문항	평가시간	60분
시작시간	:	종료시간	:
취약영역			

제2회

전체영역
최종점검 모의고사

모바일 OMR

문항 수 : 50문항   응시시간 : 60분

정답 및 해설 p.127

01 다음 글의 내용으로 적절하지 않은 것은?

> 1930년대 대공황 상황에서 케인스는 당시 영국과 미국에 만연한 실업의 원인을 총수요의 부족이라고 보았다. 그는 총수요가 증가하면 기업의 생산과 고용이 촉진되고 가계의 소득이 늘어 경기를 부양할 수 있다고 주장했다. 따라서 정부의 재정정책을 통해 총수요를 증가시킬 필요성을 제기하였다. 케인스는 총수요를 늘리기 위해서 총수요 중 많은 부분을 차지하는 가계의 소비에 주목하였고, 소비는 소득과 밀접한 관련이 있다고 생각하였다. 케인스는 절대소득가설을 내세워, 소비를 결정하는 요인들 중에서 가장 중요한 것은 현재의 소득이라고 하였다. 그리고 소득이 없더라도 생존을 위해 꼭 필요한 소비인 기초소비가 존재하며, 소득이 증가함에 따라 일정 비율로 소비도 증가한다고 주장하였다. 이러한 절대소득가설은 1950년대까지 대표적인 소비결정이론으로 사용되었다.
>
> 그러나 쿠즈네츠는 절대소득가설로는 설명하기 어려운 소비 행위가 이루어지고 있음에 주목하였다. 쿠즈네츠는 미국에서 장기간에 걸쳐 일어난 각 가계의 실제 소비 행위를 분석한 결과는 절대소득가설로는 명확히 설명하기 어려운 것이었다.
>
> 이러한 현상을 설명하기 위해 프리드먼은 장기적인 기대소득으로서의 항상소득에 의존한다는 항상소득가설을 내세웠다. 프리드먼은 실제로 측정되는 소득을 실제소득이라 하고, 실제소득은 항상소득과 임시소득으로 구성된다고 보았다. 항상소득이란 평생 동안 벌어들일 것으로 기대되는 소득의 매기 평균 또는 장기적 평균 소득이다. 임시소득은 장기적으로 예견되지 않은 일시적인 소득으로서 양(+)일 수도, 음(−)일 수도 있다. 프리드먼은 소비가 임시소득과는 아무런 상관관계가 없고 오직 항상소득에만 의존한다고 보았으며, 임시소득의 대부분은 저축된다고 설명했다. 사람들은 월급과 같이 자신이 평균적으로 벌어들이는 돈을 고려하여 소비를 하지, 예상치 못한 복권 당첨이나 주가 하락에 의한 손실을 고려하여 소비하지는 않는다는 것이다.
>
> 항상소득가설을 바탕으로 프리드먼은 쿠즈네츠가 발견한 현상을, 단기적인 소득의 증가는 임시소득이 증가한 것에 해당하므로 소비가 늘어나지 않은 것이라고 설명하였다. 항상소득가설에 따른다면 소비를 늘리기 위해서는 단기적인 재정정책보다 장기적인 재정정책을 펴는 것이 바람직하다. 가령 정부가 일시적으로 세금을 줄여 가계의 소득을 증가시키고 그에 따른 소비 진작을 기대한다 해도 가계는 일시적인 소득의 증가를 항상소득의 증가로 받아들이지 않아 소비를 늘리지 않기 때문이다.

① 케인스는 소득이 없어도 기초소비가 발생한다고 보았다.
② 케인스는 대공황 상황에서 총수요를 늘릴 것을 제안했다.
③ 쿠즈네츠는 미국에서 실제로 일어난 소비 행위를 분석하였다.
④ 프리드먼은 쿠즈네츠의 연구 결과를 설명하는 가설을 내놓았다.
⑤ 케인스는 가계가 미래의 소득을 예측하여 소비를 결정한다고 주장했다.

02 다음 글의 빈칸에 들어갈 내용으로 가장 적절한 것은?

상품을 만들어 파는 사람이 그 수고의 대가를 받고 이익을 누리는 것은 당연하다. 하지만 그 이익이 다른 사람의 고통을 무시하고 얻어진 경우에는 정당하지 않을 수 있다. 제3세계에 사는 많은 환자가 신약 가격을 개발국인 선진국의 수준으로 유지하는 거대 제약회사의 정책 때문에 고통 속에서 죽어가고 있다. 그 약값을 감당할 수 있는 선진국이 보기에도 이는 이익이란 명분 아래 발생하는 끔찍한 사례이다. 이러한 비난의 목소리가 높아지자 제약회사의 대규모 투자자 중 일부는 자신들의 행동이 윤리적인지 고민하기 시작했다. 사람들이 약값 때문에 약을 구할 수 없다는 것은 분명히 잘못된 일이다. 하지만 그렇다고 해서 국가가 제약회사들에게 손해를 감수하라는 요구를 할 수는 없다는 데 사태의 복잡성이 있다.

신약을 개발하는 일에는 막대한 비용과 시간이 들며, 그 안전성 검사가 법으로 정해져 있어서 추가 비용이 발생한다. 이를 상쇄하기 위해 제약회사들은 시장에서 최대한 이익을 뽑아내려 한다. 얼마나 많은 환자가 신약을 통해 고통에서 벗어나는가에 대한 관심을 이들에게 기대하긴 어렵다. 그러나 만약 제약회사들이 존재하지 않는다면 신약개발도 없을 것이다.

그렇다면 상업적 고려와 인간의 건강 사이에 존재하는 긴장을 어떻게 해소해야 할까? 제3세계의 환자를 치료하는 일은 응급사항이며, 제약회사들이 자선하리라고 기대하는 것은 비현실적이다. 그렇다면 그 대안은 명백하다. _____ 물론 여기에도 문제는 있다. 이 대안이 왜 실현되기 어려운 걸까? 그 이유가 무엇인지는 우리가 자신의 주머니에 손을 넣어 거기에 필요한 돈을 꺼내는 순간 분명해질 것이다.

① 제3세계에 제공되는 신약 가격을 선진국과 같게 해야 한다.

② 제3세계 국민에게 필요한 신약을 선진국 국민이 구매하여 전달해야 한다.

③ 선진국들은 자국의 제약회사가 제3세계에 신약을 저렴하게 공급하도록 강제해야 한다.

④ 거대 제약회사들이 제3세계 국민을 위한 신약 개발에 주력하도록 선진국 국민이 압력을 행사해야 한다.

⑤ 각국 정부는 거대 제약회사의 신약 가격 결정에 자율권을 주어 개발 비용을 보상받을 수 있게 해야 한다.

PART 4

03 다음은 자동차 판매현황에 대한 자료이다. 이에 대한 〈보기〉의 설명 중 옳은 것을 모두 고르면?

〈자동차 판매현황〉

(단위 : 천 대)

구분	2022년	2023년	2024년
소형	30	50	40
준중형	200	150	180
중형	400	200	250
대형	200	150	100
SUV	300	400	200

보기

ㄱ. 2022 ~ 2024년 동안 판매량이 지속적으로 감소하는 차종은 2종류이다.
ㄴ. 2023년 대형 자동차 판매량은 전년 대비 30% 미만 감소했다.
ㄷ. 2022 ~ 2024년 동안 SUV 자동차의 총판매량은 대형 자동차 총판매량의 2배이다.
ㄹ. 2023년 대비 2024년에 판매량이 증가한 차종 중 증가율이 가장 높은 차종은 준중형이다.

① ㄱ, ㄷ   ② ㄴ, ㄷ
③ ㄴ, ㄹ   ④ ㄱ, ㄴ, ㄹ
⑤ ㄱ, ㄷ, ㄹ

04 K공사의 사우회에서는 참석자들에게 과자를 1인당 8개씩 나누어 주려고 한다. 10개씩 들어 있는 과자 17상자를 준비하였더니 과자가 남았고, 남은 과자를 1인당 1개씩 더 나누어 주려고 하니 부족했다. 만일 지금보다 9명이 더 참석한다면, 과자 6상자를 추가해야 참석자 모두에게 1인당 8개 이상씩 나누어 줄 수 있다고 할 때, 처음 사우회에 참석한 사람의 수는?

① 18명   ② 19명
③ 20명   ④ 21명
⑤ 22명

05 가족들과 레스토랑에서 외식을 계획 중인 H씨는 레스토랑에서 가격 할인을 받기 위해 A ~ E레스토랑에 대한 통신사별 멤버십 혜택을 다음과 같이 정리하였다. 이 중에서 가장 비용이 저렴한 경우는?

<표>

〈통신사별 멤버십 혜택〉

구분	X통신사	Y통신사	Z통신사
A레스토랑	1,000원당 100원 할인	15% 할인	–
B레스토랑	15% 할인	20% 할인	15% 할인
C레스토랑	20% 할인 (VIP의 경우 30% 할인)	1,000원당 200원 할인	30% 할인
D레스토랑	–	10% 할인 (VIP의 경우 20% 할인)	1,000원당 100원 할인
E레스토랑	15% 할인	–	20% 할인

① A레스토랑에서 14만 3천 원의 금액을 사용하고, Y통신사의 할인을 받는다.
② B레스토랑에서 16만 5천 원의 금액을 사용하고, X통신사의 할인을 받는다.
③ C레스토랑에서 16만 4천 원의 금액을 사용하고, X통신사의 VIP 할인을 받는다.
④ D레스토랑에서 15만 4천 원의 금액을 사용하고, Y통신사의 VIP 할인을 받는다.
⑤ E레스토랑에서 16만 2천 원의 금액을 사용하고, Z통신사의 할인을 받는다.

PART 4

06 6명의 학생이 아침, 점심, 저녁을 먹는데, 메뉴는 김치찌개와 된장찌개뿐이다. 〈조건〉이 모두 참일 때, 다음 중 항상 옳지 않은 것은?

> **조건**
> • 아침과 저녁은 다른 메뉴를 먹는다.
> • 점심과 저녁에 같은 메뉴를 먹은 사람은 4명이다.
> • 아침에 된장찌개를 먹은 사람은 3명이다.
> • 하루에 된장찌개를 한 번만 먹은 사람은 3명이다.

① 된장찌개는 총 9그릇이 필요하다.
② 김치찌개는 총 10그릇이 필요하다.
③ 아침에 된장찌개를 먹은 사람은 모두 저녁에 김치찌개를 먹었다.
④ 저녁에 된장찌개를 먹은 사람들은 모두 아침에 김치찌개를 먹었다.
⑤ 점심에 된장찌개를 먹은 사람은 아침이나 저녁 중 한 번은 된장찌개를 먹었다.

07 다음 문단 (가) ~ (마)의 핵심 화제로 적절하지 않은 것은?

> (가) 한 아이가 길을 가다가 골목에서 갑자기 튀어나온 큰 개에게 발목을 물렸다. 아이는 이 일을 겪은 뒤 개에 대한 극심한 불안에 시달렸다. 멀리 있는 강아지만 봐도 몸이 경직되고 호흡 곤란을 느꼈으며 심할 경우 응급실을 찾기도 하였다. 이것은 한 번의 부정적인 경험이 공포증으로 이어진 경우라고 할 수 있다.
>
> (나) '공포증'이란 위의 경우에서 보듯이 특정 대상에 대한 과도한 두려움으로 그 대상을 계속해서 피하게 되는 증세를 말한다. 특정한 동물, 높은 곳, 비행기나 엘리베이터 등이 공포증을 유발하는 대상이 될 수 있다. 물론 일반적인 사람들도 이런 대상을 접하여 부정적인 경험을 할 수 있지만 공포증으로까지 이어지는 경우는 드물다.
>
> (다) 심리학자 와이너는 부정적인 경험을 한 상황을 어떻게 해석하느냐에 따라 이러한 공포증이 생길 수도 있고 그렇지 않을 수도 있으며, 공포증이 지속될 수도 있고 극복될 수도 있다고 했다. 그는 상황을 해석하는 방식을 설명하기 위해 상황의 원인을 어디에서 찾느냐, 상황의 변화 가능성에 대해 어떻게 인식하느냐의 두 가지 기준을 제시했다. 상황의 원인을 자신에게서 찾으면 '내부적'으로 해석한 것이고, 자신이 아닌 다른 것에서 찾으면 '외부적'으로 해석한 것이다. 또 상황이 바뀔 가능성이 전혀 없다고 생각하면 '고정적'으로 인식한 것이고, 상황이 충분히 바뀔 수 있다고 생각하면 '가변적'으로 인식한 것이다.
>
> (라) 와이너에 의하면, 큰 개에게 물렸지만 공포증에 시달리지 않는 사람들은 개에게 물린 상황에 대해 '내 대처 방식이 잘못되었어.'라며 내부적이고 가변적으로 해석한다. 이것은 나의 대처 방식에 따라 상황이 충분히 바뀔 수 있다고 생각하는 것이므로 이들은 개와 마주치는 상황을 굳이 피하지 않는다. 그 후 개에게 물리지 않는 상황이 반복되면 '나도 어떤 경우라도 개를 감당할 수 있어.'라며 내부적이고 고정적으로 해석하는 단계로 나아가게 된다.
>
> (마) 반면에 공포증을 겪는 사람들은 개에 물린 상황에 대해 '나는 약해서 개를 감당하지 못해.'라며 내부적이고 고정적으로 해석하거나 '개는 위험한 동물이야.'라며 외부적이고 고정적으로 해석한다. 자신의 힘이 개보다 약하다고 생각하거나 개를 맹수로 여기는 것이므로 이들은 자신이 개에게 물린 것을 당연한 일로 받아들인다. 하지만 공포증에 시달리지 않는 사람들처럼 상황을 해석하고 개를 피하지 않는 노력을 기울이면 공포증에서 벗어날 수 있다.

① (가) : 공포증이 생긴 구체적 상황
② (나) : 공포증의 개념과 공포증을 유발하는 대상
③ (다) : 와이너가 제시한 상황 해석의 기준
④ (라) : 공포증을 겪지 않는 사람들의 상황 해석 방식
⑤ (마) : 공포증을 겪는 사람들의 행동 유형

08 다음은 2023년과 2024년 어느 학원의 A ~ E강사 5명의 시급과 수강생 만족도에 대한 자료이다. 이에 대한 설명으로 옳은 것은?

〈강사의 시급 및 수강생 만족도〉

(단위 : 원, 점)

구분	2023년		2024년	
	시급	수강생 만족도	시급	수강생 만족도
A강사	50,000	4.6	55,000	4.1
B강사	45,000	3.5	45,000	4.2
C강사	52,000	( )	54,600	4.8
D강사	54,000	4.9	59,400	4.4
E강사	48,000	3.2	( )	3.5

〈수강생 만족도 점수별 시급 인상률〉

구분	인상률
4.5점 이상	10% 인상
4.0점 이상 4.5점 미만	5% 인상
3.0점 이상 4.0점 미만	동결
3.0점 미만	5% 인하

※ 당해 연도 시급 대비 다음 연도 시급의 인상률은 당해 연도 수강생 만족도에 따라 결정됨
※ 강사가 받을 수 있는 시급은 최대 60,000원임

① E강사의 2024년 시급은 45,600원이다.
② 2025년 시급은 D강사가 C강사보다 높다.
③ 2024년과 2025년 시급 차이가 가장 큰 강사는 C강사이다.
④ C강사의 2023년 수강생 만족도 점수는 4.5점 이상이다.
⑤ 2025년 A강사와 B강사의 시급 차이는 10,000원이다.

09 다음 〈조건〉과 12월 날씨를 근거로 판단할 때, 12월 8일과 16일의 실제 날씨로 가능한 것을 바르게 짝지은 것은?

조건

- 날씨 예측 점수는 매일 다음과 같이 부여한다.

실제 \ 예측	맑음	흐림	눈·비
맑음	10점	6점	0점
흐림	4점	10점	6점
눈·비	0점	2점	10점

- 한 주의 주중(월 ~ 금) 날씨 예측 점수의 평균은 매주 5점 이상이다.
- 12월 1일부터 19일까지 요일별 날씨 예측 점수의 평균은 다음과 같다.

구분	월	화	수	목	금
날씨 예측 점수 평균	7점 이하	5점 이상	7점 이하	5점 이상	7점 이하

〈12월 날씨〉

구분	월	화	수	목	금	토	일
날짜	–	–	1	2	3	4	5
예측	–	–	맑음	흐림	맑음	눈·비	흐림
실제	–	–	맑음	맑음	흐림	흐림	맑음
날짜	6	7	8	9	10	11	12
예측	맑음	흐림	맑음	맑음	맑음	흐림	흐림
실제	흐림	흐림	?	맑음	흐림	눈·비	흐림
날짜	13	14	15	16	17	18	19
예측	눈·비	눈·비	맑음	눈·비	눈·비	흐림	흐림
실제	맑음	맑음	맑음	?	눈·비	흐림	눈·비

※ 달력의 같은 줄을 한 주로 함

	12월 8일	12월 16일			12월 8일	12월 16일
①	맑음	흐림		②	맑음	눈·비
③	눈·비	흐림		④	눈·비	맑음
⑤	흐림	흐림				

10 다음 글을 통해 알 수 있는 내용으로 옳지 않은 것은?

> 사물인터넷이 산업 현장에 적용되고, 디지털 관련 도구가 통합됨에 따라 일관된 전력 시스템의 필요성이 높아지고 있다. 다양한 산업시설 및 업무 현장에서의 예기치 못한 정전이나 낙뢰 등 급격한 전원 환경의 변화는 큰 손실과 피해로 이어질 수 있다. 이제 전원 보호는 데이터센터뿐만 아니라 반도체, 석유, 화학 및 기계 등 모든 분야에서 필수적인 존재가 되었다.
>
> UPS(Uninterruptible Power Supply : 무정전 전원 장치)는 일종의 전원 저장소로, 갑작스럽게 정전이 발생하더라도 전원이 끊기지 않고 계속해서 공급되도록 하는 장치이다. 갑작스러운 전원 환경의 변화로부터 기업의 핵심 인프라인 서버를 보호함으로써 기업의 연속성 유지에 도움을 준다. UPS를 구매할 때는 용량을 우선적으로 고려해야 한다. 너무 적은 용량의 UPS를 구입하면 용량이 초과되어 제대로 작동조차 하지 않는 상황이 나타날 수 있다. 따라서 설비에 필요한 용량의 1.5배 정도인 UPS를 구입해야 한다.
>
> 또한 UPS 사용 시에는 주기적인 점검이 필요하다. 특히 실질적으로 에너지를 저장하고 있는 배터리는 일정 시점마다 교체가 필요하다. 일반적으로 UPS에 사용되는 MF배터리의 수명은 1년 정도로, 납산배터리 특성상 방전 사이클을 돌 때마다 용량이 급감하기 때문이다.

① UPS의 필요성   ② UPS의 역할
③ UPS 구매 시 고려사항   ④ UPS 배터리 교체 주기
⑤ UPS 배터리 교체 방법

11 다음 중 빈칸에 들어갈 내용으로 가장 적절한 것은?

> 발전은 항상 변화를 내포하고 있다. 그러나 모든 형태의 변화가 전부 발전에 해당하는 것은 아니다. 이를테면 교통신호등이 빨강에서 파랑으로, 파랑에서 빨강으로 바뀌는 변화를 발전으로 생각할 수는 없다. 즉 _____ 좀 더 구체적으로 말해, 사태의 진전 과정에서 나중에 나타나는 것은 적어도 그 이전 단계에 내재적으로나마 존재했던 것의 전개에 해당한다는 것이다. 이렇게 볼 때, 발전은 선적(線的)인 특성이 있다. 순전한 반복의 과정으로 보이는 것을 발전이라고 규정하지 않는 이유는 그 때문이다. 반복과정에서는 최후에 명백히 나타나는 것이 처음에 존재했던 것과 거의 다르지 않다. 그러나 또 한편으로 우리는 비록 반복의 경우라도 때때로 그 과정 중의 특정 단계를 따로 떼어서 그것을 발견이라고 생각하기도 한다. 즉, 전체 과정에서 어떤 종류의 질이 그 시기에 특정의 수준까지 진전한 경우를 말한다.

① 발전은 어떤 특정한 방향으로 일어나는 변화라는 의미를 내포하고 있다.
② 변화는 어떤 특정한 방향으로 일어나는 발전이라는 의미로 사용된다.
③ 발전은 어떤 특정한 반복으로 일어나는 변화라는 의미로 사용된다.
④ 발전은 불특정 방향으로 일어나는 변모라는 의미이다.
⑤ 변화는 특정한 방향으로 발전하는 것을 의미한다.

※ 다음은 2025년 K공사 상반기 신입사원 채용공고이다. 이어지는 질문에 답하시오. **[12~13]**

〈2025년 상반기 K공사 신입사원 채용공고〉

- 채용인원 및 선발분야 : 총 000명(기술직 000명, 행정직 000명)
- 지원 자격

구분	주요내용
학력	– 기술직 : 해당 분야 전공자 또는 관련 자격 소지자 – 행정직 : 학력 및 전공 제한 없음
자격	– 기술직의 경우 관련 자격증 소지 여부 확인 – 외국어 능력 성적 보유자에 한해 성적표 제출
연령	– 만 18세 이상(채용공고일 2025. 01. 23. 기준)
병역	– 병역법에 명시한 병역기피 사실이 없는 자 ※ 단, 현재 군복무 중인 경우 채용예정일 이전 전역 예정자 지원 가능
기타	– 2025년 상반기 신입사원 채용부터 지역별 지원 제한 폐지

- 채용전형 순서 : 서류전형 – 필기전형 – 면접전형 – 건강검진 – 최종합격
- 채용예정일 : 2025년 2월 15일

12 K공사 채용 Q&A 게시판에 다음과 같은 질문이 올라왔다. 이에 대한 답변으로 옳은 것은?

안녕하세요.
이번 K공사 채용공고를 보고 지원하려고 하는데, 지원 자격 관련하여 여쭤보려고 합니다. 대학을 졸업하고 현재 군인 신분인 제가 이번 채용에서 행정직에 지원할 수 있는지 확인하고 싶어서요. 답변 부탁드립니다.

① 외국어 능력 성적을 보유하셔야 지원 가능합니다.
② 채용예정일 이전 전역 예정자라면 지원 가능합니다.
③ 지역별로 지원 제한이 있으므로 확인하시고 지원하시기 바랍니다.
④ 죄송하지만 이번 채용에서는 대학 졸업예정자만을 대상으로 하고 있습니다.
⑤ 기술직의 경우 필요한 자격증을 보유하고 있다면 군복무 여부에 관계없이 지원 가능합니다.

13 다음 중 K공사에 지원할 수 없는 사람은?

① 최종학력이 고등학교 졸업인 A
② 관련 학과를 전공하고 기술직에 지원한 B
③ 2025년 2월 10일 기준으로 만 18세가 된 C
④ 현재 군복무 중으로 2025년 2월 5일 전역 예정인 D
⑤ 외국어 능력 성적표를 제출하지 않은 E

14 다음은 벤치마킹을 수행 방식에 따라 분류한 자료이다. 빈칸 (A) ~ (E)에 들어갈 내용으로 옳지 않은 것은?

<표>

〈벤치마킹의 수행 방식에 따른 분류〉

구분	직접적 벤치마킹	간접적 벤치마킹
정의	벤치마킹 대상을 직접 방문하여 조사·분석하는 방법	벤치마킹 대상을 인터넷 및 문서형태의 자료 등을 통해서 간접적으로 조사·분석하는 방법
장점	• 필요로 하는 정확한 자료의 입수 및 조사가 가능하다. • _____(A)_____	• 벤치마킹 대상의 수에 제한이 없고 다양하다. • _____(C)_____
단점	• 벤치마킹 수행과 관련된 비용 및 시간이 많이 소요된다. • _____(B)_____	• _____(D)_____ • _____(E)_____

① (A) : 벤치마킹의 이후에도 계속적으로 자료의 입수 및 조사가 가능하다.
② (B) : 벤치마킹 결과가 피상적일 수 있다.
③ (C) : 비용과 시간을 상대적으로 많이 절감할 수 있다.
④ (D) : 핵심자료의 수집이 상대적으로 어렵다.
⑤ (E) : 정확한 자료 확보가 어렵다.

15 다음은 세계 주요 터널 화재 사고 A ~ F에 대한 통계자료이다. 이에 대한 설명으로 옳은 것은?

〈세계 주요 터널 화재 사고 통계〉

사고	터널길이(km)	화재규모(MW)	복구비용(억 원)	복구기간(개월)	사망자(명)
A	50.5	350	4,200	6	1
B	11.6	40	3,276	36	39
C	6.4	120	72	3	12
D	16.9	150	312	2	11
E	0.2	100	570	10	192
F	1.0	20	18	8	0

※ (사고비용)=(복구비용)+[(사망자 수)×5억 원]

① 터널길이가 길수록 사망자가 많다.
② 화재규모가 클수록 복구기간이 길다.
③ 사고 A를 제외하면 복구기간이 길수록 복구비용이 크다.
④ 사망자가 가장 많은 사고 E는 사고비용도 가장 크다.
⑤ 사망자가 30명 이상인 사고를 제외하면 화재규모가 클수록 복구비용이 크다.

16 A과장은 월요일에 사천연수원에서 진행될 세미나에 참석해야 한다. 세미나는 월요일 오후 12시부터 시작이며, 수요일 오후 6시까지 진행된다. 갈 때는 세미나에 늦지 않게만 도착하면 되지만, 올 때는 목요일 회의 준비를 위해 최대한 일찍 서울로 올라와야 한다. 가능한 적은 비용으로 세미나 참석을 원할 때, 교통비는 얼마가 들겠는가?

<KTX>

구분	월요일		수요일		가격
서울 – 사천	08:00 ~ 11:00	09:00 ~ 12:00	08:00 ~ 11:00	09:00 ~ 12:00	65,200원
사천 – 서울	16:00 ~ 19:00	20:00 ~ 23:00	16:00 ~ 19:00	20:00 ~ 23:00	66,200원 (10% 할인 가능)

※ 사천역에서 사천연수원까지 택시비는 22,200원이며, 30분이 소요됨(사천연수원에서 사천역까지의 비용과 시간도 동일함)

<비행기>

구분	월요일		수요일		가격
서울 – 사천	08:00 ~ 09:00	09:00 ~ 10:00	08:00 ~ 09:00	09:00 ~ 10:00	105,200원
사천 – 서울	19:00 ~ 20:00	20:00 ~ 21:00	19:00 ~ 20:00	20:00 ~ 21:00	93,200원 (10% 할인 가능)

※ 사천공항에서 사천연수원까지 택시비는 21,500원이며, 30분이 걸림(사천연수원에서 사천공항까지의 비용과 시간도 동일함)

① 168,280원
② 178,580원
③ 192,780원
④ 215,380원
⑤ 232,080원

17 귀하가 근무하는 K공사는 출근할 때 카드 또는 비밀번호를 입력하여야 한다. 오늘 귀하는 카드를 집에 두고 출근하여 비밀번호로 근무지에 출입하려고 하였으나, 비밀번호가 잘 기억이 나지 않아 현재 매우 당혹스럽다. 4자리 숫자로 구성된 비밀번호에 대하여 다음 〈조건〉을 토대로 귀하가 추론할 수 있는 내용으로 옳지 않은 것은?

조건
- 비밀번호를 구성하고 있는 각 숫자는 소수가 아니다.
- 6과 8 중에서 단 하나만이 비밀번호에 들어간다.
- 비밀번호는 짝수로 시작한다.
- 비밀번호의 각 숫자는 큰 수부터 차례로 나열되어 있다.
- 같은 숫자는 2번 이상 들어가지 않는다.

① 비밀번호는 짝수이다.
② 비밀번호의 앞에서 두 번째 숫자는 4이다.
③ 비밀번호는 1을 포함하지만, 9는 포함하지 않는다.
④ 주어진 정보를 모두 만족하는 비밀번호는 모두 3개이다.
⑤ 주어진 조건을 모두 만족하는 비밀번호 중 가장 작은 수는 6410이다.

18 다음 글을 통해 추론한 내용으로 적절하지 않은 것은?

> 제약 연구원이란 제약 회사에서 약을 만드는 과정에 참여하는 사람을 말한다. 제약 연구원은 이러한 모든 단계에 참여하지만, 특히 신약 개발 단계와 임상 시험 단계에서 가장 중점적인 역할을 한다. 일반적으로 약을 만드는 과정은 새로운 약품을 개발하는 신약 개발 단계, 임상 시험을 통해 개발된 신약의 약효를 확인하는 임상 시험 단계, 식약처에 신약이 판매될 수 있도록 허가를 요청하는 약품 허가 요청 단계, 마지막으로 의료진과 환자를 대상으로 신약에 대해 홍보하는 영업 및 마케팅의 단계로 나눈다.
>
> 제약 연구원이 되기 위해서는 일반적으로 약학을 전공해야 한다고 생각하기 쉽지만, 약학 전공자 이외에도 생명 공학, 화학 공학, 유전 공학 전공자들이 제약 연구원으로 활발하게 참여하고 있다. 만일 신약 개발의 전문가가 되고 싶다면 해당 분야에서 오랫동안 연구한 경험이 필요하기 때문에 대학원에서 석사나 박사 학위를 취득하는 것이 유리하다.
>
> 제약 연구원이 되기 위해서는 전문적인 지식도 중요하지만, 사람의 생명과 관련된 일인 만큼, 무엇보다도 꼼꼼함과 신중함, 책임 의식이 필요하다. 또한 제약 회사라는 공동체 안에서 일을 하는 것이므로 원만한 일의 진행을 위해서 의사소통능력도 필수적으로 요구된다. 오늘날 제약 분야가 빠르게 성장하고 있다는 점을 고려할 때, 일에 대한 도전 의식, 호기심과 탐구심 등도 제약 연구원에게 필요한 능력으로 꼽을 수 있다.

① 제약 연구원은 약품 허가 요청 단계에 참여한다.
② 오늘날 제약 연구원에게 요구되는 능력이 많아졌다.
③ 생명이나 유전 공학 전공자도 제약 연구원으로 일할 수 있다.
④ 신약 개발 전문가가 되려면 반드시 석사나 박사를 취득해야 한다.
⑤ 제약 연구원과 관련된 정보가 부족하다면 약학을 전공해야만 제약 연구원이 될 수 있다고 생각할 수 있다.

PART 4

19 다음 시트에서 [E2:E7] 영역처럼 표시하려고 할 때, [E2] 셀에 입력할 수식으로 옳은 것은?

	A	B	C	D	E
1	순번	이름	주민등록번호	생년월일	백넘버
2	1	박민석 11	831121-1092823	831121	11
3	2	최성영 20	890213-1928432	890213	20
4	3	이형범 21	911219-1223457	911219	21
5	4	임정호 26	870211-1098432	870211	26
6	5	박준영 28	850923-1212121	850923	28
7	6	김민욱 44	880429-1984323	880429	44

① =MID(B2,5,2)
② =LEFT(B2,2)
③ =RIGHT(B2,5,2)
④ =MID(B2,5)
⑤ =LEFT(B2,5,2)

20 다음 〈보기〉 중 정보화 사회의 정보통신 기술 활용 사례와 그 내용이 바르게 연결된 것을 모두 고르면?

> **보기**
>
> ㄱ. 유비쿼터스 기술(Ubiquitous Technology) : 장소에 제한받지 않고 네트워크에 접속된 컴퓨터를 자신의 컴퓨터와 동일하게 활용하는 기술
> ㄴ. 임베디드 컴퓨팅(Embedded Computing) : 네트워크의 이동성을 극대화하여 특정 장소가 아닌 어디서든 컴퓨터를 사용할 수 있게 하는 기술
> ㄷ. 감지 컴퓨팅(Sentient Computing) : 센서를 통해 사용자의 상황을 인식하여 사용자가 필요한 정보를 적시에 제공해주는 기술
> ㄹ. 사일런트 컴퓨팅(Silent Computing) : 장소, 사물, 동식물 등에 심어진 컴퓨터들이 사용자가 의식하지 않은 상태에서 사용자의 요구에 의해 일을 수행하는 기술
> ㅁ. 노매딕 컴퓨팅(Nomadic Computing) : 제품에서 특정 작업을 수행할 수 있도록 탑재되는 솔루션이나 시스템

① ㄱ, ㄴ   ② ㄱ, ㄷ

③ ㄴ, ㅁ   ④ ㄱ, ㄷ, ㄹ

⑤ ㄷ, ㄹ, ㅁ

---

21 다음 사례에서 A전자가 TV 시장에서 경쟁력을 잃게 된 주요 원인으로 가장 적절한 것은?

> 평판 TV 시장에서 PDP TV가 주력이 되리라 판단한 A전자는 2007년에 세계 최대 규모의 PDP 생산설비를 건설하기 위해 3조 원 수준의 막대한 투자를 결정한다. 당시 L전자와 S전자는 LCD와 PDP 사업을 동시에 수행하면서도 성장성이 높은 LCD TV로 전략을 수정하는 상황이었지만 A전자는 익숙한 PDP 사업에 더욱 몰입한 것이다. 하지만 주요 기업들의 투자가 LCD에 집중되면서, 새로운 PDP 공장이 본격 가동될 시점에 PDP의 경쟁력은 이미 LCD에 뒤처지게 됐다.
> 결국, 활용가치가 현저하게 떨어진 PDP 생산설비는 조기에 상각함을 고민할 정도의 골칫거리로 전락했다. A전자는 2011년에만 11조 원의 적자를 기록했으며, 2012년에도 10조 원 수준의 적자가 발생되었다. 연이은 적자는 A전자의 신용등급을 투기 등급으로 급락시켰고, A전자의 CEO는 '디지털 가전에서 패배자가 되었음'을 인정하며 고개를 숙였다. TV를 포함한 가전제품 사업에서 P전자가 경쟁력을 회복하기 어려워졌음은 말할 것도 없다.

① 사업 환경의 변화 속도가 너무나 빨라졌고, 변화의 속성도 예측이 어려워져 따라가지 못하였다.
② 차별성을 지닌 새로운 제품을 기획하고 개발하는 것에 대한 성공 가능성이 낮아져 주저했다.
③ 기존 사업영역에 대한 강한 애착으로 신사업이나 신제품에 대해 낮은 몰입도를 보였다.
④ 실패가 두려워 새로운 도전보다 안정적이며 실패 확률이 낮은 제품을 위주로 미래를 준비하였다.
⑤ 외부 환경이 어려워짐에 따라 잠재적 실패를 감내할 수 있는 자금을 확보하지 못하였다.

22 다음 대화 내용을 볼 때, 조직목표의 기능에 대해 옳은 설명을 한 사람은?

> 이주임 : 조직의 공식적 목표와 실제적 목표는 일치하지 않을 수 있어.
> 김대리 : 조직의 운영목표는 조직 존재의 정당성과 합법성의 토대가 돼.
> 최사원 : 운용목표는 조직이 실제적 활동을 통해 달성하고자 하는 것으로서, 조직의 사명에 비해 장기적인 목표야.
> 박대리 : 한 조직의 운용목표는 조직 체계 형성의 기준이 되기도 해.

① 이주임, 최사원
② 김대리, 최사원
③ 이주임, 박대리
④ 최사원, 박대리
⑤ 김대리, 박대리

23 다음 프로그램의 실행 결과가 0이 되기 위해 빈칸 A에 들어갈 수는?

```
#include <stdio.h>

int main( ) {
    int i;
    int n=37;

    i=n%10;
    i-=_____A_____

    printf("%d\n", i);

    return 0;
}
```

① 1
② 3
③ 5
④ 7
⑤ 9

24 D공사는 출근 시스템 단말기에 직원들이 카드로 출근 체크를 하면 엑셀 워크시트에 실제 출근시간 (B4:B10) 데이터가 자동으로 전송되어 입력된다. 총무부에서 근무하는 귀하는 데이터에 따라 직원들의 근태상황을 체크하려고 할 때, [C8] 셀에 입력할 함수는?(단, 9시까지는 출근으로 인정한다)

〈출근시간 워크시트〉

	A	B	C	D
1			날짜	2025.05.12
2		〈직원별 출근 현황〉		
3	이름	체크시간	근태상황	비고
4	이진호	7:55		
5	이민수	8:15		
6	구경민	8:38		
7	박지민	8:59		
8	손지아	9:00		
9	박철호	9:01		
10	홍정호	9:07		

① =IF(B8>=TIME(9,1,0),"지각","출근")

② =IF(B8>=TIME(9,1,0),"출근","지각")

③ =IF(HOUR(B8)>=9,"지각","출근")

④ =IF(HOUR(B8)>9,"출근","지각")

⑤ =IF(B8>=TIME(9,0,0),"지각","출근")

25 다음 글에서 밑줄 친 ㉠ ~ ㉤의 수정 방안으로 적절하지 않은 것은?

지구의 하루는 왜 길어지는 것일까? 그것은 바로 지구의 자전이 느려지기 때문이다. 지구의 자전은 달과 밀접한 관련을 맺고 있다. 지구가 달을 끌어당기는 힘이 있듯이 달 또한 지구를 끌어당기는 힘이 있다. 달은 태양보다 크기는 작지만 지구와의 거리는 태양보다 훨씬 가깝기 때문에 지구의 자전에 미치는 영향은 ㉠ 더 크다. 달의 인력은 지구의 표면을 부풀어 오르게 한다. 그리고 이 힘은 지구와 달 사이의 거리에 따라 다르게 작용하여 달과 가까운 쪽에는 크게, 그 반대쪽에는 작게 영향을 미치게 된다. 결국 지구 표면은 달의 인력과 지구 – 달의 원운동에 의한 원심력의 영향을 받아 양쪽이 부풀어 오르게 된다.

이때 달과 가까운 쪽 지구의 '부풀어 오른 면'은 지구와 달을 잇는 직선에서 벗어나 지구 자전 방향으로 앞서게 되는데, 그 이유는 지구가 ㉡ 하루 만에 자전을 마치는데 비해 달은 한 달 동안 공전 궤도를 ㉢ 돌리기 때문이다. 달의 인력은 이렇게 지구 자전 방향으로 앞서가는 부풀어 오른 면을 반대 방향으로 다시 당기고, 그로 인해 지구의 자전은 방해를 받아 속도가 느려진다. 한편 지구보다 작고 가벼운 달의 경우에는 지구보다 더 큰 방해를 받아 자전 속도가 더 빨리 줄게 된다.

이렇게 지구와 달은 서로의 인력 때문에 자전 속도가 줄게 되는데, 이 자전 속도와 관련된 운동량은 '지구 – 달 계' 내에서 달의 공전 궤도가 늘어나는 것으로 보존된다. 왜냐하면 일반적으로 외부에서 작용하는 힘이 없다면 운동량은 ㉣ 보존된다. 이렇게 하여 결국 달의 공전 궤도는 점점 늘어나고, 달은 지구로부터 점점 멀어지는 것이다.

실제로 지구의 자전 주기는 매년 100만 분의 17초 정도 느려지고 달은 매년 38mm씩 지구에서 멀어지고 있다. 이처럼 지구의 자전 주기가 점점 느려지기 때문에 지구의 1년의 날수는 점차 줄어들 수밖에 없다. ㉤ 그러므로 이렇게 느려지더라도 하루가 25시간이 되려면 2억 년은 넘게 시간이 흘러야 한다.

---

① ㉠ : 의미를 명확하게 하기 위해 앞에 '달이'를 추가한다.
② ㉡ : 띄어쓰기가 올바르지 않으므로 '하루만에'로 고친다.
③ ㉢ : 주어와 서술어의 호응 관계를 고려하여 '돌기'로 고친다.
④ ㉣ : 호응관계를 고려하여 '보존되기 때문이다.'로 고친다.
⑤ ㉤ : 앞 문장과의 내용을 고려하여 '그러나'로 고친다.

PART 4

26 다음은 S사의 제품 한 개당 들어가는 재료비를 연도별로 나타낸 그래프이다. 다음 중 전년도에 비해 비용 감소액이 가장 큰 해는?

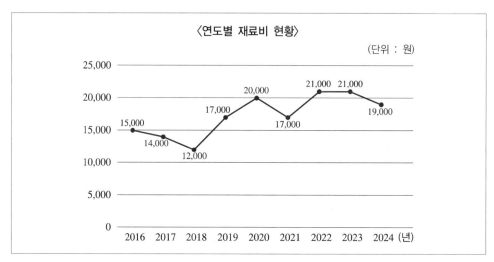

〈연도별 재료비 현황〉
(단위 : 원)

① 2017년　　　　　　　② 2018년
③ 2021년　　　　　　　④ 2024년
⑤ 2025년

다음은 국가별 성인 평균 섭취량에 대한 자료이다. 이에 대한 〈보기〉 중 옳은 것을 모두 고르면?

〈국가별 성인 평균 섭취량〉

(단위 : g)

구분	탄수화물	단백질			지방		
		합계	동물성	식물성	합계	동물성	식물성
한국	380	60	38	22	55	30	25
미국	295	67	34	33	59	41	18
브라질	410	56	28	28	60	32	28
인도	450	74	21	53	49	21	28
러시아	330	68	44	24	60	38	22
프랑스	320	71	27	44	60	31	29
멕시코	425	79	58	21	66	55	11
스페인	355	60	32	28	54	28	26
영국	284	64	42	22	55	32	23
중국	385	76	41	35	65	35	30

〈성인기준 하루 권장 섭취량〉

구분	탄수화물	단백질	지방
섭취량	300 ~ 400g	56 ~ 70g	51g

보기

㉠ 탄수화물 섭취량이 '성인기준 하루 권장 섭취량'을 초과한 국가 수와 미만인 국가 수는 동일하다.

㉡ 단백질 섭취량이 '성인기준 하루 권장 섭취량'을 초과하는 국가는 동물성 단백질 섭취량이 식물성 단백질 섭취량보다 많다.

㉢ 지방 섭취량이 '성인기준 하루 권장 섭취량'과의 차이가 가장 작은 국가의 지방 섭취량 중 동물성 지방 섭취량이 차지하는 비율은 40% 이하이다.

㉣ 성인 평균 탄수화물 섭취량이 가장 작은 나라의 단백질과 지방 섭취량 중 동물성이 차지하는 비율은 식물성이 차지하는 비율보다 크다.

① ㉠
② ㉢
③ ㉣
④ ㉠, ㉣
⑤ ㉡, ㉢

※ K공사 직원인 정민, 혜정, 진선, 기영, 보람, 민영, 선호 일곱 사람은 오후 2시에 시작될 회의에 참석하기 위해 대중교통을 이용하여 거래처 내 회의장에 가고자 한다. 다음 〈조건〉을 참고하여 이어지는 질문에 답하시오. [28~30]

조건

- 이용가능한 대중교통은 버스, 지하철, 택시만 있다.
- 이용가능한 모든 대중교통의 K공사에서부터 거래처까지의 노선은 A, B, C, D지점을 거치는 직선노선이다.
- K공사에서 대중교통을 기다리는 시간은 고려하지 않는다.
- 택시의 기본요금은 2,000원이다.
- 택시는 2km마다 100원씩 추가요금이 발생하며, 2km를 1분에 간다.
- 버스는 2km를 3분에 가고, 지하철은 2km를 2분에 간다.
- 버스와 지하철은 K공사, A, B, C, D 각 지점, 그리고 거래처에 있는 버스정류장 및 지하철역을 경유한다.
- 버스 요금은 500원, 지하철 요금은 700원이며, 추가요금은 없다.
- 버스와 지하철 간에는 무료 환승이 가능하다.
- 환승할 경우 소요 시간은 2분이다.
- 환승할 때 느끼는 번거로움 등을 비용으로 환산하면 1분당 400원이다.
- 거래처에 도착하여 회의장까지 가는 데에는 2분이 소요된다.
- 회의가 시작되기 전에 먼저 회의장에 도착하여 대기하는 동안의 긴장감 등을 비용으로 환산하면 1분당 200원이다.
- 회의에 지각할 경우 회사로부터 당하는 불이익 등을 비용으로 환산하면 1분당 10,000원이다.

K공사   A   B   C   D   거래처

※ 각 구간의 거리는 모두 2km임

28 거래처에 도착한 이후의 비용을 고려하지 않을 때, K공사에서부터 거래처까지 최단 시간으로 가는 방법과 최소 비용으로 가는 방법 간의 비용 차는 얼마인가?

① 1,900원 ② 2,000원
③ 2,100원 ④ 2,200원
⑤ 2,300원

29 정민이는 K공사에서부터 B지점까지 버스를 탄 후, 택시로 환승하여 거래처의 회의장에 도착하고자 한다. 어느 시각에 출발하는 것이 비용을 최소화할 수 있는가?

① 오후 1시 42분 ② 오후 1시 45분
③ 오후 1시 47분 ④ 오후 1시 50분
⑤ 오후 1시 52분

30 혜정이는 1시 36분에 K공사에서 출발하여 B지점까지 버스를 탄 후, 지하철로 환승하여 거래처에 도착했다. 그리고 진선이는 혜정이가 출발하고 8분 뒤에 K공사에서 출발하여 C지점까지 택시를 탄 후, 거래처까지의 나머지 거리는 버스를 이용했다. 혜정이와 진선이의 비용 차는 얼마인가?

① 1,200원   ② 1,300원

③ 1,400원   ④ 1,500원

⑤ 1,600원

31 K공사의 작년 신입사원 모집 지원자 수는 1,000명이었다. 올해는 작년에 비하여 남성의 지원율이 2% 증가하고 여성의 지원율은 3% 증가하여 전체 지원자 수는 24명이 증가하였다. 올해의 남성 지원자 수는?

① 604명   ② 610명

③ 612명   ④ 508명

⑤ 512명

32 KTX와 새마을호가 서로 마주보며 오고 있다. 속도는 7 : 5의 비로 운행하고 있으며 현재 두 열차 사이의 거리는 6km이다. 두 열차가 서로 만났을 때, 새마을호가 이동한 거리는?

① 2km   ② 2.5km

③ 3km   ④ 3.5km

⑤ 4km

33 다음 문단을 논리적 순서대로 바르게 나열한 것은?

> (가) 2018년 정부 통계에 따르면, 우리 연안 생태계 중 갯벌의 면적은 산림의 약 4%에 불과하지만 연간 이산화탄소 흡수량은 산림의 약 37%이며 흡수 속도는 수십 배에 달한다.
>
> (나) 연안 생태계는 대기 중 이산화탄소 흡수에 탁월하다. 물론 연안 생태계가 이산화탄소를 얼마나 흡수할 수 있겠냐고 말하는 사람도 있을 것이다. 하지만 연안 생태계를 구성하는 갯벌과 염습지의 염생 식물, 식물성 플랑크톤 등은 광합성을 통해 대기 중 이산화탄소를 흡수하는데, 산림보다 이산화탄소 흡수 능력이 뛰어나다.
>
> (다) 2019년 통계에 따르면 우리나라의 이산화탄소 배출량은 세계 11위에 해당하는 높은 수준이다. 그동안 우리나라는 이산화탄소 배출을 줄이려 노력하고, 대기 중 이산화탄소 흡수를 위한 산림 조성에 힘써 왔다. 그런데 우리가 놓치고 있는 이산화탄소 흡수원이 있다. 바로 연안 생태계이다.
>
> (라) 또한 연안 생태계는 탄소의 저장에도 효과적이다. 연안의 염생 식물과 식물성 플랑크톤은 이산화탄소를 흡수하여 갯벌과 염습지에 탄소를 저장하는데 이 탄소를 블루카본이라 한다. 산림은 탄소를 수백 년간 저장할 수 있지만 연안은 블루카본을 수천 년간 저장할 수 있다. 연안 생태계가 훼손되면 블루카본이 공기 중에 노출되어 이산화탄소 등이 대기 중으로 방출된다. 따라서 블루카본이 온전히 저장되어 있도록 연안 생태계를 보호해야 한다.

① (가) – (나) – (다) – (라)

② (나) – (다) – (가) – (라)

③ (나) – (라) – (가) – (다)

④ (다) – (가) – (나) – (라)

⑤ (다) – (나) – (가) – (라)

34 다음 글의 서술 방식의 특징으로 가장 적절한 것은?

> 현대의 도시에서는 정말 다양한 형태를 가진 건축물들을 볼 수 있다. 형태뿐만 아니라 건물 외벽에 주로 사용된 소재 또한 유리나 콘크리트 등 다양하다. 이렇듯 현대에는 몇 가지로 규정하는 것이 아예 불가능할 만큼 다양한 건축양식이 존재한다. 그러나 다양하고 복잡한 현대의 건축양식에 비해 고대의 건축양식은 매우 제한적이었다.
>
> 그리스 시기에는 주주식, 주열식, 원형식 신전을 중심으로 몇 가지의 공통된 건축양식을 보인다. 이러한 신전 중심의 그리스 건축양식은 시기가 지나면서 다른 건축물에 영향을 주었다. 신전에만 쓰이던 건축양식이 점차 다른 건물들의 건축에도 사용이 되며 확대되었던 것이다. 대표적으로 그리스 연못은 신전에 쓰이던 기둥의 양식들을 바탕으로 회랑을 구성하기도 하였다.
>
> 헬레니즘 시기를 맞이하면서 건축양식을 포함하여 예술 분야가 더욱 발전하며 고대 그리스 시기에 비해 다양한 건축양식이 생겨났다. 뿐만 아니라 건축 기술이 발달하면서 조금 더 다양한 형태의 건축이 가능해졌다. 다층구조나 창문이 있는 벽을 포함한 건축양식 등 필요에 따라서 실용적이고 실측적인 건축양식이 나오기 시작한 것이다. 또한 연극의 유행으로 극장이나 무대 등의 건축양식도 등장하기 시작하였다.
>
> 로마 시대에 이르러서는 원형 경기장이나 온천, 목욕탕 등 특수한 목적을 가진 건축물들에도 아름다운 건축양식이 적용되었다. 현재에도 많은 사람들이 관광지로서 찾을 만큼, 로마시민들의 위락시설들에는 다양하고 아름다운 건축양식들이 적용되었다.

① 시대별 건축양식의 장단점을 분석하고 있다.

② 전문가의 말을 인용하여 신뢰도를 높이고 있다.

③ 역사적 순서대로 주제의 변천에 대해서 서술하고 있다.

④ 비유적인 표현 방법을 사용하여 문학적인 느낌을 주고 있다.

⑤ 현대에서 찾을 수 있는 건축물의 예시를 들어 독자의 이해를 돕고 있다.

35 5명의 취업준비생 갑 ~ 무가 S그룹에 지원하여 그중 1명이 합격하였다. 취업준비생들은 〈보기〉와 같이 이야기하였고, 그중 1명이 거짓말을 하였을 때, 합격한 학생은?

> **보기**
> 갑 : 을은 합격하지 않았다.
> 을 : 합격한 사람은 정이다.
> 병 : 내가 합격하였다.
> 정 : 을의 말은 거짓말이다.
> 무 : 나는 합격하지 않았다.

① 갑   ② 을

③ 병   ④ 정

⑤ 무

36 A금융기업에 지원하여 최종 면접을 앞둔 K씨는 성공적인 PT 면접을 위해 회사에 대한 정보를 파악하고 그에 따른 효과적인 전략을 알아보고자 한다. K씨가 분석한 SWOT 결과가 다음과 같을 때, 분석 결과에 대응하기 위한 전략과 그 내용의 연결이 적절하지 않은 것은?

〈SWOT 분석 결과〉

강점(Strength)	약점(Weakness)
• 우수한 역량의 인적자원 보유 • 글로벌 네트워크 보유 • 축적된 풍부한 거래 실적	• 고객 니즈 대응에 필요한 특정 분야별 전문성 미흡 • 신흥시장 진출 증가에 따른 경영 리스크
기회(Opportunity)	위협(Threat)
• 융·복합화를 통한 정부의 일자리 창출 사업 • 해외사업을 위한 협업 수요 확대 • 수요자 맞춤식 서비스 요구 증대	• 타사와의 경쟁 심화 • 정부의 예산 지원 감소 • 금융시장에 대한 일부 부정적 인식 존재

① ST전략 : 글로벌 네트워크를 통한 해외시장 진출
② WT전략 : 리스크 관리를 통한 안정적 재무역량 확충
③ SO전략 : 우수한 인적자원을 활용한 융·복합 사업 추진
④ ST전략 : 풍부한 거래 실적을 바탕으로 시장에서의 경쟁력 확보
⑤ WO전략 : 분야별 전문 인력 충원을 통한 고객 맞춤형 서비스 제공 확대

37 다음 중 글의 내용으로 적절하지 않은 것은?

'갑'이라는 사람이 있다고 하자. 이때 사회가 갑에게 강제적 힘을 행사하는 것이 정당화되는 근거는 무엇일까? 그것은 갑이 다른 사람에게 미치는 해악을 방지하려는 데에 있다. 특정 행위가 갑에게 도움이 될 것이라든가, 이 행위가 갑을 더욱 행복하게 할 것이라든가 또는 이 행위가 현명하다든가 혹은 옳은 것이라든가 하는 이유를 들면서 갑에게 이 행위를 강제하는 것은 정당하지 않다. 이러한 이유는 갑에게 권고하거나 이치를 이해시키거나 무엇인가를 간청하거나 하는 데는 충분한 이유가 된다. 그러나 갑에게 강제를 가하는 이유 혹은 어떤 처벌을 가할 이유는 되지 않는다. 이와 같은 사회적 간섭이 정당화되기 위해서는 갑이 행하려는 행위가 다른 어떤 이에게 해악을 끼칠 것이라는 점이 충분히 예측되어야 한다. 한 사람이 행하고자 하는 행위 중에서 그가 사회에 대해서 책임을 져야 할 유일한 부분은 다른 사람에게 관계되는 부분이다.

① 타인과 관계되는 행위는 사회적 책임이 따른다.
② 개인에 대한 사회의 간섭은 어떤 조건이 필요하다.
③ 행위 수행 혹은 행위 금지의 도덕적 이유와 법적 이유는 구분된다.
④ 한 사람의 행위는 타인에 대한 행위와 자신에 대한 행위로 구분된다.
⑤ 사회는 개인의 해악에 관해서는 관심이 있지만, 그 해악을 방지할 강제성의 근거는 가지고 있지 않다.

38 다음 글에서 나타난 K대학교 문제해결을 위한 대안으로 가장 적절한 것은?

> K대학교는 현재 학생 관리 프로그램, 교수 관리 프로그램, 성적 관리 프로그램의 3개의 응용 프로그램을 갖추고 있다. 학생 관리 프로그램은 학생 정보를 저장하고 있는 파일을 이용하고, 교수 관리 프로그램은 교수 정보 파일 그리고 성적 관리 프로그램은 성적 정보 파일을 이용한다. 즉 다음과 같이 각각의 응용 프로그램들은 개별적인 파일을 이용한다.
>
> 이런 경우의 파일에는 많은 정보가 중복 저장되어 있다. 그렇기 때문에 중복된 정보가 수정되면 관련된 모든 파일을 수정해야 하는 불편함이 있다. 예를 들어, 한 학생이 자퇴하게 되면 학생 정보 파일뿐만 아니라 교수 정보 파일, 성적 정보 파일도 수정해야 하는 것이다.

① 데이터베이스 구축   ② 유비쿼터스 구축
③ RFID 구축   ④ NFC 구축
⑤ 와이파이 구축

39 다음 프로그램의 실행 결과로 옳은 것은?

```
#include 〈stdio.h〉

Int main() {
Int i;
Int sum=0;

For(i=0; i<10; i++){
sum+=i;
}
Printf("최종합 : %d₩n", sum);
}
```

① 40   ② 45
③ 50   ④ 55
⑤ 60

40 다음 사례에서 총무부 L부장에게 가장 필요한 태도는 무엇인가?

> 총무부 L부장은 신입사원 K가 얼마 전 처리한 업무로 인해 곤경에 빠졌다. 신입사원 K가 처리한 서류에서 기존 금액에 0이 하나 추가되어 회사에 엄청난 손실을 끼치게 생긴 것이다.

① '왜 이런 일이 나에게 일어났는지' 생각해 본다.
② 책임을 가리기 위해 잘잘못을 분명하게 따져본다.
③ 개인적인 일을 먼저 해결하려는 자세가 필요하다.
④ 다른 사람의 입장에서 생각해보는 태도가 필요하다.
⑤ 나 자신뿐만 아니라 나의 부서의 일은 내 책임이라고 생각한다.

41 다음은 A국가의 자원별 발전량에 대한 자료이다. 이에 대한 설명으로 옳지 않은 것은?

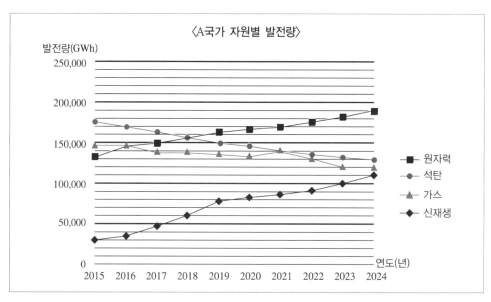

① 2019년 이후로 원자력 자원의 발전량이 가장 많다.
② 2015년 대비 2024년 발전량의 증감폭이 가장 낮은 자원은 가스 자원이다.
③ 원자력 자원의 발전량 대비 신재생 자원의 발전량의 비는 2015년 대비 2024년에 감소했다.
④ 석탄 자원의 발전량은 매년 감소하고 있지만, 신재생 자원의 발전량은 매년 증가하고 있다.
⑤ 원자력 자원의 발전량과 석탄 자원 발전량의 차이가 가장 적은 해는 2018년이다.

42 다음을 보고 A사원이 처리할 첫 업무와 마지막 업무를 바르게 나열한 것은?

A씨, 우리 팀이 준비하는 프로젝트가 마무리 단계인 건 알고 있죠? 이제 곧 그동안 진행해 온 팀 프로젝트를 발표해야 하는데 A씨가 발표자로 선정되어서 몇 가지 말씀드릴 게 있어요. 9월 둘째 주 월요일 오후 4시에 발표를 할 예정이니 그 시간에 비어있는 회의실을 찾아보고 예약해 주세요. 오늘이 벌써 첫째 주 수요일이네요. 보통 일주일 전에는 예약해야 하니 최대한 빨리 확인하고 예약 해 주셔야 합니다. 또 발표 내용을 PPT 파일로 만들어서 저한테 메일로 보내 주세요. 검토 후 수정 사항을 회신할 테니 반영해서 최종본 내용을 브로슈어에 넣어 주세요. 최종본 내용을 모두 입력하면 디자인팀 D대리님께 파일을 넘겨줘야 해요. 디자인팀에서 작업 후 인쇄소로 보낼 겁니다. 최종 브 로슈어는 1층 인쇄소에서 받아오시면 되는데 원래는 한나절이면 찾을 수 있지만 이번에 인쇄 주문 건이 많아서 다음 주 월요일에 찾을 수 있을 거예요. 아, 그리고 브로슈어 내용 정리 전에 작년에 프로젝트 발표자였던 B주임에게 물어보면 어떤 식으로 작성해야 할지 이야기해 줄 거예요.

① PPT 작성 – D대리에게 파일 전달
② 회의실 예약 – B주임에게 조언 구하기
③ 회의실 예약 – 인쇄소 방문
④ B주임에게 조언 구하기 – 인쇄소 방문
⑤ 회의실 예약 – D대리에게 파일 전달

43 다음 〈조건〉에 따라 각각 다른 심폐기능 등급을 받은 A ~ E 5명 중 등급이 가장 낮은 2명의 환자에 게 건강관리 안내문을 발송하려 한다. 발송 대상자를 모두 고르면?

> **조건**
> • E보다 심폐기능이 좋은 환자는 2명 이상이다.
> • E는 C보다 한 등급 높다.
> • B는 D보다 한 등급 높다.
> • A보다 심폐기능이 나쁜 환자는 2명이다.

① B, C
② B, D
③ B, E
④ C, D
⑤ C, E

44 다음 글을 통해 알 수 있는 내용으로 가장 적절한 것은?

> 상업 광고는 기업은 물론이고 소비자에게도 요긴하다. 기업은 마케팅 활동의 주요한 수단으로 광고를 적극적으로 이용하여 기업과 상품의 인지도를 높이려 한다. 소비자는 소비 생활에 필요한 상품의 성능, 가격, 판매 조건 등의 정보를 광고에서 얻으려 한다. 광고를 통해 기업과 소비자가 모두 이익을 얻는다면 이를 규제할 필요는 없을 것이다. 그러나 광고에서 기업과 소비자의 이익이 상충하는 경우도 있고 광고가 사회 전체에 폐해를 낳는 경우도 있어, 다양한 규제 방식이 모색되었다.
>
> 이때 문제가 된 것은 과연 광고로 인한 피해를 책임질 당사자로서 누구를 상정할 것인가였다. 초기에는 '소비자 책임 부담 원칙'에 따라 광고 정보를 활용한 소비자의 구매 행위에 대해 소비자가 책임을 져야 한다고 보았다. 여기에는 광고 정보가 정직한 것인지와는 상관없이 소비자는 이성적으로 이를 판단하여 구매할 수 있어야 한다는 전제가 있었다. 그래서 기업은 광고에 의존하여 물건을 구매한 소비자가 입은 피해에 대하여 책임을 지지 않았고, 광고의 기만성에 대한 입증 책임도 소비자에게 있었다.
>
> 책임 주체로 기업을 상정하여 '기업 책임 부담 원칙'이 부상하게 된 배경은 복합적이다. 시장의 독과점 상황이 광범위해지면서 소비자의 자유로운 선택이 어려워졌고, 상품에 응용된 과학 기술이 복잡해지고 첨단화되면서 상품 정보에 대한 소비자의 정확한 이해도 기대하기 어려워졌다. 또한 다른 상품 광고와의 차별화를 위해 통념에 어긋나는 표현이나 장면도 자주 활용되었다. 그리하여 경제적, 사회·문화적 측면에서 광고로부터 소비자를 보호해야 한다는 당위를 바탕으로 기업이 광고에 대해 책임을 져야 한다는 공감대가 확산되었다.
>
> 오늘날 행해지고 있는 여러 광고 규제는 이런 공감대에서 나온 것인데, 이는 크게 보아 법적 규제와 자율 규제로 나눌 수 있다. 구체적인 법 조항을 통해 광고를 규제하는 법적 규제는 광고 또한 사회적 활동의 일환이라는 점에 근거한다. 특히 자본주의 사회에서는 기업이 시장 점유율을 높여 다른 기업과의 경쟁에서 승리하기 위하여 사실에 반하는 광고나 소비자를 현혹하는 광고를 할 가능성이 높다. 법적 규제는 허위 광고나 기만 광고 등을 불공정 경쟁의 수단으로 간주하여 정부 기관이 규제를 가하는 것이다.
>
> 자율 규제는 법적 규제에 대한 기업의 대응책으로 등장했다. 법적 규제가 광고의 역기능에 따른 피해를 막기 위한 강제적 조치라면, 자율 규제는 광고의 순기능을 극대화하기 위한 자율적 조치이다. 광고에 대한 기업의 책임감에서 비롯된 자율 규제는 법적 규제를 보완하는 효과가 있다.

① 광고 주체의 자율 규제가 잘 작동될수록 광고에 대한 법적 규제의 역할도 커진다.

② 기업의 이익과 소비자의 이익이 상충하는 정도가 클수록 법적 규제와 자율 규제의 필요성이 약화된다.

③ 시장 독과점 상황이 심각해지면서 기업 책임 부담 원칙이 약화되고 소비자 책임부담 원칙이 부각되었다.

④ 첨단 기술을 강조한 상품의 광고일수록 소비자가 광고 내용을 정확히 이해하지 못한 채 상품을 구매할 가능성이 커진다.

⑤ 광고의 기만성을 입증할 책임을 소비자에게 돌리는 경우, 그 이유는 소비자에게 이성적 판단 능력이 있다는 전제를 받아들이지 않기 때문이다.

45 다음 중 각 검색엔진의 유형에 따른 특징을 잘못 나열한 것은?

	검색엔진 유형	특징
①	키워드 검색 방식	키워드가 불명확하게 입력되는 경우 비효율적이다.
②	키워드 검색 방식	검색이 편리하다는 장점이 있다.
③	주제별 검색 방식	상위 주제부터 하위 주제까지 분류된 정보들을 선택하는 방식이다.
④	통합형 검색 방식	통합형 검색 방식은 주제별 검색 방식보다는 키워드 검색 방식과 유사하다.
⑤	통합형 검색 방식	자신만의 인덱스 데이터베이스를 소유하여 사용자가 입력하는 검색어를 데이터베이스에서 찾아 검색 결과들을 사용자에게 보여주는 방식이다.

46 다음 〈보기〉 중 집단의사결정에 대해 옳은 설명을 한 직원을 모두 고르면?

> **보기**
>
> 김대리 : 집단의사결정은 개인의사결정보다 효과적인 편이야.
> 최주임 : 하지만 의사결정이 특정 소수에게 치우칠 위험이 있어요.
> 유주임 : 그래도 시간이 적게 소모된다는 장점이 있잖아.
> 박사원 : 브레인스토밍을 통한 집단의사결정의 핵심은 다른 사람이 제시한 아이디어에 대해 적극적으로 비판을 해서 교정하는 일입니다.

① 김대리, 최주임   ② 김대리, 유주임

③ 최주임, 유주임   ④ 최주임, 박사원

⑤ 유주임, 박사원

47 다음 중 조직구조의 결정요인에 대한 설명으로 옳지 않은 것은?

① 급변하는 환경하에서는 유기적 조직보다 원칙이 확립된 기계적 조직이 더 적합하다.

② 대규모 조직은 소규모 조직에 비해 업무의 전문화 정도가 높다.

③ 일반적으로 소량생산기술을 가진 조직은 유기적 조직구조를, 대량생산기술을 가진 조직은 기계적 조직구조를 가진다.

④ 조직 활동의 결과에 대한 만족은 조직의 문화적 특성에 따라 상이하다.

⑤ 조직규모의 주요 결정요인 4가지로 전략, 규모, 기술, 환경이다.

※ K호텔에서는 편의시설로 코인세탁실을 설치하고자 한다. 이어지는 질문에 답하시오. **[48~49]**

<그리고 코인세탁기 설명서>

■ 설치 시 주의사항
- 전원은 교류 220V / 60Hz 콘센트를 제품 단독으로 사용하세요.
- 전원코드를 임의로 연장하지 마세요.
- 열에 약한 물건 근처나 습기, 기름, 직사광선 및 물이 닿는 곳이나 가스가 샐 가능성이 있는 곳에 설치하지 마세요.
- 안전을 위해서 반드시 접지하도록 하며 가스관, 플라스틱 수도관, 전화선 등에는 접지하지 마세요.
- 제품을 설치할 때는 전원코드를 빼기 쉬운 곳에 설치하세요.
- 바닥이 튼튼하고 수평인 곳에 설치하세요.
- 세탁기와 벽면과는 10cm 이상 거리를 두어 설치하세요.
- 물이 새는 곳이 있으면 설치하지 마세요.
- 온수 단독으로 연결하지 마세요.
- 냉수와 온수 호스의 연결이 바뀌지 않도록 주의하세요.

■ 문제해결방법

증상	확인	해결
동작이 되지 않아요.	세탁기의 전원이 꺼져 있는 것은 아닌가요?	세탁기의 전원버튼을 눌러 주세요.
	문이 열려있는 건 아닌가요?	문을 닫고 〈동작〉 버튼을 눌러 주세요.
	물을 받고 있는 중은 아닌가요?	물이 설정된 높이까지 채워질 때까지 기다려 주세요.
	수도꼭지가 잠겨 있는 것은 아닌가요?	수도꼭지를 열어 주세요.
세탁 중 멈추고 급수를 해요.	옷감의 종류에 따라 물을 흡수하는 세탁물이 있어 물의 양을 보충하기 위해 급수하는 것입니다.	이상이 없으니 별도의 조치가 필요 없어요.
	거품이 많이 발생하는 세제를 권장량보다 과다 투입 시 거품 제거를 위해 배수 후 재급수하는 것입니다.	이상이 없으니 별도의 조치가 필요 없어요.
세제 넣는 곳 앞으로 물이 흘러 넘쳐요.	세제를 너무 많이 사용한 것은 아닌가요?	적정량의 세제를 넣어 주세요.
	물이 지나치게 뜨거운 것은 아닌가요?	50℃ 이상의 온수를 단독으로 사용하면 세제 투입 시 거품이 발생하여 넘칠 수 있습니다.
	세제 넣는 곳이 더럽거나 열려 있는 것은 아닌가요?	세제 넣는 곳을 청소해 주세요.
겨울에 진동이 심해요.	세탁기가 언 것은 아닌가요?	세제 넣는 곳이나 세탁조에 60℃ 정도의 뜨거운 물 10L 정도 넣어 세탁기를 녹여 주세요.
급수가 안 돼요.	거름망에 이물질이 끼어 있는 것은 아닌가요?	급수호수 연결부에 있는 거름망을 청소해 주세요.
탈수 시 세탁기가 흔들리거나 움직여요.	세탁기를 앞뒤 또는 옆으로 흔들었을 때 흔들리나요?	세탁기 또는 받침대를 다시 설치해 주세요.
	세탁기를 나무나 고무판 위에 설치하셨나요?	바닥이 평평한 곳에 설치하세요.
문이 열리지 않아요.	세탁기 내부온도가 높나요?	세탁기 내부온도가 70℃ 이상이거나 물 온도가 50℃ 이상인 경우 문이 열리지 않습니다. 내부온도가 내려갈 때까지 잠시 기다리세요.
	세탁조에 물이 남아 있나요?	탈수를 선택하여 물을 배수하세요.

48 세탁기가 배송되어 적절한 장소에 설치하고자 한다. 다음 중 장소 선정 시 고려해야 할 사항으로 적절하지 않은 것은?

① 바닥이 튼튼하고 수평인지 확인한다.

② 220V / 60Hz 콘센트인지 확인한다.

③ 물이 새는 곳이 있는지 확인한다.

④ 세탁기와 수도꼭지와의 거리를 확인한다.

⑤ 세탁기와 벽면 사이의 여유 공간을 확인한다.

49 호텔 투숙객이 세탁기 이용 도중 세탁기 문이 열리지 않는다며 불편사항을 접수하였다. 다음 중 투숙객의 불편사항에 대한 해결방법으로 가장 적절한 것은?

① 세탁조에 물이 남아있는 것을 확인하고 급수를 선택하여 물을 급수하도록 안내한다.

② 세탁기 내부온도가 높으므로 세탁조에 차가운 물을 넣도록 안내한다.

③ 세탁기의 받침대를 다시 설치하여 세탁기의 흔들림을 최소화시켜야 한다.

④ 세탁조에 물이 남아있는 것을 확인하고 세탁기의 전원을 껐다 켜도록 안내한다.

⑤ 세탁기 내부온도가 높으므로 내부온도가 내려갈 때까지 기다려 달라고 안내한다.

50 다음은 K공사의 신입사원 윤리경영 교육내용이다. 이를 통해 추론할 수 없는 것은?

주제 : 정보취득에 있어 윤리적 / 합법적 방법이란 무엇인가?

〈윤리적 / 합법적〉

1. 공개된 출판물, 재판기록, 특허기록
2. 경쟁사 종업원의 공개 증언
3. 시장조사 보고서
4. 공표된 재무기록, 증권사보고서
5. 전시회, 경쟁사의 안내문, 제품설명서
6. 경쟁사 퇴직직원을 합법적으로 면접, 증언 청취

〈비윤리적 / 합법적〉

1. 세미나 등에서 경쟁사 직원에게 신분을 속이고 질문
2. 사설탐정을 고용하는 등 경쟁사 직원을 비밀로 관찰
3. 채용계획이 없으면서 채용공고를 하여 경쟁사 직원을 면접하거나 실제 스카우트

〈비윤리적 / 비합법적〉

1. 설계도면 훔치기 등 경쟁사에 잠입하여 정보 수집
2. 경쟁사 직원이나 납품업자에게 금품 등 제공
3. 경쟁사에 위장 취업
4. 경쟁사의 활동을 도청
5. 공갈, 협박

---

① 경쟁사 직원에게 신분을 속이고 질문하는 행위는 윤리적으로 문제가 없다.
② 시장조사 보고서를 통해 정보획득을 한다면 법적인 문제가 발생하지 않을 것이다.
③ 경쟁사 종업원의 공개 증언을 활용하는 것은 적절한 정보획득 행위이다.
④ 정보획득을 위해 경쟁사 직원을 협박하는 행위는 비윤리적인 행위이다.
⑤ 경쟁사에 잠입하여 정보를 수집하는 것은 윤리적이지 못하다.

PART 5

채용 가이드

블라인드 채용 소개

1. 블라인드 채용이란?

채용 과정에서 편견이 개입되어 불합리한 차별을 야기할 수 있는 출신지, 가족관계, 학력, 외모 등의 편견요인은 제외하고, 직무능력만을 평가하여 인재를 채용하는 방식입니다.

2. 블라인드 채용의 필요성

- 채용의 공정성에 대한 사회적 요구
  - 누구에게나 직무능력만으로 경쟁할 수 있는 균등한 고용기회를 제공해야 하나, 아직도 채용의 공정성에 대한 불신이 존재
  - 채용상 차별금지에 대한 법적 요건이 권고적 성격에서 처벌을 동반한 의무적 성격으로 강화되는 추세
  - 시민의식과 지원자의 권리의식 성숙으로 차별에 대한 법적 대응 가능성 증가
- 우수인재 채용을 통한 기업의 경쟁력 강화 필요
  - 직무능력과 무관한 학벌, 외모 위주의 선발로 우수인재 선발기회 상실 및 기업경쟁력 약화
  - 채용 과정에서 차별 없이 직무능력중심으로 선발한 우수인재 확보 필요
- 공정한 채용을 통한 사회적 비용 감소 필요
  - 편견에 의한 차별적 채용은 우수인재 선발을 저해하고 외모·학벌 지상주의 등의 심화로 불필요한 사회적 비용 증가
  - 채용에서의 공정성을 높여 사회의 신뢰수준 제고

3. 블라인드 채용의 특징

편견요인을 요구하지 않는 대신 직무능력을 평가합니다.

※ 직무능력중심 채용이란?
기업의 역량기반 채용, NCS기반 능력중심 채용과 같이 직무수행에 필요한 능력과 역량을 평가하여 선발하는 채용방식을 통칭합니다.

4. 블라인드 채용의 평가요소

직무수행에 필요한 지식, 기술, 태도 등을 과학적인 선발기법을 통해 평가합니다.

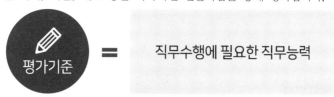

※ 과학적 선발기법이란?
  직무분석을 통해 도출된 평가요소를 서류, 필기, 면접 등을 통해 체계적으로 평가하는 방법으로 입사지원서, 자기소개서, 직무수행능력평가, 구조화 면접 등이 해당됩니다.

5. 블라인드 채용 주요 도입 내용

- 입사지원서에 인적사항 요구 금지
  - 인적사항에는 출신지역, 가족관계, 결혼여부, 재산, 취미 및 특기, 종교, 생년월일(연령), 성별, 신장 및 체중, 사진, 전공, 학교명, 학점, 외국어 점수, 추천인 등이 해당
  - 채용 직무를 수행하는 데 있어 반드시 필요하다고 인정될 경우는 제외
    예 특수경비직 채용 시 : 시력, 건강한 신체 요구
       연구직 채용 시 : 논문, 학위 요구 등
- 블라인드 면접 실시
  - 면접관에게 응시자의 출신지역, 가족관계, 학교명 등 인적사항 정보 제공 금지
  - 면접관은 응시자의 인적사항에 대한 질문 금지

6. 블라인드 채용 도입의 효과성

- 구성원의 다양성과 창의성이 높아져 기업 경쟁력 강화
  - 편견을 없애고 직무능력 중심으로 선발하므로 다양한 직원 구성 가능
  - 다양한 생각과 의견을 통하여 기업의 창의성이 높아져 기업경쟁력 강화
- 직무에 적합한 인재선발을 통한 이직률 감소 및 만족도 제고
  - 사전에 지원자들에게 구체적이고 상세한 직무요건을 제시함으로써 허수 지원이 낮아지고, 직무에 적합한 지원자 모집 가능
  - 직무에 적합한 인재가 선발되어 직무이해도가 높아져 업무효율 증대 및 만족도 제고
- 채용의 공정성과 기업이미지 제고
  - 블라인드 채용은 사회적 편견을 줄인 선발 방법으로 기업에 대한 사회적 인식 제고
  - 채용과정에서 불합리한 차별을 받지 않고 실력에 의해 공정하게 평가를 받을 것이라는 믿음을 제공하고, 지원자들은 평등한 기회와 공정한 선발과정 경험

PART 5

02 서류전형 가이드

01 채용공고문

1. 채용공고문의 변화

기존 채용공고문	변화된 채용공고문
• 취업준비생에게 불충분하고 불친절한 측면 존재 • 모집분야에 대한 명확한 직무관련 정보 및 평가기준 부재 • 해당분야에 지원하기 위한 취업준비생의 무분별한 스펙 쌓기 현상 발생	• NCS 직무분석에 기반한 채용공고를 토대로 채용전형 진행 • 지원자가 입사 후 수행하게 될 업무에 대한 자세한 정보 공지 • 직무수행내용, 직무수행 시 필요한 능력, 관련된 자격, 직업기초능력 제시 • 지원자가 해당 직무에 필요한 스펙만을 준비할 수 있도록 안내
• 모집부문 및 응시자격 • 지원서 접수 • 전형절차 • 채용조건 및 처우 • 기타사항	• 채용절차 • 채용유형별 선발분야 및 예정인원 • 전형방법 • 선발분야별 직무기술서 • 우대사항

2. 지원 유의사항 및 지원요건 확인

채용 직무에 따른 세부사항을 공고문에 명시하여 지원자에게 적격한 지원 기회를 부여함과 동시에 채용과정에서의 공정성과 신뢰성을 확보합니다.

구성	내용	확인사항
모집분야 및 규모	고용형태(인턴 계약직 등), 모집분야, 인원, 근무지역 등	채용직무가 여러 개일 경우 본인이 해당되는 직무의 채용규모 확인
응시자격	기본 자격사항, 지원조건	지원을 위한 최소자격요건을 확인하여 불필요한 지원을 예방
우대조건	법정·특별·자격증 가점	본인의 가점 여부를 검토하여 가점 획득을 위한 사항을 사실대로 기재
근무조건 및 보수	고용형태 및 고용기간, 보수, 근무지	본인이 생각하는 기대수준에 부합하는지 확인하여 불필요한 지원을 예방
시험방법	서류·필기·면접전형 등의 활용방안	전형방법 및 세부 평가기법 등을 확인하여 지원전략 준비
전형일정	접수기간, 각 전형 단계별 심사 및 합격자 발표일 등	본인의 지원 스케줄을 검토하여 차질이 없도록 준비
제출서류	입사지원서(경력·경험기술서 등), 각종 증명서 및 자격증 사본 등	지원요건 부합 여부 및 자격 증빙서류 사전에 준비
유의사항	임용취소 등의 규정	임용취소 관련 법적 또는 기관 내부 규정을 검토하여 해당여부 확인

02   직무기술서

직무기술서란 직무수행의 내용과 필요한 능력, 관련 자격, 직업기초능력 등을 상세히 기재한 것으로 입사 후 수행하게 될 업무에 대한 정보가 수록되어 있는 자료입니다.

1. 채용분야

설명

NCS 직무분류 체계에 따라 직무에 대한 「대분류 – 중분류 – 소분류 – 세분류」 체계를 확인할 수 있습니다. 채용 직무에 대한 모든 직무기술서를 첨부하게 되며 실제 수행 업무를 기준으로 세부적인 분류정보를 제공합니다.

채용분야	분류체계			
사무행정	대분류	중분류	소분류	세분류
분류코드	02. 경영 · 회계 · 사무	03. 재무 · 회계	01. 재무	01. 예산
				02. 자금
			02. 회계	01. 회계감사
				02. 세무

2. 능력단위

설명

직무분류 체계의 세분류 하위능력단위 중 실질적으로 수행할 업무의 능력만 구체적으로 파악할 수 있습니다.

능력단위	(예산)	03. 연간종합예산수립 05. 확정예산 운영	04. 추정재무제표 작성 06. 예산실적 관리
	(자금)	04. 자금운용	
	(회계감사)	02. 자금관리 05. 회계정보시스템 운용 07. 회계감사	04. 결산관리 06. 재무분석
	(세무)	02. 결산관리 07. 법인세 신고	05. 부가가치세 신고

3. 직무수행내용

설명

세분류 영역의 기본정의를 통해 직무수행내용을 확인할 수 있습니다. 입사 후 수행할 직무내용을 구체적으로 확인할 수 있으며, 이를 통해 입사서류 작성부터 면접까지 직무에 대한 명확한 이해를 바탕으로 자신의 희망직무인지 아닌지, 해당 직무가 자신이 알고 있던 직무가 맞는지 확인할 수 있습니다.

직무수행내용	(예산) 일정기간 예상되는 수익과 비용을 편성, 집행하며 통제하는 일
	(자금) 자금의 계획 수립, 조달, 운용을 하고 발생 가능한 위험 관리 및 성과평가
	(회계감사) 기업 및 조직 내 · 외부에 있는 의사결정자들이 효율적인 의사결정을 할 수 있도록 유용한 정보를 제공, 제공된 회계정보의 적정성을 파악하는 일
	(세무) 세무는 기업의 활동을 위하여 주어진 세법범위 내에서 조세부담을 최소화시키는 조세전략을 포함하고 정확한 과세소득과 과세표준 및 세액을 산출하여 과세당국에 신고 · 납부하는 일

4. 직무기술서 예시

태도	(예산) 정확성, 분석적 태도, 논리적 태도, 타 부서와의 협조적 태도, 설득력
	(자금) 분석적 사고력
	(회계 감사) 합리적 태도, 전략적 사고, 정확성, 적극적 협업 태도, 법률준수 태도, 분석적 태도, 신속성, 책임감, 정확한 판단력
	(세무) 규정 준수 의지, 수리적 정확성, 주의 깊은 태도
우대 자격증	공인회계사, 세무사, 컴퓨터활용능력, 변호사, 워드프로세서, 전산회계운용사, 사회조사분석사, 재경관리사, 회계관리 등
직업기초능력	의사소통능력, 문제해결능력, 자원관리능력, 대인관계능력, 정보능력, 조직이해능력

5. 직무기술서 내용별 확인사항

항목	확인사항
모집부문	해당 채용에서 선발하는 부문(분야)명 확인 예 사무행정, 전산, 전기
분류체계	지원하려는 분야의 세부직무군 확인
주요기능 및 역할	지원하려는 기업의 전사적인 기능과 역할, 산업군 확인
능력단위	지원분야의 직무수행에 관련되는 세부업무사항 확인
직무수행내용	지원분야의 직무군에 대한 상세사항 확인
전형방법	지원하려는 기업의 신입사원 선발전형 절차 확인
일반요건	교육사항을 제외한 지원 요건 확인(자격요건, 특수한 경우 연령)
교육요건	교육사항에 대한 지원요건 확인(대졸 / 초대졸 / 고졸 / 전공 요건)
필요지식	지원분야의 업무수행을 위해 요구되는 지식 관련 세부항목 확인
필요기술	지원분야의 업무수행을 위해 요구되는 기술 관련 세부항목 확인
직무수행태도	지원분야의 업무수행을 위해 요구되는 태도 관련 세부항목 확인
직업기초능력	지원분야 또는 지원기업의 조직원으로서 근무하기 위해 필요한 일반적인 능력사항 확인

1. 입사지원서의 변화

기존지원서
직무와 관련 없는 학점, 개인신상, 어학점수, 자격, 수상경력 등을 나열하도록 구성

VS

능력중심 채용 입사지원서
해당 직무수행에 꼭 필요한 정보들을 제시할 수 있도록 구성

직무기술서

직무수행내용

요구지식 / 기술

관련 자격증

사전직무경험

인적사항	성명, 연락처, 지원분야 등 작성 (평가 미반영)
교육사항	직무지식과 관련된 학교교육 및 직업교육 작성
자격사항	직무관련 국가공인 또는 민간자격 작성
경력 및 경험사항	조직에 소속되어 일정한 임금을 받거나(경력) 임금 없이(경험) 직무와 관련된 활동 내용 작성

PART 5

2. 교육사항

- 지원분야 직무와 관련된 학교 교육이나 직업교육 혹은 기타교육 등 직무에 대한 지원자의 학습 여부를 평가하기 위한 항목입니다.
- 지원하고자 하는 직무의 학교 전공교육 이외에 직업교육, 기타교육 등을 기입할 수 있기 때문에 전공 제한 없이 직업교육과 기타교육을 이수하여 지원이 가능하도록 기회를 제공합니다.

(기타교육 : 학교 이외의 기관에서 개인이 이수한 교육과정 중 지원직무와 관련이 있다고 생각되는 교육내용)

구분	교육과정(과목)명	교육내용	과업(능력단위)

3. 자격사항

- 채용공고 및 직무기술서에 제시되어 있는 자격 현황을 토대로 지원자가 해당 직무를 수행하는 데 필요한 능력을 가지고 있는지를 평가하기 위한 항목입니다.
- 채용공고 및 직무기술서에 기재된 직무관련 필수 또는 우대자격 항목을 확인하여 본인이 보유하고 있는 자격사항을 기재합니다.

자격유형	자격증명	발급기관	취득일자	자격증번호

4. 경력 및 경험사항

- 직무와 관련된 경력이나 경험 여부를 표현하도록 하여 직무와 관련한 능력을 갖추었는지를 평가하기 위한 항목입니다.
- 해당 기업에서 직무를 수행함에 있어 필요한 사항만을 기록하게 되어 있기 때문에 직무와 무관한 스펙을 갖추지 않아도 됩니다.
- 경력 : 금전적 보수를 받고 일정기간 동안 일했던 경우
- 경험 : 금전적 보수를 받지 않고 수행한 활동

※ 기업에 따라 경력 / 경험 관련 증빙자료 요구 가능

구분	조직명	직위 / 역할	활동기간(년 / 월)	주요과업 / 활동내용

Tip

입사지원서 작성 방법

○ 경력 및 경험사항 작성
- 직무기술서에 제시된 지식, 기술, 태도와 지원자의 교육사항, 경력(경험)사항, 자격사항과 연계하여 개인의 직무역량에 대해 스스로 판단 가능

○ 인적사항 최소화
- 개인의 인적사항, 학교명, 가족관계 등을 노출하지 않도록 유의

부적절한 입사지원서 작성 사례
- 학교 이메일을 기입하여 학교명 노출
- 거주지 주소에 학교 기숙사 주소를 기입하여 학교명 노출
- 자기소개서에 부모님이 재직 중인 기업명, 직위, 직업을 기입하여 가족관계 노출
- 자기소개서에 석 · 박사 과정에 대한 이야기를 언급하여 학력 노출
- 동아리 활동에 대한 내용을 학교명과 더불어 언급하여 학교명 노출

1. 자기소개서의 변화

- 기존의 자기소개서는 지원자의 일대기나 관심 분야, 성격의 장·단점 등 개괄적인 사항을 묻는 질문으로 구성되어 지원자가 자신의 직무능력을 제대로 표출하지 못합니다.
- 능력중심 채용의 자기소개서는 직무기술서에 제시된 직업기초능력(또는 직무수행능력)에 대한 지원자의 과거 경험을 기술하게 함으로써 평가 타당도의 확보가 가능합니다.

1. 우리 회사와 해당 지원 직무분야에 지원한 동기에 대해 기술해 주세요.
2. 자신이 경험한 다양한 사회활동에 대해 기술해 주세요.
3. 지원 직무에 대한 전문성을 키우기 위해 받은 교육과 경험 및 경력사항에 대해 기술해 주세요.
4. 인사업무 또는 팀 과제 수행 중 발생한 갈등을 원만하게 해결해 본 경험이 있습니까? 당시 상황에 대한 설명과 갈등의 대상이 되었던 상대방을 설득한 과정 및 방법을 기술해 주세요.
5. 과거에 있었던 일 중 가장 어려웠던(힘들었었던) 상황을 고르고, 어떤 방법으로 그 상황을 해결했는지를 기술해 주세요.

PART 5

Tip

자기소개서 작성 방법

① 자기소개서 문항이 묻고 있는 평가 역량 추측하기

예시

- 팀 활동을 하면서 갈등 상황 시 상대방의 니즈나 의도를 명확히 파악하고 해결하여 목표 달성에 기여했던 경험에 대해서 작성해 주시기 바랍니다.
- 다른 사람이 생각해내지 못했던 문제점을 찾고 이를 해결한 경험에 대해 작성해 주시기 바랍니다.

② 해당 역량을 보여줄 수 있는 소재 찾기(시간×역량 매트릭스)

예시

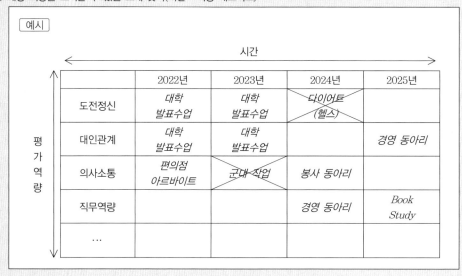

		시간		
	2022년	2023년	2024년	2025년
도전정신	대학 발표수업	대학 발표수업	~~다이어트 (헬스)~~	
대인관계	대학 발표수업	대학 발표수업		경영 동아리
의사소통	편의점 아르바이트	~~군대 작업~~	봉사 동아리	
직무역량			경영 동아리	*Book Study*
…				

평가역량

③ 자기소개서 작성 Skill 익히기
- 두괄식으로 작성하기
- 구체적 사례를 사용하기
- '나'를 중심으로 작성하기
- 직무역량 강조하기
- 경험 사례의 차별성 강조하기

CHAPTER
03
인성검사 소개 및 모의테스트

01　인성검사 유형

인성검사는 지원자의 성격특성을 객관적으로 파악하고 그것이 각 기업에서 필요로 하는 인재상과 가치에 부합하는가를 평가하기 위한 검사입니다. 인성검사는 KPDI(한국인재개발진흥원), K-SAD(한국사회적성개발원), KIRBS(한국행동과학연구소), SHR(에스에이치알) 등의 전문기관을 통해 각 기업의 특성에 맞는 검사를 선택하여 실시합니다. 대표적인 인성검사의 유형에는 크게 다음과 같은 세 가지가 있으며, 채용 대행업체에 따라 달라집니다.

1. KPDI 검사

조직적응성과 직무적합성을 알아보기 위한 검사로 인성검사, 인성역량검사, 인적성검사, 직종별 인적성검사 등의 다양한 검사 도구를 구현합니다. KPDI는 성격을 파악하고 정신건강 상태 등을 측정하고, 직무검사는 해당 직무를 수행하기 위해 기본적으로 갖추어야 할 인지적 능력을 측정합니다. 역량검사는 특정 직무 역할을 효과적으로 수행하는 데 직접적으로 관련 있는 개인의 행동, 지식, 스킬, 가치관 등을 측정합니다.

2. KAD(Korea Aptitude Development) 검사

K-SAD(한국사회적성개발원)에서 실시하는 적성검사 프로그램입니다. 개인의 성향, 지적 능력, 기호, 관심, 흥미도를 종합적으로 분석하여 적성에 맞는 업무가 무엇인가 파악하고, 직무수행에 있어서 요구되는 기초능력과 실무능력을 분석합니다.

3. SHR 직무적성검사

직무수행에 필요한 종합적인 사고 능력을 다양한 적성검사(Paper and Pencil Test)로 평가합니다. SHR의 모든 직무능력검사는 표준화 검사입니다. 표준화 검사는 표본집단의 점수를 기초로 규준이 만들어진 검사이므로 개인의 점수를 규준에 맞추어 해석·비교하는 것이 가능합니다. S(Standardized Tests), H(Hundreds of Version), R(Reliable Norm Data)을 특징으로 하며, 직군·직급별 특성과 선발 수준에 맞추어 검사를 적용할 수 있습니다.

PART 5

02　인성검사와 면접

인성검사는 특히 면접질문과 관련성이 높습니다. 면접관은 지원자의 인성검사 결과를 토대로 질문을 하기 때문입니다. 일관적이고 이상적인 답변을 하는 것이 가장 좋지만, 실제 시험은 매우 복잡하여 전문가라 해도 일정 성격을 유지하면서 답변을 하는 것이 힘듭니다. 또한, 인성검사에는 라이 스케일(Lie Scale) 설문이 전체 설문 속에 교묘하게 섞여 들어가 있으므로 겉치레적인 답을 하게 되면 회답태도의 허위성이 그대로 드러나게 됩니다. 예를 들어 '거짓말을 한 적이 한 번도 없다.'에 '예'로 답하고, '때로는 거짓말을 하기도 한다.'에 '예'라고 답하여 라이 스케일의 득점이 올라가게 되면 모든 회답의 신빙성이 사라지고 '자신을 돋보이게 하려는 사람'이라는 평가를 받을 수 있으므로 주의해야 합니다. 따라서 모의테스트를 통해 인성검사의 유형과 실제 시험 시 어떻게 문제를 풀어야 하는지 연습해 보고 체크한 부분 중 자신의 단점과 연결되는 부분은 면접에서 질문이 들어왔을 때 어떻게 대처해야 하는지 생각해 보는 것이 좋습니다.

03　유의사항

1. 기업의 인재상을 파악하라!

인성검사를 통해 개인의 성격 특성을 파악하고 그것이 기업의 인재상과 가치에 부합하는지를 평가하는 시험이기 때문에 해당 기업의 인재상을 먼저 파악하고 시험에 임하는 것이 좋습니다. 모의테스트에서 인재상에 맞는 가상의 인물을 설정하고 문제에 답해 보는 것도 많은 도움이 됩니다.

2. 일관성 있는 대답을 하라!

짧은 시간 안에 다양한 질문에 답을 해야 하는데, 그 안에는 중복되는 질문이 여러 번 나옵니다. 이때 앞서 자신이 체크했던 대답을 잘 기억해뒀다가 일관성 있는 답을 하는 것이 중요합니다.

3. 모든 문항에 대답하라!

많은 문제를 짧은 시간 안에 풀려다 보니 다 못 푸는 경우도 종종 생깁니다. 하지만 대답을 누락하거나 끝까지 다 못했을 경우 좋지 않은 결과를 가져올 수도 있으니 최대한 주어진 시간 안에 모든 문항에 답할 수 있도록 해야 합니다.

※ 모의테스트는 질문 및 답변 유형 연습을 위한 것으로 실제 시험과 다를 수 있습니다.
※ 인성검사는 정답이 따로 없는 유형의 검사이므로 결과지를 제공하지 않습니다.

번호	내용	예	아니요
001	나는 솔직한 편이다.	☐	☐
002	나는 리드하는 것을 좋아한다.	☐	☐
003	법을 어겨서 말썽이 된 적이 한 번도 없다.	☐	☐
004	거짓말을 한 번도 한 적이 없다.	☐	☐
005	나는 눈치가 빠르다.	☐	☐
006	나는 일을 주도하기보다는 뒤에서 지원하는 것을 선호한다.	☐	☐
007	앞일은 알 수 없기 때문에 계획은 필요하지 않다.	☐	☐
008	거짓말도 때로는 방편이라고 생각한다.	☐	☐
009	사람이 많은 술자리를 좋아한다.	☐	☐
010	걱정이 지나치게 많다.	☐	☐
011	일을 시작하기 전 재고하는 경향이 있다.	☐	☐
012	불의를 참지 못한다.	☐	☐
013	처음 만나는 사람과도 이야기를 잘 한다.	☐	☐
014	때로는 변화가 두렵다.	☐	☐
015	나는 모든 사람에게 친절하다.	☐	☐
016	힘든 일이 있을 때 술은 위로가 되지 않는다.	☐	☐
017	결정을 빨리 내리지 못해 손해를 본 경험이 있다.	☐	☐
018	기회를 잡을 준비가 되어 있다.	☐	☐
019	때로는 내가 정말 쓸모없는 사람이라고 느낀다.	☐	☐
020	누군가 나를 챙겨주는 것이 좋다.	☐	☐
021	자주 가슴이 답답하다.	☐	☐
022	나는 내가 자랑스럽다.	☐	☐
023	경험이 중요하다고 생각한다.	☐	☐
024	전자기기를 분해하고 다시 조립하는 것을 좋아한다.	☐	☐

PART 5

025	감시받고 있다는 느낌이 든다.	☐	☐
026	난처한 상황에 놓이면 그 순간을 피하고 싶다.	☐	☐
027	세상엔 믿을 사람이 없다.	☐	☐
028	잘못을 빨리 인정하는 편이다.	☐	☐
029	지도를 보고 길을 잘 찾아간다.	☐	☐
030	귓속말을 하는 사람을 보면 날 비난하고 있는 것 같다.	☐	☐
031	막무가내라는 말을 들을 때가 있다.	☐	☐
032	장래의 일을 생각하면 불안하다.	☐	☐
033	결과보다 과정이 중요하다고 생각한다.	☐	☐
034	운동은 그다지 할 필요가 없다고 생각한다.	☐	☐
035	새로운 일을 시작할 때 좀처럼 한 발을 떼지 못한다.	☐	☐
036	기분 상하는 일이 있더라도 참는 편이다.	☐	☐
037	업무능력은 성과로 평가받아야 한다고 생각한다.	☐	☐
038	머리가 맑지 못하고 무거운 느낌이 든다.	☐	☐
039	가끔 이상한 소리가 들린다.	☐	☐
040	타인이 내게 자주 고민상담을 하는 편이다.	☐	☐

※ 모의테스트는 질문 및 답변 유형 연습을 위한 것으로 실제 시험과 다를 수 있습니다.
※ 인성검사는 정답이 따로 없는 유형의 검사이므로 결과지를 제공하지 않습니다.

※ 이 성격검사의 각 문항에는 서로 다른 행동을 나타내는 네 개의 문장이 제시되어 있습니다. 이 문장들을 비교하여, 자신의 평소 행동과 가장 가까운 문장을 'ㄱ' 열에 표기하고, 가장 먼 문장을 'ㅁ' 열에 표기하십시오.

01 나는 _____

	ㄱ	ㅁ
A. 실용적인 해결책을 찾는다.	☐	☐
B. 다른 사람을 돕는 것을 좋아한다.	☐	☐
C. 세부 사항을 잘 챙긴다.	☐	☐
D. 상대의 주장에서 허점을 잘 찾는다.	☐	☐

02 나는 _____

	ㄱ	ㅁ
A. 매사에 적극적으로 임한다.	☐	☐
B. 즉흥적인 편이다.	☐	☐
C. 관찰력이 있다.	☐	☐
D. 임기응변에 강하다.	☐	☐

03 나는 _____

	ㄱ	ㅁ
A. 무서운 영화를 잘 본다.	☐	☐
B. 조용한 곳이 좋다.	☐	☐
C. 가끔 울고 싶다.	☐	☐
D. 집중력이 좋다.	☐	☐

04 나는 _____

	ㄱ	ㅁ
A. 기계를 조립하는 것을 좋아한다.	☐	☐
B. 집단에서 리드하는 역할을 맡는다.	☐	☐
C. 호기심이 많다.	☐	☐
D. 음악을 듣는 것을 좋아한다.	☐	☐

PART 5

05 나는 _____

	ㄱ	ㅁ
A. 타인을 늘 배려한다.	☐	☐
B. 감수성이 예민하다.	☐	☐
C. 즐겨하는 운동이 있다.	☐	☐
D. 일을 시작하기 전에 계획을 세운다.	☐	☐

06 나는 _____

	ㄱ	ㅁ
A. 타인에게 설명하는 것을 좋아한다.	☐	☐
B. 여행을 좋아한다.	☐	☐
C. 정적인 것이 좋다.	☐	☐
D. 남을 돕는 것에 보람을 느낀다.	☐	☐

07 나는 _____

	ㄱ	ㅁ
A. 기계를 능숙하게 다룬다.	☐	☐
B. 밤에 잠이 잘 오지 않는다.	☐	☐
C. 한 번 간 길을 잘 기억한다.	☐	☐
D. 불의를 보면 참을 수 없다.	☐	☐

08 나는 _____

	ㄱ	ㅁ
A. 종일 말을 하지 않을 때가 있다.	☐	☐
B. 사람이 많은 곳을 좋아한다.	☐	☐
C. 술을 좋아한다.	☐	☐
D. 휴양지에서 편하게 쉬고 싶다.	☐	☐

09 나는 _____

	ㄱ	ㅁ
A. 뉴스보다는 드라마를 좋아한다.	☐	☐
B. 길을 잘 찾는다.	☐	☐
C. 주말엔 집에서 쉬는 것이 좋다.	☐	☐
D. 아침에 일어나는 것이 힘들다.	☐	☐

10 나는 _____

	ㄱ	ㅁ
A. 이성적이다.	☐	☐
B. 할 일을 종종 미룬다.	☐	☐
C. 어른을 대하는 게 힘들다.	☐	☐
D. 불을 보면 매혹을 느낀다.	☐	☐

11 나는 _____

	ㄱ	ㅁ
A. 상상력이 풍부하다.	☐	☐
B. 예의 바르다는 소리를 자주 듣는다.	☐	☐
C. 사람들 앞에 서면 긴장한다.	☐	☐
D. 친구를 자주 만난다.	☐	☐

12 나는 _____

	ㄱ	ㅁ
A. 나만의 스트레스 해소 방법이 있다.	☐	☐
B. 친구가 많다.	☐	☐
C. 책을 자주 읽는다.	☐	☐
D. 활동적이다.	☐	☐

면접전형 가이드

01 면접유형 파악

1. 면접전형의 변화

기존 면접전형에서는 일상적이고 단편적인 대화나 지원자의 첫인상 및 면접관의 주관적인 판단 등에 의해서 입사 결정 여부를 판단하는 경우가 많았습니다. 이러한 면접전형은 면접 내용의 일관성이 결여되거나 직무 관련 타당성이 부족하였고, 면접에 대한 신뢰도에 영향을 주었습니다.

기존 면접(전통적 면접)		능력중심 채용 면접(구조화 면접)

• 일상적이고 단편적인 대화
• 인상, 외모 등 외부 요소의 영향
• 주관적인 판단에 의존한 총점 부여
 	
⇩
 	
• 면접 내용의 일관성 결여
• 직무관련 타당성 부족
• 주관적인 채점으로 신뢰도 저하
	VS	• 일관성
		  – 직무관련 역량에 초점을 둔 구체적 질문 목록
		  – 지원자별 동일 질문 적용
		• 구조화
		  – 면접 진행 및 평가 절차를 일정한 체계에 의해 구성
		• 표준화
		  – 평가 타당도 제고를 위한 평가 Matrix 구성
		  – 척도에 따라 항목별 채점, 개인 간 비교
		• 신뢰성
		  – 면접진행 매뉴얼에 따라 면접위원 교육 및 실습

2. 능력중심 채용의 면접 유형

① 경험 면접
- 목적 : 선발하고자 하는 직무 능력이 필요한 과거 경험을 질문합니다.
- 평가요소 : 직업기초능력과 인성 및 태도적 요소를 평가합니다.

② 상황 면접
- 목적 : 특정 상황을 제시하고 지원자의 행동을 관찰함으로써 실제 상황의 행동을 예상합니다.
- 평가요소 : 직업기초능력과 인성 및 태도적 요소를 평가합니다.

③ 발표 면접
- 목적 : 특정 주제와 관련된 지원자의 발표와 질의응답을 통해 지원자 역량을 평가합니다.
- 평가요소 : 직무수행능력과 인지적 역량(문제해결능력)을 평가합니다.

④ 토론 면접
- 목적 : 토의과제에 대한 의견수렴 과정에서 지원자의 역량과 상호작용능력을 평가합니다.
- 평가요소 : 직무수행능력과 팀워크를 평가합니다.

1. 경험 면접

① 경험 면접의 특징
- 주로 직업기초능력에 관련된 지원자의 과거 경험을 심층 질문하여 검증하는 면접입니다.
- 직무능력과 관련된 과거 경험을 평가하기 위해 심층 질문을 하며, 이 질문은 지원자의 답변에 대하여 '꼬리에 꼬리를 무는 형식'으로 진행됩니다.

- 능력요소, 정의, 심사 기준
  - 평가하고자 하는 능력요소, 정의, 심사기준을 확인하여 면접위원이 해당 능력요소 관련 질문을 제시합니다.
- Opening Question
  - 능력요소에 관련된 과거 경험을 유도하기 위한 시작 질문을 합니다.
- Follow-up Question
  - 지원자의 경험 수준을 구체적으로 검증하기 위한 질문입니다.
  - 경험 수준 검증을 위한 상황(Situation), 임무(Task), 역할 및 노력(Action), 결과(Result) 등으로 질문을 구분합니다.

경험 면접의 형태

[면접관 1]　[면접관 2]　[면접관 3]

[면접관 1]　[면접관 2]　[면접관 3]

[지원자]

〈일대다 면접〉

[지원자 1]　[지원자 2]　[지원자 3]

〈다대다 면접〉

② 경험 면접의 구조

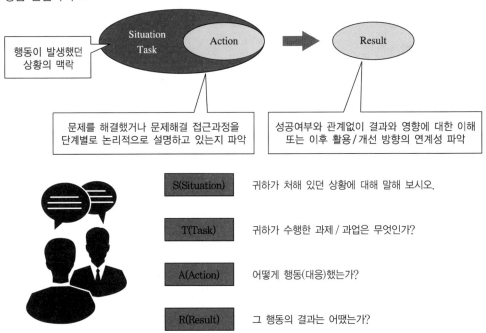

S(Situation)	귀하가 처해 있던 상황에 대해 말해 보시오.
T(Task)	귀하가 수행한 과제 / 과업은 무엇인가?
A(Action)	어떻게 행동(대응)했는가?
R(Result)	그 행동의 결과는 어땠는가?

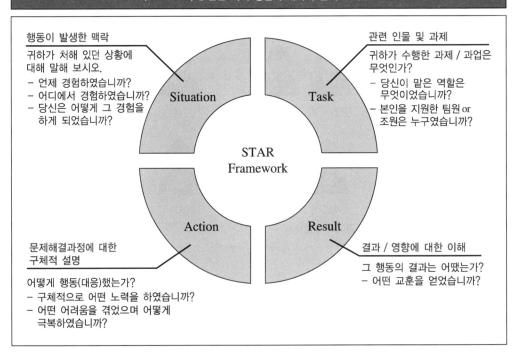

③ 경험 면접 질문 예시(직업윤리)

	시작 질문
1	남들이 신경 쓰지 않는 부분까지 고려하여 절차대로 업무(연구)를 수행하여 성과를 낸 경험을 구체적으로 말해 보시오.
2	조직의 원칙과 절차를 철저히 준수하며 업무(연구)를 수행한 것 중 성과를 향상시킨 경험에 대해 구체적으로 말해 보시오.
3	세부적인 절차와 규칙에 주의를 기울여 실수 없이 업무(연구)를 마무리한 경험을 구체적으로 말해 보시오.
4	조직의 규칙이나 원칙을 고려하여 성실하게 일했던 경험을 구체적으로 말해 보시오.
5	타인의 실수를 바로잡고 원칙과 절차대로 수행하여 성공적으로 업무를 마무리하였던 경험에 대해 말해 보시오.

		후속 질문
상황 (Situation)	상황	구체적으로 언제, 어디에서 경험한 일인가?
		어떤 상황이었는가?
	조직	어떤 조직에 속해 있었는가?
		그 조직의 특성은 무엇이었는가?
		몇 명으로 구성된 조직이었는가?
	기간	해당 조직에서 얼마나 일했는가?
		해당 업무는 몇 개월 동안 지속되었는가?
	조직규칙	조직의 원칙이나 규칙은 무엇이었는가?
임무 (Task)	과제	과제의 목표는 무엇이었는가?
		과제에 적용되는 조직의 원칙은 무엇이었는가?
		그 규칙을 지켜야 하는 이유는 무엇이었는가?
	역할	당신이 조직에서 맡은 역할은 무엇이었는가?
		과제에서 맡은 역할은 무엇이었는가?
	문제의식	규칙을 지키지 않을 경우 생기는 문제점 / 불편함은 무엇인가?
		해당 규칙이 왜 중요하다고 생각하였는가?
역할 및 노력 (Action)	행동	업무 과정의 어떤 장면에서 규칙을 철저히 준수하였는가?
		어떻게 규정을 적용시켜 업무를 수행하였는가?
		규정은 준수하는 데 어려움은 없었는가?
	노력	그 규칙을 지키기 위해 스스로 어떤 노력을 기울였는가?
		본인의 생각이나 태도에 어떤 변화가 있었는가?
		다른 사람들은 어떤 노력을 기울였는가?
	동료관계	동료들은 규칙을 철저히 준수하고 있었는가?
		팀원들은 해당 규칙에 대해 어떻게 반응하였는가?
		규칙에 대한 태도를 개선하기 위해 어떤 노력을 하였는가?
		팀원들의 태도는 당신에게 어떤 자극을 주었는가?
	업무추진	주어진 업무를 추진하는 데 규칙이 방해되진 않았는가?
		업무수행 과정에서 규정을 어떻게 적용하였는가?
		업무 시 규정을 준수해야 한다고 생각한 이유는 무엇인가?

결과 **(Result)**	**평가**	규칙을 어느 정도나 준수하였는가?
		그렇게 준수할 수 있었던 이유는 무엇이었는가?
		업무의 성과는 어느 정도였는가?
		성과에 만족하였는가?
		비슷한 상황이 온다면 어떻게 할 것인가?
	피드백	주변 사람들로부터 어떤 평가를 받았는가?
		그러한 평가에 만족하는가?
		다른 사람에게 본인의 행동이 영향을 주었다고 생각하는가?
	교훈	업무수행 과정에서 중요한 점은 무엇이라고 생각하는가?
		이 경험을 통해 느낀 바는 무엇인가?

2. 상황 면접

① 상황 면접의 특징

직무 관련 상황을 가정하여 제시하고 이에 대한 대응능력을 직무관련성 측면에서 평가하는 면접입니다.

> • 상황 면접 과제의 구성은 크게 2가지로 구분
>   – 상황 제시(Description) / 문제 제시(Question or Problem)
> • 현장의 실제 업무 상황을 반영하여 과제를 제시하므로 직무분석이나 직무전문가 워크숍 등을 거쳐 현장
>   성을 높임
> • 문제는 상황에 대한 기본적인 이해능력(이론적 지식)과 함께 실질적 대응이나 변수 고려능력(실천적 능
>   력) 등을 고르게 질문해야 함

상황 면접의 형태

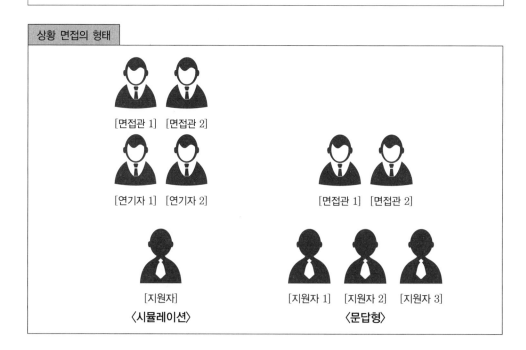

② 상황 면접 예시

상황 제시	인천공항 여객터미널 내에는 다양한 용도의 시설(사무실, 통신실, 식당, 전산실, 창고 면세점 등)이 설치되어 있습니다.	실제 업무 상황에 기반함
	금년에 소방배관의 누수가 잦아 메인 배관을 교체하는 공사를 추진하고 있으며, 당신은 이번 공사의 담당자입니다.	배경 정보
	주간에는 공항 운영이 이루어져 주로 야간에만 배관 교체 공사를 수행하던 중, 시공하는 기능공의 실수로 배관 연결 부위를 잘못 건드려 고압배관의 소화수가 누출되는 사고가 발생하였으며, 이로 인해 인근 시설물에 누수에 의한 피해가 발생하였습니다.	구체적인 문제 상황
문제 제시	일반적인 소방배관의 배관연결(이음)방식과 배관의 이탈(누수)이 발생하는 원인에 대해 설명해 보시오.	문제 상황 해결을 위한 기본 지식 문항
	담당자로서 본 사고를 현장에서 긴급히 처리하는 프로세스를 제시하고, 보수완료 후 사후적 조치가 필요한 부분 및 재발방지 방안에 대해 설명해 보시오.	문제 상황 해결을 위한 추가 대응 문항

3. 발표 면접

① 발표 면접의 특징
- 직무관련 주제에 대한 지원자의 생각을 정리하여 의견을 제시하고, 발표 및 질의응답을 통해 지원자의 직무능력을 평가하는 면접입니다.
- 발표 주제는 직무와 관련된 자료로 제공되며, 일정 시간 후 지원자가 보유한 지식 및 방안에 대한 발표 및 후속 질문을 통해 직무적합성을 평가합니다.

> - 주요 평가요소
>   - 설득적 말하기 / 발표능력 / 문제해결능력 / 직무관련 전문성
> - 이미 언론을 통해 공론화된 시사 이슈보다는 해당 직무분야에 관련된 주제가 발표면접의 과제로 선정되는 경우가 최근 들어 늘어나고 있음
> - 짧은 시간 동안 주어진 과제를 빠른 속도로 분석하여 발표문을 작성하고 제한된 시간 안에 면접관에게 효과적인 발표를 진행하는 것이 핵심

발표 면접의 형태

[면접관 1]　[면접관 2]　　　　　　　　[면접관 1]　[면접관 2]

[지원자]　　　　　　　　　　[지원자 1]　[지원자 2]　[지원자 3]

〈개별 과제 발표〉　　　　　　　　　　〈팀 과제 발표〉

※ 면접관에게 시각적 효과를 사용하여 메시지를 전달하는 쌍방향 커뮤니케이션 방식
※ 심층면접을 보완하기 위한 방안으로 최근 많은 기업에서 적극 도입하는 추세

② 발표 면접 예시

1. 지시문

    당신은 현재 A사에서 직원들의 성과평가를 담당하고 있는 팀원이다. 인사팀은 지난주부터 사내 조직문화 관련 인터뷰를 하던 도중 성과평가제도에 관련된 개선 니즈가 제일 많다는 것을 알게 되었다. 이에 팀장님은 인터뷰 결과를 종합하려 성과평가제도 개선 아이디어를 A4용지에 정리하여 신속 보고할 것을 지시하셨다. 당신에게 남은 시간은 1시간이다. 자료를 준비하는 대로 당신은 팀원들이 모인 회의실에서 5분 간 발표할 것이며, 이후 질의응답을 진행할 것이다.

2. 배경자료

    〈성과평가제도 개선에 대한 인터뷰〉

    최근 A사는 회사 사세의 급성장으로 인해 작년보다 매출이 두 배 성장하였고, 직원 수 또한 두 배로 증가하였다. 회사의 성장은 임금, 복지에 대한 상승 등 긍정적인 영향을 주었으나 업무의 불균형 및 성과보상의 불평등 문제가 발생하였다. 또한 수시로 입사하는 신입직원과 경력직원, 퇴사하는 직원들까지 인원들의 잦은 변동으로 인해 평가해야 할 대상이 변경되어 현재의 성과평가제도로는 공정한 평가가 어려운 상황이다.

    [생산부서 김상호]
    우리 팀은 지난 1년 동안 생산량이 급증했기 때문에 수십 명의 신규인력이 급하게 채용되었습니다. 이 때문에 저희 팀장님은 신규 입사자들의 이름조차 기억 못할 때가 많이 있습니다. 성과평가를 제대로 하고 있는지 의문이 듭니다.

    [마케팅 부서 김흥민]
    개인의 성과평가의 취지는 충분히 이해합니다. 그러나 현재 평가는 실적기반이나 정성적인 평가가 많이 포함되어 있어 객관성과 공정성에는 의문이 드는 것이 사실입니다. 이러한 상황에서 평가제도를 재수립하지 않고, 인센티브에 계속 반영한다면, 평가제도에 대한 반감이 커질 것이 분명합니다.

    [교육부서 홍경민]
    현재 교육부서는 인사팀과 밀접하게 일하고 있습니다. 그럼에도 인사팀에서 실시하는 성과평가제도에 대한 이해가 부족한 것 같습니다.

    [기획부서 김경호 차장]
    저는 저의 평가자 중 하나가 연구부서의 팀장님인데, 일 년에 몇 번 같이 일하지 않는데 어떻게 저를 평가할 수 있을까요? 특히 연구팀은 저희가 예산을 배정하는데, 저에게는 좋지만….

4. 토론 면접

① 토론 면접의 특징
- 다수의 지원자가 조를 편성해 과제에 대한 토론(토의)을 통해 결론을 도출해 가는 면접입니다.
- 의사소통능력, 팀워크, 종합인성 등의 평가에 용이합니다.

- 주요 평가요소
  - 설득적 말하기, 경청능력, 팀워크, 종합인성
- 의견 대립이 명확한 주제 또는 채용분야의 직무 관련 주요 현안을 주제로 과제 구성
- 제한된 시간 내 토론을 진행해야 하므로 적극적으로 자신 있게 토론에 임하고 본인의 의견을 개진할 수 있어야 함

토론 면접의 형태

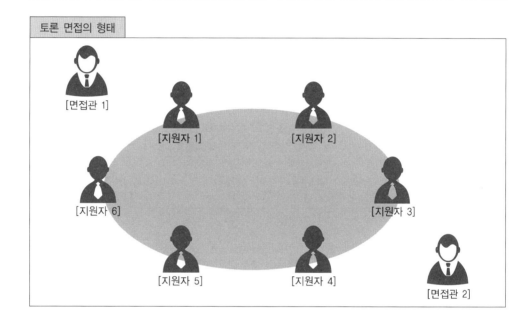

② 토론 면접 예시

고객 불만 고충처리

1. 들어가며

최근 우리 상품에 대한 고객 불만의 증가로 고객고충처리 TF가 만들어졌고 당신은 여기에 지원해 배치받았다. 당신의 업무는 불만을 가진 고객을 만나서 애로사항을 듣고 처리해 주는 일이다. 주된 업무로는 고객의 니즈를 파악해 방향성을 제시해 주고 그 해결책을 마련하는 일이다. 하지만 경우에 따라서 고객의 주관적인 의견으로 인해 제대로 된 방향으로 의사결정을 하지 못할 때가 있다. 이럴 경우 설득이나 논쟁을 해서라도 의견을 관철시키는 것이 좋을지 아니면 고객의 의견대로 진행하는 것이 좋을지 결정해야 할 때가 있다. 만약 당신이라면 이러한 상황에서 어떤 결정을 내릴 것인지 여부를 자유롭게 토론해 보시오.

2. 1분 자유 발언 시 준비사항

• 당신은 의견을 자유롭게 개진할 수 있으며 이에 따른 불이익은 없습니다.
• 토론의 방향성을 이해하고, 내용의 장점과 단점이 무엇인지 문제를 명확히 말해야 합니다.
• 합리적인 근거에 기초하여 개선방안을 명확히 제시해야 합니다.
• 제시한 방안을 실행 시 예상되는 긍정적 · 부정적 영향요인도 동시에 고려할 필요가 있습니다.

3. 토론 시 유의사항

• 토론 주제문과 제공해드린 메모지, 볼펜만 가지고 토론장에 입장할 수 있습니다.
• 사회자의 지정 또는 발표자가 손을 들어 발언권을 획득할 수 있으며, 사회자의 통제에 따릅니다.
• 토론회가 시작되면, 팀의 의견과 논거를 정리하여 1분간의 자유발언을 할 수 있습니다. 순서는 사회자가 지정합니다. 이후에는 자유롭게 상대방에게 질문하거나 답변을 하실 수 있습니다.
• 핸드폰, 서적 등 외부 매체는 사용하실 수 없습니다.
• 논제에 벗어나는 발언이나 지나치게 공격적인 발언을 할 경우, 위에서 제시한 유의사항을 지키지 않을 경우 불이익을 받을 수 있습니다.

1. 면접 Role Play 편성

- 교육생끼리 조를 편성하여 면접관과 지원자 역할을 교대로 진행합니다.
- 지원자 입장과 면접관 입장을 모두 경험해 보면서 면접에 대한 적응력을 높일 수 있습니다.

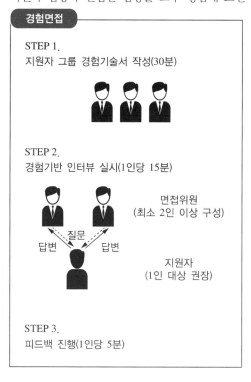

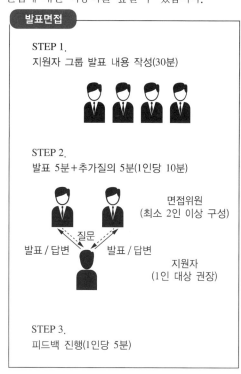

Tip

면접 준비하기
1. 면접 유형 확인 필수
   - 기업마다 면접 유형이 상이하기 때문에 해당 기업의 면접 유형을 확인하는 것이 좋음
   - 일반적으로 실무진 면접, 임원 면접 2차례에 거쳐 면접을 실시하는 기업이 많고 실무진 면접과 임원 면접에서 평가요소가 다르기 때문에 유형에 맞는 준비방법이 필요
2. 후속 질문에 대한 사전 점검
   - 블라인드 채용 면접에서는 주요 질문과 함께 후속 질문을 통해 지원자의 직무능력을 판단
     → STAR 기법을 통한 후속 질문에 미리 대비하는 것이 필요

05 발전회사별 면접 기출질문

01 한국남동발전

1. 토론면접

- 신재생에너지의 과부화에 대한 해결 방안을 말해 보시오.
- 본인의 강점에 대해 말해 보시오.
- 업무 수행 시 팀원이 협조적이지 않을 때 어떻게 행동해야 할지 말해 보시오.
- 최근 남동발전 기사를 접해본 적이 있는가? 있다면 어떤 기사를 읽어 보았는지 말해 보시오.
- 새로운 기술을 도입하여 실무에 적용시켜 본 적이 있는가?
- 공기업으로서 남동발전이 지켜야 할 덕목에 대해 말해 보시오.
- 스스로 원칙을 지킨 경험이 있는가? 있다면 그 경험에 대해 말해 보시오.
- 남동발전이 추진 중인 사업이나 현재 이슈에 대해 하나를 말하고, 이에 대한 본인의 생각을 말해 보시오.
- 남동발전이 현재 사회에 기여하고 있는 활동에 대해 알고 있는 것이 있다면 말해 보시오.
- 태양광 발전소 건립에 대한 주민의 반대에 관해 토론해 보시오.
- 바이오매스 발전의 효용성에 대해 토론해 보시오.
- 국가 간 계통 연결에 대해 토론해 보시오.
- 노후화된 화력발전소를 적절하게 운영·관리할 방법을 찾아보시오.
- 육아정책이 현재 적용되고 있다. 앞으로 한국남동발전은 어떤 방향으로 육아정책을 발전해 나가야겠는가?
- 고졸채용 확대로 인한 역차별에 대해 토론해 보시오.
- 병역기피 현상을 근절할 수 있는 해결방안에 대해 토론해 보시오.
- 남자들의 육아휴직에 대한 회사의 입장에 대해 토론해 보시오.
- 청년실업과 고령자의 고용확대 방안에 대해 토론해 보시오.
- 산업개발과 환경보존의 공존 방안에 대해 토론해 보시오.
- 공기업 본사의 지방이전에 따른 지역균형개발의 영향에 대해 토론해 보시오.

2. 역량면접

- 유도발전기의 원리에 대해서 말해 보시오.
- 디지털 변전소의 정의와 변전소의 구성 요소에 대해서 말해 보시오.
- 캐비테이션의 개념과 영향 및 대책에 대해서 말해 보시오.
- 방사식, 뱅킹, 네트워크, 스폿 네트워크 중에서 저압 배선 방식이 무엇인지 말해 보시오.
- 마지막으로 하고 싶은 말이 있다면 말해 보시오.
- 여러 발전사 중 한국남동발전에 지원한 이유를 설명해 보시오.
- 4차 산업혁명에서 한국남동발전이 나아가야 할 방향에 대해 말해 보시오.
- 자신의 단점과 그것을 극복하기 위해 자신이 한 노력은 무엇인가?
- 일을 처리할 때 자신만의 프로세스가 있다면 무엇인가?
- 다른 사람과의 갈등을 해결하는 자신만의 방법과 사례를 말해 보시오.
- 여러 업무를 처리할 때 업무의 우선 순위를 정하는 기준은 무엇인가?
- 한국남동발전의 최근 이슈에 대해 말해 보시오.
- 어떤 일에 몰입한 경험에 대해 말해 보시오.
- 문제를 해결한 경험에 대해 말해 보시오.
- 남들보다 특출난 강점이 무엇인가?
- 마지막으로 하고 싶은 말이 있으면 말해 보시오.
- 남들이 피하는 일을 먼저 나서서 성공한 일이 있는가? 만일 그때로 돌아간다면 어떻게 행동할 것인가?
- 커뮤니케이션을 실패한 경험에 대해 말해 보시오.
- 실수하여 팀에 문제를 일으킨 경험에 대해 말해 보시오.
- 현재 한국남동발전의 상황과 그 해결책에 대해 말해 보시오.
- 한국남동발전에 지원한 이유가 무엇인가?
- 화학직무에서 어떤 일을 할 것 같은가?
- 대인관계에서 스트레스를 받을 때 어떤 식으로 풀어나가는가?
- 한국남동발전의 비전을 제시하고 그 비전에 자신이 어떻게 기여할 것인지 말해 보시오.
- 한국남동발전이 타 에너지 기업과 비교하여 가지고 있는 강점은 무엇이라고 생각하는가?
- 한정된 자원을 잘 활용하여 좋은 결과를 냈던 경험을 간단히 말해 보시오.
- 남에게 부탁을 할 때 나만의 노하우는 무엇인가?
- 한국남동발전에 대하여 아는 대로 말해 보시오.
- 2차 필기시험을 준비하면서 어려웠던 점과 시험에서 개선할 점을 말해 보시오.
- 회사에 들어오면 회사사람들과 잘 어울리기 위해 가장 중요하다고 생각하는 3가지가 무엇인가?
- 한국남동발전에 들어오기 위해 무엇을 준비했는가?
- 스마트 그리드에 대해서 아는 대로 말해 보시오.
- 자소서 이외에 자신의 장점을 어필해 보시오.
- 최근 이슈에 관해서 아는 것이 있는가?
- 팀이 소통하기 위해서는 어떻게 해야 된다고 생각하는가?
- 전자공학과인데 왜 전기직을 선택했는가?
- 첫 월급을 받으면 무엇을 하겠는가?
- 타학과인데 왜 전기직을 선택했는가?

1. 실무진면접

- 입사를 위해 지금까지 어떤 노력을 했는지 말해 보시오.
- 업무를 수행하기 위해 필요한 역량은 무엇인지 말해 보시오.
- 만약 인사담당자가 된다면 어떤 사람을 뽑고 싶은지 말해 보시오.
- 조직생활에 필요한 필수적인 직업윤리는 무엇이라고 생각하는지 말해 보시오.
- 생소한 업무를 담당하게 된다면 어떻게 할 것인지 말해 보시오.
- 에너지 산업의 이슈에 대해 알고 있는가?
- 한국남부발전에 대해 아는 대로 말해 보시오.
- 귀하가 한국남부발전에 입사한다면 어떤 성과를 기여할 수 있는지 설명해 보시오.
- 발전소 안전 관리가 어려운 이유를 설명해 보시오.
- 귀하가 한국남부발전에 궁금했던 점을 질문해 보시오.
- 가장 힘들었던 경험과 그때 얻은 교훈은 무엇인가?
- 전공과 관련하여 더 나은 결과를 얻기 위해 노력한 경험에 대해 말해 보시오.
- 발전소 열 효율과 열 이용률 향상에 대해 전문적인 지식을 가지고 있는가?
- 미세먼지의 원인이 무엇이라고 생각하는가?
- 직무관련 경험에 대해 말해 보시오.
- 직무와 관련하여 어떠한 성과와 능력을 발휘할 수 있는가?
- 상사가 꾸짖는다면 어떻게 대처하겠는가?
- 본인의 단점 두 가지를 말해 보시오.
- 본인의 강점은 무엇인가?
- 한국남부발전 취업을 위해 특별히 준비한 것은 무엇인가?
- 공기업 입사를 희망하는 이유는 무엇인가?
- 왜 굳이 한국남부발전인가?
- 컴퓨터 프로그램을 능숙하게 다룰 수 있는가?
- 상사의 부정을 보았다면 어떻게 하겠는가?
- 본인이 스스로 평가하기에 성실한 성격인가?
- 어떤 지식을 가지고 있으며, 어떤 직무를 원하는가?
- 어떤 일을 하면서 시간이 촉박하거나 예산이나 관련 지식이 부족했는데 이를 해결한 경험이 있는가?
- 스스로가 부끄러웠던 경험에 대해 말해 보시오.
- 입사하게 된다면 1주일 동안 무엇을 하겠는가?
- 상사, 동료, 후배와 사이가 안 좋다면 어떻게 할 것인가?
- 회사에 들어오기 위해서 무엇을 준비했는가?
- 마지막으로 하고 싶은 말을 해 보시오.
- 댐 건설 시 고려해야 하는 사항을 말해 보시오.
- 발전소 건설을 위한 지반고는 어떤 방식으로 정해지는지 아는가?
- 콘크리트를 배합할 때 시멘트 양의 산정 기준은 무엇인지 말해 보시오.
- 기능상에 문제는 없지만 설계와 시공이 다르다면 어떻게 하겠는가?
- 해외에서 본 특이한 토목 구조물이 있는가? 있다면 그 구조물을 보고 느낀 점을 말해 보시오.

2. 집단토론

- 4차 산업혁명을 이용하여 발전소의 사고·사망재해를 줄이는 방안에 대해 토의해 보시오.
- 화학물질 안전 관리 방안에 대해 토론해 보시오.
- 리스크와 가능성이 다른 국가에 진출할 순위를 정해 보시오.
- 우리 회사의 민영화를 찬성과 반대 입장에서 토론해 보시오.

3. PT면접

- 2050 탄소중립 추진을 위한 전략을 발표해 보시오.
- 가상의 인프라를 도입하고 문제점을 해결할 수 있는 방안을 발표해 보시오.
- LNG 활용이 나아가야 할 방향성에 대해서 말해 보시오.
- 신재생에너지의 간헐성 극복 및 전력 공급의 안정화 방안을 발표해 보시오.
- AI에 대응하여 일자리를 활성화하는 방법을 말해 보시오.
- 태양광발전사업 확대를 위한 방안을 전기 직무와 결합시켜 말해 보시오.
- 발전소 도입방안에 예상되는 문제점을 발표해 보시오.
- 발전소의 사고·사망재해를 줄일 수 있는 실질적인 제도적 방안을 발표해 보시오.
- 고령 노동자 교육방안에 대한 귀하의 생각을 말해 보시오.
- PDCA에 대해 아는 대로 말해 보시오.
- 분권화 방식에 따른 특징과 내용을 발표해 보시오.
- 현재 환경문제의 원인으로 화력발전소가 지목되고 있다. 이에 대한 귀하의 생각을 말해 보시오.
- 지역 주민과의 갈등을 해결할 수 있는 방안에 대해 발표해 보시오.
- 주52시간제 도입에 따른 대응방안을 발표해 보시오.
- 업무협의제와 스마트워크의 전제요소에 대해 말해 보시오.
- 친환경 발전소를 활성화하기 위한 방안을 말해 보시오.
- 일자리 창출방안에 대해 말해 보시오.
- 부서에서 어떠한 사람이 되고 싶은지 말해 보시오.
- DR시장의 적용 및 활성화 방안을 제시해 보시오.
- 미세먼지 저감을 위한 대책을 발표해 보시오.
- 도심형 신재생에너지발전소에 대해 발표해 보시오.
- 노후화 발전소에 대해 발표해 보시오.
- 빅데이터 활용방안에 대해서 발표해 보시오.
- 친환경건축에 대해서 발표해 보시오.
- 한국남부발전의 해외 진출 방안에 대해서 발표해 보시오.

4. 경영진면접

- 팀 프로젝트 시 시간관리 차원에서 본인의 역할이 무엇이라고 생각하는가?
- 지원 분야 관련 자격증이나 경험이 있는가? 있다면 말해 보시오.
- 시간관리를 어떻게 하는지 말해 보시오.
- 한국남부발전에 입사한다면 가장 하고 싶은 일이 무엇인가?
- 한국남부발전에서 하는 일에 대해 말해 보시오.
- 상사의 부정에 어떻게 대처하겠는가?
- 자신의 강점과 그것을 바탕으로 한국남부발전에 기여할 방안에 대하여 말해 보시오.
- 한국남부발전의 강점에 대하여 말해 보시오.
- 한국남부발전에 입사한다면 어떤 일을 하고 싶은지 말해 보시오.
- 자신의 태도 중 반드시 고치고 싶은 것은 무엇인지 말해 보시오.
- 회사 업무를 잘하기 위해서 어떤 것이 필요하다고 생각하는가?
- 싫어하는 사람과 함께 일하게 된다면 어떻게 대처할 것인가?
- 다수결 방식에 의해 피해를 입은 사례에 대해 말해 보시오.
- 민주주의에서 가장 중요한 것은 무엇이라고 생각하는가?
- 순환근무에 대해 어떻게 생각하는가?
- 조직 분위기가 좋지 않을 때 어떻게 바꾸겠는가?

03 한국동서발전

1. 1차 면접(직무역량면접) : 직무구술면접, 직무PT토론면접

(1) 직무구술면접

- 지원한 직무에 관심을 가진 계기에 대해 말해 보시오.
- 환경 문제에 대하여 알고 있는가?
- 한국동서발전이 추진하는 사업에 대하여 아는 것이 있는가?
- 전기가 생산되는 과정을 설명하시오.
- 지원자는 어떠한 상사가 될 것 같은가?
- 회사 업무와 회사 교육이 겹쳐 둘 중 하나를 선택해야 한다면 어떻게 하겠는가?
- 오지에서 직원들을 적응시키기 위한 회사의 방안은 어떤 것이 있겠는가?
- 집단에서 갈등을 해결한 경험이나 배려를 한 경험 또는 배려를 받은 경험에 대해 말해 보시오.
- 동서발전에서 추진할만한 신재생에너지에 대해 본인의 경험을 연관 지어 설명해 보시오.
- 회사의 비전, 미션에 대해 알고 있는가?
- 한국동서발전에 대해 아는 대로 말해 보시오.
- 입사하면 어떤 일을 할 것 같은가?

(2) 직무PT토론면접

- 페미니즘에 대해 토론해 보시오.
- 보호무역주의와 자유무역주의에 대해 토론해 보시오.
- 사내소통방안에 대해 토론해 보시오.
- 더 이상 한반도가 지진 안전지대가 아니라는데 어떻게 발전소 주변의 지역 주민들의 신뢰를 얻을 것인가?
- 당진 발전소 주민 반대를 설득할 방안을 구해 보시오.
- (설계수명, 경제수명, 전문가 의견, 발전설비 교체비용 추세 등에 관한 자료를 주고) 노후화된 발전 시설에서 고장 부품을 교체해야 하는데 일부만 교체할 것인가, 전량 교체할 것인가?
- B사에서 바이오에너지 발전소를 만들 예정이다. 우리 회사는 중소기업과 상생을 추구하고 있다. 분할발주를 하려고 하니 업무가 폭증할 것이라 예상된다. 하지만 일괄발주를 하게 되면 대기업에게 이익이 가기 때문에 B사가 추구하는 상생과 맞지 않는다. 어떤 방식의 발주가 좋을지 아이디어를 내보시오.
- 풍력발전소 건설지역의 주민들에게 찬성을 이끌어낼 수 있는 발표 자료를 꾸며 보시오.
- 태양전지를 서울의 2배 면적만 한 공간에 설치하려는 사업계획을 발표하려고 한다. 공간 문제를 어떤 방법으로 해결해서 사업제안을 해야 할지에 대한 아이디어를 내보시오.
- 당신은 해외봉사활동 조직의 일원인데 대기업들의 해외원조를 이끌어내고자 한다. 적절한 설득 방법을 말해 보시오.

2. 2차 면접(인성면접) : 인성면접

- 리더가 좋은가, 멤버가 좋은가?
- 지원자의 미래 목표는 무엇인가?
- 타인과의 갈등을 해결한 경험에 대하여 말해 보시오.
- 팀 프로젝트를 진행하면서 가장 힘들었던 것은 무엇이었는가?
- 다른 사람과 협력한 경험에 대하여 말해 보시오.
- 다른 사람을 배려한 경험에 대하여 말해 보시오.
- 한국동서발전에 대하여 알고 있는 것을 모두 말해 보시오.
- 한국동서발전에 지원하게 된 이유가 무엇인가?
- 자신의 장단점에 대해 말해 보시오.
- 고난을 극복해 본 경험을 말해 보시오.
- 자신의 단점과 그에 대한 에피소드에 대해 말해 보시오.
- 고난을 극복해 본 경험을 말해 보시오.
- 자신의 단점과 그에 대한 에피소드에 대해 말해 보시오.
- 어떤 상황에서도 무단횡단을 하지 않는가?
- 학창시절 부러웠던 친구가 있는가?
- 열정을 쏟았던 경험과 그 경험으로 얻은 것에 대해 말해 보시오.
- 한국동서발전에 본인이 기여할 수 있는 점이 무엇인가?
- 단기적 혹은 장기적인 목표에 관해 말해 보시오.
- 지금까지 힘들었던 점을 극복한 사례를 말해 보시오.

- 열정적으로 한 일에 대해 설명해 보시오.
- 본인 성격의 장단점을 말해 보시오.
- 돈, 명예, 일 중에서 하나를 선택하라면 무엇을 선택할 것인가?
- 로또에 당첨된다면 어떻게 사용할 것인가?
- 한국동서발전에서 비윤리적 요소가 있는 프로젝트를 진행하게 된다면 어떻게 할 것인가?
- 만약 원하지 않는 직무로 배치된다면 어떻게 할 것인가?
- 순환근무에 대해 어떻게 생각하는가?

04 한국서부발전

1. 개별인터뷰(인성면접)

- 신재생에너지에 관한 경험이나 경력이 있다면 말해 보시오.
- 신재생에너지의 단점을 제시해 보시오.
- 탈원전에 대한 귀하의 생각을 말해 보시오.
- 한국서부발전에 대해 아는 대로 말해 보시오.
- 대학 때 참여했던 동아리에서 맡았던 역할이 무엇인지 설명해 보시오.
- 업무를 수행하는 중 취약점 발생 시 어떻게 해결할 것인지 말해 보시오.
- 본인 성격의 장단점에 대해 말해 보시오.
- 업무를 위해 준비해 온 것에 대해 말해 보시오.
- 워킹 홀리데이를 한 이유가 무엇인가?
- 협업했던 경험에 대해 말해 보시오.
- 다른 지원자들과 차별화되는 강점은 무엇인가?
- 대학 졸업 후 무엇을 하였는가?
- 입사한다면 어떤 업무를 하고 싶은가?
- 자신의 장점이 회사에 어떻게 작용할 수 있겠는가?
- 가장 어려웠던 일과 느낀 점은 무엇인가?
- 가장 즐거웠던 경험, 슬펐던 경험에 대해 말해 보시오.
- 어려운 일을 극복해 보았는가?
- 조직생활을 잘 하는가?
- 태안에서 근무해야 한다면 살 수 있는가?
- 한국서부발전 지원동기에 대해서 말해 보시오.
- 자신이 가장 성취했던 경험에 대해서 말해 보시오.
- 평소에 시간관리 방법에 대해 말해 보시오.
- 상사가 부당한 지시를 시킨다면 어떻게 하겠는가?
- 메르스 사태에 관해서 아는 것이 있는가?
- CSR에 대해 설명해 보시오.

- 조직에서 본인이 노력을 해서 성과를 낸 경험을 말해 보시오.
- 기존의 조직 관행 중 본인이 노력해서 바꾼 경험을 말해 보시오.
- 렌츠의 법칙에 대해 말해 보시오.
- 유도 전동기와 동기 전동기의 차이를 말해 보시오.
- 페러데이의 법칙에 대해 설명해 보시오.
- 업무에 적용 가능한 자신만의 강점을 말해 보시오.
- 특기는 무엇이고 업무에 어떻게 적용할 것인가?

2. 직무상황면접(그룹면접)

- 급수펌프에서 이상진동이 발생되었다. 원인과 해결방안은 무엇인가?
- 상사가 부당한 지시를 내리면 어떻게 할 것인가?
- 경영평가를 위해 ○○항목을 평가하는 데 추가해야 할 평가항목은 무엇인가?

05 한국중부발전

1. PT면접 / 토론면접

- 발전소에 생길 수 있는 문제점을 전공과 연계하여 제시하고, 어떤 부분을 보완해야 할지 말해 보시오.
- 화력발전소에 열병합 태양광발전기가 몇 개 있는지 알고 있는가?
- 화력발전소에 관한 홍보 방안을 제시해 보시오.
- 작년 한국중부발전의 사업보고서와 분기보고서를 본 적이 있는가?
- 탈황, 탈질설비에 대하여 들어본 적 있는가?
- 한국중부발전 외에 다른 발전소에 대해 아는 게 있다면 말해 보시오.
- 한국중부발전이 친환경 이미지를 구축하기 위해 어떻게 해야 할지 말해 보시오.
- 한국중부발전의 가장 큰 사업을 말해 보시오.
- 한국중부발전이 나아가야 할 방안에 대해 말해 보시오.
- 그린뉴딜에 대해 발표해 보시오.
- 새로운 에너지(신재생에너지) 패러다임을 맞이해 공사의 추구방향, 전략을 제시해 보시오.
- 신재생에너지를 활용한 비즈니스 모델을 제시해 보시오.
- 사내 스마트워크의 실행과 관련한 이슈의 해결방안을 제시해 보시오.
- 발전기 용접부에 누수가 발생하였는데 원인은 무엇이고, 누수를 방치한다면 어떤 문제점이 생기는지에 대해 발표해 보시오.
- 발전소 보일러 효율 저하 원인 점검사항에 대해 말해 보시오.
- 보일러 효율을 높이는 방안에 대해 말해 보시오.
- 친환경정책과 관련된 정부정책을 연관 지어 한국중부발전이 나아가야 할 방향을 토론해 보시오.

- 발전소 부산물의 재활용 방안을 제시해 보시오.
- 미세먼지 감소대책에 대해 토론해 보시오.
- 신재생에너지와 화력 발전소에 대한 미래 방향에 대해 발표해 보시오.
- 한국중부발전의 발전소 안전사고 방지를 위한 대책에 대해 발표해 보시오.
- 중부발전의 마이크로그리드 사업방안을 제시해 보시오.

2. 인성면접

- 취미가 무엇인가?
- 본인만의 스트레스 해소 방법이 있는가?
- 자소서에 적은 경험에 대해서 좀 더 구체적으로 설명해 줄 수 있는가?
- 자소서에 적은 경험을 하면서 어떤 점이 중요했다고 생각하는가?
- 자소서에 적은 경험을 통해서 배운 것은 무엇인가?
- 본인이 쌓은 경험을 어떤 방식으로 현장에 적용할 수 있겠는가?
- 한국중부발전에 지원한 동기를 말해 보시오.
- 발전업에 관심을 가지게 된 계기를 말해 보시오.
- 가장 싫어하는 소통 방식의 유형은 무엇인가?
- 발전소에서 문제가 발생했을 때, 귀하는 어떻게 처리할 것인지 말해 보시오.
- 리더십을 발휘한 경험이 있는가?
- 존경하는 상사가 있는가? 그 상사의 단점은 무엇이고, 귀하에게 동일한 단점이 있다면 이를 어떻게 극복할 것인가?
- 고령의 현직자, 협력업체의 베테랑과의 갈등을 극복하는 노하우를 말해 보시오.
- 협력 업체와의 갈등을 어떻게 해결하겠는가?
- 업무별로 귀하가 해당 업무에 적합한 인재인 이유를 설명해 보시오.
- 조직생활에서 중요한 것은 전문성인가 조직 친화력인가?
- 개인의 경험을 토대로 근무에 있어 무엇을 중요하게 생각하는가?
- 상사가 부당한 지시를 할 경우 어떻게 할 것인가?
- 갈등이 생겼던 사례를 말하고, 어떻게 해결하였는지 말해 보시오.
- 여러 사람과 협업하여 업무 처리한 경험과 협업 시 생긴 갈등을 어떻게 해결하였는지 말해 보시오.
- 현 직장에서 이직하려는 이유가 중부발전에서도 똑같이 발생한다면 어떻게 하겠는가?
- CPA를 하다가 포기했는데 입사 후에 기회가 되면 다시 준비할 것인가?
- 귀하는 교대근무 상세 일정을 작성하는 업무를 담당하고 있다. A선배가 편한 시간대에 근무 배치를 요구할 때, 귀하는 어떻게 대처하겠는가?(A선배를 편한 시간대에 근무 배치할 때, 후배 사원인 C와 D가 상대적으로 편하지 않은 시간대에 근무를 하게 된다)
- 본인의 장단점에 대해 말해 보시오.
- 우리나라 대학생들이 책을 잘 읽지 않는다는 통계가 있다. 본인이 일 년에 읽는 책의 권수와 최근 가장 감명 깊게 읽은 책을 말해 보시오.
- 이전 직장에서 가장 힘들었던 점은 무엇인가?
- 친구랑 크게 싸운 적이 있는가?
- 노력했던 경험에는 어떤 것이 있는가?

- 한국중부발전의 장단점에 대해 말해 보시오.
- 갈등 상황이 생길 때 어떻게 대처할 것인지 말해 보시오.
- 한국중부발전을 30초 동안 홍보해 보시오.
- 대학 때 인사 관련 활동을 열심히 한 것 같은데, 인사부서에 가면 무엇을 할 것인가?
- 노무부서가 뭘 하는 곳인지 아는가?
- 업무를 진행하는 데 있어 가장 중요한 자세는 무엇이라고 생각하는가?
- 한국중부발전과 관련된 기사에 대해 말해 보시오.
- 여러 발전사가 존재하는 데 왜 꼭 한국중부발전인가?
- 자신이 부족하다고 느껴 무엇인가를 준비하고 공부해 해결해낸 경험이 있는가?
- 입사 10년 후 자신의 모습에 대해 말해 보시오.
- 노조에 대해 어떻게 생각하는가?
- 마지막으로 하고 싶은 말을 해 보시오.
- 삶을 살면서 친구들의 영향도 많이 받지만 부모님의 영향도 많이 받는다. 부모님으로부터 어떤 영향을 받았으며 지금 자신의 삶에 어떻게 나타나는지 말해 보시오.
- 살면서 실패의 가장 쓴맛을 본 경험을 말해 보시오.
- 가정에는 가훈이 있다. 본인의 가훈에 대해 말해 보시오.
- 본인이 어려움을 겪었을 때 다른 사람의 도움으로 극복한 사례를 말해 보시오.
- 자신이 한국중부발전의 팀장이며, 10명의 부하직원이 있다면 어떻게 팀을 이끌겠는가?

MEMO

답안채점 ● 성적분석 서비스

모바일
OMR

| 도서 내 모의고사 우측 상단에 위치한 QR코드 찍기 | 로그인 하기 | '시작하기' 클릭 | '응시하기' 클릭 | 나의 답안을 모바일 OMR 카드에 입력 | '성적분석 & 채점결과' 클릭 | 현재 내 실력 확인하기 |

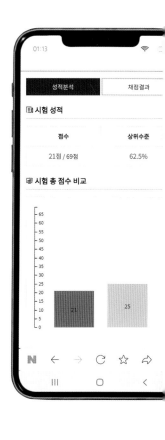

도서에 수록된 모의고사에 대한
객관적인 결과(정답률, 순위)를
종합적으로 분석하여 제공합니다.

※OMR 답안채점 / 성적분석 서비스는 등록 후 30일간 사용 가능합니다.

5대 발전회사

통합기본서

편저 | SDC(Sidae Data Center)

정답 및 해설

기출복원문제부터
대표기출유형 및
모의고사까지

한 권으로
마무리!

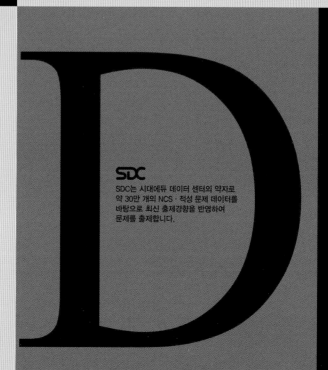

SDC
SDC는 시대에듀 데이터 센터의 약자로
약 30만 개의 NCS · 적성 문제 데이터를
바탕으로 최신 출제경향을 반영하여
문제를 출제합니다.

시대에듀

Add+

주요 공기업 기출복원문제

끝까지 책임진다! 시대에듀!

QR코드를 통해 도서 출간 이후 발견된 오류나 개정법령, 변경된 시험 정보, 최신기출문제, 도서 업데이트 자료 등이 있는지 확인해 보세요! **시대에듀 합격 스마트 앱**을 통해서도 알려 드리고 있으니 구글 플레이나 앱 스토어 에서 다운받아 사용하세요. 또한, 파본 도서인 경우에는 구입하신 곳에서 교환해 드립니다.

2024년 하반기 NCS 기출복원문제

01	02	03	04	05	06	07	08	09	10	11	12	13	14	15	16	17	18	19	20
④	③	⑤	③	③	③	④	④	③	⑤	③	④	③	①	③	④	⑤	④	③	④
21	22	23	24	25	26	27	28	29	30	31	32	33	34	35	36	37	38	39	40
⑤	③	②	⑤	②	③	③	③	①	①	③	①	②	①	④	③	④	④	④	③
41	42	43	44	45	46	47	48	49	50										
②	③	⑤	③	①	④	④	⑤	②	②										

01
정답 ④

쉼이란 대화 도중에 잠시 침묵하는 것을 말한다. 쉼을 사용하는 대표적인 경우는 다음과 같다.
• 이야기의 전이 시(흐름을 바꾸거나 다른 주제로 넘어갈 때)
• 양해, 동조, 반문의 경우
• 생략, 암시, 반성의 경우
• 여운을 남길 때
위와 같은 목적으로 쉼을 활용함으로써 논리성, 감정 제고, 동질감 등을 확보할 수 있다.
반면, 연단공포증은 면접이나 발표 등 청중 앞에서 이야기할 때 가슴이 두근거리고, 입술이 타고, 식은땀이 나고, 얼굴이 달아오르는 생리적인 현상으로 쉼과는 관련이 없다. 연단공포증은 90% 이상의 사람들이 호소하는 불안이므로 극복하기 위해서는 연단공포증에 대한 걱정을 떨쳐내고, 이러한 심리현상을 잘 통제하여 의사 표현하는 것을 연습해야 한다.

02
정답 ③

미국의 심리학자인 도널드 키슬러는 대인관계 의사소통 방식을 체크리스트로 평가하여 8가지 유형으로 구분하였다. 이 중 친화형은 따뜻하고 배려심이 깊으며, 타인과의 관계를 중시하는 유형이다. 또한 협동적이고 조화로운 성격으로, 자기희생적인 경향이 강하다.

키슬러의 대인관계 의사소통 유형
• 지배형 : 자신감이 있고 지도력이 있으나 논쟁적이고 독단이 강하여 대인 갈등을 겪을 수 있으므로 타인의 의견을 경청하고 수용하는 자세가 필요하다.
• 실리형 : 이해관계에 예민하고 성취 지향적으로 경쟁적인 데다 자기중심적이어서 타인의 입장을 배려하고 관심을 갖는 자세가 필요하다.
• 냉담형 : 이성적인 의지력이 강하고 타인의 감정에 무관심하며 피상적인 대인관계를 유지하므로 타인의 감정 상태에 관심을 가지고 긍정적인 감정을 표현하는 것이 필요하다.
• 고립형 : 혼자 있는 것을 선호하고 사회적 상황을 회피하며 지나치게 자신의 감정을 억제하므로 대인관계의 중요성을 인식하고 타인에 대한 비현실적인 두려움의 근원을 성찰하는 것이 필요하다.
• 복종형 : 수동적이고 의존적이며 자신감이 없으므로 적극적인 자기표현과 주장이 필요하다.
• 순박형 : 단순하고 솔직하며 자기주관이 부족하므로 자기주장을 하는 노력이 필요하다.
• 친화형 : 따뜻하고 인정이 많으며 자기희생적이나 타인의 요구를 거절하지 못하므로 타인과의 정서적인 거리를 유지하는 노력이 필요하다.
• 사교형 : 외향적이고 인정하는 욕구가 강하며, 타인에 대한 관심이 많아서 간섭하는 경향이 있고 흥분을 잘하므로 심리적 안정과 지나친 인정욕구에 대한 성찰이 필요하다.

03

정답 ⑤

철도사고는 달리는 도중에도 발생할 수 있으므로 먼저 인터폰을 통해 승무원에게 사고를 알리고, 열차가 멈춘 후에 안내방송에 따라 비상핸들이나 비상콕크를 돌려 문을 열고 탈출해야 한다. 만일 화재가 발생했을 경우에는 승무원에게 사고를 알리고 곧바로 119에도 신고를 해야 한다.

[오답분석]
① 침착함을 잃고 패닉에 빠지게 되면, 적절한 행동요령에 따라 대피하기 어렵다. 따라서 사고현장에서 대피할 때는 승무원의 안내에 따라 질서 있게 대피해야 한다.
② 화재사고 발생 시 승객들은 여유가 있을 경우 전동차 양 끝에 비치된 소화기로 초기 진화를 시도해야 한다.
③ 역이 아닌 곳에서 열차가 멈췄을 경우 감전의 위험이 있으므로 반드시 승무원의 안내에 따라 반대편 선로의 열차 진입에 유의하며 대피 유도등을 따라 침착하게 비상구로 대피해야 한다.
④ 전동차에서 대피할 때는 부상자, 노약자, 임산부 등 탈출이 어려운 사람부터 먼저 대피할 수 있도록 배려하고 도와주어야 한다.

04

정답 ③

하향식 읽기 모형은 독자의 배경지식을 바탕으로 글의 맥락을 먼저 파악하는 읽기 전략이다. 따라서 제품 설명서를 통해 세부 기능과 버튼별 용도를 파악하고 기계를 작동시키는 것은 상향식 읽기를 수행한 사례이다. 제품 설명서를 하향식으로 읽는다면 제품 설명서를 읽기 전 제품을 보고 배경지식을 바탕으로 어떤 기능이 있는지 예측하고, 해당 기능을 수행하는 세부 방법을 제품 설명서를 통해 찾아봐야 한다.

[오답분석]
① 회의의 주제에 대한 배경지식을 가지고 회의 안건을 예상한 후 회의 자료를 파악하는 것은 하향식 읽기 모형에 해당한다.
② 헤드라인을 먼저 읽어 배경지식을 바탕으로 전체적인 내용을 파악하고 상세 내용을 읽는 것은 하향식 읽기 모형에 해당한다.
④ 요리에 대한 경험과 지식을 바탕으로 요리 과정을 파악하는 것은 하향식 읽기 모형에 해당한다.
⑤ 해당 분야에 대한 기본적인 지식을 바탕으로 서문이나 목차를 통해 책의 전체적인 흐름을 파악하는 것은 하향식 읽기 모형에 해당한다.

05

정답 ③

농도가 15%인 소금물 200g의 소금의 양은 $200 \times \frac{15}{100} = 30$g이고, 농도가 20%인 소금물 300g의 소금의 양은 $300 \times \frac{20}{100} = 60$g이다. 따라서 두 소금물을 섞었을 때의 농도는 $\frac{30+60}{200+300} \times 100 = \frac{90}{500} \times 100 = 18\%$이다.

06

정답 ③

동성끼리 인접하지 않는 경우는 남직원과 여직원이 번갈아 앉는 경우뿐이다. 이때 여직원 D의 자리를 기준으로 남직원 B가 옆에 앉는 경우를 다음과 같이 나눌 수 있다.
ⅰ) 첫 번째, 여섯 번째 자리에 여직원 D가 앉는 경우
남직원 B가 여직원 D 옆에 앉는 경우는 1가지뿐이므로 남은 자리에 남직원, 여직원이 번갈아 앉아 경우의 수는 $2 \times 1 \times 2! \times 2! = 8$가지이다.
ⅱ) 두 번째, 세 번째, 네 번째, 다섯 번째 자리에 여직원 D가 앉는 경우
각 경우에 대하여 남직원 B가 여직원 D 옆에 앉는 경우는 2가지이다. 남은 자리에 남직원, 여직원이 번갈아 앉으므로 경우의 수는 $4 \times 2 \times 2! \times 2! = 32$가지이다.
따라서 구하고자 하는 경우의 수는 $8+32=40$가지이다.

07

정답 ④

제시된 수열은 홀수 항일 때 $+12$, $+24$, $+48$, …이고, 짝수 항일 때 $+20$인 수열이다.
따라서 빈칸에 들어갈 수는 $13+48=61$이다.

08

정답 ④

2022년에 중학교에서 고등학교로 진학한 학생의 비율은 99.7%이고, 2023년에 중학교에서 고등학교로 진학한 학생의 비율은 99.6%이다. 따라서 진학한 비율이 감소하였으므로 중학교에서 고등학교로 진학하지 않은 학생의 비율은 증가하였음을 알 수 있다.

[오답분석]
① 중학교의 취학률이 가장 낮은 해는 97.1%인 2020년이다. 이는 97% 이상이므로 중학교의 취학률은 매년 97% 이상이다.
② 매년 초등학교의 취학률이 가장 높다.
③ 고등교육기관의 취학률은 2020년 이후로 계속해서 70% 이상을 기록하였다.
⑤ 고등교육기관의 취학률이 가장 낮은 해는 2016년이고, 고등학교의 상급학교 진학률이 가장 낮은 해 또한 2016년이다.

09

정답 ③

[오답분석]
① B기업의 매출액이 가장 많은 때는 2024년 3월이지만, 그래프에서는 2024년 4월의 매출액이 가장 많은 것으로 나타났다.
② 2024년 2월에는 A기업의 매출이 더 많지만, 그래프에서는 B기업이 더 많은 것으로 나타났다.
④ A기업의 매출액이 가장 적은 때는 2024년 4월이지만, 그래프에서는 2024년 3월의 매출액이 가장 적은 것으로 나타났다.
⑤ A기업과 B기업의 매출액의 차이가 가장 큰 때는 2024년 1월이지만, 그래프에서는 2024년 5월과 6월의 매출액 차이가 더 큰 것으로 나타났다.

10

정답 ⑤

스마트 팜 관련 정부 사업 참여 경험은 K사의 강점요인이다. 또한 정부의 적극적인 지원은 스마트 팜 시장 성장에 따른 기회요인이다. 따라서 스마트 팜 관련 정부 사업 참여 경험을 바탕으로 정부의 적극적인 지원을 확보하는 것은 내부의 강점을 통해 외부의 기회요인을 극대화하는 SO전략에 해당한다.

[오답분석]
①·②·③·④ 외부의 기회를 이용하여 내부의 약점을 보완하는 WO전략에 해당한다.

11

정답 ③

A~F 모두 문맥을 무시하고 일부 문구에만 집착하여 뜻을 해석하고 있으므로 '과대해석의 오류'를 범하고 있다. 과대해석의 오류는 전체적인 상황이나 맥락을 고려하지 않고 특정 단어나 문장에만 집착하여 의미를 해석하는 오류로, 글의 의미를 지나치게 확대하거나 축소하여 생각하고 문자 그대로의 의미에만 너무 집착하여 다른 가능성이나 해석을 배제하게 되는 논리적 오류이다.

[오답분석]
① 무지의 오류 : '신은 존재하지 않는다가 증명되지 않았으므로 신은 존재한다.'처럼 증명되지 않았다고 해서 그 반대의 주장이 참이라고 생각하는 오류이다.
② 연역법의 오류 : '조류는 날 수 있다. 펭귄은 조류이다. 따라서 펭귄은 날 수 있다.'처럼 잘못된 삼단논법에 의해 발생하는 논리적 오류이다.
④ 허수아비 공격의 오류 : '저 사람은 과거에 거짓말을 한 적이 있으니 이번에 일어난 사기 사건의 범인이다.'처럼 개별적 인과관계를 입증하지 않고 전혀 상관없는 별개의 논리를 만들어 공격하는 논리적 오류이다.
⑤ 권위나 인신공격에 의존한 논증 : '제정신을 가진 사람이면 그런 주장을 할 수가 없다.'처럼 상대방의 주장 대신 인격을 공격하거나, '최고 권위자인 A교수도 이런 말을 했습니다.'처럼 자신의 논리적인 약점을 권위자를 통해 덮으려는 논리적 오류이다.

12

정답 ④

A ~ E열차의 운행 시간 단위를 시간 단위로, 평균 속력의 단위를 시간당 운행 거리로 통일하여 정리하면 다음과 같다.

구분	운행 시간	평균 속력	운행 거리
A열차	900분=15시간	50m/s=(50×60×60)m/h=180km/h	15×180=2,700km
B열차	10시간 30분=10.5시간	150km/h	10.5×150=1,575km
C열차	8시간	55m/s=(55×60×60)m/h=198km/h	8×198=1,584km
D열차	720분=12시간	2.5km/min=(2.5×60)km/h=150km/h	12×150=1,800km
E열차	10시간	2.7km/min=(2.7×60)m/h=162km/h	10×162=1,620km

따라서 C열차의 운행 거리는 네 번째로 길다.

13

정답 ②

K대학교 기숙사 운영위원회는 단순히 '기숙사에 문제가 있다.'라는 큰 문제에서 벗어나 식사, 시설, 통신환경이라는 3가지 주요 문제를 파악하고 문제별로 다시 세분화하여 더욱 구체적으로 인과관계 및 구조를 파악하여 분석하고 있다. 따라서 제시문에서 나타난 문제해결 절차는 '문제 도출'이다.

> **문제해결 절차 5단계**
> 1. 문제 인식 : 해결해야 할 전체 문제를 파악하여 우선순위를 정하고 선정 문제에 대한 목표를 명확히 하는 단계
> 2. 문제 도출 : 선정된 문제를 분석하여 해결해야 할 것이 무엇인지를 명확히 하는 단계로, 현상에 대한 문제를 분해하여 인과관계 및 구조를 파악하는 단계
> 3. 원인 분석 : 파악된 핵심 문제에 대한 분석을 통해 근본 원인을 도출해 내는 단계
> 4. 해결안 개발 : 문제로부터 도출된 근본 원인을 효과적으로 해결할 수 있는 최적의 해결 방안을 수립하는 단계
> 5. 실행 및 평가 : 해결안 개발을 통해 만들어진 실행 계획을 실제 상황에 적용하는 단계로, 해결안을 통해 문제의 원인들을 제거해 나가는 단계

14

정답 ①

공공사업을 위해 투입된 세금을 본래의 목적에 사용하지 않고 무단으로 다른 곳에 쓴 상황이므로 '예정되어 있는 곳에 쓰지 아니하고 다른 데로 돌려서 씀'을 의미하는 '전용(轉用)'이 빈칸에 들어갈 단어로 가장 적절하다.

[오답분석]
② 남용(濫用) : 일정한 기준이나 한도를 넘어서 함부로 씀
③ 적용(適用) : 알맞게 이용하거나 맞추어 씀
④ 활용(活用) : 도구나 물건 따위를 충분히 잘 이용함
⑤ 준용(遵用) : 그대로 좇아서 씀

15

정답 ③

시조새는 비대칭형 깃털을 가진 최초의 동물로, 현대의 날 수 있는 조류처럼 바람을 맞는 곳의 깃털은 짧고, 뒤쪽은 긴 형태로 이루어졌으며, 이와 같은 비대칭형 깃털이 양력을 제공하여 짧은 거리의 활강을 가능하게 하였다. 따라서 비행을 하기 위한 시조새의 신체 조건은 날개의 깃털이 비대칭 구조로 형성되어 있는 것이다.

[오답분석]
① 제시문에서 언급하지 않은 내용이다.
②·④ 세 개의 갈고리 발톱과 척추뼈가 꼬리까지 이어지는 구조는 공룡의 특징을 보여주는 신체 조건이다.
⑤ 제시문에서 시조새는 현대 조류처럼 가슴뼈가 비행에 최적화된 형태로 발달되지 않았다고 언급하고 있다.

16

제시문은 서양의학에 중요한 영향을 준 히포크라테스와 갈레노스에 대해 소개하고 있다. 히포크라테스는 자연적 관찰을 통해 의사를 과학적인 기반 위의 직업으로 만들었으며, 히포크라테스 선서와 같이 전문직업으로써의 윤리적 기준을 마련한 서양의학의 상징이라고 소개하고 있다. 또한 갈레노스는 실제 해부와 임상 실험을 통해 의학 이론을 증명하고 방대한 저술을 남겨 후대 의학 발전에 큰 영향을 주었음을 설명하고 있다. 따라서 제시문의 주제는 '히포크라테스와 갈레노스가 서양의학에 끼친 영향과 중요성'이다.

오답분석
① 갈레노스의 의사로서의 이력은 언급하고 있지만, 생애에 대해 구체적으로 밝히는 글은 아니다.
② 갈레노스가 해부와 실험을 통해 의학 이론을 증명하였음을 설명할 뿐이며, 해부학의 발전 과정에 대해 설명하는 글은 아니다.
③ 히포크라테스 선서는 히포크라테스가 서양의학에 남긴 중요한 윤리적 기준이지만, 이를 중심으로 설명하는 글은 아니다.
⑤ 히포크라테스와 갈레노스 모두 4체액설과 같은 부분에서는 현대 의학과는 거리가 있었음을 밝히고 있다.

17
정답 ⑤

'비상구'는 '화재나 지진 따위의 갑작스러운 사고가 일어날 때에 급히 대피할 수 있도록 특별히 마련한 출입구'이다. 따라서 이와 가장 비슷한 단어는 '갇힌 곳에서 빠져나가거나 도망하여 나갈 수 있는 출구'를 의미하는 '탈출구'이다.

오답분석
① 진입로 : 들어가는 길
② 출입구 : 나갔다가 들어왔다가 하는 어귀나 문
③ 돌파구 : 가로막은 것을 쳐서 깨뜨려 통과할 수 있도록 뚫은 통로나 목
④ 여울목 : 여울물(강이나 바다 따위의 바닥이 얕거나 폭이 좁아 물살이 세게 흐르는 곳의 물)이 턱진 곳

18
정답 ④

A열차의 속력을 V_a, B열차의 속력을 V_b라 하고, 터널의 길이를 l, 열차의 전체 길이를 x라 하자.

A열차가 터널을 진입하고 빠져나오는 데 걸린 시간은 $\frac{l+x}{V_a}$=14초이다. B열차가 A열차보다 5초 늦게 진입하고 5초 빠르게 빠져나왔으므로 터널을 진입하고 빠져나오는 데 걸린 시간은 14−5−5=4초이다. 그러므로 $\frac{l+x}{V_b}$=4초이다.

따라서 같은 거리를 빠져나오는 데 A열차는 14초, B열차는 4초가 걸렸으므로 B열차는 A열차보다 3.5배 빠르다.

19
정답 ③

A팀은 5일마다, B팀은 4일마다 회의실을 사용하므로 두 팀이 회의실을 사용하고자 하는 날은 20일마다 겹친다. 첫 번째 겹친 날에 A팀이 먼저 사용했으므로 20일 동안 A팀이 회의실을 사용한 횟수는 4회이다. 두 번째 겹친 날에는 B팀이 사용하므로 40일 동안 A팀이 회의실을 사용한 횟수는 7회이고, 세 번째로 겹친 날에는 A팀이 회의실을 사용하므로 60일 동안 A팀은 회의실을 11회 사용하였다. 이를 표로 정리하면 다음과 같다.

겹친 횟수	첫 번째	두 번째	세 번째	네 번째	다섯 번째	…	$(n-1)$번째	n번째
회의실 사용 팀	A팀	B팀	A팀	B팀	A팀	…	A팀	B팀
A팀의 회의실 사용 횟수	4회	7회	11회	14회	18회	…		

겹친 날을 기준으로 A팀은 9회, B팀은 8회를 사용하였으므로 다음으로는 B팀이 회의실을 사용할 순서이다. 이때, B팀이 m번째로 회의실을 사용할 순서라면 A팀이 이때까지 회의실을 사용한 횟수는 $7m$회이다. 따라서 B팀이 겹친 날을 기준으로 회의실을 8회까지 사용하였고, 9번째로 사용할 순서이므로 이때까지 A팀이 회의실을 사용한 횟수는 최대 7×9=63회이다.

6 • 5대 발전회사 통합기본서

20

정답 ④

마지막 조건에 따라 광물 B는 인회석이고, 광물 B로 광물 C를 긁었을 때 긁힘 자국이 생기므로 광물 C는 인회석보다 무른 광물이다. 한편, 광물 A로 광물 C를 긁었을 때 긁힘 자국이 생기므로 광물 A는 광물 C보다 단단하고, 광물 A로 광물 B를 긁었을 때 긁힘 자국이 생기지 않으므로 광물 A는 광물 B보다는 무른 광물이다. 따라서 가장 단단한 광물은 B이며, 그다음은 A, C 순으로 단단하다.

오답분석

① 광물 C는 인회석보다 무른 광물이므로 석영이 아니다.
② 광물 A는 인회석보다 무른 광물이지만, 방해석인지는 확인할 수 없다.
③ 가장 무른 광물은 C이다.
⑤ 광물 B는 인회석이므로 모스 굳기 단계는 5단계이다.

21

정답 ⑤

J공사의 지점 근무 인원이 71명이므로 가용 인원수가 부족한 B오피스는 제외된다. 또한, 시설 조건에서 스튜디오와 회의실이 필요하다고 했으므로 스튜디오가 없는 D오피스도 제외된다. 나머지 A, C, E오피스는 모두 교통 조건을 충족하므로 임대비용만 비교하면 된다. A, C, E오피스의 5년 임대비용은 다음과 같다.
• A오피스 : 600만×71×5=213,000만 원 → 21억 3천만 원
• C오피스 : 3,600만×12×5=216,000만 원 → 21억 6천만 원
• E오피스 : (3,800만×12×0.9)×5=205,200만 원 → 20억 5천 2백만 원
따라서 사무실 이전 조건을 바탕으로 가장 저렴한 공유 오피스인 E오피스로 이전할 것이다.

22

정답 ③

에너지바우처를 신청하기 위해서는 소득기준과 세대원 특성기준을 모두 충족해야 한다. C는 생계급여 수급자이므로 소득기준을 충족하고, 65세 이상이므로 세대원 특성기준도 충족한다. 그러나 C의 경우 보장시설인 양로시설에 거주하는 보장시설 수급자이므로 지원 제외 대상이다. 따라서 C는 에너지바우처를 신청할 수 없다.

오답분석

① A의 경우 의료급여 수급자이므로 소득기준을 충족하고, 7세 이하의 영유아가 있으므로 세대원 특성기준도 충족한다. 따라서 에너지바우처를 신청할 수 있다.
② B의 경우 교육급여 수급자이므로 소득기준을 충족하고, 한부모가족이므로 세대원 특성기준도 충족한다. 또한 4인 이상 세대에 해당하므로 바우처 지원금액은 716,300원으로 70만 원 이상이다.
④ 동절기 에너지바우처 지원방법은 요금차감과 실물카드 2가지 방법이 있다. 이 중 D의 경우 연탄보일러를 이용하고 있으므로 실물카드를 받아 연탄을 직접 결제하는 방식으로 지원받아야 한다.
⑤ E의 경우 생계급여 수급자이므로 소득기준을 충족하고, 희귀질환을 앓고 있는 어머니가 세대원으로 있으므로 세대원 특성기준도 충족한다. 또한 2인 세대에 해당하므로 하절기 바우처 지원금액인 73,800원이 지원된다. 이때, 하절기는 전기요금 고지서에서 요금을 자동으로 차감해 주므로 전기비에서 73,800원이 차감될 것이다.

23

정답 ②

A가족과 B가족 모두 소득기준과 세대원 특성기준이 에너지바우처 신청기준을 충족한다. A가족의 경우 5명이므로 총 716,300원을 지원받을 수 있다. 그러나 이미 연탄쿠폰을 발급받았으므로 동절기 에너지바우처는 지원받을 수 없다. 따라서 하절기 지원금액인 117,000원을 지원받는다. B가족의 경우 2명이므로 총 422,500원을 지원받을 수 있으며, 지역난방을 이용 중이므로 하절기와 동절기 모두 요금차감의 방식으로 지원받는다. 따라서 두 가족의 에너지바우처 지원 금액은 117,000+422,500=539,500원이다.

24

제시된 프로그램은 'result'의 초기 값을 0으로 정의한 후 'result' 값이 2를 초과할 때까지 하위 명령을 실행하는 프로그램이다. 이때 'result' 값을 1 증가시킨 후 그 값을 출력하고, 다시 1을 빼므로 0 → 1 → 1 출력 → 0 → 1 → 1 출력 → 0 → 1 → 1 출력 → … 과정을 무한히 반복하게 된다. 따라서 1이 무한히 출력된다.

25

정답 ⑤

ROUND 함수는 인수를 지정한 자릿수로 반올림한 값을 구하는 함수로, 「=ROUND(인수,자릿수)」로 표현한다. 이때 자릿수는 다음과 같이 나타낸다.

만의 자리	천의 자리	백의 자리	십의 자리	일의 자리	소수점 첫째 자리	소수점 둘째 자리	소수점 셋째 자리
-4	-3	-2	-1	0	1	2	3

따라서 「=ROUND(D2,-1)」는 [D2] 셀에 입력된 117.3365의 값을 일의 자리에서 십의 자리로 반올림하여 나타내므로, 출력되는 값은 120이다.

26

정답 ③

제시문은 ADHD의 원인과 치료 방법에 대한 글이다. 첫 번째 문단에서는 ADHD가 유전적 원인에 의해 발생한다고 설명하고, 두 번째 문단에서는 환경적 원인에 의해 발생한다고 설명하고 있다. 이를 종합하면 ADHD가 다양한 원인이 복합적으로 작용하는 질환임을 알 수 있다. 또한 빈칸 뒤에서도 다양한 원인에 부합하는 맞춤형 치료와 환경 조성이 필요하다고 하였으므로 빈칸에 들어갈 내용으로 가장 적절한 것은 ③이다.

27

정답 ③

~율/률의 앞 글자가 'ㄱ' 받침을 가지고 있으므로 '출석률'이 옳은 표기이다.

> **~율과 ~률의 구별**
> • ~율 : 앞 글자의 받침이 없거나 받침이 'ㄴ'인 경우 → 비율, 환율, 백분율
> • ~률 : 앞 글자의 받침이 있는 경우(단, 'ㄴ' 받침 제외) → 능률, 출석률, 이직률, 합격률

28

정답 ③

합격자 중 남성과 여성의 비율이 2 : 3이므로 남성 합격자는 32명, 여성 합격자는 48명이다. 불합격한 사람의 수는 남성과 여성이 같으므로 남성 지원자의 수는 $(32+a)$, 여성 지원자의 수는 $(48+a)$이다.
전체 지원자의 성비가 6 : 7이므로 a를 구하는 식은 다음과 같다.
$(32+a):(48+a)=6:7$
$\rightarrow 7\times(32+a)=6\times(48+a)$
$\rightarrow 224+7a=288+6a$
$\rightarrow 7a-6a=288-224$
$\therefore a=64$
따라서 전체 지원자 수는 $(32+64)+(48+64)=208$명이다.

29

정답 ①

A씨는 2023년에는 9개월 동안 K공사에 근무하였다. A씨의 2023년 보수월액을 구하는 식은 다음과 같다.

- (건강보험료)=(보수월액)×(건강보험료율)

- 2023년 1월 1일 이후 (장기요양보험료)=(건강보험료)×$\dfrac{(장기요양보험료율)}{(건강보험료율)}$

- (장기요양보험료)=(보수월액)×(건강보험료율)×$\dfrac{(장기요양보험료율)}{(건강보험료율)}$ → (보수월액)=$\dfrac{(장기요양보험료)}{(장기요양보험료율)}$

따라서 A씨의 2023년 장기요양보험료는 35,120원이므로 보수월액은 $\dfrac{35,120}{0.9082\%}=\dfrac{35,120}{0.9082}\times100≒3,866,990$원이다.

30

정답 ①

'가명처리'란 개인정보의 일부를 삭제하거나 일부 또는 전부를 대체하는 등의 방법으로 추가 정보가 없이는 특정 개인을 알아볼 수 없도록 처리하는 것을 말한다(개인정보보호법 제2조 제1의2호).

오답분석
② 개인정보보호법 제2조 제3호
③ 개인정보보호법 제2조 제1호 가목
④ 개인정보보호법 제2조 제2호

31

정답 ③

「=COUNTIF(범위,조건)」함수는 조건을 만족하는 범위 내 인수의 개수를 셈하는 함수이다. 이때, 열 전체에 적용하려면 해당 범위에서 숫자를 제외하면 된다. 따라서 B열에서 값이 100 이하인 셀의 개수를 구하는 함수는 「=COUNTIF(B:B,"<=100")」이다.

32

정답 ①

- 초등학생의 한 달 용돈의 합계는 B열부터 E열까지 같은 행에 있는 금액의 합이다. 따라서 (A)에 들어갈 함수는 「=SUM(B2:E2)」이다.
- 한 달 용돈이 150,000원 이상인 학생 수는 [F2] 셀부터 [F7] 셀까지 금액이 150,000원 이상인 셀의 개수로 구할 수 있다. 따라서 (B)에 들어갈 함수는 「=COUNTIF(F2:F7,">=150,000")」이다.

33

정답 ②

빅데이터 분석을 기획하고자 할 때는 먼저 범위를 설정한 다음 프로젝트를 정의해야 한다. 그 후에 수행 계획을 수립하고 위험 계획을 수립해야 한다.

34

정답 ①

㉠ 짜깁기 : 기존의 글이나 영화 따위를 편집하여 하나의 완성품으로 만드는 일
㉡ 뒤처지다 : 어떤 수준이나 대열에 들지 못하고 뒤로 처지거나 남게 되다.

오답분석
- 짜집기 : 짜깁기의 비표준어형
- 뒤쳐지다 : 물건이 뒤집혀서 젖혀지다.

35

공문서에서 날짜를 작성할 때 날짜 다음에 괄호를 사용할 경우에는 마침표를 찍지 않아야 한다.

> **공문서 작성 시 유의사항**
> • 한 장에 담아내는 것이 원칙이다.
> • 마지막엔 반드시 '끝'자로 마무리한다.
> • 날짜 다음에 괄호를 사용할 경우에는 마침표를 찍지 않는다.
> • 복잡한 내용은 항목별로 구분한다('-다음-', 또는 '-아래-').
> • 대외문서이며 장기간 보관되는 문서이므로 정확하게 기술한다.

36

영서가 1시간 동안 빚을 수 있는 만두의 수를 x개, 어머니가 1시간 동안 빚을 수 있는 만두의 수를 y개라 할 때 다음과 같은 식이 성립한다.

$\frac{2}{3}(x+y)=60 \cdots \bigcirc$

$y=x+10 \cdots \bigcirc$

$\bigcirc \times \frac{3}{2}$에 $\bigcirc$을 대입하면

$x+(x+10)=90$

$\rightarrow 2x=80$

$\therefore x=40$

따라서 영서는 혼자서 1시간 동안 40개의 만두를 빚을 수 있다.

37

1,000 이상 50,000 미만의 대칭수를 구하는 경우를 2가지로 나누면 다음과 같다.

ⅰ) 1,000 이상 10,000 미만
　　맨 앞과 맨 뒤의 수가 같은 경우는 1 ~ 9의 수가 올 수 있으므로 9가지이고, 각각의 경우에 따라 두 번째 수와 네 번째 수로 0 ~ 9의 수가 올 수 있으므로 경우의 수는 10가지이다. 그러므로 모든 네 자리 대칭수의 개수는 $9 \times 10 = 90$개이다.

ⅱ) 10,000 이상 50,000 미만
　　맨 앞과 맨 뒤의 수가 같은 경우는 1, 2, 3, 4의 수가 올 수 있으므로 4가지이고, 각각의 경우에 따라 두 번째 수와 네 번째 수로 0 ~ 9의 수가 올 수 있으므로 경우의 수는 10가지, 그 각각의 경우에 따라 세 번째에 올 수 있는 수 또한 0 ~ 9의 수가 올 수 있으므로 경우의 수는 10가지이다. 그러므로 10,000 ~ 50,000 사이의 대칭수의 개수는 $4 \times 10 \times 10 = 400$개이다.

따라서 1,000 이상 50,000 미만의 모든 대칭수의 개수는 $90 + 400 = 490$개이다.

38

어떤 자연수의 모든 자릿수의 합이 3의 배수일 때, 그 자연수는 3의 배수이다. 그러므로 2+5+□의 값이 3의 배수일 때, 25□는 3의 배수이다. 2+5=7이므로, 7+□의 값이 3의 배수가 되도록 하는 □의 값은 2, 5, 8이다.

따라서 가능한 모든 수의 합은 2+5+8=15이다.

39

정답 ④

바이올린(V), 호른(H), 오보에(O), 플루트(F) 중 첫 번째 조건에 따라 호른과 바이올린을 묶었을 때 가능한 경우는 3!=6가지로 다음과 같다.
- (HV) − O − F
- (HV) − F − O
- F − (HV) − O
- O − (HV) − F
- F − O − (HV)
- O − F − (HV)

이때 두 번째 조건에 따라 오보에는 플루트 바로 왼쪽에 위치하지 않으므로 (HV) − O − F, O − F − (HV) 2가지는 제외된다. 따라서 왼쪽에서 두 번째 칸에는 바이올린, 호른, 오보에만 위치할 수 있으므로 플루트는 배치할 수 없다.

40

정답 ③

사회적 기업은 수익 창출을 통해 자립적인 운영을 추구하고, 사회적 문제 해결과 경제적 성장을 동시에 달성하려는 특징을 가진 기업 모델로, 영리 조직에 해당한다.

> **영리 조직과 비영리 조직**
> - 영리 조직 : 이윤 추구를 주된 목적으로 하는 집단으로, 일반적인 사기업이 해당된다.
> - 비영리 조직 : 사회적 가치 실현을 위해 공익을 추구하는 집단으로 자선단체, 의료기관, 교육기관, 비정부기구(NGO) 등이 해당된다.

41

정답 ②

(영업이익률)$=\dfrac{(영업이익)}{(매출액)}\times100$이고, 영업이익을 구하기 위해서는 매출총이익을 먼저 계산해야 한다. 따라서 2022년 4분기의 매출총이익은 $60-80=-20$십억 원이고, 영업이익은 $-20-7=-27$십억 원이므로 영업이익률은 $-\dfrac{27}{60}\times100=-45\%$이다.

42

정답 ③

무빙워크의 길이를 $x$km라고 하자. 5km/h의 속력으로 움직이는 무빙워크에서 이동하는 데 36초가 걸렸으므로 무빙워크의 길이는 $x=36\times\dfrac{5}{3,600}=0.05$km이다.

무빙워크 위에서 시간당 4km의 속력으로 걸을 때의 속력은 $5+4=9$km/h이므로 무빙워크를 걸어서 이동하는 데 걸리는 시간은 $\dfrac{0.05}{9}$시간이다. 1시간은 3,600초이므로 이를 초 단위로 변경하면 $\dfrac{0.05}{9}\times3,600=20$초이다.

따라서 무빙워크 위에서 같은 방향으로 걸어 이동할 때 걸리는 시간은 20초이다.

43

정답 ⑤

제시된 순서도는 result 값이 6을 초과할 때까지 2씩 증가하고, result 값이 6을 초과하면 그 값을 출력하는 순서도이다. 따라서 result 값이 5일 때 2를 더하여 $5+2=7$이 되어 6을 초과하므로 출력되는 값은 7이다.

44

START → 방문 사유 → 파손 관련(NO) → 침수 관련(NO) → 데이터 복구 관련(YES) → ◎ 출력 → STOP
따라서 출력되는 도형은 ◎이다.

45

상품코드의 맨 앞 자릿수가 '9'이므로 2 ~ 7번째 자릿수의 이진코드 변환 규칙은 'ABBABA'를 따른다. 이를 변환하면 다음과 같다.

3	8	7	6	5	5
A	B	B	A	B	A
0111101	0001001	0010001	0101111	0111001	0110001

따라서 주어진 수를 이진코드로 바르게 변환한 것은 ①이다.

46

안전 스위치를 누르는 동안에만 스팀이 나온다고 하였으므로 안전 스위치를 누르는 등의 외부 입력이 없다면 스팀은 발생하지 않는다.

[오답분석]
① 기본형 청소구로 카펫를 청소하면 청소 효율이 떨어질 뿐이며, 카펫 청소는 가능하다고 언급되어 있다.
② 스팀 청소 완료 후 충분히 식지 않은 상태에서 통을 분리하면 뜨거운 물이 새어 나와 화상의 위험이 있다고 언급되어 있다.
③ 기본형 청소구의 돌출부를 누른 상태에서 잡아당기면 좁은 흡입구를 꺼낼 수 있다고 언급되어 있다.
⑤ 스팀 청소구의 물통에 물을 채우는 작업, 걸레판에 걸레를 부착하는 작업 모두 반드시 전원을 분리한 상태에서 진행해야 한다고 언급되어 있다.

47

바닥에 물이 남는다면 스팀 청소구를 좌우로 자주 기울이지 않도록 주의하거나 젖은 걸레를 교체해야 한다.

48

긍정이든 부정이든 피드백이 없다면 팀원들은 개선을 이루거나 탁월한 성과를 내고자 하는 노력을 게을리하게 된다. 따라서 팀 목표를 달성하도록 팀원을 격려하는 환경을 조성하기 위해서는 동료의 피드백이 필요하다.

동료의 피드백을 장려하는 4단계
1. 간단하고 분명한 목표와 우선순위를 설정하라.
2. 행동과 수행을 관찰하라.
3. 즉각적인 피드백을 제공하라.
4. 뛰어난 수행성과에 대해 인정하라.

49

업무적으로 내적 동기를 유발하기 위해서는 업무 관련 교육을 꾸준히 하여야 한다.

> **내적 동기를 유발하는 방법**
> • 긍정적 강화법 활용하기
> • 새로운 도전의 기회 부여하기
> • 창의적인 문제해결법 찾기
> • 자신의 역할과 행동에 책임감 갖기
> • 팀원들을 지도 및 격려하기
> • 변화를 두려워하지 않기
> • 지속적인 교육 실시하기

50

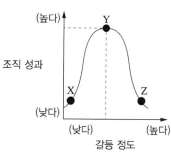

갈등 정도와 조직 성과에 대한 그래프에서 갈등이 X점 수준일 때에는 조직 내부의 의욕이 상실되고 환경의 변화에 대한 적응력도 떨어져 조직 성과가 낮아진다. 갈등이 Y점 수준일 때에는 갈등의 순기능이 작용하여 조직 내부에 생동감이 넘치고 변화 지향적이며 문제해결능력이 발휘되어 조직 성과가 높아진다. 반면, 갈등이 Z점 수준일 때에는 오히려 갈등의 역기능이 작용하여 조직 내부에 혼란과 분열이 발생하고 조직 구성원들이 비협조적이 되어 조직 성과는 낮아지게 된다.

2024~2023년 전공 기출복원문제

01 법

01	02	03	04	05														
④	①	③	⑤	②														

01   정답 ④

근로자참여 및 협력증진에 관한 법은 집단적 노사관계법으로, 노동조합과 사용자단체 간의 노사관계를 규율한 법이다. 노동조합 및 노동관계조정법, 근로자참여 및 협력증진에 관한 법, 노동위원회법, 교원의 노동조합설립 및 운영 등에 관한 법률, 공무원직장협의회법 등이 이에 해당한다.

나머지는 근로자와 사용자의 근로계약을 체결하는 관계에 대해 규율한 법으로, 개별적 근로관계법이라고 한다. 근로기준법, 최저임금법, 산업안전보건법, 직업안정법, 남녀고용평등법, 선원법, 산업재해보상보험법, 고용보험법 등이 이에 해당한다.

02   정답 ①

용익물권은 타인의 토지나 건물 등 부동산의 사용가치를 지배하는 제한물권으로, 민법상 지상권, 지역권, 전세권이 이에 속한다.

> **용익물권의 종류**
> • 지상권 : 타인의 토지에 건물이나 수목 등을 설치하여 사용하는 물권
> • 지역권 : 타인의 토지를 자기 토지의 편익을 위하여 이용하는 물권
> • 전세권 : 전세금을 지급하고 타인의 토지 또는 건물을 사용 · 수익하는 물권

03   정답 ③

• 선고유예 : 형의 선고유예를 받은 날로부터 2년이 경과한 때에는 면소된 것으로 간주한다(형법 제60조).
• 집행유예 : 양형의 조건을 참작하여 그 정상에 참작할 만한 사유가 있는 때에는 1년 이상 5년 이하의 기간 형의 집행을 유예할 수 있다(형법 제62조 제1항).

04   정답 ⑤

몰수의 대상(형법 제48조 제1항)
1. 범죄행위에 제공하였거나 제공하려고 한 물건
2. 범죄행위로 인하여 생겼거나 취득한 물건
3. 제1호 또는 제2호의 대가로 취득한 물건

05   정답 ②

상법상 법원에는 상사제정법(상법전, 상사특별법령, 상사조약), 상관습법, 판례, 상사자치법(회사의 정관, 이사회 규칙), 보통거래약관, 조리 등이 있다. 따라서 조례는 해당되지 않는다.

01	02	03	04	05	06	07	08	09	10	11	12	13	14	15	16	17			
①	②	②	②	②	①	②	④	④	③	④	③	②	④	②	②	④			

01

정답 ①

독립합의형 중앙인사기관의 위원들은 임기를 보장받으며, 각 정당의 추천인사나 초당적 인사로 구성되는 등 중립성을 유지하기 유리하다는 장점을 지닌다. 이로 인해 행정부 수반에 의하여 임명된 기관장 중심의 비독립단독형 인사기관에 비해 엽관주의 영향을 최소화하고, 실적 중심의 인사행정을 실현하기에 유리하다.

[오답분석]

② 비독립단독형 인사기관은 합의에 따른 의사결정 과정을 거치지 않으므로, 의견 불일치 시 조율을 하는 시간이 불필요하여 상대적으로 의사결정이 신속히 이루어진다.

③ 비독립단독형 인사기관은 기관장의 의사가 강하게 반영되는 만큼 책임소재가 분명한 데 비해, 독립합의형 인사기관은 다수의 합의에 따라 의사결정이 이루어지므로 책임소재가 불분명하다.

④ 독립합의형 인사기관의 개념으로 옳은 설명이다.

02

정답 ②

㉠ 정부가 시장에 대해 충분한 정보를 확보하는 데 실패함으로써 정보 비대칭에 따른 정부실패가 발생한다.

㉢ 정부행정은 단기적 이익을 중시하는 정치적 이해관계의 영향을 받아 사회에서 필요로 하는 바보다 단기적인 경향을 보인다. 이처럼 정치적 할인율이 사회적 할인율보다 높기 때문에 정부실패가 발생한다.

[오답분석]

㉡ 정부는 독점적인 역할을 수행하기 때문에 경쟁에 따른 개선효과가 미비하여 정부실패가 발생한다.

㉣ 정부의 공공재 공급은 사회적 무임승차를 유발하여 지속가능성을 저해하기 때문에 정부실패가 발생한다.

03

정답 ②

공익, 자유, 복지는 행정의 본질적 가치에 해당한다.

> **행정의 가치**
> • 본질적 가치(행정을 통해 실현하려는 궁극적인 가치) : 정의, 공익, 형평, 복지, 자유, 평등
> • 수단적 가치(본질적 가치 달성을 위한 수단적인 가치) : 합법성, 능률성, 민주성, 합리성, 효과성, 가외성, 생산성, 신뢰성, 투명성

04

정답 ②

영국의 대처주의와 미국의 레이거노믹스는 경쟁과 개방, 위임의 원칙을 강조하는 신공공관리론에 입각한 정치기조이다.

[오답분석]

① 뉴거버넌스는 시민 및 기업의 참여를 통한 공동생산을 지향하며, 민영화와 민간위탁을 통한 서비스의 공급은 뉴거버넌스가 제시되기 이전 거버넌스의 내용이다.

③ 뉴거버넌스는 정부가 사회의 문제해결을 주도하는 것이 아니라, 민간 주체들이 논의를 주도할 수 있도록 조력자의 역할을 하는 것을 추구한다.

④ 신공공관리론은 정부실패의 대안으로 등장하였으며, 작고 효율적인 시장지향적 정부를 추구한다.

05

네트워크를 통한 기기 간의 연결을 활용하지 않으므로 사물인터넷을 사용한 것이 아니다.

[오답분석]

① 스마트 팜을 통해 각종 센서를 기반으로 온도와 습도, 토양 등에 대한 정보를 정확하게 확인하고 필요한 영양분(물, 비료, 농약 등)을 시스템이 알아서 제공해 주는 것은 사물인터넷을 활용한 경우에 해당된다.
③ 커넥티드 카는 사물인터넷 기술을 통해 통신망에 연결된 차량으로, 가속기, 브레이크, 속도계, 주행 거리계, 바퀴 등에서 운행 데이터를 수집하여 운전자 행동과 차량 상태를 모두 모니터링할 수 있다.
④ 스마트 홈은 네트워크로 통제하는 집 단위의 통신 환경으로, 사물인터넷을 활용하여 가정 내 조명, 에어컨 등을 원격 제어한다.

06

ㄱ. 강임은 현재보다 낮은 직급으로 임명하는 것으로, 수직적 인사이동에 해당한다.
ㄴ. 승진은 직위가 높아지는 것으로, 수직적 인사이동에 해당한다.

[오답분석]

ㄷ. 전보는 동일 직급 내에서 다른 관직으로 이동하는 것으로, 수평적 인사이동에 해당한다.
ㄹ. 전직은 직렬을 변경하는 것으로, 수평적 인사이동에 해당한다.

07

국립공원 입장료는 2007년에 폐지되었다.

[오답분석]

ㄱ. 2023년 5월에 문화재보호법이 개정되면서 국가지정문화재 보유자 및 기관에 대해 정부 및 지방자치단체가 해당 비용을 지원할 수 있게 되어, 많은 문화재에 대한 관람료가 면제되었다. 그러나 이는 요금제가 폐지된 것이 아니라 법규상 유인책에 따라 감면된 것에 해당된다. 원론적으로 국가지정문화재의 소유자가 관람자로부터 관람료를 징수할 수 있음은 유효하기도 했다. 2023년 8월 새로운 개정을 통해 해당 법에서 칭하던 '국가지정문화재'가 '국가지정문화유산'으로 확대되었다.

08

목적세는 통일성의 원칙에 대한 예외이다. 통일성의 원칙에 대한 예외로는 특별회계, 기금, 목적세, 수입대체경비, 수입금마련지출이 있다.

[오답분석]

① 단일성의 원칙에 대한 예외로는 추가경정예산, 특별회계, 기금이 있다.
② 사전의결의 원칙에 대한 예외로는 준예산, 사고이월, 예비비 지출, 전용, 긴급재정경제처분이 있다.
③ 한계성의 원칙에 대한 예외로는 예산의 이용, 전용, 국고채무부담행위, 계속비, 이월(명시이월, 사고이월), 지난 연도 수입, 지난 연도 지출, 조상충용, 추가경정예산, 예비비가 해당된다.

09

정책의 대략적인 방향을 정책결정자가 정하고, 정책집행자들이 이 목표의 구체적인 집행에 필요한 폭넓은 재량권을 위임받아 정책을 집행하는 유형은 재량적 실험가형에 해당한다.

10

현대에는 민주주의의 심화 및 분야별 전문 민간기관의 성장에 따라 정부 등 공식적 참여자보다 비공식적 참여자의 중요도가 높아지고 있다.

오답분석
① 의회와 지방자치단체는 정부, 사법부 등과 함께 대표적인 공식적 참여자에 해당된다.
② 정당과 NGO, 언론 등은 비공식적 참여자에 해당된다.
④ 사회적 의사결정에서 정부의 역할이 줄어들면 비공식적 참여자가 해당 역할을 대체하므로 중요도가 높아진다.

11

효율 증대에 따른 이윤 추구라는 경제적 결정이 중심인 기업경영의 의사결정에 비해, 정책문제는 사회효율 등 수단적 가치뿐만 아니라 형평성, 공정성 등 목적적 가치들도 고려가 필요하므로 고려사항이 더 많고 복잡하다는 특성을 갖는다.

12

회사모형은 사이어트와 마치가 주장한 의사결정 모형으로, 준독립적이고 느슨하게 연결되어 있는 조직들의 상호 타협을 통해 의사결정이 이루어진다고 설명한다.

오답분석
① 드로어는 최적모형에 따른 의사결정 모형을 제시했다.
② 합리적 결정과 점증적 결정이 누적 및 혼합되어 의사결정이 이루어진다고 본 것은 혼합탐사모형이다.
④ 정책결정 단계를 초정책결정 단계, 정책결정 단계, 후정책결정 단계로 구분하여 설명한 것은 최적모형이다.

13

ㄱ. 호혜조직의 1차적 수혜자는 조직 구성원이 맞으나, 은행, 유통업체는 사업조직에 해당되며 노동조합, 전문가단체, 정당, 사교클럽, 종교단체 등이 호혜조직에 해당된다.
ㄷ. 봉사조직의 1차적 수혜자는 이들과 접촉하는 일반적인 대중이다.

14

특수한 경우를 제외하고 일반적으로 해당 구성원 간 동일한 인사 및 보수 체계를 적용받는 구분은 직급이다.

15

실적주의에서는 개인의 역량, 자격에 따라 인사행정이 이루어지기 때문에 정치적 중립성 확보가 강조되지만, 엽관주의에서는 정치적 충성심 및 기여도에 따라 인사행정이 이루어지기 때문에 조직 수반에 대한 정치적 정합성이 더 강조된다.

오답분석
③ 공공조직에서 엽관주의적 인사가 이루어지는 경우 정치적 충성심에 따라 구성원이 변경되므로, 정치적 사건마다 조직 구성원들의 신분유지 여부에 변동성이 생겨 불안정해진다.

16

발생주의 회계는 거래가 발생한 기간에 기록하는 원칙으로, 영업활동 관련 기록과 현금 유출입이 일치하지 않지만, 수익 및 비용을 합리적으로 일치시킬 수 있다는 장점이 있다.

오답분석

①·③·④·⑤ 현금흐름 회계에 대한 설명이다.

17

정답 ④

ㄴ. X이론에서는 부정적인 인간관을 토대로 보상과 처벌, 권위적이고 강압적인 지도성을 경영전략으로 강조한다.
ㄹ. Y이론의 적용을 위한 대안으로 권한의 위임 및 분권화, 직무 확대, 업무수행능력의 자율적 평가, 목표 관리전략 활용, 참여적 관리 등을 제시하였다.

오답분석

ㄷ. Y이론에 따르면 인간은 긍정적이고 적극적인 존재이므로, 직접적 통제보다는 자율적 통제가 더 바람직한 경영전략이라고 보았다.

03　경영

01	02	03	04	05	06	07	08	09	10	11	12	13	14	15	16	17	18	19	20
③	③	④	④	③	⑤	④	③	⑤	④	③	③	①	①	④	②	①	③	④	①
21	22	23	24	25															
④	③	③	④	④															

01

정답 ③

종단분석은 시간과 비용의 제약으로 인해 표본 규모가 작을수록 좋으며, 횡단분석은 집단의 특성 또는 차이를 분석해야 하므로 표본이 일정 규모 이상일수록 정확하다.

02

정답 ③

채권이자율이 시장이자율보다 높아지면 채권가격은 액면가보다 높은 가격에 거래된다. 단, 만기에 가까워질수록 채권가격이 하락하여 가격위험에 노출된다.

오답분석

①·②·④ 채권이자율이 시장이자율보다 낮은 할인채에 대한 설명이다.

03

정답 ④

물음표(Question Mark) 사업은 신규 사업 또는 현재 시장점유율은 낮으나, 향후 성장 가능성이 높은 사업이다. 또한 기업 경영 결과에 따라 개(Dog) 사업 또는 스타(Star) 사업으로 바뀔 수 있다.

오답분석

① 스타(Star) 사업 : 성장 가능성과 시장점유율이 모두 높아서 계속 투자가 필요한 유망 사업이다.
② 현금젖소(Cash Cow) 사업 : 높은 시장점유율로 현금창출은 양호하나, 성장 가능성은 낮은 사업이다.
③ 개(Dog) 사업 : 성장 가능성과 시장점유율이 모두 낮아 철수가 필요한 사업이다.

04
정답 ④

테일러의 과학적 관리법에서는 작업에 사용하는 도구 등을 표준화하여 관리 비용을 낮추고 효율성을 높이는 것을 추구한다.

[오답분석]

① 과학적 관리법의 특징 중 동기부여에 대한 설명이다.
② 과학적 관리법의 특징 중 표준화에 대한 설명이다.
③ 과학적 관리법의 특징 중 통제에 대한 설명이다.

05
정답 ③

테일러의 과학적 관리법은 하루 작업량을 과학적으로 설정하고, 과업 수행에 따른 임금을 차별적으로 설정하는 차별적 성과급제를 시행한다.

[오답분석]

①·② 시간연구와 동작연구를 통해 표준 노동량을 정하고, 해당 노동량에 따라 임금을 지급하여 생산성을 향상시킨다.
④ 각 과업을 전문화하여 관리한다.
⑤ 근로자가 노동을 하는 데 필요한 최적의 작업조건을 유지한다.

06
정답 ⑤

기능목록제도는 종업원별로 기능보유색인을 작성하여 데이터베이스에 저장하여 인적자원관리 및 경력개발에 활용하는 제도이며, 근로자의 직무능력 평가에 있어 필요한 정보를 파악하기 위해 개인능력평가표를 활용한다.

[오답분석]

① 자기신고제도 : 근로자에게 본인의 직무내용, 능력수준, 취득자격 등에 대한 정보를 직접 자기신고서에 작성하여 신고하게 하는 제도이다.
② 직능자격제도 : 직무능력을 자격에 따라 등급화하고 해당 자격을 취득하는 경우 직위를 부여하는 제도이다.
③ 평가센터제도 : 근로자의 직무능력을 객관적으로 발굴 및 육성하기 위한 제도이다.
④ 직무순환제도 : 담당직무를 주기적으로 교체함으로써 직무 전반에 대한 이해도를 높이는 제도이다.

07
정답 ④

데이터베이스 마케팅(DB 마케팅)은 고객별로 맞춤화된 서비스를 제공하기 위해 정보 기술을 이용하여 고객의 정보를 데이터베이스로 구축하여 관리하는 마케팅 전략이다. 이를 위해 고객의 성향, 이력 등 관련 정보가 필요하므로 기업과 고객 간 양방향 의사소통을 통해 1 : 1 관계를 구축하게 된다.

08
정답 ③

공정성 이론에 따르면 공정성 유형은 크게 절차적 공정성, 상호작용적 공정성, 분배적 공정성으로 나누어진다.
• 절차적 공정성 : 과정통제, 접근성, 반응속도, 유연성, 적정성
• 상호작용적 공정성 : 정직성, 노력, 감정이입
• 분배적 공정성 : 형평성, 공평성

09
정답 ⑤

e-비즈니스 기업은 비용절감 등을 통해 더 낮은 가격으로 우수한 품질의 상품 및 서비스를 제공할 수 있다는 장점이 있다.

10

정답 ④

조직시민행동은 조직 구성원의 내재적 만족으로 인해 촉발되므로 구성원에 대한 처우가 합리적일수록 자발적으로 일어난다.

11

정답 ③

협상을 통해 공동의 이익을 확대(Win – Win)하는 것은 통합적 협상의 특징이다.

> **분배적 협상과 통합적 협상의 비교**
> • 분배적 협상
>   – 고정된 자원을 대상으로 합리적인 분배를 위해 진행하는 협상이다.
>   – 한정된 자원량으로 인해 제로섬 원칙이 적용되어 갈등이 발생할 가능성이 많다.
>   – 당사자 간 이익 확보를 목적으로 하며, 협상 참여자 간 관계는 단기적인 성격을 나타낸다.
> • 통합적 협상
>   – 당사자 간 이해관계를 조율하여 더 큰 이익을 추구하기 위해 진행하는 협상이다.
>   – 협상을 통해 확보할 수 있는 자원량이 변동될 수 있어 갈등보다는 문제해결을 위해 노력한다.
>   – 협상 참여자의 이해관계, 우선순위 등이 달라 장기적인 관계를 가지고 통합적인 문제해결을 추구한다.

12

정답 ③

워크 샘플링법은 전체 작업과정에서 무작위로 많은 관찰을 실시하여 직무활동에 대한 정보를 얻는 방법으로, 여러 직무활동을 동시에 기록하기 때문에 전체 직무의 모습을 파악할 수 있다.

[오답분석]
① 관찰법 : 조사자가 직접 조사대상과 생활하면서 관찰을 통해 자료를 수집하는 방법이다.
② 면접법 : 조사자가 조사대상과 직접 대화를 통해 자료를 수집하는 방법이다.
④ 질문지법 : 설문지로 조사내용을 작성하고 자료를 수집하는 방법이다.
⑤ 연구법 : 기록물, 통계자료 등을 토대로 자료를 수집하는 방법이다.

13

정답 ①

가구, 가전제품 등은 선매품에 해당한다. 전문품에는 명품제품, 자동차, 아파트 등이 해당한다.

14

정답 ①

연속생산은 동일제품을 대량생산하기 때문에 규모의 경제가 적용되어 여러 가지 제품을 소량생산하는 단속생산에 비해 단위당 생산원가가 낮다.

[오답분석]
② 연속생산의 경우, 표준화된 상품을 대량으로 생산함에 따라 운반에 따른 자동화 비율이 매우 높고, 속도가 빨라 운반비용이 적게 소요된다.
③ · ④ 제품의 수요가 다양하거나 제품의 수명이 짧은 경우 단속생산 방식이 적합하다.
⑤ 연속생산은 작업자의 숙련도와 관계없이 작업에 참여가 가능하다.

15

정답 ④

ELS는 주가연계증권으로, 사전에 정해진 조건에 따라 수익률이 결정되며 만기가 있다.

[오답분석]
① 주가연계펀드(ELF)에 대한 설명이다.
② 주가연계파생결합사채(ELB)에 대한 설명이다.
③ 주가지수연동예금(ELD)에 대한 설명이다.
⑤ 주가연계신탁(ELT)에 대한 설명이다.

16

정답 ②

브룸은 동기 부여에 대해 기대이론을 적용하여 기대감, 수단성, 유의성을 통해 구성원의 직무에 대한 동기 부여를 결정한다고 주장하였다.

[오답분석]
① 로크의 목표설정이론에 대한 설명이다.
③ 매슬로의 욕구 5단계이론에 대한 설명이다.
④ 맥그리거의 XY이론에 대한 설명이다.
⑤ 허즈버그의 2요인이론에 대한 설명이다.

17

정답 ①

시장세분화 단계에서는 시장을 기준에 따라 세분화하고, 각 세분시장의 고객 프로필을 개발하여 차별화된 마케팅을 실행한다.

[오답분석]
②·③ 표적시장 선정 단계에서는 각 세분시장의 매력도를 평가하여 표적시장을 선정한다.
④ 포지셔닝 단계에서는 각각의 시장에 대응하는 포지셔닝을 개발하고 전달한다.
⑤ 재포지셔닝 단계에서는 자사와 경쟁사의 경쟁위치를 분석하여 포지셔닝을 조정한다.

18

정답 ③

수익이 많고 안정적이어서 현상을 유지하는 것이 필요한 사업은 현금젖소(Cash Cow)이다. 스타(Star)는 성장률과 시장점유율이 모두 높아 추가적인 자금흐름을 통해 성장시킬 필요가 있는 사업을 의미한다.

> **BCG 매트릭스의 영역**
> • 물음표(Question) : 성장률은 높으나 점유율이 낮아 수익이 적고 현금흐름이 마이너스인 사업이다.
> • 스타(Star) : 성장률과 시장점유율이 모두 높아 수익이 많고, 더 많은 투자를 통해 수익을 증대하는 사업이다.
> • 현금젖소(Cash Cow) : 성장률은 낮으나 점유율이 높아 안정적인 수익이 확보되는 사업으로, 투자 금액이 유지·보수 차원
>   에서 머물게 되어 자금 투입보다 자금 산출이 많다.
> • 개(Dog) : 성장률과 시장점유율이 모두 낮아 수익이 적거나 마이너스인 사업이다.

19

정답 ④

변혁적 리더십에서 구성원의 성과 측정뿐만 아니라 구성원들을 리더로 얼마나 육성했는지도 중요한 평가 요소라 할 수 있다.

20

정답 ①

감정적 치유는 서번트 리더십의 구성요소에 해당한다.

> **변혁적 리더십의 구성요소**
> • 카리스마 : 변혁적 리더십의 가장 핵심적인 구성요소로, 명확한 비전을 제시하고 집합적인 행동을 위해 동기를 부여하며, 환경 변화에 민감하게 반응하는 일련의 과정을 의미한다.
> • 영감적 동기화 : 구성원에게 영감을 주고 격려를 통해 동기를 부여하는 것을 의미한다.
> • 지적 자극 : 구성원들이 기존 조직의 가치관, 신념, 기대 등에 대해 끊임없이 의문을 가지도록 지원하는 것을 의미한다.
> • 개별 배려 : 구성원을 개별적으로 관리하며, 개인적인 욕구, 관심 등을 파악하여 만족시키고자 하는 것을 의미한다.

21

정답 ④

매트릭스 조직은 기존의 기능별 조직구조 상태를 유지하면서 특정한 프로젝트를 수행할 때는 다른 부서의 인력과도 함께 일하는 조직설계 방식으로, 서로 다른 부서 구성원이 함께 일하면서 효율적인 자원 사용과 브레인스토밍을 통한 창의적인 대안 도출도 가능하다.

[오답분석]
① 매트릭스 조직은 조직 목표와 외부 환경 간 발생하는 갈등이 내재하여 갈등과 혼란을 초래할 수 있다.
② 복수의 상급자를 상대해야 하므로 역할에 대한 갈등 등으로 구성원이 심한 스트레스에 노출될 수 있다.
③ 힘의 균형이 치우치게 되면 조직의 구성이 깨지기 때문에 경영자의 개입 등으로 힘의 균형을 유지하기 위한 노력이 필요하다.

22

정답 ③

가치사슬(Value Chain)은 기업의 경쟁적 지위를 파악하고 이를 향상할 수 있는 지점을 찾기 위해 사용하는 모형으로, 고객에게 가치를 제공함에 있어서 부가가치 창출에 직・간접적으로 관련된 일련의 활동・기능・프로세스의 연계를 뜻한다. 가치사슬의 각 단계에서 가치를 높이는 활동을 어떻게 수행할 것인지, 비즈니스 과정이 어떻게 개선될 수 있는지를 조사・분석하여야 한다.

> **가치사슬 분석의 효과**
> • 프로세스 혁신 : 생산, 물류, 서비스 등 기업의 전반적 경영활동을 혁신할 수 있다.
> • 원가 절감 : 낭비요소를 사전에 파악하여 제거함으로써 원가를 절감할 수 있다.
> • 품질 향상 : 기술개발 등을 통해 더욱 양질의 제품을 생산할 수 있다.
> • 기간 단축 : 조달, 물류, CS 등을 분석하여 고객에게 제품을 더욱 빠르게 납품할 수 있다.

23

정답 ③

• (당기순이익)=(총수익)−(총비용)=35억−20억=15억 원
• (기초자본)=(기말자본)−(당기순이익)=65억−15억=50억 원
• (기초부채)=(기초자산)−(기초자본)=100억−50억=50억 원

24

정답 ④

상위에 있는 욕구를 충족시키지 못하면 하위에 있는 욕구는 더욱 크게 증가하여 하위욕구를 충족시키기 위해 훨씬 더 많은 노력이 필요하게 된다.

[오답분석]
① 심리학자 앨더퍼가 인간의 욕구에 대해 매슬로의 욕구 5단계설을 발전시켜 주장한 이론이다.
②・③ 존재욕구를 기본적 욕구로 정의하며, 관계욕구, 성장욕구로 계층화하였다.

25

정답 ④

사업 다각화는 무리하게 추진할 경우 수익성에 악영향을 줄 수 있다는 단점이 있다.

오답분석
① 지속적인 성장을 추구하여 미래 유망산업에 참여하고, 구성원에게 더 많은 기회를 줄 수 있다.
② 기업이 한 가지 사업만 영위하는 데 따르는 위험에 대비할 수 있다.
③ 보유자원 중 남는 자원을 활용하여 범위의 경제를 실현할 수 있다.

04 경제

01	02	03	04	05	06	07	08	09	10	11	12	13	14	15					
③	③	④	③	①	③	②	⑤	②	①	④	⑤	①	④	③					

01

정답 ③

(한계비용)=(총비용 변화분)÷(생산량 변화분)
• 생산량이 50일 때 총비용 : 16(평균비용)×50(생산량)=800
• 생산량이 100일 때 총비용 : 15(평균비용)×100(생산량)=1,500
따라서 한계비용은 700÷50=14이다.

02

정답 ③

• A국 : 노트북 1대를 생산할 때 A국이 B국보다 기회비용이 더 적으므로 A국은 노트북 생산에 비교우위가 있다.
• B국 : TV 1대를 생산할 때 B국이 A국보다 기회비용이 더 적으므로 B국은 TV 생산에 비교우위가 있다.

구분	노트북 1대	TV 1대
A국	TV 0.75	노트북 1.33
B국	TV 1.25	노트북 0.8

03

정답 ④

다이내믹 프라이싱의 단점은 소비자 후생이 감소해 소비자의 만족도가 낮아진다는 것이다. 이로 인해 기업이 소비자의 불만에 직면할 수 있다는 리스크가 발생한다.

04

정답 ③

ⓒ 빅맥 지수는 동질적으로 판매되는 상품의 가치는 동일하다는 가정에서 나라별 화폐로 해당 제품의 가격을 평가하여 구매력을 비교하는 것이다.
ⓒ 맥도날드의 대표적 햄버거인 빅맥 가격을 기준으로 한 이유는 전 세계에서 가장 동질적으로 판매되고 있기 때문이며 이처럼 품질, 크기, 재료가 같은 물건이 세계 여러 나라에서 팔릴 때 나라별 물가를 비교하기 수월하다.

오답분석
ⓒ 빅맥 지수는 영국 경제지인 이코노미스트에서 최초로 고안하였다.
ⓒ 빅맥 지수에 사용하는 빅맥 가격은 제품 가격만 반영하고 서비스 가격은 포함하지 않기 때문에 나라별 환율에 대한 상대적 구매력 평가 외에 다른 목적으로 사용하기에는 측정값이 정확하지 않다.

05

정답 ①

확장적 통화정책은 국민소득을 증가시켜 이에 따른 보험료 인상 등 세수확대 요인으로 작용한다.

오답분석

② 이자율이 하락하고, 소비 및 투자가 증가한다.
③·④ 긴축적 통화정책이 미치는 영향이다.

06

정답 ③

토지, 설비 등이 부족하면 한계 생산가치가 떨어지기 때문에 노동자를 많이 고용하는 게 오히려 손해이다. 따라서 노동 수요곡선은 왼쪽으로 이동한다.

오답분석

① 노동 수요는 재화에 대한 수요가 아닌 재화를 생산하기 위해 파생되는 수요이다.
② 상품 가격이 상승하면 기업은 더 많은 제품을 생산하기 위해 노동자를 더 많이 고용한다.
④ 노동에 대한 인식이 긍정적으로 변화하면 노동시장에 더 많은 노동력이 공급된다.

07

정답 ②

S씨가 최선의 선택을 하려면 순편익이 가장 높은 운동을 골라야 한다.
• 헬스 : (순편익)=5만-3만=2만 원
• 수영 : (순편익)=7만-2만=5만 원
• 자전거 : (순편익)=8만-5만=3만 원
• 달리기 : (순편익)=4만-3만=1만 원
따라서 S씨가 할 수 있는 최선의 선택은 순편익이 가장 높은 수영이다.

08

정답 ⑤

가격탄력성이 1보다 크면 탄력적이라고 할 수 있다.

오답분석

①·② 수요의 가격탄력성은 가격의 변화에 따른 수요의 변화를 의미하는 것으로, 분모는 상품 가격의 변화량을 상품 가격으로 나눈 값이고, 분자는 수요량의 변화량을 수요량으로 나눈 값이다.
③ 대체재가 많을수록 해당 상품 가격 변동에 따른 수요의 변화는 더 크게 반응하게 된다.

09

정답 ②

GDP 디플레이터는 명목 GDP를 실질 GDP로 나누어 물가상승 수준을 예측할 수 있는 물가지수로, 국내에서 생산된 모든 재화와 서비스 가격을 반영한다. 따라서 GDP 디플레이터를 구하는 계산식은 (명목 GDP)÷(실질 GDP)×100이다.

10

정답 ①

한계소비성향은 소비의 증가분을 소득의 증가분으로 나눈 값으로, 소득이 1,000만 원 늘었을 때, 현재 소비자들의 한계소비성향이 0.7이므로 소비는 700만 원이 늘었다고 할 수 있다. 따라서 소비의 변화폭은 700이다.

11

㉠ 환율이 상승하면 제품을 수입하기 위해 더 많은 원화를 필요로 하고, 이에 따라 수입이 감소하게 되므로 순수출이 증가한다.
㉡ 국내이자율이 높아지면 국내자산 투자수익률이 좋아져 해외로부터 자본유입이 확대되고, 이에 따라 환율은 하락한다.
㉢ 국내물가가 상승하면 상대적으로 가격이 저렴한 수입품에 대한 수요가 늘어나 환율은 상승한다.

12

독점적 경쟁시장은 광고, 서비스 등 비가격경쟁이 가격경쟁보다 더 활발히 진행된다.

13

케인스학파는 경기침체 시 정부가 적극적으로 개입하여 총수요의 증대를 이끌어야 한다고 주장하였다.

[오답분석]
② 고전학파의 거시경제론에 대한 설명이다.
③ 케인스학파의 거시경제론에 대한 설명이다.
④ 고전학파의 이분법에 대한 설명이다.
⑤ 케인스학파의 화폐중립성에 대한 설명이다.

14

[오답분석]
① 매몰비용의 오류 : 이미 투입한 비용과 노력 때문에 경제성이 없는 사업을 지속하여 손실을 키우는 것을 의미한다.
② 감각적 소비 : 제품을 구입할 때, 품질, 가격, 기능보다 디자인, 색상, 패션 등을 중시하는 소비 패턴을 의미힌다.
③ 보이지 않는 손 : 개인의 사적 영리활동이 사회 전체의 공적 이익을 증진시키는 것을 의미한다.
⑤ 희소성 : 사람들의 욕망에 비해 그 욕망을 충족시켜 주는 재화나 서비스가 부족한 현상을 의미한다.

15

- (실업률)=(실업자)÷(경제활동인구)×100
- (경제활동인구)=(취업자)+(실업자)

실업률을 구하는 공식에 따라 계산하면 다음과 같다.
$5,000 \div (20,000+5,000) \times 100 = 20$
따라서 구하고자 하는 실업률은 20%이다.

05 기계

01	02	03	04	05	06	07	08	09	10	11	12	13	14	15	16	17	18	19	20
②	②	②	④	④	②	④	④	④	④	①	③	③	⑤	②	④	③	①	②	③

21	22	23	24	25															
①	②	②	③	④															

01
정답 ②

단면 1차 모멘트는 구하고자 하는 위치에 따라 음수가 나올 수도 있고, 0이 나올 수도 있고, 양수가 나올 수도 있다.

02
정답 ②

물체의 밀도를 ρ, 물체의 부피를 V, 유체의 밀도를 ρ', 유체에 물체를 둘 때 잠기는 영역의 부피를 V'라고 하자. $\rho g V = \rho' g V'$ 일 때 물체가 물에 뜨게 된다. 이때 $\rho' g V'$가 부력이며, 부력은 유체의 밀도와 유체에 잠기는 영역의 부피와 관련이 있다. 따라서 제시된 실험은 재질과 유체가 동일하고, 형상이 다르므로 잠기는 영역의 부피가 변화한 것이다.

03
정답 ②

오답분석

① 회주철 : 가장 일반적인 주철이다.
③ 칠드주철 : 표면을 급랭시켜 경도를 증가시킨 주철이다.
④ 구상흑연주철 : Ni, Cr, Mo, Cu 등을 첨가하여 흑연을 구상화시켜 가공성, 내마모성, 연성 등을 향상시킨 주철이다.

04
정답 ④

탄소의 양과 탄소 연소 시 필요한 산소의 양의 비는 1 : 1이고 탄소의 원자량은 12, 산소의 원자량은 16이다.

따라서 $12 : 32 = 6 : x \rightarrow x = \dfrac{32 \times 6}{12} = 16$이므로 공기 내 산소의 비는 20%이고, 전체 공기의 양은 $\dfrac{16}{0.2} = 80$kg이다.

05
정답 ④

교번하중은 크기와 방향이 지속적으로 변하는 하중이며, 일정한 크기와 방향을 가진 하중이 반복적으로 작용하는 하중은 반복하중이다.

06
정답 ②

• $\delta = \dfrac{PL}{AE} = \dfrac{4PL}{\pi d^2 E}$

$1.5 \times 10^{-3} = \dfrac{4 \times 100 \times 10^3 \times 3}{\pi \times d^2 \times 250 \times 10^9} \rightarrow d = \sqrt{\dfrac{4 \times 100 \times 10^3 \times 3}{\pi \times 250 \times 10^9 \times 1.5 \times 10^{-3}}} \fallingdotseq 0.032\text{m} = 3.2\text{cm}$

따라서 이 철강의 직경은 3.2cm이다.

07

단순보에서 등분포하중이 작용할 때,

최대 처짐량은 $\delta_{\max} = \delta_C = \dfrac{5wL^4}{384EI}$ 이므로

$$\delta_{\max} = \frac{5 \times 8 \times 10^3 \times 5^4}{384 \times 240 \times 10^9 \times \dfrac{0.5 \times 0.2^3}{12}} \fallingdotseq 8.1 \times 10^{-4}\,\mathrm{m} = 0.81\mathrm{mm}$$

08

외팔보에서 작용하는 등분포하중은 $\theta = \dfrac{wl^3}{6EI}$ 이므로

$$\theta = \frac{10 \times 6^3}{6 \times 10,000} = 3.6 \times 10^{-2}\,\mathrm{rad}$$이다.

09

오답분석

① 레이놀즈(Re) 수로서 유체의 흐름 상태를 층류와 난류로 파악할 수 있다.
② 마하(Ma) 수로서 유체의 압축성을 파악할 수 있다.
③ 스토크(Stk) 수로서 유체 입자가 흐름을 따르는 정도를 파악할 수 있다.

10

체심입방격자에 해당하는 원소는 Cr, Mo, Ni, Ta, V, W 등이 있고, 면심입방격자에 해당하는 원소는 Ag, Al, Au, Cu, Ni, Pt 등이 있다.

11

질량 1kg의 물을 1℃ 가열하는 데 필요한 열량은 1kcal이다. 질량 10kg의 물을 10℃에서 60℃로 가열하는 데 필요한 열량을 구하면 다음과 같다.

$$Q = cm\Delta t = 1 \times 10 \times (60 - 10) = 500\mathrm{kcal} = 500 \times \frac{4.2\,\mathrm{kJ}}{1\,\mathrm{kcal}} = 2,100\mathrm{kJ}$$

따라서 필요한 열량은 2,100kJ이다.

12

ㄴ. n몰의 단원자 분자인 이상기체의 내부에너지는 $U = \dfrac{3}{2}nRT$이다.

ㄷ. n몰의 단원자 분자인 이상기체의 엔탈피는 $H = U + W = \dfrac{5}{2}nRT$이다.

오답분석

ㄱ. n몰의 단원자 분자인 이상기체의 내부에너지는 $U = \dfrac{3}{2}nRT$이고, 이원자 분자인 이상기체의 내부에너지는 $U = \dfrac{5}{2}nRT$,

삼원자 이상의 분자인 이상기체의 내부에너지는 $U = \dfrac{6}{2}nRT$이다.

ㄹ. 이상기체의 무질서도를 표현한 함수는 엔트로피이다.

13

③

자동차가 안정적으로 선회하기 위해서는 양 바퀴의 회전수가 달라야 한다. 이를 조절하기 위해 사용하는 기어는 유성기어와 태양기어이다. 먼저, 외부로부터 전달받은 동력을 베벨기어를 통해 링기어에 전달하여 회전시킨다. 회전하는 링기어는 유성기어와 태양기어를 회전시킨다. 정상적인 직선 주행 중에는 양 바퀴의 회전수가 같으므로 유성기어와 태양기어가 같은 속력으로 회전하지만, 선회 시에는 양 바퀴에 작용하는 마찰저항이 서로 다르게 작용한다. 이를 유성기어, 태양기어에 전달하면 안쪽 바퀴의 회전저항은 증가하고 바깥쪽 바퀴의 회전수는 안쪽 바퀴의 감소한 회전수만큼 증가한다.

14

정답 ⑤

파텐팅은 오스템퍼링 온도의 상한에서 미세한 소르바이트 조직을 얻기 위하여 오스테나이트 가열온도부터 항온 유지 후 공랭시키는 열처리법이다.

오답분석

① 청화법 : 사이안화산칼륨 또는 사이안화나트륨을 이용하여 강 표면에 질소를 침투시켜 경화시키는 표면 처리법이다.
② 침탄법 : 재료의 표면을 단단하게 강화하기 위해 저탄소강을 침탄제 속에 묻고 가열하여 강 표면에 탄소를 침입시키는 표면 열처리법이다.
③ 마퀜칭 : 오스테나이트 구역에서 강 내부의 온도와 외부의 온도가 동일하도록 항온 유지 후 공랭하는 항온 열처리법이다.
④ 질화법 : 강 표면에 질소를 침투시켜 매우 단단한 질소화합물 층을 형성하는 표면 열처리법이다.

15

정답 ②

세레이션은 축과 보스를 결합하기 위해 축에 삼각형 모양의 톱니를 새긴 가늘고 긴 키 홈이다.

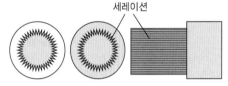

오답분석

① 묻힘키 : 보스와 축 모두 키 홈을 파낸 후 그 구멍에 키를 끼워 넣어 보스와 축을 고정한 것이다.

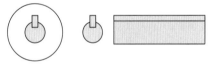

③ 둥근키 : 키 홈을 원모양으로 만든 묻힘키의 하나이다.

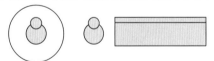

④ 테이퍼 : 경사도가 1/50 이하인 핀이다.

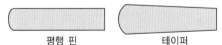

평행 핀   테이퍼

⑤ 스플라인 : 축과 보스를 결합하기 위해 다각형 또는 곡선 형태의 톱니를 새긴 가늘고 긴 홈이다.

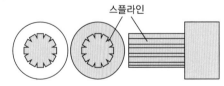

28 · 5대 발전회사 통합기본서

16

정답 ④

사바테 사이클은 복합 사이클, 또는 정적 – 정압 사이클이라고도 하며, 정적 가열과 정압 가열로 열을 받아 일을 한 후 정적 방열을 하는 열 사이클이다. 고속 디젤 기관에서는 짧은 시간 내에 연료를 연소시켜야 하므로 압축행정이 끝나기 전에 연료를 분사하여 행정 말기에 착화되도록 하면 공급된 연료는 정적 아래에서 연소하고 후에 분사된 연로는 대부분 정압 아래에서 연소하게 된다.

[오답분석]
① 오토 사이클 : 2개의 단열과정과 2개의 정적과정으로 이루어진 사이클로, 가솔린 기관 및 가스터빈의 기본 사이클이다.
② 랭킨 사이클 : 2개의 단열과정과 2개의 가열 및 팽창과정으로 이루어진 증기터빈의 기본 사이클이다.
③ 브레이턴 사이클 : 2개의 단열과정과 2개의 정압과정으로 이루어진 사이클로, 가스터빈의 기본 사이클이다.
⑤ 카르노 사이클 : 2개의 단열과정과 2개의 등온과정으로 이루어진 사이클로, 모든 과정이 가역적인 가장 이상적인 사이클이다.

열기관 사이클의 P – V 선도와 T – S 선도

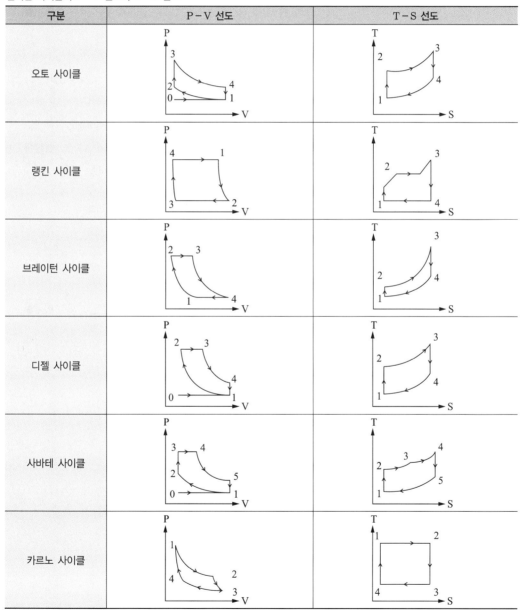

구분	P – V 선도	T – S 선도
오토 사이클		
랭킨 사이클		
브레이턴 사이클		
디젤 사이클		
사바테 사이클		
카르노 사이클		

17

정답 ③

카르노 사이클은 외부로부터 열을 받아 등온 팽창한다. 팽창한 기체는 외부와의 열 교환 없이 단열 팽창하고, 팽창한 기체는 열을 버리면서 등온 수축하게 된다. 이후 수축한 기체는 외부와의 열 교환 없이 단열 수축하여 처음 상태로 돌아온다. 이때 카르노 사이클은 흡열한 열량과 버린 열량의 차이만큼 일을 한다.

18

정답 ①

페라이트는 탄소 함량이 매우 적어 무르므로 담금질 효과가 거의 없다.

19

정답 ②

오답분석

① 정하중 : 하중의 크기, 방향, 작용점이 일정하게 작용하는 하중이다.
③ 반복하중 : 하중이 일정한 크기와 일정한 작용점에서 주기적으로 반복하여 작용하는 하중이다.
④ 충격하중 : 한 작용점에서 매우 짧은 시간 동안 강하게 작용하는 하중이다.
⑤ 임의진동하중 : 하중의 크기, 방향, 작용점이 불규칙적으로 변하는 하중이다.

20

정답 ③

디퓨저는 유체의 운동에너지를 압력에너지로 변환시키기 위해 관로의 단면적을 서서히 넓게 한 유로이다.

오답분석

① 노즐 : 유체의 압력에너지를 운동에너지로 변환시키기 위해 관로의 단면적을 서서히 좁게 한 유로이다.
② 액추에이터 : 유압장치 등으로부터 에너지를 받아 시스템을 제어하는 기계장치이다.
④ 어큐뮬레이터 : 유압유의 압력에너지를 저장하는 유압기기이다.
⑤ 피스톤 로드 : 피스톤에 의해 변환된 힘을 외부로 전달하는 기기이다.

21

정답 ①

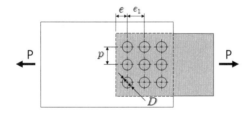

p : 피치
e : 마진
e_1 : 뒷피치
D : 리벳 지름

오답분석

② 피치 : 같은 줄에 있는 리벳의 중심 사이의 거리이다.
③ 뒷피치 : 여러 줄 리벳 이음에서 리벳의 열과 이웃한 열 사이의 거리이다.
④ 리드 : 나사가 1바퀴 회전할 때 축 방향으로 이동한 거리이다.
⑤ 유효지름 : 나사의 골지름과 바깥지름의 평균인 지름이다.

22

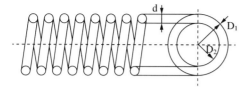

$\delta = \dfrac{8N_a D^3 P}{Gd^4}$ 이고 $c = \dfrac{D}{d}$ 이므로 $\delta = \dfrac{8N_a c^3 P}{Gd}$ 이다.

$300 = \dfrac{8 \times 100 \times 10^3 \times 300}{80 \times 10^3 \times d} \rightarrow d = \dfrac{8 \times 100 \times 10^3 \times 300}{80 \times 10^3 \times 300} = 10\text{mm}$

$10 = \dfrac{D}{10} \rightarrow D = 100\text{mm}$이므로 외경은 100mm이고 내경은 $100 - (10 \times 2) = 80$mm이다.

따라서 스프링의 평균 반지름의 길이는 $\dfrac{100 + 80}{2} = 90$mm이다.

23

$[\text{성능계수(COP)}] = \dfrac{Q_L}{W} = \dfrac{Q_L}{Q_H - Q_L} = \dfrac{T_L}{T_H - T_L}$

성능계수(COP; Coefficient Of Performance)
냉각기, 열펌프 등의 냉각 효율을 나타내는 척도이다.

24

주철은 강재에 비해 단단하지만 부서지기 쉽다.

25

오답분석
① 소성가공은 재료에 탄성한도보다 큰 외력을 가함으로써 발생하는 영구적으로 변형되는 성질인 소성을 이용한 가공이다.
② 잔류응력이 남아 있으면 제품이 변형될 수 있으므로 별도의 후처리를 통해 잔류응력을 제거하여야 한다.
③ 소성가공으로 제품 생산 시 주물에 비해 치수가 정확하다.

01	02	03	04	05	06	07	08	09	10	11	12	13	14	15	16	17	18	19	20
③	②	②	③	④	③	②	②	④	④	②	①	③	③	①	⑤	⑤	②	⑤	③

21	22	23	24	25
②	④	③	②	⑤

01
정답 ③

$$\text{diV}E = \left(\frac{\partial}{\partial x}i + \frac{\partial}{\partial y}j + \frac{\partial}{\partial z}k\right) \cdot (3x^2yi - 7yzj + 5xz^2k)$$

$$= \left(\frac{\partial}{\partial x}i\right) \cdot 3x^2yi - \left(\frac{\partial}{\partial y}j\right) \cdot 7yzj + \left(\frac{\partial}{\partial z}k\right) \cdot 5xz^2k$$

$$= 6xy - 7z + 10xz$$

$$= 6xy + 10xz - 7z$$

02
정답 ②

3상 무효 전력은 $P_r = 3I^2X$이다. 따라서 $P_r = 3 \times 200^2 \times 20 = 2,400,000\text{Var} = 2,400\text{kVar}$이다.

> **3상 교류 전력**
> [유효 전력(P)] $= 3 \times I^2R$
> [무효 전력(P_r)] $= 3 \times I^2X$
> [피상 전력(P_a)] $= 3 \times I^2Z = \sqrt{P^2 + P_r^2}$

03
정답 ②

비례추이가 불가능한 것은 동손, 효율, 2차 출력이다.

04
정답 ③

유전물질을 넣기 전 평행판 축전기의 충전용량은 $C = \varepsilon_0 \dfrac{5S}{d}$이다. 이 평행판 축전기에 비유전율이 4인 유전물질로 면적의 $\dfrac{4}{5}$를

채운 후의 충전용량은 $C' = \left[(4 \times \varepsilon) \times \dfrac{4S}{d}\right] + \left(\varepsilon \times \dfrac{S}{d}\right) = \left(4 \times \dfrac{4}{5}C\right) + \left(\dfrac{1}{5}C\right) = \dfrac{17}{5}C$이다.

05
정답 ④

변압기의 병렬운전 조건
· 극성, 권수비, 1, 2차 정격 전압이 같아야 한다(용량은 무관).
· 각 변압기의 저항과 리액턴스비가 같아야 한다.
· 부하분담 시 용량에 비례하고 임피던스 강하에는 반비례해야 한다.
· 상회전 방향과 각 변위가 같아야 한다(3φ 변압기).
· 변압기의 결선 조합은 다음과 같아야 한다.

가능	불가능
Y − Y와 Y − Y	Y − Y와 Y − △
Y − △와 Y − △	Y − △와 △ − △
Y − △와 △ − Y	△ − Y와 Y − Y
△ − △와 △ − △	△ − △와 △ − Y
△ − Y와 △ − Y	−
△ − △와 Y − Y	−

06

정답 ③

$\mathcal{L}(e^{at}\sin\omega t) = \dfrac{\omega}{(s-a)^2+\omega^2}$ 이므로 $\mathcal{L}(e^{2t}\sin\omega t) = \dfrac{\omega}{(s-2)^2+\omega^2}$ 이다.

라플라스 변환표

$f(t)$	$\mathcal{L}[f(t)]$	$f(t)$	$\mathcal{L}[f(t)]$
t^n	$\dfrac{n!}{s^{n+1}}$	$\delta(t-a)$	e^{-as}
e^{at}	$\dfrac{1}{s-a}$	$e^{at}t^n$	$\dfrac{n!}{(s-a)^{n+1}}$
$\sin at$	$\dfrac{a}{s^2+a^2}$	$e^{at}\sin bt$	$\dfrac{b}{(s-a)^2+a^2}$
$\cos at$	$\dfrac{s}{s^2+a^2}$	$e^{at}\cos bt$	$\dfrac{s-a}{(s-a)^2+b^2}$
$\sinh at$	$\dfrac{a}{s^2-a^2}$	$e^{at}\sinh bt$	$\dfrac{b}{(s-a)^2-a^2}$
$\cosh at$	$\dfrac{s}{s^2-a^2}$	$e^{at}\cosh bt$	$\dfrac{s-a}{(s-a)^2-b^2}$

07

정답 ②

• 전류원이 개방되어 전압원만 있는 경우

회로 전체에 흐르는 전류의 세기는 $I' = \dfrac{50}{10+\dfrac{30\times(10+20)}{30+(10+20)}} = 2\text{A}$이고 시계 방향으로 흐른다.

따라서 전류원이 개방되어 전류원만 있을 때 R_1에 흐르는 전류는 $2\times\dfrac{10+20}{30+(10+20)} = 1\text{A}$이다.

• 전압원이 단락된 상태에서 전류원만 있는 경우

R_1에 흐르는 전류는 $2\times\dfrac{\left(\dfrac{10\times30}{10+30}\right)+10}{\left(\dfrac{10\times30}{10+30}+10\right)+20} \fallingdotseq 0.93\text{A}$이고 시계 방향으로 흐른다.

따라서 중첩의 원리에 의해 R_1에 흐르는 전체 전류는 $1+0.93 = 1.93\text{A}$이다.

08

정답 ②

VVVF(Variable Voltage Variable Frequency) 제어는 가변 전압 가변 주파수 제어로, 전력 변환 장치에 출력한 교류 전력을 두어 출력된 교류 전력의 실효전압과 주파수를 제어하는 기술이다. VVVF 제어는 전압, 전류, 주파수의 변동이 유동적이므로 전력 손실이 적다. 이에 따라 압연기기 등의 생산용 기기와 팬, 펌프설비뿐만 아니라 철도, 전기자동차 등의 모터, 가전제품 등 다양한 분야에 적용되고 있다.

09

정답 ④

궤도와 선로 구조물의 구성요소

구분	궤도	선로 구조물	
구성요소	• 레일 • 침목 • 도상	• 측구 • 철주 • 전차선 • 조가선 • 급전선 • 고압선 • 특별고압선 • 부급전선	• 통신선 • 신호기 • ATS지상자 • 임피던스본드 • 구배표 • km정표 • 방음벽

10

정답 ④

[오답분석]

① 고도 : 레일의 곡선부에서 운전의 안정성을 확보하기 위해 바깥쪽 레일을 안쪽 레일보다 더 높이는데, 그 높이의 차이를 말한다.
② 구배 : 선로의 기울기이며, 대한민국은 수평거리 1,000에 대한 고저차로 표시한 천분율로 표기한다.
③ 침목 : 차량의 하중을 분산하며 충격을 흡수하는 궤도재료이다.
⑤ 확도 : 곡선 궤도를 운행할 때 안쪽 궤도의 궤간을 넓히는 정도를 말한다.

11

정답 ②

궤간은 두 철로 사이의 간격으로, 궤간의 길이는 1,435mm를 국제 표준 규격으로 하며 이보다 넓으면 광궤, 좁으면 협궤로 본다.

12

정답 ①

[오답분석]

② 평균속도 : 열차의 운전거리를 정차시간을 제외한 실제 운전시간으로 나눈 속도이다.
③ 설계속도 : 이상적인 조건에서 차량이 주행할 수 있는 최고속도이다.
④ 균형속도 : 열차의 견인력과 열차가 받는 저항력이 같아 속력이 일정할 때의 속도이다.
⑤ 최고속도 : 허용조건에서 열차가 5초 이상 낼 수 있는 속력의 최댓값이다.

13

PP급전방식은 역간이 길고 고속 운행구간에 적합한 급전방식이다.

> **PP급전방식의 특징**
> • 선로 임피던스가 작다.
> • 전압강하가 작다.
> • 상대적으로 고조파의 공진주파수가 낮고 확대율이 작다.
> • 회생전력 이용률이 높다.
> • 급전구분소의 단권변압기 수를 줄일 수 있다.
> • 역간이 길고 고속 운행구간에 적합하다.
> • 급전구분소의 GIS설비가 다량 요구된다.
> • Tie 차단 설비가 필요하다.

14

강체가선방식은 T-bar, R-bar로 구분하며, 대한민국에서는 전류용량이 큰 DC 1,500V 구간에서는 T-bar 방식, 전류용량이 작은 AC 25k 구간에서는 R-bar 방식을 사용한다. T-bar의 경우 표준길이는 10m이며, 2,100mm^{2}의 알루미늄 합금으로 bar의 아랫면에 볼트로 지지하는 방식이다. 반면, R-bar의 경우 표준길이는 12m이며, 2,214mm^{2}의 가선 도르래를 이용하여 가선한다.

15

변류기 사용 및 절연변압기 채용은 통신선의 유도장해를 줄이기 위한 통신선의 대응책이다.

통신선 유도장해 경감을 위한 전력선과 통신선에 대한 대책

구분	전력선	통신선
대책	• 통신선과 직각으로 교차하도록 한다. • 전력선과 통신선의 상호 간격을 크게 한다. • 전선의 위치를 바꾼다. • 소호리액터를 사용한다. • 차폐선을 설치한다. • 고장회선을 신속하게 차단한다. • 고주파 발생을 방지한다. • 고저항 중성점 접지 방식을 택한다. • 지중매설방식을 택한다.	• 전력선과 직각으로 교차하도록 한다. • 변류기를 사용하고 절연변압기를 채용한다. • 연피케이블을 사용한다. • 성능이 우수한 피뢰기를 설치한다. • 통신선, 통신기기의 절연능력을 향상시킨다. • 통신 전류의 레벨을 높이고 반송식을 이용한다. • 배류코일, 중화코일을 통해 접지한다.

16

직접조가식은 가공전차선의 조가방식 중 하나이다.

전차선로 가선방식과 가공전차선 조가방식의 분류

전차선로 가선방식	가공전차선 조가방식
• 가공식 　- 가공단선식 　- 가공복선식 　- 강체식 • 제3궤조식	• 직접조가식 • 커티너리 조가방식 　- 심플식 　- 컴파운드식 　- 사조식 • 강체가선방식 　- T-bar방식 　- R-bar방식

17

정답 ⑤

직류송전방식의 특징에 대한 설명이다.

> **교류송전방식의 특징**
> • 변압기를 통한 승압 및 강압이 용이하다.
> • 3상 회전자계를 쉽게 얻을 수 있다.
> • 표피효과 및 코로나 손실이 발생한다.
> • 페란티 현상이 발생한다.
> • 주파수가 다른 계통끼리의 연결이 불가능하다.
> • 직류송전에 비해 안정도가 저하된다.

18

정답 ②

직류식 전기철도와 교류식 전기철도의 비교

직류식 전기철도	교류식 전기철도
• 고속 운전 시 효율이 나쁘다.	• 고속 운전 시 효율이 좋다.
• 변전소 중간 급전구분소가 필요하다.	• 변전소 설치 간격을 길게 할 수 있다.
• 사고전류의 선택적 차단이 어렵다.	• 사고전류의 선택적 차단이 용이하다.
• 전차선 설비에서의 전선이 굵다.	• 전차선 설비에서의 전선이 얇다.
• 차량가격이 저렴하다.	• 차량가격이 고가이다.
• 통신유도장해가 작다.	• 통신유도장해가 크다.

19

정답 ⑤

직접조가식에 대한 설명이다.

> **커티너리 조가방식**
> 전기차의 속도 향상을 위해 전차선의 처짐에 의한 이선율을 적게 하고, 지지물 간 거리를 크게 하기 위해 조가선을 전차선 위에 기계적으로 가선한 후 일정한 간격으로 행거나 드로퍼로 매달아 전차선이 두 지지점 사이에서 궤도면에 대하여 일정한 높이를 유지하도록 하는 방식이다. 대한민국에서는 심플 커티너리를 표준으로 한다.

20

정답 ③

가공전차선의 조가방식
• 직접조가식 : 가장 간단한 구조로, 전차선 1조로만 구성되어 있다. 설치비가 가장 저렴하지만, 전차선의 장력, 높이를 일정하게 유지하기가 곤란하여 철도에서는 저속의 구내측선 등에서만 드물게 사용한다.
• 심플 커티너리 조가방식 : 조가선과 전차선의 1조로 구성되어 있고, 조가선에서 행거 또는 드로퍼에 의해 전차선이 궤도면과 평행하게 조가된 가선방식이다.
• 헤비 심플 커티너리 조가방식 : 심플 커티너리 조가방식과 구조가 동일하며, 가선의 중량을 늘리고 장력을 늘린 방식이다.
• 변Y형 심플 커티너리 조가방식 : 심플 커티너리식의 지지점 부근에 조가선과 나란히 가는 전선을 가선하여 안정화시킨 방식이다.
• 컴파운드 커티너리 조가방식 : 심플 커티너리 조가선과 전차선 사이에 보조가선을 가설하여 조가선에서 드로퍼로 보조 조가선을 매달고 보조 조가선에서 행거로 전차선을 구조한 방식이다.
• 헤비 컴파운드 커티너리 조가방식 : 컴파운드 커티너리 조가방식과 구조가 동일하며, 가선의 중량을 늘리고 장력을 늘린 방식이다.
• 합성 컴파운드 커티너리 조가방식 : 컴파운드 커티너리 조가방식의 드로퍼에 스프링과 공기 댐퍼를 조합한 합성소자를 사용한 방식이다.

21

정답 ②

오답분석

① 역상제동 : 전동기를 전원에 접속한 채로 전기자의 접속을 반대로 바꾸어 토크를 역으로 발생시켜 전동기를 정지 또는 역회전시키는 제동방식이다.

③ 회생제동 : 운동에너지를 전기에너지로 다시 회수하여 배터리 등의 저장장치에 에너지를 저장하는 제동방식이다.

④ 와류제동 : 전자석과 궤도의 상대적인 운동에 의하여 궤도면에 유기되는 와전류에 의해 발생하는 제동력으로 전동기를 정지하는 제동방식이다.

⑤ 와전류 레일제동 : 와류제동과 같은 원리이며, 레일에 근접하고 내부에 전자석이 내장된 브레이크 편을 장비하여 전자석에 의해 제동하는 방식이다.

22

정답 ④

오버슈트는 어떤 신호의 값이 과도기간 중에 목표값보다 커지는 현상이고, 반대로 언더슈트는 어떤 신호의 값이 과도기간 중에 목표값보다 작아지는 현상이다. 오버슈트와 언더슈트를 반복하며 그 편차가 줄어들어 목표값에 수렴하게 된다.

23

정답 ③

RLC 직렬회로의 진동상태의 조건은 다음과 같다.

• 부족제동 : $R < \sqrt{\dfrac{L}{C}}$

• 임계진동 : $R = \sqrt{\dfrac{L}{C}}$

• 과제동 : $R > \sqrt{\dfrac{L}{C}}$

24

정답 ②

두 지점 A, B의 전위차는 $V_{ab} = \dfrac{Q}{4\pi\varepsilon}\left(\dfrac{1}{a} - \dfrac{1}{b}\right)$이다. 따라서 $C = \dfrac{Q}{V} = \dfrac{Q}{\dfrac{Q}{4\pi\varepsilon}\left(\dfrac{1}{a} - \dfrac{1}{b}\right)} = \dfrac{4\pi\varepsilon ab}{b-a}$ 이다.

25

정답 ⑤

계자 권선 저항이 5Ω이므로 $V = I_f R_f$에서 $I_f = \dfrac{V}{R_f} = \dfrac{V}{5}$ 이다.

$$V = \dfrac{950 \times \dfrac{V}{5}}{35 + \dfrac{V}{5}}$$

$$\rightarrow 35 + \dfrac{V}{5} = 190$$

$$\therefore V = 155 \times 5 = 775\text{V}$$

따라서 유기되는 전압은 775V이다.

MEMO

PART 1

직업기초능력평가

대표기출유형 01 ⟩ 기출응용문제

01
정답 ④

제시문에 따르면 데이터 집중 장치의 소프트웨어(S/W)가 아닌 하드웨어(H/W)가 프로브, 외함, 내함으로 나누어져 변압기 2차 측 저압 선로에 연결된다.

02
정답 ②

해외사업연계 취업 지원 사업은 청년 인재를 선발하여 K-Move 스쿨 개설 및 맞춤 연수를 시행 후 한국동서발전이 투자 및 운영자로 참여하고 있는 해외법인에 취업 연계를 시켜주는 것이다. 따라서 시행처가 다르지 않다.

오답분석
① 한국동서발전은 K-Move 스쿨 연수생 선발·맞춤연수 시행·해외 법인과의 협의를 통한 취업연계 지원을, 한국산업인력공단은 연수비용 일부 및 취업 장려금을 지원한다.
③ 최종 선발된 10명은 한국발전교육원 및 당진 발전기술 EDU센터에서 교육을 받는다.
④ 8월 중 공고 예정이라고 되어 있으며 K-Move 센터에서 3개월 동안 교육을 받는다고 되어 있지만 정확한 일정이 나와있지 않으므로 확인하는 것이 적절하다.
⑤ 한국동서발전이 투자 및 운영자로 참여하고 있는 해외 법인(인도네시아, 자메이카 등)에 취업을 하며 첫 기업은 인도네시아 기업이다.

03
정답 ④

한국남동발전은 미세먼지뿐만 아니라 초미세먼지 저감을 위한 습식 전기집진기 연구과제도 수행하며 미세먼지 감축 기술개발에 적극 나서고 있다.

04
정답 ⑤

친환경 활동 온·오프라인 홍보는 미세먼지 대응 전담부서가 아니라 KOEN 환경서포터즈가 수행하는 일이다.

01

정답 ⑤

제시문에서는 신재생에너지 공급의무화제도(RPS)가 시행된 이후 공급의무량 비율이 증가함에 따라 한국전력의 신재생에너지 보전 비용도 계속해서 증가하고 있음을 이야기하고 있다. 따라서 ⑤가 제시문의 중심 내용으로 가장 적절하다.

[오답분석]
① 정부는 재생에너지 확대를 위해 신재생에너지 공급의무화 제도를 도입했을 뿐, 전력 생산 비용 증가에 따른 것인지는 알 수 없다.
② 발전사의 신재생에너지공급인증서(REC) 매입비용을 한국전력이 일부 보전해 주므로 발전사의 부담보다 한국전력공사의 부담이 더 크게 증가하고 있다.
③ 한국전력공사의 신재생에너지 보전 비용 부담을 줄이기 위해 전기요금 인상을 검토해야 한다는 의견만 있을 뿐, 전기요금을 인상한다는 것은 아니다.
④ 신재생에너지 공급의무화제도(RPS)는 이미 2012년부터 시행되고 있으며, 이로 인해 한국전력공사의 부담이 증가하고 있다는 내용이므로 기사의 중심 내용으로는 적절하지 않다.

02

정답 ②

제시문은 검무의 정의와 기원, 검무의 변천 과정과 구성, 검무의 문화적 가치를 설명하는 글이다. 따라서 글의 표제와 부제로 가장 적절한 것은 ②이다.

03

정답 ②

제시문은 제4차 산업혁명으로 인한 노동 수요 감소로 인해 나타날 수 있는 문제점으로 대공황에 대한 위험을 설명하면서도, 긍정적인 시각으로 노동 수요 감소를 통해 인간적인 삶 향유가 이루어질 수 있다고 말한다. 따라서 제4차 산업혁명의 밝은 미래와 어두운 미래를 나타내는 ②가 제목으로 가장 적절하다.

01

정답 ②

수직 계열화에서 사용자 중심으로 산업 패러다임이 변화되고 있음을 제시하는 (나) 문단이 가장 먼저 오는 것이 적절하며, 그다음으로 가스 경보기를 예로 들어 수평적 연결에 대해 설명하는 (다) 문단이 적절하다. 그 뒤를 이어 이러한 수평적 연결이 사물인터넷 서비스로 새롭게 성장한다는 (가) 문단이, 마지막으로는 다양해지는 사물인터넷 서비스에 대해 설명하는 (라) 문단이 오는 것이 적절하다.

02

정답 ③

한국남부발전이 독서경진대회를 개최했다는 내용의 (나) – 참가 팀의 진행사항과 심사 결과에 대해 이야기하는 (가) – 심사위원의 총평과 대회 이외에 행사에 대해 말하는 (마) – 한국남부발전에서 이전부터 진행해 온 독서경영 시스템에 대해 설명하는 (다) – 독서경영을 통한 기대와 전망에 대해 이야기하는 (라) 순으로 나열하는 것이 적절하다.

03

제시된 문단은 한국동서발전의 동반성장 노력이 인도와 중국 전력시장에서 가시화되고 있으며 협력중소기업의 해외진출을 위해 지난 3년간 해외바이어 국내초청 수출상담회를 10여 차례 개최했음을 말하고 있다. 따라서 직후에는 중소기업들과 인도를 직접 방문한 내용의 (나)가 오는 것이 가장 적절하다. 이어서 앞서 소개한 수출품을 연이어 설명하는 (라)가 적절하며, 중국의 협력기관인 조비전공업구를 소개하는 (다)와 그 부연 설명을 하는 (가), 마지막으로 앞으로의 기대효과로 글을 마무리하는 (마)의 순서가 가장 적절하다.

대표기출유형 04　기출응용문제

01

제시문에서 내국인 출원 중 개인과 중소기업의 출원 비중이 높은 이유를 '태양전지 셀 기술 자체는 성숙단계에 있으므로 이를 다양한 휴대용 장비에 접목하는 기술에 개인과 중소기업이 접근하기 좋다.'라고 추론하고 있다. 따라서 태양전지 셀 기술이 초기 단계라는 말은 적절하지 않다.

오답분석

① 내국인이 출원 주제의 94%를 차지하며 그중 개인(40%)과 중소기업(40%)의 비중이 같다.
② 휴대용 태양광 발전기는 휴대용 장치 및 웨어러블 기기, 사물인터넷(IoT) 센서에도 전원공급이 가능하기 때문에 4차 산업혁명에 크게 기여할 기술로 주목받고 있다.
④ 적용 분야별 출원 동향을 살펴보면, 휴대용 조명 등 캠핑용품 전원에 대한 출원이 38%로 가장 많다. 따라서 캠핑족이 증가한다면 이에 따른 기술 출원의 지속적인 상승을 유추할 수 있다.
⑤ 4차 산업의 발달과 여가문화의 확산에 따라 휴대용 장비에 독립적으로 전원을 공급하고자 하는 요구는 더욱 커질 것으로 예상되므로 증가세의 지속을 추론할 수 있다.

02

노모포비아는 '휴대 전화가 없을 때 느끼는 불안과 공포증'이라는 의미의 신조어이다. 따라서 휴대 전화를 사용하지 않는 사람에게서는 노모포비아 증상이 나타나지 않을 것을 추론할 수 있다.

03

밑줄 친 '일부 과학자'들은 목재를 친환경 연료로 바라보지 않고 있으며, 마지막 문장에서 이들은 배출량을 줄이는 것이 아니라 배출하지 않는 방법을 택해야 한다고 말한다. 따라서 이들의 주장으로는 ④가 적절하다.

04

제시문은 영화의 시퀀스를 구성하는 요소와 개념에 대해 설명한 후, 씬의 제시 방법에 따른 시퀀스의 종류를 언급하고 있다. 또한 시퀀스의 연결 방법과 효과, 시퀀스의 길이에 따른 특징을 설명한 후 영화를 감상할 때 시퀀스 분석이 지니는 의의를 언급하며 글을 마무리하고 있다. 그러나 영화의 발전 과정과 시퀀스의 상관관계에 대한 내용은 확인할 수 없다.

대표기출유형 05 기출응용문제

01　정답　④

ㄹ의 앞쪽에 제시된 술탄 메흐메드 2세의 행적을 살펴보면 성소피아 대성당으로 가서 성당을 파괴하는 대신 이슬람 사원으로 개조하였고, 그리스 정교회 수사에게 총대주교직을 수여하였으며 '역대 비잔틴 황제들이 제정한 법을 그가 주도하고 있던 법제화의 모델로 이용하였던 것'을 보아 '단절을 추구하는 것'이 아니라 '연속성을 추구하는 것'으로 고치는 것이 적절하다.

02　정답　⑤

재산이 많은 사람은 약간의 세율 변동에도 큰 영향을 받는다. 따라서 '영향이 크기 때문에'로 수정해야 한다.

03　정답　①

문맥의 흐름상 '겉에 나타나 있거나 눈에 띄다.'의 의미를 지닌 '드러나다'의 쓰임은 적절하다. 한편, '들어나다'는 사전에 등록되어 있지 않은 단어로 '드러나다'의 잘못된 표현이다.

대표기출유형 06 기출응용문제

01　정답　⑤

사람의 생각으로 비추어 볼 때 짐작할 수 없는 신비한 것을 의미하는 단어의 옳은 표기법은 '불가사이'가 아닌 '불가사의'이다.

오답분석

① ㉠ : '자리매김하다'는 사회적 인식이나 사람들의 의식 속에서 제법 자리를 차지하고 있는 것을 의미한다.
② ㉡ : '북적이다'는 다수의 사람들이 한 곳에 집중되어 매우 어수선한 상황을 의미한다.
③ ㉢ : '북새통'은 수많은 사람들이 한 곳에 모여 매우 떠들썩하게 있는 것을 의미한다.
④ ㉣ : '낚싯대'는 물고기를 낚을 때 쓰는 낚시 도구를 의미한다.

02　정답　⑤

• ㉠ : '뇌졸중(腦卒中)'은 뇌에 혈액 공급이 제대로 되지 않아 손발의 마비, 언어 장애 등을 일으키는 증상을 일컬으며, '뇌졸증'은 이러한 '뇌졸중'의 잘못된 표현이다.
• ㉡ : '꺼림칙하다'와 '꺼림직하다' 중 기존에는 '꺼림칙하다'만 표준어로 인정되었으나, 2018년 표준국어대사전이 수정됨에 따라 '꺼림직하다'도 표준어로 인정되었다. 따라서 '꺼림칙하다', '꺼림직하다' 모두 사용할 수 있다.

대표기출유형 01 기출응용문제

01

맨 앞에 위치하는 할아버지와 맨 뒤에 위치하는 할머니를 제외한 5명이 일렬로 서는 경우의 수를 구하면 된다.
따라서 5!=120가지이다.

02

축구팀에서 8명의 후보 선수 중 4명을 뽑을 때, A, B, C를 포함하여 뽑을 경우의 수는 다음과 같다.

ⅰ) 8명의 선수 중 4명을 뽑는 경우의 수 : $_8C_4=\dfrac{8\times7\times6\times5}{4\times3\times2\times1}=70$가지

ⅱ) A, B, C를 포함하여 4명을 뽑는 경우의 수=A, B, C를 제외한 5명 중 1명 뽑는 경우의 수 : $_5C_1=5$가지

따라서 구하고자 하는 확률은 $\dfrac{5}{70}=\dfrac{1}{14}$이다.

03

340km를 100km/h로 달리면 3.4시간이 걸린다. 휴게소에서 쉰 시간 30분(0.5시간)을 더해 원래 예정에는 3.9시간 뒤에 서울 고속터미널에 도착해야 한다. 하지만 도착 예정시간보다 2시간 늦게 도착했으므로 실제 걸린 시간은 5.9시간이 되고, 휴게소에서 예정인 30분보다 6분(0.1시간)을 더 쉬었으니 쉬는 시간을 제외한 버스의 이동시간은 5.3시간이다. 따라서 실제 경언이가 탄 버스의 평균 속도는 340÷5.3≒64km/h이다.

대표기출유형 02 기출응용문제

01

C사의 이익률이 2%, 3%, 4%, … 즉, 1%p씩 증가하고 있다.
따라서 빈칸에 들어갈 수는 350×0.06=21이다.

02

• (ㄱ) : 2021년 대비 2022년의 의료 폐기물의 증감률로 $\dfrac{48,934-49,159}{49,159}\times100≒-0.5\%$이다.

• (ㄴ) : 2019년 대비 2020년의 사업장 배출시설계 폐기물의 증감률로 $\dfrac{123,604-130,777}{130,777}\times100≒-5.5\%$이다.

03

각 연도의 총비율은 100%이므로 취업률의 변화율은 취업률 또는 비취업률의 증감률을 구하여 비교하면 된다. 선택지에 해당되는 비취업률의 증감률은 다음과 같다.

- 2005년 : $\dfrac{71-71.5}{71.5}\times100 ≒ -0.7\%$

- 2015년 : $\dfrac{65.5-69.2}{69.2}\times100 ≒ -5.3\%$

- 2018년 : $\dfrac{66.0-65.5}{65.5}\times100 ≒ 0.8\%$

- 2021년 : $\dfrac{71.1-66.0}{66.0}\times100 ≒ 7.7\%$

- 2024년 : $\dfrac{69.1-71.1}{71.1}\times100 ≒ -2.8\%$

따라서 조사한 직전 연도 대비 노인 취업률의 변화율이 가장 큰 연도는 2021년이다.

대표기출유형 03 | 기출응용문제

01

정답 ⑤

총 유출량이 가장 적은 연도는 2021년이다. 2021년에 기타를 제외한 선박 종류별 사고 건수 대비 유출량을 구하면 다음과 같다.

- 유조선 : $\dfrac{21}{28}=0.75$

- 화물선 : $\dfrac{51}{68}=0.75$

- 어선 : $\dfrac{147}{245}=0.6$

따라서 2021년에 사고 건수 대비 유출량이 가장 적은 선박 종류는 어선이다.

[오답분석]

① 2024년 총 사고 건수의 전년 대비 증가율은 $\dfrac{480-384}{384}\times100=25\%$로, 20% 이상 증가하였다.

② 2023년에는 전년 대비 총 사고 건수는 감소했지만, 유조선 사고 건수는 증가하였다. 따라서 전년 대비 비율은 증가하였다.

③ 2021년에 총 사고 건수는 증가하였으나 총 유출량은 감소하였다.

④ 2020 ~ 2024년 동안 기타를 제외한 선박 종류별로 전체 유출량을 구하면 다음과 같다.

- 유조선 : 956+21+3+38+1,223=2,241
- 화물선 : 584+51+187+23+66=911
- 어선 : 53+147+181+105+30=516

따라서 2020 ~ 2024년 동안 전체 유출량이 두 번째로 많은 선박 종류는 화물선이다.

02

정답 ④

각국의 기업이 A씨에게 제시한 연봉과 2025 ~ 2027년 예상 환율을 바탕으로 변동된 연봉을 나타내면 다음과 같다.

구분	2025년	2026년(전년 대비)	2027년(전년 대비)
미국 기업	3만×1,150=3,450만 원	3만×50=150만 원 상승	3만×100=300만 원 하락
중국 기업	26만×150=3,900만 원	26만×10=260만 원 하락	26만×20=520만 원 상승
일본 기업	290만×11=3,190만 원	290만×1=290만 원 상승	290만×1=290만 원 상승

CHAPTER 02 수리능력 • 45

- 중국 기업 : $\frac{520}{3,640} \times 100 \fallingdotseq 14.29\%$

- 일본 기업 : $\frac{580}{3,190} \times 100 \fallingdotseq 18.18\%$

따라서 일본 기업의 원화 환산 연봉의 증가율이 중국 기업보다 높으므로 옳지 않은 설명이다.

오답분석

② 중국 기업 : 3,900−260=3,640만 원, 일본 기업 : 3,190+290=3,480만 원, 미국 기업 : 3,450+150=3,600만 원

③ 중국 기업 : 3,640+520=4,160만 원, 일본 기업 : 3,480+290=3,770만 원, 미국 기업 : 3,600−300=3,300만 원

⑤ 중국 기업 : $\frac{260}{3,900} \times 100 \fallingdotseq 6.67\%$, 미국 기업 : $\frac{300}{3,600} \times 100 \fallingdotseq 8.33\%$

03

 정답 ③

ㄱ. 현재 성장을 유지할 경우 4.7천 건의 도입량은 48MW, 도입을 촉진할 경우 4.2천 건의 도입량은 49MW이므로 천 건당 도입량은 각각 48÷4.7≒10.2MW, 49÷4.2≒11.67MW이다. 따라서 도입을 촉진할 경우에 현재 성장을 유지할 경우보다 건수당 도입량이 커짐을 알 수 있다.

ㄷ. 현재 성장 유지할 경우의 신축주택 10kW 이상의 비중은 $\frac{4.7}{165.3+4.7} \times 100 \fallingdotseq 2.76\%$이며, 도입 촉진 경우의 신축주택 10kW 이상의 비중은 $\frac{4.2}{185.2+4.2} \times 100 \fallingdotseq 2.22\%$이므로 2.76−2.22=0.54%p가 되어 0.5%p 이상 하락함을 알 수 있다.

오답분석

ㄴ. 2024년 기존주택의 10kW 미만의 천 건당 도입량은 454÷94.1≒4.82MW이며, 10kW 이상은 245÷23.3≒10.52MW이므로 10kW 이상의 사용량이 더 많다.

ㄹ. $\frac{165-145.4}{145.4} \times 100 \fallingdotseq 13.48\%$이므로 15%를 넘지 않는다.

대표기출유형 04 기출응용문제

01

 정답 ⑤

2024년 각국의 가계 금융자산 구성비와 2024년 각국의 가계 총자산 대비 예금 구성비는 일치하지 않는다.

02

정답 ②

남녀 국회의원의 여야별 SNS 이용자 구성비 중 여자의 경우 여당이 (22÷38)×100≒57.9%이고, 야당은 (16÷38)×100≒42.1%이므로 옳지 않은 그래프이다.

오답분석

① 국회의원의 여야별 SNS 이용자 수는 각각 145명, 85명이다.

③ 야당 국회의원의 당선 횟수별 SNS 이용자 구성비는 85명 중 초선 36명, 2선 28명, 3선 14명, 4선 이상 7명이므로 각각 계산해 보면 42.4%, 32.9%, 16.5%, 8.2%이다.

④ 2선 이상 국회의원의 정당별 SNS 이용자는 A당 29+22+12=63명, B당 25+13+6=44명, C당 3+1+1=5명이다.

⑤ 여당 국회의원의 당선 유형별 SNS 이용자 구성비는 145명 중 지역구가 126명이고, 비례대표가 19명이므로 각각 86.9%와 13.1%이다.

03

정답 ④

그래프에서는 내수 현황을 누적으로 나타내었으므로 옳지 않다.

오답분석

① · ② 제시된 자료를 통해 알 수 있다.

③ 신재생에너지원별 고용인원 비율을 구하면 다음과 같다.

- 태양광 : $\frac{8,698}{16,177} \times 100 \fallingdotseq 54\%$

- 풍력 : $\frac{2,369}{16,177} \times 100 \fallingdotseq 15\%$

- 폐기물 : $\frac{1,899}{16,177} \times 100 \fallingdotseq 12\%$

- 바이오 : $\frac{1,511}{16,177} \times 100 \fallingdotseq 9\%$

- 기타 : $\frac{1,700}{16,177} \times 100 \fallingdotseq 10\%$

⑤ 신재생에너지원별 해외공장매출 비율을 구하면 다음과 같다.

- 태양광 : $\frac{18,770}{22,579} \times 100 \fallingdotseq 83.1\%$

- 풍력 : $\frac{3,809}{22,579} \times 100 \fallingdotseq 16.9\%$

CHAPTER

03 문제해결능력

대표기출유형 01 기출응용문제

01

정답 ①

첫 번째 조건과 세 번째 조건의 대우(E가 근무하면 B도 근무한다)에 따라 A가 근무하면 E와 B도 근무한다. 두 번째 조건과 네 번째 조건에 따라 B가 근무하면 D는 근무하지 않고, C와 F도 근무하지 않는다.
따라서 두 조는 (A, B, E), (C, D, F)이며, D와 E는 같은 날에 근무할 수 없다.

02

정답 ④

주어진 조건을 정리하면 다음과 같은 순서로 위치함을 알 수 있다.

건물	1번째	2번째	3번째	4번째	5번째	6번째	7번째	8번째	9번째	10번째
가게	초밥가게	×	카페	×	편의점	약국	옷가게	신발가게	×	×

[오답분석]
① 카페와 옷가게 사이에 3개의 건물이 있다.
② 초밥가게와 약국 사이에 4개의 건물이 있다.
③ 편의점은 5번째 건물에 있다.
⑤ 카페는 3번째 건물에 있다.

03

정답 ④

주어진 조건을 살펴보면 명확하게 고정되는 경우는 A의 왼편에 앉은 사람이 파란 모자를 쓰고 있다는 것과 C의 맞은편에 앉은 사람이 빨간 모자를 쓰고 있다는 것이다. 따라서 이 두 조건을 먼저 표시하면 다음 두 가지의 경우로 나누어 볼 수 있다.

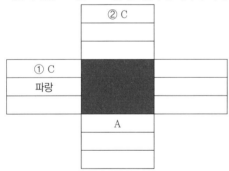

먼저 C가 A의 왼쪽에 앉게 되는 경우를 살펴보면 이는 다시 B와 D가 어디에 앉느냐에 따라 다음 ⅰ)과 ⅱ) 두 가지의 경우로 나누어 볼 수 있으며 각각에 대해 살펴보면 다음과 같다.

ⅰ)

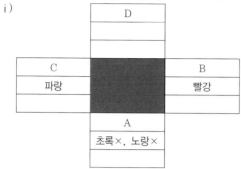

이 경우는 A와 D에 초록, 노랑 모자를 쓴 사람이 앉아야 하지만 A는 이 둘 모두에 해당하지 않는다는 모순된 결과가 나온다. 따라서 성립하지 않는 경우이다.

ⅱ)

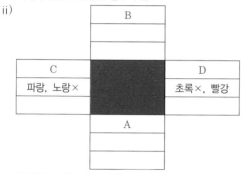

이 경우는 A와 B에 노랑과 초록 모자를 쓴 사람이 앉아야 한다. 그런데 A와 B는 여자라는 조건과 노란 모자와 초록 모자 중 1명만 여자라는 조건은 서로 모순되는 상황이다. 따라서 이 역시 성립하지 않는다.

다음으로 C가 A의 맞은편에 앉는 경우를 생각해 보면, 역시 다음 ⅲ)과 ⅳ) 두 가지의 경우로 나누어 볼 수 있다.

ⅲ)

	C	
	초록× → 노랑	
	남자	
B		D
파랑, 노랑×		초록
여자		남자
	A	
	빨강	
	여자	

이 경우는 노란 모자와 초록 모자(C와 D) 중 1명은 남자, 나머지 1명은 여자라는 조건에 위배되므로 성립하지 않는다.

iv)

	C	
	노랑	
	남자	
D	■	B
파랑		노랑× → 초록
남자		여자
	A	
	초록×, 빨강	
	여자	

마지막으로 이 경우는 주어진 조건을 모두 만족하고 있는 상황이다. 따라서 초록 모자를 쓰고 있는 사람은 B이고, A 입장에서 왼편에 앉은 사람은 D이다.

04

주어진 조건을 정리해 보면 다음과 같다.

구분	서울	인천	과천	세종
경우 1	D	A	B	C
경우 2	D	C	B	A

따라서 항상 참인 것은 ④이다.

[오답분석]
① · ② 주어진 조건만으로는 알 수 없다.
③ 근무했던 지점에서 일을 할 수 없다.
⑤ D가 일하게 되는 지점은 서울이다.

05

ⅰ) 첫 번째, 두 번째, 네 번째, 다섯 번째, 여섯 번째, 여덟 번째 조건에 따라 E, F, G가 3층, C, D, I는 2층, A, B, H는 1층에 있음을 알 수 있다.
ⅱ) 네 번째 조건에 따라 2층이 '빈방 – C – D – I' 또는 'I – 빈방 – C – D'임을 알 수 있다.
ⅲ) 두 번째, 세 번째 조건에 따라 1층이 'B – A – 빈방 – H' 또는 'H – B – A – 빈방'임을 알 수 있다.
ⅳ) 다섯 번째, 일곱 번째에 따라 3층이 'G – 빈방 – E – F' 또는 'G – 빈방 – F – E'임을 알 수 있다.
따라서 F가 3층에 투숙해 있음을 알 수 있다.

50 · 5대 발전회사 통합기본서

01

H공사는 계속 증가하고 있는 재생에너지를 활용하여 수소를 생산하는 그린수소 사업을 통해 재생에너지 잉여전력 문제를 해결할 것으로 기대하고 있으며, 이러한 그린수소 사업에 필요한 기술을 개발하기 위해 노력하고 있다. 이를 H공사의 SWOT 분석 결과에 적용하면, H공사는 현재 재생에너지의 잉여전력이 증가하고 있는 위협적 상황을 해결하기 위하여 장점인 적극적인 기술개발 의지를 활용하여 그린수소 사업을 추진한다. 따라서 H공사의 그린수소 사업은 위협을 피하기 위하여 강점을 활용하는 방법인 ST전략에 해당한다.

02

ㄱ. 소비자의 낮은 신뢰도는 K항공사가 겪고 있는 문제에 해당하므로 내부환경인 약점 요인에 해당한다.
ㄷ. 해외 여행객의 증가는 항공사가 성장할 수 있는 기회가 되므로 외부환경에서 비롯되는 기회 요인에 해당한다.

오답분석

ㄴ. 안전 품질 기준에 대한 인증 획득은 기업이 가진 경영자원에 해당하므로 내부환경인 강점 요인에 해당한다.
ㄹ. 항공사에 대한 소비자의 기대치가 상승한다는 것은 그만큼 항공사가 만족시켜야 할 요건들이 많아진다는 것을 의미하므로 외부환경에서 비롯되는 위협 요인에 해당한다.

> **SWOT 분석**
> 기업의 내부환경과 외부환경을 분석하여 강점(Strength), 약점(Weakness), 기회(Opportunity), 위협(Threat) 요인을 규정하고 이를 토대로 경영전략을 수립하는 기법
> • 강점(Strength) : 내부환경(자사 경영자원)의 강점
> • 약점(Weakness) : 내부환경(자사 경영자원)의 약점
> • 기회(Opportunity) : 외부환경(경쟁, 고객, 거시적 환경)에서 비롯된 기회
> • 위협(Threat) : 외부환경(경쟁, 고객, 거시적 환경)에서 비롯된 위협

03

원가 절감을 위해 해외에 공장을 설립하여 가격 경쟁력을 확보하는 것은 약점을 보완하여 위협을 회피하는 WT전략이다.

오답분석

① · ② SO전략은 강점을 활용하여 외부환경의 기회를 포착하는 전략이므로 적절하다.
③ WO전략은 약점을 보완하여 외부환경의 기회를 포착하는 전략이므로 적절하다.
⑤ WT전략은 약점을 보완하여 외부환경의 위협을 회피하는 전략이므로 적절하다.

01

두 번째 조건에 따라 S사원의 부서 직원 80명이 전원 참석하므로 수용 가능 인원이 40명인 C세미나는 제외되고, 세 번째 조건에 따라 거리가 60km를 초과하는 E호텔이 제외된다. 이어서 부서 워크숍은 2일간 진행되므로 하루 대관료가 50만 원을 초과하는 D리조트는 제외된다. 마지막으로 다섯 번째 조건에 따라 왕복 이동 시간이 4시간인 B연수원이 제외된다. 따라서 가장 적절한 워크숍 장소는 A호텔이다.

02

지원계획을 보면 지원금을 받을 수 있는 모임의 구성원은 6명 이상 9명 미만이므로, A모임과 E모임은 제외한다. 나머지 B, C, D모임의 총지원금을 구하면 다음과 같다.
- B모임 : $1,500+(100\times6)=2,100$천 원
- C모임 : $1.3\times(1,500+120\times8)=3,198$천 원
- D모임 : $2,000+(100\times7)=2,700$천 원

따라서 D모임이 두 번째로 많은 지원금을 받는다.

03

A씨와 B씨의 일정에 따라 요금을 계산하면 다음과 같다.
- A씨
  - 이용요금 : $1,310원\times6\times3=23,580원$
  - 주행요금 : $92\times170원=15,640원$
  - 반납지연에 따른 패널티 요금 : $(1,310원\times9)\times2=23,580원$
  - $\therefore$ $23,580+15,640+23,580=62,800원$
- B씨
  - 이용요금
    목요일 : 39,020원
    금요일 : $880원\times6\times8=42,240원$
  - 주행요금 : $243\times170원=41,310원$
  - $\therefore$ $39,020+42,240+41,310=122,570원$

04

ㄱ. 인천에서 중국을 경유해서 베트남으로 가는 경우에는 $(210,000+310,000)\times0.8=416,000원$이 들고, 싱가포르로의 직항의 경우에는 580,000원이 든다. 따라서 164,000원이 더 저렴하다.
ㄷ. 출국 시에는 직항으로 가는 것이 가장 저렴하여 341,000원 소요되고, 입국 시에도 직항이 가장 저렴하여 195,000원이 소요되므로, 최소 총비용은 536,000원이다.

[오답분석]
ㄴ. 태국은 왕복 $298,000+203,000=501,000원$, 싱가포르는 $580,000+304,000=884,000원$, 베트남은 $341,000+195,000=536,000원$이 소요되기 때문에 비용이 가장 적게 드는 태국을 선택할 것이다.

05

정답 ②

중국을 경유하는 것보다 직항의 소요 시간이 적으므로 직항 경로별 소요 시간을 도출하면 다음과 같다.

여행지	경로	왕복 소요 시간
베트남	인천 → 베트남(5시간 20분) 베트남 → 인천(2시간 50분)	8시간 10분
태국	인천 → 태국(5시간) 태국 → 인천(3시간 10분)	8시간 10분
싱가포르	인천 → 싱가포르(4시간 50분) 싱가포르 → 인천(3시간)	7시간 50분

따라서 왕복 소요 시간이 가장 짧은 싱가포르로 여행을 갈 것이며, 7시간 50분이 소요될 것이다.

06

정답 ③

구매하려는 소파의 특징에 맞는 제조사를 찾기 위해 제조사별 특징을 대우로 정리하면 다음과 같다.
• A사 : 이탈리아제 천을 사용하면 쿠션재에 스프링을 사용한다. 커버를 교환 가능하게 하면 국내산 천을 사용하지 않는다. → ×
• B사 : 국내산 천을 사용하지 않으면 쿠션재에 우레탄을 사용하지 않는다. 이탈리아제의 천을 사용하면 리클라이닝이 가능하다. → ○
• C사 : 국내산 천을 사용하지 않으면 쿠션재에 패더를 사용한다. 쿠션재에 패더를 사용하면 침대 겸용 소파가 아니다. → ○
• D사 : 이탈리아제 천을 사용하지 않으면 쿠션재에 패더를 사용하지 않는다. 쿠션재에 우레탄을 사용하지 않으면 조립이라고 표시된 소파가 아니다. → ×

따라서 B사 또는 C사의 소파를 구매할 것이다.

대표기출유형 04 | 기출응용문제

01

정답 ②

알파벳 순서에 따라 숫자로 변환하면 다음과 같다.

a	b	c	d	e	f	g	h	i	j	k	l	m
1	2	3	4	5	6	7	8	9	10	11	12	13

n	o	p	q	r	s	t	u	v	w	x	y	z
14	15	16	17	18	19	20	21	22	23	24	25	26

'abroad'의 품번을 규칙에 따라 계산하면 다음과 같다.
• 1단계 : 1(a), 2(b), 18(r), 15(o), 1(a), 4(d)
• 2단계 : 1+2+18+15+1+4=41
• 3단계 : 1+15+1=17 → 17^2=289 → 289÷3≒96.3
• 4단계 : 96.3을 소수점 첫째 자리에서 버림하면 96이다.
• 5단계 : 41+96=137

따라서 제품의 품번은 '137'이다.

02

정답 ⑤

규칙에 따라 사용할 수 있는 숫자는 1, 5, 6을 제외한 나머지 2, 3, 4, 7, 8, 9로, 총 6개이다. (한 자리 수)×(두 자리 수)=156이 되는 수를 알기 위해서는 156의 소인수를 구해 보면 된다. 156의 소인수는 3, 2^2, 13으로, 156이 되는 수의 곱 중에 조건을 만족하는 것은 2×78과 4×39이다. 따라서 선택지 중에서 A팀 또는 B팀에 들어갈 수 있는 암호배열은 39이다.

대표기출유형 01 기출응용문제

01

정답 ④

- A씨가 인천공항에 도착한 현지 날짜 및 시각

독일 시각	11월 2일 19시 30분
소요 시간	+12시간 20분
시차	+8시간

$= $ 11월 3일 15시 50분

인천공항에 도착한 시각은 한국 시각으로 11월 3일 15시 50분이고, A씨는 3시간 40분 뒤에 일본으로 가는 비행기를 타야 한다. 비행 출발 시각 1시간 전에는 공항에 도착해야 하므로, 참여 가능한 환승투어 코스는 소요 시간이 2시간 이내인 엔터테인먼트, 인천시티, 해안관광이다. 따라서 A씨의 인천공항 도착 시각과 환승투어 코스가 바르게 짝지어진 것은 ④이다.

02

정답 ③

엘리베이터는 한 번에 최대 3개 층을 이동할 수 있으며, 올라간 다음에는 반드시 내려와야 한다는 조건에 따라 청원경찰이 최소 시간으로 6층을 순찰하고, 1층으로 돌아올 수 있는 방법은 다음과 같다.

- 1층 → 3층 → 2층 → 5층 → 4층 → 6층 → 3층 → 4층 → 1층

이때, 이동에만 소요되는 시간은 총 2+1+3+1+2+3+1+3=16분이다.

따라서 청원경찰이 6층을 모두 순찰하고 1층으로 돌아오기까지 소요되는 시간은 총 60(10분×6층)+16=76분=1시간 16분이다.

03

정답 ③

자동차 부품 생산조건에 따라 반자동라인과 자동라인의 시간당 부품 생산량을 구해보면 다음과 같다.

- 반자동라인 : 4시간에 300개의 부품을 생산하므로, 8시간에 300개×2=600개의 부품을 생산한다. 하지만 8시간마다 2시간씩 생산을 중단하므로, 8+2=10시간에 600개의 부품을 생산하는 것과 같다. 따라서 시간당 부품 생산량은 $\frac{600개}{10시간}=60개$이다.

  이때 반자동라인에서 생산된 부품의 20%는 불량이므로, 시간당 정상 부품 생산량은 60개×(1-0.2)=48개이다.

- 자동라인 : 3시간에 400개의 부품을 생산하므로, 9시간에 400개×3=1,200개의 부품을 생산한다. 하지만 9시간마다 3시간씩 생산을 중단하므로, 9+3=12시간에 1,200개의 부품을 생산하는 것과 같다. 따라서 시간당 부품 생산량은 $\frac{1,200개}{12시간}=100개$이다.

  이때 자동라인에서 생산된 부품의 10%는 불량이므로, 시간당 정상 제품 생산량은 100개×(1-0.1)=90개이다.

따라서 반자동라인과 자동라인에서 시간당 생산하는 정상 제품의 생산량은 48+90=138개이므로, 34,500개를 생산하는 데 $\frac{34,500개}{138개/h}=250시간$이 소요되었다.

04

공정별 순서는 $\begin{matrix} A \to B \\ D \to E \end{matrix} \searrow C \to F$ 이고, C공정을 시작하기 전에 B공정과 E공정이 선행되어야 하는데 B공정까지 끝나려면 4시간

이 소요되고 E공정까지 끝나려면 3시간이 소요된다. 선행작업이 완료되어야 이후 작업을 할 수 있으므로, C공정을 진행하기 위해서는 최소 4시간이 걸린다. 따라서 완제품은 F공정이 완료된 후 생산되므로 첫 번째 완제품 생산의 최소 소요 시간은 9시간이다.

대표기출유형 02 기출응용문제

01

정답 ④

- 일비 : 하루에 10만 원씩 지급 → $100,000 \times 3 = 300,000$원
- 숙박비 : 실비 지급 → B호텔 2박 → $250,000 \times 2 = 500,000$원
- 식비 : 8 ~ 9일까지는 3식이고 10일에는 점심 기내식을 제외하여 아침만 포함
  → $(10,000 \times 3) + (10,000 \times 3) + (10,000 \times 1) = 70,000$원
- 교통비 : 실비 지급 → $84,000 + 10,000 + 16,300 + 17,000 + 89,000 = 216,300$원
- 합계 : $300,000 + 500,000 + 70,000 + 216,300 = 1,086,300$원

따라서 A차장이 받을 수 있는 여비는 1,086,300원이다.

02

정답 ④

ⅰ) 연봉 3,600만 원인 K사원의 월 수령액은 $3,600만 \div 12 = 3,000,000$원이다.
   월평균 근무시간은 200시간이므로 시급은 $300만 \div 200 = 15,000$원/시간이다.
ⅱ) 야근 수당
   K사원이 평일에 야근한 시간은 $2+3+1+3+2 = 11$시간이므로 야근 수당은 $15,000 \times 11 \times 1.2 = 198,000$원이다.
ⅲ) 특근 수당
   K사원이 주말에 특근한 시간은 $2+3 = 5$시간이므로 특근 수당은 $15,000 \times 5 \times 1.5 = 112,500$원이다.
   이때 식대는 야근·특근 수당에 포함되지 않는다.

따라서 K사원의 이번 달 야근·특근 근무 수당의 총액은 $198,000 + 112,500 = 310,500$원이다.

03

정답 ④

수민이가 베트남 현금 1,670만 동을 환전하기 위해 필요한 한국 돈은 수수료를 제외하면 1,670만 동×483원/만 동=806,610원이다. 우대사항에서 50만 원 이상 환전 시 70만 원까지 수수료가 0.4%로 낮아진다. 70만 원의 수수료는 0.4%가 적용되고, 나머지는 0.5%가 적용되어 총수수료를 구하면 $700,000 \times 0.004 + (806,610 - 700,000) \times 0.005 = 2,800 + 533.05 ≒ 3,330$원이다.
따라서 수민이가 원하는 금액을 환전하기 위해서 필요한 총금액은 $806,610 + 3,330 = 809,940$원임을 알 수 있다.

04

정답 ④

1일 평균임금을 x원이라 놓고 퇴직금 산정공식을 이용하여 계산하면 다음과 같다.
$1,900만 원 = \{30x \times (5 \times 365)\} \div 365$
→ $1,900만 = 150x$
∴ $x ≒ 13만$(∵ 천의 자리에서 올림)
따라서 1일 평균임금이 13만 원이므로, K씨의 평균 연봉을 계산하면 $13만 \times 365 = 4,745만$ 원이다.

01

정답 ③

8월 8일에 있는 햇빛새싹발전소 발전사업 대상지 방문 일정에는 3명이 참가한다. 짐 무게 3kg당 탑승인원 1명으로 취급하므로, 총 4명의 인원이 탈 수 있는 렌터카가 필요하다. 최대 탑승인원을 만족하는 A~D렌터카 중 가장 저렴한 것은 A렌터카이지만 8월 1일~8월 12일에 여름휴가 할인행사로 휘발유 차량을 30% 할인하므로 B렌터카의 요금이 60,000×(1-0.3)=42,000원으로 가장 저렴하다.

8월 18일 보령 본사 방문에 참여하는 인원은 4명인데, 짐 무게 6kg은 탑승인원 2명으로 취급하므로 총 6명이 탈 수 있는 렌터카가 필요하다. 최대 탑승인원을 만족하는 C와 D렌터카는 요금이 동일하므로 조건에 따라 최대 탑승인원이 더 많은 C렌터카를 선택한다. 따라서 A대리가 사용할 렌터카는 B, C렌터카이다.

02

정답 ①

두 번째 조건에서 총구매금액이 30만 원 이상이면 총금액에서 5%를 할인해 주므로 한 벌당 가격이 300,000÷50=6,000원 이상인 품목은 할인적용이 들어간다. 업체별 품목 금액을 보면 모든 품목이 6,000원 이상이므로 5% 할인 적용대상이다. 따라서 모든 품목에 할인이 적용되어 정가로 비교가 가능하다.

세 번째 조건에서 차순위 품목이 1순위 품목보다 총금액이 20% 이상 저렴한 경우 차순위를 선택한다고 했으므로 한 벌당 가격으로 계산하면 1순위인 카라 티셔츠의 20% 할인된 가격은 8,000×0.8=6,400원이다. 정가가 6,400원 이하인 품목은 A업체의 티셔츠이므로 팀장은 1순위인 카라 티셔츠보다 2순위인 A업체의 티셔츠를 구입할 것이다.

03

정답 ③

사진별로 개수에 따른 총용량을 구하면 다음과 같다.
• 반명함 : 150×8,000=1,200,000KB(1,200MB)
• 신분증 : 180×6,000=1,080,000KB(1,080MB)
• 여권 : 200×7,500=1,500,000KB(1,500MB)
• 단체사진 : 250×5,000=1,250,000KB(1,250MB)
모든 사진의 총용량을 더하면 1,200+1,080+1,500+1,250=5,030MB이다.
따라서 5,030MB는 5.030GB이므로, 필요한 USB 최소 용량은 5GB이다.

04

정답 ③

각 과제의 최종 점수를 구하기 전에, 항목당 최하위 점수가 부여된 과제는 제외하므로, 중요도에서 최하위 점수가 부여된 B과제, 긴급도에서 최하위 점수가 부여된 D과제, 적용도에서 최하위 점수가 부여된 E과제를 제외한다. 나머지 두 과제에 대하여 주어진 조건에 의해 각 과제의 최종 평가 점수를 구해보면 다음과 같다. 가중치는 별도로 부여되므로 추가 계산한다.
• A과제 : (84+92+96)+(84×0.3)+(92×0.2)+(96×0.1)=325.2
• C과제 : (95+85+91)+(95×0.3)+(85×0.2)+(91×0.1)=325.6
따라서 C과제를 가장 먼저 수행해야 한다.

01

정답 ④

승진시험 성적은 100점 만점이므로 제시된 점수를 그대로 반영하고 영어 성적은 5를 나누어서 반영한다. 또한 성과 평가의 경우는 2를 나누어서 합산해, 그 합산점수가 가장 큰 사람을 선발한다. 이때, 합산점수가 높은 E와 I는 동료평가에서 하를 받았으므로 승진대상에서 제외된다. 합산점수는 정리하면 다음과 같다.

(단위 : 점)

구분	A	B	C	D	E	F	G	H	I	J	K
합산점수	220	225	225	200	동료 평가 '하'로 제외	235	245	220	동료 평가 '하'로 제외	225	230

따라서 F, G가 승진 대상자가 된다.

02

정답 ③

ㄱ. 각 팀장이 매긴 순위에 대한 가중치는 모두 동일하다고 했으므로 1, 2, 3, 4순위의 가중치를 각각 4, 3, 2, 1점으로 정해 4명의 면접점수를 산정하면 다음과 같다.
- 갑 : 2+4+1+2=9점
- 을 : 4+3+4+1=12점
- 병 : 1+1+3+4=9점
- 정 : 3+2+2+3=10점

면접점수가 높은 을, 정 중 1명이 입사를 포기하면 갑, 병 중 1명이 채용된다. 따라서 갑과 병의 면접점수는 9점으로 동점이지만 조건에 따라 인사팀장이 부여한 순위가 높은 갑을 채용하게 된다.

ㄷ. 경영관리팀장이 갑과 병의 순위를 바꿨을 때, 4명의 면접점수를 산정하면 다음과 같다.
- 갑 : 2+1+1+2=6점
- 을 : 4+3+4+1=12점
- 병 : 1+4+3+4=12점
- 정 : 3+2+2+3=10점

따라서 을과 병이 채용되므로 정은 채용되지 못한다.

[오답분석]

ㄴ. 인사팀장이 을과 정의 순위를 바꿨을 때, 4명의 면접점수를 산정하면 다음과 같다.
- 갑 : 2+4+1+2=9점
- 을 : 3+3+4+1=11점
- 병 : 1+1+3+4=9점
- 정 : 4+2+2+3=11점

따라서 을과 정이 채용되므로 갑은 채용되지 못한다.

03

정답 ④

성과급 기준표를 토대로 A ~ E교사에 대한 성과급 배점을 정리하면 다음과 같다.

구분	주당 수업시간	수업 공개 유무	담임 유무	업무 곤란도	호봉	합계
A교사	14점	–	10점	20점	30점	74점
B교사	20점	–	5점	20점	30점	75점
C교사	18점	5점	5점	30점	20점	78점
D교사	14점	10점	10점	30점	15점	79점
E교사	16점	10점	5점	20점	25점	76점

따라서 D교사가 가장 높은 배점을 받게 된다.

대표기출유형 01   기출응용문제

01

정답 ①

마스터 부트 레코드(MBR; Master Boot Record)는 운영체계가 어디에, 어떻게 위치해 있는지를 식별하여 컴퓨터의 주기억장치에 적재될 수 있도록 하기 위한 정보로, 하드디스크나 디스켓의 첫 번째 섹터에 저장되어 있다.

02

정답 ①

정보관리의 3원칙
• 목적성 : 사용목표가 명확해야 한다.
• 용이성 : 쉽게 작업할 수 있어야 한다.
• 유용성 : 즉시 사용할 수 있어야 한다.
따라서 바르게 연결된 것은 ①이다.

03

정답 ⑤

제시문에서는 '응용프로그램과 데이터베이스를 독립시킴으로써 데이터를 변경시키더라도 응용프로그램은 변경되지 않는다.'라고 하였으므로 이는 데이터의 논리적 의존성이 아니라, 데이터의 논리적 독립성이 옳은 특징이다.

오답분석
① 제시문의 '다량의 데이터는 사용자의 질의에 대한 신속한 응답 처리를 가능하게 한다.'라는 내용은 실시간 접근성에 해당한다.
② 제시문의 '삽입, 삭제, 수정, 갱신 등을 통하여 항상 최신의 데이터를 유동적으로 유지할 수 있으며'라는 내용을 통해 데이터베이스는 그 내용을 변화시키면서 계속적인 진화를 하고 있음을 알 수 있다.
③ 제시문의 '여러 명의 사용자가 동시에 공유가 가능하고'라는 부분을 통해 동시 공유가 가능함을 알 수 있다.
④ 제시문의 '각 데이터를 참조할 때는 사용자가 요구하는 내용에 따라 참조가 가능함'이라는 문장을 통해 내용에 의한 참조인 것을 알 수 있다.

대표기출유형 02   기출응용문제

01

정답 ③

RIGHT는 오른쪽에서부터 문자를 추출하는 함수이다. 따라서 RIGHT(문자열,추출할 문자 수)이므로 「=RIGHT(A3,4)」가 옳다.

02

정답 ④

RANK 함수에서 0은 내림차순, 1은 오름차순이다. 따라서 [F8] 셀의 「=RANK(D8,D4:D8,0)」 함수의 결괏값은 4이다.

03

WEEKDAY 함수는 일정 날짜의 요일을 나타내는 1에서 7까지의 수를 구하는 함수다. WEEKDAY 함수의 두 번째 인수에 '1'을 입력해 주면 '일요일(1)~토요일(7)'숫자로 표시되고 '2'를 넣으면 '월요일(1)~일요일(7)'로 표시되며 '3'을 입력하면 '월요일(0)~일요일(6)'로 표시된다. 할 때의 함수식이다. 따라서 '0'은 날짜에 대응하는 수를 지시하지 않으므로 ①은 옳지 않다.

04

SUM 함수는 인수들의 합을 구할 수 있다.
• [B12] : SUM(B2:B11)
• [C12] : SUM(C2:C11)

[오답분석]

① REPT : 텍스트를 지정한 횟수만큼 반복한다.
② CHOOSE : 인수 목록 중에서 하나를 고른다.
④ AVERAGE : 인수들의 평균을 구한다.
⑤ DSUM : 지정한 조건에 맞는 데이터베이스에서 필드 값들의 합을 구한다.

05

MAX는 최댓값을 구할 때의 함수식이며, MIN은 최솟값을 구할 때의 함수식이다. 따라서 [F3] 셀의 최대 매출액 함수식으로 옳은 것은 ⑤이다.

대표기출유형 03 기출응용문제

01

1부터 100까지의 값은 변수 x에 저장한다. 1, 2, 3, …에서 초기값은 1이고, 최종값은 100이며, 증분값은 1씩 증가시키면 된다. 즉, 1부터 100까지를 덧셈하려면 99단계를 반복 수행해야 하므로 결과는 5050이 된다.

02

반복문을 통해 배열의 요소를 순회하면서 각 요소의 값을 더하여 tot에 저장하는 프로그램이다. 요소들의 값이 누적되어 있는 tot의 값이 100보다 크거나 같다면 break 문으로 인해 반복문을 종료하고 현재 tot 값을 출력한다. 따라서 10+37+23+4+8+71일 때 100보다 커져 반복문이 종료되므로 마지막에 더해진 값은 153이 된다.

대표기출유형 01 기출응용문제

01
정답 ①

제시된 뉴스에서 석유자원을 대체하고 에너지의 효율성을 높이는 것을 통해 기존 기술에서 탈피하고 새로운 기술을 습득하는 기술경영자의 능력으로 볼 수 있다.

기술경영자의 능력
- 기술을 기업의 전반적인 전략 목표에 통합시키는 능력
- 빠르고 효과적으로 새로운 기술을 습득하고 기존의 기술에서 탈피하는 능력
- 기술을 효과적으로 평가할 수 있는 능력
- 기술 이전을 효과적으로 할 수 있는 능력
- 새로운 제품 개발 시간을 단축할 수 있는 능력
- 크고 복잡하며 서로 다른 분야에 걸쳐 있는 프로젝트를 수행할 수 있는 능력
- 조직 내의 기술 이용을 수행할 수 있는 능력
- 기술 전문 인력을 운용할 수 있는 능력

02
정답 ③

노하우는 경험적이고 반복적인 행위에 의해 얻어지는 것이며, 이러한 성격의 지식을 흔히 Technique 혹은 Art라고 부른다.

[오답분석]
①·⑤ 노하우에 대한 설명이다.
② 노와이에 대한 설명이다.
④ 기술은 원래 노하우의 개념이 강했으나, 시간이 지나면서 노와이와 노하우가 결합하게 되었다.

03
정답 ④

하향식 기술선택은 중장기적인 목표를 설정하고, 이를 달성하기 위해 핵심 고객층 등에 제공하는 제품 및 서비스를 결정한다.

01

전자레인지를 사용하면서 불꽃이 튀는 경우와 조리 상태에 만족하지 않을 때 확인해야 할 사항에 사무실, 전자레인지의 전압을 확인해야 한다는 내용은 명시되어 있지 않다.

02

1 ~ 2월 이앙기 관리 방법에 모두 방청유를 발라 녹 발생을 방지하는 내용이 있다.

[오답분석]

① 트랙터의 브레이크 페달 작동 상태는 2월의 점검 목록이다.
③ 트랙터의 유압실린더와 엔진 누유 상태의 점검은 트랙터 사용 전 점검이 아니라 보관 중 점검 목록이다.
④ 매뉴얼에 없는 내용이다.
⑤ 이앙기에 커버를 씌워 먼지 및 이물질에 의한 부식을 방지하는 것은 1월의 점검 목록이다.

03

Index 뒤의 문자 SOPENTY와 File 뒤의 문자 ATONEMP에서 일치하는 알파벳의 개수를 확인하면 O, P, E, N, T로 총 5개가 일치하는 것을 알 수 있다. 따라서 판단 기준에 따라 보기의 빈칸에 들어갈 Final Code는 Nugre이다.

04

주행 알고리즘에 따른 로봇의 이동 경로를 그림으로 나타내면 다음과 같다.

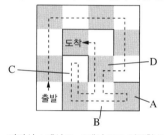

따라서 A에서 B, C에서 D로 이동할 때는 보조명령을 통해 이동했으며, 그 외의 구간은 주명령을 통해 이동했음을 알 수 있다.

기출응용문제

01

정답 ④

경영은 경영목적, 인적자원, 자금, 전략의 4요소로 구성된다. 경영목적은 조직의 목적을 달성하기 위해 경영자가 수립하는 것으로 보다 구체적인 방법과 과정이 담겨 있다. 인적자원은 조직에서 일하는 구성원으로 경영은 이들의 직무수행에 기초하여 이루어지기 때문에 인적자원의 배치 및 활용이 중요하다. 자금은 경영을 하는 데 사용할 수 있는 돈으로 자금이 충분히 확보되는 정도에 따라 경영의 방향과 범위가 정해지게 된다. 경영전략은 조직이 변화하는 환경에 적응하기 위하여 경영활동을 체계화하는 것으로, 목표달성을 위한 수단이다. 경영전략은 조직의 목적에 따라 전략 목표를 설정하고, 조직의 내·외부 환경을 분석하여 도출한다.

02

정답 ④

보기의 ㉠은 집중화 전략, ㉡은 원가우위 전략, ㉢은 차별화 전략에 해당한다. 따라서 바르게 연결된 것은 ④이다.

기출응용문제

01

정답 ②

조직은 목적을 가지고 있어야 하고, 구조가 있어야 한다. 또한 목적을 달성하기 위해 구성원들은 서로 협동적인 노력을 하고, 외부환경과 긴밀한 관계를 가지고 있어야 한다. 따라서 야구장에 모인 관중들은 동일한 목적만 가지고 있을 뿐 구조를 갖춘 조직으로 볼 수 없다.

02

정답 ⑤

조직문화는 구성원 개개인의 개성을 인정하고 그 다양성을 강화하기보다는 구성원들의 행동을 통제하는 기능을 한다. 즉, 구성원을 획일화·사회화시킨다.

03

정답 ④

조직목표의 기능
• 조직이 존재하는 정당성과 합법성 제공
• 조직이 나아갈 방향 제시
• 조직구성원 의사결정의 기준
• 조직구성원 행동수행의 동기유발
• 수행평가의 기준
• 조직설계의 기준

04

정답 ①

조직변화의 과정

1. 환경변화 인지
2. 조직변화 방향 수립
3. 조직변화 실행
4. 변화결과 평가

따라서 ㄱ - ㄷ - ㄹ - ㄴ 순으로 나열하는 것이 적절하다.

05

정답 ①

조직이 생존하기 위해서는 급변하는 환경에 적응하여야 한다. 이를 위해서는 원칙이 확립되어 있고 고지식한 기계적 조직보다는 운영이 유연한 유기적 조직이 더 적합하다.

오답분석

② 대규모 조직은 소규모 조직과는 다른 조직구조를 갖게 된다. 대규모 조직은 소규모 조직에 비해 업무가 전문화, 분화되어 있고 많은 규칙과 규정이 존재하게 된다.

③ 조직구조 결정요인으로는 크게 전략, 규모, 기술, 환경이 있다. 전략은 조직의 목적을 달성하기 위하여 수립한 계획으로 조직이 자원을 배분하고 경쟁적 우위를 달성하기 위한 주요 방침이며, 기술은 조직이 투입요소를 산출물로 전환시키는 지식, 기계, 절차 등을 의미한다. 또한 조직은 환경의 변화에 적절하게 대응하기 위해 환경에 따라 조직의 구조를 다르게 조작한다.

④ 조직 활동의 결과에 따라 조직의 성과와 만족이 결정되며, 그 수준은 조직구성원들의 개인적 성향과 조직문화의 차이에 따라 달라진다.

⑤ 조직구조의 결정 요인 중 하나인 기술은 조직이 투입요소를 산출물로 전환시키는 지식, 기계, 절차 등을 의미한다. 소량생산기술을 가진 조직은 유기적 조직구조를, 대량생산기술을 가진 조직은 기계적 조직구조를 가진다.

06

정답 ③

오답분석

• B : 사장 직속으로 4개의 본부가 있다는 설명은 옳지만, 인사를 전담하고 있는 본부는 없으므로 옳지 않다.
• C : 감사실이 분리되어 있다는 설명은 옳지만, 사장 직속이 아니므로 옳지 않다.

01

정답 ②

이사원에게 현재 가장 긴급한 업무는 미팅 장소를 변경하는 것이다. 미리 안내했던 장소를 사용할 수 없으므로 오전 11시에 사용 가능한 다른 회의실을 예약해야 한다. 그 후 바로 거래처 직원에게 미팅 장소가 변경된 점을 안내해야 하므로 ㄴ이 ㄷ보다 먼저 이루어져야 한다. 거래처 직원과의 오전 11시 미팅 이후에는 오후 2시에 예정된 김팀장과의 면담이 이루어져야 한다. 김팀장과의 면담 시간은 미룰 수 없으므로 이미 예정되었던 시간에 맞춰 면담을 진행한 후 부서장이 요청한 문서 작업 업무를 처리하는 것이 적절하다. 따라서 이사원은 ㄴ - ㄷ - ㄱ - ㄹ - ㅁ의 순서로 업무를 처리해야 한다.

02

정답 ④

제시된 지시사항에 따르면 인 · 적성검사 합격자의 조 구성은 은경씨가 하지만, 합격자에게 몇 조인지 미리 공지하는지는 알 수 없다.

03

정답 ⑤

예산집행 조정, 통제 및 결산 총괄 등 예산과 관련된 업무는 ⓜ 자산팀이 아닌 ㉠ 예산팀이 담당하는 업무이다. 자산팀은 물품 구매와 장비 · 시설물 관리 등의 업무를 담당한다.

04

정답 ⑤

전문자격 시험의 출제정보를 관리하는 시스템의 구축 · 운영 업무는 정보화사업팀이 담당하는 업무로, 개인정보 보안과 관련된 업무를 담당하는 정보보안전담반의 업무로는 적절하지 않다.

05

정답 ④

홈페이지 운영 등은 정보사업팀에서 한다.

오답분석

① 1개의 감사실과 11개의 팀으로 되어 있다.
② 예산기획과 경영평가는 전략기획팀에서 관리한다.
③ 경영평가(전략기획팀), 성과평가(인재개발팀), 품질평가(평가관리팀) 등 다른 팀에서 담당한다.
⑤ 감사실을 두어 감사, 부패방지 및 지도점검을 하게 하였다.

06

정답 ⑤

품질평가 관련 민원은 평가관리팀이 담당하고 있다.

대표기출유형 01   기출응용문제

01

정답 ①

직업윤리란 어느 직장에 다니느냐를 구분하지 않고, 직업을 가진 사람이라면 반드시 지켜야 할 공통적인 윤리규범을 말한다.

02

정답 ③

B사원의 업무방식은 그의 성격으로 인해 나타나는 것이며, B사원의 잘못이 아님을 알 수 있다. 따라서 S대리는 업무방식에 대해 서로 다른 부분을 인정하는 상호 인정에 대한 역량이 필요하다고 볼 수 있다.

03

정답 ④

(가)의 입장을 반영하면 국가 청렴도가 낮은 문제를 해결하기 위해서는 청렴을 강조한 전통 윤리를 지킬 필요가 있다. 이에 개인을 넘어서 공동체, 나아가 국가의 공사(公事)를 우선하는 봉공 정신, 청빈한 생활 태도를 유지하면서 국가의 일에 충심을 다하려는 청백리 정신을 실천하는 자세가 필요하다.

01

정답 ④

직업생활에서의 목표를 단지 높은 지위에 올라가는 것이라고 생각하는 것은 잘못된 직업관으로, 입사 동기들보다 빠른 승진을 목표로 삼은 D가 잘못된 직업관을 가지고 있다.

> **바람직한 직업관**
> • 소명 의식과 천직 의식을 가져야 한다.
> • 봉사 정신과 협동 정신이 있어야 한다.
> • 책임 의식과 전문 의식이 있어야 한다.
> • 공평무사한 자세가 필요하다.

02

정답 ⑤

일을 하다가 예상하지 못한 상황이 일어났을 때 그 이유에 대해 고민해 보는 것은 필요하다. 다시 같은 상황을 겪지 않도록 대처해야 하기 때문이다. 그러나 그 이유에 대해서만 계속 매달리는 것은 시간과 에너지를 낭비하는 일이다. 따라서 최대한 객관적으로 이유를 분석한 뒤 결과를 수용하고 신속하게 대책을 세우는 것이 바람직하다.

03

정답 ①

우수한 직업인의 자세에는 해당할 수 있으나, 직업윤리에서 제시하는 직업인의 기본자세에는 해당하지 않는다.

[오답분석]

② 나의 일을 필요로 하는 사람에게 봉사한다는 마음가짐이 필요하며, 직무를 수행하는 과정에서 다른 사람과 긴밀히 협력하는 협동 정신이 요구된다.

③ 직업이란 신이 나에게 주신 거룩한 일이므로 일을 통하여 자신의 존재를 실현하고 사회적 역할을 담당하는 것이니 자기의 직업을 사랑하며, 긍지와 자부심을 갖고 성실하게 임하는 마음가짐이 있어야 한다.

④ 법규를 준수하고 직무상 요구되는 윤리기준을 준수해야 하며, 공정하고 투명하게 업무를 처리해야 한다.

⑤ 협력체제에서 각자의 책임을 충실히 수행할 때 전체 시스템의 원만한 가동이 가능하며, 다른 사람에게 피해를 주지 않는다. 이러한 책임을 완벽하게 수행하기 위하여 자신이 맡은 분야에서 전문적인 능력과 역량을 갖추고, 지속적인 자기계발을 해야 한다.

PART 2
전공

01   법

01	02	03	04	05	06	07	08	09	10
⑤	①	①	③	③	⑤	①	②	④	②
11	12	13	14	15	16	17	18	19	20
②	③	③	②	④	⑤	①	④	②	③
21	22	23	24	25					
③	⑤	⑤	②	①					

01   정답 ⑤

사법은 개인 상호간의 권리·의무관계를 규율하는 법으로 민법, 상법, 회사법, 어음법, 수표법 등이 있으며, 실체법은 권리·의무의 실체, 즉 권리나 의무의 발생·변경·소멸 등을 규율하는 법으로 헌법, 민법, 형법, 상법 등이 이에 해당한다. 부동산등기법은 절차법으로 공법에 해당한다는 보는 것이 다수의 견해이나 사법에 해당한다는 소수 견해도 있다. 따라서 사법에 해당하는지 여부와 관련하여 견해 대립이 있으나 부동산등기법은 절차법이므로 옳지 않다.

02   정답 ①

법원(法源)에서 빈출되는 지문으로, 국가라는 단어에서 헌법을, 지방자치단체라는 단어에서 조례를, 국가 간이라는 단어에서 조약을 유추할 수 있다.

03   정답 ①

개인주의와 자유주의 사상을 배경으로 한 근대적 기본권인 생명·자유·행복추구권 등은 미국의 독립선언(1776년)에 규정되어 있으나, 재산권의 보장 등을 최초로 규정한 것은 버지니아 권리장전(1776년)이다.

04   정답 ③

오답분석
① 채무이행의 불확정한 기한이 있는 경우에는 채무자는 기한이 도래함을 안 때로부터 지체책임이 있다(민법 제387조 제1항).
② 이 사건 부동산에 대한 매매대금 채권이 비록 소유권이전등기청구권과 동시이행의 관계에 있다 할지라도 매도인은 매매대금의 지급기일 이후 언제라도 그 대금의 지급을 청구할 수 있는 것이며, 다만 매수인은 매도인으로부터 그 이전등기에 대한 이행의 제공을 받기까지 그 지급을 거절할 수 있는 데 지나지 아니하므로 매매대금청구권은 그 지급기일 이후 시효의 진행에 걸린다고 할 것이다(대판 1991.3.22., 90다9797).
④ 부작위를 목적으로 하는 채권은 위반행위를 한 때부터 소멸시효가 진행한다.
⑤ 선택채권의 소멸시효는 그 선택권을 행사할 수 있는 때로부터 진행한다.

05   정답 ③

심신장애로 인하여 사물을 변별할 능력이 없거나 의사를 결정할 능력이 없는 자의 행위는 벌하지 아니하고 그 능력이 미약한 자의 행위는 형을 감경할 수 있지만(임의적 감경사유), 위험의 발생을 예견하고 자의로 심신장애를 야기한 자의 행위는 형을 면제하거나 감경하지 아니한다(형법 제10조).

06   정답 ⑤

범죄의 성립과 처벌은 행위 시의 법률에 따른다(형법 제1조 제1항).

오답분석
① 헌법 제53조 제7항에서 확인할 수 있다.
② 헌법 제13조 제2항에서 확인할 수 있다.
③ 헌법 제84조에서 확인할 수 있다.
④ 헌법 제6조 제1항에서 확인할 수 있다.

07
정답 ①

역사적으로 속인주의에서 속지주의로 변천해 왔으며, 오늘날 국제사회에서 영토의 상호존중과 상호평등원칙이 적용되므로 속지주의가 원칙이며 예외적으로 속인주의가 가미된다.

08
정답 ②

비례대표제는 각 정당에게 그 득표수에 비례하여 의석을 배분하는 대표제로 군소정당의 난립을 가져와 정국의 불안을 가져온다는 것이 일반적 견해이다.

09
정답 ④

자유민주적 기본 질서의 내용에 기본적 인권의 존중, 권력분립주의, 법치주의, 사법권의 독립은 포함되지만, 계엄선포 및 긴급명령권, 양대정당제는 포함되지 않는다.

10
정답 ②

법률행위의 취소에 대한 추인은 취소의 원인이 소멸된 후에 하여야 한다(민법 제144조 제1항).

11
정답 ②

법률 용어로서의 선의(善意)는 어떤 사실을 알지 못하는 것을 의미하며, 반면 악의(惡意)는 어떤 사실을 알고 있는 것을 뜻한다.

[오답분석]
① 문리해석과 논리해석은 학리해석의 범주에 속한다.
③ 유추해석에 대한 설명이다.
④ · ⑤ 추정(推定)은 불명확한 사실을 일단 인정하는 것으로 정하여 법률효과를 발생시키되 나중에 반증이 있을 경우 그 효과를 발생시키지 않는 것을 말한다. 간주(看做)는 법에서 '간주한다＝본다＝의제한다'로 쓰이며, 추정과는 달리 나중에 반증이 나타나도 이미 발생된 효과를 뒤집을 수 없는 것을 말한다. 예를 들어 어음법 제29조 제1항에서 '말소는 어음의 반환 전에 한 것으로 추정한다.'라는 규정이 있는데, 만약, 어음의 반환 이후에 말소했다는 증거가 나오면 어음의 반환 전에 했던 것은 없었던 걸로 하고, 어음의 반환 이후에 한 것으로 인정한다. 그러나, 만약에 '말소는 어음의 반환 전에 한 것으로 본다.'라고 했다면 나중에 반환 후에 했다는 증거를 제시해도 그 효력이 뒤집어지지 않는다. 즉, 원래의 판정과 마찬가지로 어음의 반환 전에 한 것으로 한다.

12
정답 ③

구속적부심사를 청구할 수 있는 자는 체포 또는 구속된 피의자, 그 피의자의 변호인 · 법정대리인 · 배우자 · 직계친족 · 형제자매 · 가족 · 동거인 · 고용주이다(형사소송법 제214조의2 제1항).

13
정답 ③

임의수사란 강제력을 행사하지 않고 당사자의 승낙을 얻어서 하는 수사를 말한다. 임의조사의 방법으로는 피의자신문, 참고인조사, 감정 · 통역 · 번역의 위촉, 사실조회가 대표적이다.

14
정답 ②

다른 사람이 하는 일정한 행위를 승인해야 할 의무는 수인의무이다.

[오답분석]
① 작위의무 : 적극적으로 일정한 행위를 하여야 할 의무이다.
③ 간접의무 : 통상의 의무와 달리 그 불이행의 경우에도 일정한 불이익을 받기는 하지만, 다른 법률상의 제재가 따르지 않는 것으로 보험계약에서의 통지의무가 그 대표적인 예이다.
④ 권리반사 또는 반사적 효과(이익) : 법이 일정한 사실을 금지하거나 명하고 있는 결과, 어떤 사람이 저절로 받게 되는 이익으로서 그 이익을 누리는 사람에게 법적인 힘이 부여된 것은 아니기 때문에 타인이 그 이익의 향유를 방해하더라도 그것의 법적보호를 청구하지 못함을 특징으로 한다.
⑤ 평화의무 : 노동협약의 당사자들이 노동협약의 유효기간 중에는 협약사항의 변경을 목적으로 하는 쟁의를 하지 않는 의무이다.

15
정답 ④

의무를 위반한 거래 행위라도 상거래의 안정을 위하여 거래 행위 자체는 유효한 것으로 본다. 단, 영업주는 손해배상청구권, 해임권, 개입권의 행사가 가능하다.

[오답분석]
① · ② · ⑤ 상법 제17조를 통해 확인할 수 있다.

16
정답 ⑤

모두 산업재해보상보험법령상 업무상의 재해에 해당한다.

17
정답 ①

실업이란 근로의 의사와 능력이 있음에도 불구하고 취업하지 못한 상태에 있는 것을 말한다(고용보험법 제2조 제3호).

오답분석

ㄴ. 일용근로자란 1개월 미만 동안 고용되는 자를 말한다(고용보험법 제2조 제6호).
ㄷ. 이직이란 피보험자와 사업주 사이의 고용관계가 끝나게 되는 것을 말한다(고용보험법 제2조 제2호).

18
정답 ④

을(乙)은 의무이행심판 청구를 통하여 관할행정청의 거부처분에 대해 불복의사를 제기할 수 있다. 의무이행심판이란 당사자의 신청에 대한 행정청의 위법 또는 부당한 거부처분이나 부작위에 대하여 일정한 처분을 하도록 하는 행정심판을 말한다(행정심판법 제5조 제3호).

19
정답 ②

오답분석

① 독임제 행정청이 원칙적인 형태이고, 지자체의 경우 지자체장이 행정청에 해당한다.
③ 자문기관은 행정기관의 자문에 응하여 행정기관에 전문적인 의견을 제공하거나, 자문을 구하는 사항에 관하여 심의·조정·협의하는 등 행정기관의 의사결정에 도움을 주는 행정기관을 말한다.
④ 의결기관은 의사결정에만 그친다는 점에서 외부에 표시할 권한을 가지는 행정관청과 다르고, 행정관청을 구속한다는 점에서 단순한 자문적 의사의 제공에 그치는 자문기관과 다르다.
⑤ 집행기관은 의결기관 또는 의사기관에 대하여 그 의결 또는 의사결정을 집행하는 기관이나 행정기관이며, 채권자의 신청에 의하여 강제집행을 실시할 직무를 가진 국가기관이다.

20
정답 ③

지방자치단체는 법령의 범위 안에서 그 사무에 관하여 조례를 제정할 수 있다(지방자치법 제28조 제1항).

오답분석

① 지방자치법 제37조를 통해 확인할 수 있다.
② 지방자치법 제107조를 통해 확인할 수 있다.
④ 헌법 제117조 제2항를 통해 확인할 수 있다.
⑤ 지방자치법 제39조를 통해 확인할 수 있다.

21
정답 ③

일반적으로 도급인과 수급인 사이에는 지휘·감독의 관계가 없으므로 도급인은 수급인이나 수급인의 피용자의 불법행위에 대하여 사용자로서의 배상책임이 없는 것이지만, 도급인이 수급인에 대하여 특정한 행위를 지휘하거나 특정한 사업을 도급시키는 경우와 같은 이른바 노무도급의 경우에는 비록 도급인이라고 하더라도 사용자로서의 배상책임이 있다(대판 2005.11.10., 선고 2004다37676).

22
정답 ⑤

이사가 없거나 결원이 있는 경우에 이로 인하여 손해가 생길 염려 있는 때에는 법원은 이해관계인이나 검사의 청구에 의하여 임시이사를 선임하여야 한다(민법 제63조).

오답분석

① 민법 제61조를 통해 확인할 수 있다.
② 민법 제62조를 통해 확인할 수 있다.
③ 민법 제66조를 통해 확인할 수 있다.
④ 민법 제81조를 통해 확인할 수 있다.

23
정답 ⑤

재단법인의 기부행위나 사단법인의 정관은 반드시 서면으로 작성하여야 한다.

사단법인과 재단법인의 비교

구분	사단법인	재단법인
구성	2인 이상의 사원	일정한 목적에 바쳐진 재산
의사결정	사원총회	정관으로 정한 목적 (설립자의 의도)
정관변경	총사원 3분의 2 이상의 동의 요(要)	원칙적으로 금지

24
정답 ②

권리의 주체와 분리하여 양도할 수 없는 권리라 함은 권리의 귀속과 행사가 특정주체에게 전속되는 일신전속권을 말한다. 이러한 일신전속적인 권리에는 생명권, 자유권, 초상권, 정조권, 신용권, 성명권 등이 있다.

25
정답 ①

관습 또한 사회규범의 하나이므로 합목적성과 당위성에 기초한다. 법과 구별되는 관습의 특징으로는 자연발생적 현상, 반복적 관행, 사회적 비난 등이 있다.

02　행정

01	02	03	04	05	06	07	08	09	10
①	②	④	①	②	④	①	①	④	④
11	12	13	14	15	16	17	18	19	20
③	④	②	③	③	④	③	①	③	①
21	22	23	24	25					
①	①	②	③	⑤					

01　　　　　　　　　　　정답 ①

정책참여자의 범위는 이슈네트워크 – 정책공동체 – 하위정부모형 순으로 넓다.

02　　　　　　　　　　　정답 ②

제시문은 재분배 정책에 대한 설명이다.

오답분석

①·④ 분배정책에 대한 설명이다.
③ 구성정책에 대한 설명이다.
⑤ 규제정책에 대한 설명이다.

03　　　　　　　　　　　정답 ④

관료제는 업무의 수행은 안정적이고 세밀하게 이루어져야 하며 규칙과 표준화된 운영절차에 따라 이루어지도록 되어 있다. 따라서 이념형으로서의 관료는 직무를 수행하는 데 증오나 애정과 같은 감정을 갖지 않는 비정의성(Impersonality)이며 형식 합리성의 정신에 따라 수행해야 한다.

04　　　　　　　　　　　정답 ①

교통체증 완화를 위한 차량 10부제 운행은 불특정 다수의 국민이 이익을 보고 불특정 다수의 국민이 비용을 부담하는 상황에 해당하기 때문에 대중정치의 사례가 된다.

월슨의 규제정치모형

구분		규제의 편익	
		집중	분산
규제비용	집중	이익집단정치	운동가의 정치 (기업가 정치)
	분산	고객정치	대중정치

오답분석

② 기업가정치는 고객정치 상황과 반대로 환경오염규제, 소비자보호입법 등과 같이 비용은 소수의 동질적 집단에 집중되어 있으나 편익은 불특정 다수에게 넓게 확산되어 있는 경우이다. 사회적 규제가 여기에 속한다.
③ 이익집단정치는 정부규제로 예상되는 비용, 편익이 모두 소수의 동질적 집단에 귀속되고, 그 크기도 각 집단의 입장에서 볼 때 대단히 크다. 그러므로 양자가 모두 조직화와 정치화의 유인을 강하게 갖고 있고 조직력을 바탕으로 각자의 이익 확보를 위해 상호 날카롭게 대립하는 상황이다. 규제가 경쟁적 관계에 있는 강력한 두 이익집단 사이의 타협과 협상에 좌우되는 특징을 보이며 일반적으로 소비자 또는 일반국민의 이익은 거의 무시된다.
④ 고객정치는 수혜집단은 신속히 정치조직화하며 입법화를 위해 정치적 압력을 행사하여 정책의제화가 비교적 용이하게 이루어진다. 경제적 규제가 여기에 속한다.
⑤ 월슨의 규제정치모형에 소비자정치는 포함되지 않는다.

05　　　　　　　　　　　정답 ②

재의요구권은 자치단체장의 권한에 속하는 사항으로 단체장이 위법·부당한 지방의회의 의결사항에 재의를 요구하는 것이다. 지방자치단체장의 재의요구 사유는 다음과 같다.

• 조례안에 이의가 있는 경우
• 지방의회의 의결이 월권 또는 법령에 위반되거나 공익을 현저히 해한다고 인정된 때
• 지방의회의 의결에 예산상 집행할 수 없는 경비가 포함되어 있는 경우, 의무적 경비나 비상재해복구비를 삭감한 경우
• 지방의회의 의결이 법령에 위반되거나 공익을 현저히 해한다고 판단되어 주무부장관 또는 시·도지사가 재의요구를 지시한 경우

오답분석

지방자치법 제47조(지방의회 의결사항)
1. 조례의 제정·개정 및 폐지
2. 예산의 심의·확정
3. 결산의 승인
4. 법령에 규정된 것을 제외한 사용료·분담금·지방세 또는 가입금의 부과와 징수
5. 기금의 설치·운용
6. 대통령령으로 정하는 중요 재산의 취득·처분
7. 대통령령으로 정하는 공공시설의 설치·처분
8. 법령과 조례에 규정된 것을 제외한 예산 외의 의무부담이나 권리의 포기
9. 청원의 수리와 처리
10. 외국 지방자치단체와의 교류·협력
11. 그 밖에 법령에 따라 그 권한에 속하는 사항

06
정답 ④

참여적 정부모형의 문제 진단 기준은 관료적 계층제에 있으며, 구조 개혁 방안으로 평면조직을 제안한다.

피터스의 거버넌스 모형

구분	전통적 정부	시장적 정부	참여적 정부	신축적 정부	탈규제적 정부
문제의 진단 기준	전근대적 권위	독점	계층제	영속성	내부적 규제
구조의 개혁 방안	계층제	분권화	평면조직	가상조직	–
관리의 개혁 방안	직업공무원제, 절차적 통제	성과급, 민간기법	총체질 관리, 팀제	가변적 인사관리	관리적 재량 확대
정책결정의 개혁 방안	정치, 행정의 구분	내부시장, 시장적 유인	협의, 협상	실험	기업가적 정부
공익의 기준	안정성, 평등	저비용	참여, 협의	저비용, 조정	창의성, 활동주의

07
정답 ①

코터(J.P. Kotter)는 변화관리 모형을 '위기감 조성 → 변화추진팀 구성 → 비전 개발 → 비전 전달 → 임파워먼트 → 단기성과 달성 → 지속적 도전 → 변화의 제도화' 8단계로 제시하였다.

변화관리 모형

단계		내용
제1단계	위기감 조성	현실에 만족·안주하지 않고 변화를 위해 위기감을 조성
제2단계	변화추진팀 구성	저항하는 힘을 이기기 위해 변화 선도자들로 팀을 구성
제3단계	비전 개발	비전을 정립하고 구체화 시킴
제4단계	비전 전달	구성원 모두에게 공감대를 형성해 참여를 유도
제5단계	임파워먼트	비전에 따라 행동하기 위해 구성원에게 권한을 부여
제6단계	단기성과 달성	눈에 띄는 성과를 단기간에 달성 유도
제7단계	지속적 도전	지속적인 변화를 위해 변화의 속도를 유지
제8단계	변화의 제도화	변화가 조직에 잘 정착하도록 제도화하는 과정

08
정답 ①

최고관리자의 관료에 대한 지나친 통제가 조직의 경직성을 초래하여 관료제의 병리현상이 나타난다고 주장한 학자는 머튼(Merton)이다.

09
정답 ④

기관장의 근무기간은 5년의 범위에서 소속중앙행정기관의 장이 정하되, 최소한 2년 이상으로 하여야 한다. 이 경우 제12조 및 제51조에 따른 소속책임운영기관의 사업성과의 평가 결과가 우수하다고 인정되는 때에는 총 근무기간이 5년을 넘지 아니하는 범위에서 대통령령으로 정하는 바에 따라 근무기간을 연장할 수 있다(책임운영기관의 설치·운영에 관한 법률 제7조 제3항).

10
정답 ④

앨리슨(Alison)의 조직모형에 대한 설명이다.

11
정답 ③

소극적 대표성은 관료의 출신성분이 태도를 결정하는 것이며, 적극적 대표성은 태도가 행동을 결정하는 것을 말한다. 그러나 대표관료제는 소극적 대표성이 반드시 적극적 대표성으로 이어져 행동하지 않을 수도 있는 한계성이 제기된다. 따라서 자동적으로 확보한다는 설명은 옳지 않다.

12
정답 ④

공공선택론은 뷰캐넌(J. Buchanan)이 창시하고 오스트롬(V. Ostrom)이 발전시킨 이론으로, 경제학적인 분석 도구를 중시한다.

공공선택론의 의의와 한계

의의	• 공공부문에 경제학적인 관점을 도입하여 현대 행정개혁의 바탕이 됨 – 고객중심주의, 소비자중심주의, 분권화와 자율성 제고 등 • 정부실패의 원인을 분석하여 대안을 제시
한계	• 시장실패의 위험이 있음 • 시장 경제 체제의 극대화만을 중시하여 국가의 역할을 경시

13
정답 ②

지방의회의 의장이나 부의장이 법령을 위반하거나 정당한 사유 없이 직무를 수행하지 아니하면 지방의회는 불신임을 의결할 수 있다(지방자치법 제62조 제1항). 불신임 의결은 재적의원 4분의 1 이상의 발의와 재적의원 과반수의 찬성으로 행한다(동조 제2항).

오답분석

① 지방자치법 제49조 제1항에서 확인할 수 있다.
③ 주민투표법 제26조 제1항에서 확인할 수 있다.
④ 주민투표법 제14조 제1항에서 확인할 수 있다.
⑤ 지방자치법 제32조 제6항에서 확인할 수 있다.

14
정답 ③

크리밍 효과에 대한 설명이다. 크리밍 효과는 정책 효과가 나타날 가능성이 높은 집단을 의도적으로 실험집단으로 선정함으로써 정책의 영향력이 실제보다 과대평가된다.
호손 효과는 실험집단 구성원이 실험의 대상이라는 사실로 인해 평소와 달리 특별한 심리적 또는 감각적 행동을 보이는 현상으로 외적타당도를 저해하는 대표적 요인이다. 실험 조작의 반응 효과라고도 하며 1927년 호손 실험으로 발견되었다.

15
정답 ③

기획재정부 장관은 국무회의의 심의를 거쳐 대통령 승인을 얻은 다음 연도의 예산안편성지침을 매년 3월 31일까지 각 중앙관서의 장에게 통보하여야 한다.

16
정답 ④

사회적 자본은 동조성(Conformity)을 요구하면서 개인의 행동이나 사적 선택을 제약하는 경우도 있다.

17
정답 ③

ㄱ. 보조금을 지급하는 것은 유인전략이다.
ㄴ. 안전장비 착용에 대한 중요성을 홍보하는 것은 설득전략이다.
ㄷ. 일반용 쓰레기봉투에 재활용품을 담지 못하도록 하는 것은 규제전략이다.
ㄹ. 주민지원을 촉진하는 촉진전략이다.

18
정답 ①

조세법률주의는 국세와 지방세 구분 없이 적용된다. 지방세의 종목과 세율은 국세와 마찬가지로 법률로 정한다.

19
정답 ③

신제도주의는 행위 주체의 의도적이고 전략적인 행동이 제도에 영향을 미칠 수 있다는 점을 인정하고, 제도의 안정성보다는 제도 설계와 변화 차원에 관심을 보이고 있다.

20
정답 ①

오답분석

ㄴ. 성과주의 예산제도(PBS)는 예산배정 과정에서 필요사업량이 제시되므로 사업계획과 예산을 연계할 수 있으며, (세부사업별 예산액)=(사업량)×(단위원가)이다.
ㄷ. 목표관리제도(MBO)는 기획예산제도(PPBS)와 달리 예산결정 과정에 관리자의 참여가 이루어져 분권적·상향적인 예산편성이 이루어진다.

21
정답 ①

오답분석

ㄱ. 실체설이 아니라 과정설에 대한 설명이다.
ㄴ. 롤스의 사회정의의 원리에 따르면 제2원리 내에서 충돌이 생길 때에는 기회균등의 원리가 차등의 원리에 우선되어야 한다.
ㄷ. 실체설에 대한 설명이다.
ㄹ. 반대로 설명하고 있다. 간섭과 제약이 없는 상태를 소극적 자유라고 하고, 무엇을 할 수 있는 자유를 적극적 자유라고 하였다.

22
정답 ①

사전적 통제란 절차적 통제를 말하며, 예방적 관리와 같다. ①은 사전적 통제가 아니라 긍정적·적극적 환류에 의한 통제에 대한 설명이다. 실적이 목표에서 이탈된 것을 발견하고 후속되는 행동이 전철을 밟지 않도록 시정하는 통제는 부정적 환류인 반면, 긍정적·적극적 환류에 의한 통제는 어떤 행동이 통제기준에서 이탈되는 결과를 발생시킬 때까지 기다리지 않고 그러한 결과의 발생을 유발할 수 있는 행동이 나타날 때마다 교정해 나가는 것이다.

23

정답 ②

주민복지사업과 공원묘지사업은 지방공기업 대상사업에 해당하지 않는다.

적용 범위(지방공기업법 제2조 제1항)

이 법은 다음 각 호의 어느 하나에 해당하는 사업(그에 부대되는 사업을 포함한다) 중 제5조에 따라 지방 자치단체가 직접 설치·경영하는 사업으로서 대통령령으로 정하는 기준 이상의 사업과 제3장 및 제4장에 따라 설립된 지방공사와 지방공단이 경영하는 사업에 대하여 각각 적용한다.

- 수도사업(마을상수도사업은 제외한다)
- 공업용수도사업
- 궤도사업(도시철도사업을 포함한다)
- 자동차운송사업
- 지방도로사업(유료도로사업만 해당한다)
- 하수도사업
- 주택사업
- 토지개발사업

24

정답 ③

신제도론을 행정에 도입하여 노벨상을 수상한 오스트롬은 정부의 규제가 아닌 이해당사자들 간의 자발적인 합의를 통해 행위규칙(제도)을 형성하여 공유자원의 고갈을 방지할 수 있다고 하였다. 정부의 규제를 해결책으로 제시한 학자는 피구(Pigou)이다.

오답분석

① 정부가 저소득층을 대상으로 의료나 교육혜택을 주는 등의 방식으로 개입할 수 있다.
④ 공공재는 비배제성·비경합성을 띠므로 시장에 맡겼을 때 바람직한 수준 이하로 공급될 가능성이 높다.

25

정답 ⑤

윌슨의 정치행정이원론에 따르면 행정의 비정치성이란 행정은 정치적 이념 혹은 집안이나 특정 개인의 선호도를 고려하지 않고 중립적으로 이루어져야 한다는 것을 의미한다.

02 사무상경(경영·경제·회계)
적중예상문제

01 경영

01	02	03	04	05	06	07	08	09	10
③	⑤	③	②	④	③	③	①	③	③
11	12	13	14	15	16	17	18	19	20
③	②	④	①	②	④	①	①	③	②
21	22	23	24	25					
④	②	③	②	⑤					

01　　　　　정답 ③

허즈버그의 실증적 연구결과에 의하면 인간이 직무와 관련해서 추구하는 욕구는 크게 두 가지의 범주로 나누는데, 그중 한 가지는 동기요인이며 다른 한 가지는 위생요인이다. 동기요인은 직무에 대한 만족을 결정짓는 데 영향을 미치는 요인들로서 직무에 대한 만족을 결정짓는다는 의미에서 이 요인들을 만족요인이라고도 부르고, 위생요인은 결핍되었을 때 직무에 대한 불만족을 초래하는 요인들로서 직무에 대한 만족을 결정짓는 요인들과는 별개의 요인이므로 이를 불만족요인 또는 유지요인이라고도 부른다.

02　　　　　정답 ⑤

ESG 경영의 주된 목적은 착한 기업을 키우는 것이 아니라 불확실성 시대의 환경, 사회, 지배구조라는 복합적 리스크에 얼마나 잘 대응하고 지속적 경영으로 이어나갈 수 있느냐 하는 것이다.

03　　　　　정답 ③

호손 실험의 순서는 ㄴ. 조명실험 → ㄹ. 계전기 조립실험 → ㄱ. 면접실험 → ㄷ. 배전기 전선작업실 관찰이다.

04　　　　　정답 ②

자원의존 이론에 대한 설명이다. 조직이 생존하기 위해서는 환경으로부터 전략적으로 자원을 획득하고 적극적으로 환경에 대처한다는 이론이다.

오답분석

① 제도화 이론 : 조직의 생존을 위해 이해관계자들로부터 정당성을 얻는 것이 중요하며, 조직들이 서로 모방하기 때문에 동일 산업 내의 조직형태 및 경영관행 등이 유사성을 보인다는 이론
③ 조직군 생태학 이론 : 환경에 따른 조직들의 형태와 그 존재 및 소멸 이유를 설명하는 이론
④ 거래비용 이론 : 기업의 조직이나 형태는 기업의 거래비용을 절약하는 방향으로 결정된다는 이론
⑤ 학습조직 이론 : 기업은 조직원이 학습할 수 있도록 환경을 제공하고 그 학습결과에 따라 지속적으로 조직을 변화시킨다는 이론

05　　　　　정답 ④

포드는 고임금 저가격의 원칙을 주장하였다.

06　　　　　정답 ③

리볼빙을 빈번하게 오래 사용하면 신용상태가 부정적으로 평가받을 수 있다.

오답분석

① 원하는 만큼만 카드대금을 결제할 수 있어 소득이 불규칙한 사람에게 더 유리하다.
② 결제대금의 일부만 결제하여도 연체로 기록되지 않기 때문에 신용관리에 유리하다.
④ 리볼빙 이자율은 카드사마다 다르나 일반적인 신용대출 이자율보다 높으며, 20%가 넘는 경우도 있다.
⑤ (카드값)×(리볼빙 비율)=(일부 결제금액)

07　　　　　정답 ③

ㄱ. 이윤 극대화의 1차 조건은 MR=MC를 만족할 때이다. 즉, 재화 1단위를 더 판매할 때 추가로 얻는 수입과 재화 1단위를 더 생산할 때 추가 비용이 같아져야 함을 의미한다.
ㄴ. 이윤 극대화의 2차 조건은 한계수입곡선의 기울기보다 한계비용곡선의 기울기가 더 커야 한다는 것이다. 이는 한계비용곡선이 한계수입곡선을 아래에서 위로 교차해야 함을 의미한다.

ㄷ. 평균수입곡선과 평균비용곡선이 교차하는 것은 이윤 극
대화 조건과 아무런 관계가 없다.

08

② 학습조직(Learning Organization) : 일상적으로 학습을
계속 진행해나가며 스스로 발전하여, 환경 변화에 빠르게
적응할 수 있는 조직으로, 기업에서는 이를 업무에 적용함
으로써 집단의 역량 제고를 유도할 수 있다.
③ 리엔지니어링(Reengineering) : 기업의 업무와 조직을
근본적으로 재구성하여 경영의 효율을 높이려는 경영 방
법을 의미한다.
④ ERP(Enterprise Resource Planning) : 전사적 자원 관
리는 조직이 회계, 조달, 프로젝트 관리, 리스크 관리와
규정 준수, 공급망 운영 등 일상적인 비즈니스 활동을 관
리하는 데 사용하는 소프트웨어 유형을 의미한다.
⑤ CRM(Customer Relationship Management) : 고객 관
계 관리는 회사의 기존 고객, 신규 고객, 잠재고객 등의
정보를 저장하고 관리할 수 있도록 도움을 주는 서비스를
의미한다.

09

인지 부조화 이론은 페스팅거에 의해 제시된 이론으로, 자신
이 가진 내적 신념이나 태도에 일치하지 않을 때 긴장상태(불
편한 상태)가 발생되는 상황으로 소비 맥락에서 일어나는 인
지 부조화를 구매 후 부조화라고 한다. 따라서 이러한 불편한
상태를 해소하기 위해 자신의 기대를 낮추거나 다른 정당성을
부여함으로써 구매 후 부조화를 해소한다. 보통 가격이 높은
제품일수록 구매 후 부조화는 더욱 커지게 된다.

10

① SWOT 분석 : 기업의 내부환경과 외부환경을 분석하여
강점(Strength), 약점(Weakness), 기회(Opportunity),
위협(Threat) 요인을 규정하고 이를 토대로 경영전략을
수립하는 기법이다.
② 시계열 분석(Time Series Analysis) : 시계열 데이터를
통해 유의미한 특징을 추출하는 분석 방법이다.
④ 상관관계 분석(Correlation Analysis) : 변수 간의 관계
의 밀접한 정도, 즉 상관관계를 분석하는 통계적 분석 방
법이다.
⑤ 다차원척도 분석(Multidimensional Analysis) : n개의
대상물에 대해 몇 개의 특성 변수를 측정한 후엔 이 변수
를 이용하여 개체들 사이의 거리 또는 비유사성을 측정하
고, 이를 이용하여 개체들을 2차원 또는 3차원 공간상의
점으로 표현하는 통계적 분석 방법을 말한다.

11

① 아웃소싱(Outsourcing) : 일부의 자재, 부품, 노동, 서비
스를 외주업체에 이전해 전문성과 비용 효율성을 높이는
것을 말한다.
② 합작투자(Joint Venture) : 2개 이상의 기업이 공동으로
투자하여 새로운 기업을 설립하는 것을 말한다.
④ 턴키프로젝트(Turn Key Project) : 공장이나 여타 생산설
비를 가동 직전까지 준비한 후 인도해주는 방식을 말한다.
⑤ 그린필드투자(Green Field Investment) : 해외 진출 기
업이 투자 대상국에 생산시설이나 법인을 직접 설립하여
투자하는 방식으로, 외국인직접투자(FDI)의 한 유형이다.

12

안정성 비율, 수익성 비율, 성정성 비율을 구분하면 다음과
같다.

안정성 비율	유동비율, 당좌비율, 부채비율, 고정비율, 자기자본비율, 유보율, 이자보상비율
수익성 비율	매출액순이익률, 매출액영업이익률, 총자산이익률, 자기자본순이익률, 주당순이익, 배당성향
성장성 비율	매출액증가율, 총자산증가율, 순이익증가율, 납입자본 증가율

13

해당 재화의 가격이 변하면 수요곡선의 이동이 아닌 수요곡선
상의 이동이 나타난다.

①·②·③·⑤ 수요곡선을 이동시키는 변수에는 소득, 연관
재의 가격, 취향, 미래에 대한 기대, 소비자 수 등이 있다.

14

기준금리 인하는 자산가격의 상승을 유도한다.

② 천연가스 가격이 오르면 대체재인 원유를 찾는 소비자가
늘어나게 되어 공급이 늘어나므로 공급곡선은 오른쪽으로
이동한다.
③ 초과공급에 대한 설명이다.
④ CD금리는 CD(양도성예금증서)가 유통시장에서 거래될
때 적용받는 이자율이다.
⑤ 기준금리는 2016년까지 12회였으나, 2017년부터 연 8회
로 변경되었다.

15
정답 ②

(ㄱ) : 집약적 유통은 가능한 많은 중간상들에게 자사의 제품을 취급하도록 하는 것이다.
(ㄴ) : 전속적 유통은 일정 지역 내에서의 독점판매권을 중간상에게 부여하는 방식이다.
(ㄷ) : 선택적 유통은 집약적 유통과 전속적 유통의 중간 형태이다.

16
정답 ④

제품믹스란 특정 판매업자가 구매자들에게 제공하는 모든 제품의 배합으로 제품계열과 품목들의 집합을 의미하는데, 어떤 제품믹스이든 폭과 깊이 및 다양성·일관성 면에서 분석될 수 있다.

17
정답 ①

제시된 자료의 기회비용을 계산해 보면 다음과 같다.

구분	컴퓨터 1대 생산에 따른 기회비용	TV 1대 생산에 따른 기회비용
A국가	TV : 2.5(=20÷8)	컴퓨터 : 0.4(=8÷20)
B국가	TV : 5(=10÷2)	컴퓨터 : 0.2(=2÷10)

컴퓨터 1대 생산에 따른 기회비용이 A국가(2.5)가 B국가(5)보다 낮으므로 비교우위에 있다고 할 수 있다.

18
정답 ①

직무현장훈련(OJT)이란 업무와 훈련을 겸하는 교육훈련 방법을 의미한다. 실습장 훈련, 인턴사원, 경영 게임법 등은 OJT가 아닌 Off the Job Training에 해당한다.

19
정답 ③

사업부제의 단점으로는 연구개발, 회계, 판매, 구매 등의 활동이 중복되기 때문에 공통비가 증대되는 단점이 있다.

소집단의 장·단점

장점	단점
• 불안정한 환경에서 신속한 변화에 적합 • 몇 개의 제품을 가진 대규모 기업에 적합	• 기능부서내에서 규모의 경제 효과 감소 • 특정 분야에 대한 지식과 능력의 전문화가 곤란

20
정답 ②

오답분석

ⓒ 코픽스 금리는 8개 은행에서 자료를 받아 은행연합회가 계산한다.
ⓔ 코픽스 금리 산출대상 수신상품은 총 8개이다. 이는 정기예금, 정기적금, 상호부금, 주택부금, 양도성예금증서, 환매조건부채권매도, 표지어음매출, 금융채이다.

21
정답 ④

BPR은 품질, 비용, 속도, 서비스와 같은 업무성과의 과감한 개선을 목표로 한다.

> **비즈니스 프로세스 리엔지니어링(Business Process Re-engineering)**
> 마이클 해머에 의해 제창된 기법으로 기존의 업무방식을 근본적으로 재고려하여 과격하게 비즈니스 시스템 전체를 재구성하는 것이다. 프로세스를 근본 단위로부터 업무, 조직, 기업문화까지 전 부분에 대하여 대폭적으로 성과를 향상시키는 것을 말한다.

22
정답 ②

㉠ 고전학파는 금리가 통화량 변동과 아무 관계없이 생산성 변동, 소비절약과 같은 실물요인에 의해서만 영향을 받는다고 주장했다.
ⓒ 케인스는 유동성선호설을 근거로 화폐수요에 의해 이자율이 결정된다고 주장했다.

오답분석

ⓒ 통화량의 변동이 장기적으로 물가수준의 변동만을 가져온다고 주장하는 것은 고전학파 이론이다.
ⓔ 대부자금의 공급을 결정하는 요인으로 실물부분의 저축과 통화공급의 증감분을 주장하였다.

23
정답 ③

노동자 1명을 더 고용했을 때 추가적으로 발생하는 수입인 한계생산가치는 요소의 한계생산에 산출물의 시장가격을 곱하여 구한다. 4번째 노동자의 한계생산가치는 70켤레×1만=70만 원이 되어 임금보다 높으므로 고용을 하는 것이 기업에게 유리하다. 그러나 5번째 노동자의 한계생산가치는 60켤레×1만=60만 원이 되어 임금보다 작으므로 고용하지 말아야 한다. 따라서 고용하게 될 노동자 수는 4명이다.

24

정답 ②

구성원 간 이해와 협조가 없을 경우 비효과적인 것은 매트릭스 조직의 특징이다.

> **네트워크 조직**
> 네트워크 조직은 아웃소싱, 전략적 제휴 등을 통해 핵심 역량에만 집중하는 조직 형태로 상호협조를 통해 시너지효과를 창출하고, 환경변화에 유연한 적응이 가능한 조직이다.

25

정답 ⑤

MBO는 시간과 비용이 많이 소요된다.

> **MBO(Management by Objectives)의 목적**
> • 전략 연계성 : 조직과 개인의 목표 간 전략적 연계
> • 동기부여 : 목표 달성을 위한 동기부여
> • 의사소통 : 커뮤니케이션 활성화
> • 처우 및 보상 결정 : 공정한 처우 및 보상

---

02 경제

01	02	03	04	05	06	07	08	09	10
①	③	①	②	②	①	④	③	⑤	①
11	12	13	14	15	16	17	18	19	20
③	④	④	③	④	⑤	③	⑤	⑤	④
21	22	23	24	25					
⑤	③	④	④	③					

01

정답 ①

제시문은 거시경제학을 위시하여 미시경제학, 경제사, 경제통계학에 큰 기여를 한 밀턴 프리드먼(Milton Friedman)에 대해 설명하고 있다.

오답분석

② 앵거스 디턴(Angus Deaton) : 미국의 경제학자로 소득의 불평등에 대한 연구로 2015년 노벨경제학상을 수상했다.
③ 소스타인 베블런(Thorstein Veblen) : 미국의 경제학자로 그의 저서 『유한계급론』(1899)을 통해 과시적 소비 문제를 지적했다.
④ 로버트 솔로(Robert Solow) : 미국의 경제학자로 경제성장이론에 대한 연구로 1987년 노벨경제학상을 수상했다.
⑤ 폴 A. 새뮤언스(Paul Anthony Samuelson) : 미국의 경제학자로 신고전학파의 미시적 시장균형 이론과 케인스의 거시경제 이론을 접목시켜 '신고전파 종합이론'이라는 새로운 학문체계를 완성했다.

02

정답 ③

총수요의 구성요인으로서 투자에는 새로운 생산설비와 건축물에 대한 지출, 상품재고의 증가, 신축주택의 구입 등이 포함되지만 기업의 부동산 매입은 GDP 증가에 기여하지 않으므로 포함되지 않는다.

03

정답 ①

차선이론이란 모든 파레토효율성 조건이 동시에 충족되지 못하는 상황에서 더 많은 효율성 조건이 충족된다고 해서 더 효율적인 자원배분이라는 보장이 없다는 이론이다. 차선이론에 따르면 점진적인 제도개혁을 통해서 일부의 효율성 조건을 추가로 충족시킨다고 해서 사회후생이 증가한다는 보장이 없다. 한편, 후생경제학에서 효율성은 파레토효율성을 통하여 평가하고, 공평성은 사회후생함수(사회무차별곡선)를 통해 평가한다. 후생경제학의 제1정리를 따르면 모든 경제주체가 합리적이고 시장실패 요인이 없으면 완전경쟁시장에서 자원배분은 파레토효율적이다.

04
정답 ②

취득세, 등록세, 면허세, 주민세, 재산세, 자동차세, 공동시설세, 지역개발세, 도시계획세 등이 지방세에 해당하는 항목이다.

05
정답 ②

자동안정화 장치는 주로 재정정책과 관련된 제도적 장치이다. 재정정책의 경우 정책당국의 정책변경 사항이 국회의 심의를 거쳐 정책당국이 정책을 수립하고 시행해야 하므로 내부시차가 긴 반면 직접 유효수요에 영향을 미치므로 외부시차는 짧다. 자동안정화가 잘 작동하는 상태에서는 경기침체 시 정책당국이 경기침체를 인식하거나 조세감면을 실행하지 않더라도 자동으로 세금을 덜 걷게 되어 경기침체가 완화된다. 따라서 자동안정화 장치는 인식시차와 실행시차를 합한 내부시차를 줄이는 역할을 한다.

06
정답 ①

$100만 \times (1+0.05)^2 = 1,102,500$원이므로 명목이자율은 10.25%이다. 따라서 실질이자율은 명목이자율에서 물가상승률을 뺀 값이므로 $10.25 - \left(\dfrac{53-50}{50} \times 100\right) = 10.25 - 6 = 4.25\%$이다.

07
정답 ④

할부, 현금서비스는 리볼빙 대상에 해당되지 않아 청구된 금액 모두 납부해야 한다. 또한, 계좌에 납부금액만큼 현금이 있지 않을 경우, 최소결제금액만 결제하면 연체를 피할 수 있다.
- 리볼빙(일부결제) 금액 : 100만×30%=30만 원
- 이번 달 납부금액 : 30만+20만+10만=60만 원
- 최소결제금액 : 100만×20%=20만+(할부 20만)+(현금서비스 10만)=50만 원

따라서 A가 납부해야 할 금액은 50만 원이다.

08
정답 ③

케인스가 주장한 절약의 역설은 개인이 소비를 줄이고 저축을 늘리는 경우 저축한 돈이 투자로 이어지지 않기 때문에 사회전체적으로 볼 때 오히려 소득의 감소를 초래할 수 있다는 이론이다. 저축을 위해 줄어든 소비로 인해 생산된 상품은 재고로 남게 되고 이는 총수요 감소로 이어져 국민소득이 줄어들 수 있다.

09
정답 ⑤

국내총생산(GDP)에 포함되는 것은 최종재의 가치이다. 최종재란 생산된 후 소비자에게 최종 소비되는 재화를 의미하므로 최종재 생산에 투입되는 중간재의 가치는 포함되지 않는다. 요리를 위해 분식점에 판매된 고추장은 최종재인 떡볶이를 만드는 재료로 쓰이는 중간재이므로 GDP 측정 시 포함되지 않는다. 또한, 토지가격 상승에 따른 자본이득은 아무런 생산과정이 없기 때문에 토지가 매매되기 전까지는 GDP에 포함되지 않는다.

10
정답 ①

(가) 마찰적 실업이란 직장을 옮기는 과정에서 일시적으로 실업상태에 놓이는 것을 의미하며, 자발적 실업으로서 완전고용상태에서도 발생한다.
(나) 오쿤의 법칙이란 한 나라의 산출량과 실업 간에 경험적으로 관찰되는 안정적인 음(−)의 상관관계가 존재한다는 것을 의미한다.
(다) 이력 현상이란 경기 침체로 인해 한번 높아진 실업률이 일정기간이 지난 이후에 경기가 회복되더라도 낮아지지 않고 계속 일정한 수준을 유지하는 현상을 의미한다.
(라) 경기적 실업이란 경기 침체로 유효수요가 부족하여 발생하는 실업을 의미한다.

11
정답 ③

예대시장, 집합투자시장, 신탁업시장, 보험시장은 간접금융시장에 해당된다.

오답분석

①·②·④·⑤ 직접금융시장(단기금융시장, 자본시장, 외환시장, 파생금융상품시장)에 해당된다.

12
정답 ④

담배 수요의 가격탄력성이 단위탄력적이라는 것은 가격의 변화율에 따라 수요량도 반대 방향의 같은 수치로 변화한다는 것을 의미한다. 예를 들어 가격이 1% 상승하면 수요량은 1%로 감소하는 것이다. 문제의 경우 담배수요량을 10% 줄이려고 할 때 담배수요의 가격탄력성이 단위탄력적이면 담배의 가격을 10% 올리면 될 것이다. 따라서 담배 가격은 4,500원이므로 담배가격의 인상분은 4,500원의 10%인 450원이 된다.

13
정답 ④

효용이 극대화가 되는 지점은 무차별곡선과 예산선이 접하는 점이다. 따라서 무차별곡선의 기울기인 한계대체율과 예산선의 기울기 값이 같을 때, 효용이 극대화된다. $\mathrm{MRS}_{xy} = \dfrac{\mathrm{MU}_x}{\mathrm{MU}_y}$

$= \dfrac{\mathrm{P}_x}{\mathrm{P}_y}$ 이고, $\mathrm{MU}_x = 600$, $\mathrm{P}_x = 200$, $\mathrm{P}_y = 300$이므로, MU_y $= 900$이 되고, 한계효용이 900이 될 때까지 Y를 소비하므로, Y의 소비량은 4개가 된다.

14
정답 ③

- 변동 전 균형가격은 $4P + P = 600$이므로 균형가격 P는 120이다.
- 변동 전 균형거래량은 $4 \times 120 = 480$이고, 변동 후 균형가격은 $4P + P = 400$이므로 균형가격 P는 80이다. 따라서 변동 후 균형거래량은 $4 \times 80 = 320$이다.

15
정답 ④

총수요의 변동으로 경기변동이 발생하면 경기와 물가는 같은 방향으로 움직이므로 경기 순응적이 된다.

16
정답 ⑤

제시된 수요곡선의 방정식은 $P = -Q + 100$이다. 수요의 가격탄력성이 1일 경우는 수요곡선상의 중점이므로 이때의 X재 가격은 50원이다. 따라서 독점기업은 항상 수요의 가격탄력성보다 큰 구간에서 재화를 생산하므로 독점기업이 설정하는 가격은 50원 이상이다.

오답분석
① 수요곡선의 방정식에 따르면, 가격이 100원이면 X재의 수요량은 0이고, 가격이 30원이면 X재의 수요량은 70이다.
② 수요곡선이 우하향의 직선인 경우 수요곡선상의 우하방으로 이동할수록 수요의 가격탄력성이 점점 작아지므로 수요곡선상의 모든 점에서 수요의 가격탄력성이 다르게 나타난다.
③ X재는 정상재이므로 소득이 증가하면 수요곡선이 오른쪽으로 이동한다.
④ X재와 대체관계에 있는 Y재의 가격이 오르면 X재의 수요가 증가하므로 X재의 수요곡선은 오른쪽으로 이동한다.

17
정답 ③

수익률에 따라 필요한 곳에 합리적으로 자금이 배분되어 자금시장의 효율성을 제고하는 역할을 한다(자원배분 기능).

오답분석
① 소득을 현재 소비할지 미래에 소비할지 결정하는 대가로 작용한다.
② · ④ · ⑤ 경기가 과열되면 금리 인상을 통해 시중자금 수급을 줄일 수 있고, 경기가 침체되면 금리 인하를 통해 시중자금 수급을 늘려 경기를 부양할 수 있다.

18
정답 ⑤

나. 코즈의 정리에 의하면 외부성이 존재하는 경우 재산권이 명확하게 설정되면 이해관계 당사자 간의 협상을 통해 파레토 효율을 달성할 수 있다.
다. 공공재는 배제가 불가능하여 생산비를 내지 않은 개인도 소비할 수 있으므로 공공재 공급을 사기업에 맡기면 생산이 전혀 이루어지지 않을 수 있다.
라. 공공재는 비경합성과 비배재성이라는 두 가지 특징을 지니고 있다. 공공재에 대한 어떤 사람의 소비가 다른 사람들이 소비할 수 있는 양을 감소시키지 않는다는 것이다. 그러나 이러한 특징은 공유지의 비극과 같은 단점으로 인해 시장실패의 원인이 될 수 있다.
마. 시장실패의 원인은 크게 정보의 비대칭, 불완전 경쟁시장, 공공재, 외부효과로 나눌 수 있다. 그중에서 외부효과는 거래에 직접 관련되지 않은 당사자에게 거래가 이익 또는 비용을 생성될 때 발생한다.

19
정답 ⑤

CD금리는 양도성예금증서로 기관과 기관 간의 거래에서 사용하는 금리이다.

오답분석
① 여신금리 : 돈을 빌려줄 때의 대출금리이다.
② 수신금리 : 예금금리이다.
③ 우대금리 : 신용도가 높거나 특정 조건에 부합하는 경우 우대하여 제공하는 금리이다.
④ 가산금리 : 은행이 예대마진을 얻고 수익을 창출하기 위한 금리이다.

20 정답 ④

ⓒ 기업회계기준에서는 손익계산서를 보고식으로 작성하는 것을 원칙으로 한다.

ⓔ 전년도와 비교하는 형식을 갖추도록 규정하고 있는 것은 보고식 손익계산서에 대한 설명이다.

오답분석

ⓐ 차변에는 비용과 당기순이익, 대변에는 수익과 당기순손실을 표시한다.

ⓑ T자형으로 나누어 좌측을 차변, 우측을 대변이라 한다.

21 정답 ⑤

양의 외부성으로 인한 과소생산 문제는 보조금을 통해 내부화시킴으로써 해결할 수 있다.

22 정답 ③

물가상승률은 가산금리와 관계가 없다.

오답분석

①・②・④・⑤ 가산금리는 업무원가, 비용, 이익률을 종합적으로 고려하여 정한다.

23 정답 ④

벤담, 제임스 밀, 존 스튜어트 밀 등이 대표적인 학자인 공리주의는 최대 다수의 최대 행복을 목적으로 한다. 따라서 공리주의에 따르면 구성원들의 소득 합이 가장 많아서 효용이 가장 큰 대안을 선택해야 하므로 A안(13억 원), B안(8억 원), C안(12억 원) 중 A안을 선택한다. 반면 롤스는 최소 수혜자의 최대 행복을 목적으로 하기 때문에 전체 효용이 아니라 최소 수혜자가 얼만큼 효용을 얻는지 살펴야 한다. A안은 구성원 2가 0억 원을, B안은 구성원 3이 1억 원을, C안은 구성원 1이 3억 원의 효용을 얻으므로 최소 수혜자가 가장 많은 행복을 얻을 수 있는 C안이 가장 바람직한 선택이다. 결론적으로 공리주의를 따르면 A안, 롤스를 따르면 C안을 선택하는 것이 바람직하다.

24 정답 ④

오답분석

① GDP는 국내총생산이다.

② GDP에 국외순수취요소소득을 더한 것은 GNP이다.

③ GNP의 계산은 해외에서 이루어지는 자국민의 경제활동을 포함한다.

⑤ 외국인의 국내소득은 GDP에는 포함되지만 GNP에는 포함되지 않는다.

25 정답 ③

풋옵션을 매수한 사람은 시장에서 해당 상품이 사전에 정한 가격보다 낮은 가격에서 거래될 경우, 그 권리를 행사함으로써 비싼 값에 상품을 팔 수 있다. 그러나 해당 상품의 시장가격이 사전에 정한 가격보다 높은 경우는 권리를 행사하지 않을 수도 있다.

03 회계

01	02	03	04	05	06	07	08	09	10
②	③	①	②	①	④	②	⑤	④	③
11	12	13	14	15	16	17	18	19	20
⑤	③	⑤	②	⑤	①	③	③	②	③
21	22	23	24	25					
⑤	⑤	②	②	①					

01
정답 ②

기말상품재고액은 저가주의에 의한 순실현가능가치로 인식되므로 다음과 같은 식이 성립한다.
- A상품 : 1,000, B상품 : 1,900
- (기말재고자산 합계)=1,000+1,900=2,900
- 매출원가=기초재고(0)+당기매입(10,000)−기말재고(2,900)=7,100

따라서 장부금액은 2,900원이고, 매출원가는 7,100원이다.

02
정답 ③

[총수익(TR)]=[총비용(TC)]+(당기순이익)
처음 출자금인 납입자본과 현금배당 주식배당 같은 기타수익인 배당금수익을 당기순이익으로 잡고 총비용과 합한 것이 총수익이 된다.
따라서 총수익은 350,000+50,000+10,000+30,000=440,000원이다.

03
정답 ①

- 적송품 중 미판매분 원가 → 가산 : 1,000×0.8=800원
  (∵매출이 20%라 했으므로 미판매분은 80%)
- 시송품 중 매입의사 미표시분 원가 → 가산 : 2,000×0.2=400원 (∵의사표시분이 80%이므로 미표시분은 20%)
- (도착지인도조건 매입분)=(매도자 재고자산) → 조정하지 아니한다.
- (선적지인도조건 매출분)=(매입자 재고자산) → 조정하지 아니한다.
- (기말재고자산원가)=실사액(10,000)+위탁상품(800)+시송품(400)=11,200원

04
정답 ②

최초 재평가로 인한 평가이익은 재평가잉여금(기타포괄손익누계액)으로, 최초의 손실은 재평가손실(당기비용)로 처리한다.

05
정답 ①

현금과부족계정은 알 수 없는 이유로 장부상의 현금 잔액과 실제 현금 잔액이 맞지 않는 경우에 설정하는 임시 계정으로서, 장부상 현금잔액을 실제 보유액으로 일치시키고 재무제표에는 실제 회계처리하지 않는다. 다만, 원인이 밝혀지면 해당 계정으로 대체를 하고 원인을 알 수 없는 경우 당기손익으로 대체하여 소멸시킨다.

06
정답 ④

금리가 하락하는 경우, 경기가 불황에 빠져 기업과 가계의 장기채권 발행 및 투자가 감소한다고 판단할 수 있다.

오답분석
① · ② 장기채는 환금성이 낮아 그만큼 유동성 프리미엄이 붙기 때문에 금리가 그만큼 높다.
③ 단기채 금리는 정책금리 변화를 반영하며, 장기채 금리는 경기 상황을 반영한다.
⑤ 장기채 금리가 낮아지고 단기채 금리가 높아져서 금리가 역전되면 이는 경기 침체 우려를 나타낸다고 볼 수 있다.

07
정답 ②

수선충당부채 및 퇴직급여부채는 비유동부채에 해당된다.

유동부채와 비유동부채

유동부채	비유동부채
• 매입채무	• 장기차입금
• 미지급비용	• 사채
• 단기차입금	• 수선충당부채
• 선수금	• 장기매입채무
• 미지급금	• 장기미지급금
• 유동성장기부채 등	• 퇴직급여부채

08
정답 ⑤

무형자산의 내용연수는 경제적 요인과 법적 요인의 영향을 받는다. 경제적 요인은 자산의 미래경제적 효익이 획득되는 기간을 결정하고, 법적 요인은 기업이 그 효익에 대한 접근을 통제할 수 있는 기간을 제한하며, 무형자산의 내용연수는 경제적 내용연수와 법적 내용연수 중 짧은 기간으로 한다.

09
정답 ④

계약, 주문, 담보설정 등은 자산, 부채, 자본의 증감변동을 일으키지 못하므로 회계거래로 볼 수 없다.

10
정답 ③

재고자산의 매입원가는 매입가격에 수입관세와 제세금, 매입운임, 하역료, 완제품, 원재료 및 용역의 취득과정에 직접 관련된 기타원가를 가산한 금액이다. 반면에 매입할인, 리베이트 및 기타 유사한 항목은 매입원가를 결정할 때 차감한다.

11
정답 ⑤

예대금리차 공시는 은행연합회에서 소비자포털을 통해 공시한다.

오답분석

② 시중에 유동성이 풍부하면 예금금리를 낮추고 대출금리는 고정시켜 예대금리 차이를 높일 수 있다.
③ 은행은 예대금리 차이가 크면 클수록 이익이다. 다만, 지나치게 차이가 발생하면 언론, 국민여론 등 불만을 제기할 소지가 그만큼 커진다.
④ 동일하게 산정되며, 요구불예금, 마이너스통장대출 등도 포함된다.

12
정답 ③

현금흐름 정보는 발생주의가 아니라 현금주의에 의하여 작성되므로, 다른 재무제표의 단점을 보완한다.

13
정답 ⑤

영구계정(실재계정)은 자산, 부채, 자본계정이나, 이자비용은 비용으로서 임시계정이다.

14
정답 ②

부채는 과거의 거래나 사건의 결과로 현재 기업실체가 부담하고 있고(현재의무) 미래에 자원의 유출 또는 사용이 예상되는 의무이다.

15
정답 ⑤

내용연수가 비한정인 무형자산의 내용연수를 유한 내용연수로 변경하는 것은 회계추정의 변경으로 회계 처리한다.

회계정책의 변경과 회계추정의 변경

구분	개념	적용 예
회계정책의 변경	• 재무제표의 작성과 보고에 적용되던 회계정책을 다른 회계정책으로 바꾸는 것을 말한다. 회계정책이란 기업이 재무보고의 목적으로 선택한 기업회계기준과 그 적용 방법을 말한다.	• 한국채택국제회계기준에서 회계정책의 변경을 요구하는 경우 • 회계정책의 변경을 반영한 재무제표가 거래, 기타 사건 또는 상황이 재무상태, 재무성과 또는 현금흐름에 미치는 영향에 대하여 신뢰성 있고 더 목적적합한 정보를 제공하는 경우
회계추정의 변경	• 회계에서는 미래 사건의 불확실성의 경제적 사건을 추정하여 그 추정치를 재무제표에 보고하여야 할 경우가 많은데 이를 회계추정의 변경이라고 한다.	• 대손 • 재고자산 진부화 • 금융자산이나 금융부채의 공정가치 • 감가상각자산의 내용연수 또는 감가상각자산에 내재된 미래경제적 효익의 기대소비행태 • 품질보증의무

16
정답 ①

영업활동 현금흐름은 직접법 또는 간접법 중 하나의 방법으로 보고할 수 있다. 직접법이란 총현금유입과 총현금유출을 주요 항목별로 구분하여 표시하는 방법을 말한다. 직접법은 간접법에서 파악할 수 없는 정보를 제공하고 미래현금흐름을 추정하는데 보다 유용한 정보를 제공하기 때문에 한국채택국제회계기준에서는 직접법을 사용할 것을 권장하고 있다.

오답분석

② 단기매매목적으로 보유하는 유가증권의 취득과 판매에 따른 현금흐름은 영업활동으로 분류한다.
③ 일반적으로 법인세로 납부한 현금은 영업활동으로 인한 현금유출에 포함된다.
④ 당기순이익의 조정을 통해 영업활동 현금흐름을 계산하는 방법은 간접법이다.
⑤ 영업을 통해 획득한 현금에서 영업을 위해 지출한 현금을 차감하는 방식으로 영업활동 현금흐름을 계산하는 방법은 직접법이다.

17

정답 ③

만기보유 채무증권은 상각기간 동안 당기손익으로 평가손익을 처리하는 상각 후 원가법으로 평가한다.

오답분석

①·②·④·⑤ 공정가치법으로 평가손익을 처리한다.

18

정답 ③

재무제표의 표시통화를 천 단위나 백만 단위로 표시할 때 더욱 이해가능성이 제고될 수 있다. 이러한 표시는 금액 단위를 공시하고 중요한 정보가 누락되지 않는 경우에 허용될 수 있다.

19

정답 ②

발생주의 원칙은 실제 현금이 들어오거나 나가지 않았어도 거래가 발생했다면 비용과 수익을 인식하여야 한다는 것이다.

오답분석

①·③·④·⑤ 손익계산서는 기업회계 기준서에서 규정하고 있는 재무제표 작성과 표시 기준에 따라 작성하여야 한다.

20

정답 ③

검증가능성은 둘 이상의 회계담당자가 동일한 경제적 사건에 대하여 동일한 측정방법으로 각각 독립적으로 측정하더라도 각각 유사한 측정치에 도달하게 되는 속성을 말한다. 따라서 검증가능성은 정보가 나타내고자 하는 경제적 현상을 충실히 표현하는지를 정보이용자가 확인하는 데 도움을 주는 보강적 질적 특성이다.

재무정보의 질적 특성

근본적 질적 특성	• 목적적합성 • 충실한 표현
보강적 질적 특성	• 비교가능성 • 검증가능성 • 적시성 • 이해가능성

21

정답 ⑤

부동산을 담보로 제공하는 행위는 일상적인 거래에 해당하지만 자산·부채·자본의 증감변동이 일어나지 않으므로 회계상 거래로 보지 않는다.

오답분석

①·②·③·④ 회계상 거래는 회사의 재무상태인 자산·부채·자본의 증감변동이 일어나는 거래를 말한다.

22

정답 ⑤

기업어음은 자금조달이 간소한 반면, 투자자에게 회사채에 비해 상대적으로 높은 금리를 지급한다.

오답분석

① 기업어음은 어음법의 적용을 받고, 회사채는 자본시장법의 적용을 받는다.
② 기업어음은 발행을 위해서 이사회의 결의가 필요 없으나, 회사채는 이사회의 결의가 필요하다.
③ 기업어음은 수요예측이 필요 없으나, 회사채는 수요예측을 필수적으로 해야 한다.
④ 기업어음의 변제순위는 회사채 변제순위보다 후순위이다.

23

정답 ②

주식을 할인 발행하더라도 총자본은 증가한다.

오답분석

① 중간배당(현금배당)을 실시하면 이익잉여금을 감소시키게 되므로 자본이 감소한다.
③ 자기주식은 자본조정 차감항목이므로 자기주식을 취득하는 경우 자본이 감소한다.
④ 당기순손실이 발생하면 이익잉여금을 감소시키게 되므로 자본이 감소한다.
⑤ 매도가능금융자산의 평가에 따른 손실(₩100,000)이 발생하였으므로 자본이 감소한다.

24

정답 ②

화폐의 시간가치 영향이 중요한 경우 충당부채는 의무를 이행하기 위하여 예상되는 지출액의 현재가치로 평가한다. 또한 할인율은 부채의 특유한 위험과 화폐의 시간가치에 대한 현행 시장의 평가를 반영한 세전 이율이다. 이 할인율에는 미래현금흐름을 추정할 때 고려한 위험을 반영하지 아니한다.

25

정답 ①

대손확정금액을 구하는 식은 다음과 같다.
대손확정금액＝기초대손충당금(150)＋대손상각비(70)－기말대손충당금(100)＝120

대손충당금

기말대손충당금	100	기초대손충당금	150
대손확정금액	(120)	대손상각비	70
	220		220

따라서 대손확정금액은 120원이다.

01	02	03	04	05	06	07	08	09	10	11	12	13	14	15	16	17	18	19	20
⑤	④	②	①	①	③	⑤	④	③	⑤	③	②	④	⑤	④	②	④	②	③	③

21	22	23	24	25															
②	①	①	⑤	④															

01

정답 ⑤

레이저용접이란 유도 방사에 의한 빛의 증폭이란 뜻이다. 레이저용접은 레이저에서 얻어진 접속성이 강한 단색 광선으로서 강렬한 에너지를 가지고 있으며, 이때의 광선 출력을 이용하여 용접을 하는 방법이다. 모재의 열 변형이 거의 없고, 이종 금속의 용접이 가능하고 정밀한 용접을 할 수 있으며 비접촉식 방식으로 모재에 손상을 주지 않는다는 특징을 갖는다. 또한 진공 상태나 대기 상태 모두 용접이 가능하다.

02

정답 ④

카운터 싱킹은 접시머리나사의 머리가 완전히 묻힐 수 있도록 원뿔 자리를 만드는 작업으로, 드릴로 뚫은 구멍의 정밀도 향상을 위하여 리머 공구로 구멍의 내면을 다듬는 작업은 리밍가공이다.

> **드릴링 가공의 종류와 방법**
> • 드릴링 : 드릴로 구멍을 뚫는 작업이다.
> • 리밍 : 드릴로 뚫은 구멍의 정밀도 향상을 위하여 리머공구로 구멍의 내면을 다듬는 작업이다.
> • 보링 : 보링바이트로 이미 뚫린 구멍을 필요한 치수로 정밀하게 넓히는 작업이다.
> • 태핑 : 탭 공구로 구멍에 암나사를 만드는 작업이다.
> • 카운터 싱킹 : 접시머리나사의 머리가 완전히 묻힐 수 있도록 원뿔 자리를 만드는 작업이다.
> • 스폿 페이싱 : 볼트나 너트의 머리가 체결되는 바닥 표면을 편평하게 만드는 작업이다.
> • 카운터 보링 : 고정 볼트의 머리 부분이 완전히 묻히도록 원형으로 구멍을 뚫는 작업이다.

03

정답 ②

[오답분석]

ㄴ・ㄷ. 기화기와 점화 플러그는 가솔린과 LPG 연료 장치와 관련된 장치이다.

04

정답 ①

수격현상이란 송출량 및 송출압력이 주기적으로 변하는 것이 아니라, 관내를 흐르는 유체의 유속이 급히 바뀌며 유체의 운동에너지가 압력에너지로 변하면서 관내압력이 비정상적으로 상승하는 현상이다. 송출량과 송출압력이 주기적으로 변하는 것은 맥동현상이다.

> **맥동현상(서징현상, Surging)**
> 펌프 운전 중 압력계의 눈금이 주기적이며 큰 진폭으로 흔들림과 동시에 토출량도 변하면서 흡입과 토출배관에서 주기적으로 진동과 소음을 동반하는 현상으로, 영어로는 서징(Surging)현상이라고 한다.

05

정답 ①

먼저 절삭속도(v)를 구하면 다음과 같다.

$v = \dfrac{\pi d n}{1,000}$ m/min $= \dfrac{\pi \times 50 \times 2,000}{1,000 \times 60[s]} = 1.66\pi$ m/s

이를 동력(H) 구하는 식에 효율(η)을 달리해서 대입하면 다음과 같은 식이 성립한다.

• $\eta = 100[\%]$임을 가정할 경우

$H = \dfrac{F \times v}{102 \times 9.8 \times \eta}$ [kW]

$= \dfrac{60 \times 1.66\pi}{102 \times 9.8 \times 1} = \dfrac{99.6\pi}{999.6} \fallingdotseq 0.09\pi \fallingdotseq 0.1\pi$

• $\eta = 1[\%]$임을 가정할 경우

$H = \dfrac{F \times v}{102 \times 9.8 \times \eta}$ [kW]

$= \dfrac{60 \times 1.66\pi}{102 \times 9.8 \times 0.01} = \dfrac{99.6\pi}{9.9} \fallingdotseq 10.06\pi \fallingdotseq 10\pi$

따라서 최소절삭동력은 0.1π가 된다.

동력 구하는 식

$H = \dfrac{F \times v}{102 \times 9.8 \times \eta}$ [kW](F : 절삭분력[N], v : 절삭속도[m/s])

06

정답 ③

오답분석

ㄱ. 주철은 탄소강보다 용융점이 낮다.

ㄹ. 가단주철은 백주철을 고온에서 장시간 열처리하여 시멘타이트 조직을 분해하거나 소실시켜 조직의 인성과 연성을 개선한 주철로, 가단성이 부족했던 주철을 강인한 조직으로 만들기 때문에 단조작업이 가능한 주철이다. 제작 공정이 복잡해서 시간과 비용이 상대적으로 많이 든다.

07

정답 ⑤

(a)는 면심입방격자 구조이며, 대표적인 금속은 Al, Ni, Cu 등이 있고, (b)는 체심입방격자 구조이며, 대표적인 금속은 Cr, V, W 등이 있다.

08

정답 ④

인성(Toughness)은 파괴되기(파괴강도) 전까지 재료가 에너지를 흡수할 수 있는 능력이다.

오답분석

① 재료에 응력이 증가하게 되면 탄성 영역을 지나 항복점까지 도달하면 재료는 파괴된다.

② 탄력(Resilience)은 탄성 범위 내에서 에너지를 흡수하거나 방출할 수 있는 재료의 능력이다.

③ 연성(Ductility)은 탄성한계보다 큰 외력이 가해졌을 때 파괴되지 않고 잘 늘어나는 성질이다.

⑤ 연성은 일반적으로 부드러운 금속 재료일수록 크고, 동일의 재료에서는 고온으로 갈수록 크게 된다.

09

정답 ③

Fe − C 평형상태도는 복평형 상태도라고도 하며, 온도에 따라 철에 탄소가 합금된 상태의 그래프로 상의 규칙은 일반적으로 다음과 같다.

구분	반응온도	탄소 함유량	반응내용	생성조직
공석 반응	723℃	0.8%	γ 고용체 ↔ α 고용체+Fe_3C	펄라이트 조직
공정 반응	1,147℃	4.3%	융체(L) ↔ γ 고용체+Fe_3C	레데뷰라이트 조직
포정 반응	1,494℃ (1,500℃)	0.18%	δ 고용체+융체(L) ↔ γ 고용체	오스테나이트 조직

10

정답 ⑤

오답분석

① 어큐뮬레이터 : 펌프의 맥동을 흡수하거나 유체의 충격 압력을 흡수하고 유압 에너지를 축적하는 기기이다.
② 릴리프 밸브 : 최고 허용 압력 이상으로 증가하지 않도록 제어하는 밸브이다.
③ 체크 밸브 : 유체가 한 방향으로만 흐르도록 유체의 역류를 방지하는 밸브이다.
④ 서보 밸브 : 기계적, 전기적 신호를 받아 유체의 압력 또는 유량을 제어하는 밸브이다.

11

정답 ③

내연기관의 열효율 중 이론적으로 계산된 이론 열효율이 가장 크며, 크랭크축이나 기어의 손실을 반영한 제동 열효율이 가장 작다. 따라서 열효율의 순서대로 나열한다면, 제동 열효율 < 도시 열효율 < 이론 열효율 순으로 나타낼 수 있다.

내연기관의 효율

구분	계산식
이론 열효율	사이클이 진행될 때 손실이 전혀 없다고 가정했을 때 피스톤이 한 일로 열량을 공급 열량으로 나눈 수이다.
도시 열효율	사이클이 진행될 때 약 24 ~ 28%의 열손실이 발생하며 피스톤에 하는 도시일과 공급된 총열량과의 비이다.
제동 열효율	정미 효율이라고도 불리며 피스톤이나 크랭크축의 마찰손실과 기어의 손실로 일부가 소비되어 실제로 도시 열효율보다도 작다.

12

정답 ②

비소모성 텅스텐봉을 전극으로 사용하고 별도의 용가재를 사용하는 용접법은 TIG(Tungsten Inert Gas)용접이다. MIG용접은 소모성 전극봉을 사용한다.

용극식과 비용극식 아크용접법

용극식 용접법 (소모성 전극)	용가재인 와이어 자체가 전극이 되어 모재와의 사이에서 아크를 발생시키면서 용접 부위를 채워나가는 용접방법으로, 이때 전극의 역할을 하는 와이어는 소모된다. 예 서브머지드 아크용접(SAW), MIG용접, CO_2용접, 피복금속 아크용접(SMAW)
비용극식 용접법 (비소모성 전극)	전극봉을 사용하여 아크를 발생시키고 이 아크열로 용가재인 용접을 녹이면서 용접하는 방법으로, 이때 전극은 소모되지 않고 용가재인 와이어(피복금속 아크용접의 경우 피복 용접봉)는 소모된다. 예 TIG용접

13

정답 ④

카운터 싱킹은 접시머리 나사의 머리가 완전히 묻힐 수 있도록 원뿔 자리를 만드는 작업이다.

14

정답 ⑤

[오답분석]

ㄱ. 열단형 칩 : 칩이 날 끝에 달라붙어 경사면을 따라 원활히 흘러나 가지 못해 공구에 균열이 생기고 가공 표면이 뜯겨진 것처럼 보인다.

ㄴ. 균열형 칩 : 주철과 같이 취성(메짐)이 있는 재료를 저속으로 절삭할 때 발생하며 가공면에 깊은 홈을 만들기 때문에 재료의 표면이 매우 불량해진다.

15

정답 ④

솔리드 모델링은 공학적 해석[면적, 부피(체적), 중량, 무게중심, 관성 모멘트] 계산이 가능하다.

솔리드 모델링의 특징
- 간섭체크가 가능하다.
- 숨은선의 제거가 가능하다.
- 정확한 형상표현이 가능하다.
- 기하학적 요소로 부피를 갖는다.
- 유한요소법(FEM)의 해석이 가능하다.
- 금형설계, 기구학적 설계가 가능하다.
- 형상을 절단하여 단면도 작성이 가능하다.
- 모델을 구성하는 기하학적 3차원 모델링이다.
- 데이터의 구조가 복잡해서 모델 작성이 복잡하다.
- 조립체 설계 시 위치나 간섭 등의 검토가 가능하다.
- 서피스 모델링과 같이 실루엣을 정확히 나타낼 수 있다.
- 셀 혹은 기본곡면 등의 입체요소 조합으로 쉽게 표현할 수 있다.
- 공학적 해석[면적, 부피(체적), 중량, 무게중심, 관성 모멘트] 계산이 가능하다.
- 불리안 작업(Boolean Operation)에 의하여 복잡한 형상도 표현할 수 있다.
- 명암, 컬러 기능 및 회전, 이동하여 사용자가 명확히 물체를 파악할 수 있다.

16

정답 ②

밸브의 포트 수는 접속구의 수, 위치 수는 전체 사각형의 개수, 방향 수는 전체 화살표의 개수이다.
따라서 접속구의 수는 4, 전체 사각형의 수는 4, 전체 화살표의 수는 4이므로 4포트 4위치 4방향 밸브이다.

17

냉간가공은 열간가공보다 표면산화물이 발생하지 않아서 정밀가공이 가능해서 가공면이 매우 깨끗하다.

냉간가공 재료의 특징
- 수축에 의한 변형이 없다.
- 인성, 연성, 연신율을 감소시킨다.
- 가공 온도와 상온과의 온도차가 적다.
- 결정립의 변형으로 단류선이 형성된다.
- 가공경화로 강도, 경도, 항복점을 증가시킨다.
- 전위의 집적으로 인하여 가공경화가 발생한다.
- 가공 시 불균일한 응력으로 인해 잔류응력이 발생한다.
- 냉간가공이 많아질수록 결정핵의 생성이 많아져서 재결정온도는 낮아진다.
- 열간가공과는 달리 표면이 산화되지 않아서 치수정밀도가 높고 깨끗한 가공면을 얻는다.
- 강을 200 ~ 300℃의 범위에서 냉간가공하면 결정격자에 변형이 생기고 청열취성이 발생한다.

열간가공 재료의 특징
- 충격이나 피로에 강하다.
- 가공도가 매우 큰 변형이 가능하다.
- 설비와 가공할 수 있는 치수에 제한이 있다.
- 불순물이나 편석이 없어지고 재질이 균일하게 된다.
- 연화 및 재결정이 이루어져 가공성을 저하시키지 않는다.
- 새로운 결정이 생기고 이것이 다시 변형, 재결정이 반복되어 결정립을 미세화한다.
- 가공이 거듭됨에 따라 기계적 성질은 향상되나 어느 정도 이상이 되면 큰 효과가 없다.
- 열간가공된 제품은 고온에서 재료의 산화가 발생되므로 냉간가공 제품에 비해 균일성이 떨어진다.

18

ㄴ. 선택적 레이저소결(SLS) : 고분자재료나 금속분말가루를 한 층씩 도포하면서 레이저를 이용해 소결시킨 후 다시 한 층씩 쌓아
   올리는 만드는 방법이다.
ㄹ. 3차원 인쇄(3DP) : 분말가루와 접착제를 뿌려가며 형상을 만드는 방법으로 3D 프린터에 사용되고 있다.

19

[오답분석]

ㄴ. V벨트는 엇걸기가 불가능하다.

V벨트의 특징
- 운전이 정숙하다.
- 고속운전이 가능하다.
- 미끄럼이 적고 속도비가 크다.
- 베어링에 작용하는 하중이 비교적 작다.
- 벨트의 벗겨짐 없이 동력 전달이 가능하다.
- 이음매가 없으므로 전체가 균일한 강도를 갖는다.
- 비교적 작은 장력으로 큰 동력 전달이 가능하다.

평벨트	바로걸기 (Open)	
	엇걸기 (Cross)	 원동풀리　　　　　　종동풀리
V벨트	바로걸기 (Open)	

20
정답 ③

자유도란 자유롭게 이동할 수 있는 지점의 수이다. 탁상 스탠드의 경우에는 4절 링크 2개가 모두 각각 좌우로 이동할 수 있으므로 총 자유도는 2개가 된다.

21
정답 ②

유압 작동유에 수분 혼입 시 윤활작용이 저하된다.

22
정답 ①

냉동 사이클에서 냉매는 압축기 → 응축기 → 팽창밸브 → 증발기 → 압축기로 순환하는 경로를 갖는다.

> **냉동기의 4대 구성요소**
> • 압축기 : 냉매기체의 압력과 온도를 높여 고온, 고압으로 만들면서 냉매에 압력을 가해 순환시킨다.
> • 응축기 : 복수기라고도 불리며 냉매기체를 액체로 상변화시키면서 고온, 고압의 액체를 만든다.
> • 팽창밸브 : 교축과정 상태로 줄어든 입구를 지나면서 냉매액체가 무화되어 저온, 저압의 액체를 만든다.
> • 증발기 : 냉매액체가 대기와 만나면서 증발되면서 기체가 된다.

23
정답 ①

다음 표를 참고하면 철의 밀도가 탄소의 밀도보다 2 ~ 3배가 더 크기 때문에 동일 체적인 경우 철이 탄소보다 무거운 것을 알 수 있다. 따라서 순수한 철에 탄소의 함유량이 높아질수록 합금되는 탄소강의 비중은 낮아진다.

Fe과 C의 비교

구분	밀도(ρ)	원자량
Fe(철)	7.87g/cm^3	55.8g/mol
C(탄소)	$1.8 \sim 3.5\text{g/cm}^3$	12g/mol

24

오토 사이클은 흡입 → 단열 압축 → 정적 가열 → 단열 팽창 → 정적 방열 → 배기 과정을 거친다.

25

단면의 형상에 따른 단면계수는 다음과 같다.

- 원형 중실축 : $Z = \dfrac{\pi d^3}{32}$

- 원형 중공축 : $Z = \dfrac{\pi d_2^{\ 3}}{32}(1 - x^4)$ (단, $x = \dfrac{d_1}{d_2}$ 이며 $d_1 < d_2$ 이다)

- 삼각형 : $Z_c = \dfrac{bh^2}{24}$, $Z_t = \dfrac{bh^2}{12}$

- 사각형 : $Z = \dfrac{bh^2}{6}$

PART 2

CHAPTER

04 전기
적중예상문제

01	02	03	04	05	06	07	08	09	10
⑤	②	④	③	③	④	①	①	②	①
11	12	13	14	15	16	17	18	19	20
④	②	③	②	③	①	③	②	①	①
21	22	23	24	25					
①	②	④	②	②					

01 정답 ⑤
직류 송전은 차단기 설치 및 전압의 변성이 어렵다.

02 정답 ②
병렬회로 공진 주파수는 직렬과 동일하다.
$$f = \frac{1}{2\pi\sqrt{LC}}[\text{Hz}] = \frac{1}{2\pi\sqrt{100 \times 1 \times 10^4 \times 10^{-6}}}$$
$$= \frac{1}{2\pi}\text{Hz}$$
따라서 공진 주파수는 $\frac{1}{2\pi}$Hz이다.

03 정답 ④
공장으로 유입되는 전류의 실횻값을 구하는 식은 다음과 같다.
$$P = VI\cos\theta$$
$$I = \frac{P}{V\cos\theta} = \frac{22 \times 10^3}{220 \times 0.5} = 200\text{A}$$
따라서 전류의 실횻값은 200A이다.

04 정답 ③
전류 $i = 50\sin\left(\omega t + \frac{\pi}{2}\right)$의 $\frac{\pi}{2}$는 90°를 뜻하고 +이므로, 전류가 전압보다 90° 앞서는 콘덴서회로에 해당하는 용량성 회로이다.

용량성 회로의 전압, 전류 및 전하의 순시값
- 전압 $v = V_m \sin\omega t$[V]
- 전류 $i = I_m \sin(\omega t + \pi/2)$[A]
- 전하 $q = CV = CV_m \sin\omega t$ [C]

용량성 회로의 특성
- 정전기에서 콘덴서의 전하는 전압에 비례한다.
- 전압과 전류는 동일 주파수의 사인파이다.
- 전류는 전압보다 위상이 90° 앞선다.

05 정답 ③
감극성 $L_{eq} = L_1 + L_2 - 2M = 8 + 4 - (2 \times 4) = 4$H
코일에 축적되는 자기에너지를 구하면 다음과 같다.
$$W = \frac{1}{2}LI^2 = \frac{1}{2} \times 4 \times (5)^2 = 50\text{J}$$
따라서 코일에 축적되는 자기에너지는 50J이다.

06 정답 ④
$F = k\dfrac{Q_1 Q_2}{r^2}$ 이므로 힘의 크기는 두 전하 사이의 거리의 제곱에 반비례한다.

07 정답 ①
3상 유도 전압 조정기의 2차측을 구속하고 1차측에 전압을 공급하면, 2차 권선에 기전력이 유기된다. 여기서 2차 권선의 각상 단자를 각각 1차측의 각상 단자에 적당하게 접속하면 3상 전압을 조정할 수 있다.

08 정답 ①
비사인파 교류회로의 전력은 주파수가 같은 전압과 전류에서 발생하므로 전압의 제3고조파와 전류의 제3고조파 성분 사이에서 소비전력이 발생함을 알 수 있다.

09 정답 ②

전기력선의 성질
- 도체 표면에 존재한다(도체 내부에는 없음).
- $(+) \rightarrow (-)$ 이동한다.
- 등전위면과 수직으로 발산한다.
- 전하가 없는 곳에는 전기력선이 없다(발생, 소멸이 없음).
- 전기력선 자신만으로 폐곡선을 이루지 않는다.
- 전위가 높은 곳에서 낮은 곳으로 이동한다.
- 전기력선은 서로 교차하지 않는다.
- 전기력선 접선 방향과 그 점의 전계의 방향은 같다.
- $Q[\mathrm{C}]$에서 $\dfrac{Q}{\varepsilon_0}$ 개의 전기력선이 나온다.
- 전기력선의 밀도는 전기장의 세기에 비례한다.

10 정답 ①

전속밀도 $D = \dfrac{Q}{A}$ 이다. 따라서 유전율 ε과 전속밀도 D는 아무런 관계가 없다.

11 정답 ④

구리전선과 전기 기계 기구 단지를 접속하는 경우 진동 등으로 인하여 헐거워질 염려가 있는 곳은 스프링 와셔를 끼워 진동을 방지한다.

12 정답 ②

$$W = \frac{1}{2} C V^2 [\mathrm{J}]$$

$$V = \sqrt{\frac{2W}{C}} = \sqrt{\frac{2 \times 270}{15}} = \sqrt{36} = 6\mathrm{V}$$

13 정답 ③

$$\cos\theta = \frac{(\text{유효전력})}{(\text{피상전력})} = \frac{P}{VI} = \frac{1,500}{100 \times 20} = 0.75$$

14 정답 ②

$$f = \frac{N_s p}{120} = \frac{900 \times 8}{120} = 60\mathrm{Hz}$$

$$\therefore N = \frac{120f}{p} = \frac{120 \times 60}{6} = 1,200\mathrm{rpm}$$

15 정답 ③

- 동일한 용량의 병렬 합성 용량
$$C_P = C + C + C + C + C = 5C[\mathrm{F}]$$
- 동일한 용량의 직렬 합성 용량
$$C_S = \frac{1}{\dfrac{1}{C} + \dfrac{1}{C} + \dfrac{1}{C} + \dfrac{1}{C} + \dfrac{1}{C}} = \frac{C}{5}[\mathrm{F}]$$

따라서 C_P가 C_S의 25배이므로 $C_P = 25 C_S$이다.

16 정답 ①

합성수지 전선관공사에서 CD관과 관을 연결할 때 사용하는 부속품은 '커플링'이다.

[오답분석]
② 커넥터 : 전기 기구와 코드, 코드와 코드를 연결하여 전기 회로를 구성하는 접속 기구이다.
③ 리머 : 금속관이나 합성 수지관의 끝 부분을 다듬기 위해 사용하는 공구이다.
④ 노멀 밴드 : 직각으로 연장할 때 사용하는 전선관용 부속품이다.
⑤ 샤프 밴드 : 노멀 밴드에 비해서 굴곡 반경이 작은 전선관 용의 곡관이다.

17 정답 ③

배선설비 적용 시 고려사항(KEC 232.3)
전기적 접속 방법은 다음 사항을 고려하여 선정한다.
- 도체와 절연재료
- 도체를 구성하는 소선의 가닥수와 형상
- 도체의 단면적
- 함께 접속되는 도체의 수

18 정답 ②

$$E = \frac{V_{\text{정격전압}}}{\sqrt{3}} = I_{\text{단락전류}} Z_{\text{동기 리액턴스}} \text{이므로},$$

$$I_{\text{단락전류}} = \frac{\dfrac{V_{\text{정격전압}}}{\sqrt{3}}}{Z_{\text{동기 리액턴스}}} = \frac{\dfrac{220}{\sqrt{3}}}{10} \fallingdotseq 12.7\mathrm{A}$$

19 정답 ①

같은 종류의 전하 사이에는 척력이 작용하며, 다른 종류의 전하 사이에는 인력이 작용한다.

20

정답 ①

애자 사용 배선에는 절연전선을 사용하지만 옥외용 비닐 절연전선(OW), 인입용 비닐 절연전선(DV)은 제외한다.

21

정답 ①

전선의 접속 시 주의사항으로는 전기의 세기를 20% 이상 감소시키지 않고 80% 이상의 전기 세기를 유지하며, 접속 부분에 전기 저항이 증가하지 않도록 해야 한다.

22

정답 ②

3개의 저항에 흐르는 전류를 구하는 식은 다음과 같다.

$$I = \frac{V}{R} = \frac{100}{20} = 5\text{A}$$

따라서 구하고자 하는 전류는 5A이다.

23

정답 ④

- 플레밍(Fleming)의 오른손 법칙 : 발전기의 원리이며, 자계 내에 놓인 도체가 운동하면서 자속을 끊어 기전력을 발생시키는 원리이다.
- 플레밍(Fleming)의 왼손 법칙 : 자기장 속에 있는 도선에 전류가 흐를 때 자기장의 방향과 도선에 흐르는 전류의 방향으로, 도선이 받는 힘의 방향을 결정하는 규칙이다.
- 렌츠의 법칙(Lenz's Law) : 코일에서 발생하는 기전력의 방향은 자속 ϕ의 증감을 방해하는 방향으로 발생한다는 법칙이다.
- 앙페르(Ampère)의 오른나사 법칙 : 도선에 전류가 흐를 때 발생하는 자계의 방향을 알 수 있다는 법칙으로, 전류가 들어가는 방향일 때의 자력선의 방향을 알 수 있다.

24

정답 ②

- 직류전력 $P_{DC} = VI = 100 \times 40 = 4,000\text{W}$
- 교류 기본파 전력

$$P_1 = VI\cos\theta = \left(\frac{80}{\sqrt{2}} \angle 0° \times \frac{30}{\sqrt{2}} \angle 60° \right) = \frac{2,400}{2} \angle 60°$$

위상차 $60° = 1,200 \times \cos 60° \left(\cos 60° = \frac{1}{2} \right) = 600\text{W}$

- 교류 7고조파 전력

$$P_7 = VI\cos\theta = \left(\frac{40}{\sqrt{2}} \angle 60° \times \frac{10}{\sqrt{2}} \angle 60° \right) = \frac{400}{2} \angle 0°$$

위상차 $0° = 200 \times \cos 0° (\cos 0° = 1) = 200\text{W}$

따라서 평균전력은 $P_{DC} + P_1 + P_7 = 4,000 + 600 + 200 = 4,800\text{W}$이다.

25

정답 ②

구분	실횻값	평균값	파고율	파형률
정현파 (사인파)	$\frac{V_m}{\sqrt{2}}$	$\frac{2}{\pi} V_m$	$\sqrt{2}$	$\frac{\pi}{2\sqrt{2}}$
전파 (정류)	$\frac{V_m}{\sqrt{2}}$	$\frac{2}{\pi} V_m$	$\sqrt{2}$	$\frac{\pi}{2\sqrt{2}}$
반파 (정류)	$\frac{V_m}{2}$	$\frac{V_m}{\pi}$	2	$\frac{\pi}{2}$
구형파 (사각파)	V_m	V_m	1	1
반구형파	$\frac{V_m}{\sqrt{2}}$	$\frac{V_m}{2}$	$\sqrt{2}$	$\sqrt{2}$
삼각파 (톱니파)	$\frac{V_m}{\sqrt{3}}$	$\frac{V_m}{2}$	$\sqrt{3}$	$\frac{2}{\sqrt{3}}$
제형파 (사다리꼴)	$\frac{\sqrt{5}}{3} V_m$	$\frac{2}{3} V_m$	$\frac{3}{\sqrt{5}}$	$\frac{\sqrt{3}}{2}$

05

01	02	03	04	05	06	07	08	09	10
①	③	④	②	③	②	④	④	①	③
11	12	13	14	15	16	17	18	19	20
④	③	①	③	④	④	②	③	③	②
21	22	23	24	25					
③	②	③	①	④					

01　　　　　정답 ①

$$C+O_2 \rightarrow CO_2$$

12	44
70	x

$$\therefore x = \frac{70 \times 44}{12} ≒ 256.7kg$$

$$(탄산 가스의 몰 수) = \frac{256.7}{44} ≒ 5.83[kg-mol]$$

02　　　　　정답 ③

유지의 채취 방법에는 크게 용출법, 압착법, 추출법이 있는데 그중 용매에 의한 추출법의 회수율이 가장 좋다.

03　　　　　정답 ④

상압 증류의 잔유(중유, 아스팔트, 파라핀, 윤활유 등)에서 윤활유 같이 끓는점이 높은 유분을 얻을 때, 50mmHg 정도로 감압 증류한다.

04　　　　　정답 ②

르블랑법은 소금의 황산 분해로 소다회를 얻는 법이다.

[오답분석]
① 암모니아 소다법이다.
③ 암모니아 합성법이다.
④ 소금의 질산 분해법이다.
⑤ CO와 H_2O를 반응시켜 수소를 얻는 법이다.

05　　　　　정답 ③

인산은 인안, 황인안, 황가인안, 중과인산석회 등 인산비료로 가장 많이 사용되고 있다.

06　　　　　정답 ②

조업 중 위험방지를 위해 14% 이하의 수증기를 함유시켜서 산화시킨다.

07　　　　　정답 ④

직접 염료(Direct Dyes)란 수용성기로서 $-SO_3H$ 또는 $-COOH$기를 가지고 있으며, 수용액에서 Van der Waals 결합이나 수소 결합으로 셀룰로오스에 직접 염착되는 염료이다. 대부분이 아조 염료이며, 분자가 동일 평면 위에 있고, 양 끝에 $-NH_2$나 $-OH$를 갖는 짝이중 결합계가 깊게 연결된 가늘고 긴 분자로 되어 있다.

08　　　　　정답 ④

터널 건조기는 고체의 건조 장치이다. 따라서 터널 건조기는 비교적 다량의 재료를 천천히 건조시켜야 할 벽돌, 내화제품, 목재에 쓰이며, 이 방법으로 목재를 건조할 때에는 열풍 입구에서의 빠른 건조를 방지하기 위하여 공기를 증습시킬 필요가 있다.

09　　　　　정답 ①

격막식 전해조에서 양극에는 염소의 과전압이 낮고 경제적인 흑연, 금속 전극(DSA)을 사용한다.

10　　　　　정답 ③

용매에 비휘발성 용질을 첨가하면 용질의 양에 따라 증기압은 용매의 증기압보다 낮아진다. 따라서 용액의 비점은 용매의 비점보다 높아지게 되는데 이것을 비점 상승(BPR; Boiling Point Raising)이라 한다.

11

정답 ④

④는 황산화에 대한 설명으로, 유기화합물에 황산과 같은 시약을 작용하여 황산에스테르기($-OSO_3H$)를 도입하는 반응을 말한다.

12

정답 ③

습식법의 특성이다.

건식 인산 제조법의 특징
- 저품위 인광석을 처리할 수 있다.
- 인의 기화와 산화를 따로 할 수 있다.
- 고순도 · 고농도의 인산을 제조한다.
- Slag는 시멘트 원료가 된다.
- 습식법과 달리 황산을 요하지 않는다.

13

정답 ①

동결 건조기(Frozen Dryer)는 항생물질, 혈청 등 액체 상태로서 특히 열에 불안정한 물질에 대해서는 동결 건조를 한다. 동결 건조는 수분을 동결시킨 상태 그대로 진공 중에서 승화에 의하여 수증기를 제거하는 방법으로, 금속판에 재료를 놓고 가열 액체 또는 수증기에 의한 간접가열에 의하여 철판상으로 열을 이동시킨다.

14

정답 ③

황의 제법
석고법, 아황산법, 중화법(건식법, 습식법), C – A – S(Cyan – Ammon Schwefel)법

15

정답 ④

기체 중에 고습도의 기체를 혼입시키는 방법은 기체의 증습 방법 중 하나이다.

탈습조작 방법
- 고체 흡착제에 의해 수증기를 흡착 분리하는 방법
- 고체 흡수제에 의해 수증기를 화학적으로 흡수 분리하는 방법
- 액체 흡수제에 의해 수증기를 흡수 분리하는 방법
- 기체의 압축에 의한 방법
- 기체의 간접 냉각에 의한 방법
- 기체와 냉각액의 직접 접촉에 의한 방법

16

정답 ④

습윤목재 10kg, 건조 후 수분량을 $x$kg이라 하면 다음과 같은 식이 성립한다.

$$\frac{x}{6+x} \times 100 = 10\%$$

$$\rightarrow x = (6+x)(0.1)$$

$$\rightarrow x = 0.6 + 0.1x$$

$$\rightarrow 0.9x = 0.6$$

$$\therefore x \doteqdot 0.67$$

따라서 제거수분량은 $4 - 0.67 = 3.33$kg이다.

17

정답 ②

- 층류 : $N_{Re} < 2,100$
- 임계영역 : $2,100 < N_{Re} < 400$
- 난류 : $N_{Re} > 4,000$
- Plug Flow : 유속의 분포가 항상 일정($\bar{\mu} = \mu_{max} = $일정)

18

정답 ③

Mixer Setter형 추출기는 액 – 액 추출 장치이다.

액체 추출 장치
기계적 교반을 하는 형식과 유체 자신의 흐름에 의하여 교반하는 것이 있다. 액체 추출의 가장 간단한 것은 교반기가 붙어 있는 교반조에 추료와 추체를 넣어서 교반한 후 정치하여 양 액층을 분리하는 것이다. 이상적인 평형 조작을 할 수 있지만 정치시키는 데 시간이 많이 걸리므로 원료의 양이 많거나 몇 차례 접촉을 요구할 경우에는 사용하기 힘들다.

19

정답 ③

열전도도(k)의 값은 실험적으로 구해지고, 크기는 물질에 따라 다르며 같은 물질이라도 온도에 따라 변한다.

20

정답 ②

유체가 흘러갈 경우 관의 중심부에서 경계층이 끝나는 흐름을 완전히 발달된 흐름(Fully Developed Flow)이라 하며, 입구에서부터 완전히 발달된 흐름이 될 때까지의 거리를 전이 길이라 하고, 유속을 측정하려면 전이 길이를 지난 지점에 유량계를 설치해야 한다.

21
정답 ③

고립된 전 체계의 엔트로피는 언제나 증가하지만 그 안에 속해 있는 개방계(바깥 세계와 에너지와 물질을 모두 교환하는 계)의 경우 엔트로피가 감소할 수 있다(생물의 엔트로피). 엔트로피의 개념은 열역학 제2법칙과 관련된다.

열역학의 제1법칙 또는 에너지 보존의 법칙
어떤 과정에서 외부로부터 흡수한 열량을 Q(흡수했을 때는 +, 방출했을 때는 −), 계(係 : System)가 외부에 한 일을 W(계가 일을 할 때 +, 받을 때 −), 계의 내부 에너지의 증가를 ΔE라 하면 $\Delta E = Q - W$, $dE = dQ - dW$(미소변화)이다.

22
정답 ②

Stefan − Boltzmann의 법칙

$$q_B = 4.88A\left(\frac{T}{100}\right)^4 [\text{kcal/hr}]$$

23
정답 ③

순수한 물은 전기전도도가 매우 약하다.

오답분석
① 물은 수소 결합을 하여 약간 휜 분자 구조를 띠고 있다. 따라서 산소 원자 부근에서 (+)전하를 띠고, 수소 원자 부근에서 (−)극을 띤다.
② 알칼리금속은 최외각 전자가 1개뿐이므로, 물과 접촉 시 매우 격렬한 반응이 일어나 폭발 등의 위험이 있다.
④ 물은 다른 고체와는 달리 녹는점 / 어는점에서 액체의 부피가 최소가 아니고, 4℃일 때 부피가 가장 작다.
⑤ 물의 분자식은 H_2O이다. 이를 통해 수소 원자 2개와 산소 원자 1개가 결합되었다는 것을 알 수 있다.

24
정답 ①

물(H_2O)은 반응 후 결과물이므로 물이 산소를 얻은 것이 아니라 반응 전 식에서 수소(H_2)가 산소(O)를 얻어 산화된 것이다.

25
정답 ④

염화나트륨(소금)은 고체 상태에서 전류가 흐르지 않는 부도체이면서 수용액 상태에서는 전류가 흐르는 전해질이다. 전해질은 고체 상태에서 전류가 흐르지 않고 수용액 상태에서는 이온화되어 전류가 흐르는 물질을 뜻하며, 수산화나트륨, 아세트산, 질산칼륨 등이 있다.

오답분석
ㄹ. 설탕은 부도체이고, 물에 녹아 전류가 흐르지 않는 비전해질이다.

MEMO

PART 3

한국사

01	02	03	04	05	06	07	08	09	10
④	③	②	④	④	②	④	④	②	①
11	12	13	14	15	16	17	18	19	20
①	①	③	④	②	④	④	②	③	③
21	22	23	24	25	26	27	28	29	30
①	②	③	②	④	①	④	②	②	④
31	32	33	34	35	36	37	38	39	40
①	④	③	②	④	④	①	①	②	①
41	42	43	44	45					
②	①	④	②	③					

01 　　　　　　　　　　　　　　정답 ④

제시문에서 설명하고 있는 유물은 비파형동검으로 청동기시대의 대표적인 유물이다. 청동기 시대에는 조, 보리, 콩 등을 재배하였으며, 일부 지역에는 벼농사가 시작되었다.

오답분석
①·②·③ 신석기 시대의 특징이다.

02 　　　　　　　　　　　　　　정답 ③

제시문은 영조 때 소론 강경파들이 주도한 이인좌의 난에 대한 내용이다. 영조는 온건한 인물 위주의 완론탕평 정치를 추진하였다.

오답분석
① 환국 정치의 출현은 숙종 때이다.
② 소론과 남인이 권력을 장악한 것은 정조 때이다.
④ 외척이 군사권을 독점한 것은 세도정치 시기이다.

03 　　　　　　　　　　　　　　정답 ②

오답분석
① 김홍집은 2차 수신사이다.
③ 개화 정책 반대 운동을 일으켰지만, 미국과 외교 관계를 맺어야 한다는 주장이 힘을 얻었다.
④ 러시아의 남하를 막으려면 중국, 일본, 미국이 협력해야 한다는 내용이다.

04 　　　　　　　　　　　　　　정답 ④

사료는 홍경래의 난 때 쓴 농민 격문이다. 홍경래의 난(1811)은 몰락 양반인 홍경래가 주도하여 일어난 농민 항쟁으로, 서북인에 대한 차별 등으로 불만이 많았던 몰락양반, 광산 노동자, 농민, 노비 등이 합세하였다. 청천강 이북 지역을 거의 장악하였으나 결국 5개월 만에 진압되었다. 홍경래의 난은 지방 차별 타파라는 명분으로 시작되었기 때문에 전국적 호소력이 없어 서북지방의 항쟁으로 끝났다.

05 　　　　　　　　　　　　　　정답 ④

사천 매향비를 세운 조직은 향도로 본래 불교신앙 활동을 목적으로 조직된 신도들의 결사이나, 12세기 이후 사회 변화와 함께 여러 가지 공동목적 달성을 위한 조직체로 발전하였다.

오답분석
① 전국적으로 분포하였다.
② 최초의 향도사례는 신라 진평왕 때 기록이다.
③ 불교신앙을 토대로 조직되었다.

06 　　　　　　　　　　　　　　정답 ②

제시된 지도는 「혼일강리역대국도지도」로 태종 2년(1402)에 제작되었다. 태종은 6조의 보고를 의정부를 통하지 않고, 왕이 직접 듣는 6조 직계제를 시행하여 왕권 강화 정책을 시행하였다.

07 정답 ④

유엔 총회의 결의(1947. 11) → 단독 선거 결의(1948. 2) → (가) 남북협상(1948. 4) → 5·10 총선거(1948. 5)

오답분석
① 모스크바 3국 외상 회의(1945. 12)
② 헌법 제정(1948. 7)
③ 6·25 전쟁(1950. 6)

08 정답 ④

중석기 시대는 구석기에서 신석기로 넘어가는 전환기로 톱, 활, 창, 작살 등의 잔석기의 이음 도구를 제작하여 사용하였다.

오답분석
① 구석기 시대의 대표적 유적지이다.
②·③ 신석기 시대의 특징이다.

09 정답 ②

고구려 소수림왕(371 ~ 384)은 불교를 공인하고, 율령을 반포하였으며, 태학을 설립하는 등 국가 체제를 정비하였다.

10 정답 ①

구석기 시대에는 주먹도끼, 찍개, 팔매돌, 긁개, 밀개, 슴베찌르개 등의 뗀석기와 뼈도구를 사용하였고, 초기에 동굴이나 바위 그늘, 후기에는 막집에 일시적으로 거주하였다.

오답분석
② 신석기 시대의 움집은 반지하 형태로 바닥은 원형, 또는 모서리가 둥근 네모 형태로 되어 있으며, 중앙에는 화덕을 설치하여 취사와 난방을 하였다.
③·④ 청동기 시대에는 배산임수의 취락 형태를 띠었고, 직사각형의 바닥인 움집을 짓고 생활하였다. 화덕은 벽쪽으로 이동하였으며, 저장 구덩은 따로 설치하여 생활하였다.

11 정답 ①

신민회는 안창호, 양기탁 등이 중심이 되어 1907년에 설립된 항일 비밀결사로서 실력 양성을 통한 국권 회복과 공화정 체제의 국민 국가 수립을 궁극의 목표로 하였다. 민족 교육 추진을 위한 대성 학교와 오산 학교를 설립하여 인재를 양성하였고, 민족 산업 육성을 위한 자기회사(평양)와 태극서관(대구)을 설립하여 운영하여 독립 자금을 마련하였다. 또한, 무장 투쟁의 필요성을 제기하여 국외에 독립 운동 기지를 건설(남만주, 삼원보)하였으며, 1911년에 105인 사건으로 인해 해산되었다.

오답분석
의열단은 조선 총독부, 경찰서, 동양척식주식회사 등 식민 지배 기구의 파괴, 조선 총독부 고위 관리와 친일파 처단을 목표로 1920년대 활발한 독립 운동을 하였다.

12 정답 ①

제시문은 신문왕에 대한 내용이다. 통일 신라 신문왕(681 ~ 692)은 즉위하던 해에 일어난 왕(신문왕)의 장인 김흠돌이 일으킨 모역 사건을 계기로 귀족 세력을 숙청하면서 왕권을 전제화하기 시작하였고 왕권을 강화하기 위하여 문무 관리에게 관료전을 지급하였으며(687), 귀족 세력의 기반이 되었던 녹읍을 폐지하였다(689). 또한, 전국을 9주 5소경으로 나누어 지방 행정구역을 정비하였고, 유교 정치 이념의 확립을 위하여 국학(682)을 설립하여 유교 경전을 교육하였으며, 군대를 개편하여 9서당 10정을 편성하였다.

오답분석
② 8세기 신라 원성왕은 태학 안에 유교 경전의 이해 수준을 시험하여 관리를 채용하는 독서삼품과 제도를 마련하였다.
③ 6세기 초 신라 지증왕 때에는 무역이 급격하게 발달하여 시장을 감독하는 관청인 동시전을 설치하였다.
④ 6세기 법흥왕은 신라 최고 관직인 상대등을 설치하여 화백회의를 주관하게 하였다.

13 정답 ③

제시문은 임진왜란(1592) 당시 선조가 의주로 피난을 간 것에 대한 글이다(의주몽진). 이후 조선은 1953년 침입한 왜군을 물리치기 위하여 군사제도를 재정비·재편성하여 삼수병(포수, 살수, 사수)을 중심으로 하는 훈련도감을 설치하였다.

오답분석
① 별무반 : 고려 숙종시기 여진 정벌에 대비하여 만든 군사 조직으로 신기군(기병), 항마군(승병), 신보군(보병) 등으로 편성되었다.
② 장용영 : 조선 후기 정조가 왕권 강화를 위해 설치한 군영으로 국왕의 호위를 위해 편성된 친위부대이다.
④ 군무아문 : 1894년 고종시기 갑오개혁 이후 편제된 8개의 중앙행정부서(8아문) 중 군사에 대한 일을 담당한 부서이다.

14 정답 ④

ⓒ 1444년(세종 26) 전분 6등법
ⓔ 1466년(세조 12) 직전법
ⓐ 1635년(인조 13) 영정법
ⓑ 1752년(영조 28) 결작

15
정답 ②

제시문은 개인, 민족, 국가 간 균등과 정치, 경제, 교육의 균등을 주장하는 조소앙의 삼균주의를 바탕으로 1931년 대한민국 임시정부가 발표한 대한민국 건국강령이다. 3·1운동의 독립선언을 계기로 창설된 대한민국 임시정부는 1940년 휘하 군사조직으로 한국광복군을 조직하였다.

16
정답 ④

광종은 호족을 견제하고 왕권을 강화시키기 위해 다양한 개혁 정치를 실행하였다. 956년 노비안검법을 실시하여 호족의 아래에 있던 많은 노비를 양인으로 회복시켜 호족의 세력을 약화시키고 국가에 조세를 내는 양인의 수를 증가시켰으며, 쌍기의 건의를 받아들여 958년에 과거제도를 실시하여 중앙관료로 왕에게 충성하는 문신관료를 등용하였다.

오답분석
①·② 고려 공민왕의 업적이다.
③ 고려 성종의 업적이다.

17
정답 ④

제시문은 1972년 남북 간 정치적 대화통로와 한반도 평화정착 계기를 마련하기 위해 발표한 남북한 당사자 간의 최초의 합의 문서인 7·4 남북공동성명이다. 이는 고위급 정치회담을 통하여 공동성명을 합의 발표함과 동시에 상호 방문을 통하여 쌍방의 당국 최고책임자를 만나 남북문제를 논의하였다는 데 의의가 있지만, 공동성명에도 불구하고 남북한은 서로의 실체를 인정하지 않아 남한은 유신체제, 북한은 유일체제(주체사상)가 등장하였다. 10월 유신으로 박정희 정권은 통일주체국민회의를 수립하고, 대의원을 통한 간접선거로 대통령을 선출하였다.

오답분석
① 1948년 남북연석회의
② 1954년 사사오입개헌
③ 1960년 4·19 혁명

18
정답 ②

ㄱ. 무오사화(1498, 연산군) : 김종직의 제자인 김일손이 사초에 삽입한 김종직의 조의제문(弔義帝文)이 발단이 되어 사림이 화를 입은 사건이다.
ㄹ. 갑자사화(1504, 연산군) : 윤비를 폐출하고 사사했던 사건이 발단이 되어 사림이 화를 입은 사건이다.
ㄴ. 기묘사화(1519, 중종) : 조광조의 급진 개혁이 발단이 되어 사림 세력 대부분이 제거되었다.
ㄷ. 을사사화(1545, 명종) : 외척 간의 왕위 계승 다툼으로 윤원형(소윤) 일파가 윤임(대윤) 일파를 몰아내고 정국을 주도하였다.

19
정답 ③

임술년 진주농민봉기(1862)는 세도 정치기 극심한 삼정의 문란으로 인한 농민들의 항쟁이었다. 이에 정부는 민심 안정을 위하여 삼정이정청을 설치하여 삼정의 문란을 시정할 것을 약속하였다(1862, 철종).

오답분석
① 고부읍을 점령하고 백산에서 농민군을 정비하였다.
② 동학 농민군의 토지 개혁 요구는 폐정개혁안 12개조의 내용이다.
④ 전봉준의 남접 부대와 손병희·최시형의 북접 부대가 연합하여 전개한 공주 우금치 전투에서 동학 농민군은 조일 연합군에게 패배하였다(1894. 11).

20
정답 ③

1948년 2월 26일 유엔소총회 결의에 의해 치러진 5·10 선거는 성별을 묻지 않고 21세 이상의 성인에게 동등한 투표권이 주어진 남한 최초의 보통 선거였다.

21
정답 ①

신라는 백제와 고구려의 유민들을 9서당에 편성함으로써 민족 통합을 위해 노력하였다.

오답분석
② 발해와 신라의 상설 교통로인 신라도는 9세기가 아닌 8세기 전반에 개설된 것으로 추정하고 있다.
③ 발해는 소수의 고구려 유민이 지배층이 되어 다수의 말갈족을 오랜 기간 지배하였다. 발해의 제일 말단 단위였던 촌은 촌장이 다스렸는데, 주로 말갈족으로 구성하여 분란의 소지를 일축하였다.
④ 통일 신라는 상수리 제도를 시행하였는데 지방 세력을 일정기간 서울에 와서 거주하게 하던 것으로 지방 세력에 대한 견제책이며, 이는 고려 시대의 기인 제도로 계승된다.

22
정답 ②

제시문은 공민왕에 대한 내용으로, 공민왕은 반원 개혁 중 하나로 정동행성 이문소를 폐지하였다(1356).

오답분석
① 이인임은 고려 후기의 권신(權臣)으로, 우왕 때 최영은 이성계 등 신흥 무인과 신진사대부 세력의 뒷받침을 받아 몰아냈다.
③ 1448년(세종 30년)에 편찬된 화포 제조법과 그 규격 및 화약 사용법에 관한 병기기술서(兵器技術書)이다.
④ 15세기 세종 때 편찬되었다.

23
정답 ③

고인돌은 청동기 시대의 대표적인 무덤이자 기념물이다. 큰 바위를 사용하여 만든 고인돌은 축조 시 많은 노동력이 필요로 하고 비파형 동검 등 지배계급의 부장품이 발견되므로 청동기 시대가 계급사회임을 알 수 있다. 한반도에는 약 3만 여 기가 존재하며 세계에서 가장 많은 수의 고인돌을 보유하고 있다.

24
정답 ②

김흠돌의 반란을 제압하고 왕권 전제화의 계기를 마련한 왕은 신문왕이다. 신라 제23대 왕인 법흥왕은 율령을 반포하고 백관의 공복을 제정하였으며, 상대등을 두어 귀족회의를 주재하도록 하였다. 또한 이차돈의 순교를 계기로 불교를 공인하였다.

25
정답 ④

독립협회는 한국 최초의 근대적 사회 정치단체로 자강을 통한 자주독립을 주장하였으며, 황제권을 중심으로 관민의 통합과 개혁을 추진하였다.

오답분석
① 독립협회는 정부 시책을 국민에게 알릴 수단으로 최초의 순한글 신문인 독립신문을 발행하였다.
② 독립협회는 관민공동회를 개최하여 근대적 자강을 위한 관민 협력에 힘썼다.
③ 독립협회는 나라의 독립을 지키기 위한 국정개혁 원칙으로 헌의 6조를 결의하여 황제에게 전달하였다.

26
정답 ①

발해는 통일신라와의 교역로인 신라도를 두어 교류했으며 문왕 이후 더욱 활발하게 이루어졌다.

오답분석
② 발해의 국가교육기관인 주자감은 왕족과 귀족 자제를 대상으로 고구려 경당의 교육 전통을 이어서 유학을 교육하였다.
③ 발해의 중앙관제는 3성 6부제로 당나라의 중앙 관제를 수용하여 필요에 따라 조직을 변형하여 운영하였다.
④ 발해는 무왕시기 인안(仁安), 문왕시기 대흥(大興) 등 거의 전 기간에 걸쳐 독자적인 연호를 사용하였다.

27
정답 ④

홍문관은 1463년 세조 시기 도서를 보관하기 위해 처음 설치되었으나, 성종 시기에 이르러 세조 때 폐지된 집현전이 수행하던 학술 업무 및 국왕 자문의 기능을 담당하게 되었다. 1478년 홍문관의 역할이 대폭 증가하면서 사헌부, 사간원과 함께 언론 삼사의 한 축으로 성장하여 국가의 핵심 기구가 되었다.

오답분석
① 『동의보감』은 조선 시대 의관 허준이 조선과 중국의 의서를 집대성한 의학서로 1596년 선조의 명으로 진행되어 1610년 완성되었다.
② 대동법은 방납의 폐단 등 공납제의 문제를 해결하기 위해 공물을 현물이 아닌 쌀로 납부하는 제도로 광해군 즉위 이후 1608년 경기도에서 최초로 실시되었다.
③ 장용영은 1793년 정조 때 국왕 호위를 위해 설치된 군영이다. 크게 내영과 외영으로 나누어 내영은 도성을 중심으로, 외영은 수원 화성을 중심으로 편제되었다.

28
정답 ②

삼정이정청은 1862년 철종 13년에 삼정의 폐단을 바로잡기 위해 세워진 임시관청으로 안핵사 박규수의 건의로 설치되었다.

29
정답 ②

청은 임오군란 진압을 계기로 조선에 대한 영향력을 확대하였으며, 1882년 8월 23일 조청상민수륙무역장정을 체결하였다.

오답분석
① 1885년 체결된 텐진 조약은 갑신정변 이후 청과 일본의 군대가 조선에 동시에 주둔하자 두 나라가 사후 처리를 위해 체결한 조약이다.
③ 1882년 체결된 제물포 조약은 임오군란 이후 조선과 일본 사이에 맺어진 조약으로, 피해보상 및 공사관 수비를 위한 병력 주둔 등의 내용이 포함되어 있다. 이로 인해 조선 내 청과 일본 양국간 무력 충돌의 위험이 증대되었다.
④ 1884년 체결된 한성 조약으로 갑신정변 이후 일본 공사관 소각에 대한 배상금 등을 지불하게 되었으며, 일본이 조선에서 청과 대등한 세력을 유지할 수 있는 계기가 되었다.

30 정답 ④

신진사대부(신흥사대부)는 고려 말, 조선 초의 변혁을 이끌었던 세력이다. 고려 시대 지방 향리로 머물던 중소 지주들이 성리학을 바탕으로 과거에 급제하여 중앙 관리화 되었으며, 원 간섭기 공민왕 시기에 반원 개혁정치를 통해 정치세력으로 성장하였다. 신진사대부는 위화도 회군을 기점으로 이성계를 중심으로 결집한 급진적 세력과 이색을 중심으로 결집한 온건적 세력으로 나누어졌으며 급진적 세력이 우위를 장악한 결과, 새롭게 조선이라는 나라가 탄생하게 된다.

오답분석
① 호족은 통일신라 말기에서 고려 초기의 유력한 지방 세력이다.
② 권문세족은 원 간섭기에 완성된 지배세력으로 원과 적극적으로 결탁하여 대농장과 음서 제도를 기반으로 귀족화하였다.
③ 문벌귀족은 고려 건국 이후 지방 호족 출신들이 중앙 관료로 진출하고 과거와 음서 제도를 통해 중앙 정치를 장악하였다.

31 정답 ①

부여의 제천 행사인 영고에 대한 설명이다.

오답분석
② 동맹 : 고구려의 제천 행사이다.
③ 무천 : 동예의 제천 행사이다.
④ 계절제 : 삼한의 제천 행사이다.

32 정답 ④

악습인 순장은 지증왕 때 금지되었다.

오답분석
신라 제23대 임금인 법흥왕은 율령을 반포하고, 17관등과 모든 관리들이 입는 공복을 정하였으며, 김해 지역의 금관가야를 정복하였다.

33 정답 ③

제시문이 설명하는 인물은 후백제를 건국한 견훤이다. 견훤은 신라 금성을 공격하여 경애왕을 죽이고, 신라의 마지막 왕인 경순왕을 즉위시켰다.

오답분석
① 신라 경순왕의 항복을 받아 신라를 흡수한 사람은 고려를 세운 왕건이다.
② 후백제가 고려를 정복한 것이 아니라, 고려가 후백제와 신라를 정복하고 후삼국을 통일했다.
④ 양길의 수하로 들어가 강원도 지역을 정복한 사람은 견훤이 아니라 궁예이다.

34 정답 ②

강화 천도는 1232년 7월, 개경 환도는 1270년으로 (가) 시기는 대몽항쟁기이다. 처인성 전투는 1232년 8월 몽골군과 고려군이 처인성에 벌인 전투로 김윤후 등이 이끄는 고려군이 몽골의 사령관 살리타를 사살하는 등의 승리를 거두었다.

오답분석
① 이자겸의 난은 1126년 인종의 외척이었던 이자겸이 일으킨 반란이다.
③ 만적의 난은 1198년에 노비인 만적이 일으킨 노비해방운동이다.
④ 삼별초 항쟁(1270 ~ 1273)은 개경 환도 이후 삼별초가 정부와 몽골에 대항하여 일으킨 항쟁이다.

35 정답 ④

『경국대전』은 조선의 기본 법전으로 세조 때 편찬 작업을 시작하여 '호전' 등이 완성되었고, 성종 때 수정을 거쳐 『경국대전』이 완성되었다.

오답분석
① 『조선경국전』은 태조 때 편찬된 사찬 법전이다.
② 태종 때 사간원을 독립시켜 대신들을 견제하였다.
③ 세조는 집현전을 폐지하였다.

36 정답 ④

제시된 지도는 임진왜란 때를 나타낸다.
ㄴ. 비변사는 중종 때 설치된 임시 기구로 국방 문제 등을 논의하였으나, 임진왜란 때 구정 전반을 총괄한 실질적인 최고의 관청이 되었다.
ㄹ. 임진왜란 때 노비문서가 타고 납속책 등을 실행하는 등 신분제가 동요되기 시작하였다.

오답분석
ㄱ・ㄷ. 붕당정치는 임진왜란 후에도 지속되었으며, 숙종 때 변질되기 시작하였다. 이후 순조 때 안동 김씨가 권력을 장악하면서 세도정치가 시작되었다.

37 정답 ①

오답분석
② 향교 : 조선 시대 지방의 교육기관으로 문묘 및 선현에 대한 제사도 하였다.
③ 성균관 : 조선 시대 인재 양성을 위하여 설치된 교육기관으로 현재의 국립대학의 성격이다.
④ 서당 : 조선 시대 초등 교육 역할을 한 사립학교이다.

38 정답 ①

제시된 자료와 설명은 1930년대 일제가 경제적 수탈을 위해 실시한 남면 북양 정책(1932)에 대한 설명이다. 1929년 미국에서 주가가 대폭락하면서 시작된 공황을 대공황이라 하며 이는 전 세계에 영향을 미쳤다. 일본은 공황 대책을 군부가 지휘하였고, 경제 회복을 위해 우리나라에서 남면 북양 정책 등을 시행하였다.

39 정답 ②

조일통상장정(1883) 때 일본 상인에 대한 최혜국 대우가 체결되었다.

오답분석
① 강화도 조약 이후 조일무역규칙을 정하여 6개월 뒤 조일수호조규 부록을 체결하여 양곡의 무제한 유출 허용과 일본 수출입 상품에 대한 무관세 등이 체결되었다.
③ 강화도 조약의 정식 명칭은 조일수호조규이며, 강화조약 또는 병자수호조약이라고도 한다.
④ 부산과 원산, 인천 항구를 20개월 이내에 개항한다는 내용이 조약에 있었고, 이후 원산과 인천이 개항되었다.

40 정답 ①

• 발췌개헌 : 대통령 직선제와 양원제를 골자로 하는 개헌안으로 이승만 대통령이 재선에 당선되기 위해 시행되었다.
• 사사오입개헌 : 대통령 3선 제한을 철폐해 이승만이 3선을 하기 위해 시행되었다. 의결 정족수인 203명의 3분의 2는 135.333…명으로 136명이 찬성해야 되는데 자유당은 135표가 나오자 사사오입하여 135명이 의결 정족수라고 주장하며 개헌을 통과시켰다.
• 3선개헌 : 박정희 대통령이 3선을 목적으로 추진한 개헌이다.

41 정답 ②

제시문은 신석기 시대의 유적지에 대한 설명이다.

오답분석
① 식량 채집경제 생활의 시작은 구석기 시대부터이다.
③ 신석기 시대에는 애니미즘(정령숭배), 샤머니즘(무격숭배), 토테미즘(동식물숭배), 영혼숭배 등 원시 신앙이 발생하였다.
④ 반달돌칼, 홈자귀는 청동기 시대의 농기구이다.

42 정답 ①

제시문은 독도에 대한 내용이다.

43 정답 ④

철이 풍부하게 생산되어 화폐처럼 이용하고, 철 수출로 중계무역을 하였던 곳은 마한이 아닌 변한이다.

오답분석
① 삼한은 제정 분리의 사회였으며, 정치적 지배자인 신지, 읍차 등이 제사를 주관하지 않고 천군이라는 별도의 제사장을 두고 있었다.
③ 마한은 백제, 변한은 가야, 진한은 신라로 발전하게 되었다.

44 정답 ②

일본은 삼국간섭 이후 을미사변을 일으켰고 곧이어 을미개혁을 추진하였다(1895). 기존의 개국 연호를 폐지하고, 건양이라는 연호를 사용하였으며 단발령을 반포하여 고종이 세자와 함께 먼저 시행하였다. 또한 태양력을 사용하였고, 종두법을 시행하였으며 우편사무를 재개하였다. 그리고 군사 개혁을 단행하여 친위대와 진위대를 편성하였다.

오답분석
ㄴ. 조일무역규칙(조일통상장정)은 조선 정부의 항의로 1883년 개정하여 방곡령을 신설하게 되었다.
ㄹ. 제1차 갑오개혁에서는 국가 재정의 탁지아문으로의 일원화, 은 본위 화폐 제도의 채택 등의 조치가 있었다.

45 정답 ③

제시문은 과전법에 대한 내용이다.

오답분석
ㄱ. 과전법에서는 현·퇴직 관리에게 전지만 분급하였다.
ㄹ. 수조권을 받은 관리는 전조(쌀)만 걷을 수 있고 노동력은 수취하지 못하였다.

CHAPTER

02 적중예상문제

01	02	03	04	05	06	07	08	09	10
③	④	①	③	②	④	③	④	②	①
11	12	13	14	15	16	17	18	19	20
④	④	①	②	④	④	④	④	④	④
21	22	23	24	25	26	27	28	29	30
④	⑤	④	⑤	①	④	①	⑤	④	②

01
정답 ③

옥저와 동예의 각 읍락을 읍군이나 삼로라는 군장이 다스렸기 때문에 국가적인 정치 세력을 형성하지 못하였다.
(가) 옥저는 여자가 어렸을 때 혼인할 남자의 집으로 와서 성인이 된 후에 혼인을 하는 민며느리제가 있었으며, 가족이 죽으면 가매장하였다가 나중에 가족 공동 무덤인 커다란 목곽에 안치하였다.
(나) 동예는 매년 10월에 무천이라는 제천 행사를 열었으며, 족외혼을 엄격하게 지켰다. 또한 각 부족의 영역을 중요시하여 다른 부족의 영역을 침범하는 경우 노비와 소, 말로 변상하게 하는 책화라는 제도가 있었다. 특산물로는 단궁, 과하마, 반어피 등이 있었다.

오답분석
① 고구려에 대한 설명이다.
② 백제에 대한 설명이다.
④ · ⑤ 삼한에 대한 설명이다.

02
정답 ④

밑줄 친 '그 땅'은 '금관가야'이며, 해당 사료는 금관가야의 마지막 왕인 김구해가 신라 법흥왕 때 나라를 바치면서 항복하는 모습을 보여주고 있다.
ㄴ. 김무력은 금관가야의 마지막 왕인 김구해의 아들로 투항 후 관산성 전투에서 백제의 성왕을 전사시키는 큰 공을 세웠다. 신라의 삼국통일에 공헌한 김유신이 그의 손자이다.
ㄷ. 금관가야는 지금의 경남 김해 지역을 중심으로 발전하였으며, 낙동강 하류의 이점을 살려서 바다를 통한 중계무역과 문화적 발전을 하였다.

오답분석
ㄱ. 후기 가야 연맹의 맹주로서 등장한 가야연맹체의 국가는 금관가야가 아닌 대가야이다.

03
정답 ①

• (가) 고구려의 장수왕은 한성을 공격하여 백제의 개로왕을 죽이고 한강 유역을 장악하였다(475).
• (나) 금관가야는 전기 가야 연맹을 이끌었으나 신라에 의해 멸망하였고, 일부 왕족들이 신라의 진골로 편입되었다.
따라서 (가)와 (나) 시기 사이에는 백제의 문주왕이 고구려에 의해 한성이 함락되자 웅진으로 천도하였음을 알 수 있다.

04
정답 ③

백제가 멸망한 이후 복신과 도침 등은 왕자 풍을 왕으로 추대하고 주류성과 임존성을 거점으로 백제 부흥 운동을 전개하였다(660). 나당 연합군의 공격에 백제 부흥군은 왜에 원병을 요청하여 왜의 수군이 백강에 도달하였으나, 나당 연합군의 공격을 받아 큰 피해를 입으면서, 백제 부흥 운동도 실패로 끝나게 되었다(663). 그 후 나당 연합군의 공격으로 평양성이 함락되면서 고구려가 멸망하였다(668).

오답분석
① 상주 출신 군인 견훤은 세력 기반을 확대하여 완산주에 도읍을 정하고 후백제를 건국하였다(900).
② 신라는 매소성 · 기벌포 전투에서 승리하여 한반도에서 당의 세력을 몰아냈고(676), 당은 안동 도호부를 요동으로 옮겼다.
④ 후백제를 세운 견훤은 중국의 오월과 후당에 외교 사절을 보내 국교를 맺었다.
⑤ 견훤은 신라의 금성을 습격하여 경애왕을 살해하고 경순왕을 즉위시켰다.

05
정답 ②

진흥왕 때 국가적인 조직으로 정비된 신라의 화랑들은 원광의 세속 5계를 생활 규범으로 삼아 명산대천을 찾아다니며 수련하였다. 대표적인 화랑으로 김유신이 있다.

① 고구려의 장수왕은 지방에 경당을 세워 청소년들에게 한학과 무술을 가르쳤다.
③ 신문왕은 유학 교육 기관인 국학을 설치하여, 유교 정치 이념을 확립하고 인재 양성을 통해 왕권을 강화했다. 이후 경덕왕은 국학을 태학감으로 고치고 박사와 조교를 두어 유교 경전을 가르쳤다.
④ 백제는 귀족들의 정사암 회의를 통해 국가의 중요한 일을 결정하였다.
⑤ 신라는 귀족 합의체인 화백 회의를 통해 만장일치제로 국정을 운영하였다.

06   정답 ④

고려의 성종은 신라 6두품 출신의 유학자들을 중용하여 유교 정치 이념을 실현하고자 하였다. 중앙의 5품 이상의 관리들에게 그 동안의 정치에 대한 비판과 정책을 건의하는 글을 올리게 하였는데, 이에 최승로는 시무 28조를 올려 불교 행사의 억제와 유교의 발전을 요구하면서 역대 왕들의 치적에 대한 잘잘못을 평가하여 교훈으로 삼도록 하였다(982). 성종은 최승로의 의견을 받아들여 다양한 제도를 시행하고, 통치체제를 정비하였다. 먼저 중앙의 통치 기구를 개편하여 중앙 관제를 정비하고, 12목에 지방관을 파견하여 지방 세력을 견제하였다. 또한 국자감을 설치하고, 지방에 경학박사와 의학박사를 파견하여 유학 교육을 활성화하고자 하였다. 그리고 과거 제도를 정비하고 과거 출신자들을 우대하여 인재들의 적극적인 정치 참여를 유도하였다.

① 최충의 문헌공도를 중심으로 사학 12도가 발전함에 따라 위축된 관학 교육의 진흥을 위해 예종은 국자감을 재정비하여 전문 강좌인 7재와 장학 재단인 양현고를 설치하였다.
② 고려의 태조는 조세 제도를 합리적으로 조정하여 세율을 1/10로 경감하였으며 빈민을 구제하기 위하여 흑창을 설치하였다.
③ 고려 광종 때 후주 출신 쌍기의 건의로 과거제가 시행되어 신진 세력이 등용되었다(958).
⑤ 고려 말 공민왕은 신돈을 등용하고 전민변정도감을 설치하여 권문세족에 의해 점탈된 토지를 돌려주고 억울하게 노비가 된 자를 풀어주는 등 개혁을 단행하였다(1366).

07   정답 ③

최충헌이 설치한 교정도감은 최씨 무신 정권 시기 국정을 총괄하였던 최고 권력 기구이다.

① 중방 : 고려 시대 2군 6위의 상장군, 대장군으로 구성된 회의 기관으로, 무신정변 이후 정중부, 이의방이 권력을 장악하며 무신정권 초기 최고 권력 기구가 되었다.

② 도방 : 고려 시대 경대승이 최초로 설치한 무신정권의 사병집단이며 숙위(宿衛) 기구이다.
④ 정방 : 고려 시대 최우의 집에 설치된 인사 행정 담당 기구이다.
⑤ 서방 : 고려 시대 최우 정권기에 설치된 숙위(宿衛) 및 문한(文翰) 담당 기구이다.

08   정답 ④

고려는 개경에 나성을 쌓아 도성 주변 수비를 강화하고, 압록 강에서 동해안 도련포에 이르는 천리장성을 쌓아 거란과 여진의 침략에 대비하였다. 또한 부처의 힘을 빌려 거란을 물리치기 위해 초조대장경을 간행하였다.

① 고려 숙종 때 여진을 정벌하기 위해 윤관의 건의로 별무반이 조직되었다. 별무반은 신기군, 신보군, 항마군으로 구성되었으며 여진족을 토벌하여 동북 지역에 9성을 쌓았다.
② 몽골의 2차 침입 때 승장 김윤후가 이끄는 민병과 승군이 처인성에서 몽골군에 항전하여 살리타를 사살하고, 몽골군에 승리를 거두었다.
③ 최무선을 중심으로 화통도감을 설치하여 화약과 화포를 제작하였고, 화포를 통해 왜구와의 진포 싸움에서 큰 승리를 거두었다.
⑤ 공민왕 때 쌍성총관부를 공격하여 원나라에 빼앗긴 철령 이북의 땅을 수복하였다.

09   정답 ②

제시된 사건들이 일어난 지역은 강화도이다. 고려 시대 최씨 무신 정권은 몽골의 침입에 항전하기 위해 강화도를 임시 수도로 정하였고, 조선 시대 임진왜란으로 전주 사고를 제외한 모든 사고가 소실되자, 실록을 다시 인쇄하여 춘추관, 묘향산, 태백산, 오대산, 강화도 마니산에 사고를 설치하고 보관하였다. 1876년(고종 13) 일본이 운요호 사건을 구실로 조선과 최초의 근대적 조약인 강화도 조약을 체결했으므로, ②는 옳은 설명이다.

① 개항 이후 조선에서는 서울에 육영 공원을 세우고 헐버트 등 미국인 교사를 초빙하여 양반 자제들에게 영어와 신지식을 가르쳤다(1886).
③ 일제 강점기에 신분 차별을 겪던 백정들은 진주에서 조선 형평사를 조직하고 형평 운동을 전개하였다(1923).
④ 일제 강점기에 조만식 등을 중심으로 평양에서 민족 자본 육성을 통한 경제 자립을 위해 자급자족, 국산품 애용, 소비 절약 등을 내세운 물산 장려 운동이 전개되었다(1920).
⑤ 조선에 대한 러시아의 세력 확장에 불안을 느낀 영국이 거문도를 불법적으로 점령하였다(1885).

10
정답 ①

고려 인종의 명을 받아 김부식 등이 편찬한 『삼국사기』는 현존하는 최고(最古)의 역사서로, 유교적 합리주의 사관에 기초하여 기전체 형식으로 서술되었으며 신라 계승 의식이 반영되어 있다.

오답분석
②·④ 원 간섭기인 충렬왕 때 일연이 쓴 『삼국유사』는 불교사를 중심으로 고대의 민간 설화 등을 함께 수록하였으며, 자주적 입장을 표방하여 단군의 건국 이야기를 수록하였다.
③ 조선은 국왕이 죽으면 춘추관을 중심으로 실록청을 설치하고 사관이 기록한 사초와 시정기 등을 정리하여 편년체 형식으로 실록을 편찬하였다.
⑤ 이규보의 「동명왕편」은 고구려를 건국한 동명왕의 업적을 서사시 형태로 서술하였다.

11
정답 ④

(나) 신문왕 때 관료전 지급으로 폐지되었던 녹읍이 경덕왕 때 부활하였다(757).
(가) 고려의 관리를 대상으로 한 토지 제도인 전시과는 관품과 인품을 기준으로 직관, 산관에게 토지를 제공하였으며, 경종 원년에 처음 실시되었다(976).
(라) 고려 말 신진 사대부들은 관리의 경제적 기반을 마련하고 국가의 재정을 유지하기 위해 과전법을 실시하였다(1391).
(다) 기존의 과전법은 전·현직 관리에게 지급되었고, 수신전과 휼양전의 명목으로 세습까지 가능하였다. 이로 인해 지급할 토지가 부족해지자 세조 때 직전법을 실시하여 현직 관리에게만 토지를 지급하였다(1466).

12
정답 ④

고려 숙종 때 삼한통보, 해동통보 등의 동전과 활구(은병)라는 은전을 만들었으나, 크게 유통되지는 못하였다. 민간에서 은병의 입구가 넓다 하여 이를 활구라 불렀다.

오답분석
① 조선 후기 청과의 교역 때 은을 사용하였다.
② 조선 후기 숙종 때 상평통보가 전국적으로 유통되었다.
③ 고려 성종 때 우리나라 최초의 화폐인 건원중보가 발행되었다(996).
⑤ 흥선 대원군은 경복궁 중건에 필요한 재원을 확보하기 위해 상평통보의 약 100배의 가치를 가진 당백전을 발행·유통시켰다.

13
정답 ①

조선 건국의 일등 공신인 정도전은 유학의 입장에서 불교의 배척을 주장한 『불씨잡변』을 통해 불교를 비판하고 성리학을 중시하였다.

오답분석
② 충선왕은 왕위를 물려준 뒤 원의 연경에 만권당을 세우고 고려에서 이제현 등의 성리학자들을 데려와 원의 학자들과 교류하게 하였다.
③ 이이는 공납의 폐단을 줄이기 위해 공납을 쌀로 납부하는 수미법을 주장하였으나 정책으로 실시되지는 않았다.
④ 태종 때 김사형, 이회 등을 시켜 혼일강리역대국도지도를 완성하였다(1402).
⑤ 임진왜란 중 유성룡의 건의에 따라 포수, 살수, 사수로 이루어진 삼수병을 바탕으로 한 훈련도감이 설치되었다(1593).

14
정답 ②

박제가는 서얼 출신으로 정조 때 규장각 검서관에 기용되었다. 그리고 『북학의』를 저술하여 청의 문물을 적극적으로 수용하였고 수레와 배의 이용과 함께 적극적인 소비를 권장하였다.

오답분석
① 김정희는 조선 후기 금석학 연구를 통해 저술한 『금석과안록』에서 북한산 순수비가 진흥왕 순수비임을 밝혀냈다.
③ 박지원은 「양반전」, 「허생전」, 「호질」 등을 통해 양반의 무능과 허례를 풍자하고 비판하였다.
④ 이중환은 현지 답사를 바탕으로 지리서인 『택리지』를 저술하여 각 지역의 생활과 풍속을 자세하게 소개하였다.
⑤ 김정호는 27년 동안 전국 방방곡곡 답사하여 실측한 끝에 전국 지도첩인 대동여지도를 편찬, 간행하였다.

15
정답 ④

조상에 대한 제사를 금지했던 천주교는 청을 다녀온 사신들에 의해 서학으로 소개되었다. 조정에서는 서학을 사교로 규정하고 탄압하였다.

오답분석
① 고려 시대부터 조선 초기까지 궁중에서 도교를 바탕으로 하늘에 제사를 지내는 초제가 성행하였다.
② 조선 후기 『정감록』을 통해 조선 왕조의 쇠퇴와 새로운 세상의 등장을 예언하였다.
③·⑤ 조선 후기 최제우가 유·불·선을 바탕으로 민간 신앙까지 포함하여 창시한 동학은 사람이 곧 하늘이라는 인내천 사상을 통해 인간 평등을 주장하였다.

16
정답 ④

정약용은 신유박해로 인해 강진에서 유배 생활을 해야 했고, 그곳에서 『목민심서』와 『경세유표』 등의 저술을 남겼다. 이 시기 조정은 순조의 즉위 이후 일부 외척 세력이 권력을 장악하여 왕권이 크게 약화되고 비변사를 중심으로 요직을 독점한 유력 가문들이 권력을 장악하였다.

오답분석
① 인종의 뒤를 이어 명종이 어린 나이로 즉위하자, 명종의 어머니 문정왕후가 수렴청정을 하였다. 인종의 외척인 윤임을 중심으로 한 대윤파와 명종의 외척인 윤원형을 중심으로 한 소윤파의 대립으로 을사사화가 발생하여 윤임을 비롯한 대윤파와 사림들이 큰 피해를 입었다(1545).
②・③ 태종은 왕권을 강화하여 국왕 중심의 통치 체제를 확립하고자 하였다. 먼저 6조 직계제를 실시하여 6조에서 의정부를 거치지 않고 국왕이 바로 재가를 내리게 하였으며, 사병을 혁파하여 군사권을 강화하였다.
⑤ 선조 때 이조 전랑 임명권을 두고 동인과 서인의 갈등이 전개되어 붕당 정치가 시작되었다.

17
정답 ④

(가)는 조미 수호 통상 조약(1882), (나)는 조프 수호 통상 조약(1886)이다. 조프 수호 통상 조약을 통해 프랑스의 천주교 포교의 자유가 인정되었다.

오답분석
① 강화도 조약 이후 조일 수호 조규 부록과 조일 무역 규칙을 통해 일본 화폐의 사용과 양곡의 무제한 유출, 일본 상품에 대한 무관세 등이 허용되었다(1876).
② 청은 임오군란을 진압하고 조청 상민 수륙 무역 장정을 체결하여 최초로 내지 통상권을 규정하였다(1882).
③ 임오군란 이후 일본은 주모자 처벌, 배상금 지불, 공사관 경비를 위한 군대 주둔을 요구하여 제물포 조약을 체결하였다.
⑤ 조미 수호 통상 조약 체결 이후 사절단으로 미국에 보빙사가 파견되었다(1883).

18
정답 ④

(가)는 을미개혁(1895), (나)는 을사늑약(1905)이다. 이 사이의 시기인 1890년대에는 을미사변과 단발령에 반발하여 유인석과 이소응을 중심으로 전국 각지에서 의병 운동이 전개되었다.

오답분석
① 임병찬을 중심으로 한 독립 의군부는 고종의 밀지를 받아 의병을 모으고, 총독부에 국권 반환 요구서를 보내 한반도 강점의 부당함을 주장하는 등 대한 제국을 재건하고자 하였다(1912).

② 해산된 군인들이 13도 창의군을 결성하여 서울 진공 작전을 전개하였다(1908).
③ 1907년에 네덜란드 헤이그에서 만국 평화 회의가 개최되자 고종은 특사(이준, 이상설, 이위종)를 파견하여 을사늑약의 무효를 알리고자 하였으나, 을사늑약으로 인해 외교권을 빼앗긴 대한 제국은 회의 참석을 거부당하였다.
⑤ 1907년에 한일 신협약으로 인해 해산된 군인들이 의병 활동에 가담하였다.

19
정답 ④

제1차 한일 협약을 통해 재정 고문이 된 메가타는 경제권을 장악하기 위해 화폐 정리 사업을 추진하여 백동화를 갑, 을, 병종으로 구분하여 제일 은행권으로 교환하였다.
ㄴ. 화폐 정리 사업으로 인해 유통 화폐가 부족해지면서 국내 상인들이 큰 타격을 입었다.
ㄹ. 화폐 정리 사업에 필요한 자금 마련을 위해 일본에서 차관을 도입하면서 대한 제국의 국채가 증가하고 재정 예속화가 심화되었다.

오답분석
ㄱ. 흥선 대원군에 이어 집권한 민씨 정권이 재정적 위기를 극복하기 위해 상설 조폐 기관인 전환국을 설치하였다.
ㄷ. 조청 수륙 무역 장정이 체결되어 외국 상인들로 인해 어려움에 처한 상인들이 황국 중앙 총상회를 조직하여 상권 수호 운동을 전개하였다.

20
정답 ④

지청천 장군을 중심으로 하여 북만주에서 결성된 한국 독립군(1930)은 중국 호로군과 연합하여 쌍성보 전투, 사도하자 전투, 대전자령 전투에서 일본군에 승리를 거두었다.

오답분석
① 1940년 9월에 충칭에서 대한민국 임시 정부의 직할 부대로 한국 광복군이 창설되었다.
② 김원봉이 주도하여 중국 국민당의 지원하에 중국 관내에서 조선 의용대가 창설되었다(1938).
③ 김원봉과 의열단 지도부는 조선 혁명 간부 학교를 설립하여 군사력을 강화하였다(1932).
⑤ 간도 참변으로 인해 연해주의 자유시로 근거지를 옮긴 대한 독립 군단은 이르쿠츠크파 고려 공산당과 상해파 고려 공산당의 갈등으로 인해 자유시 참변을 겪으면서 세력이 약화되었다(1921).

21
정답 ④

1925년에 일제는 치안 유지법을 시행하여 식민지 지배에 저항하는 민족 해방 운동을 탄압하였다. 또한 독립운동 관련자, 치안 유지법 위반자들을 보호 관찰하기 위해 조선 사상범 보호 관찰령을 시행하였다(1936).

[오답분석]
① 1912년에 조선 태형령이 실시되면서 곳곳에 배치된 헌병 경찰들은 조선인들에게 태형을 통한 형벌을 가하였다.
② 무단 통치기에 일제는 회사령을 공포하여 회사를 설립하거나 해산할 때 총독부의 허가를 받게 하여 민족 기업의 설립을 방해하였다(1910).
③ 일제는 제1차 조선 교육령을 시행하여 보통·실업·전문 기술 교육을 실시하였다. 또한 일본어 학습을 강요하고 보통 교육의 수업 연한을 4년으로 단축하였다(1911).
⑤ 조선 총독부는 토지 조사국을 설치하고 토지 조사령을 발표하여 일정 기간 내에 토지를 신고하도록 하였다. 그리고 신고하지 않은 토지는 총독부에서 몰수하여 일본인에게 헐값으로 불하하였다(1912).

22
정답 ⑤

1930년대 일제는 대륙 침략을 위해 한반도를 병참 기지화하였다. 중일 전쟁과 태평양 전쟁을 일으킨 일제는 우리 민족을 전쟁에 동원하였고, 우리 민족의 정체성을 말살하기 위해 황국 신민화 정책을 시행하였다. 또한 물적 수탈을 위해 양곡 배급제와 미곡 공출을 실시하였다. 민족 말살 통치기에 일제는 내선 일체의 구호를 내세워 한글을 사용하지 못하게 하였고, 창씨개명(1939)과 황국 신민 서사 암송(1937), 신사 참배 등을 강요하였다. 국민 징용령(1939)으로 한국인 노동력을 착취하였고, 학도 지원병 제도(1943), 징병 제도(1944) 등을 실시하여 젊은이들을 전쟁터로 강제 징집하였으며, 여자 정신대 근무령(1944)을 공포하여 젊은 여성들을 일본군 위안부로 삼는 만행을 저질렀다.

[오답분석]
① 1910년대 무단 통치 시기에 헌병 경찰의 즉결 처분이 시행되었다.
② 민족주의 세력과 사회주의 세력의 합작으로 신간회가 결성되었다(1927).
③ 국채 보상 운동은 국민들의 힘으로 나라 빚을 갚자는 취지로 시작되었다. 대구에서 시작되어 제국신문, 황성신문, 만세보 등의 언론 기관들의 지원을 바탕으로 전국적으로 확산되었다(1907).
④ 조선 민립 대학 기성회를 중심으로 한국인을 위한 고등 교육기관을 설립하기 위한 민립 대학 설립 운동이 전개되었다(1922).

23
정답 ④

이범석은 북로 군정서의 지휘관으로 청산리 대첩에 참가하였다. 이후 충칭에서 대한민국 임시 정부의 산하 기관으로 창설된 한국 광복군의 참모장을 역임하여 국내 진공 작전을 준비하였으나 일제의 항복으로 무산되었다.

[오답분석]
① 나석주는 1926년에 동양 척식 주식회사와 식산 은행에 폭탄을 투척하였다.
② 이재명은 을사오적 중 한 명인 이완용을 저격하였으나 실패하였다(1909).
③ 김원봉은 의열단을 결성하여 직접적인 투쟁 방법인 암살, 파괴, 테러 등을 통해 독립운동을 전개하였다.
⑤ 신채호는 의열단의 기본 행동 강령이 되는 조선 혁명 선언을 작성하였다.

24
정답 ⑤

1961년 5·16 군사 정변으로 정권을 잡은 박정희는 군정 시기에 제1차 경제 개발 5개년 계획을 추진하였다.

[오답분석]
1948년 5·10 총선거를 통해 제헌 국회가 구성되어 제헌 헌법이 제정되었다. 제헌 헌법은 국회에서 간선제를 통해 대통령과 부통령을 선출하면서 이들의 임기를 4년으로 하고 1회 중임할 수 있도록 하였다. 그리고 국가의 안전과 국민의 생존을 보장하기 위한 국가 보안법이 만들어졌으며 토지 개혁을 위해 유상 매수, 유상 분배를 규정한 농지 개혁법이 제정되었다. 또한 일제가 남긴 재산 처리를 위해 귀속 재산 처리법이 제정되었으며, 일제의 잔재를 청산하고 민족 정기를 바로 잡기 위해 반민족 행위 처벌법이 제정되어 반민 특위가 활동하였다.

25
정답 ①

1960년에 이승만과 자유당 정권의 3·15 부정 선거에 대한 저항으로 4·19 혁명이 발발하였다. 이승만이 하야하고 수립된 허정 과도 정부는 부정 선거를 단행한 자유당 간부들을 구속하였으며, 국회는 내각 책임제와 양원제를 골자로 한 개헌안을 통과시켰다. 이후 구성된 국회를 통해 윤보선이 대통령으로 선출되었고, 장면이 국무총리로 지명되어 장면 내각이 성립되었다.

[오답분석]
②·④ 신군부의 비상계엄 확대로 광주에서 일어난 5·18 민주화 운동은 신군부가 공수 부대를 동원하여 무력으로 진압하는 과정에서 학생과 시민들이 시민군을 결성하여 대항하면서 발생하였다. 5·18 민주화 운동은 1980년대 우리나라 민주화 운동의 밑거름이 되었고 2011년에 관련 기록물이 유네스코 세계 기록 유산으로 등재되었다.

③·⑤ 1987년 박종철 고문 사망 사건과 4·13 호헌 조치를 계기로 6월 민주 항쟁이 전국적으로 확산되었다. 정부는 국민들의 민주화와 직선제 개헌 요구를 받아들여 6·29 민주화 선언을 발표하였고, 5년 단임의 대통령 직선제를 바탕으로 한 새로운 헌법이 마련되었다.

26 　　　　　　　　　　정답 ④

(나) 삼국 간섭(1895) : 청일 전쟁에서 승리한 일본은 청과 시모노세키 조약을 체결하여 요동반도와 타이완을 장악하였으나, 러시아, 독일, 프랑스의 삼국 간섭으로 요동반도를 반환하였다.
(가) 을미사변(1895) : 삼국 간섭 이후 일본의 세력이 위축되어 민씨 세력이 러시아를 통해 일본을 견제하려 하자, 일본은 궁으로 난입하여 을미사변을 일으켰다.
(라) 아관 파천(1896) : 을미사변으로 신변의 위협을 느낀 고종은 러시아 공사관으로 피신하였다.
(다) 대한 제국(1897) : 러시아 공사관에서 돌아온 고종은 대한 제국을 수립하고, 연호를 광무로 하여 황제로 즉위하였다.

27 　　　　　　　　　　정답 ①

김옥균을 중심으로 한 급진 개화파는 일본의 군사적 지원을 받아 우정국 개국 축하연 자리에서 갑신정변을 일으켰다(1884). 정권을 잡은 이들은 청과의 사대 관계 폐지, 입헌 군주제, 능력에 따른 인재 등용을 주장하였다. 그러나 청군의 개입으로 3일 만에 실패하였다. 일본은 갑신정변으로 인해 죽은 일본인에 대한 배상과 일본 공사관의 신축 부지 제공, 신축비 보상 등을 요구하였다. 이에 조선에서는 한성 조약을 체결하여 일본의 요구를 수용하였다(1885).

오답분석
② 대한 제국은 옛 것을 근본으로 새로운 것을 참조한다는 뜻의 구본신참론에 입각하여 광무개혁을 추진하였다.
③ 신식 군대인 별기군과 차별 대우를 받던 구식 군대가 선혜청을 습격하면서 임오군란이 발생하였다. 구식 군인들은 흥선 대원군을 찾아가 지지를 요청하였고, 정부 고관들의 집과 일본 공사관을 습격하였다. 조선 조정의 요청으로 군대를 보낸 청은 군란을 진압하고, 흥선 대원군을 본국으로 납치해 갔다.
④ 일본과의 강화도 조약 이후 부산, 원산, 인천이 개항되었다.
⑤ 조선에서는 선진 문물에 대한 견문을 목적으로 일본에 수신사와 조사 시찰단, 청에는 영선사, 미국에는 보빙사를 파견하였다.

28 　　　　　　　　　　정답 ⑤

전라도 고부 군수 조병갑의 횡포에 견디지 못한 농민들은 동학 교도인 전봉준을 중심으로 하여 동학 농민 운동을 일으켜 전주성을 점령하고 전라도 일대를 장악하였다(1894). 조정에서는 이들을 진압하기 위해 청에 원군을 요청하였고, 톈진 조약에 의해 일본 군대를 파견하였다. 청과 일본의 군대 개입을 우려한 농민군은 정부와 전주 화약을 맺고 집강소를 설치하여 개혁을 실시하였다. 그러나 청일 전쟁이 발발하고 일본의 내정 간섭이 심해지자 외세를 몰아내기 위해 농민군이 다시 봉기하였다. 하지만 농민군은 일본군과의 우금치 전투에서 패하고, 전봉준이 서울로 압송되면서 해체되었다.

오답분석
① 독립 협회는 관민 공동회를 통해 결의한 헌의 6조를 통해 탁지부의 국가 재정 일원화를 건의하였다(1898).
② 진주 지역의 몰락 양반인 유계춘을 중심으로 임술 농민 봉기가 일어나 진주성을 점령하였다(1862).
③ 보안회는 일제의 황무지 개간권 요구를 반대하는 운동을 전개하였다(1904).
④ 홍경래를 중심으로 하여 일어난 홍경래의 난은 세도 정치로 인한 삼정의 문란과 서북 지역민에 대한 차별이 원인이었다(1811).

29 　　　　　　　　　　정답 ④

대한 제국은 민주주의 국가가 아니라 '만세불변의 전제정치'임을 표방하였다.

오답분석
⑤ 양지아문을 중심으로 양전지계 사업을 벌였으나, 국가재정의 확충에는 큰 도움이 되지 못하였다.

30 　　　　　　　　　　정답 ②

김대중 정부 출범 이후 북한과의 교류가 크게 확대되어 평양에서 최초로 남북 정상 회담이 이루어지면서 6·15 남북 공동 선언이 발표되었다(2000). 이를 통해 금강산 관광 사업의 활성화, 개성 공단 건설 운영에 관한 합의서 체결, 이산가족 상봉 등이 실현되었다.

오답분석
① 남북 조절 위원회는 「7·4남북공동성명」의 합의사항들을 추진하고 남북관계를 개선, 발전시키며 통일문제를 해결할 목적으로 설립된 남북한 당국 간의 정치적 협의기구이다.
③ 남북 기본 합의서는 1990년 9월부터 진행된 일련의 남북 고위급회담이 이루어낸 성과로, 1991년 12월 남한과 북한 사이에 합의된 남북 관계의 기본적 사항들에 대한 문서이다.
④ 제2차 남북 정상 회담은 2007년 10월 열렸으며, '남북관계의 발전과 평화번영을 위한 선언'(10·4 선언)을 발표해 회담의 정례화 가능성을 열어 두었다.
⑤ 1985년 9월 전두환 정부 시기에 남북 이산가족 고향 방문단의 교환 방문이 최초로 성사되었으며 예술 공연도 교환 공연하였다.

MEMO

PART 4

최종점검 모의고사

01	02	03	04	05	06	07	08	09	10	11	12	13	14	15	16	17	18	19	20
②	②	③	②	④	③	②	④	④	④	②	⑤	③	⑤	③	③	②	②	④	③
21	22	23	24	25	26	27	28	29	30	31	32	33	34	35	36	37	38	39	40
④	⑤	③	③	③	⑤	③	①	⑤	②	④	③	④	②	③	②	④	②	②	⑤
41	42	43	44	45	46	47	48	49	50										
④	①	④	③	④	①	③	③	④	④										

01 맞춤법
정답 ②

오답분석
① 넓따란 → 널따란
③ 넉두리 → 넋두리
④ 얇팍한 → 얄팍한
⑤ 몇일 → 며칠

02 한자성어
정답 ②

수주대토(守株待兔)는 이전부터 행해지던 관습이나 사례들을 융통성 없이 계속하여 따르는 발전 없는 사람을 일컫는 한자성어로, 제시문의 '단순히 안전 구호를 외치며 안전 체조를 하던 과거 방식을 고집하는 일부 건설사'와 가장 관련이 있는 한자성어이다.

오답분석
① 각주구검(刻舟求劍)은 어리석고 우둔하여 현실과 맞지 않는 융통성 없는 행동을 하는 사람을 의미하는 한자성어이다. 제시문에서 일부 건설사가 현실과 맞지 않는 방식을 고집하는 것은 어리석고 우둔하기보다는 낡은 과거 방식을 계속하여 고집하는 것이기 때문에 '각주구검'보다는 '수주대토'가 더 적절하다.
③ 자강불식(自强不息)은 스스로 강인하게 매진하여 쉬지 않고 끊임없이 목표를 향해 나아가는 것을 의미하는 한자성어이다.
④ 오하아몽(吳下阿蒙)은 힘은 있으나 배워서 얻은 지식이 없는 사람을 비웃는 말로 쓰이는 한자성어이다.
⑤ 일취월장(日就月將)은 하루가 다르게 더 좋은 상태로 나아간다는 의미의 한자성어이다.

03 문서 내용 이해
정답 ③

조력발전소가 설치되면서 발전소의 해수유통을 통해 시화호의 수질이 개선되었으므로 ③은 적절하지 않다.

오답분석
① 조력발전소는 밀물의 힘으로 발전기를 돌려 전기를 생산하며, 제시문의 도입부에 조력발전이 주목을 받고 있다고 언급하였다.
② 시화호 발전소의 연간 생산량이 40 ~ 50만 도시의 소비량과 맞먹는다고 하였으므로, 1년 동안 전기 공급이 가능하다.
④ 제시문에서 우리나라에 위치한 시화호 발전소가 세계 최대 규모임을 밝혔다.
⑤ 조력발전소 건립을 반대하는 환경단체의 논지는 발전소가 갯벌을 파괴하고 생태계를 오염시킨다는 것이다.

04 응용 수리

정답 ②

2명씩 짝을 지어 한 그룹으로 보고 원탁에 앉는 방법을 구하기 위해서 원순열 공식 $(n-1)!$을 이용한다.
2명씩 3그룹이므로 $(3-1)!=2\times1=2$가지이다. 또한 그룹 내에서 2명이 자리를 바꿔 앉을 수 있는 경우는 2가지씩이다.
따라서 6명이 원탁에 앉을 수 있는 경우의 수는 $2\times2\times2\times2=16$가지이다.

05 응용 수리

정답 ④

두 사원이 1~9층에 내리는 경우의 수는 $9\times9=81$가지이고, A가 1~9층에 내리는 경우의 수는 9가지이다.
B는 A가 내리지 않은 층에서 내려야 하므로 B가 내리는 경우의 수는 8가지이다.

따라서 두 사원이 서로 다른 층에 내릴 확률은 $\dfrac{9\times8}{81}=\dfrac{8}{9}$이다.

06 자료 계산

정답 ③

• 2035년 1인 가구 수 : (2025년 1인 가구 수)+{(2005년 대비 2015년의 1인 가구 수 증가량)+(2015년 대비 2025년의 1인 가구 수 증가량)}÷2
  따라서 $67,004+\{(51,796-31,856)+(67,004-51,796)\}\div2=67,004+17,574=84,578$가구이다.
• 2035년 2인 가구 수 : (2035년 전체 가구 수)−{(2035년 3인 이상 가구 수)+(2035년 1인 가구 수)}
  − 2035년 전체 가구 수 : 2015년 대비 2025년 전체 가구 수의 증가율을 구하면 $(210,136-190,128)\div190,128\times100≒10.5\%$
    이므로, 2025년 대비 2035년 전체 가구 수의 증가율은 $10.5\times\dfrac{2}{3}=7\%$이다. 따라서 2035년 전체 가구 수를 구하면 $210,136\times$
    $1.07=224,845.52≒224,846$가구이다.
  − 2035년 3인 이상 가구 수 : $\{160,389-(31,856+35,236)\}\times0.8=93,297\times0.8=74,637.6≒74,638$
    따라서 $224,846-(74,638+84,578)=65,630$가구이다.
• 2035년 가구주가 80세 이상인 가구 수 : 2025년 기준 가구주가 70세 이상인 가구가 2035년에 가구주가 80세 이상인 가구가 된다.
  따라서 $(24,874\times0.7)+(13,889\times0.6)≒17,412+8,333=25,745$가구이다.

07 규칙 적용

정답 ②

서울 지점의 B씨에게 배송할 제품과 경기남부 지점의 P씨에게 배송할 제품에 대한 기호를 모두 기록해야 한다.
• B씨 : MS11EISS
  − 재료 : 연강(MS)
  − 판매량 : 1box(11)
  − 지역 : 서울(E)
  − 윤활유 사용 : 윤활작용(I)
  − 용도 : 스프링(SS)
• P씨 : AHSS00SSST
  − 재료 : 초고강도강(AHSS)
  − 판매량 : 1set(00)
  − 지역 : 경기남부(S)
  − 윤활유 사용 : 밀폐작용(S)
  − 용도 : 타이어코드(ST)

08 명제 추론

정답 ④

12시 방향에 앉아 있는 서울 대표를 기준으로 했을 때 시계 방향으로 '서울 – 대구 – 춘천 – 경인 – 부산 – 광주 – 대전 – 속초' 순서로 앉아 있다. 따라서 경인 대표의 맞은 편에 앉은 사람은 속초 대표이다.

09 SWOT 분석

정답 ④

WT전략은 외부 환경의 위협 요인을 회피하고 약점을 보완하는 전략을 적용해야 한다. ④는 강점인 'S'를 강화하는 방법에 대해 이야기하고 있으므로 옳지 않다.

[오답분석]

① SO전략은 기회를 활용하면서 강점을 더욱 강화시키는 전략이므로 옳다.
② WO전략은 외부의 기회를 사용해 약점을 보완하는 전략이므로 옳다.
③ ST전략은 외부 환경의 위협을 회피하며 강점을 적극 활용하는 전략이므로 옳다.
⑤ OT전략은 외부의 기회를 사용해 외부 환경의 위협을 회피하는 전략이므로 옳다.

10 품목 확정

정답 ③

- B – A – H : $600+1,500=2,100$m
- B – A – C – E – H : $600+600+600+600=2,400$m
- B – C – E – H 또는 B – D – E – H : $800+600+600=2,000$m
- B – D – F – H : $800+600+800=2,200$m
- B – G – H : $1,200+1,000=2,200$m

따라서 B지점에서 출발하여 H지점으로 가는 최단 경로는 'B – C – E – H' 또는 'B – D – E – H'이고, 그 거리는 2,000m이다.

11 품목 확정

정답 ②

각 마을 사이의 거리가 750m 이상인 길을 제외한 경로는 다음과 같다.

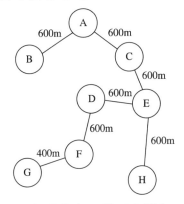

따라서 새로 만들 수 있는 버스 노선의 수는 B와 H를 종점으로 하는 2가지이다.

인천에서 출발하는 시각과 경유지 및 모스크바까지의 이동시간 및 환승 대기시간과 현지 도착 시각을 이용하여 각 도시와의 시차를 구하면 다음과 같다.

• 베이징

인천 시각 기준 베이징 도착 시각	인천과 베이징의 시차	베이징 시각 기준 모스크바 도착 시각	베이징과 모스크바의 시차
0시 30분+2시간 =2시 30분	2시 30분−1시 30분 =1시간	1시 30분+19시간+9시간 =익일 5시 30분	익일 5시 30분−익일 0시 30분 =5시간
소요 시간	2시간+19시간+9시간=30시간		
인천 기준 모스크바 도착 시각	0시 30분+30시간 =익일 6시 30분	인천과 모스크바의 시차	익일 6시 30분−익일 0시 30분 =6시간

• 상하이

인천 시각 기준 상하이 도착 시각	인천과 상하이의 시차	상하이 시각 기준 모스크바 도착 시각	상하이와 모스크바의 시차
23시 30분+2시간 =익일 1시 30분	익일 1시 30분 −익일 0시 30분 =1시간	익일 0시 30분+15시간 +10시간 30분 =익익일 2시	익익일 2시−익일 21시 =5시간
소요 시간	2시간+15시간+10시간 30분=27시간 30분		
인천 기준 모스크바 도착 시각	23시 30분+27시간 30분 =익익일 3시	인천과 모스크바의 시차	익익일 3시−익일 21시 =6시간

• 아부다비

인천 시각 기준 아부다비 도착 시각	인천과 아부다비의 시차	아부다비 시각 기준 모스크바 도착 시각	아부다비와 모스크바의 시차
6시+10시간 =16시	16시−11시 =5시간	11시 +2시간 30분 +6시간 =19시 30분	19시 30분 −18시 30분 =1시간
소요시간	10시간+2시간 30분+6시간=18시간 30분		
인천 기준 모스크바 도착 시각	6시 +18시간 30분 =익일 0시 30분	인천과 모스크바의 시차	익일 0시 30분 −18시 30분 =6시간

• 도하

인천 시각 기준 도하 도착 시각	인천과 도하의 시차	도하 시각 기준 모스크바 도착 시각	도하와 모스크바의 시차
1시 30분+10시간 =11시 30분	11시 30분 −5시 30분 =6시간	5시 30분+3시간 +5시간 30분 =14시	14시−14시 =0시간
소요 시간	10시간+3시간+5시간 30분=18시간 30분		
인천 기준 모스크바 도착 시각	1시 30분 +18시간 30분 =20시	인천과 모스크바의 시차	20시−14시 =6시간

도하와 모스크바의 시차는 없으므로 각 도시의 모스크바와의 시차는 각 도시의 도하와의 시차와 같다.

따라서 인천과 아부다비와의 시차는 5시간이고, 인천과 상하이와의 시차는 1시간이므로 아부다비는 상하이보다 5시간−1시간=4시간 늦다.

13   문단 나열

제시된 첫 문장은 국내 최초 해상풍력발전사업인 탐라해상풍력발전에 대해 말하고 있다. 따라서 이어지는 문장으로는 탐라해상풍력발전의 현 상황을 말하며 사업을 소개하는 (다), 이어서 그 사업의 내용과 그에 따른 경제효과를 말하는 (마), 탐라해상풍력발전의 구체적 활동과 기대효과를 말하는 (가), 사업 관련 이야기를 마무리하고 '한편'으로 시작하며 탐라해상풍력발전의 행사를 시간순으로 설명하는 (라) – (나)의 순으로 나열하는 것이 적절하다.

14   글의 제목

제시문은 국내 최초 해상풍력발전사업인 탐라해상풍력발전이 발전개시에 돌입하며, 대한민국 해상풍력발전시대의 막을 열었다는 것이 핵심 내용이다. 따라서 글의 제목으로 가장 적절한 것은 ⑤이다.

15   명제 추론

오늘 아침의 상황 중 은희의 취향과 관련된 부분은 다음과 같다.
• 스트레스를 받음
• 배가 고픔
• 피곤한 상황
• 커피만 마심
• 휘핑크림은 넣지 않음

먼저, 스트레스를 받았다고 하였으므로 휘핑크림이나 우유거품을 추가해야 하나 마지막 조건에서 휘핑크림을 넣지 않는다고 하였으므로 우유거품만을 추가함을 알 수 있다. 또한 배가 고픈 상황이므로 데운 우유가 들어간 커피를 마시게 된다. 따라서 은희는 이 모두를 포함한 카푸치노를 주문할 것임을 추론할 수 있다.

16   SWOT 분석

(가)는 SO전략, (나)는 WO전략, (다)는 ST전략, (라)는 WT전략이다. 따라서 순서대로 바르게 나열한 것은 ③이다.

17   비용 계산

인건비란 제품 생산에 직접적으로 소비된 것으로 직접비에 해당하며, 출장비 역시 제품 생산 또는 서비스를 창출하기 위해 출장이나 타 지역으로의 이동이 필요한 경우와 기타 과제 수행상 발생하는 다양한 비용을 포함하며 이는 제품 생산을 위해 직접적으로 소비된 것에 해당한다.

[오답분석]
① 통신비란 회사의 업무 용도로 개인 휴대폰을 이용하였을 경우 지급되는 사용료로 제품 생산을 위해 간접적을 소비된 간접비에 해당한다.
③ 광고비란 광고활동을 위해 사용되는 비용으로 광고 선전비라고도 불리며 이는 제품 생산에 직접적으로 소비되지 않는 간접비에 해당한다.
④ 보험료란 보험계약자가 보험계약에 의거하여 보험자에게 지급하는 요금으로 제품 생산에 직접적으로 소비되지 않는 간접비에 해당한다.
⑤ 사무비품비란 사무실에서 사용하는 도구나 부속품에 사용되는 비용으로, 제품 생산에 직접적으로 소비되지 않는 간접비에 해당한다.

18 　자료 이해 　　　　　　　　　　　　　　　　　　　　　　　　　　　정답 ②

ㄴ. 그래프상에서 중소기업의 검색 건수는 2021년을 시작으로 매년 바깥쪽으로 이동하고 있으므로 옳은 내용이다.

ㄷ. 시각적으로 판단해야 하는 선택지이다. 2022년을 제외한 나머지 연도에서는 대기업의 검색 건수가 가장 큰 데다가 $80 \sim 100$구
간에 몰려있는 상태이다. 또한 2022년의 경우도 중소기업과 개인과는 거의 차이가 없으며 단지 외국인의 경우만 차이가 큰
상태이다. 그러나 이 차이라는 것도 2022년을 제외한 나머지 연도에서 쌓아놓은 격차보다는 작으므로 결국 2021년부터 2024
년까지의 검색 건수 총합은 대기업이 가장 많았음을 알 수 있다. 따라서 옳은 내용이다.

[오답분석]

ㄱ. 2021년과 2022년의 검색 건수를 비교해보면 외국인, 개인, 중소기업에서는 모두 2021년의 검색 건수가 적고, 대기업의 경우만
2022년이 큰 상황이다. 그런데, 대기업의 검색 건수의 차이보다 외국인, 개인, 중소기업의 검색 건수 합의 차이가 더 크므로
전체 검색 건수는 2021년이 더 작다. 따라서 옳지 않은 내용이다.

ㄹ. 2023년에는 외국인과 개인의 검색 건수가 가장 적었고, 대기업의 검색 건수가 가장 많았으므로 옳지 않은 내용이다.

19 　문서 작성 　　　　　　　　　　　　　　　　　　　　　　　　　　　정답 ④

중요한 내용을 두괄식으로 작성함으로써 보고받은 자가 해당 문서를 신속하게 이해하고, 의사결정을 하는 데 도움을 주는 것이
중요하다.

20 　문서 수정 　　　　　　　　　　　　　　　　　　　　　　　　　　　정답 ③

인력양성과 기술개발을 '두 마리 토끼'로 표현한 것은 맥락에 맞는 표현이므로 삭제하는 것은 적절하지 않다.

21 　응용 수리 　　　　　　　　　　　　　　　　　　　　　　　　　　　정답 ④

12월까지 7달이 남았고 이 기간 동안 이수해야 할 남은 교육 시간은 $60-35=25$시간이다. 기본적으로 이수해야 할 시간인 최소
3시간씩 7달 동안 교육을 들으면 21시간을 이수하게 되고 4시간의 추가 이수를 해야 한다.

한 시간 단위로 이수가 이루어지기 때문에 기본 단위를 한 시간으로 설정하면 주어진 문제는 남은 7달 중에 4시간(4회)을 배분하는
경우의 수를 구하는 것과 같다.

ⅰ) 1시간씩 4번 들을 경우

(1시간씩 추가 이수를 들을 달을 선택하는 경우의 수)

∴ $_7C_4 = {_7C_3} = 35$가지

ⅱ) 2시간 1번, 1시간씩 2번 들을 경우

(2시간 추가 이수를 들을 달을 선택하는 경우의 수)×(1시간씩 추가 이수를 들을 달을 선택하는 경우의 수)

∴ $_7C_1 \times {_6C_2} = 7 \times \dfrac{6 \times 5}{2!} = 105$가지

ⅲ) 2시간씩 2번 들을 경우

(2시간씩 추가 이수를 들을 달을 선택하는 경우의 수)

∴ $_7C_2 = \dfrac{7 \times 6}{2!} = 21$가지

ⅳ) 3시간 1번, 1시간 1번 들을 경우

(3시간 추가 이수를 들을 달을 선택하는 경우의 수)×(1시간 추가 이수를 들을 달을 선택하는 경우의 수)

∴ $_7C_1 \times {_6C_1} = 7 \times 6 = 42$가지

ⅴ) 4시간 1번 들을 경우

(4시간 추가 이수를 들을 달을 선택하는 경우의 수)

∴ $_7C_1 = 7$가지

따라서 ⅰ) ~ ⅴ)에 따라 전체 경우의 수는 $35+105+21+42+7=210$가지이다.

22 정답 ⑤

2024년도 남성 공무원 비율은 70.3%, 여성 공무원 비율은 29.7%로 차이는 70.3−29.7=40.6%p로, 40%p 이상이다.

오답분석

① 제시된 자료에 따라 2019년 이후 여성 공무원 수는 매년 증가하고 있다.
② 2022년 전체 공무원 수는 2,755백 명으로, 2021년 전체 공무원 수 2,750백 명에서 증가하였다.
③ 2023년 남성 공무원 수는 2,780−820=1,960백 명이다.
④ 2024년 여성 공무원 비율은 2019년 비율보다 29.7−26.5=3.2%p 증가했다.

23 논리적 오류 정답 ③

(가) 허수아비 공격의 오류 : 상대가 의도하지 않은 것을 강조하거나 허점을 비판하여 자신의 주장을 내세운다.
(나) 성급한 일반화의 오류 : 적절한 증거가 부족함에도 불구하고 몇몇 사례만을 토대로 성급하게 결론을 내린다.
(다) 대중에 호소하는 오류 : 타당한 논거를 제시하지 않고 많은 사람들이 그렇게 생각하거나 행동한다는 것을 논거로 제시한다.

오답분석

• 인신공격의 오류 : 주장이 아닌 상대방을 공격하여 논박한다.
• 애매성의 오류 : 여러 가지 의미로 해석될 수 있는 용어를 사용하여 혼란을 일으킨다.
• 무지의 오류 : 상대가 자신의 주장을 입증하지 못함을 근거로 상대를 반박한다.

24 명제 추론 정답 ③

주어진 조건에 따르면 D면접자와 E면접자는 2번, 3번 의자에 앉아 있고, A면접자는 1번과 8번 의자에 앉을 수 없다. B면접자는 6번 또는 7번 의자에 앉을 수 있다는 점과 A면접자와 C면접자 사이에는 2명이 앉는다는 조건까지 모두 고려하면 A면접자와 B면접자가 서로 이웃해 있을 때, 다음과 같이 2가지 경우를 확인할 수 있다.

ⅰ) B면접자가 6번에 앉을 경우

구분	1	2	3	4	5	6	7	8
경우 1		D	E		A	B		C
경우 2		D	E	C		B	A	
조건	A(×) C(×)							A(×)

ⅱ) B면접자가 7번에 앉을 경우

구분	1	2	3	4	5	6	7	8
경우 1		D	E	C(×)		A	B	
경우 2		D	E			A	B	C(×)
조건	A(×) C(×)							A(×)

→ A면접자와 C면접자 사이에는 2명이 앉는다는 조건이 성립되지 않는다.

따라서 C면접자는 4번 또는 8번 의자에 앉을 수 있다.

오답분석

① 주어진 조건을 살펴보면 A면접자는 1번, 8번 의자에 앉지 않는다고 하였고 2번과 3번 의자는 D면접자와 E면접자로 확정되어 있다. 그리고 C면접자와의 조건 때문에 6번 의자에도 앉을 수 없으므로 A면접자는 4번, 5번, 7번 의자에 앉을 수 있다. 따라서 A면접자가 4번에 앉는 것이 항상 옳다고 볼 수 없다.
② 주어진 조건에서 C면접자는 D면접자와 이웃해 앉지 않는다고 하였다. D면접자는 2번 의자로 확정되어 있으므로 C면접자는 1번 의자에 앉을 수 없다.
④ B면접자가 7번 의자에 앉고 A면접자와 B면접자 사이에 2명이 앉도록 하면, A면접자는 4번 의자에 앉아야 한다. 그런데 A면접자와 C면접자 사이에 2명이 앉아 있다는 조건이 성립되려면 C면접자는 1번 의자에 앉아야 하는데, C면접자는 D면접자와 이웃해 있지 않다고 하였으므로 옳지 않다.

⑤ C면접자가 8번에 앉는 것과는 상관없이 B면접자는 6번 또는 7번 의자에 앉을 수 있다. 따라서 B면접자가 6번에 앉는다는 것은 항상 옳다고 볼 수 없다.

25 인원 선발

정답 ③

C대리의 2024년 업무평가 점수는 직전연도 업무평가 점수인 89점에서 자격 1회에 따른 5점, 결근 1회에 따른 10점을 제한 74점이다. 따라서 승진대상에 포함되지 못하므로 그대로 대리일 것이다.

오답분석

① A사원은 근속연수가 3년 미만이므로 승진대상이 아니다.
② B주임은 출산 휴가 35일을 제외하면 근속연수가 3년 미만이므로 승진대상이 아니다.
④·⑤ 승진대상에 대한 자료이므로 대리가 될 수 없다.

26 시간 계획

정답 ⑤

오답분석

① 9일 경영지도사 시험은 전문자격시험일이므로 두 번째 조건에 따라 그 주에 책임자 1명은 있어야 한다. 따라서 다음날인 10일에 직원 모두 출장은 불가능하다.
② 17일은 전문자격시험에 해당되는 기술행정사 합격자 발표일이며, 네 번째 조건에 따라 합격자 발표일에 담당자는 사무실에서 대기해야 한다.
③ 19일은 토요일이며, 일곱 번째 조건에 따라 출장은 주중에만 갈 수 있다.
④ 23일은 기술행정사 원서 접수일로 세 번째 조건에 따라 외부출장을 갈 수 없다.

PART 4

27 비용 계산

정답 ③

정규시간 외에 초과근무가 있는 날의 시간외근무시간을 구하면 다음과 같다.

구분	초과근무시간			1시간 공제
	출근	야근	합계	
1 ~ 15일	–	–	–	770분
18(월)	–	70분	70분	10분
20(수)	60분	20분	80분	20분
21(목)	30분	70분	100분	40분
25(월)	60분	90분	150분	90분
26(화)	30분	160분	190분	130분
27(수)	30분	100분	130분	70분
합계	–	–	–	1,130분

∴ 1,130분=18시간 50분

따라서 1시간 미만은 절사하므로 시간외근무수당은 7,000원×18시간=126,000원이다.

28 자료 이해

정답 ①

ㄱ. 공공연구기관의 연구개발비는 BT분야(11.2%)가 NT분야(5.4%)의 2배 이상이므로 옳은 설명이다.
ㄴ. 기업체의 IT(41.0%), NT(13.4%)분야 연구개발비 합은 기업체 전체 연구개발비의 50% 이상이므로 옳은 설명이다.

오답분석

ㄷ·ㄹ. 각 기관 유형의 연구개발비가 주어져 있지 않으므로 옳지 않은 설명이다.
ㅁ. 기타를 제외하고 연구개발비 비중이 가장 작은 분야는 기업체와 대학은 ST분야인 데 반해, 공공연구기관은 NT분야이므로 옳지 않은 설명이다.

29 　자료 이해

신용카드의 공제율은 15%이고, 체크카드의 공제율은 30%이기 때문에 공제받을 금액은 체크카드를 사용했을 때 더 유리하게 적용된다.

[오답분석]

① 신용카드와 체크카드 사용금액이 연봉의 25%를 넘어야 공제 가능하다.

② 연봉의 25% 초과 사용한 범위가 공제의 대상에 해당된다. 따라서 연봉 35,000,000원의 25%는 8,750,000원이므로 현재까지의 사용금액 6,000,000원에서 2,750,000원을 더 사용해야 한다.

③ 사용한 금액 5,000,000원에서 더 사용해야 하는 금액 2,750,000원을 뺀 2,250,000원이 공제대상 금액이 된다. 이는 체크카드 사용금액 내에 포함되므로 공제율 30%를 적용하여 675,000원이 소득공제 금액이다.

④ 사용한 금액 5,750,000원에서 더 사용해야 하는 금액 2,750,000원을 뺀 3,000,000원이 공제대상 금액이 된다. 이는 체크카드 사용금액 내에 포함되므로 공제율 30%를 적용하여 900,000원이 소득공제 금액이다.

30 　자료 계산

H씨의 신용카드 사용금액은 총 6,500,000원이고, 추가된 현금영수증 금액은 5,000,000원이다. 변경된 연봉의 25%는 40,000,000×0.25=10,000,000원이다. 즉, 15,000,000원에서 10,000,000원을 차감한 5,000,000원에 대해 공제가 가능하며, 현금영수증 사용금액 내에 포함되므로 공제율 30%를 적용한 1,500,000원이 소득공제 금액이 된다. 따라서 과표에 따르면 연봉 40,000,000원에 해당하는 세율은 15%이므로 이를 소득공제 금액에 적용하면 세금은 $1,500,000 \times 0.15 = 225,000$원이다.

31 　글의 주제

제시문의 첫 문단에서 '장애인 편의 시설에 대한 새로운 시각'이 필요하다고 밝히고, 두 번째 문단에서 장애인 편의 시설이 '우리 모두에게 유용함'을 강조했으며, 마지막 부분에서 보편적 디자인의 시각으로 바라볼 때 '장애인 편의 시설은 우리 모두에게 편리하고 안전한 시설로 인식될 것'이라고 하였다. 따라서 글의 주제로 가장 적절한 것은 이 모든 내용을 포괄하는 ④이다.

32 　빈칸 삽입

보기의 문장은 남가람 에코 파워토피아 프로젝트에 대한 설명이다. 따라서 해당 프로젝트를 언급한 직후인 (다)의 위치가 가장 적절하다.

33 　글의 제목

제시문은 한국남동발전이 '지역희망박람회'에서 공공기관 지방이전 후 지역 발전에 기여한 모범사례로 선정되어 국무총리 표창을 수상했다는 내용을 핵심으로 하고 있다.

34 　응용 수리

제품의 원가를 x원이라고 하면, 제품의 정가는 $(1+0.2)x=1.2x$원이고, 판매가는 $1.2x(1-0.15)=1.02x$원이다.
50개를 판매한 금액이 127,500원이므로, 다음 식이 성립한다.
$1.02x \times 50 = 127,500$
$1.02x = 2,550$
$\therefore x = 2,500$
따라서 제품의 원가는 2,500원이다.

35 자료 계산

정답 ③

작년 전체 실적은 45+50+48+42=185억 원이며, 1 ~ 2분기와 3 ~ 4분기의 실적들의 비중을 각각 구하면 다음과 같다.

- 1 ~ 2분기 비중 : $\frac{45+50}{185} \times 100 ≒ 51.4\%$

- 3 ~ 4분기 비중 : $\frac{48+42}{185} \times 100 ≒ 48.6\%$

36 SWOT 분석

정답 ②

ㄱ. 한류의 영향으로 한국 제품을 선호하므로 한류 배우를 모델로 하여 적극적인 홍보 전략을 추진한다.
ㄷ. 빠른 제품 개발 시스템이 있기 때문에 소비자 기호를 빠르게 분석하여 제품 생산에 반영한다.

[오답분석]
ㄴ. 인건비 상승과 외국산 저가 제품 공세 강화로 인해 적절한 대응이라고 볼 수 없다.
ㄹ. 선진국은 기술 보호주의를 강화하고 있으므로 적절한 대응이라고 볼 수 없다.

37 명제 추론

정답 ④

주어진 조건에서 적어도 한 사람은 반대를 한다고 하였으므로, 1명씩 반대한다고 가정하고 접근한다.
ⅰ) A가 반대하였다고 가정하는 경우
   첫 번째 조건에 따라 C는 찬성하고 E는 반대한다. 네 번째 조건에 따라 E가 반대하면 B도 반대한다. 이때 두 번째 조건에서 B가 반대하면 A가 찬성하므로 모순이 발생한다. 그러므로 A는 찬성이다.
ⅱ) B가 반대한다고 가정하는 경우
   두 번째 조건에 따라 A는 찬성하고 D는 반대한다. 세 번째 조건에 따라 D가 반대하면 C도 반대한다. 이때 첫 번째 조건의 대우에 따라 C가 반대하면 D가 찬성하므로 모순이 발생한다. 그러므로 B는 찬성이다.
위의 두 경우에서 도출한 결론과 네 번째 조건의 대우를 함께 고려해 보면 B가 찬성하면 E가 찬성하고 첫 번째 조건의 대우에 따라 D도 찬성이다. 따라서 A, B, D, E 모두 찬성이고, 마지막 조건에 따라 적어도 한 사람은 반대하므로 나머지 C가 반대임을 알 수 있다.

38 비용 계산

정답 ②

성과급 지급 기준에 따라 영업팀의 성과를 평가하면 다음과 같다.

(단위 : 점)

구분	성과평가 점수	성과평가 등급	성과급 지급액
1/4분기	$(8\times0.4)+(8\times0.4)+(6\times0.2)=7.6$	C	80만 원
2/4분기	$(8\times0.4)+(6\times0.4)+(8\times0.2)=7.2$	C	80만 원
3/4분기	$(10\times0.4)+(8\times0.4)+(10\times0.2)=9.2$	A	100+10=110만 원
4/4분기	$(8\times0.4)+(8\times0.4)+(8\times0.2)=8.0$	B	90만 원

따라서 영업팀에게 1년간 지급된 성과급의 총액은 80+80+110+90=360만 원이다.

39 · 인원 선발

먼저 참가 가능 종목이 2개인 사람부터 종목을 확정한다. D는 훌라후프와 줄다리기, E는 계주와 줄다리기, F는 줄넘기와 줄다리기, G는 줄다리기와 2인 3각, J는 계주와 줄넘기이다. 여기에서 E와 J는 계주 참가가 확정되고, 참가인원이 1명인 훌라후프 참가자가 D로 확정되었으므로 나머지는 훌라후프에 참가할 수 없다. 그러므로 C는 계주와 줄다리기에 참가한다. 다음으로 종목별 참가 가능 인원이 지점별 참가인원과 동일한 경우 참가를 확정시키면, 줄다리기와 2인 3각 참여인원이 확정된다. A는 줄다리기와 2인 3각에 참가하고, B·H·I 중 1명이 계주에 참가하게 되며 나머지 2명이 줄다리기에 참가한다. 따라서 계주에 꼭 출전해야 하는 직원은 C, E, J이다.

40 · 품목 확정

- A : A가 남은 번호인 3100번이다.
- B : 요금 변동이 없는 노선은 B이므로 B가 42번이다.
- C : 연장운행을 하기로 결정한 노선은 C로 C가 6번이다.
- D : 조건에 따라 변동 후 요금이 가장 비싼 노선은 D이므로 D가 2000번이다.

41 · 문서 수정

'일이나 사건 따위를 해결할 수 있는 방법이나 실마리를 더듬어 찾다.'는 의미의 '모색하다'를 대체할 말로 '어려움을 뚫고 나아가 목적을 기어이 이루다.'는 뜻의 '관철시키다'는 부적절하다.

42 · 문서 내용 이해

그린파워 건설 본부 임직원은 지역 내 에너지 취약 가구를 대상으로 노후된 전기시설 점검과 보수를 시행했다.

43 · 명제 추론

주어진 정보를 기호화하여 정리하면 다음과 같다.
ⅰ) 혈당↓ → L↓
ⅱ) 혈당↑ → L↑
ⅲ) L↑ → 알파 A(○)
ⅳ) L↓ → 알파 B(○)
ⅴ) 알파 A(○) → [베타 C(○) ∧ 감마 D(×)]
ⅵ) 알파 B(○) → [감마 D(○) ∧ 베타 C(×)]
ⅶ) 베타 C(○) → 물질대사↑
ⅷ) 베타 C(×) → 물질대사↓
ⅸ) 감마 D(○) → 식욕↑
ⅹ) 감마 D(×) → 식욕↓
이를 공통된 내용을 연결고리로 하여 다시 정리하면 다음과 같이 나타낼 수 있다.
ⅺ) 혈당↓ → L↓ → 알파 B(○) → [감마 D(○) ∧ 베타 C(×)] → (식욕↑ ∧ 물질대사↓)
ⅻ) 혈당↑ → L↑ → 알파 A(○) → [베타 C(○) ∧ 감마 D(×)] → (식욕↓ ∧ 물질대사↑)
이제 이를 토대로 선택지를 분석하면 다음과 같다.
따라서, ⅺ)에 의하면 혈당↓ → [감마 D(○) ∧ 베타 C(×)]을 도출할 수 있으므로 추론할 수 없는 내용이다.

[오답분석]
① ⅺ)에 의하면 혈당↓ → (식욕↑ ∧ 물질대사↓)을 도출할 수 있으므로 추론할 수 있는 내용이다.
② · ③ ⅻ)에 의하면 혈당↑ → (식욕↓ ∧ 물질대사↑)을 도출할 수 있으므로 추론할 수 있는 내용이다.
⑤ ⅻ)에 의하면 혈당↑ → L↑ → 알파 A(○) → [베타 C(○) ∧ 감마 D(×)]을 도출할 수 있다. 이에 따르면 알파 부분에서 호르몬 A가, 베타 부분에서 호르몬 C가 분비되므로 추론할 수 있는 내용이다.

44 규칙 적용

정답 ③

2024년 8월 1일을 기준으로 한다는 것과 화장품 제조번호 표기방식 및 사용가능기한을 고려하여 매장 내 보유중인 화장품의 처분여부를 판단한다.

- M23250030이라고 쓰여 있고 개봉된 립스틱
  - 제조일 : 2023년 9월 7일
  - 제조일로부터 5년 이내이며, 생산 직후에 개봉했다고 하더라도 1년이 지나지 않았으므로 처분대상에서 제외된다.
- M21200030이라고 쓰여 있고 개봉되지 않은 클렌저
  - 제조일 : 2021년 7월 19일
  - 제조일로부터 3년이 넘었으므로 개봉하지 않았더라도 처분대상에 포함된다.
- M2223010이라고 쓰여 있고 개봉되지 않은 에센스
  - 제조일 : 2022년 8월 18일
  - 제조일로부터 3년 이내이며, 개봉하지 않았으므로 처분대상에서 제외된다.
- M21120400이라고 쓰여 있고 개봉된 날짜를 알 수 없는 아이크림
  - 제조일 : 2021년 4월 30일
  - 제조일로부터 3년이 넘었으므로 개봉여부와 상관없이 처분대상에 포함된다.
- M23160030이라고 쓰여 있고 2024년 10번째 되는 날에 개봉된 로션
  - 제조일 : 2023년 6월 9일 / 개봉일 : 2024년 1월 10일
  - 제조일로부터 3년 이내이지만, 개봉일로부터 6개월이 지났으므로 처분대상에 포함된다.
- M2330050이라고 쓰여 있고 2024년 50번째 되는 날에 개봉된 스킨
  - 제조일 : 2023년 10월 27일 / 개봉일 : 2024년 2월 19일
  - 제조일로부터 3년 이내이고 개봉일로부터 6개월이 지나지 않았으므로 처분대상에서 제외된다.

따라서 매장 내 보유 중인 화장품 중에서 처분대상이 되는 것은 총 3개이다.

45 자료 해석

정답 ④

D역에서 A역까지는 [1(역 수)×2(3호선)]+3(환승)+[2(역 수)×6(1호선)]=17분이 걸리고, B역에서 A역까지는 지하철로 27분이 걸리므로 D역에서 퇴근하는 것이 10분 덜 걸린다.

46 자료 해석

정답 ①

회사가 위치한 B역에서 D역까지 3호선을 타고 가면 최소 소요 시간인 10분이 걸린다. 하지만 3호선이 아닌 다른 지하철을 통해 D역으로 갔으므로 20분이 걸리는 2호선을 이용한 것이다. 따라서 3호선이 B역에서 11분 이상 정차하기 때문에 2호선을 통해 D역으로 간 것을 알 수 있다.

47 자료 계산

정답 ③

ㄱ. 주어진 산식에 해당되는 수치를 대입하면 $6=\dfrac{50\times12}{(전세금)-25,000}\times100$이며 이를 통해 전세금을 구하면 3억 5천만 원임을 알 수 있다.

ㄹ. 주어진 산식에 해당되는 수치를 대입하면 $12=\dfrac{(월세)\times12}{58,000-53,000}\times100$이며 이를 통해 월세를 구하면 50만 원임을 알 수 있다.

오답분석

ㄴ. 주어진 산식에 해당되는 수치를 대입하면 $\dfrac{60\times12}{42,000-30,000}\times100$이므로 B의 전·월세 전환율은 6%임을 알 수 있다.

ㄷ. 주어진 산식에 해당되는 수치를 대입하면 $3=\dfrac{70\times12}{60,000-(월세 보증금)}\times100$이며 이를 통해 월세 보증금을 구하면 3억 2천만 원임을 알 수 있다.

48 　자료 변환　 정답 ③

판매 비중이 큰 순서대로 판매사 4곳을 나열하면 D사, W사, S사, K사 순이다.

이 중 상위 3개사(D사, W사, S사)의 판매액 합계는 전체 판매액 4조 3천억 원의 40%인 43,000×0.4=17,200억 원이다.

따라서 D사, W사, S사의 판매액 합계가 9,100+6,800+1,300=17,200억 원인 그래프 ③이 옳다.

오답분석

① D사, W사, S사의 판매액 합계가 전체의 40% 미만을 차지한다.

②·④·⑤ D사, W사, S사의 판매액 합계가 전체의 40%를 초과한다.

49 　품목 확정　 정답 ④

• A문구 : 32,000+31,900+2,500=66,400원이다. 총 주문금액에서 20%를 할인받을 수 있는 쿠폰을 사용하면 66,400×0.8= 53,120원이다. 53,120+4,000(∵ 배송비)=57,120원에서 백 원 미만을 절사하면 57,100원이다.

• B문구 : 25,000+22,800+1,800=49,600원이다. 기업 구매 시 판매가의 7%를 할인받으므로 49,600×0.93=46,128원이다. 46,128+2,500(∵ 배송비)=48,628원에서 백 원 미만을 절사하면 48,600원이다.

• C문구 : 24,100+28,000=52,100원이다. 50,000원 이상 구매 시 문서 파일 1개를 무료 증정하기 때문에 문서 파일은 따로 살 필요가 없다. 52,100−4,000(∵ 첫 구매 적립금)=48,100원이다. 48,100+4,500(∵ 배송비)=52,600원이다.

따라서 A사원이 거래할 업체는 B문구이고, 견적금액은 48,600원이다.

50 　시간 계획　 정답 ④

팀원의 모든 스케줄이 비어 있는 시간대인 16:00 ~ 17:00가 팀 회의 시간으로 가장 적절하다.

01	02	03	04	05	06	07	08	09	10	11	12	13	14	15	16	17	18	19	20
⑤	②	②	②	③	②	⑤	③	③	⑤	①	②	③	②	⑤	③	④	④	①	④
21	22	23	24	25	26	27	28	29	30	31	32	33	34	35	36	37	38	39	40
③	③	④	①	②	③	③	②	③	②	③	②	⑤	③	③	①	⑤	①	②	⑤
41	42	43	44	45	46	47	48	49	50										
③	③	⑤	④	⑤	①	①	④	⑤	①										

01   문서 내용 이해   정답 ⑤

제시문에서 케인스는 절대소득가설을 통해 소비를 결정하는 요인들 중에 가장 중요한 것은 현재의 소득이라고 주장했으므로 ⑤가 글의 내용으로 적절하지 않다.

02   빈칸 삽입   정답 ②

빈칸을 채우는 문제는 빈칸 앞뒤의 진술에 유의할 필요가 있다. 빈칸 앞에서는 제3세계 환자들과 제약회사 간의 신약 가격에 대한 딜레마를 이야기하며 제3의 대안이 필요하다고 하였고, 빈칸 뒤에서는 그 대안이 실현되기 어려운 이유는 '자신의 주머니에 손을 넣어 거기에 필요한 비용을 꺼내는 순간 알게 될 것'이라고 하였으므로 개인 차원의 대안을 제시했음을 추측할 수 있다. 따라서 빈칸에 들어갈 내용은 ②가 적절하다.

03   자료 이해   정답 ②

ㄴ. 전년 대비 2023년 대형 자동차 판매량의 감소율은 $\frac{150-200}{200} \times 100 = -25\%$로, 30% 미만으로 감소하였다.

ㄷ. 2022 ~ 2024년 동안 SUV 자동차의 총판매량은 300+400+200=900천 대이고, 대형 자동차의 총판매량은 200+150+100 =450천 대이다. 따라서 2022 ~ 2024년 동안 SUV 자동차의 총판매량은 대형 자동차 총판매량의 $\frac{900}{450}$=2배이다.

[오답분석]

ㄱ. 2022 ~ 2024년 동안 판매량이 지속적으로 감소하는 차종은 '대형' 1종류이다.

ㄹ. 2023년 대비 2024년에 판매량이 증가한 차종은 '준중형'과 '중형'이다. 두 차종의 증가율을 비교하면 준중형은 $\frac{180-150}{150} \times$ 100=20%, 중형은 $\frac{250-200}{200} \times 100 = 25\%$로 중형 자동차가 더 높은 증가율을 나타낸다.

PART 4

04 응용 수리 정답 ②

처음 참석한 사람의 수를 x명이라 하면 다음과 같은 식이 성립한다.

i) $8x < 17 \times 10 \rightarrow x < \dfrac{170}{8} = 21.25$

ii) $9x > 17 \times 10 \rightarrow x > \dfrac{170}{9} ≒ 18.9$

iii) $8(x+9) \leq 10 \times (17+6) \rightarrow x \leq \dfrac{230}{8} - 9 = 19.75$

따라서 세 식을 모두 만족해야 하므로 처음의 참석자 수는 19명이다.

05 자료 해석 정답 ③

A ~ E레스토랑에서 할인된 가격을 계산하면 다음과 같다.
① $143,000 \times 0.85 = 121,550$원
② $165,000 \times 0.85 = 140,250$원
③ $164,000 \times 0.7 = 114,800$
④ $154,000 \times 0.8 = 123,200$원
⑤ $162,000 \times 0.8 = 129,600$원
따라서 C레스토랑에서 할인을 받을 경우 가장 저렴하다.

06 명제 추론 정답 ②

주어진 조건을 표로 정리하면 다음과 같다.

구분	A	B	C	D	E	F
아침	된장찌개	된장찌개	된장찌개	김치찌개	김치찌개	김치찌개
점심	김치찌개	김치찌개	된장찌개	된장찌개	된장찌개	김치찌개
저녁	김치찌개	김치찌개	김치찌개	된장찌개	된장찌개	된장찌개

따라서 김치찌개는 총 9그릇이 필요하다.

07 글의 주제 정답 ⑤

(마)의 핵심 화제는 공포증을 겪는 사람들의 상황 해석 방식과 공포증에서 벗어나는 방법이다. 공포증을 겪는 사람들의 행동 유형은 제시문에 나타나 있지 않다.

08 자료 이해 정답 ③

2023년 E강사의 수강생 만족도는 3.2점이므로 2024년 E강사의 시급은 2023년과 같은 48,000원이다. 2024년 시급과 수강생 만족도를 참고하여 2025년 강사별 시급과 2024년과 2025년의 시급 차이를 구하면 다음과 같다.

구분	2025년 시급	(2025년 시급) - (2024년 시급)
A강사	$55,000(1+0.05) = 57,750$원	$57,750 - 55,000 = 2,750$원
B강사	$45,000(1+0.05) = 47,250$원	$47,250 - 45,000 = 2,250$원
C강사	$54,600(1+0.1) = 60,060 \rightarrow 60,000$원($∵$ 시급의 최대)	$60,000 - 54,600 = 5,400$원
D강사	$59,400(1+0.05) = 62,370 \rightarrow 60,000$원($∵$ 시급의 최대)	$60,000 - 59,400 = 600$원
E강사	48,000원	$48,000 - 48,000 = 0$원

따라서 2024년과 2025년 시급 차이가 가장 큰 강사는 C강사이다.

[오답분석]

① E강사의 2022년 시급은 48,000원이다.

② 2023년 D강사의 시급과 C강사의 시급은 60,000원으로 같다.

④ 2022년 C강사의 시급 인상률을 $a\%$라고 하면 다음과 같은 식이 성립한다.

$$52,000\left(1+\frac{a}{100}\right)=54,600$$

$$\rightarrow 520a=2,600$$

$$\therefore a=5$$

따라서 2022년 C강사의 시급 인상률은 5%이므로, 수강생 만족도 점수는 4.0점 이상 4.5점 미만임을 알 수 있다.

⑤ 2023년 A강사와 B강사의 시급 차이는 $57,750-47,250=10,500$원이다.

09   자료 해석   정답 ③

12월 8일의 날씨 예측 점수를 x점, 12월 16일의 날씨 예측 점수를 y점이라고 하자(단, $x\geq0$, $y\geq0$).
12월 1일부터 12월 19일까지의 날씨 예측 점수를 달력에 나타내면 다음과 같다.

구분	월	화	수	목	금	토	일
날짜	–	–	1	2	3	4	5
점수	–	–	10점	6점	4점	6점	6점
날짜	6	7	8	9	10	11	12
점수	4점	10점	x점	10점	4점	2점	10점
날짜	13	14	15	16	17	18	19
점수	0점	0점	10점	y점	10점	10점	2점

두 번째 조건에 제시된 한 주의 주중 날씨 예측 점수의 평균을 이용해 x와 y의 범위를 구하면 다음과 같다.

• 12월 둘째 주 날씨 예측 점수의 평균

$$\frac{4+10+x+10+4}{5}\geq5 \rightarrow x+28\geq25 \rightarrow x\geq-3$$

$$\therefore x\geq0(\because x\geq0)$$

• 12월 셋째 주 날씨 예측 점수의 평균

$$\frac{0+0+10+y+10}{5}\geq5 \rightarrow y+20\geq25$$

$$\therefore y\geq5$$

세 번째 조건의 요일별 날씨 평균을 이용하여 x와 y의 범위를 구하면 다음과 같다.

• 수요일 날씨 예측 점수의 평균

$$\frac{10+x+10}{3}\leq7 \rightarrow x+20\leq21$$

$$\therefore x\leq1$$

• 목요일 날씨 예측 점수의 평균

$$\frac{6+10+y}{3}\geq5 \rightarrow y+16\geq15 \rightarrow y\geq-1$$

$$\therefore y\geq0(\because y\geq0)$$

그러므로 x의 범위는 $0\leq x\leq1$이고, y의 범위는 $y\geq5$이다.

12월 8일의 예측 날씨는 맑음이고, 예측 점수의 범위는 $0\leq x\leq1$이므로 12월 8일의 실제 날씨는 눈·비이다. 그리고 12월 16일의 예측 날씨는 눈·비이고 예측 점수의 범위는 $y\geq5$이므로 12월 16일의 실제 날씨는 흐림 또는 눈·비이다. 따라서 실제 날씨로 바르게 짝지은 것은 ③이다.

10 내용 추론

정답 ⑤

마지막 문단에서는 UPS 사용 시 배터리를 일정 주기에 따라 교체해 주어야 한다고 이야기하고 있을 뿐, 배터리 교체 방법에 대해서는 알 수 없다.

오답분석

① 첫 번째 문단에 따르면 일관된 전력 시스템의 필요성이 높아짐에 따라 큰 손실과 피해를 야기할 수 있는 급격한 전원 환경의 변화를 방지할 수 있는 UPS가 많은 산업 분야에서 필수적으로 요구되고 있다.
② 두 번째 문단에 따르면 UPS는 일종의 전원 저장소로, 갑작스러운 전원 환경의 변화로부터 기업의 서버를 보호한다.
③ 세 번째 문단에 따르면 UPS를 구매할 때는 용량을 고려하여 필요 용량의 1.5배 정도인 UPS를 구입하는 것이 적절하다.
④ 마지막 문단에 따르면 가정용 UPS에 사용되는 MF배터리의 수명은 1년 정도이므로 이에 맞춰 주기적인 교체가 필요하다.

11 빈칸 삽입

정답 ①

제시문은 '발전'에 대한 개념을 설명하고 있다. 이러한 유형의 문제는 빈칸 앞뒤의 문맥을 먼저 살피는 것도 하나의 요령이다. 빈칸 앞에는 '발전'에 대해 '모든 형태의 변화가 전부 발전에 해당하는 것은 아니다.'라고 하면서 '교통신호등'을 예로 들고, 빈칸 뒤에는 '사태의 진전 과정에서 나중에 나타나는 것은 적어도 그 이전 단계에 내재적으로나마 존재했던 것의 전개에 해당한다는 것이다.'라고 상술하고 있다. 따라서 여기에 첫 번째 문장까지 고려한다면, ①의 내용이 빈칸에 들어가는 것이 자연스럽다.

12 인원 선발

정답 ②

병역부문에서 채용예정일 이전 전역 예정자는 지원이 가능하다고 제시되어 있다.

오답분석

① 외국어 능력 성적은 필수사항이 아니다.
③ 지역별 지원 제한은 2025년 상반기 신입사원 채용부터 폐지되었다.
④ 이번 채용에서 행정직에 학력상의 제한은 없다.
⑤ 자격증을 보유하고 있더라도 채용예정일 이전 전역 예정자가 아니라면 지원할 수 없다.

13 인원 선발

정답 ③

채용공고일(2025. 01. 23.) 기준으로 만 18세 이상이어야 지원 자격이 주어진다.

오답분석

① 행정직에는 학력 제한이 없으므로 A는 행정직에 지원가능하다.
② 기술직 관련 학과 전공자이므로 B는 지원가능하다.
④ 채용예정일 이전에 전역 예정이므로 D는 지원가능하다.
⑤ 외국어 능력 성적표는 필수사항이 아니므로 E는 지원가능하다.

14 기술 이해

정답 ②

간접적 벤치마킹의 단점으로 간접적 벤치마킹은 인터넷, 문서자료 등 간접적인 형태로 조사 · 분석하게 됨으로써 대상의 본질보다는 겉으로 드러나 보이는 현상에 가까운 결과를 얻을 수 있는 단점을 가진다.

15 자료 이해

정답 ⑤

사망자가 30명 이상인 사고를 제외한 나머지 사고는 A, C, D, F이다. 네 사고를 화재규모와 복구비용이 큰 순서로 나열하면 다음과 같다.
• 화재규모 : A − D − C − F
• 복구비용 : A − D − C − F
따라서 옳은 설명이다.

① 터널길이가 긴 순으로, 사망자가 많은 순으로 사고를 각각 나열하면 다음과 같다.
- 터널길이 : A－D－B－C－F－E
- 사망자 수 : E－B－C－D－A－F

따라서 터널길이와 사망자 수는 관계가 없다.
② 화재규모가 큰 순으로, 복구기간이 긴 순으로 사고를 각각 나열하면 다음과 같다.
- 화재규모 : A－D－C－E－B－F
- 복구기간 : B－E－F－A－C－D

따라서 화재규모와 복구기간의 길이는 관계가 없다.
③ 사고 A를 제외하고 복구기간이 긴 순으로, 복구비용이 큰 순으로 사고를 나열하면 다음과 같다.
- 복구기간 : B－E－F－C－D
- 복구비용 : B－E－D－C－F

따라서 옳지 않은 설명이다.
④ 사고 A ~ E의 사고비용을 구하면 다음과 같다.
- 사고 A : $4,200+(1\times5)=4,205$억 원
- 사고 B : $3,276+(39\times5)=3,471$억 원
- 사고 C : $72+(12\times5)=132$억 원
- 사고 D : $312+(11\times5)=367$억 원
- 사고 E : $570+(192\times5)=1,530$억 원
- 사고 F : $18+(0\times5)=18$억 원

따라서 사고 A의 사고비용이 가장 크다.

16 비용 계산 정답 ③

월요일에는 늦지 않게만 도착하면 되므로, 서울역에서 8시에 출발하는 KTX를 이용한다. 수요일에는 최대한 빨리 와야 하므로, 사천공항에서 19시에 출발하는 비행기를 이용한다. 따라서 소요되는 교통비는 $65,200+22,200+21,500+(93,200\times0.9)=192,780$원이다.

17 명제 추론 정답 ④

다음의 논리 순서를 따라 주어진 조건을 정리하면 쉽게 접근할 수 있다.
- 첫 번째 조건 : 0, 1, 2, 3, 4, 5, 6, 7, 8, 9 중 소수인 2, 3, 5, 7을 제외하면 0, 1, 4, 6, 8, 9가 남는다.
- 두 번째, 세 번째, 네 번째 조건 : 9를 제외하여 0, 1, 4, 6, 8이 남고 6과 8 중에 하나만 사용된다.

이 사실을 종합하여 가능한 경우의 수를 정리하면 다음과 같다.

구분	첫 번째	두 번째	세 번째	네 번째
경우 1	8	4	1	0
경우 2	6	4	1	0

따라서 주어진 조건을 모두 만족하는 비밀번호는 8410과 6410으로 2개다.

① 두 비밀번호 모두 0으로 끝나므로 짝수이다.
② 두 비밀번호의 앞에서 두 번째 숫자는 4이다.
③ 두 비밀번호 모두 1을 포함하지만 9는 포함하지 않는다.
⑤ 두 비밀번호 중에서 작은 수는 6410이다.

18 내용 추론 정답 ④

제시문에 따르면 신약 개발의 전문가가 되기 위해서는 해당 분야에서 오랫동안 연구한 경험이 필요하므로 석사나 박사 학위를 취득하는 것이 유리하다고 하였다. 그러나 석사나 박사 학위가 신약 개발 전문가가 되는 데 도움을 준다는 것일 뿐이므로 반드시 필요한 필수 조건인지는 알 수 없다. 따라서 ④는 제시문을 통해 추론할 수 없다.

오답분석
① 제약 연구원은 약을 만드는 모든 단계에 참여한다고 하였으므로 일반적으로 약을 만드는 과정에 포함되는 약품 허가 요청 단계에도 제약 연구원이 참여하는 것을 알 수 있다.
② 오늘날 제약 분야가 성장함에 따라 도전 의식, 호기심, 탐구심 등도 제약 연구원에게 필요한 능력이 되었다고 하였으므로 과거에 비해 요구되는 능력이 많아졌음을 알 수 있다.
③ 약학 전공자 이외에도 생명 공학·화학 공학·유전 공학 전공자들도 제약 연구원으로 활발하게 참여하고 있다고 하였다.
⑤ 일반적으로 제약 연구원이 되기 위해서는 약학을 전공해야 한다고 생각하기 쉽다고 하였으므로 제약 연구원에 대한 정보가 부족한 사람이라면 약학을 전공해야만 제약 연구원이 될 수 있다고 생각할 수 있다.

19 엑셀 함수 정답 ①

MID(데이터를 참조할 셀 번호, 왼쪽을 기준으로 시작할 기준 텍스트, 기준점을 시작으로 가져올 자릿수)로 표시되기 때문에 「=MID(B2,5,2)」를 입력해야 한다.

20 정보 이해 정답 ④

오답분석
ㄴ. 임베디드 컴퓨팅(Embedded Computing) : 제품에서 특정 작업을 수행할 수 있도록 탑재되는 솔루션이나 시스템
ㅁ. 노매딕 컴퓨팅(Nomadic Computing) : 네트워크의 이동성을 극대화하여 특정 장소가 아닌 어디서든 컴퓨터를 사용할 수 있게 하는 기술

21 경영 전략 정답 ③

제시문의 내용을 살펴보면, A전자는 성장성이 높은 LCD 사업 대신에 익숙한 PDP 사업에 더욱 몰입하였으나, 점차 LCD의 경쟁력이 높아짐으로써 PDP는 무용지물이 되었다는 것을 알 수 있다. 따라서 A전자는 LCD 시장으로의 사업전략을 수정할 수 있었지만 보다 익숙한 PDP 사업을 선택하고 집중함으로써 시장에서 경쟁력을 잃는 결과를 얻게 되었다.

22 조직 구조 정답 ③

• 이주임 : 조직의 목표는 공식적 목표와 실제적 목표가 다를 수 있으며, 반드시 일치시켜야 하는 것은 아니다.
• 박대리 : 운영목표는 조직구조나 운영과정과 같이 조직 체제를 구체화할 수 있는 기준이 된다.

오답분석
• 김대리 : 조직의 존재에 정당성과 합법성을 제공하는 것은 운용목표가 아니라 조직의 사명이다.
• 최사원 : 운용목표는 조직의 실제적 목표이며, 이는 조직의 사명에 비해 단기적인 목표이다.

23 프로그램 언어(코딩) 정답 ④

n%10은 n을 10으로 나누었을 때의 나머지이고, i-=A는 i=i-A를 의미한다.
n이 37이고, 10으로 나눈 나머지(i)는 7이므로 i=7-A가 0이 되려면 A는 7이 되어야 한다.

132 • 5대 발전회사 통합기본서

24   엑셀 함수   정답 ①

오답분석

② 결괏값에 출근과 지각이 바뀌어 나타난다.

③ · ⑤ 9시 정각에 출근한 손지아가 지각으로 표시된다.

25   문서 수정   정답 ②

'만'은 앞말이 가리키는 동안이나 거리를 나타내는 의존 명사이므로 앞말과 띄어 쓴다. 따라서 ⓒ은 '하루 만에'가 적절하다.

26   자료 계산   정답 ③

전년도에 비해 재료비가 감소한 해는 2017년, 2018년, 2021년, 2024년이다. 따라서 4개 연도 중 비용 감소액이 가장 큰 해는 2021년이며, 전년도보다 20,000−17,000＝3,000원 감소했다.

27   자료 이해   정답 ③

성인 평균 탄수화물 섭취량이 가장 작은 나라는 영국(284g)이다. 영국의 단백질 섭취량(64g)에서 동물성 단백질이 차지하는 양은 42g, 지방 섭취량(55g)에서 동물성 지방이 차지하는 양은 32g이므로 단백질과 지방 섭취량 중 동물성이 차지하는 비율은 식물성이 차지하는 비율보다 크다.

오답분석

㉠ 탄수화물의 '성인기준 하루 권장 섭취량'은 300 ~ 400g이다. 이를 초과한 국가는 총 3곳으로 브라질(410g), 인도(450g), 멕시코(425g)이고, 미만인 국가는 총 2곳으로 미국(295g), 영국(284g)이다.

㉡ 단백질이 '성인기준 하루 권장 섭취량'을 초과하는 국가는 인도(74g), 프랑스(71g), 멕시코(79g), 중국(76g)이다. 이 네 국가 중 인도와 프랑스는 식물성 단백질 섭취량이 더 많다.

㉢ 국가별 '성인기준 하루 권장 섭취량'의 지방 섭취량(51g)과의 차이가 가장 작은 국가는 2g 차이인 인도이다. 따라서 인도의 지방 섭취량 (49g) 중 동물성 섭취량(21g)이 차지하는 비율은 약 $\frac{21}{49} \times 100 ≒ 42.9\%$로 40%를 초과한다.

28   비용 계산   정답 ②

최단 시간으로 가는 방법은 택시만 이용하는 방법이고, 최소 비용으로 가는 방법은 버스만 이용하는 방법이다.

따라서 (최단 시간으로 가는 방법의 비용)−(최소 비용으로 가는 방법의 비용)＝2,500−500＝2,000원이다.

29   시간 계획   정답 ③

대중교통 이용 방법이 정해져 있을 경우, 비용을 최소화하기 위해서는 회의장에서의 대기시간을 최소화하는 동시에 지각하지 않아야 하므로 비용을 최소화하는 경로는 다음과 같다.

• K공사 ~ B지점(버스, 6분, 1:47 ~ 1:53) → 환승(2분, 1:53 ~ 1:55) → B지점 ~ 거래처(택시, 3분, 1:55 ~ 1:58) → 거래처 ~ 회의장(2분, 1:58 ~ 2:00)

따라서 오후 1시 47분에 출발해야 비용을 최소화할 수 있다.

30   비용 계산   정답 ②

• 혜정이의 비용

500(버스 요금)＋800(환승 비용)＋1,600(회의장에서의 대기 비용)＝2,900원

• 진선이의 비용

2,300(택시 요금)＋800(환승 비용)＋500(버스 요금)＋600(회의장에서의 대기 비용)＝4,200원

따라서 혜정이와 진선이의 비용 차는 4,200−2,900＝1,300원이다.

31 응용 수리

작년 남성 지원자 수를 x명, 여성 지원자 수를 y명이라고 하면 다음과 같은 식이 성립한다.

작년 전체 지원자 수는 1,000명이므로 $x+y=1,000 \cdots \bigcirc$

작년에 비하여 남성과 여성의 지원율이 각각 2%, 3% 증가하여 총 24명이 증가하였으므로

$\dfrac{2}{100}x + \dfrac{3}{100}y = 24 \rightarrow 2x+3y=2,400 \cdots \bigcirc$

$\bigcirc$과 $\bigcirc$을 연립하면 $x=600$, $y=400$이다.

따라서 올해 남성 지원자 수는 $600 \times (1+0.02) = 612$명이다.

32 응용 수리
정답 ②

두 열차가 이동한 시간을 x시간이라고 하자. KTX와 새마을호 속도의 비는 $7:5$이므로 KTX와 새마을호가 이동한 거리는 각각 $7x$km, $5x$km이다. 두 열차가 같은 시간 동안 이동한 거리의 합은 6km이므로 다음 식이 성립한다.

$7x+5x=6$

$\therefore x=0.5$

따라서 KTX가 이동한 거리는 3.5km, 새마을호가 이동한 거리는 2.5km이다.

33 문단 나열
정답 ⑤

먼저 이산화탄소 흡수원의 하나인 연안 생태계를 소개하는 (다) 문단이 오는 것이 적절하며, 다음으로 이러한 연안 생태계의 장점을 소개하는 (나) 문단이 오는 것이 적절하다. 다음으로는 (나)에서 언급한 연안 생태계의 장점 중 갯벌의 역할을 부연 설명하는 (가) 문단이 오는 것이 적절하며, (가) 문단 뒤로는 '또한'으로 시작하며 연안 생태계의 또 다른 장점을 소개하는 (라) 문단이 오는 것이 적절하다. 따라서 (다) – (나) – (가) – (라) 순으로 나열하는 것이 적절하다.

34 전개 방식
정답 ③

고대 그리스, 헬레니즘, 로마 시대를 순서대로 나열하여 설명하였으므로, 역사적 순서대로 주제의 변천에 대해 서술하고 있다.

35 명제 추론
정답 ③

을과 정은 상반된 이야기를 하고 있다. 만일 을이 참이고 정이 거짓이라면 합격자는 병, 정이 되는데 합격자는 1명이어야 하므로 모순이다. 따라서 을은 거짓말을 하였고, 합격자는 병이다.

36 SWOT 분석
정답 ①

보유한 글로벌 네트워크를 통해 해외시장에 진출하는 것은 강점을 활용하여 외부환경의 기회를 포착하는 SO전략이다.

오답분석

② WT전략 : 약점을 보완하여 외부환경의 위협을 회피하는 전략이므로 적절하다.

③ SO전략 : 강점을 활용하여 외부환경의 기회를 포착하는 전략이므로 적절하다.

④ ST전략 : 강점을 활용하여 외부환경의 위협을 회피하는 전략이므로 적절하다.

⑤ WO전략 : 약점을 보완하여 외부환경의 기회를 포착하는 전략이므로 적절하다.

37 문서 내용 이해
정답 ⑤

오답분석

①과 ④는 마지막 문장, ②는 두 번째 문장, ③은 제시문의 흐름에서 각각 확인할 수 있다.

38 정보 이해
정답 ①

데이터베이스(DB; Data Base)란 어느 한 조직의 여러 응용 프로그램들이 공유하는 관련 데이터들의 모임이다. 대학 내 서로 관련 있는 데이터들을 하나로 통합하여 데이터베이스로 구축하게 되면, 학생 관리 프로그램, 교수 관리 프로그램, 성적 관리 프로그램은 이 데이터베이스를 공유하며 사용하게 된다. 이처럼 데이터베이스는 여러 사람에 의해 공유되어 사용될 목적으로 통합하여 관리되는 데이터의 집합을 말하며, 자료항목의 중복을 없애고 자료를 구조화하여 저장함으로써 자료 검색과 갱신의 효율을 높인다.

오답분석

② 유비쿼터스(Ubiquitous) : 사용자가 네트워크나 컴퓨터를 의식하지 않고 장소에 상관없이 자유롭게 네트워크에 접속할 수 있는 정보통신 환경을 의미한다.

③ RFID : 극소형 칩에 상품정보를 저장하고 안테나를 달아 무선으로 데이터를 송신하는 장치를 말한다.

④ NFC : NFC는 전자태그(RFID)의 하나로 13.56Mhz 주파수 대역을 사용하는 비접촉식 근거리 무선통신 모듈이며, 10cm의 가까운 거리에서 단말기 간 데이터를 전송하는 기술을 말한다.

⑤ 와이파이(Wi-Fi) : 무선접속장치(AP; Access Point)가 설치된 곳에서 전파를 이용하여 일정 거리 안에서 무선인터넷을 할 수 있는 근거리 통신망을 칭하는 기술이다.

39 프로그램 언어(코딩)
정답 ②

i가 0부터 10 미만일 때까지 sum에 더하는 코드이다.
따라서 1부터 9까지의 합은 45이다.

40 책임 의식
정답 ⑤

L부장에게는 '나 자신뿐만 아니라 나의 부서의 일은 내 책임이라고 생각하는' 책임 의식이 필요하다.

41 자료 이해
정답 ③

2015년과 2024년 원자력 자원의 발전량 대비 신재생 자원의 발전량의 비율은 각각 다음과 같다.

• 2015년 : $\dfrac{30,000}{135,000} \times 100 ≒ 22\%$

• 2024년 : $\dfrac{110,000}{195,000} \times 100 ≒ 56\%$

따라서 원자력 자원의 발전량 대비 신재생 자원의 발전량의 비율은 2015년에 비해 2024년에 증가했다.

42 업무 종류
정답 ③

시간 순서대로 나열해 보면 '회의실 예약 – PPT 작성 – 메일 전송 – 수정사항 반영 – B주임에게 조언 구하기 – 브로슈어에 최종본 입력 – D대리에게 파일 전달 – 인쇄소 방문' 순서이다.

43 　명제 추론 　　　　　　　　　　　　　　　　　　　정답 ⑤

가장 높은 등급을 1등급, 가장 낮은 등급을 5등급이라 하면 네 번째 조건에 따라, A는 3등급을 받는다. 또한 첫 번째 조건에 따라, E는 4등급 또는 5등급이다. 이때, 두 번째 조건에 따라, C가 5등급, E가 4등급을 받고, 세 번째 조건에 따라, B는 1등급, D는 2등급을 받는다. 따라서 발송 대상자는 C와 E이다.

44 　내용 추론 　　　　　　　　　　　　　　　　　　　정답 ④

세 번째 문단에서 '상품에 응용된 과학 기술이 복잡해지고 첨단화되면서 상품 정보에 대한 소비자의 정확한 이해도 기대하기 어려워졌다.'는 내용과 일맥상통한다.

45 　정보 이해 　　　　　　　　　　　　　　　　　　　정답 ⑤

통합형 검색 방식은 검색 엔진 자신만의 데이터베이스를 구축하여 관리하는 방식이 아니라, 사용자가 입력하는 검색어들이 연계된 다른 검색 엔진에게 보내고, 이를 통하여 얻어진 검색 결과를 사용자에게 보여주는 방식을 사용한다.

오답분석

① 키워드 검색 방식은 키워드가 불명확하게 입력된 경우에는 검색 결과가 너무 많아 효율적인 검색이 어려울 수 있는 단점이 있다.
② 키워드 검색 방식은 사용자 입장에서는 키워드만을 입력하여 정보 검색을 간단히 할 수 있다는 장점이 있다.
③ 주제별 검색 방식은 인터넷상에 존재하는 웹 문서들을 주제별, 계층별로 정리하여 데이터베이스를 구축한 후 이용하는 방식이다.
④ 통합형 검색 방식도 키워드 검색 방식과 같이 검색어에 기반해 자료를 찾아주는 방식이므로 옳은 설명이다.

46 　창의적 사고 　　　　　　　　　　　　　　　　　　정답 ①

• 김대리 : 집단의사결정은 한 사람이 가진 지식보다 집단이 가지고 있는 지식과 정보가 더 많아 효과적인 결정을 할 수 있다는 장점이 있다.
• 최주임 : 집단의사결정은 특정 구성원에 의해 의사결정이 독점될 위험이 있다.

오답분석

• 유주임 : 집단의사결정은 개인의사결정 등에 비해 설득에 소모되는 시간 등으로 인해 시간이 많이 소모된다는 단점이 있다.
• 박사원 : 브레인스토밍은 아이디어를 비판 없이 제시하여 최대한 많은 안 중에서 최선책을 찾아내는 방법이므로 타인이 제시한 아이디어에 대해 비판을 제시하지 않는 것이 더 중요하다.

47 　조직 구조 　　　　　　　　　　　　　　　　　　　정답 ①

조직이 생존하기 위해서는 급변하는 환경에 적응하여야 한다. 이를 위해서는 원칙이 확립되어 있고 고지식한 기계적 조직보다는, 운영이 유연한 유기적 조직이 더 적합하다.

오답분석

② 대규모 조직은 소규모 조직과는 다른 조직구조를 갖게 되는데, 대규모 조직은 소규모 조직에 비해 업무가 전문화, 분화되어 있고 많은 규칙과 규정이 존재하게 된다.
③ 조직구조의 중요 요인 중 하나인 기술은 조직이 투입요소를 산출물로 전환시키는 지식, 기계, 절차 등을 의미하며, 소량생산기술을 가진 조직은 유기적 조직구조를, 대량생산기술을 가진 조직은 기계적 조직구조를 가진다.
④ 조직 활동의 결과에 따라 조직의 성과와 조직만족이 결정되며, 그 수준은 조직구성원들의 개인적 성향과 조직문화의 차이에 따라 달라진다.
⑤ 조직구조 결정요인으로 크게 전략, 규모, 기술, 환경이 있다. 전략은 조직의 목적을 달성하기 위하여 수립한 계획으로 조직이 자원을 배분하고 경쟁적 우위를 달성하기 위한 주요 방침이며, 조직 규모 외에도 기술은 조직이 투입요소를 산출물로 전환시키는 지식, 기계, 절차 등을 의미한다. 또한 조직은 환경의 변화에 적절하게 대응해야 하므로 환경에 따라 조직의 구조가 달라진다. 이러한 점들은 4가지 주요 결정요인이므로 옳은 설명이다.

48   기술 적용   정답 ④

세탁기와 수도꼭지와의 거리에 대해서는 설치 시 주의사항에서 확인할 수 없는 내용이다.

49   기술 적용   정답 ⑤

세탁기 내부온도가 70℃ 이상이거나 물 온도가 50℃ 이상인 경우 세탁기 문이 열리지 않는다. 따라서 내부온도가 내려갈 때까지 잠시 기다려야 하며, 이러한 상황에 대해 고객에게 설명해 주어야 한다.

오답분석

① · ④ 세탁조에 물이 남아 있다면 탈수를 선택하여 배수하여야 한다.
② 세탁기 내부온도가 높다면 내부온도가 내려갈 때까지 잠시 기다려야 한다.
③ 탈수 시 세탁기가 흔들릴 때의 해결방법이다.

50   윤리   정답 ①

세미나 등에서 경쟁사 직원에게 신분을 속이고 질문하는 것은 비윤리적 / 합법적의 1번으로 법적으로는 문제가 되지 않는 정보획득 행위이지만, 윤리적으로는 문제가 될 수 있다.

오답분석

② 윤리적 / 합법적의 3번에 해당된다.
③ 윤리적 / 합법적의 2번에 해당된다.
④ 비윤리적 / 비합법적의 5번에 해당된다.
⑤ 비윤리적 / 비합법적의 1번에 해당한다.

MEMO

5대 발전회사 NCS 필기시험 답안카드

성 명

지원 분야

문제지 형별기재란

( )형 Ⓐ Ⓑ

수 험 번 호

⓪	⓪	⓪	⓪	⓪	⓪	
①	①	①	①	①	①	①
②	②	②	②	②	②	②
③	③	③	③	③	③	③
④	④	④	④	④	④	④
⑤	⑤	⑤	⑤	⑤	⑤	⑤
⑥	⑥	⑥	⑥	⑥	⑥	⑥
⑦	⑦	⑦	⑦	⑦	⑦	⑦
⑧	⑧	⑧	⑧	⑧	⑧	⑧
⑨	⑨	⑨	⑨	⑨	⑨	⑨

감독위원 확인

(인)

1	① ② ③ ④ ⑤	21	① ② ③ ④ ⑤	41	① ② ③ ④ ⑤
2	① ② ③ ④ ⑤	22	① ② ③ ④ ⑤	42	① ② ③ ④ ⑤
3	① ② ③ ④ ⑤	23	① ② ③ ④ ⑤	43	① ② ③ ④ ⑤
4	① ② ③ ④ ⑤	24	① ② ③ ④ ⑤	44	① ② ③ ④ ⑤
5	① ② ③ ④ ⑤	25	① ② ③ ④ ⑤	45	① ② ③ ④ ⑤
6	① ② ③ ④ ⑤	26	① ② ③ ④ ⑤	46	① ② ③ ④ ⑤
7	① ② ③ ④ ⑤	27	① ② ③ ④ ⑤	47	① ② ③ ④ ⑤
8	① ② ③ ④ ⑤	28	① ② ③ ④ ⑤	48	① ② ③ ④ ⑤
9	① ② ③ ④ ⑤	29	① ② ③ ④ ⑤	49	① ② ③ ④ ⑤
10	① ② ③ ④ ⑤	30	① ② ③ ④ ⑤	50	① ② ③ ④ ⑤
11	① ② ③ ④ ⑤	31	① ② ③ ④ ⑤		
12	① ② ③ ④ ⑤	32	① ② ③ ④ ⑤		
13	① ② ③ ④ ⑤	33	① ② ③ ④ ⑤		
14	① ② ③ ④ ⑤	34	① ② ③ ④ ⑤		
15	① ② ③ ④ ⑤	35	① ② ③ ④ ⑤		
16	① ② ③ ④ ⑤	36	① ② ③ ④ ⑤		
17	① ② ③ ④ ⑤	37	① ② ③ ④ ⑤		
18	① ② ③ ④ ⑤	38	① ② ③ ④ ⑤		
19	① ② ③ ④ ⑤	39	① ② ③ ④ ⑤		
20	① ② ③ ④ ⑤	40	① ② ③ ④ ⑤		

5대 발전회사 NCS 필기시험 답안카드

성 명	

지원 분야	

문제지 형별기재란	Ⓐ Ⓑ
( ) 형	

수 험 번 호

⓪	①	②	③	④	⑤	⑥	⑦	⑧	⑨
⓪	①	②	③	④	⑤	⑥	⑦	⑧	⑨
⓪	①	②	③	④	⑤	⑥	⑦	⑧	⑨
⓪	①	②	③	④	⑤	⑥	⑦	⑧	⑨
⓪	①	②	③	④	⑤	⑥	⑦	⑧	⑨
⓪	①	②	③	④	⑤	⑥	⑦	⑧	⑨
⓪	①	②	③	④	⑤	⑥	⑦	⑧	⑨

감독위원 확인
(인)

번호	답란	번호	답란	번호	답란
1	① ② ③ ④ ⑤	21	① ② ③ ④ ⑤	41	① ② ③ ④ ⑤
2	① ② ③ ④ ⑤	22	① ② ③ ④ ⑤	42	① ② ③ ④ ⑤
3	① ② ③ ④ ⑤	23	① ② ③ ④ ⑤	43	① ② ③ ④ ⑤
4	① ② ③ ④ ⑤	24	① ② ③ ④ ⑤	44	① ② ③ ④ ⑤
5	① ② ③ ④ ⑤	25	① ② ③ ④ ⑤	45	① ② ③ ④ ⑤
6	① ② ③ ④ ⑤	26	① ② ③ ④ ⑤	46	① ② ③ ④ ⑤
7	① ② ③ ④ ⑤	27	① ② ③ ④ ⑤	47	① ② ③ ④ ⑤
8	① ② ③ ④ ⑤	28	① ② ③ ④ ⑤	48	① ② ③ ④ ⑤
9	① ② ③ ④ ⑤	29	① ② ③ ④ ⑤	49	① ② ③ ④ ⑤
10	① ② ③ ④ ⑤	30	① ② ③ ④ ⑤	50	① ② ③ ④ ⑤
11	① ② ③ ④ ⑤	31	① ② ③ ④ ⑤		
12	① ② ③ ④ ⑤	32	① ② ③ ④ ⑤		
13	① ② ③ ④ ⑤	33	① ② ③ ④ ⑤		
14	① ② ③ ④ ⑤	34	① ② ③ ④ ⑤		
15	① ② ③ ④ ⑤	35	① ② ③ ④ ⑤		
16	① ② ③ ④ ⑤	36	① ② ③ ④ ⑤		
17	① ② ③ ④ ⑤	37	① ② ③ ④ ⑤		
18	① ② ③ ④ ⑤	38	① ② ③ ④ ⑤		
19	① ② ③ ④ ⑤	39	① ② ③ ④ ⑤		
20	① ② ③ ④ ⑤	40	① ② ③ ④ ⑤		

5대 발전회사 NCS 필기시험 답안카드

성 명

지원 분야

문제지 형별기재란

( )형   Ⓐ   Ⓑ

수 험 번 호

⓪	⓪	⓪	⓪	⓪	⓪	
①	①	①	①	①	①	①
②	②	②	②	②	②	②
③	③	③	③	③	③	③
④	④	④	④	④	④	④
⑤	⑤	⑤	⑤	⑤	⑤	⑤
⑥	⑥	⑥	⑥	⑥	⑥	⑥
⑦	⑦	⑦	⑦	⑦	⑦	⑦
⑧	⑧	⑧	⑧	⑧	⑧	⑧
⑨	⑨	⑨	⑨	⑨	⑨	⑨

감독위원 확인

(인)

1	① ② ③ ④ ⑤	21	① ② ③ ④ ⑤	41	① ② ③ ④ ⑤
2	① ② ③ ④ ⑤	22	① ② ③ ④ ⑤	42	① ② ③ ④ ⑤
3	① ② ③ ④ ⑤	23	① ② ③ ④ ⑤	43	① ② ③ ④ ⑤
4	① ② ③ ④ ⑤	24	① ② ③ ④ ⑤	44	① ② ③ ④ ⑤
5	① ② ③ ④ ⑤	25	① ② ③ ④ ⑤	45	① ② ③ ④ ⑤
6	① ② ③ ④ ⑤	26	① ② ③ ④ ⑤	46	① ② ③ ④ ⑤
7	① ② ③ ④ ⑤	27	① ② ③ ④ ⑤	47	① ② ③ ④ ⑤
8	① ② ③ ④ ⑤	28	① ② ③ ④ ⑤	48	① ② ③ ④ ⑤
9	① ② ③ ④ ⑤	29	① ② ③ ④ ⑤	49	① ② ③ ④ ⑤
10	① ② ③ ④ ⑤	30	① ② ③ ④ ⑤	50	① ② ③ ④ ⑤
11	① ② ③ ④ ⑤	31	① ② ③ ④ ⑤		
12	① ② ③ ④ ⑤	32	① ② ③ ④ ⑤		
13	① ② ③ ④ ⑤	33	① ② ③ ④ ⑤		
14	① ② ③ ④ ⑤	34	① ② ③ ④ ⑤		
15	① ② ③ ④ ⑤	35	① ② ③ ④ ⑤		
16	① ② ③ ④ ⑤	36	① ② ③ ④ ⑤		
17	① ② ③ ④ ⑤	37	① ② ③ ④ ⑤		
18	① ② ③ ④ ⑤	38	① ② ③ ④ ⑤		
19	① ② ③ ④ ⑤	39	① ② ③ ④ ⑤		
20	① ② ③ ④ ⑤	40	① ② ③ ④ ⑤		

〈절취선〉

※ 본 답안지는 마킹연습용 모의 답안지입니다.

5대 발전회사 NCS 필기시험 답안카드

번호	①	②	③	④	⑤	번호	①	②	③	④	⑤	번호	①	②	③	④	⑤
1	①	②	③	④	⑤	21	①	②	③	④	⑤	41	①	②	③	④	⑤
2	①	②	③	④	⑤	22	①	②	③	④	⑤	42	①	②	③	④	⑤
3	①	②	③	④	⑤	23	①	②	③	④	⑤	43	①	②	③	④	⑤
4	①	②	③	④	⑤	24	①	②	③	④	⑤	44	①	②	③	④	⑤
5	①	②	③	④	⑤	25	①	②	③	④	⑤	45	①	②	③	④	⑤
6	①	②	③	④	⑤	26	①	②	③	④	⑤	46	①	②	③	④	⑤
7	①	②	③	④	⑤	27	①	②	③	④	⑤	47	①	②	③	④	⑤
8	①	②	③	④	⑤	28	①	②	③	④	⑤	48	①	②	③	④	⑤
9	①	②	③	④	⑤	29	①	②	③	④	⑤	49	①	②	③	④	⑤
10	①	②	③	④	⑤	30	①	②	③	④	⑤	50	①	②	③	④	⑤
11	①	②	③	④	⑤	31	①	②	③	④	⑤						
12	①	②	③	④	⑤	32	①	②	③	④	⑤						
13	①	②	③	④	⑤	33	①	②	③	④	⑤						
14	①	②	③	④	⑤	34	①	②	③	④	⑤						
15	①	②	③	④	⑤	35	①	②	③	④	⑤						
16	①	②	③	④	⑤	36	①	②	③	④	⑤						
17	①	②	③	④	⑤	37	①	②	③	④	⑤						
18	①	②	③	④	⑤	38	①	②	③	④	⑤						
19	①	②	③	④	⑤	39	①	②	③	④	⑤						
20	①	②	③	④	⑤	40	①	②	③	④	⑤						

※ 본 답안지는 마킹연습용 모의 답안지입니다.

성명

지원분야

문제지 형별기재란

형 ( ) Ⓐ Ⓑ

수험번호

⓪	①	②	③	④	⑤	⑥	⑦	⑧	⑨
⓪	①	②	③	④	⑤	⑥	⑦	⑧	⑨
⓪	①	②	③	④	⑤	⑥	⑦	⑧	⑨
⓪	①	②	③	④	⑤	⑥	⑦	⑧	⑨
⓪	①	②	③	④	⑤	⑥	⑦	⑧	⑨
⓪	①	②	③	④	⑤	⑥	⑦	⑧	⑨
⓪	①	②	③	④	⑤	⑥	⑦	⑧	⑨

감독위원 확인

(인)

시대에듀 5대 발전회사 통합기본서

개정14판1쇄 발행	2025년 06월 20일 (인쇄 2025년 05월 29일)
초 판 발 행	2017년 01월 25일 (인쇄 2016년 12월 02일)
발 행 인	박영일
책 임 편 집	이해욱
편 저	SDC(Sidae Data Center)
편 집 진 행	여연주 · 신주희
표지디자인	하연주
편집디자인	김경원 · 장성복
발 행 처	(주)시대고시기획
출 판 등 록	제10-1521호
주 소	서울시 마포구 큰우물로 75 [도화동 538 성지 B/D] 9F
전 화	1600-3600
팩 스	02-701-8823
홈 페 이 지	www.sdedu.co.kr
I S B N	979-11-383-9413-0 (13320)
정 가	26,000원

5대 발전회사

통합기본서

최신 출제경향 전면 반영